労働契約解消の法律実務

[第3版]

弁護士 **石嵜信憲** 編著　　弁護士 **渡辺 絢**
弁護士 **延増拓郎**　弁護士 **安藤源太**　弁護士 **小宮純季**　弁護士 **石嵜裕美子**
弁護士 **森山憲彦**　司法書士 **髙安美保**　特定社会保険労務士 **田中朋斉**

中央経済社

第3版 はしがき

　当職の著作の中心である法律実務シリーズは，最後の編著者紹介欄に記載があるように，全11巻になっています（シリーズ最後の巻として，集団労使紛争に関する著作を考えております）。

　『労働契約解消の法律実務』は，このシリーズの骨格ともいうべき著作であり，初版の発行日を当職の還暦を迎える60歳の誕生日とした程，思い入れのある著作です。初版から3年後の63歳の誕生日に第2版を出版後，7年を経過して（初版から10年），やっと第3版を出版できることになりました。この10年間，あらためて多くの学び，気付きがあり，「労働契約解消」のテーマに関する当職の集大成ともいえる著作として仕上げたものです。

　この著作が「労働契約解消」に関する個別労働紛争の予防，解決に少しでも寄与できるよう念じております。

　なお，本書は，当職の意向に沿って，渡辺絢弁護士，髙安美保司法書士を始め，次頁一覧表にある各先生方のご助力により完成させていただいたことに深く感謝する次第です。

　　平成30年7月16日

　　　　　　　　　　　　　　　　　　　弁護士　石　嵜　信　憲

項　目	担当者
第1編　労働契約の解消	
序章　　労働契約解消の現代的な視点	石嵜（裕）
第1章　労働契約解消総論	渡辺
第2章　退職	渡辺，森山
第3章　正社員の普通解雇	渡辺，森山
第4章　休職期間満了	渡辺，森山
第5章　正社員の整理解雇	渡辺
第6章　事業の再構築と従業員の転籍・解雇	渡辺
第7章　正社員の懲戒解雇	渡辺，森山
第8章　採用内定者の内定取消し・試用社員の本採用取消し	渡辺
第9章　非正規社員の労働契約解消（総論）	渡辺
第10章　フルタイマーの労働契約解消	渡辺
第11章　パートタイマーの労働契約解消	渡辺
第12章　専門能力を有する契約社員の労働契約解消	渡辺
第13章　高年齢者と労働契約解消	安藤，渡辺
第14章　女性・障害者・外国人労働者の労働契約解消	延増，渡辺，森山
第2編　派遣・業務処理請負に関する労働契約解消	小宮
第3編　労働契約の解消に係る紛争解決手続	田中
第4編　解雇の金銭解決制度	石嵜（裕）

第 2 版 はしがき

本書は，3年前の当職の還暦の日に出版した『労働契約解消の法律実務』を大幅に加筆・修正した改訂版です。今回の改訂は，

第1編第1章　労働契約解消総論

第2章　正社員の普通解雇

第3章　休職期間満了

第4章　正社員の整理解雇

第7章　採用内定者の内定取消し・試用社員の本採用取消し

第10章　高年齢者雇用と労働契約解消

を中心に行いました。

特に，初版の出版が平成20年7月であり，その直後の平成20年9月のリーマン・ショック後の雇用社会の急激な変化を予測していなかったことから，整理解雇論については比較的簡潔にまとめていました。今回は，その意味でも整理解雇について詳細に論じています。

また，本年3月11日に発生した東日本大震災に伴う労務問題，とくに契約解消が多く発生していますので，この点を巻末で整理しています。

そして，懲戒解雇については，平成22年12月発刊の『懲戒権行使の法律実務』で，非正規社員・派遣・業務処理請負に関する契約解消については，平成22年3月発刊の『非正規社員の法律実務』で詳細に論じているので，本書では最小限の加筆・修正にとどめております。

さらに，第3編の「労働契約の解消に係る紛争解決手続」については，現在，『個別労使紛争解決の法律実務』（仮題）の執筆を進めており，同著で詳しく論じますので，本書の改訂は，統計資料を近時のものに更新するにとどめております。

また，本書の改訂作業は，

「労働契約解消総論」「休職期間満了」　　　　仁野直樹弁護士

「正社員の普通解雇」　　　　　　　　　　　塚越賢一郎弁護士
　「正社員の懲戒解雇」,「非正規社員の労働契約解消」　　橘大樹弁護士
　「労働契約の解消に係る紛争解決手続」　　　　田中朋斉社会保険労務士
に担当していただき，当職の意向に沿って改訂作業を進めていただきました。
そして，全体の構成について，高安美保司法書士，田中朋斉社会保険労務士が
整理するという方法で実施しました。

　当職としては，急増する個別労働紛争の中で，最も重要な労働契約解消問題
が適正に解決されるために，本書が一つの参考になればと思っております。

　平成23年7月16日

　　　　　　　　　　　　　　　　　　　　弁護士　石　嵜　信　憲

はしがき

　本書の発行日である平成20年7月16日は，当職が還暦を迎える60歳の誕生日です。そして，弁護士生活も本年4月で31年目に突入しております。本書は，当職が還暦を迎えるにあたって，人生の一つの区切りとして執筆しました。そして，この執筆活動の中で，常に30年あまりの弁護士生活を振り返ってきました。

　当職が平穏無事に，いや，能力以上に過分な弁護士生活を過ごしているのも，当職の司法研修所の恩師であり，更生会社リッカーの管財人代理，そごうの民事再生代理人の一人として実務でもご指導いただいた阿部昭吾先生のご支援があったからであり，深く感謝しております。今日，当職が執務している八重洲の福岡ビルは，阿部昭吾先生の発案で平成5年秋，「昭和合同」というグループ名称で各弁護士事務所が事務所の独自の文化と専門性を維持しながら独立経営を行い，業務において合同して連携するという理念のもと集合した場所です。今後も阿部昭吾先生を中心として，グループの仲間達と弁護士業務に励む決意をしております。

　著作について忘れられないのは，当職が所属する経営法曹の先輩である宮本光雄先生（平成7年逝去）です。当職は，最初の著書である『転勤・出張・出向・転籍・海外異動の法律実務』（平成5年2月25日初版発行）の出版の機会を宮本光雄先生からいただきました。いまでも鮮明に次の2つのことを覚えています。平成4年春の経営法曹大会の会場で，「金ばかり稼いでないで本でも書いてみろ」と中央経済社を紹介していただいたこと，発刊できたとき，本を手にして「いい本ができたな」と誉めていただいたことです。そして，この最初の著書がセミナー会社の目に止まり，その後，セミナー講師としての道を歩むことになり，今日の当職の弁護士，著作活動の大きな原動力となったのです。

　この著書は，当職が口述して，現在当事務所の責任者でパートナーでもある黒部尚子氏がワープロを打つという方法で作業を遂行していきました。当時，

神田司町二丁目の小さな事務所で，本当にコツコツと業務の合間に同氏の協力のもと執筆をしていきました。そして，今回の『労働契約解消の法律実務』の原型である『退職・解雇こんなときどうする？』（平成8年2月1日初版発行），『パート・派遣・業務委託等の法律実務』の原型である『パートタイマー・期間雇用者・契約社員等の法律実務』（平成10年9月5日初版発行）も，すべて黒部尚子氏との二人三脚で執筆したもので，同氏のご協力がなければ当職の今日までの著作はなかったといっても過言ではありません。

　現在の当事務所の運営も黒部尚子氏に事実上お願いしている状況であり，今日，当職がこのような事務所を構え，弁護士活動ができていることもすべて同氏の力添えがあったためであり，ただ感謝するとともに，今後もパートナーとして相協力して事務所の運営・発展にご助力していただけるよう強くお願いする次第です。

　ところで，本書は従来の当職の退職・解雇関連の著作，当職のセミナー内容の録音を資料としながら，当職の指導のもと，当職の実の甥であり本年9月1日より社会保険労務士として当事務所にて勤務を続けることになる田中朋斉を中心に，柊木野一紀弁護士（判例・裁判例担当），宮本美恵子社会保険労務士の協力により執筆した原稿を当職が何度も修正，加筆するという方法で完成させたものであり，上記3名のご尽力に感謝する次第です。また，事務作業にご協力いただいた当事務所秘書の藤田真澄氏，大溝美緒氏の2名にも，心より御礼申し上げます。

　最後に，今日まで当職が無事に弁護士活動を続けられ，本日，このような著書を出版できたことは，当職の家族，当事務所の弁護士・秘書の皆様，そして，多くの人々のご尽力の賜であり，深く感謝する次第です。

　　平成20年7月16日

　　　　　　　　　　　　　　　　弁護士　石嵜　信憲

目　次

第1編

労働契約の解消

序章　労働契約解消の現代的な視点

　1　本書の視点——労働契約の入口・展開を踏まえた解消論　2

　2　解雇は原則自由である　3

　3　解雇概念の整理　5

　4　契約解消に関する新たな問題　6

　　(1)　労契法18条による無期転換に関連する契約解消　6

　　(2)　普通解雇に対する改善機会付与のマニュアル化　7

　　(3)　休職と契約解消　8

　　(4)　新しい問題社員の出現　10

　　(5)　勤務・時間・職務限定正社員の契約解消　11

　　(6)　政府が掲げる解雇の金銭解決制度　12

第1章　労働契約解消総論

第1節　労働契約の解消に際し使用者が持つべき意識とは—13

　　1　労働契約の解消は合意によるのを原則とする　13

　　2　解雇は労働者の生活基盤を根こそぎ覆すおそれがある　13

3 懲戒解雇は労働者の職業人生を奪うに等しい　16

4 退職届を受け取ることがトラブルを避ける最善の方法　16

5 最後まで退職届を受け取る努力をする　17

第2節　労働契約の解消にはどのようなものがあるか────20

1 労働契約の解消場面を整理する　20

(1) 契約当事者の消滅による労働契約の終了（自然人死亡・法人解散）　20

(2) 包括的同意による労働契約の解消（当然退職）　20

(3) 個別的同意による労働契約の解消（合意退職）　21

(4) 労働者の単独行為による労働契約の解消（辞職）　22

(5) 使用者の単独行為による労働契約の解消（解雇）　22

(6) 期間の満了による労働契約の解消（雇止め）　23

2 当然退職の場面で注意すべきポイントとは　24

3 合意退職の場面で注意すべきポイントとは　24

4 辞職の場面で注意すべきポイントとは　25

5 解雇の場面で注意すべきポイントとは　27

6 労働契約の終了一般で注意すべきポイントとは　28

(1) 退職証明書と解雇理由証明書　28

(2) 退職証明書の記載禁止事項　30

(3) 退職後の金品の返還　30

第3節　労働契約の解消場面における雇用形態等による差異とは ────────35

1 当然退職・合意退職・辞職ではほとんど変わらない　35

2 解雇では雇用形態等によって大きな差異が生じる　35

(1) 直接雇用形態　35

(2) 間接雇用形態　36

(3)　外国人雇用　37

(4)　障害者雇用　37

第2章　退　職

第1節　行方不明の従業員に対応できる当然退職規定を整備する —— 39

1　当然退職とは　39

2　行方不明の従業員を解雇するのは難しい　40

3　経営者は公示による意思表示を敬遠する　42

4　辞職の黙示の意思表示とされるかは裁判所の事実認定による　44

5　当然退職となる基準を明確化する　44

6　様子をみる期間を30日とする　45

第2節　従業員の辞職の申入れを拒否することはできない —— 46

1　辞職では民法627条の予告期間の経過後に契約は当然に終了する　46

2　民法627条の予告期間を超えて辞職を引き延ばすことはできない　46

第3節　退職届で従業員の辞職の意思を確定的なものとする —— 50

1　辞職か解雇かをめぐるトラブル事例　50

2　退職意思を示している従業員には必ず退職届を提出してもらう　53

3 解雇の承認を明確にするには解雇承諾書をもらう 53

第4節　一度提出した退職届は撤回できるのか —————— 57

1 退職届が辞職の意思表示であれば撤回できない 57

2 形式を問わず合意退職の申込みととらえる 57

3 退職の申込みを承諾する承諾権者は誰か 59

4 退職届の撤回が信義に反する場合とは 61

第5節　退職の意思表示と強迫・錯誤を理由とする取消し

—————— 64

1 退職を合意できても意思表示の瑕疵を主張される場合がある 64

2 解雇・退職金没収の告知が強迫行為とされるケース 64

　(1) 解雇を告知するケース 64

　(2) 退職金の没収を告知するケース 70

3 錯誤を主張されるケースを検討する 71

　(1) 解雇を告知するケース 71

　(2) 退職金の没収を告知するケース 75

4 合意退職の意思表示に任意性・真意性を確保するには 76

第3章　正社員の普通解雇

第1節　解雇を不自由とする解雇権濫用法理とは —————— 79

1 裁判所は解雇を不自由とする判例法理を確立した 79

2 雇用社会が法律と判決の間に位置している 83

3 雇用社会で長期雇用システムが成立した背景 86

　(1) 長期雇用システムは労使の合意で成立 86

（2） 職種変更と属人給の関係　87

　4　解雇権濫用法理の適用の注意点　89

（1） 企業規模などを考慮する必要性　89

（2） 政治状況やマーケットの変化を考慮する必要性　91

第2節　普通解雇事由にはどのようなものがあるか ── 96

　1　労働者に求められるものとは　96

（1） 知識・経験・専門性といった能力を持っている　97

（2） 身体的・精神的に良好な健康状態である　97

（3） 勤務態度が良好である（協調性などがある）　98

（4） 成果を実現する行動様式がとれる　99

（5） 私生活が安定している　99

　2　具体的な普通解雇事由とは　100

第3節　裁判所は普通解雇の有効性をどのように判断しているか ── 102

　1　普通解雇事由がある場合においても常に解雇しうるわけではない　102

　2　裁判所が着目する解雇権濫用の有無の判断要素は何か　102

（1） 裁判所が着目する要素　102

（2） 改善機会の付与は必ず必要か　104

（3） 企業規模も考慮される　110

　3　注意指導と実務　113

　4　メモや報告書など書面を残しておくことが重要である　113

第4節　普通解雇する際のチェックポイントとは ── 114

　1　重要なチェックポイント　114

　2　チェックポイント①　債務不履行の存在（契約内容の特定）　115

3 チェックポイント② 就業規則に規定する普通解雇事由への
該当性 117

4 チェックポイント③ 当該解雇に社会的相当性があるか 120

5 チェックポイント④ 使用者の経営・労務管理の
基本姿勢 122

6 チェックポイント⑤ 解雇手続の遵守 124

(1) 解雇制限（労基法19条） 124

(2) 解雇の予告（労基法20条） 131

(3) 労働協約に解雇に係る協議規定がある場合の労働組合と
の協議 140

第5節 新卒一括採用者を能力不足を理由に解雇できるか

――――――――――――――――――― 143

1 労働契約がどのような内容なのかがポイント 143

2 新卒一括採用されたゼネラリストを能力不足で解雇するの
は困難 143

3 職種が限定されているスペシャリストの場合 147

4 一般事務職の場合 148

第6節 中途採用者を能力不足を理由に解雇できるか ―― 150

1 地位の特定された中途採用者を能力不足で解雇できるか 150

(1) 地位特定者とは 150

(2) 地位特定者と新卒一括採用されたゼネラリストとの違い 151

(3) 地位特定者は能力不足や適格性の欠如が決定的な解雇事
由になる 154

(4) 地位特定者の従業員適格性 156

(5) 地位特定者と労働契約を締結する際のチェックポイント 156

(6) 地位特定者における注意点 159

2 専門能力者（スペシャリスト）または専門職者として採用
した中途採用者を能力不足で解雇できるか　161

(1) 高度の専門的知識を有する専門能力者　161

(2) 中途採用の専門職者に対しては配転の機会を与える必要
がある　166

(3) 専門職者は配転の機会を与えても退職することが多い　166

(4) 専門職者の労働契約を解消する場合には本人のプライド
を守ることが大切　168

(5) 職務未経験者（経験が不十分な者）を専門職として採用
した場合の注意点　168

(6) グローバル化等の影響による判断基準の変化　169

(7) 専門職者とも個別の労働契約を締結する　170

(8) 小括（地位特定者，専門能力者，専門職者）　171

3 中途採用した一定の経歴・職歴を持つ課長・次長を能力不
足で解雇できるか　172

(1) 経歴・職歴や実績に着目した課長・次長処遇での中途採
用者　172

(2) すでに採用し，雇用契約書が作成されていない場合　174

4 即戦力として中途採用した営業部員を能力不足で解雇でき
るか　176

5 中途採用の事務職を能力不足で解雇できるか　178

6 中途採用者でも企業規模によって求められる理由の程度が
違ってくる　178

7 裁判例に基づく実務の注意点　178

第7節　協調性不足を理由に解雇できるか ―――――― 180

1 協調性不足は普通解雇事由に該当する　180

2 大企業の長期雇用者（ゼネラリスト）に必要な手続　181

3 中小零細企業の中途採用者に必要な手続　183

4 協調性の判断は主観的なもの（記録メモの重要性）　184

5 協調性不足による解雇に関する裁判例　184

第8節　出勤不良を理由に解雇できるか —————— 188

1 出勤率が8割を超えている場合は普通解雇事由に該当しにくい　188

2 欠勤日数だけでなく欠勤理由が重要な要素である　189

3 労務提供は労働者の義務で「欠勤権」という権利はない　190

4 欠勤日数に関係なく診断書の提出を求められる規定をつくる　191

5 出勤不良による解雇に関する裁判例　192

第9節　勤務態度不良・企業秩序を乱したことを理由に解雇できるか —————— 195

1 使用者に求められる改善努力は企業規模や雇用実態によって違ってくる　195

2 長期雇用が予定されて採用されたゼネラリストの場合に求められる改善努力　198

3 中小零細企業の中途採用者の場合に求められる改善努力　202

第10節　就業規則の解雇事由と人事考課の関係 —————— 203

1 人事考課が低いことは解雇事由になるか　203

2 人事考課の過程を記録化すること　204

3 人事考課におけるフィードバックの重要性　205

目次 ◀ 9

第11節　傷病で業務が遂行できないことを理由に
解雇できるか ———————————————— 206

　　1　傷病による履行不能や不完全履行は解雇事由になるか　206

　　⑴　業務災害の場合　206

　　⑵　私傷病の場合　208

　　2　私傷病を理由とした普通解雇と休職システムの関係　208

　　3　私傷病を解雇事由ではなく休職事由と考える　210

　　4　私傷病と業務災害の違いを認識しておくことが重要　211

第12節　成果を出せないことを理由に解雇できるか ——— 213

　　1　成果を出し，会社に貢献することは労働契約の内容であ
　　　る　213

　　2　会社に貢献しない従業員がクローズアップされてきた　214

　　3　能力がないと考えられる従業員への対応　215

　　4　能力を発揮しない従業員への対応　215

　　5　能力を発揮できない従業員への対応　216

　　⑴　健康上の問題（精神疾患）がある場合　217

　　⑵　私生活上の問題がある場合　218

　　⑶　私生活への配慮と「性格」　220

第13節　使用者の社会的信用や名誉の毀損を理由に
解雇できるか ———————————————— 222

　　1　対外的な行為にも同様の解雇事由や手続が求められるか　222

　　2　使用者の社会的信用・名誉を毀損する行為に対する裁判所の
　　　考え方　222

　　3　対外的行為に対しては厳しい対応が認められる　225

第14節　解雇無効等により職場復帰後の解雇の有効性 —— 228

　　1　最初の解雇や懲戒処分は慎重に行わなければならない　228

　　2　処分無効の判決・決定後の普通解雇・懲戒解雇が争われた裁判
　　　例　229

　　⑴　学校法人敬愛学園（国学館高校）事件　229

　　⑵　ハネウェルジャパン事件　229

第15節　解雇と不法行為の関係 ———————————— 232

　　1　解雇に伴う慰謝料請求が認められるのは例外的　232

　　2　どのような場合に慰謝料が認められるのか　234

第16節　その他解雇をめぐる問題 ———————————— 238

　　1　解雇から長期間経過した後に解雇無効を主張できるか　238

　　2　解雇が無効となった場合の解雇期間中の賃金は　239

　　⑴　賃金の額　242

　　⑵　賃金の査定・改訂，昇給・昇格　243

　　3　特別の事由による解雇制限　243

第4章　休職期間満了

第1節　休職措置をとらずに解雇することができるか —— 246

　　1　休職とは　246

　　2　休職させるか否かの理論上の判断基準と実務での取扱い　247

　　⑴　実務では休職させた後に労働契約を解消するほうが
　　　無難　247

　　⑵　休職措置をとらなくてもよいのは特殊ケースに限る　248

3　休職を適用する際の留意点　249

第2節　精神疾患で断続的に欠勤する従業員を休職させることはできるか ―――――― 250

1　精神疾患は休職事由に該当するか　250

2　精神疾患を持つ従業員を休職させるための就業規則の規定の仕方　250

3　精神疾患についての診断書と専門医の必要性　252

4　実務では合意のうえで休職させる　253

5　新型うつ病に休職規定を適用するか　253

6　障害者雇用促進法上の障害と休職制度上の病気の異同　254

(1)　障害者雇用促進法上の精神障害とは　254

(2)　障害者雇用促進法上の障害と休職制度上の病気（私傷病）との違い　255

(3)　うつ病は障害と扱うべきか，病気と扱うべきか　256

第3節　休職期間満了時に治癒したかどうかを判断する基準は何か ―――――― 257

1　休職期間の満了と就業規則に基づく手続　257

2　復職が認められるための「治癒」とはどういう意味か　258

(1)　治癒の判断の6要素　258

(2)　休職期間満了時の復職には一定の配慮が必要となる　260

(3)　休職期間途中の復職では通常業務が条件　261

3　「通常の業務」とは　262

(1)　ゼネラリストの身体疾患について　262

(2)　ゼネラリストの精神疾患について　276

(3)　スペシャリストについて　283

4　「通常の業務」の内容が変化している場合　284

第4節　治癒しているかどうかを最終的に判断するのは誰か ————— 287

1. 治癒しているかどうかの判断主体は原則として会社　287
2. 診断書に基づく判断は非常に難しい　287
3. 診断書は重要であるが判断材料の1つにすぎない　289
4. 主治医の診断書に対抗するためには，休職開始時および休職期間途中の対応が重要となる　290
5. 健康に関するプライバシーは取得後の管理の問題　293
6. 労務提供を受ける時こそ慎重な判断が求められる　294

第5節　主治医との面談を拒否されたとき，どのように対応すればよいか ————— 296

1. 治癒しているかどうかの証明は労働者の責任　296
2. 産業医の診断を重視する　298
3. 休職期間満了時のトラブルを避ける就業規則の規定の仕方　300
4. 休職期間満了後の個別対応は会社の裁量による　300

第6節　復職にあたり使用者はどこまで支援すればよいのか ————— 303

1. 復職支援の基本的な考え方　303
2. 復職の実務では私傷病の原因の割合に応じて支援することも考えられる　304

第7節　リハビリ出勤は制度として認めるべきか ————— 305

1. リハビリ出勤とは　305
2. リハビリ出勤の法的問題　305

(1)　賃金支払との関係　305

　　　(2)　損害賠償請求権の放棄との関係　306

　　　(3)　労災保険の適用との関係　307

　　3　リハビリ出勤の必要性を慎重に検討すべき　307

　　4　地域障害者職業センター（リワーク支援）の活用　308

第8節　休職をくり返す従業員を解雇することはできないのか ——————— 312

　　1　休職をくり返す場合は普通解雇事由に該当する　312

　　2　休職をくり返さないように休職規定を整備する　313

　　3　休職規定の新設や変更は不利益変更になるのか　315

第5章　正社員の整理解雇

第1節　整理解雇に対する裁判所の考え方 ——————— 318

　　1　整理解雇の正当性を判断する基準とは　318

　　2　整理解雇についての裁判所の考え方とは　319

　　3　裁判所の考え方の変遷　321

　　4　整理解雇の正当性を判断する要素は4要素だけではない 324

　　5　中小零細企業の整理解雇は必ずしも4要素に縛られない 325

第2節　整理解雇の実施には人員整理を行う業務上の必要性が求められる ——————— 327

　　1　「人員整理を行う業務上の必要性」とは　327

　　2　整理解雇にあたり厳しい経営難を「業務上の必要性」として求められた背景　328

　　3　整理解雇の正当性は企業ごとに判断される　329

4 金融不安と「業務上の必要性」の判断要素の変化 329

5 裁判所の判断の困難性 331

6 業務上の必要性を判断するうえでの経営内容の3パターン 334

第3節 使用者には整理解雇を回避する努力が求められる
―――――――――――――――――――――――――――――― 336

1 整理解雇回避のための措置とは 336

2 実際に行うべき具体的な整理解雇の回避措置 337

3 実際の解雇回避努力の程度は企業規模・従業員構成・経営
内容をもとに考える 340

(1) 企業規模・従業員構成から解雇回避努力の程度を考える 340

(2) 経営内容から解雇回避努力の程度を考える 341

(3) 外資系企業における解雇回避努力 343

4 解雇回避努力（義務）に関する個別論点 345

(1) 配転・出向 345

(2) 海外転勤・海外出向 346

(3) ワークシェアリング・一時帰休 346

(4) 非正規社員の契約解消と正社員の整理解雇 348

(5) 条件付希望退職 349

第4節 整理解雇の対象者の選定には合理的な基準が
求められる ―――――――――――――――――――――――― 351

1 解雇対象者の選定には合理的な基準が求められる 351

2 人選の基準は密着度・貢献度・被害度をもとに設定する 351

(1) 密着度 351

(2) 貢献度 353

(3) 被害度 353

3 具体的に解雇対象者を選定していく方法 353

目次 ◀ 15

　　　4　年齢を人選基準とすることは可能か　355

第5節　整理解雇の実施にあたっては労働組合との協議，従業員への説明が必要 ————————— 360

　　　1　労働組合への対応と解雇協議約款・同意約款の存在　360

　　　2　少数組合であっても協議を尽くしておくべき　361

　　　3　整理解雇の正当性判断は4要件ではなく4要素　362

第6節　整理解雇を回避するために賃金を切り下げることはできるか ————————— 365

　　　1　使用者は整理解雇か賃金切下げかを選ぶことはできるか　365

　　　2　経営難における整理解雇と賃金切下げは表裏一体の関係　365

　　　3　実務では労働組合に提示して選択を委ねる　366

　　　4　賃金切下げの認められる高度の業務上の必要性とは　367

　　　5　就業規則等の変更内容と最高裁判決　367

　　　6　賃金切下げは必ずしも認められないわけではない　369

　　　7　労働条件の不利益変更法理が労働契約法に定められた　370

　　　8　実務のあり方　371

　　　　(1)　賃金切下げの即効性　372

　　　　(2)　みちのく銀行事件最高裁判決　372

　　　　(3)　訴訟などのリスク　372

　　　　(4)　まとめ　373

第7節　希望退職の募集を行うときに注意すべきポイント ————————— 375

　　　1　実務における希望退職の募集の位置づけ　375

　　　2　希望退職の募集と退職勧奨は自由に実施することができる　378

3　希望退職募集と定期的・定例的な早期退職優遇制度との
　　違いは　377
　4　対象者を限定した希望退職の募集も許される　378
　5　女性だけ，男性だけを対象にした募集は避けた方がよい　379
　6　希望退職募集時の会社承認規定は人材流出を防ぐ
　　有効な手段　380
　7　会社承認規定の実務上のポイント　383
　8　使用者の説明・情報提供の必要性　385

第8節　退職勧奨を行うときに注意すべきポイント —— 386

　1　希望退職の募集と退職勧奨は何が違うのか　386
　(1)　退職の強要や脅迫，暴行，長時間の監禁，名誉毀損行為
　　　などが行われた場合　386
　(2)　執拗に退職を迫った場合　387
　(3)　業務命令による退職勧奨を行った場合　387
　(4)　近親者などを介して退職勧奨を行った場合　387
　2　退職勧奨を行うときのポイント　387
　(1)　退職勧奨を行う前に希望退職の募集を行う　389
　(2)　退職上積金を提示する　389
　(3)　退職勧奨の方法　389
　3　退職勧奨を受ける人に対する礼儀を欠いてはいけない　391
　4　退職勧奨に関する近時の裁判例（人員削減策としての
　　手法）　392
　(1)　不法行為責任肯定例　392
　(2)　不法行為責任否定例　392

第9節 希望退職の募集と退職勧奨はどのように行えば よいのか ——— 401

1 具体的な希望退職の募集と退職勧奨の方法 401

(1) 第1次希望退職の募集 401

(2) 第2次希望退職の募集と退職勧奨の実施 401

(3) 退職を拒否した従業員と面接を行う 402

(4) 退職を拒否した従業員に対する措置 403

2 退職勧奨の方法については十分な配慮が必要 403

第10節 退職勧奨を拒否した従業員を指名解雇することは できるか ——— 406

1 指名解雇の正当性はその時点における業務上の必要性の有 無で判断される 406

2 退職勧奨拒否者が指名解雇の対象者となるかどうかは別問 題 407

第11節 会社が解散した場合に従業員を当然に解雇 できるか ——— 408

1 解散が真実であれば解雇は原則有効 408

2 解散に伴う解雇にも労働組合との十分な協議が求められ る 409

3 清算中の会社に対する地位確認請求が認められた場合の 処理 411

4 新会社や別会社に解散会社と実質的同一性があれば雇用を 引き継がなければならないことがある 412

5 子会社解散の場合の親会社への責任追及の例 413

第12節　リーマンショック後の裁判例 ———————— 416

1　解雇有効とした裁判例　417

2　解雇無効とした裁判例　425

3　外資系企業に関する裁判例　438

(1)　解雇有効とした裁判例　438

(2)　解雇無効とした裁判例　439

第6章　事業の再構築と従業員の転籍・解雇

第1節　事業所の閉鎖を理由に従業員を解雇できるか —— 445

1　長期雇用を前提に採用されたゼネラリストの場合　445

2　職種が特定されているスペシャリストの場合　447

3　勤務地が特定されている従業員の場合　447

**第2節　工場や事業所が分社化されると従業員は
どうなるのか** —————————————————— 450

1　分社化には適正な労働条件の実現という目的もある　450

2　避けられない従業員の転籍問題　451

3　現地採用された従業員を配転する義務はあるか　451

(1)　ゼネラリスト　451

(2)　職種特定者　452

(3)　現地採用者（勤務地特定者）　452

4　地方工場の分社化では労働条件の切下げが不可避　453

第3節 合併によって生じた余剰人員を整理解雇できるか —————— 454

1 合併には吸収合併と新設合併がある　454

2 労働条件は包括的に承継される　454

3 労働条件の変更は合併前に各社で行うのが実務的　455

4 転勤・出向命令権の拡大と不利益変更　455

5 出向者の取扱いはどうなるのか　456

6 近時の実務の注意点　457

第4節 事業譲渡先への転籍を拒否する従業員を解雇できるか —————— 458

1 事業譲渡されると労働契約の承継はどうなるのか　458

2 労働契約の承継を拒否できるケースと拒否できないケース　458

(1) 一事業所の分社化　459

(2) 親会社と子会社・関連会社間　459

(3) 子会社と関連会社間　459

(4) 企業グループ外の会社間　461

3 労働条件の切下げと労働契約の承継義務　461

4 転籍を拒否した従業員はどうなるのか　462

(1) 事業譲渡元の会社が解散する場合　462

(2) 事業譲渡元の会社が存続する場合　462

第5節 会社分割法制の施行と従業員の処遇 —————————————— 464

1 会社分割法制とはどのようなものか　464

2 会社分割では労働契約も当然に承継される　466

3 会社分割に伴う労働契約の承継等に関する法律　466

4 主従事労働者の範囲とは　468

(1) 分割契約書等を締結し，または作成する日における判断　468

(2) 分割契約書等を締結し，または作成する日で判断することが適当でない場合　469

5　労働契約のみ承継するパターン　470

6　承継と雇用形態　472

(1) 直契約の労働者　472

(2) 出向者　472

(3) 派遣労働者　472

7　承継トラブルの解決機関　472

8　会社分割の際の労働者保護手続の重要性　473

(1) 労働者との協議（商法等改正法附則5条）　473

(2) 労働者への通知（労働契約承継法2条）　474

(3) 労働者の理解と協力を得る努力義務　474

(4) いかなる場合に労働契約承継の効力を争うことができるか　475

9　事業活動のみ分割対象とし労働者については転籍で異動させる手法の問題点　482

第6節　会社の破産・再生と従業員の処遇 ———— 485

1　破産手続の場合　485

2　民事再生手続や会社更生手続の場合　485

第7章 正社員の懲戒解雇

第1節 企業秩序は従業員との信頼関係で構築する ——— 489

1 企業秩序維持は懲戒解雇の威嚇力によるべきではない 489

2 労使間の信頼関係による企業秩序維持を目指す 490

3 懲戒解雇することのコストを意識する 492

4 非正規社員に対する懲戒解雇は慎むべき 493

第2節 普通解雇と懲戒解雇の違いを理解する ————— 494

1 懲戒解雇（懲戒処分）とは 494

2 使用者は懲戒権を固有の権限として当然に保有している 495

(1) 懲戒権保有の根拠 495

(2) 懲戒規定については入社時に包括的同意をとっておくべき 495

3 懲戒権の行使が濫用的なものでないか判断される 497

4 労働契約法の規定 498

5 普通解雇と懲戒解雇の根本的相違とは 500

(1) 普通解雇と懲戒解雇の相違点 500

(2) 懲戒解雇無効の場合の普通解雇への転換は認められない 502

(3) 普通解雇の意思表示の内包論 502

(4) 実務では必ず予備的に普通解雇の意思表示をする 503

(5) バックペイが必要となる場合 504

6 普通解雇のハードルを上げない規定の仕方 505

7 諭旨解雇と諭旨退職との違いとは 506

第3節　懲戒解雇する場合に注意すべき点とは —————— 508

懲戒解雇を有効とするために検討すべきポイント　508

(1) 企業秩序違反行為の存在　508

(2) 就業規則の懲戒解雇規定への該当性　508

(3) 解雇手続の遵守　508

(4) 社会的相当性　510

第4節　懲戒解雇事由は，行為の性質が重大な非違性を有するものに限られる —————— 512

第5節　重大な経歴詐称を理由とする懲戒解雇 —————— 515

1　入社時の経歴詐称が懲戒対象となるか　515

2　懲戒解雇対象となる「重大な経歴詐称」とは　515

3　裁判例にみる懲戒解雇事例　516

(1) 学歴　516

(2) 職歴　517

(3) 犯罪歴　518

第6節　転勤命令や出向命令など重要な業務命令の拒否を理由とする懲戒解雇 —————— 520

1　懲戒解雇の有効性を判断するための4ステップ　520

2　職種変更命令・転勤命令の拒否を理由とする懲戒解雇　520

3　出向命令の拒否を理由とする懲戒解雇　523

4　海外転勤命令の拒否を理由とする懲戒解雇　524

5　海外出向命令の拒否を理由とする懲戒解雇　525

6　昇進命令の拒否を理由とする懲戒解雇　526

第7節 刑事犯罪（企業内犯罪）を犯したことを理由とする懲戒解雇 ——————————— 527

1 企業内非行と企業外非行 527

2 従業員の刑事犯罪の処分量定の考え方 528

3 検討対象とする刑事犯罪 529

4 窃盗・詐欺行為に対する懲戒解雇 530

　(1) 窃盗行為と詐欺行為とは 530

　(2) 窃盗・詐欺行為に対する基本的な考え方 530

　(3) 窃盗行為に対する懲戒解雇 531

　(4) 詐欺行為に対する懲戒解雇 531

　(5) 残業代の詐取に対する懲戒解雇 533

5 横領・背任行為に対する懲戒解雇 533

　(1) 横領行為と背任行為とは 533

　(2) 横領・背任行為に対する基本的な考え方 534

　(3) 懲戒解雇の有効性を判断する際の考慮要素 534

　(4) 横領行為に対する懲戒解雇 535

　(5) 背任行為に対する懲戒解雇 535

6 暴行・傷害行為に対する懲戒解雇 536

　(1) 企業内での暴行行為に対する懲戒 536

　(2) 暴行行為に対する基本的な考え方 536

　(3) 加害者と被害者の関係 537

7 賄賂行為に対する懲戒解雇 539

　(1) 公務員への贈賄行為の場合 539

　(2) 公務員以外への利益供与の場合 540

第8節 セクシュアルハラスメントを理由とする
懲戒解雇 ——————————————— 542

第9節 ストーカー行為を理由とする懲戒解雇 ——————— 545

第10節 パワーハラスメントを理由とする懲戒解雇 ——— 547

1 パワーハラスメントとは 547

2 動機・目的に着目 547

3 手段に着目 548

第11節 企業秘密の漏洩等を理由とする懲戒解雇 ——————— 550

1 「企業秘密」の「漏洩」とは 550

(1) 「企業秘密」とは 550

(2) 企業秘密の持ち出し・「漏洩」とは 552

2 企業秘密の漏洩等に対する懲戒処分のポイント 553

第12節 内部告発を理由とする懲戒解雇 ——————————— 555

1 内部告発とは 555

2 正当理由のある内部告発は違法性が阻却される 556

3 内部告発に対する懲戒処分のポイント 556

第13節 会社批判・誹謗中傷を理由とする懲戒解雇 ——— 559

1 会社批判・誹謗中傷とは 559

2 懲戒解雇処分のポイント 560

3 会社批判・誹謗中傷と懲戒解雇に関する裁判例 560

4 経営陣の更迭要求等と懲戒解雇に関する裁判例 560

目次 ◀ 25

第14節　企業外非行を理由とする懲戒解雇 —————— 562

1　企業外非行を懲戒事由として懲戒処分をすることができる
　か　562

　(1)　私生活上の非行行為は基本的に懲戒対象ではない　562

　(2)　私生活上の非行行為でも懲戒解雇できる場合がある　563

2　私生活上の飲酒運転と懲戒　563

　(1)　私生活上の飲酒運転が懲戒解雇の対象となるケース　563

　(2)　旅客運送の事業を営む企業の量定　566

3　痴漢行為と懲戒　568

第15節　兼業したことを理由とする懲戒解雇 —————— 572

1　兼業を禁止することができるか　572

2　無許可で兼業した労働者を懲戒解雇できるか　573

　(1)　実家の農作業の手伝いを理由とする懲戒解雇　575

　(2)　司法書士等の副業を理由とする懲戒解雇　576

　(3)　水商売のアルバイトを理由とする懲戒解雇　576

　(4)　トラック運転手の副業を理由とする懲戒解雇　577

第16節　教唆あるいは幇助したことを理由とする懲戒解雇
—————— 579

第17節　非違行為が懲戒解雇事由に該当するものでないにも
かかわらず，懲戒解雇が有効とされた裁判例 —— 581

1　債務不履行に対する懲戒　581

　(1)　基本的な考え方　581

　(2)　債務不履行を理由とする懲戒解雇を有効とした裁判例　581

2　部下の不祥事に対する上司の懲戒　582

⑴　基本的な考え方　582

⑵　上司に対する懲戒解雇を有効とした裁判例　584

第18節　懲戒解雇と退職金の没収・減額 ——————— 585

1　就業規則における退職金の没収・減額規定　585

2　実際に退職金を没収ないし減額できるかは限定的に解される　585

第8章　採用内定者の内定取消し・試用社員の本採用取消し

第1節　採用が内定している学生の身分と裁判所の考え方
——————— 589

1　採用内定期間中の身分は学生か労働者か　589

2　始期付解約権留保付労働契約が成立している場合とは　591

3　始期付解約権留保付労働契約が成立しているかどうかは認定論　594

4　内々定の取消しと期待権の保護（始期付解約権留保付労働契約が成立していない場合）　595

第2節　採用が内定している大卒者の内定取消しはできるか
——————— 598

1　採用内定を取り消すことができる事由　598

2　私傷病で約束どおり就労できない場合の対応　599

3　妊娠，出産，産前産後休業，育児休業と採用内定の取消し　600

4　業務上の必要性による採用内定の取消し　602

5　採用内定の取消しに関する訴訟がほとんどみられない理由　602

6　採用内定を取り消した場合の和解金額はどのくらいか　604

7 内定取消しの届出と企業名公表 604

第3節 採用が内定している高卒者の内定取消しはできるか ——— 606

1 学校が推薦した生徒は落とさないというルールがある 606

2 高卒者の採用内定の取消しで注意すべき点 606

第4節 試用期間中の従業員の本採用を取り消すことはできるか ——— 608

1 試用期間が制度として認められている理由 608

2 使用者が持つ労働契約の解消に係る裁量の範囲は正社員の場合よりも広い 608

3 本採用拒否の判断時期 610

4 出勤不良・能力不足を理由とした本採用拒否は認められるか 611

5 私傷病を理由とした本採用拒否が認められるケース 615

6 協調性不足・勤務態度不良を理由とした本採用拒否 616

第5節 どうすればトラブルを起こさない人材を採用できるか ——— 619

1 トラブルを起こさない人材を採用することが最善策 619

2 採用のポイント 620

(1) 「学歴」から「職歴」へ 620

(2) 「病歴」（現在の健康状態を含む） 620

(3) 「退職歴」 621

(4) 「性格」 622

(5) 「犯罪歴」 624

3 採用時の経歴の取得と法規制 624

(1) 個人情報保護法の規制　625

(2) 職安法 5 条の 4 「求職者等の個人情報の取扱い」についての規制　627

(3) 労働行政の実情　628

4　採用の実務のあり方　629

(1) 採用前に健康診断を実施する　629

(2) 経歴等は十分に確認する　631

(3) 身元調査は行わない　632

5　プライバシーの概念を考える　632

6　身元保証人をつける　634

第6節　新卒者・第二新卒者を採用するときの
チェックポイント ―――――――――――――― 637

1　新卒者を採用するときのチェックポイント　637

2　第二新卒者を採用するときに注意するポイント　638

第7節　中途採用者を採用するときのチェックポイント ― 641

1　中途採用者を採用する場合は経歴書の退職理由を確認する　641

2　中途採用者を採用する場合にも身元保証人をつけておく　642

3　トラブルを避けるために就業規則を整備する　642

第9章　非正規社員の労働契約解消（総論）

1　非正規社員とは　646

(1) 正社員と非正規社員の区別のポイント　646

(2) 直接雇用か間接雇用か　648

(3) 呼称について　648

(4) 非正規社員の特徴　649

目次 ◀ 29

2 雇用安定に関する合意の判断基準 650

(1) 人材調達の目的が臨時的な業務のためか，常用的な業務のためか 650

(2) 期間の定めがあるか 651

(3) フルタイマーかパートタイマーか 652

第10章 フルタイマーの労働契約解消

① 有期フルタイマーの労働契約解消 655

第1節 有期労働契約の終了の基本的な考え方 ―――― 655

1 有期労働契約は期間満了とともに終了するのが原則 655

2 雇止め予告が必要な場合がある 660

3 有期労働契約の締結の際の更新基準の明示 661

第2節 雇止め法理（労契法19条） ―――――――― 665

1 労契法19条の内容 665

2 判例法理との関係 666

第3節 有期労働契約の解消と雇用の臨時性・常用性 ―― 667

1 雇止めの正当性の判断基準 667

2 当該雇用の臨時性・常用性 667

3 基幹業務に使うと原則として雇止め法理の適用問題が発生する 668

第4節　有期労働契約の解消と契約更新の回数 ———— 671

1　更新が重ねられると雇止め法理が適用される可能性が高く
なる　671

2　例外として1回目の更新拒絶についても理由を求めた裁判
例がある　671

第5節　有期労働契約の解消と雇用の通算期間 ———— 673

雇用の通算期間が1年未満ならば原則として雇止め法理は適用
されない　673

第6節　有期労働契約の解消と契約更新の管理状況 ——— 675

1　黙示の契約更新はトラブルの原因となる　675

2　実務では適切に更新管理を行う必要がある　675

**第7節　有期労働契約の解消と雇用継続の期待を持たせる
言動・制度** ———————————————————— 677

1　雇用継続を期待させる使用者の言動は大きな意味を持つ　677

2　就業規則の規定も雇用継続を期待させることがある　678

第8節　有期労働契約の解消と契約内容の合理性 ———— 679

1　有期労働契約に合理的な内容を求める必要性は否定できな
い　679

2　性差別でない限り労働条件に格差をつけることも違法では
なかった　679

3　有期労働契約の内容は合理的に設定すべき　680

目次 ◀ 31

第9節 人員削減のために雇止めする場合の雇用確保
努力義務 ————————————————— 682

第10節 有期労働契約に更新上限特約や不更新特約をつける
ことはできるか ————————————————— 684

1 契約当初から特約がある場合 684

2 更新を重ねた後に特約を追加する場合 686

第11節 契約期間途中に有期労働契約を解消できるか —— 690

1 契約期間途中に有期労働契約を解消する場合に適用される
法律 690

2 有期労働契約の中途解消理由 691

3 有期労働契約の中途解消理由が使用者に責任のある場合 692

4 有期労働契約の中途解消理由が労働者に責任のある場合 694

5 雇止め法理が適用される有期契約労働者の中途解消は 695

第12節 日雇労働者の更新拒絶の場合の問題は ————— 697

1 配膳人紹介制度とは 697

2 配膳人の雇用責任はホテルにある 697

3 日々雇用契約でも雇止めにあたることがある 698

② 無期フルタイマーの労働契約解消 700

1 無期フルタイマーとはどのような雇用形態か 700

2 無期フルタイマーの労働契約解消に求められる合理的理由
の程度 700

第11章 パートタイマーの労働契約解消

第1節　パートタイマーとはどのような労働者をいうのか ————————————— 702

　　1　有期契約労働者・中卒労働者の代替労働力として生まれた
　　　パートタイマー　702

　　2　パートタイマーは使用者と主婦層のメリットが合致した雇
　　　用形態　703

**第2節　パートタイマーの労働契約の解消は雇用目的と
　　　　労働時間などの雇用実態から判断する** ——————— 704

　　1　雇用目的によるパートタイマーの分類　704

　　2　労働時間数によるパートタイマーの分類　705

　　3　期間の定めの有無によるパートタイマーの分類　707

　　4　解雇権濫用法理または雇止め法理の適用　708

　　5　パート労働法の平成26年改正による影響　710

**第3節　パートタイマーの労働契約の解消をめぐる
　　　　トラブルの実状** ————————————————— 715

　　1　パートタイマーの収入は補助給的なもの　715

　　2　パートタイマーの労働契約の解消をめぐるトラブルが少な
　　　い理由　716

第4節　アルバイト・フリーターの労働契約解消についての
考え方 ——————————————————————— 718

第12章　専門能力を有する契約社員の労働契約解消

1　専門能力者については契約期間を定めるべき　720

2　契約期間の定めがない場合　720

3　契約期間の定めがある場合　721

第13章　高年齢者と労働契約解消

1　高年齢者の契約解消の考え方　723

(1)　高年齢者とは　723

(2)　基本的な考え方　723

(3)　高年齢者に雇止め法理は適用されるか　723

2　高年齢者雇用（定年後再雇用以外）の労働契約解消　726

(1)　高年齢者の分類　726

(2)　内部労働市場型（第1類型）の高年齢者　728

(3)　外部労働市場型（第2類型）の高年齢者　731

(4)　高年齢者基幹労働力型（第3類型）の高年齢者　736

3　定年後再雇用者の労働契約解消　736

(1)　60歳以上65歳未満　737

(2)　65歳以上　738

第14章 女性・障害者・外国人労働者の労働契約解消

第1節　女性労働者との労働契約の解消をめぐる問題 —— 742

1　結婚退職制度は有効か　742

2　女性に対する若年定年制の問題　743

3　整理解雇の人選基準として既婚女性を優先的に解雇しても
　　よいか　745

4　女性労働者処遇型契約社員の労働契約の解消をめぐる問
　　題　746

　(1)　女性労働者処遇型の契約社員が生まれた背景　746

　(2)　労働契約の解消については裁判所の厳しい判断を受ける
　　　ことになる　747

第2節　障害者との労働契約の解消をめぐる問題 ——— 748

1　障害者雇用促進法の「障害者」の定義　748

2　障害の内容・程度に応じた労働契約の締結が必要　750

3　障害の悪化を理由として労働契約を解消できるか　751

4　障害者雇用率未達成の場合　752

5　障害者雇用促進法5条と雇止めの関係（指導のあり方）　754

第3節　外国人労働者との労働契約の解消をめぐる問題 — 756

1　外国人労働者に適用される労働法規　756

　(1)　日本の国際裁判管轄①　普通裁判籍と事件ごとの管轄　757

　(2)　日本の国際裁判管轄②　合意管轄　759

　(3)　日本の労働法の適用関係①　私法（労契法，判例法理）
　　　の適用　760

　(4)　日本の労働法の適用関係②　公法（労基法）の適用　762

2　就労可能な在留資格とは　762

3　技能実習制度の改正　763

　(1)　技能実習制度とは　763

　(2)　技能実習制度の平成21年改正　764

　(3)　技能実習制度の平成28年改正　765

4　在留資格の確認　766

5　在留資格を得られないことを理由とした労働契約の解消　767

6　有期労働契約を締結した外国人労働者の契約解消　768

　(1)　雇止め法理の適用はあるか　768

　(2)　契約期間中の契約解消　769

7　期間の定めのない労働契約を締結した外国人労働者の契約
　解消　769

8　技能実習生の契約解消　771

9　今後の外国人労働力の受入れ　772

第2編

派遣・業務処理請負に関する契約解消

第1章　他人が雇用する労働力利用と契約解消

第1節　はじめに ———— 774

第2節　派遣における契約解消をめぐる問題 ———— 775

　1　派遣とは　775

2 派遣先による派遣元との契約解消に伴う法的問題 779

(1) 派遣契約はいつでも自由に解消できるか 779

(2) 期間途中の派遣契約の解消に伴い派遣労働者を解雇できるか 781

(3) 有期雇用派遣労働者（登録型派遣）に雇止め法理の適用はあるか 785

第3節 業務処理請負における契約解消をめぐる問題 —— 790

1 業務処理請負とは 790

2 業務処理請負契約はいつでも自由に解消できるか 792

3 業務処理請負契約の解消を理由として請負企業は労働者を解雇できるか 793

第2章 企業と直接業務委託契約を締結した個人との契約解消

第1節 個人業務委託の問題点 —— 796

1 個人事業主か労働者か 796

2 労働者と判断された場合 798

3 労基法9条の労働者性の判断基準 798

4 労働者であるか否かはまず「事業者性」の有無で判断すべき 799

5 「事業者性」の有無が明確でない場合には「使用従属性」の有無で判断 803

第2節 個人業務委託における契約解消の問題 —— 812

1 労働契約とされた場合の契約解消の問題 812

2 リスクへの対処法 813

3 実務対応論 813

第3編

労働契約の解消に係る紛争解決手続

第1章 行政等による紛争解決手続

第1節 都道府県労働局の紛争調整委員会によるあっせん

816

1 紛争調整委員会によるあっせんとは 816

2 紛争調整委員会によるあっせんの利用状況 820

第2節 都道府県労働委員会による個別労働紛争のあっせん

825

第3節 都道府県労政事務所による労働相談・あっせん

830

第4節 弁護士会・社労士会によるあっせん 832

1 弁護士会の紛争解決センター 832

2 社労士会の紛争解決センター 832

第2章 司法による紛争解決手続

第1節 裁判所における訴訟手続（本訴・仮処分）——— 833

1 通常訴訟（本案訴訟） 833

2 保全手続（仮処分） 835

3 本訴および仮処分と労働審判との関係 837

第2節 労働審判手続 ——————————————— 839

1 労働審判事件のうち労働契約の解消に係る紛争が半数以上
を占める 839

2 労働審判手続の仕組み 839

3 労働審判手続の利用状況と実際の運用 841

(1) 迅速に解決されている 841

(2) 適正に解決されている 846

(3) 実効的に解決されている 846

(4) 他の手続で解決できなかった事案が解決されている 847

4 原職復帰に固執しない事案を労働審判手続に 847

5 割増賃金請求のみの事案は適切か 848

6 労働審判手続の実務対策 848

7 合同労組等と労働審判 849

第3節 簡易裁判所における民事調停手続 ——————— 851

第4編
解雇の金銭解決制度

1 解雇の金銭解決制度とは 854

(1) 議論の背景 854

(2) 「事前型」と「事後型」 855

2 平成18年までの政府検討の経緯 855

3 安倍政権下における検討状況 856

(1) 日本再興戦略2014 856

(2) 規制改革会議 857

(3) 厚生労働省設置の検討会 858

4 筆者の見解 859

(1) 既存の紛争解決システムの拡充で十分 859

(2) 労働審判制度は事実上の金銭解決制度 859

(3) 行政の紛争解決制度を活かすべき 861

最新裁判例

1 普通解雇 869
　(1) 解雇有効 869
　(2) 解雇無効 872
2 休職 876
　(1) 退職有効，解雇有効 876
　(2) 退職無効 878
3 事業の再構築と従業員の転籍・解雇 880
　解雇有効 880
4 懲戒解雇 881
　(1) 懲戒解雇有効 881
　(2) 懲戒解雇無効 884
5 非正規社員 888
　雇止め有効 888
6 高年齢者雇用 889
　再雇用契約更新拒絶無効，再雇用拒否無効 889

判例索引 895

第 1 編

労働契約の解消

序章

労働契約解消の現代的な視点

1 本書の視点——労働契約の入口・展開を踏まえた解消論

　本書は労働契約解消，すなわち労働契約関係の「出口」に関する本です。

　個別労働関係は，労働契約の締結，すなわち労働契約関係の「入口」と，その「展開」があって「出口」に至るという経過を辿ります。労働契約解消（出口）の相当性を議論するにあたっては，当該労働者と使用者がどのような契約を締結したのか（入口），契約中の当該労働者の実際の処遇がどうであったのか（展開），すなわち，労働契約の「入口」と「展開」はどうだったのか，という点が重要な問題となります。

　たとえば，ある労働者につき，営業部長として地位を特定して，年収2,000万円で中途採用をしたところ，当該労働者の能力が部長職に相応しいレベルに達しないと判明したため解雇したとします。この解雇の有効性は，部長職という地位，および年収2,000万円という契約の内容を踏まえて判断され，地位が特定されていない通常の労働者と比較して，解雇の有効性判断のハードルは下がる傾向があります。

　他方で，同じように営業部長に地位を特定して年収2,000万円で中途採用した労働者について，会社が能力不足を理由に減給を伴う降格等を行うと，その後の解雇の有効性の判断は，先ほどの例よりもハードルが上がる可能性があります。

　このように，契約締結時の事情と契約締結後の処遇によって，解雇の有効性の判断も変化します。

序章／労働契約解消の現代的な視点　◀ 3

　本書は，労働契約の解消＝「出口」について，以上のように労働契約の「入口」と「展開」を踏まえて議論することをコンセプトとしています。

＊　地位特定者に対し，使用者は降職（たとえば営業部長から課長への降職）する権限を有していません。そのため，降職を行おうとする場合，普通解雇を避ける趣旨の措置であることを説明のうえで，降職について当該労働者の同意を取得する必要があります。なお，筆者はこのような降職には反対の立場です。地位特定者の能力不足の問題は，賃金の問題ではなく，雇用の問題であると認識する必要があります。詳しくは第3章第6節1を参照してください。

2　解雇は原則自由である

　一般に，日本は解雇規制が厳しいイメージがあります。しかし，日本の法律において解雇は原則として自由です。使用者は労働者を解雇する権限を有しており，したがって，原則としてその理由を問わず，使用者は自由に解雇できるのが前提とされています。

　憲法22条および29条は自由市場主義を定めており，誰もが自由な経済活動を行うことができるのが原則です。したがって，民法上も，使用者と労働者は，期間の定めがない労働契約についてその理由を問わずに自由に解消できるのが原則とされています（民法627条1項）。民法は，解雇に関するルールとして，解雇時期に関する手続的規制しか置いていません（民法626条以下）。

　もっとも，民法は対等な私人間を想定して作られた法律ですが，労働契約においては使用者と労働者の間に交渉力格差があります。そこで，民法の原則を修正して労働者を保護するべく，生存権を定めた憲法25条を根拠として，憲法27条2項および同項に基づいて制定された労働基準法（以下「労基法」）において，労働契約の最低基準が定められました。しかし，この労基法においても，解雇時期に関する手続的規制等は修正されていますが，解雇の理由を限定する定めは置かれていません。＊

＊　ただし，法律上，特別の事由がある場合には解雇が禁止されています（243頁参照）。

また，解雇に関する規制としては，労基法のような最低基準を定める立法のほか，判例法理で「解雇権濫用法理」が確立されています。この法理を明文化したのが平成19年に制定された労働契約法（以下「労契法」）の16条ですが，同条も，あくまでも解雇が原則自由であることを前提とした立て付けになっています。

　労契法16条は「解雇は，客観的に合理的な理由を欠き，社会通念上相当であると認められない場合は，その権利を濫用したものとして，無効とする。」と定めています。これに対して，労契法14条（出向）は，「『使用者が労働者に出向を命ずることができる場合において』，当該出向の命令が，…その権利を濫用したものと認められる場合には，当該命令は，無効とする。」と定めています。また，同様に，労契法15条（懲戒）は，「『使用者が労働者を懲戒することができる場合において』，当該懲戒が，…客観的に合理的な理由を欠き，社会通念上相当であると認められない場合には，その権利を濫用したものとして，当該懲戒は，無効とする。」と定めています。

　労契法14条・15条の『　』部分の文言は，使用者が出向命令権や懲戒権を保有していない場合も想定するものですが，このような文言はあえて16条には置かれていません。これは，労契法16条の解雇権濫用の禁止に関する条文は，使用者にもともと解雇権があることを前提としているためです（労契法16条の立法過程については83頁参照）。

　裁判例では，ナショナル・ウエストミンスター銀行〔三次仮処分〕事件＝東京地決平12.1.21労判782-23で，「普通解雇については解雇自由の原則が妥当する」として解雇は原則として自由であることが明言されています。労契法16条が制定されて以降では，三枝商事事件＝東京地判平23.11.25労判1045-39が，「使用者に原則として『解雇の自由』（民法627条1項。解雇自由の原則）が保障されている」として，解雇は原則自由であるという点を明確に述べています。

3　解雇概念の整理

　解雇は，①普通解雇，②整理解雇，③懲戒解雇の３種類に分けることができます[*]。

> [*]　「普通解雇」という言葉は，広義の意味で用いられる場合，狭義の「普通解雇」と「整理解雇」を包括する概念として位置づけられ，懲戒解雇と区別されています。

　普通解雇（狭義の「普通解雇」を指します。以下同じ）は，約束違反（本旨弁済の欠如）を理由とする契約解消です。本旨弁済とは，労働契約で約束したとおりの義務を労働者が果たすことをいいます。

　本来，約束違反がある以上，使用者は債務不履行を理由として契約を「解除」（民法541条以下）し，契約を解消する，すなわち解雇することが可能なはずです。これは，労働契約における解雇自由の原則を持ち出すまでもなく，契約の一般的な原則から導かれる問題です。

　もっとも，労働者保護の観点から判例で解雇権濫用法理（現在は労契法16条）が形成された結果，普通解雇事由がある場合も使用者は常に解雇しうるものではなく，社会通念上の相当性を欠く場合には解雇権を濫用したものとして解雇は無効と判断されます。そして，相当性ありと評価されるためには，契約解消に至る前に改善の機会を付与することが必要とされる仕組みが作られてきました[*]。

> [*]　近時は，単なる本旨弁済の欠如に止まらず，会社を殊更に敵視して攻撃する従業員の存在が見受けられるようになりました。筆者としては，こうした従業員の解雇についてはまた別の議論が必要であると考えます。この点は下記4(4)を参照してください。

　整理解雇は，労働者は本旨弁済をしているにもかかわらず，使用者の都合により行う契約解消です。普通解雇のように労働者に約束違反（本旨弁済の欠如）はありませんが，先ほど述べたように，解雇は自由が原則であるため，労働者側に非がない場合であっても，解雇の権限が使用者にあることに変わりはありません。しかし，判例で解雇権濫用法理が形成された結果，使用者による

整理解雇は，その解雇権行使が権利濫用に該当しないかどうか，同法理の一類
型である「整理解雇法理」により厳しく判断されることになりました。

　3つ目の類型である懲戒解雇は，秩序違反に対する制裁として行う契約解消
です。懲戒処分としての性質を有するため，解雇権濫用法理に照らした解雇の
有効性に加えて，懲戒処分としての有効性の要件も満たすことが必要となりま
す。

　懲戒解雇は当該労働者の他企業への就職の機会を事実上奪うに等しい重大な
処分であるため，裁判例も，普通解雇に比べて非常に厳しい要件を課していま
す。

　以上のように，解雇には3つの類型があり，それぞれで解雇の有効性の判断
基準も異なります。

4　契約解消に関する新たな問題

　本書の第2版を出版したのが平成23年です。それから7年の間に，有期契約
労働者に関する労契法の改正，労働審判制度の定着，第二次安倍政権の誕生な
ど，人事労務を取り巻く環境にも様々な変化がありました。また，業務災害と
認定される精神疾患の患者数も引き続き増加の途をたどっています。

　こうした状況の変化に伴い，新たに以下のような問題が生じています。

(1)　労契法18条による無期転換に関連する契約解消

ア　無期転換後の雇用保障

　平成24年の労契法改正により，労契法18条に，有期契約労働者の無期転換の
規定が新たに設けられました。この労契法18条により無期契約へ転換した労働
者は，正社員や有期契約社員と比較してどの程度雇用が保障されるのかが問題
となります。

　この点，契約解消の困難度は，同一雇用形態における有期契約の雇止め＜無

期契約の解消＜有期契約の途中解消，の順番に難しくなるといえます。しかし，これはあくまでも同一雇用形態の中で比較した場合の順番であり，異なる雇用形態間でも妥当するものとはいえないと考えます。詳しくは第9章で説明します。

イ　不更新特約，更新回数上限特約

こうした無期転換を防ぐための手段として，不更新特約や更新回数上限特約，有期派遣労働者の雇止めなどが議論されることがあります。

詳しくは第10章第9節で説明しますが，労契法18条の適用を潜脱するための不更新特約はもちろん，同趣旨で新たに導入された更新回数上限特約についても，その有効性には今後厳しい判断がなされることが予想されます。

また，新たな問題として，定年を超える高年齢者の無期転換の問題があります。無期転換後の契約社員について，仮に65歳で定年制を定めたとしても，高年齢者を有期契約社員として新規に雇い入れた場合，労契法18条により，65歳を超える年齢で無期転換する契約社員が出てくる可能性があります。

65歳を超える年齢で無期転換する契約社員が生じるとしても，筆者としては，高年齢者の雇用の安定等に関する法律（以下「高年法」）が65歳までに限って継続雇用を求めている点に鑑みれば，65歳を超える無期転換社員の雇用保障の程度は，65歳以下の無期転換社員と比較すれば弱いものと考えます。したがって，65歳定年を超える高年齢者の無期転換に対してとくに使用者側が過敏になる必要はないものと考えています。

(2)　普通解雇に対する改善機会付与のマニュアル化

労働審判制度開始後の裁判所（下級審）においては，近時，解雇の有効性判断がマニュアル化する傾向が見受けられるようになりました。中でもとくに顕著な傾向として，事案の差異にかかわらず，普通解雇に関して，解雇前に譴責などの懲戒手続を踏んでいなければ一律に解雇を無効とするような傾向が指摘されます。この傾向については，詳しくは第3章第3節で説明します。

8 ▶ 第1編／労働契約の解消

このような下級審のマニュアル化の影響として懸念されるのが，使用者が，そもそも契約解消をするつもりで，労働者の改善目的ではなく当該解雇の有効性を担保する「証拠づくり」のためにマニュアルの手続を踏むことです。このような手続の踏み方をする場合，往々にして使用者の真の意図は裁判官に透けて見えてしまうものです。使用者の真の意図が明らかになってしまうと，仮に労働者の問題行為が当該手続後も継続していたとしても，「労働者が問題行動を継続したのは，『証拠づくり』に勤しむ使用者の態度に労働者が反発した可能性がある」と裁判所に評価されて，解雇が無効と判断されてしまうおそれがありますので，注意が必要です。

(3) 休職と契約解消

近時，精神疾患の罹患者数は増加を続けており，職場においても，精神疾患を理由とする休職事例が後を絶ちません。従来の休職制度は，主に身体疾患を念頭において作られていましたが，精神疾患は，①病気かどうかの判断が困難な場合がある，②再発しやすい，③復職の判断が困難，④労働者側との連絡が取りにくい場合があるなど，身体疾患とは異なる特徴を有していますので，こうした特徴を踏まえて対応を考える必要があります。[*]

＊ 現在，「障害」，「病気」，「疾患」という言葉が混在して使われている状況にあります。本書においては，障害者雇用促進法上の障害に該当する場合に「障害」，同法の障害にあたらない場合に「病気」，「障害」と「病気」を併せて「疾患」という言葉を用いて説明していくことにします。

ア 復職可能かの判断

私傷病で休職していた従業員を復職させるかどうかの判断基準は，当該従業員が「本旨弁済」が可能か，すなわち，当初の契約どおりに働くことが可能かどうかです。

もっとも，休職期間満了時における復職の判断では，完全な本旨弁済を求めるのではなく，出張や残業などの負担がややかかる業務については少なくとも数カ月ほど猶予するのが適切です。休職制度は本旨弁済ができない従業員に対

する解雇猶予措置としての機能を有しているところ，休職期間途中での復職拒否は賃金の問題にすぎませんが，休職期間満了時の復職拒否は，解雇猶予期間の終了時になお復職できないことを意味するため，契約解消に繋がる雇用の問題となります。そのため，使用者においても復職に対して一定の配慮が求められることになります。この点は第4章第3節で詳しく説明します。

イ　労働者本人の協力義務

休職・復職時の判断を正確に行うためには，主治医と会社との面談，産業医による診察等が必要となります。詳しくは第4章第5節で説明しますが，このような面談・診察については，労働者が求める休職・復職について会社が適正な判断を下すために必要なプロセスであるため，休職・復職を求める側の労働者自身にも協力する一定の義務があると考えられます。近時の裁判例においては，休職または復職を求める労働者がこの協力を拒んだ場合に，かかる拒否の事実が労働者に不利に働く傾向が明確になってきています。

ウ　「新型うつ」の考え方の整理

近時，新しく出てきた精神疾患の一類型として「新型うつ」と呼ばれるものがあります。「出社しようとするとうつ状態を発症するが，私生活上は通常どおり過ごすことが可能」という状態を総称して「新型うつ病」などと一般に呼ばれており，正式な病名ではありません。

従来の「うつ病」をはじめとする精神疾患は，明らかなストレスが客観的に存在したり，生真面目で責任感が強い人が発症しやすいなどの傾向が見られますが，これに対して「新型うつ」は，明らかなストレスが認められなくとも発症する点や，発症する人の性格に未成熟な傾向が見られることが多いとされる点，職場以外では通常どおり過ごせる点に特徴があるとされています。

本書では，第3章第12節5で，「新型うつ」についての考え方と対処法を整理しています。

エ　障害者に対する契約解消

　平成28年4月1日，障害者の雇用の促進等に関する法律（以下「障害者雇用促進法」）の改正法が施行されました（ただし，障害者の範囲の明確化にかかる部分等は平成25年6月19日施行，また，法定雇用率の算定基礎の見直しにかかる部分等は平成30年4月1日施行）。障害者を雇用する事業主は，障害者の雇用に対して合理的配慮を求められることになりました。

　今後，病気と障害の線引きが問題になることが予想されます。病気であれば休職の問題になりますが，病気が症状固定した後は障害の問題になります。そして，障害者雇用促進法では労働行政上の合理的配慮ないし過重な負担が問題となりますが，解雇のような民事上の問題については，障害者を解雇したことに社会的相当性が認められるかという観点から，別途考える必要があります。

　たとえば，東海旅客鉄道〔退職〕事件＝大阪地判平11.10.4労判771-25は，脳出血（身体障害）を発症し，3年間の休職を経た後も症状が残存した労働者に対し，使用者が復職不可と判断して退職扱いとした事件ですが，裁判所はこの退職扱いを無効と判断しました。この事件などはまさに，病気ではなく障害が問題となった事例といえます。

　なお，精神障害の場合には，障害者雇用促進法上の障害者の定義に該当する場合であっても，なお解雇が有効と評価される可能性はあると考えます。実務上は，障害への対応について，身体障害と精神障害とは分けて考える必要があるのではないかと思います。

　本書では，第4章第3節以下で，従来の裁判例を「障害」の観点からも見直すとともに，障害者に対する契約解消に際しての留意点について詳しく論じています。

(4)　新しい問題社員の出現

　これまで，会社が対応に苦慮する「問題社員」といえば，勤怠不良などの問題行動を起こす従業員や，成績不良の従業員などを指しましたが，近時，新し

い問題社員のタイプとして「会社と対立する形でトラブルを引き起こす従業員」が出てきました。

労働契約も継続的な私法上の契約である以上，信頼関係が破壊された場合には契約の解消事由となるのが原則ですが，このような会社を敵視する従業員については，従業員の方から信頼関係の構築を拒否しているともいえる場合があります。

この点，労働者も憲法22条で職業選択の自由が保障されており，会社が嫌なのであれば自由に労働契約を解消して自営業者となるか，または他社で就労するかの選択肢を持っています。その選択をせずに，自ら会社で働き続けることを選択しておきながら，会社との信頼関係の構築は拒否する，このような労働者に対して，会社が解雇により契約を解消する選択肢を持ちえないとするのは，バランスを失すると考えます。

筆者の個人的な見解としては，このように会社との信頼関係の構築を自ら拒否するような問題社員に対しては，使用者による解雇の有効性が認められやすくなるべきと考えます。

(5) 勤務・時間・職務限定正社員の契約解消

近時，政府は正社員と非正規社員の働き方の二極化を緩和し，労働者一人ひとりのワークライフバランス*と，企業による優秀な人材の確保や定着を同時に可能とするような働き方・雇用の在り方として，職務・勤務地・労働時間を限定した「多様な正社員」の普及に向けた提言を行っています。

こうした職務・勤務地・労働時間が限定された正社員については，当該勤務地における業務の消滅や職種消滅等を理由とする整理解雇を行う際，事前に配転の努力が求められるかなどの点において，通常の正社員と比較して，雇用保障の程度が変わるのかどうかが論点となります。詳しくは第5章第3節4で説明します。

　*　**ワークライフバランスについて**　　筆者は，「ワークライフバランス」という単語について，本来，「ライフ」（生活）が「ワーク」（仕事）よりも優先されるべきであり，「ラ

イフワークバランス」と表現すべきであると考えています。しかし，本書では，一般に浸透している用例にならって，「ワークライフバランス」の単語を用います。

(6) 政府が掲げる解雇の金銭解決制度

第二次安倍政権（平成24年～）発足後，政府は，予見可能性が高い契約解消のシステムとして，解雇に関する紛争を金銭で解決する制度の導入を検討しています。

金銭によって解雇の紛争を解決する，または金銭によって解雇を正当化する制度の導入は，経済団体などの要請を受け，平成13年から14年にかけて厚生労働省の労働政策審議会ですでに検討されていました。その後しばらくは検討課題として棚上げされていましたが，第二次安倍政権下で再び議題として取り上げられるに至っています。

本書では，政府が導入を検討する「解雇の金銭解決制度」の内容と，その問題点等について第4編で指摘しています。

第1章

 労働契約解消総論

第1節　労働契約の解消に際し使用者が持つべき意識とは

1　労働契約の解消は合意によるのを原則とする

　本書は，労働契約の解消に際しての法による規制や裁判所の考え方（判例など）を確認し，それを踏まえての実務対応を説明するものですが，その前提として，使用者として持っておくべき労働契約の解消に対する意識について，まず触れておきたいと思います。

　労働契約の解消といえば，①解雇以外の事由による終了（当然退職・辞職・合意退職）と②解雇による終了（普通解雇・整理解雇・懲戒解雇），③雇止めがあげられます。

　しかし，この中でも労働契約の解消の基本は「合意退職」にあると考えます。労働契約関係の成立は両者の合意によるものですから，その解消も合意によるのが原則だということです。

2　解雇は労働者の生活基盤を根こそぎ覆すおそれがある

　労働契約の解消方法の1つとして解雇がありますが，これは使用者からの一方的な意思表示による労働契約の解消をいいます。使用者の解雇も労働者の辞職も，民法上は一方的な意思表示による労働契約の解消方法として同じレベル

使用者が持つべき労働契約の解消に対する意識とは

労働契約は合意により円満に解消するのが
労働者とのトラブルを防ぐ最善の方法

労働者を解雇すると，労働者自身だけでなく
その家族の生活をも大きく変えることになる

解雇という手法の選択には慎重であるべき

で議論されています。

しかし実務では，労働者1人が辞職したとしても，会社経営が成り立たなくなるというような場面は非常に例外的といえます。一方，使用者が労働者を解雇すると，その労働者の生活が根底から覆されることになるのがほとんどだといえます。多くの労働者は賃金を唯一の収入源とし，その賃金がなくなれば，生活費・住宅ローンをはじめとして，子供の教育費などの支払いができなくなります。労働者自身だけでなく，その賃金によって生活を維持してきた家族の生活，場合によってはその子供の将来をも左右するものです。これは，従来，その労働者が大企業の正社員であった場合に最もよくあてはまると考えられてきました（正社員の配偶者を持つパートタイマーが解雇されたとしても，その家族が路頭に迷う事態は生じにくいといえます）。

しかし，近年の雇用システムの変化と，リーマンショックに代表されるような未曽有の経済危機とがあいまって，さらに解雇が生活に決定的なダメージをもたらすような労働者が多くなってきました。それは，会社の寮を住居とし，

職場が動くにつれてさまざまな地域に移り住む生活を送っている非正規社員たちです。こうした生活形態の労働者は，従来も，一部の地方の日雇い労働者などに見られましたが，その数は決して多くはありませんでした。ところが，今般の雇用状況・経済情勢の変動に伴い，こうした層がはっきりと意識されるようになってきました。こうした層の労働者に対する解雇は，「職」と「住」を同時に奪うという点で，解雇のもたらす影響ははるかに大きいといえるのです。使用者は，このような事情を十分に認識しつつ，解雇が労働者に与える甚大な影響と，その裏返しとしての法的リスクに今まで以上に配慮して，解雇の判断に臨むべきであるといえます。[*]

> [*] 筆者も，日常の法律相談で，企業側の立場から解雇の実施の是非について意見を述べることが多いのですが，この点に関する強い意識を持たなければならないと考えています。

大きな視点からみれば，日本は憲法25条で健康で文化的な最低限度の生活を送ることを国民に保障しています。そのため，国が国民を食べさせていくシステムが必要であり，国民が労働で生きていけない場合には，生活保護という制度でその責任を果たすことになっていますが，通常時は税金によるのではなく，資本主義のもと，国民が働いて賃金を得ることで食べていくことを基本としています。したがって，会社から解雇されることによって賃金を得る道を絶たれれば，その労働者は生活を送ることが難しくなります（自営業という道もありますが，多くの国民が労働者として働いていくのが現実です[*]）。もちろん，憲法25条は使用者と労働者の間を直接規律するものではありませんが，同条および同法27条2項を受けて，労基法や最低賃金法（以下「最賃法」）などが使用者に一定の労働条件を義務づけることによって労働者の保護を図っています。

> [*] 就業者に占める雇用者の割合は，昭和23年平均では36.8％でしたが，平成29年平均では89.1％になっています（総務省統計局「労働力調査」）。

このような観点から使用者と労働者の関係を認識したとき，事案によっては使用者が「労働者の生活を根こそぎ覆す」ともいえる解雇を選択できない場合も出てくるはずです。

そこで，解雇が労働者の生活に大きな影響を及ぼすことから，解雇に至る事

情を総合的に考慮して，その解雇が使用者および労働者にとって社会的に相当な結論であるかが問われることになります。

3　懲戒解雇は労働者の職業人生を奪うに等しい

　普通解雇でさえ，前述のような考慮が必要とされます。まして懲戒解雇については，使用者にさらなる考慮や慎重さが求められるといえます。仮に労働者が懲戒解雇されたなら，自営業の道が残されているとはいえ，企業での再就職の機会を事実上奪ってしまうことになります。懲戒解雇された人を企業が進んで採用するはずもないからです。

　今日，企業のコンプライアンスに対する姿勢に厳しい目が注がれているためもあってか，企業は従業員に不祥事などがあるとすぐに懲戒解雇との結論を出す傾向にあります。退職金を没収または減額するため，あるいは企業秩序維持の観点から，懲戒解雇しないと他の従業員に対する示しがつかないためと説明されることが多いようです。しかし裁判例をみると，懲戒解雇に対しては普通解雇に比べ非常に厳しい要件を課しているといえますし，仮に懲戒解雇自体は有効でも，退職金の没収または減額が有効と判断される要件はさらに厳しく限定されています。

　また，企業秩序は，懲戒解雇という威嚇力ではなく，労働者との信頼関係をもとに維持すべきものといえます。

　したがって使用者は，解雇の有効・無効の問題とは別に，その解雇が労働者の職業人生にどれだけ大きな影響をもたらすのかを意識すべきです。企業が倒れては元も子もありませんが，実践する経済的余裕のある企業については，このような意識を持って労働契約の解消に臨むことが必要と考えます。

4　退職届を受け取ることがトラブルを避ける最善の方法

　ここまで労働契約の解消に際して使用者の持つべき意識について説明してき

ました。労働契約の解消をめぐって労働者とトラブルを起こさないためには，やはり労働者自らの辞職や合意退職を実現することです。本書では，解雇の正当性，つまり解雇がどのような場合に有効と判断されるかについて，裁判所の考え方を踏まえて説明していきますが，それはあくまでも法律的にどう考えるべきかということであって，実務で注意すべきポイントは別にあります。

　説明してきたように，解雇事由があるからといって，使用者はすぐに解雇に踏み切るべきではありません。たとえ解雇事由があっても，使用者はもちろん労働者本人のためにも，解雇事由をはじめ他の従業員の意識など周辺の事情を十分に説明して，退職届を提出してもらい，自己都合もしくは会社都合という円満退職の形をつくっていくのです。これは，使用者だけでなく労働者にもメリットがあるわけですから，できるだけ円満退職が実現する方法を考えるべきです。

　この円満退職の実現を図るために労働者と面談する場合，口頭だけでの説明や話合いは避け，解雇理由書を作成し労働者本人に提示します。これは，最終的に解雇という形をとらざるをえなくなったとき，裁判などへの対応も考えてのことです。* また退職について合意した場合も，退職願などで労働者の退職意思が明確となるよう必ず書面に残すようにします。

> ＊　詳細な解雇理由書を手交する効用としては，以下のものが考えられます。
> 　　今日では，労働者が解雇が不当であるとして，弁護士や合同労組等に相談に行った場合，解雇理由書をもらったかと尋ねることが多いと思われます。そこで弁護士等が解雇理由書を読めば，労働者の一方的な言い分に惑わされることなく，常識的な対応をとる契機となると考えられます。また，弁護士の場合，解雇を争うことは難しいというアドバイスをしたうえで，退職届を提出して，解雇を撤回してもらった方が良いというアドバイスをする可能性があると聞くこともあります。

5　最後まで退職届を受け取る努力をする

　普通解雇の場合，「普通解雇理由書」をきちんと作成し，それを本人に読んでもらいます。そして，「理由書に書かれている事実を踏まえて，会社として当該

解雇は正当な行為と判断している。あなたが退職届を提出しなければ解雇するつもりだ。しかし，退職届を出してくれるならば解雇はしない」という話合いをすることもできます（ただし，この表現をとると，後日，解雇は無効であるから退職の意思表示も無効である，との主張がなされる事例がみられるようになっていますので，この点に関しては，第2章第5節を十分に参照して実務対応を考えてください）。退職届が提出され合意により労働契約の解消となるならば，わざわざ追討ちをかけるように解雇する必要はありません。労働契約の終了という法的効果は同じで，しかも後日トラブルとなるリスクが減ります。他の従業員への示しがつかないなどの理由で解雇する必要があるという経営者も中にはいますが，会社と従業員との間に信頼関係ができていれば，その退職が何を意味するのか，わかってもらえるはずです。

　どうしてもその場で労働者本人が退職届を出さない場合は，解雇の意思表示をするという方法もあります。この場合，まず解雇の意思表示をしておいて，「2～3日以内に退職届を送付してくれれば解雇の意思表示を撤回する」という形をとります。解雇を言い渡されてはじめて状況を冷静に見つめ直し，本人が翻意するかもしれません。

　つまり，最後まで退職届をもらう努力をするのです。このような努力をすることにより，集団労使紛争への発展，合同労組やコミュニティ・ユニオン（以下併せて「合同労組等」といいます）への駆込み的な加入，雇用契約上の地位をめぐる裁判などのトラブルが生じるリスクを減らすことができます。

　　＊　**合同労組，コミュニティ・ユニオン**　　合同労組とは，中小企業労働者を組織対象とし，企業の内部ではなく一定地域を団結の場として組織された労働組合を指します。
　　　　また，近年は，地域労働運動の新しい担い手として，中小企業のパートタイム労働者等が個人加入する小規模な地域一般労組が増加しており，コミュニティ・ユニオンと称されています（菅野和夫『労働法（第11版）』776頁）。
　　　　合同労組やコミュニティ・ユニオンは，企業別組合を組織しにくい中小企業における労働者の労働条件の維持・向上や，企業別組合が担いがたい個別労働紛争の解決などの機能を果たすことによって，企業別組合による労使関係システムを補完しているとの評価もありますが（同書777頁），平成13年10月に個別労働紛争解決促進法が施行され，その後も多くの司法・行政の解決機関が整備された今日では，その役割は縮小し，逆に多くの

トラブルを発生させているともいえます。

とくにいわゆる零細ないし小企業，場合によっては中企業でも，上記のリスクが現実化すると，会社経営の危機に陥ることさえあります。そこまで至らなくとも，使用者ないし担当管理職の精神的負担は過重なものになることは明らかです。

実務では，解雇に伴うリスク回避，すなわち合意による契約解消の努力が最も重要であるとの認識を持つべきと考えます[*]。

[*] この退職届の取得の努力が，労働者，一部の弁護士あるいは合同労組等に，会社が退職届にこれほど固執しているのであれば，解雇の有効性は揺るがせなくとも，これを材料に一定の金銭解決すなわち「退職届を金に換える」との姿勢を生み出すリスクはあり，実務ではそのような事例も経験しています。それでもなお，実務では，退職届取得に努力すべきといえます。

第2節　労働契約の解消にはどのようなものがあるか

1　労働契約の解消場面を整理する

労働契約の解消の各場面の定義を整理すると，次のとおりとなります。

(1)　契約当事者の消滅による労働契約の終了（自然人死亡・法人解散）

労働契約は特定の労働者が特定の使用者のために労務を提供する契約ですから，その契約の存続には当該契約当事者の存在が必要です。したがって，労働者の死亡や個人事業主である使用者の死亡により契約当事者が消滅すると，労働契約は原則として終了します。また，法人である会社が解散・清算した場合にも契約当事者が消滅するので，労働契約は原則として終了します。

＊　会社解散とともに，その会社の事業も廃止となれば，労働契約は終了しますが，その事業が他の会社に譲渡されるような事例では，譲受先会社への労働契約の承継問題が発生することになります。

一般的に，労働者の死亡は就業規則に当然退職事由として規定されています。

(2)　包括的同意による労働契約の解消（当然退職）

包括的同意とは，就業規則に契約終了事由などを定めておいて，労働契約を締結する際に，その点を説明のうえ，「就業規則を遵守する」という誓約書を提出させるなどの方法で労働者からとる同意をいいます。

就業規則で定められる当然退職とは，一定の事由が発生すると当然に労働契約が終了するものをいいます。前述したように，労働者の死亡は契約当事者が消滅するわけですから規定がなくても当然に終了しますが，当然退職事由として確認的に定められるのが通常です。また，退職年齢を定める定年，有期労働契約における期間満了，休職期間満了も，当然退職事由とされるのが一般的です。

第1章／労働契約解消総論　21

労働契約の解消場面の整理		
契約当事者の消滅による労働契約の終了		自然人の死亡や法人の解散・清算などで契約当事者が消滅したために労働契約が終了するもの
包括的同意による労働契約の解消	当然退職	定年に達するなど一定事由が発生すると当然に労働契約が終了するもの
個別的同意による労働契約の解消	合意退職	一般的に，労働者が退職を申し込み使用者が承諾する形で，双方の合意により労働契約を終了させるもの
労働者の単独行為による労働契約の解消	辞職	労働者からの一方的な意思表示によって労働契約を終了させるもの
使用者の単独行為による労働契約の解消	普通解雇	労働者の責めに帰すべき事由により労働契約の債務不履行状態にある労働者に対して，使用者からの一方的な意思表示によって労働契約を終了させるもの
	整理解雇	経営上の理由（企業規模縮小に伴う人員削減など）により使用者からの一方的な意思表示によって労働契約を終了させるもの
	懲戒解雇	重大な企業秩序違反行為をした労働者に対して，使用者からの一方的な意思表示によって罰として労働契約を終了させるもの
期間の満了による労働契約の解消	雇止め	期間の定めのある労働契約の場合に，使用者から更新を拒絶することで，契約が期間満了によって終了するもの

(3)　個別的同意による労働契約の解消（合意退職）

　労働契約の締結時にする包括的同意による労働契約の解消とは別に，労働契約の解消時にする個別的同意による労働契約の解消があります。これを合意退職といいますが，一般的には，労働者が退職を申し込み使用者がそれを承諾する形で，労働契約を終了させることになります。

(4) 労働者の単独行為による労働契約の解消（辞職）

労働者からの一方的な意思表示による労働契約の解消を辞職といいます。辞職の手続は民法627条で定められています。

(5) 使用者の単独行為による労働契約の解消（解雇）

使用者からの一方的な意思表示による労働契約の解消を解雇といいます。解雇は，大きくは広義の普通解雇と，企業秩序違反に対する罰としての懲戒解雇の２つに分けられ，広義の普通解雇は，狭義の普通解雇と整理解雇に分けられます。

狭義の普通解雇とは，労働者がケガや病気（私傷病）で働けないなど，労働者に責任のある事由（帰責事由）によって労働契約の債務不履行状態が生じた場合になされる，使用者からの一方的な意思表示による労働契約の解消です。「契約内容の不履行状態（無断欠勤のような企業秩序違反行為のくり返しなどをも含む）を考えると，これ以上のお付き合いはできません。契約を解消します」というもので，例えるなら「離婚」のようなものと考えておけばよいと思います。

整理解雇は，労働者に何ら責められる点はなく，もっぱら使用者の経営上の理由（たとえば企業規模の縮小に伴う人員削減など）によってなされる労働契約の解消をいいます。一般的に，普通解雇の一種として位置づけられます。

一方，懲戒解雇とは，営業秘密の漏洩や多額の横領など重大な企業秩序違反行為をした労働者に対して，使用者が罰として科す労働契約の解消です。これは懲戒処分の最も重い形態のもので，過去の行為に対する罰として労働者を企業外に放逐するものですから，「死刑」に例えられると思います。

＊ 実務担当者の中には，この普通解雇という形態の意識が薄い人がいます。この普通解雇こそが原則的形態で就業規則の人事の章に規定され，懲戒解雇が例外的形態で就業規則の懲戒の章に規定されていることを意識すべきといえます。

第1章／労働契約解消総論 ◀ 23

(6) 期間の満了による労働契約の解消（雇止め）

　使用者からの労働契約の解消場面として有期契約労働者の雇止めがあります。有期労働契約は，その期間が満了すれば理論上当然に終了します。そして，その契約を更新するかどうかは自由であり，当事者の意思に任されています。ただし，労働者が期間満了後も労働を継続し，使用者がこれに異議を述べないときは，同一条件で黙示の契約更新が行われたと推定されます（民法629条1項）。

　古くは，黙示の更新によって期間の定めのない雇用契約に転化するという考え方をとる学説・裁判例がありましたが，現在では，同一条件での黙示の更新という解釈に従うべきと考えています*。

　＊　雇用契約の黙示の更新推定　　黙示の更新により期間の定めのない雇用契約に転化するという学説が唱えられた当時は，解雇権濫用法理が確立されておらず，期間の定めのない雇用契約に転化しても解雇の自由が存在しました。

　　現在は，解雇権濫用法理により，期間の定めのない雇用契約の解雇は制限されていますから，有期労働契約の黙示の更新の場合でも，同じ期間の契約（たとえば，従前が2カ月の契約であれば，黙示の更新後も2カ月の契約が締結されたものとする）として更新されると解すべきです。裁判例でも，契約期間1年の定めのある雇用契約の黙示の更新について，同一期間の契約として更新されたと判断したものがあります（タイカン事件＝東京地判平15.12.19労判873-73）

　　このように，有期労働契約の黙示の更新の場合でも，同一期間の契約として更新されると解すべきですが，有期契約労働者の契約更新管理は，労働契約解消の場面においても，また，正社員との同一待遇論に巻き込まれないためにも，非常に重要なポイントとなります。したがって，非正規社員の労務管理においては，民法629条1項が適用されるような場面を作らないことが最も重要です。

　したがって，実務上，有期労働契約を更新せず終了させる場合には，使用者からその旨を確認する（観念の通知）ことになります。このような，有期労働契約における更新拒絶を「雇止め」といいます*。

　雇止めについても一定の制限があります。更新手続が明示・黙示のいずれであるかを問わず，更新手続が形骸化し実質的に期間の定めのない労働契約と異ならない状態に至っている場合や，そのような状態に至っていなくとも労働者にある程度の雇用継続の期待が生じている場合には，雇止め法理（労契法19条）

が適用され，一定の合理的理由が求められます。この合理的理由がどの程度の
ものをいうのかという大きな問題があります。

> **＊　雇止めの法的性質**　雇止めの厳密な法的性質については，解雇と同じく使用者の意
> 思表示であると解する見解と，単に契約を更新しないことを確認する使用者の観念の通
> 知であると解する見解があります。本書は，初版では前者の見解をとっていましたが，
> 第2版からは後者の見解で整理しています（この点は，雇止め法理の法的効果との関係
> で議論されましたが，労契法19条の制定により法的効果が労働者の「申込み」と使用者の
> 「承諾（擬制）」と整理されたことによって，立法的に解決されています）。したがって，
> 雇止めは，理論上は当然退職の一種ということになりますが，実務上は区別して整理し
> た方がわかりやすいといえます。なお，雇止めの中には，雇止め法理の適用がなく（期間
> 満了による当然終了タイプ），その相当性を検討する必要がないものも含まれます。

2　当然退職の場面で注意すべきポイントとは

　当然退職とは，包括的同意のもと就業規則に定めた一定の事由が発生すると
当然に労働契約が終了するものをいうと説明しました。前述のような反復更新
後の更新拒絶の問題はありますが，有期労働契約の期間満了も労働契約の当然
終了事由となります。

　労働契約も民事契約ですから，法律に抵触しない限り，当事者間で契約内容
を自由に定めることができます。つまり，「契約継続中に一定事由が発生した
場合には労働契約を終了する」と，合意で定めることができるということです。
一定年齢での定年退職が代表的なものです（なお，有期労働契約では，期間途
中の解消には，民法628条および労契法17条1項の制約があることに注意する
必要があります）。

　この当然退職については，行方不明の従業員の取扱い（39頁）や，休職期間
満了時の従業員への対応（257頁）について注意すべきポイントがあります。

3　合意退職の場面で注意すべきポイントとは

　合意退職は，使用者が申込みをすることもありますが，一般的には労働者が

退職の申込みをして，それに対して使用者が承諾することにより，労働契約を終了させることをいいます。したがって，単独行為である辞職と異なり，使用者の承諾の意思表示が労働者に到達するまでは，原則として労働者は退職の申込みを撤回することができます（その撤回により使用者に損害を与えるなど信義に反する事情が認められる場合には，使用者の承諾前でも撤回することはできません）。

　一方，辞職は労働者の一方的な意思表示によって労働契約が終了しますから，労働者が一度「辞める」と意思表示すると，原則として撤回することはできません（辞職の撤回について合意できれば別です）。

　理論的にはこのように説明できますが，実務では，「退職届」もしくは「退職願」などと記載された書面による意思表示が，辞職の意思表示なのか，合意退職の申込みなのか，明確でないケースもありますし（57頁），会社の誰の承諾があれば合意退職の効力が生じるのか（退職の申込みの撤回との関係）という問題も出てきます（59頁）。また，退職の申込みに意思表示の瑕疵（錯誤・強迫）があったとして争われる場合もあります（64頁）。

4　辞職の場面で注意すべきポイントとは

　辞職は，労働者からの一方的な意思表示により労働契約を終了させることをいいます。辞職は民法627条に定める手続によりますが，具体的には次のような趣旨で定められています[*]。

---

① 時給制・日給制の労働者については，14日前に予告する手続をとることにより，労働契約は終了する。

② 月給制の労働者については，給与の計算期間の前半で労働契約を解消する旨の意思表示をした場合はその給与計算期間が終わるときに，給与計算期間の後半で労働契約を解消する旨の意思表示をした場合にはその次の給与計算期間が終わるときに，労働契約は終了する。

③　6カ月以上の期間によって報酬を定めた場合は，3カ月以上前に予告する手続をとることにより，労働契約は終了する。

（②の月給制について，完全月給制に限るべきとの見解もありますが，月給日給制も1カ月の期間を定めて報酬を決めたものですから，月給日給制にも適用されると考えます。また，前年の成績により1年間の報酬を決定する年俸制の労働者については，③にあたると考える向きもありますが，年俸制の労働者であっても，労基法11条の「賃金」に該当する報酬を受けていれば，毎月1回以上の賃金支払義務を定める労基法24条2項が適用されますので，②の月給制をとる労働者と同様の取扱いでよいと考えます）。

＊　**平成29年民法改正**　平成29年5月26日に成立した民法の一部を改正する法律が，2020年4月1日に施行されます。改正後の民法は，627条1項は維持しつつ，労働者の辞職の自由を保護するとの考えから，同条2項・3項の適用を「使用者からの」解約申入れに限定し，労働者からの解約については，同条1項の規定に従って，2週間前に手続をとることによりいつでも可能であるとしています。

　正社員のように期間の定めのない労働契約を締結している場合（通常は月給日給制），労働者からの労働契約の解消手続は上記②の規定に従うことになります。また，解消理由についてとくに求める規定もありませんから，手続をとりさえすれば解消は自由ということになります（有期労働契約を期間途中で解約するには，労働者は民法628条により，使用者は同法とともに労契法17条1項からも「やむを得ない事由」があることが求められています）。

　ところで，辞職では次のような点が問題となります。従業員が前触れもなく働きに来なくなり辞職扱いとしていたところ，数カ月後に「解雇されたのだから解雇予告手当を払え」と請求してくるというケースです。このような事例は建設業の現場作業所に多いと聞いています。また，使用者と労働者の言い合いの中で辞職とも解雇とも判然としないケースも，後日トラブルに発展する可能性があります（50頁）。

5　解雇の場面で注意すべきポイントとは

　解雇は，使用者からの一方的な意思表示により労働契約を終了させることをいいます。

　第3章第4節6で述べるとおり，使用者が労働者を解雇する場合，一部の例外に該当する場合を除き，30日前の予告あるいは30日分以上の平均賃金の支払いが必要です（労基法20条）。また，一部の例外に該当する場合を除き，解雇してはならない解雇制限期間が定められています（労基法19条）。

　このように，労働者を解雇する際，使用者は一定の手続および解雇制限期間を守ることが求められますが，どのような理由で解雇するかについては，民法627条が理由を求めていないので原則として自由といえます。

　例外的に，各法（労基法や育児介護休業法など）において，労働基準監督署（以下「労基署」）への申告や休業の申出など当該法律上の権利行使を理由とした解雇を含む不利益な取扱いを禁ずる規定がありますので（243頁参照），その点には注意する必要があります。

　法律上は以上のようになっていますが，判例は解雇に合理的理由を求めています（解雇権濫用法理⇒79頁）。たとえば，整理解雇の4要件（要素）と呼ばれる判断枠組が確立しており，どのような場合にでも解雇が有効とされるわけではありません（318頁）。懲戒解雇（懲戒権の行使）も，それが濫用的なものでないかを厳しく判断されます（497頁）。

　法律は，社会のトラブルを未然に防止するとともに，解決する基準となるものです。法律レベルでは解雇について理由を問わなくても，裁判所は，長期雇用システムをとる雇用社会でのトラブル解決に即した形で判例法理を形成しています。

　なお，解雇権濫用法理については，平成15年の労基法改正で判例法理をそのまま条文化して18条の2が新設され，その規定が労契法16条に移設されています（懲戒についても労契法15条が判例法理を確認的に規定しています）。この

ように，解雇に一定の規制を課する条文はありますが，あくまで判例法理を確認するものにすぎないため，法は解雇に理由を求めないという態度であり（ただし，労働者に対する理由の説明を要求する場合があります），判例により解雇に合理的理由が求められるという形で議論を進めていきます。

6　労働契約の終了一般で注意すべきポイントとは

(1)　退職証明書と解雇理由証明書

労基法22条1項では，「労働者が，退職の場合において，使用期間，業務の種類，その事業における地位，賃金又は退職の事由（退職の事由が解雇の場合にあつては，その理由を含む。）について証明書を請求した場合においては，使用者は，遅滞なくこれを交付しなければならない」とされています。したがって，解雇した労働者からこの規定に基づいて解雇理由についての証明を求められた場合，使用者は遅滞なくこれを交付しなければなりません。

一方，平成15年労基法改正では同条2項が追加となり，「労働者が，第20条第1項の解雇の予告がされた日から退職の日までの間において，当該解雇の理由について証明書を請求した場合においては，使用者は，遅滞なくこれを交付しなければならない。ただし，解雇の予告がされた日以後に労働者が当該解雇以外の事由により退職した場合においては，使用者は，当該退職の日以後，これを交付することを要しない」とされました。この規定によって，使用者は解雇予告期間中においても労働者の求めに応じてその解雇理由の証明書を交付しなければならないこととなりました。

労基法22条1項と同条2項による解雇理由の証明の違いは，1項では退職後においてしか請求できないのに対して，2項を用いることにより予告期間中であっても請求できるという点にあります。2項が追加された目的には，解雇に際し，退職前においても，労働者の求めに応じて解雇理由を明示すべきものとすることによって，解雇が恣意的になされることを防止するとともに，労働者がその理由を確認して解雇をやむをえないとして受け入れるか，不当なものと

してその有効性を争うかを迅速に判断できるようにするという趣旨があると考えられます。したがって，解雇理由書の交付を求められた場合，使用者としては，それが裁判所などの紛争解決機関に持ち込まれ，当該解雇の有効性が，その証明書に書かれた解雇理由に基づき判断される可能性があることを念頭に置き，できる限り詳細な理由書を作成・交付することが必要と考えます。

なお，同条１項の退職時の証明に関しては，解雇理由だけでなく，使用期間，業務の種類，その事業における地位および賃金についての証明も求められることになっています。これらの証明事項については，労働者が再就職する際に前職の経歴を証明する目的で用いられることもあります。しかし，解雇理由については，前職で解雇されているとなれば，解雇歴のある労働者を採用する企業は少ないといってよいと思われます。この解雇歴は懲戒解雇のみならず，普通解雇であっても同様です。労務管理の観点から考えれば，解雇歴のある労働者を採用することは，再び同様の問題を起こす可能性を考え，避けるべきというのが通常の判断となります。解雇歴のある労働者は，解雇理由の証明書を正直に提出してしまうと採用を拒否されることになると思われますし，また，提出を拒んだ場合でも，退職理由が明確でないとして採用は見送られるものと考えられます。[*]

　　＊　退職証明書のモデル様式における解雇理由の記載は，32頁のとおりですが，解雇理由がウ，エ，オであれば，当該労働者を採用する使用者はほぼいないといえます。

したがって，退職証明書において解雇理由を明示させる規定は，解雇の有効性を争おうとする労働者にとっては意味があるものの，解雇を争わず，再就職を目指す労働者にとっては意味のない，むしろ弊害となる可能性がある規定ともいえるのです。

なお，同条３項では「前２項の証明書には，労働者の請求しない事項を記入してはならない」とされていることから，労働者から請求がない限り，使用者が一方的に解雇理由などを証明書に記載することはできません。[*]

　　＊　証明書の記入事項は，労働者の請求した事項のみを記入すべきであって，労働者の請求しない事項は，たとえ法定事項であっても記入することは禁じられています。加えて，

解雇された労働者が解雇された事実のみについて使用者に証明書を請求した場合，使用者は解雇の理由について記入することは許されません（平11.1.29基発45号）。

実務において，転職先の企業としては，応募者に対し，その退職理由の証明書を入手して提出するよう求めることにも意味があると考えますが，そのような場合には，労働者が労基署にその入手方法を相談し，労働基準監督官から問い合わせを受ける可能性があることを覚悟しておく必要があります。したがって，筆者は，退職理由は直接，採用面談の際に確認するべきだと考えています。*

> * 筆者は望むわけでもありませんが，使用者が採用の際，退職理由を重視するのであれば，応募者全員に退職証明書を求めることはせず，その中から採用しようと考える応募者についてのみ，退職証明書により退職理由の申告の真実性をチェックすることも考えられます。面接の際に退職理由を虚偽申告している応募者は，決して退職証明書を提出することはないと思われます。
>
> この点は法定記載事項の「業務の種類」についても同様に考えられます。なお，この項目については，なるべく具体的に記入し，とくに特殊技能を必要とする者については，それが明確になるように記入すべきとされています。

(2) 退職証明書の記載禁止事項

労基法22条4項では，「使用者は，あらかじめ第三者と謀り，労働者の就業を妨げることを目的として，労働者の国籍，信条，社会的身分若しくは労働組合運動に関する通信をし，又は第1項及び第2項の証明書に秘密の記号を記入してはならない」とされています。

いわゆるブラックリストを作成して回覧するようなことを指しますが，こうした行為により労働者の就業を計画的に妨げることを禁止する趣旨で定められています（平15.12.26基発1226002号）。

(3) 退職後の金品の返還

労基法23条では，労働契約が終了した場合（辞職・合意退職・当然退職・解雇のいずれであるかを問いません）および労働者が死亡した場合（当然退職事由となっているか否かを問いません）には，権利者の請求に対して，原則とし

第1章／労働契約解消総論 ◀ 31

退職証明書のモデル様式（平11. 2. 19基発81号）

退 職 証 明 書

_____ 殿

　以下の事由により，あなたは当社を　　年　月　日　に退職したことを証明します。

　　　　　　　　　　　　　　　　　　　　　　　　年　月　日

　　　　　事業主氏名又は名称
　　　　　使 用 者 職 氏 名

---

①　あなたの自己都合による退職　（②を除く。）
②　当社の勧奨による退職
③　定年による退職
④　契約期間の満了による退職
⑤　移籍出向による退職
⑥　その他（具体的には　　　　　　　　　）による退職
⑦　解雇（別紙の理由による。）

※　該当する番号に○を付けること。
※　解雇された労働者が解雇の理由を請求しない場合には，⑦の「（別紙の理由による。）」を二重線で消し，別紙は交付しないこと。

別 紙

ア　天災その他やむを得ない理由（具体的には，

　　によって当社の事業の継続が不可能になったこと。）による解雇

イ　事業縮小等当社の都合（具体的には，当社が，

　　　　　　　　　　　　　　となったこと。）による解雇

ウ　職務命令に対する重大な違反行為（具体的には，あなたが

　　　　　　　　　　　　したこと。）による解雇

エ　業務について不正な行為（具体的には，あなたが

　　　　　　　　　　　　したこと。）による解雇

オ　相当長期間にわたる無断欠勤をしたこと等勤務不良であること
（具体的には，あなたが

　　　　　　　　　　　　したこと。）による解雇

カ　その他（具体的には，

　　　　　　　　　　　　）による解雇

※該当するものに○を付け，具体的な理由等を（　　）の中に記入すること。

解雇理由証明書のモデル様式（平15. 10. 22基発1022001号）

解 雇 理 由 証 明 書

_____　殿

　当社が，＿＿＿＿年＿＿月＿＿日付けであなたに予告した解雇については，
以下の理由によるものであることを証明します。

年　　　月　　　日

　　　　　　事業主氏名又は名称
　　　　　　使 用 者 職 氏 名

[解雇理由] ※1，2
1　天災その他やむを得ない理由（具体的には，
　　　　　　　によって当社の事業の継続が不可能となったこと。）による解雇
2　事業縮小等当社の都合（具体的には，当社が，
　　　　　　　　　　　　　　　　　となったこと。）による解雇
3　職務命令に対する重大な違反行為（具体的には，あなたが
　　　　　　　　　　　　　　　　　したこと。）による解雇
4　業務について不正な行為（具体的には，あなたが
　　　　　　　　　　　　　　　　　したこと。）による解雇
5　勤務態度又は勤務成績が不良であること（具体的には，あなたが
　　　　　　　　　　　　　　　　　したこと。）による解雇
6　その他（具体的には，
　　　　　　　　　　　　　　　　　）による解雇

※1　該当するものに○を付け，具体的な理由等を（　）の中に記入すること。
※2　就業規則の作成を義務付けられている事業場においては，上記解雇理由
　　の記載例にかかわらず，当該就業規則に記載された解雇の事由のうち，該
　　当するものを記載すること。

て7日以内に賃金その他労働者の権利に属する金品を返還しなければならないとされています。

　ここでいう「賃金」には退職金も該当しますが，就業規則での定めが優先すると解されています（労基法89条3号の2参照）。そこで，退職金の場合，就業規則に「退職後1カ月以内に支払う」などと月単位で記載されている例が多いといえます。なお，ここでいう権利者とは，退職の場合は労働者本人のことで，死亡の場合は労働者の遺産相続人などを指します。

第1章／労働契約解消総論　35

第3節　労働契約の解消場面における雇用形態等による差異とは

1　当然退職・合意退職・辞職ではほとんど変わらない

　労働契約の解消場面において雇用形態による法的差異が生じるかについては，合意退職ではその差異は生じません。また，当然退職でも契約当事者の消滅については同様ですし，休職期間満了ないし行方不明などでは，就業規則の規定により決定するものとなります。辞職については，現行民法を前提にすると，その給与支払形態により予告手続に差異が生じます。すなわち，時給制・日給制であれば民法627条1項に従い，月給制であれば民法627条2項に従うことはすでに説明済みです（25頁）。

2　解雇では雇用形態等によって大きな差異が生じる

(1)　直接雇用形態

　解雇については，雇用形態によって大きな差異が生じるといえます。
　正社員*については，その解雇には解雇権濫用法理（労契法16条）が適用され，事実上解雇不自由と考えなければなりません。もちろん新卒一括採用か中途採用か，ゼネラリストかスペシャリストか，大企業か中小零細企業かなどにより，解雇に求められる合理的理由の程度が異なることはいうまでもありません。

　＊　本書における正社員の定義は，646頁を参照してください。

　次に，有期契約労働者については，有期労働契約は期間満了により終了するのが原則ですが，常用業務に従事し，更新をくり返し，1年を超える期間就労しているなどの要素があると，その更新拒絶（雇止め）には雇止め法理（労契法19条）が適用される可能性が高いといえます。もっとも，この雇止めに求められる合理的理由の程度は，正社員の解雇に対して求められる合理的理由の程

度とは異なることになります。

　さらに，パートタイマーについては，短時間労働という性格から正社員との差異が認められ，その特殊性ゆえに解雇権濫用法理または雇止め法理が適用されるか否か，適用されたとしても，それに求められる合理的理由の程度は大きく異なるといえます。

　また，専門性を有し，使用者と労働契約の締結時において対等の立場を有すると考えられる契約社員などについては，民事契約性が強く，債務不履行を理由とする解雇は認められやすいといえます。

　このように解雇については，雇用形態や労働契約の内容について十分吟味することにより，その取扱いを考える必要があります。

(2)　間接雇用形態

　加えて，他人の労働力を利用する人材利用の形態として，派遣ないし業務処理請負が多く利用される時代となっています。この人材利用形態では，派遣元と派遣先の派遣契約，注文主と請負企業（個人事業主を含む）の業務処理請負契約は民事契約であり，契約内容に従って自由に契約を解消することができます[*1]。したがって，この自由度を保つためには，派遣元と派遣労働者との労働契約の解消，請負企業と請負企業の労働者との労働契約の解消について，派遣先ないし注文主が直接雇用した労働者との労働契約の解消とは同一に取り扱うことはできないと考えられます。そこで，この点に関する法的考察を加える必要があります[*2]。

> **＊1　派遣先が講ずべき措置**　派遣先は，派遣先の都合による派遣契約の解除にあたっては，派遣労働者の雇用の安定を図るため必要な措置を講ずる義務が定められています（派遣法29条の２）。
>
> **＊2**　平成27年派遣法改正においても，派遣労働者の雇用安定措置が規定されました。しかし，派遣が臨時的・一時的な労働力であるという性質，および派遣法25条で「派遣就業は臨時的かつ一時的なものであることを原則とするとの考え方を考慮する」と規定されていることから，変更はないといえます。

(3) 外国人雇用

　外国人労働者については，在留資格に伴う在留期間との関係や不法就労問題など，日本人労働者とは違った観点から労働契約の解消を考えなければなりません。したがって，まず長期雇用が想定された労働契約か否かの十分な吟味が必要となります。

(4) 障害者雇用

　障害者雇用促進法が改正され，平成28年4月1日より施行されました（ただし，一部施行日が異なる部分があります。10頁参照）。かかる改正により，すべての事項（募集，採用の機会，賃金その他の労働条件，昇進・配置その他の処遇，教育訓練，雇用の継続・終了）につき障害を理由とする差別が禁止され，障害者たる労働者に対する合理的配慮が事業者に対して求められることになりました。

　障害による差別は，均等法の「性別」と同じく憲法によって禁止される差別事由ですが[*1]，「性別」による賃金差別が労基法4条により禁止されているのに対して，「障害」による差別は労基法3条の差別禁止対象に含まれないと解されます（仮に含まれるとしても，募集・採用段階での差別行為は労基法3条の規制対象とはなりません[*2]）。

　もっとも，憲法を根拠とするため，「性別による差別」と同様に，公序良俗違反（民法90条），不法行為（民法709条）が比較的成立し易いと考えられます。

＊1　憲法14条との関係　　障害が憲法14条の列挙事由の一つである「社会的身分」に該当するか否かについては議論があります。自分の意思によってはその身分から抜け出せないという要素に着目すると，障害は「社会的身分」に該当すると考えられます。もっとも，仮に「社会的身分」に該当しないとしても，憲法14条は例示列挙であると解されているので，障害による差別は，例示列挙事由に準ずる差別として，憲法14条により禁止されると考えられます。

＊2　労基法3条との関係　　厚生労働省は，立法の沿革に照らして「障害」は労基法3条の「社会的身分」に含まれないという立場をとっています（同省によれば，同条の趣旨，文言に照らすと，同条の「社会的身分」とは，たとえば「門地」に代表されるような社

会的な評価を伴う身分を指し，「障害」のような身体的な身分は含まれない，とのことです）。

　仮に「障害」が労基法3条の「社会的身分」に含まれるとしても，同条で禁止される差別は，採用後の労働条件に関する差別なので，募集・採用段階での差別は同条の規制対象には含まれないことになります。

第2章

 退　　職

第1節　行方不明の従業員に対応できる
　　　　当然退職規定を整備する

1　当然退職とは

　従業員が死亡した場合には，契約の当事者が消滅しますから，労働契約は当然に終了します。また，有期労働契約の契約期間が満了した場合についても，当該契約は原則として終了することになります。したがって，就業規則における従業員の死亡や契約期間満了による当然退職の規定は，いわば確認する意味での規定です。

　一方，休職期間が満了したときなどの当然退職の規定は，当事者が特別に合意し創設した規定といえます（従業員が「就業規則を遵守する」という入社時の誓約書提出などにより包括的に同意します）。

　この休職期間満了時の取扱いについては，従業員が復職できるまでには回復していないことを解雇事由と定めている例もみられますが，解雇事由と規定してしまうと，休職により一度解雇を猶予しているにもかかわらず，復職の可否の判断について，あらためて解雇権濫用法理に照らしてその正当性を判断されることになりかねません[*]。さらに，解雇予告手続も必要となります。したがって，実務対応としては，休職期間満了時に復職できない場合は当然退職となるように規定しておくべきです。

　[*]　休職措置を規定せず，私傷病による欠勤を解雇事由とする解雇の有効性については，

社会的相当性の判断のため，改善の機会の付与，そしてその改善見込みが考慮されることからすると，やはり一定期間の解雇猶予は求められるといえます。

したがって，その猶予期間を無視するような短期の休職期間を定めて，復帰できなければ当然終了と主張することは，信義則上許されないと考えます。

以上のことから，企業規模に応じた合理的な休職期間の設定が求められます。

このように当然退職では，実務上のトラブルを想定して該当事由を設定しておくことが必要となります。*

    * 役員就任による当然退職   実務では，「取締役又は執行役員に就任したとき」という事由を当然退職事由として就業規則に定めている例がみられます。上記を採用時の包括的同意で当然退職事由とすることは，労働者の保護に欠けるといわざるをえません。しかしながら，この就任について個別的同意を取得する場合には，従業員の地位が失われることも含めて同意を得ることになるので，当然退職との位置づけでもよいと考えます。したがって，取締役でない執行役員の就任について，個別的同意でなく業務命令による昇進と取り扱う場合は，従業員の地位の喪失については，明確な個別的同意の取得が必要となります（執行役員という地位を特定した新たな労働契約を締結することになります）。この場合，退職を拒否されれば，労働契約は存続することになります。実務上の取扱いは，執行役員の地位を付与しないことになると考えます。純然たる昇進命令として取り扱いたい場合は，従前の従業員の地位を存続させる必要があります。それにもかかわらず本人が執行役員への就任を拒絶する場合は，業務命令違反として解雇することになります。

    なお，本書の執行役員とは部長より上のポジションをイメージしており，会社法上の執行役とは異なります。

2   行方不明の従業員を解雇するのは難しい

実務で問題となるのが，従業員が会社に何の連絡もなしに失踪してしまった場合です。いわゆる行方不明の従業員に対する取扱いですが，現実に働いていないので，原則として賃金を支払う必要はありません。ただし，在籍している限り現実に働いているか否かにかかわらず賃金を支払う契約になっている場合は，これに従うことになります。*

    * いわゆる完全月給制がこのような場合にあたりうるとの議論もありますが，筆者は，当事者の意識としてこのような場合にまで給与を支払う合意はないと考えます。もっと

第2章／退　職　41

行方不明の従業員と労働契約を解消するには

会社	解雇の意思表示 → 到達 → 従業員	解雇の有効・無効は別として解雇の意思表示は到達する
会社	解雇の意思表示 ┈┈ 到達せず → 従業員	行方不明の従業員へは解雇の意思表示が到達しない

実務手段
① 公示による解雇の意思表示　　　　　×
② 黙示の辞職の意思表示とみなす　　　△
③ 一定期間の行方不明を当然退職
　　とする合意をしておく　　　　　　○

も，慣行的に支払ってきたような事情があれば，支払義務があると考えますが，このような事態が慣行化することはないといえます。

　完全月給制を採用し，欠勤に対しても給与保障をする取扱いになっている企業は，会社が承認した欠勤についてのみ，給与を支給するなどの規定化をすべきです。

　しかし，雇用している以上は社会保険料を支払わなければなりませんし，本来労働者が負担する分も，そもそもゼロの賃金からは控除できませんから，全額を使用者がいったん立て替える形となります（ただし，実質的に使用関係が消滅したような場合には，労働者の被保険者資格を喪失させることで，保険料立替の義務もなくなります［昭26.3.9保文発619号］。ケースバイケースですが，いわゆる長期の行方不明の場合はこれにあたる場合が多いと考えます）。そこで，その負担から逃れるため，使用者としてはその労働者を解雇したいと考えますが，その手続は簡単ではありません。

　解雇は，使用者からの一方的な「意思表示」による労働契約の解消です。そして，法律上，意思表示の効力が生じるためには，その意思表示が相手に「到

達」することが必要となります（民法97条1項[*]）。行方不明の場合，郵便などの通常の方法によっては，その意思表示を労働者に到達させることができないことから，解雇手続が非常に難しくなるのです。この点，行方不明者に対応するため，公示による意思表示という手続が民法に定めてあります。

> * **「到達」の意義**　「到達」とは，相手方が了知することのできる範囲内に入ることを意味します。相手方が実際に意思表示を了知する必要はありませんが，文書を相手方の住居の郵便ポストに配達したり，親族・同居人に渡したりするなどして，了知の可能性がある状態にしなければなりません。
>
> 　一般によく問題になるのが，書留郵便（内容証明郵便を含む）が受取拒絶あるいは不在のため相手方に直接配達されなかった場合です。受取拒絶の場合は，拒絶に合理的な理由がなければ，その時点で正しく受け取って了知する可能性があったわけですから到達が認められます。他方，受取人不在のため不在配達通知だけが配達されている場合は，諸般の事情に照らして意思表示の内容を推知することが可能で，かつ受け取りも可能なときに限って到達したと認められます。
>
> 　以上と異なり，行方不明の場合に従前の住居に文書を投函しても，了知の可能性はありませんから，その文書の意思表示が到達したとはいえません。

3　経営者は公示による意思表示を敬遠する

　公示による意思表示とは，裁判所に出頭すれば送達されるべき書類を交付することを，裁判所の掲示板に一定期間掲示することによって，行方不明者に意思表示が到達したとみなす手続をいいます（民法98条）。

　裁判所に対して，公示による意思表示を申し立て，「解雇した」という事実を2週間，裁判所の掲示場に掲示してもらいます。この掲示があったことは官報にも掲載されます。官報にはさまざまな情報が掲載されますから，経営者は経営に関する情報収集の一環として官報にも目を通しています。自分の会社に行方不明の従業員がいるような事態を知られるのは体裁が悪いと，多くの経営者はこの手続を使うことを敬遠しています[*]。

> * **裁判所の運用**　東京簡易裁判所では，現在では，公示送達をする場合には，民法98条2項但書を使って，官報公告は使用せず，最後の住所地（同4項）の役場等の掲示場に

公示による意思表示の規定（民法98条）

（公示による意思表示）
第98条　意思表示は，表意者が相手方を知ることができず，又はその所在を知ることができないときは，公示の方法によってすることができる。
2　前項の公示は，公示送達に関する民事訴訟法（平成8年法律第109号）の規定に従い，裁判所の掲示場に掲示し，かつ，その掲示があったことを官報に少なくとも1回掲載して行う。ただし，裁判所は，相当と認めるときは，官報への掲載に代えて，市役所，区役所，町村役場又はこれらに準ずる施設の掲示場に掲示すべきことを命ずることができる。
3　公示による意思表示は，最後に官報に掲載した日又はその掲載に代わる掲示を始めた日から2週間を経過した時に，相手方に到達したものとみなす。ただし，表意者が相手方を知らないこと又はその所在を知らないことについて過失があったときは，到達の効力を生じない。
4　公示に関する手続は，相手方を知ることができない場合には表意者の住所地の，相手方の所在を知ることができない場合には相手方の最後の住所地の簡易裁判所の管轄に属する。
5　裁判所は，表意者に，公示に関する費用を予納させなければならない。

掲示する方式をとっているとのことです。

東京簡易裁判所立川支部においても，官報公告は使わず，役場等の掲示場に，「裁判所に公示送達が出ているので，○○さんは，裁判所に行って見てください」という書面を掲示し，解雇等の具体的な意思表示自体は，役場等の掲示場には掲示しない運用を行っているとのことです。

このように，裁判所ごとに公示送達に関する運用は異なるようです。また，現在では上記の運用を行っているようですが，民法98条2項本文か，同但書を使うかは，最終的には裁判官の判断になります。東京の裁判所の場合も必ずしも上記運用になるとは限りませんので，注意が必要です。

ところで，失踪した県職員に対する懲戒免職処分が，自治省（当時）回答を受けて，従前から同居の家族への人事発令通知書の交付や県公報への掲載という方法によって行われていたことから，県職員がこの方法で処分が行われることを十分に了知しえたとして当該処分を有効とした最高裁判決があります（兵庫県社土木事務所事件＝最判平11.7.15労判765-7）。そこで，会社が従業員の同居の家族に解雇通知書を渡したり，社内報や新聞に掲載することで，公示の意思表示の代わりとならないかとも考えられますが，行政処分である任用行為

により一方的に勤務関係の生じる公務員と，双方の合意により雇用関係の生じる民間会社の労働者とでは自ずと差がありますから，そのまま民間会社において採用できる方法ではないと考えます。

4　辞職の黙示の意思表示とされるかは裁判所の事実認定による

また，従業員が会社に出勤してこないことをもって辞職の黙示の意思表示ととらえることもできますが，何をもって黙示の意思表示とするかで議論の余地が残ってしまいます。裁判例（日本教育事業団事件＝名古屋地判昭63.3.4労判527-45）も，「労働者が任意退職するにあたっては，必ずしも退職届の提出等明示の退職の意思表示を必要とするものではなく，退職の意思をもって職務を完全に放棄し相当期間継続して出社しなくなるなど退職の意思が客観的に明らかになるような事実によって退職の黙示の意思表示の認定をすることは妨げられないというべきであるが，その認定にあたっては労働者の地位を不安定ならしめることのないよう慎重さが要求されるものというべく，主観的に退職の意思を固めたとか，あるいは雇用主の利益に反する行為をしたというだけで黙示の退職の意思表示があったとはいえない」旨の判断を示しています。

したがって，黙示の意思表示と認定されるかどうかは，裁判所の事実認定によることになりますので，最終的な解決策といえるかについては疑問が残ります。

5　当然退職となる基準を明確化する

したがって，一定の期間にわたり欠勤が続き，従業員の所在がわからない場合には，当然退職となるように規定しておく必要があると考えます。使用者の金銭・時間・労力について，最小限度の損害で逃れられるようにあらかじめ準備しておく，つまり就業規則を整備し基準を明確にしておくべきです。

行方不明および休職期間満了を迎えた従業員に対処するために，規定してお

くべき当然退職の規定は，下記のようになります。

---

① 会社に連絡がなく，30日を経過し会社も所在を知らないとき
② 休職期間が満了したとき

---

6 様子をみる期間を30日とする

上記①で，30日の期間を設けたのは，民法とのバランスを考慮してのものです。すなわち，改正民法（2020年4月1日施行）では，労働契約は，労働者からの辞職の意思表示の日から2週間を経過することによって消滅する旨規定されています（改正民法627条1項）。そのため，労働者と連絡がとれなくなった初日に黙示の辞職の意思表示があったとみなした場合，労働者はその後も2週間は在籍することになります。したがって，経過期間としては2週間とすることも考えられます。

しかし，現行民法では，辞職の意思表示があってから最大46日間は会社に在籍する旨規定されており（民法627条2項），このことからすると，経過期間として2週間は短過ぎるといえます。そこで，使用者による労働者の解雇については，30日前の解雇予告が必要とされていること（労基法20条）に鑑み，経過期間としては30日程度が適当といえます。

この点，筆者は従来，現行民法の規定を意識して，経過期間を「50日」とする規定を採用していました。しかし，改正民法の規定を踏まえて「30日」に考え方を変更しています。

なお，月給制または日給制の労働者など，元々，辞職の意思表示から2週間が経過することによって労働契約が消滅する旨規定されていた労働者（元々民法627条2項の適用がなかった労働者）については，同条1項により経過期間を2週間とすることも十分に考えられます。この場合には別途規定を設けることになります。

46 ▶ 第1編／労働契約の解消

第2節　従業員の辞職の申入れを拒否することは できない

1　辞職では民法627条の予告期間の経過後に契約は当然に終了する

　従業員が「辞職したい」といってきた場合，会社にその従業員が担当していた業務をこなせる代わりの人がいればよいのですが，そうでなければ仕事の完了や引継ぎの準備ができるまで退職を待ってもらいたいのが一般的です。

　しかし，従業員がとくに辞職日を指定せず辞職を申し入れた場合，第1章第2節4でも説明したように，たとえば月給制をとる正社員については民法627条2項により，給与計算期間の前半に辞職の意思表示をすればその計算期間の終了日，後半に辞職の意思表示をすれば次の計算期間満了日に労働契約が終了することになり，時給制または日給制をとるパートタイマーについては同条1項により，辞職の意思表示から2週間を経過した日に労働契約が終了することになります。

　なお，前述のとおり，改正民法施行後は，月給制か日給制かにかかわらず，労働者からの辞職の申入れから2週間を経過した日に労働契約が終了することになります。

2　民法627条の予告期間を超えて辞職を引き延ばすことはできない

　そこで，このような不都合を避けるため，「退職を希望する場合は遅くとも1カ月前に退職願を提出しなければならない」，もしくは「会社の承認を得なければならない」などの規定を就業規則に定めている会社もみられます。

　しかし，上記のような就業規則の規定の効力が争われた事案で，「法は，労働者が労働契約から脱することを欲する場合にこれを制限する手段となりうるものを極力排斥して労働者の解約の自由を保障しようとしているものとみられ，

このような観点からみるときは，民法第627条の予告期間は，使用者のためには
これを延長できないものと解するのが相当である。従って，変更された…規定
は，予告期間の点につき，民法第627条に抵触しない範囲でのみ有効だと解すべ
く，その限りでは，同条項は合理的なものとして，個々の労働者の同意の有無
にかかわらず，適用を妨げられない」と説示する裁判例があります（高野メリ
ヤス事件＝東京地判昭51.10.29労判264-35）。

　つまり，正社員（月給制）の就業規則に「退職の30日前に意思表示をする」
旨の規定があれば，法律か就業規則のいずれか労働者に有利な規定（早く契約
終了となる規定）が適用されます。次々頁の図表に示すように，給与計算期間
の前半に意思表示があった場合は法律が適用され，後半の場合は原則として就
業規則が適用されると考えておけばよいといえます（給与計算期間が月初〜月
末で，1月の30日または31日に申入れがあった場合は法律が優先する場合があ
ります）。就業規則に「退職の14日前に意思表示をする」旨を規定した場合には，
常に就業規則が適用されることになります。

　また上記裁判例は，「同規定によれば，退職には会社の許可を得なければなら
ないことになっているが，このように解約申入れの効力発生を使用者の許可な
いし承認にかからせることを許容すると，労働者は使用者の許可ないし承認が
ない限り退職できないことになり，労働者の解約の自由を制約する結果となる
こと，前記の予告期間の延長の場合よりも顕著であるから，とくに法令上許容
されているとみられる場合を除いては，かかる規定は効力を有しないものとい
うべく，同規定も，退職に会社の許可を要するとする部分は効力を有しない」
とも判断しています。

　したがって，結論として従業員の辞職の申入れを拒否することはできません。
従業員と十分に話し合い，説得するしか方法がないことになります。そこで，
日常の労務管理において信頼関係を確立しておくしかありません。

　さらに実務としては，就業規則上，辞職と合意退職を明確に分けて規定し，
合意退職の場合には辞職の場合より退職金が多くなるように規定しておけば，
労働者が合意退職の方を選択する動機づけとなるはずです。そうすることで，

会社の希望する退職日の設定が可能となるのではないかと考えます。[*]

＊　**サイニングボーナスの返還規定**　　入社時にまとまった金銭を支給し，一定期間内に退職しなければ返還を求めませんが，退職した場合には返還させる旨の合意をするケースがあります（サイニングボーナスと呼ばれるようです）。

　　裁判例では，雇用契約締結に際して，200万円のサイニングボーナスを支給し，1年以内に自己の意思で退職した場合はこれを返還する旨の合意をした事案（日本ポラロイド〔サイニングボーナス等〕事件＝東京地判平15.3.31労判849-75）において，サイニングボーナスは，雇用契約締結時に支払われ，成約を確認し勤労意欲を促すことを目的として交付される性質を有するが，一定期間企業に拘束されることに対する対価としての性質をも有し，従業員の意思に反して労働を強制することになる不当な拘束手段といえるから，労基法5条・16条に違反し，サイニングボーナス返還規定は，同法13条，民法90条により無効であると判示されました。

辞職の意思表示と労働契約の終了の関係

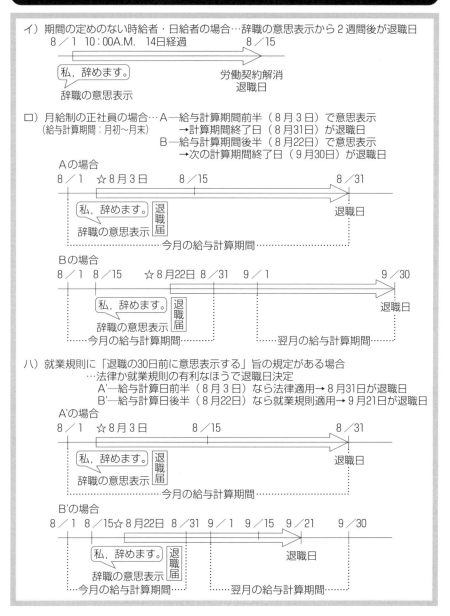

第3節 退職届で従業員の辞職の意思を 確定的なものとする

1 辞職か解雇かをめぐるトラブル事例

労働者からの一方的な意思表示による労働契約の終了（辞職）と，使用者からの一方的な意思表示による労働契約の終了（解雇）は明確に異なるのですが，実務ではこれらの区別でトラブルに発展することがあります。たとえば，次のような事例です。

ある日，A社（従業員30人）の社長が従業員Bさんに対し，「まじめに働かなければ，解雇することもある」と，日ごろの勤務ぶりを叱責しました。すると，Bさんが「私はまじめに勤務している。そんなことをいわれる筋合いはない。そこまでいうなら辞めてやる」と反発し，それを聞いた社長は，「ああ，辞めればいいだろう」といいました。Bさんは，社長室を出て総務部長に同僚たちを集めてもらい，「お世話になりました」とあいさつをして帰ってしまいます。

翌日，Bさんは何事もなかったかのように出社し，仕事をしていました。それを見た社長が「君は辞めたんじゃないのか」とBさんを問い詰めたところ，Bさんは「辞めた覚えはない」と反論したため，社長は怒ってBさんを追い出してしまいました。このようなことが2，3日くり返されました。

こうなると，辞職だったのか，解雇だったのかの事実認定が必要です。Bさんのような労働者はもっぱら賃金で生活を維持しています。したがって，明日から生活する賃金を獲得する職を失うわけですので，確固たる退職の意思が示されなければ，このような事例では，「辞める」という意思は真意と評価されず，「辞めるといいながら，翌日は通常どおり勤務している状況をみると，Bさんには真意としての辞職の意思がなかったと考えられる。それでもBさんを追い出すとなれば，その行為は解雇となる」と裁判所に判断される可能性が高いといえます。

解雇となると，その正当性が問われます。解雇が正当であると認められるには，労基法20条の解雇予告手続をとるとともに，合理的理由を求められます。つまりＡ社の事例では，解雇と認定されれば使用者が裁判では負けることになります。

Ａ社は，「単なる言い合いだけではなかった。総務部長に同僚を集めてもらって，退職のあいさつまでしたじゃないか」と反論したとします。しかし，裁判所の判断は，「頭に血が上れば，そういう行動をとることもある」という程度のものになると理解しておいた方が賢明だと思います。[*]

＊ 関連裁判例

① 解雇にあたるとした裁判例

ア 日鯨商事事件＝東京地判平22.9.8労判1025-64［確定］

被告は中東における業務のために原告を採用していたところ，被告が原告に対し「中東業務契約」を解除する旨の通知書を交付し，その後原告が被告から貸与されていたノートパソコンを返却し被告に出勤していないという事案において，契約の終了が自主退職か解雇かが争われました。

被告の就業規則に解雇規定はある一方で，被告に在籍しつつ一定の業務について契約を解除する旨の規定がないことや，被告が原告に対し退職の意思の有無を確認せずに退職手続を進めたことから，契約解除通知書の交付をもって，解雇の意思表示があったとしたうえで，解雇無効と判示しました。

イ シーディーシー事件＝山形地判平23.5.25労判1034-47［確定］

反訴原告と反訴被告会社との間で一旦退職合意をした後に，反訴被告代表者が合意された時期よりも早い時期に退職するように求めたため，当該行為が解雇に該当するかが争われた事案において，「反訴原告は，平成19年4月ころには反訴被告を退職する意向を有しており，これを反訴被告に伝えていたものであるが，反訴被告代表者との間で，同年8月ころに，後任者を探した後に退職することで合意がされていたが（略）これに反し，反訴被告代表者が，反訴原告に対し，同年7月末日で退職するように求めた行為は，同日をもって解雇する旨の意思表示をしたものというべきである。」と判示し，当該行為は解雇する旨の意思表示であるとして，退職合意の成立を否定し，解雇予告手当の支払請求が認められました。

ウ 新潟地判平24.4.20判例集未掲載［控訴審にて和解成立］

退職の意思表示の有無が争われた事案において，「被告が平成22年3月1日に原告を解雇するとの意思表示を行ったことは明らかであり，原告が同日に被告から退職する意向を口頭で示したこと，その後に離職票の交付を求めたこと，健康保険証を被告に返却したことを踏まえてもなお，原告が同日に確定的な退職の意思表示を行ったとみ

とめることはできない。」として，原告の退職の意思表示を否定したうえで，解雇無効と判示しました。

② 辞職にあたるとした裁判例

ア 国際興業大阪事件＝大阪地判平23.1.28労判1027-79［確定］

「自己都合」と記載した退職届を提出したタクシー運転手の雇用契約の終了原因が懲戒解雇か自己都合退職かが争われた事案において，裁判所は，原告には懲戒解雇事由が存するとも考えられるとしながらも，被告が原告に退職届を提出するよう促したのに応じて原告が退職願を提出し，被告がそれを受領していること，同退職願は，不動文字で，提出先や退職事由，退職までに返還すべき書類等が記載されていることからすると，被告が定型的に用いているものであると推認できるところ，退職事由として「自己都合」，退職希望日として「平成21年7月15日」と記載されていること，被告は，同退職願を受領した後，退職事由の「自己都合」と記載された部分の下に，「※対外的には自己都合，社内的には懲戒解雇の為，退職金の支給はありません」と記載しているが，同記載については原告に直接告げていないこと，他方で，被告は，原告を懲戒解雇にした旨の意思表示をしたことを認めるに足りる的確な証拠はないこと，懲戒処分に付すにあたって通常必要な手続が踏まれていないことからすると，原告被告間の雇用契約の終了原因が懲戒解雇であるとは認め難く，原告は，被告を自己都合退職したと認めるのが相当であると判示しています。

イ 東京地判平26.3.26判例集未掲載［一審判決後訴えの取下げ］

原告と被告代表者が給与の支給額を巡って口論となり，被告代表者が，「給与額に不服があるならもう遠慮してほしい」といったのに対し，原告は「やってられない。後は頼む」等と述べ日割給与の振込先を伝えるなどしたうえで，自分の荷物をまとめて勤務店舗を退出し，翌日以降，本件店舗に出勤することはなく，また被告も本件店舗の勤務への復帰を求めることもなく，原告の要求どおり日割給与を入金しましたが，上記口論から2カ月経過した頃に至って，原告が，解雇無効であることと就労の意思があることを被告に通知するに至った事案において，裁判所は，「被告が原告に対して解雇の意思表示を行った事実を認めるに足りないものといわざるを得ず，本件雇用契約は，原告が被告における給与額に不満を持って，自ら被告を退職したことによって終了したものというべきである（…『遠慮してほしい』という趣旨が被告を退職してほしいという意味であったとしても，これは被告における給与額に不満を持つ原告に対する退職勧奨の域をでないものであって，これをもって被告による解雇の意思表示がされたとみることは困難といわざるを得ない。）」として，退職にあたると判示しています。

2　退職意思を示している従業員には必ず退職届を提出してもらう

　A社が本当にBさんが辞めても構わないと思っていたならば，次のように対応すべきでした。

　Bさんが同僚にあいさつをしたときに，総務部長が「雇用保険の手続や健康保険を継続させるかどうかの問題もあるので，離職票の手続とともに退職届を提出してほしい」と自筆で署名入りの退職届を提出してもらっていれば，退職意思が明確に確認されたことになり，後日トラブルとなっても辞職または合意退職と評価されたと思います。

　実務において使用者は，退職意思を表明している従業員には必ず退職届を提出してもらい，退職の意思を確定させる必要があります。本来，退職の意思表示は口頭でよく，遺言のように書面作成などの要式行為を求められてはいません。しかし，後掲の裁判例（藤沢医科工業事件＝横浜地判平8.4.30労判719-15判例・裁判例①）をみてもわかるように，合意退職を証明する書面がないために合意の認定が難しいとして使用者が敗訴した事件もありますので，実務では必ず書面による手続をとるようにします。

3　解雇の承認を明確にするには解雇承諾書をもらう

　解雇には，労基法20条などの手続が必要であるとともに，解雇権濫用法理が適用されますから，当該解雇に合理的理由が必要となります。

　解雇は，使用者からの一方的な意思表示による労働契約の解消ですから，その意思表示のみで効力が発生します。労働者が承諾するか否かによって，解雇そのものの効力に影響はありません。しかし，労働者が事実上その解雇を承認することを「解雇の承認」と呼び，結論としては労働契約の解消を認めるのが裁判例の傾向といえます（国鉄甲府赤穂車掌区事件＝東京高判昭53.6.6労判301-32など）。その具体的な法的構成についてはいくつかの見解がありますが，

筆者は，黙示の承認であれば信義則上解雇の効力を争えなくなり，明示の承認であればこれに加えて異議申立権を放棄したことにもなるため，いずれも契約解消が認められることになるのだと考えています。

また，解雇の承認があったという事実は，解雇された労働者自身がその解雇に合理的理由があることを認めたともみることができ，当該解雇そのものの判断にも事実上の影響があると考えます。

実際に解雇の効力が争われた場合，使用者は，「労働者が離職票の手続に応じた」，あるいは「解雇予告手当や退職金を受け取った」ことを根拠に，「解雇を承認した」という主張をすることになります。

しかし，この使用者の主張に対して，「一般に解雇は労働者を労働の場から排除し，その生活の基盤を一方的に剥奪するものであるから，その承認があったというためには，被解雇者の具体的かつ明示の意思表示がなされるか，あるいは被解雇者がすでに他に職を得て復職の意思を放棄したなど，被解雇者の行為を客観的・合理的に解釈して解雇の効力を争う意思を自ら放棄したと認められる場合に限られるものと解すべきである」と説示し，使用者が解雇を簡単に撤回するとは考えられない状況のもとで，解雇予告手当や退職金を受領したり，離職票の交付を受けて再就職を試みたのは，労働者が解雇後の当面の生活を守るために行っただけであって，解雇を承認したとはいえないと判断する裁判例があります（盛岡市農協事件＝盛岡地判昭60.7.26労判461-50）。したがって，「労働者が解雇を承認した」ということを明確にするには，解雇の承諾書を労働者から取得する必要があるということです。

承諾書を受け取ることは，のちに紛争となるリスクを軽減する最も有効な方法だと思います。そして，法的効力の議論とは別に，自ら承諾したという意識が労働者の異議申立てを抑制する効果も十分にあると思います。

第2章／退職　55

判例・裁判例①　藤沢医科工業事件／横浜地判平8.4.30／労判719-15

【事案概要】 Xは，平成6年4月，医療法人直源会Zの設置する相模原南病院などの警備業務を行う会社Y（人事は直源会が掌握）に就職した。南病院の警備業務は24時間勤務を3日に1回ずつ交代で勤める体制であり，警備業務に従事するXを含めた4名のうち，24時間勤務はXとAのみで，Bは当直のみ，Cは日勤のみであった。

　Xは，Yにおける待遇に不満を抱き，平成6年8月9日，直源会の職員Z1に対し，今の賃金では苦しい，このままでは辞めざるをえない旨を伝えたところ，YはDを8月初旬に採用したが，9月22日に至るまで，XとZ1との間で退職の話はなされなかった。そして，9月22日，Xは母親の具合が悪くなったことから，翌日の勤務を休みたい旨Z1に連絡したところ，Z1に9月末での退職の話をされた。その後もZ1からは10月15日付での退職の話をされるなどし，10月3日に出勤した折，15日まで有給休暇をとって休むよういわれた。これに対し，Xは労基署に相談したところ，文書で退職しない申し出をしておけばいい旨助言を受け，9月24日に結成された労働組合（南労組）委員長立会いのもと，退職の意思がない旨を記載した書面をZ1に手渡した。ところが，上記書面がXへ返送されてきたため，Xは，Z理事長やZ2事務局長に宛てて内容証明郵便をもって退職する意思がない旨改めて通知した。

　Yは9月30日からのXの就労を拒否し，賃金の一部も支払っていない。そこで，Xは地位確認と未払賃金を求めて提訴するに至った。

【判決概要】 裁判所は，Xの8月9日の退職の申し出と第一次合意の存否につき，いずれも供述証拠の類であり，Z1・Z2・Dの証言は諸事情から信用し難いとして，第一次合意の存在を否定した。

「また，仮にZ1証言を信用するならば，同年8月9日から9月30日にいたるまで少なくとも4回はZ1とXの間でXの退職をめぐって，話合いがなされ，いったん成立した合意を撤回して再度第二次合意が成立し，その間，Xも呼びかけ人となって南労組が結成され，最終的に第二次合意が成立するに際してはXの雇用保険の受給も考慮されたというのである。このように最終的な合意に至るまで何度ももめたのならば，雇用主であるYあるいは直源会Zの側としては，後日の紛争を防止するためにも，Xに退職願等の退職意思を明確化した書面を要求するのが通常と考えられ，Xとのやりとりを記載した記録を残すことを考慮するのが当然であるし，せめて雇用保険関係の書類だけでも作成していてしかるべきである。それなのに，右のような書面が何ら作成されていないというのは，雇用主の態度としては理解に苦しむというほかない。

　したがって，以上の諸事情を考慮すれば，Xが9月22日以前はもちろんのこと，同日以後も退職の意思を有していたと認めることはできず，10月15日を退職日とする旨の第二次合意も成立したと認めることはできない。」

　なお，本件は最高裁まで争われ，使用者が敗訴している。

退職の意思・解雇の承諾を確定させるには

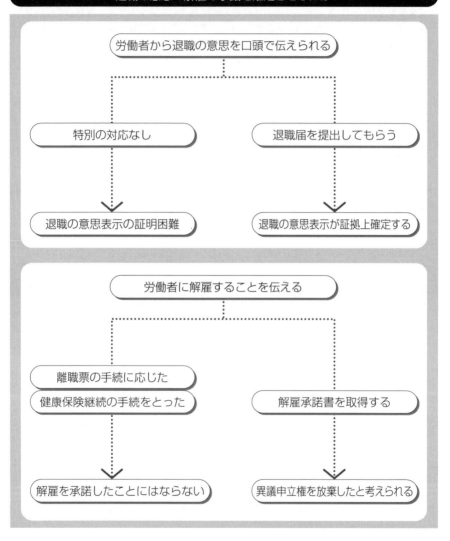

第2章／退　職　◀57

第4節　一度提出した退職届は撤回できるのか

1　退職届が辞職の意思表示であれば撤回できない

　労使の合意のうえで成立する合意退職をめぐっても，トラブルとなることがあります。一度提出した退職届を撤回することができるかという問題です。

　提出した退職届が辞職の意思表示であれば，労働者の退職届の提出だけで辞職の効力が生じますから，それを撤回することはできません。しかし，提出した退職届が合意退職の申込みであったとすれば，労働者に使用者の承諾の意思表示が到達するまで，原則として撤回できるということになります。つまり，退職届が辞職の意思表示なのか，合意退職の申込みなのかによって，法律上の効果が違ってくるのです。

　＊　**学校法人白頭学院事件**＝大阪地判平9.8.29労判725-40では，使用者の承諾の意思表示について到達主義をとる旨判示されています。

2　形式を問わず合意退職の申込みととらえる

　そこで，当該退職届が辞職の意思表示なのか，合意退職の申込みなのかという事実認定が問題となります。

　一般的に，「退職届と書かれた場合は届出であり，それによって終了するため，辞職の意思表示である。退職願と書かれた場合はお願いであり，相手の承諾を前提としているので，合意退職の申込みである」と説明されることがあります。

　しかし，この説明には疑問があります。辞職か合意退職かのとらえ方によって法律上の効果が異なるとすれば，労働者はどのような法律上の効果を望んで退職届や退職願を書いたのかということが議論になるからです。

　労働者が望んだ法律上の効果に従って民法は法的効力を与えるわけですから，この効果意思を無視して記載形式だけで決めることはできません。筆者自身，

約25年にわたり人事労務担当者に対して講演・セミナーを続けていますが，いまだにこの区分が使用者にも十分に認識されていないといえますから，まして労働者が，辞職の意思表示になるか，合意退職の申込みになるかということを意識して「退職届」，「退職願」，「辞職届」，「辞職願」といった記載区分をしているとは考えられませんし，区分自体知らないのが一般的です。

　裁判例（全自交広島タクシー支部事件＝広島高判昭61.8.28労判487-81）も，退職届（意思表示）は基本的には形式によらず，終身雇用制の考え方が中心できた日本においては円満退職を基本とし，原則として合意退職の申込みがその趣旨だろうと考えています。

　したがって，「退職届」や「退職願」などが出されても，形式で判断せず，原則として労働者からの合意退職の申込みととらえるべきです（使用者の承諾が得られない場合のため，予備的に辞職の意思表示が含まれていると考えます）。ただし，「慰留されても絶対に辞めます」などと本人が特別の意思表示をしている場合には，はじめから辞職の意思表示ととらえることになります[*]。

＊　関連裁判例
①　自主退職の意思表示が合意解約の申込みにあたると判示した裁判例
　学校法人大谷学園〔中学校教諭・懲戒解雇〕事件＝横浜地判平23.7.26労判1035-88
　　原告の面談の場における退職の意思表示が，合意解約の申込みか辞職の意思表示にあたるかが争われた事案において，原告が自ら積極的に自主退職の意思表示をしたものではなく，被告から暗に自主退職を勧められ，最終的に自主退職を選択する旨の意思表示をしたこと，および原告の退職については，退職に伴う具体的な処遇も含め，被告において検討する余地が残されていたことからすると，「原告の自主退職の意思表示は，本件雇用契約の解約告知ではなく，…退職勧奨を契機とした雇用契約の合意解約の申込みであるというべきである。」として，合意解約の申込みの撤回が認められました。
②　退職届の提出が辞職の意思表示にあたると判示した裁判例
　北港観光バス〔出勤停止処分等〕事件＝大阪地判平25.1.18労判1079-165〔確定〕
　　退職の効力が争われた事案において，「原告が本件退職届を提出する以前において，被告会社から原告に対して解雇や退職に関して何らのやりとりもなされていないこと，平成23年3月21日，原告が自らの意思で退職届を記載し，一方的に被告会社に交付したことからすれば，原告の本件退職届の提出は，合意解約の申込みの意思表示ではなく，一方的解約としての辞職の意思表示であると認められる。」として，退職届の撤回が認められませんでした。

3 退職の申込みを承諾する承諾権者は誰か

　退職届という形式であっても，原則として合意退職の申込みであると解釈するならば，使用者の承諾の意思表示が労働者に到達するまで，使用者に対し不測の損害を与えるなど信義に反すると認められる特段の事情がない限り，労働者は退職の意思表示を撤回することが可能です。そこで，労働者からの退職の申込みを承諾できる承諾権者は誰かということが問題となります。

　合意退職の承諾権者は，労働契約の締結（採用）権限を持っていた人と理解できます。一般的に，正社員の採用を決めるのは社長です。ただし，一定の規模があり，人事部や労務部が採用から退職までの全雇用ステージについて関与しているような大企業であれば，採用後の労働者の能力・人物・実績などについて掌握しうる立場にある労務担当重役や人事部長に，退職承認についての利害得失を判断させ，単独でこれを決定する権限を与えることも，経験則上何ら不合理なことではないとするのが，最高裁判決です（大隈鐵工所事件＝最判昭62.9.18労判504-6判例・裁判例②）。

　もっとも，最高裁は，労務担当重役や人事部長などについて，日常の職務内容の1つとして，退職の申込みに対する承諾権があるとまでは明言していません。「およそ人事部長であれば，通常退職申込みに対する承諾権がある」とまではいいきれないということです。最高裁は，人事部長に承諾権を与えることは不合理なことではないと判断しているものであり，人事部長に承諾権があるとは説明していないのです。そして，このように承諾権者が一部の人に制約されているということは，労働者からの退職の申込みを支社長や営業所長などが承諾しただけでは合意した（使用者の承諾の意思表示が労働者に到達した）ことにはなりません。職務権限の委譲について明文で定めたものがなかったことを理由に，常務取締役観光部長では承諾権を否定されている裁判例もあります（岡山電気軌道〔バス運転者〕事件＝岡山地判平3.11.19労判613-70）。承諾権があるか否かは，まずは職務権限規程を根拠に判断されますが，これによって

| | | | |

一度提出した退職届を撤回することはできるか

退職届を上司に提出

↓

承諾権者（社長・労務担当重役・人事部長など）へ退職届を回付

この間ならば ↓ 撤回できる

承諾権者が承諾

↓

使用者としてはこの間をスピーディーに処理

承諾の意思表示が労働者に到達

承諾した事実を記載した報告書または稟議書を作成する

これ以降 ↓ 撤回できない

合意退職の効力発生＝退職が確定

も明らかでない場合，最終的な決裁は誰が行っているかなどの慣行によって判断されるのだろうと考えます。

　したがって，実務上は，労務担当重役や人事部長に，職務権限規程などであらかじめ明確に退職の申込みに対する承諾権を与えておくべきといえます。とくに，全国展開している企業の場合は，各営業所や事業所の責任者に承諾権を付与しておくことが必要です。そして，従業員からの退職の申込みに対し，速やかな意思決定とともに承諾の意思表示をし，合意退職を確定させるようにします。また，承諾の意思表示が相手方に到達したことを立証するために，承諾した事実（相手方に承諾した場所・日時）を記載した報告書か，稟議書をつくっておく必要もあります。

　もっとも，実務でこのような退職届の撤回防止策を講じなければならないのは，勤務態度などが不良な従業員や，会社が退職してほしいと考えていた従業員から退職届が出された場合といえます*。

＊　退職申出の撤回を認めた裁判例

　　ピー・アンド・ジー明石工場事件＝神戸地決平15.12.26労判872-28，大阪高決平16.3.30労判872-24

　　退職申出書の撤回の可否が争われた事案において，初審は，債務者の上長であるマネージャーおよび工場長が退職申出書の承認欄に署名押印した時点で，債務者は債権者の退職の申出を承認しており合意解約が成立したとして，退職申出の撤回を認めなかったのに対し，抗告審は，相手方が抗告人に提示した書面に，退職申出書提出後，合意書を作成して受付完了とする旨記載されていたことなどからすると，合意書が作成されるまでは，退職の受付は完了せず，退職合意は成立しないものと解するのが相当であるとして，退職申出の撤回を認めました。

4　退職届の撤回が信義に反する場合とは

　このように労働者は，使用者の承諾の意思表示が労働者に到達するまで，退職届を撤回することができますが，使用者に対し不測の損害を与えるなど信義に反すると認められる特段の事情がある場合には，退職届の撤回は認められません。

　どのような場合に信義に反する特段の事情があると判断されるかは，退職届が出された経緯（動機など），会社の内部手続の進捗状況，撤回までの期間などが裁判では考慮されています。

　たとえば，すでに承諾の方針を固めて内部手続を進めていた会社にとって撤回は不測の申入れであったこと，退職願の動機となった同僚との仕事上のいさかいや暴力沙汰については会社にも労務対策上不十分なところがあったこと，退職願が会社に到達した翌日に撤回がなされていることなどを検討して，信義に反する特段の事情があったとはいえないとする裁判例もあります（田辺鉄工所事件＝大阪地決昭48.3.6労判197-90）。逆に，信義に反する特段の事情がある場合とは，退職願の提出後，その従業員の退職などで会社が人員不足のため採用手続を始めているのを知っていながら，その手続が進んだ段階で退職願の撤回を申し入れたような場合などと考えてよいといえます。

＊　公務員による退職の意思表示の撤回

①　最高裁（最判昭34.6.26判時191-5）の判旨

　公務員の退職願の撤回の有効性が争われた事案において，最高裁は，「退職願は，それ自体で独立に法的意義を有する行為ではないから，これを撤回することは原則として自由である（略）。ただ，免職辞令の交付前において，無制限に撤回の自由が認められるとすれば，場合により，信義に反する退職願の撤回によつて，退職願の提出を前提として進められた爾後の手続がすべて徒労に帰し，個人の恣意により行政秩序が犠牲に供される結果となるので，免職辞令の交付前においても，退職願を撤回することが信義に反すると認められるような特段の事情がある場合には，その撤回は許されないものと解するのが相当である。」と判示しています。

②　退職の意思表示の撤回が信義則に反しないとされた裁判例

　旭川地判平25.9.17判時2213-125

　普通地方公共団体の職員の退職の意思表示の撤回の有効性が争われた事案において，原告が退職の意思表示後に退職のあいさつ回りを行った，被告病院が退職の意思表示を信頼して原告の後任者である臨床検査技師の任用期間を延長し，同後任者を正社員として任用するに至ったなどの事情があったとしても，後日，原告から退職願が提出される予定となっていた，院長が原告に対し懲戒免職もありうることを示唆して退職勧奨をした，という事情がある本件のもとでは，「退職の意思表示の撤回について，信義に反するような特段の事情があるとは認められず，本件退職の意思表示の撤回は，有効にされたものと認められる」と判示されました。

判例・裁判例② 大隈鐵工所事件／最判昭62.9.18／労判504-6

【事案概要】Xは，Y入社後に同期のAと民青の班会議を組織し，その活動に従事していた。ところがAは，民青を脱退しようと思いながら果たせず，進退に窮し失踪した。この失踪に関して会社はXに事情聴取し，Xは当初Aの行方に心当たりはないと答え，民青活動についても伏せていた。しかし，調査資料に基づく再度の会社の追及から，活動の露見を知り呆然自失となり，自ら退職願を提出した。人事部長Bが慰留するも聞き入れず，Bは退職願を受け取った。その当日に作業衣等の返還は済んだが，従業員預金の解約や組合からの脱退等の手続を完了せずに，翌日行う旨を述べてXは退社した。翌日，Xは退職の意思表示を取り消す旨をYに申し入れるも，Yはこれを拒絶した。

【原審概要】Xの退職願の提出は合意解約の申込みとし，この申込みにつき動機の錯誤や強迫があるとは認められず，Xのした合意解約の申込みは有効とした。しかし，Xが入社するにあたりB人事部長のほか取締役等4名の協議結果を総合して採用決定された経緯から，Xの退職願を承認するに当たっても上記のような一定の手続を履践したうえで会社の承諾の意思が形成されるとし，人事部長といえどB個人の意思のみによって会社の意思が形成されたとはいえないとした。したがって，合意解約の申込みの承諾はなされておらず，Xの申込みの撤回を有効とし，労働契約の存続を認めた。

【判決概要】「原審の右判断は，企業における労働者の新規採用の決定と退職願に対する承認とが企業の人事管理上同一の比重を持つものであることを前提とするものであると解せられるところ，そのような前提を採ることは，たやすく是認し難いものといわなければならない。けだし，会社Yにおいて原判決が認定するような採用制度をとっているのは，労働者の新規採用は，その者の経歴・学識・技能あるいは性格等について会社に十分な知識がない状態において，会社に有用と思われる人物を選択するものであるから，B人事部長に採用の決定権を与えることは必ずしも適当ではないとの配慮に基づくものであると解せられるのに対し，労働者の退職に対する承認はこれと異なり，採用後の当該労働者の能力・人物・実績等について掌握しうる立場にある人事部長に退職承認についての利害得失を判断させ，単独でこれを決定する権限を与えることとすることも，経験則上何ら不合理なことではないからである。したがって，Xの採用の際の手続から推し量り，退職願の承認について人事部長の意思のみによって上告人の意思が形成されたと解することはできないとした原審の認定判断は，経験則に反するものというほかはない。

…（なお，本件上告理由書添付の別紙第三（「職務権限規程」と題する文書）によれば，上告人には，人事部長の固有職務権限として，課次長待遇以上の者を除く従業員の退職願に対する承認は，社長，副社長，専務，関係取締役との事前協議を経ることなく，人事部長が単独でこれを決定しうることを認めた規程の存することが窺われるのである。）」

最高裁は，Bによる退職願の受理によって労働契約の合意解約の申込みに対する会社の承諾の意思表示がなされたとして，原判決の経験則・採証法則違背の違法を認め，原審に差し戻した。

第5節　退職の意思表示と強迫・錯誤を理由とする取消し

1　退職を合意できても意思表示の瑕疵を主張される場合がある

　従業員との労働契約を解消する際，会社が一方的に従業員を解雇することはトラブルのもとですから，退職届を受け取って合意退職できるように会社として努力を惜しむべきではないと説明してきました。

　しかし，会社は退職届をとりたいと思うあまり，解雇事由がないにもかかわらず，「退職しなければ解雇しかない。解雇となれば，再就職も不利になるし，退職金の支給にも影響する。一度自分で身の振り方を考えてみてはどうか」などと退職を勧奨し，従業員が「それならば解雇よりも退職のほうがいい」と，渋々退職に合意するような事例がみられます。これでは，後日「あの退職の意思表示には瑕疵（強迫や錯誤）があった」と争われる可能性を残すことになってしまい，合意退職によってトラブルを防ごうとした意味がなくなってしまいます。裁判例でもこのような形で争われた事案が多くみられます[*]（この退職の意思表示が辞職に該当するものでも法的には同評価となります）。

　＊　民法改正の影響　平成29年改正民法（2020年4月1日施行）では心裡留保や錯誤など意思表示に関する条文についても修正が加えられています。条文上明確ではなく確立した判例法理もない部分（詐欺の第三者の保護要件が「善意」か「善意無過失」かなど）について，改正法で明確化した部分もありますが，大部分は従前の判例法理を踏襲したものに留まります。したがって，改正後も従前の労働判例の射程および法的枠組み・解釈に変更はないと考えて問題ないと思われます。

2　解雇・退職金没収の告知が強迫行為とされるケース

⑴　解雇を告知するケース

　まず，「退職しなければ解雇しかない」という会社の退職勧奨が強迫行為であ

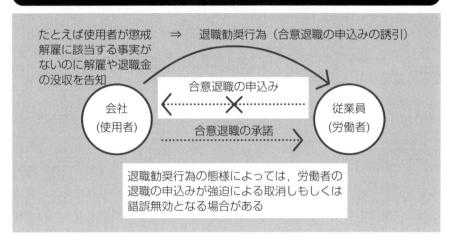

るとして争われることがあります。この点,懲戒解雇の事案において,「懲戒解雇に相当する事由が存在しないにもかかわらず,懲戒解雇があり得ることを告げることは,労働者を畏怖させるに足りる違法な害悪の告知であるから,このような害悪の告知の結果なされた退職の意思表示は,強迫によるものとして,取り消しうるものと解される」と説示する裁判例があります(ソニー〔早期割増退職金〕事件=東京地判平14.4.9労判829-56)。普通解雇の事案においても同様に考えられるといえます(もちろん,懲戒解雇の方が労働者に強い畏怖の念を与えることは明らかといえます)。

　もっとも,上記裁判例は「解雇事由に該当する事実がない」場合に解雇がありうることを告げることが「強迫」にあたるとするものです。解雇事由に該当する事実が実質的にあっても,当該解雇に相当性がなく権利濫用として無効とされる場合に解雇がありうると告げたことが「強迫」にあたるのかについては判断されていません。この点で考えられるケースは以下のようなものです。

① 解雇事由に該当する事実がないにもかかわらず,解雇がありうると告げて退職を迫るケース(**ケース①**)

② 解雇事由に該当する事実はあるが，当該解雇に明らかに相当性がない場合に，解雇がありうると告げて退職を迫るケース（**ケース②**）

③ 解雇事由に該当する事実はあるが，当該解雇に相当性があるか判然としない場合に，解雇がありうると告げて退職を迫るケース（**ケース③**）

④ 解雇事由に該当する事実もあり，当該解雇に明らかに相当性がある場合に，解雇がありうると告げて退職を迫るケース（**ケース④**）

　裁判例にならえば，「強迫」とは，「相手方を畏怖させるに足りる違法な害悪の告知をして相手方に恐怖心を生じさせて，その恐怖心によって一定の意思表示をさせること」です。解雇となれば再就職が難しく，解雇された者は定期的な収入を確保できずに生活が苦しくなります。使用者から解雇するといわれれば，労働者は再就職困難などの不安を伴った恐怖心から退職する道を選ぶ場合も多いと考えられます。そのような事例では，強迫によるとして退職の意思表示が取り消しうるか否かは，使用者の解雇の告知が違法な害悪の告知，すなわち強迫にあたるかどうかの点に問題が帰着します。[*]

　＊　**「違法な害悪の告知」**　　裁判例などでは，「懲戒解雇に値すると述べたことは，やむを得ないといえる。したがって…違法な害悪の告知とはいえない」（前掲ソニー事件）というように，「違法な害悪の告知」という表現をワンセットで使う例が多くみられます。これは，民法学説などで，「害悪の告知」と「違法性」を厳格に分け，およそ相手方が畏怖するに足りるあらゆる告知を形式的に「害悪の告知」としたうえで，あとは違法性の問題とする見解が多いことを意識しているのだと思います。しかし，端的に，正当な有効性ある解雇について告知することは「害悪の告知」にもあたらないと解するべきです。

　強迫が成立するには，強迫者に，相手方を強迫して恐怖心を生じさせようとする故意と，その恐怖心によって一定の意思表示をさせようとする故意があることが必要です。

ア　ケース①の場合

　ケース①のように，解雇事由に該当する事実もないのに解雇をちらつかせて恐怖心を生じさせ，従業員に退職の意思表示をさせる場合は，まさに上記強迫

の故意が会社に認められますから，退職の意思表示は強迫によるものとして取り消されるといえます（澤井商店事件＝大阪地決平元.3.27労判536-16判例・裁判例③）。

ただし，恐怖心を生じずに，従業員自身が退職届を出すことの利害得失を判断したうえで退職の意思表示をしている場合には，強迫による取消しの主張は認められないと考えます。

イ　ケース②の場合

ケース②は，たとえば，従業員が会社の名誉・信用を毀損し解雇事由には該当するものの会社には具体的な支障や損害が出ておらず，当該解雇が明らかに不相当な場合，または，業務上の指示に再三違反するなど勤務態度不良として解雇事由には該当するものの会社が従業員に注意などの是正手続を全く行っておらず，いきなり解雇とすることが明らかに不相当な場合です。これらの場合，会社は解雇事由に該当する事実があることを認識しています。そして，解雇が明らかに不相当であるかどうかは，一定の知識・経験を持つ法律家であればある程度の見当をつけられるといえますが，人事部など部課が整い知識や事例の蓄積のある大企業はともかく，中小零細企業にはそのような知識・経験がないのが一般的です。したがって，会社が解雇できると信じて従業員に退職の選択肢を示していると考えられる事案では，強迫の故意があると考えるのは難しく，退職の意思表示が取り消されることはないと考えます。

このようなケースの裁判例として，一審（昭和自動車事件＝福岡地判昭52.2.4労判270-29）で，懲戒解雇が相当でないとして強迫による退職願の取消しを認める判断がされたものの，控訴審（福岡高判昭53.8.9労判318-61）では，強迫の点を理由とすることなく，退職の意思表示がその承諾以前に撤回されたものとして合意解約の成立を否定しているものがみられます。この事件は，就業規則の懲戒解雇事由に該当する事実はありましたが，本来は手続として社長の決裁をとらなければならないところ，営業所長が手続をとらずに懲戒解雇がありうることを告知して従業員に退職を迫った事案です。やはり，控訴審であ

第1編／労働契約の解消

判例・裁判例③　澤井商店事件／大阪地決平元.3.27／労判536-16

【事案概要】Xは，酒類販売を業とするYに，経理担当者として勤務していた女性従業員である。Xは，Yを横領事件により昭和56年に懲戒解雇されたAにつき，Aが勤務したB社に対し，昭和59年11月ころから身元保証等をした。Yは，昭和63年5月末，Xに対し，XがB社に昭和59年8月ころ顧客の注文を回したこと，及び昭和59年9月ころの税務調査においてXに不手際があったことを理由に，昭和63年6月末をもって退職するよう勧告した。その際，YはXに対し，「退職願いを提出しなければ懲戒解雇にする。」，「懲戒解雇になれば退職金も出ないが，退職願いを提出すれば退職金も支払う。」などと述べた。Xは，その場で返答しなかったところ，翌日，Yは経理担当者として保管中の銀行預金通帳を取り上げ，それ以後，現金出納に関与させないようにした。昭和63年6月30日，XはYに対して退職願いを提出し，退職金等を受領したが，同年7月29日付で退職願いの取消通知をYに交付した。

【決定要旨】「使用者が労働者に対し退職を勧告するに当たり当該労働者につき真に懲戒解雇に相当する事由が存する場合はともかく，そのような事由が存在しないにもかかわらず，懲戒解雇の有り得ることやそれに伴う不利益を告げることは労働者を畏怖させるに足る違法な害悪の告知であるといわざるを得ず，かかる害悪の告知の結果なされた退職願いは強迫による意思表示として取消し得るものというべきである。そこで，次に懲戒解雇事由の存否につき検討する。」

「Yは，…AをXが援助，協力したことが背信性を有するかのごとく主張するが，…XがAの身元保証人となるなどして援助，協力する…Xの右行為はさして非難に値するものではないというべきである。…YはXがYの顧客からの注文を，Aに横流しした事実がある旨主張するところ，…客観的具体的証拠はなく，あくまでも疑いの域を出ない…。…昭和59年9月Yは税務調査を受け，裏帳簿等を発見され脱税が発覚したことが一応認められるが，右脱税発覚につきXに何らかの不手際があるとはにわかに認められない。

　仮に右脱税発覚がXの何らかの不手際に起因するとしても，これにつきYがXを非難することはクリーンハンドの原則に反するものであり，ましてこれをもって懲戒解雇の事由にすることは到底許されないというべきである。」

　以上によれば，Xには懲戒解雇事由が何ら存しないのであるから，Xの退職の意思表示は強迫による意思表示として取り消し得る。「なお，YはXが退職勧告の後1か月の間熟慮のうえ本件退職願いを提出したから，Xの真意に基づくものであるというが，例えばXが懲戒解雇を免れようとの気持で任意退職を決意したのでなく，他に何らかの意図ないし思惑があって退職を決意したといったような，Xの退職の意思表示がYの強迫によることを否定し得る…特段の事情の存しない本件においては，…その意思表示が任意のものと認めることができない。」

解雇・退職金没収の告知と「強迫の故意」の成否

	解雇を告知				退職金没収を告知	
（1）	解雇事由該当性	社会的相当性	強迫		（2）	強迫
①	×	－	成立		ⅰ	原則不成立
②	○	×（明らかに）	原則不成立		ⅱ	不成立
③	○	△（不明）	不成立		ⅲ	不成立
④	○	○	不成立			

る高等裁判所としても，たとえ懲戒解雇が相当でないとしても懲戒解雇事由に該当する事実がある場合には，会社に強迫の故意があると認めるのは難しいと考えたのだと思います。もちろん，解雇について社会的相当性がないとわかっていながら解雇を告知することは，強迫行為といわれてもしかたがないと考えます。

ウ　ケース③の場合

　ケース③のように，解雇事由に該当する事実もあり，解雇に相当する事情も一定程度みられるけれども，解雇に処することに相当性があるか否か判然としないケースがあります。この段階になると，大企業でももちろんのこと，弁護士でも裁判所がどのように判断するかはわかりません。会社は当該解雇が有効と考えて告知し，退職の選択肢を提示するのですから，強迫の故意はないといえます。また，このような場合に解雇の有効無効の判断リスクを会社に負わせるのは酷と考えられます。したがって③のケースでは退職の意思表示が強迫にあたるとして取り消されることはないと考えます。

エ　ケース④の場合

　ケース④は，会社が従業員のそれまでの功績や再就職などを考慮して，まさ

に温情措置として退職という選択肢を提示しているのですから，会社に強迫の故意はもちろんなく，退職の意思表示が強迫にあたるとして取り消されることはないといえます。

(2) 退職金の没収を告知するケース

上記(1)では普通解雇と懲戒解雇を分けずに検討しましたが，さらに懲戒解雇にあたる場合，多くの企業では退職金の没収がなされる旨の規定が就業規則に定められていますから，退職金没収の告知が強迫行為に該当するか否かを検討しなければならないといえます。

まず，退職金の没収規定について，裁判例は，「賃金の後払い的要素の強い退職金について，その退職金全額を不支給とするには，それが当該労働者の永年の勤続の功を抹消してしまうほどの重大な不信行為があることが必要」として限定的に解釈しています（後掲小田急電鉄〔退職金請求〕事件＝東京高判平15.12.11労判867-5判例・裁判例㉘）。この退職金没収の有効性は，たとえ懲戒解雇が有効と判断された場合でもあらためて判断されます（第7章第18節参照）。

そこで，強迫による退職の意思表示の取消しとの関連で，退職金没収の告知が強迫となるのかが問題となります。考えうるケースは以下のとおりです。

> i 永年の勤続の功を抹消してしまうほどの重大な不信行為が明らかにないのに，退職金没収の告知をして退職を迫るケース（**ケース i**）
>
> ii 永年の勤続の功を抹消してしまうほどの重大な不信行為があるか判然としない場合に，退職金没収の告知をして退職を迫るケース（**ケース ii**）
>
> iii 永年の勤続の功を抹消してしまうほどの重大な不信行為が明らかにある場合に，退職金没収の告知をして退職を迫るケース（**ケース iii**）

結論からいえば，上記 i ～iii のどのケースでも，現時点では原則として退職金没収の告知が強迫にあたるとするのは難しいと考えます。大企業においても，

退職金没収が有効となるには前記要件を満たすことが必要であると認識していない場合が多く，強迫の故意を認めるのは難しいと考えられます。ただし，iのケースで退職金を没収できないとわかっていながらそれを告知することは，強迫行為と評価されると考えます。

3 錯誤を主張されるケースを検討する

(1) 解雇を告知するケース

前記2では，従業員に対する解雇や退職金没収の告知による退職勧奨，つまり会社の行為が強迫行為にあたり，従業員の退職の意思表示が取り消されうるかを検討しました。次に検討しなければならないのは，退職の意思表示が従業員の動機の錯誤により無効となるかです。

この論点は，当該事案の性質によるところが大きいことは明らかですが，懲戒解雇の告知をした事案で，「債権者には懲戒解雇事由はなく，懲戒解雇の可能性がなかったのに，債権者は，甲校務主任の説論により懲戒解雇になると誤信して本件退職願を提出したのであって，その退職の申込みの意思表示には動機の錯誤があるというべきで，これが債務者側に表示されていたことは明らかであるから，要素の錯誤となり，本件合意退職は無効である」と判断する裁判例があります（学校法人徳心学園〔横浜高校〕事件＝横浜地決平7.11.8労判701-70)。

ところで，意思表示は法律行為の要素に錯誤があるときに無効とされます（民法95条）。その「法律行為の要素に錯誤があるとき」とは，「表意者が事情を知っていればその意思表示をしなかったであろう場合」です。そして，動機に錯誤があっても意思表示は原則として無効とはされませんが，動機が相手方に表示され意思表示の内容となっていれば，要素の錯誤として無効となりえます。具体的には，解雇される理由がないのに，会社から解雇や退職金没収の告知を受ける形で退職勧奨されたなど，会社が従業員を解雇することが確実でこれを避けるには自主退職しかない，つまり，退職しなければ解雇されると誤信して

退職の意思表示をした場合に，その意思表示の動機に錯誤がなかったかが議論されます。そして，やはり「解雇になるので退職したほうがいい」と上司からいわれれば，よほど労働法関係に明るくなければ解雇には理由があって有効と誤信するのが一般的といえますから，その解雇が本当に有効なものであるかが動機の錯誤の成否を分ける大きな要素となると考えられます。

ア　ケース①の場合

　66頁に示したケース①の場合は，学校法人徳心学園〔横浜高校〕事件の裁判例のとおり，「動機の錯誤」があったと，原則として判断されているといえます。学校の業務命令が無効で懲戒解雇に理由がないとしても，一教諭が校務主任に懲戒解雇となるといわれれば，よほど労働法関係に明るくない限り，業務命令に違反した事実もあいまって退職しなければ懲戒解雇になると誤信しても仕方がないといえます。

イ　ケース②の場合

　ケース②では，一部の大企業を除いて会社に解雇の相当性判断の知識・経験がないことから，法律家からみれば相当性がないことが明らかだとしても，原則として会社に強迫の故意を認めるのは難しいと説明しました。しかし，動機の錯誤で考えるのは，解雇が告知されたことによって，従業員が退職しなければ解雇されると誤信したかどうかであって，解雇の告知に強迫の故意があるかどうかが議論されているわけではありません。したがって，ケース②のように解雇事由に該当する事実はあるけれども当該解雇に相当性が明らかにない場合，その他の要素，つまり労働者自身が自分の立場を判断できるほど労働法関係に明るいか，退職金の割増など自己にメリットとなる点を考慮したうえでの退職とみられるかなど，総合的に考慮することになります。

　この点，普通解雇することを告知して退職勧奨し，その結果なされた退職の意思表示が錯誤無効とされた裁判例もあります（昭和電線電纜事件＝横浜地川崎支判平16.5.28労判878-40判例・裁判例④）。判決中では，原告の錯誤に重過

第2章／退 職 ◀ 73

判例・裁判例④ 昭和電線電纜事件／横浜地川崎支判平16.5.28／労判878-40

【事案概要】 Xは，会社Yに昭和38年4月入社した従業員であるが，平成に入りZ1，Z2に出向し，Z2では，工事記録を誤って廃棄してしまったり，職場の同僚に暴言を吐いたりしたことを理由に出向を解除された。Yの人事勤労グループ長であるAは，Xの受入先を探したがいずれも拒否され，Z3への出向について調整した。Xは，メモを確認せず面接日時を間違えて訪問したり，面接の際の態度，またその後のXの態度から，Z3での受入れを最終的に拒否された。そこで，AはXに対し，Xに斡旋する職場はなくなったこと，Xに退職してもらうという選択肢しかないこと，自分の意思で退職するのであれば規定の退職金に3カ月分の給与を加算すること，自分から退職する意思がないのであれば解雇の手続をすることになること，どちらを選択するか自分で決めて欲しいこと，自分の意思で退職するという結論となった場合は書類に必要事項を記載して持参してほしいとして書類を交付した。Xは，退職するかどうか，即時に結論を出すことを控え，労働組合に再度相談に行ったところ，組合員からXの評判は結構悪いと言われ，いよいよYから解雇されるのを避けるには，退職届を提出するしか方法はないと考えるようになった。そこで，Xは退職届を提出し，退職金を受けたものの，その後，退職の意思表示の錯誤無効又は詐欺による取消しを主張して提訴した。

【判決概要】 前提として，裁判所はAの申出（本件退職勧奨等）を，雇用契約の解約の申入れの意思表示とともに，Xが解約の申入れに応じない場合Xを解雇する旨の条件付き解雇の意思表示と解し，まず解雇の意思表示の効力について検討した。そして，就業規則の解雇事由を制限的に解釈し，当該解雇の意思表示を「客観的に解雇事由が存在していたとは言えず，本件解雇の意思表示は無効」とした。

その上で，裁判所はXの退職合意の承諾の意思表示に錯誤があるか否かを検討し，「Xが本件退職合意承諾の意思表示をした時点で，Xには解雇事由は存在せず，したがってXがYから解雇処分を受けるべき理由がなかったのに，XはAの本件退職勧奨等により，YがXを解雇処分に及ぶことが確実であり，これを避けるためには自己都合退職する以外に方法がなく，退職願を提出しなければ解雇処分にされると誤信した結果，本件退職合意承諾の意思表示をしたと認めるのが相当であるから，本件退職合意承諾の意思表示にはその動機に錯誤があったものというべきである。…A自身がXに自己都合による退職をするか解雇処分を受けることとするか，どちらを選択するかはX自身で決めよと申し入れていることに照らして，Aは，Xとしてはいずれかの方法を採らざるを得ないことになることを当然に認識していたものというべきであるから，Xがした…解雇処分を受けることを避けるとの動機は黙示のうちに表示されていたと認めるのが相当である。」として，本件退職合意承諾の意思表示には法律行為の要素に錯誤があったと認め，本件退職合意を無効とした。なお，Xの錯誤無効の主張につき，Xが労働組合活動に従事するなどして労働者の法的地位に関する知識・経験を持ち合わせていなかったことなどが斟酌され，重大な過失なしと判断されている。

失がないかの点で，労働者が労働組合活動に従事するなどして労働者の法的地位に関するある程度の知識・経験を持ち合わせていたかどうかが考慮されています。

　また，懲戒処分が検討されている旨の告知を伴う退職勧奨の事案で，従業員から自己都合の退職金や健康保険の取扱いなど退職条件の確認があったことや，労働組合の役員経験が長いという事情などが考慮され，最終的には利害得失を自分なりに判断して退職した，すなわち錯誤はなかったとされた裁判例があります（ネスレ日本事件＝東京高判平13.9.12労判817-46）。

　これらの裁判例のように，その解雇に法的に問題があると労働者が認識し，退職届を出すことの利害得失を自分なりに判断したうえで退職の意思表示をしたなどの事情がなければ，ケース②では，錯誤による無効の主張が認められると考えます[*]。

　なお，錯誤により退職の意思表示をしたことについて，労働者に重大な過失があったとして，退職の意思表示につき無効を主張することはできないとした珍しいケースもあります（日本旅行事件＝東京地判平19.12.14労判954-92）。

[*]　**退職の意思表示について錯誤により無効と判示した裁判例**
　　富士ゼロックス事件＝東京地判平23.3.30労判1028-5［控訴審にて和解成立］
　　　原告が事情聴取の中で被告会社を辞めたくない旨を述べていたにもかかわらず，被告人事担当者が，「職を辞して懲戒解雇を避けたいのか，手続を進めるのか。そこをやるだけだ。」「辞め方の違い，去り方の違い。」「自主退職であれば退職金は出る。」「あなたのためを思って人事は言っている。会社に残りたい，これは寝言。」「自主退職を申し出るのか，会社から放逐されるのか，決めて欲しい。」「懲戒解雇は退職金は支払わない。会社は必ず処置をする。一番重たい結論になる可能性が高い。」「（自主退職と懲戒解雇の違いについて）重みも，傷も違う。世間の認め方も違う。」「結果が出ているのにこの期に及んで」「判断できないのが疑問だ。」「我々は救いの手を伸ばしている。」などといい，原告が出勤停止処分となったので継続して勤務することができるということかと尋ねたところ，営業人事グループ長が「懲戒解雇に当たるところを，（略）退職をもって責任を取りたいという，その表明されたということで勘案して出勤停止30日になった。」などといい，さらに，営業人事グループの社員が「本来はもっと重い懲戒に相当するものであるということは十分自覚されていますか」などと述べた事案において，被告は有効な懲戒解雇をなしえなかったから，原告が懲戒解雇されるものと信じたことは，要素（動機）の錯誤に該当するとして，退職の意思表示は錯誤により無効であると判示されました。

ウ　ケース③の場合

　さらにケース③では，原則として錯誤による無効の主張を認めるべきではないと考えますが，使用者による「当該解雇は有効である」との強い説明のもと，労働者がその解雇が有効と信じて退職の意思表示をした事情などがあれば，例外的に錯誤の主張が認められると考えます。

エ　ケース④の場合

　当然のことながらケース④では，錯誤の問題自体が発生しません。

⑵　退職金の没収を告知するケース
ア　ケース i の場合

　退職金没収の告知を受けて，それが正当に没収されると思って退職届を出した場合は，ケース i については錯誤による無効の主張が成立するといえます。しかしながら，懲戒解雇ないし普通解雇がなされて，それが有効か否かは，別問題となります。

イ　ケース ii の場合

　ケース ii では，錯誤による無効の主張は認められないと考えますが，使用者による「当該退職金の没収は有効である」との強い説明のもと，労働者が退職金の没収を有効と信じて退職の意思表示をした事情などがあれば，例外的に錯誤の主張が認められると考えられます。しかし，上記アと同様，その後の解雇の有効性の問題は残ります。

ウ　ケース iii の場合

　ケース iii では，錯誤の問題自体が発生しません。

4 合意退職の意思表示に任意性・真意性を確保するには

　このように考えると，問題を発生させた従業員から退職届を出してもらう場合，どのように対応すれば退職の意思表示の瑕疵を主張されるリスクを減らせるかが実務として重要なポイントとなります。

　そのポイントは，その退職の意思表示の際に本人の任意性が確保されていたかどうかです。前述したように，解雇事由に該当する事実もないのに「退職しなければ解雇だ」などという言動は強迫にあたります。しかし，実際に解雇事由に該当する事実がある場合には，その事実を詳細に記載した解雇理由書を作成し，その理由書を示して，「会社としては，この書面に示す事実を確認し，解雇事由が存在すると判断した。ここにあげられた個々の事実について争ってもかまわないが，会社としてはこの判断をもとに今後の手続を進めるつもりである。もっとも，個々の事実に異議があっても争わずに退職届を出すならば，会社はこの手続を中止してそれを受け取るつもりである」などと，本人の判断を促します。

　また，一定の解決金を示すことも，労働者の任意性を確保することにつながります。労働者は退職した場合のメリットを勘案して決断するのですから，任意性が確保されたと評価されやすくなるといえますし，労働者から錯誤による無効を主張されるリスクは非常に軽減されると考えます[*]。

　このように，退職届を取得しても意思表示の瑕疵を主張されてトラブルとなるおそれはありますが，解雇に比較すればトラブル発生のリスクは非常に低いこと，また訴訟となっても敗訴する可能性は低いことからすれば，くり返しになりますが，実務では退職届の取得に全力を尽くすべきです。

　[*]　**意思表示の瑕疵に関する裁判例**
　　① **意思表示に瑕疵なしとされた例**
　　　ア　**いすゞ自動車〔雇止め〕事件**＝東京地判平24.4.16労判1054-5［控訴審にて原判決変更，上告棄却・不受理］
　　　　被告会社に更新意思がないことを踏まえ，臨時従業員である原告らが，退職届を提

出した事案において，裁判所は原告らの主張をそれぞれ以下のように判示して退け，合意退職の成立を認めました。

［論点1］雇止めを法的に争いうることを知らないでなされた退職願の提出について

〈原告ら〉3年規定（更新期間は通算して3年を超えることはない旨規定した臨時従業員就業規則）および2年11カ月運用（通算契約期間が2年11カ月となる臨時従業員について合意退職手続をとる運用）に基づく雇止めを法的に争いうることを全く知らなかったため，退職願を作成，提出したことは退職の意思表示ないし合意退職の申出にはあたらない。

〈裁判所〉「退職の意思表示の内容を理解して上記の退職願を提出した以上，原告らの上記主張を採用する余地はない」

［論点2］公序良俗違反

〈原告ら〉被告が解雇に関する法理の回避という公序良俗に違反することを目的とする3年規定および2年11カ月運用による雇止めを有効であると信じ込ませて退職願を提出させたものであり，これに基づく退職合意は，解雇に関する法理の回避を目的とする法律行為として，民法90条により無効である。

〈裁判所〉「3年規定及び2年11か月運用が，いわゆる期間の定めのある労働契約の雇止め制限の法理に配慮して，労働者に合理的期待を抱かせないようにすることにより臨時従業員の雇止めが無効なものとならないようにする意図があったことを否定することはできないが，3年規定及び2年11か月運用に基づく雇止めが直ちに有効になるか否かは別論としても，3年規定及び2年11か月運用に基づく臨時従業員の期間管理そのものが公序良俗に違反するとまではいえないのであって，民法90条による無効をいう原告らの主張には理由がない」

［論点3］錯誤無効

〈原告A〉上記雇止めが法律的に違法無効であり，その効力について争えるということを知らないで原告Aは退職願を作成し，提出しており，これを知っていれば，原告Aは退職願を提出することはなかったから，動機の錯誤（民法95条）があり，退職の意思表示は無効である。

〈裁判所〉原告Aが「雇止めの法的効果やそれを争い得ることを知らなかったとしても，それは法律の不知に準ずる内容に係る動機の錯誤であり，その動機が表示されていることの根拠が見出せないから，原告Aの錯誤無効の主張には理由がない」

［論点4］詐欺取消し

〈原告A〉被告から「平成20年4月5日で2年11か月になるので，もう更新はないので，退職願を出してくれ」等といわれ，その旨誤信して原告Aは退職願を提出したから，原告Aの退職の意思表示は，被告の詐欺（民法96条1項）によるものであり，原告Aは本件訴状でこの意思表示を取り消した。

〈裁判所〉「被告が原告Aに対し，雇止めの法的効果やそれを争い得ることの欺罔行為と

は評価できず（原文ママ），3年規定及び2年11か月運用に基づく雇用期間管理を行っていたことが，原告Aに対する欺罔行為とは評価できないことから，詐欺取消に係る原告らの主張にも理由がない」

イ　北港観光バス〔出勤停止処分等〕事件＝大阪地判平25.1.18労判1079-165［確定］

辞職の意思表示（合意解約の意思表示）が心裡留保により無効であると争われた事案において，「原告は自ら退職届を記入し，被告会社に提出した後も，被告会社に対して退職日について有給休暇を取得した後の日にして欲しい旨の明確な希望を述べるなどのやりとりを自らしていることからすれば，上記意思表示は，真意に基づき行われたと認められ」るとして，原告の意思表示は有効である旨判示されました。

② 意思表示に瑕疵ありとされた例

ア　大新運輸商事事件＝広島地判平10.1.29平成11年版年間労働判例命令要旨集59頁

退職合意の成否が争われた事案において，原告が，被告の人事権を持つA部長に対し，会社を辞める旨の発言をし，A部長がそれを了承する趣旨の発言をしていることを認めつつ，「右発言は，双方が勤務のローテーション等を巡って激しい口論をしている中でなされたものであり，労働契約の終了という重要な事項についての真意に基づいた合意とみるには，その前後の事情も考慮した上で判断する必要がある」としたうえで，原告が労働契約終了確認書を受領し，その際，格段のトラブルはなかったこと，原告が被告に鍵，保険証および制服の返却をしていること等の事情があるとしても，原告が退職届を提出していないこと，原告が同月中にA部長に対し会社を辞める意思がないことを表明していること，原告が同月中に被告の仕事と両立できないアルバイトを辞めていること，原告が労働契約終了確認書を受領し鍵等を返還した時点で，原告は被告を辞める意思がないことを表明していること，原告がその後，時期を経ずして地位保全等の仮処分を申し立てていること等を考慮すれば，「原告の会社を辞める旨の発言は，口論の中でなされた真意に基づかないものであったと認めるのが相当である。」として，退職合意の成立を否定しています。

イ　ジョナサンほか1社事件＝大阪地判平18.10.26労判932-39［確定］

退職合意の効力が争われた事案において，「（筆者注：被告会社は）新店舗の開店計画を秘したまま，旧店舗の閉店を告げたのであって，退職合意の意思表示は，詐欺を理由とする取消しにより無効，もしくは，要素の錯誤による無効というべきである。」として，原告らの雇用契約上の地位確認請求を認めました。

第3章

正社員の普通解雇

第1節　解雇を不自由とする解雇権濫用法理とは

1　裁判所は解雇を不自由とする判例法理を確立した

　序章において，法律上は解雇は自由にできる（理由は問われない）と説明しました（3頁参照）。
　しかし，経営者や人事労務担当者は，むしろ解雇は不自由との意識のほうが大きいはずです。それは，裁判所が使用者の解雇は不自由という立場をとっていると評価できるからです。くり返し述べている「解雇権濫用法理」といわれるものですが，昭和30〜40年代にかけて下級審裁判例が積み上げられ，ユニオンショップ協定に基づく解雇の事案で，最高裁（日本食塩製造事件＝最判昭50.4.25労判227-32判例・裁判例⑤）が，「使用者の解雇権の行使も，それが客観的に合理的な理由を欠き社会通念上相当として是認することができない場合には，権利の濫用として無効になると解するのが相当である」として，はじめて同法理を確認しました。さらに，最高裁（高知放送事件＝最判昭52.1.31労判268-17判例・裁判例⑥）は，「普通解雇事由がある場合においても，使用者は常に解雇しうるものではなく，当該具体的な事情のもとにおいて，解雇に処することが著しく不合理であり，社会通念上相当なものとして是認することができないときには，当該解雇の意思表示は，解雇権の濫用として無効になるものというべきである」と，労働者の責めに帰すべき事由のある事案において，同法理の適用があるとの判断を示しています。

つまり，労働者の普通解雇について，就業規則に規定された普通解雇事由に実質的に該当し（解雇理由があり），かつ，その理由との関係では解雇することもやむをえない（著しく不合理でない）という社会的相当性があるかが判断されると考えます。そこで筆者も，普通解雇が有効となるためには，「解雇理由」の存在と解雇に処することの「社会的相当性」の存在がともに必要との立場から説明していきます（以下，両者をまとめて表現する場合には解雇の「合理的理由」といいます）。

＊　解雇権濫用法理の成立経緯　　菅野和夫教授は，解雇権濫用法理の成立経緯について以下のように述べられています（「変化する労働法と雇用システム」中央労働時報1213－10，2017.1）。

「最初に出来上がったのが解雇権濫用法理です。昭和20年代，失業者が巷にあふれていたと描写される時代には，雇用は非常に貴重なもので，解雇は生活の危機をもたらしたわけですが，そのような社会的状況の中で，裁判所が民法627条の規定にある『期間の定めのない雇用関係における解雇の自由』はそのままでよいのだろうかと疑問を持ち，民法1条2項の信義誠実の原則という一般条項を用いて，解雇権の濫用といえる解雇は無効だとする理屈を考え出し，昭和20年代後半に抽象的な法理としては確立しました。

ただし，これは長期雇用慣行が確立する前の話です。昭和30～40年代に長期雇用慣行が広まっていくなか，解雇事件が数少ない労働民事事件の主要な事件でしたが，それに接した下級審の裁判所が，長期雇用慣行の相場観―特に大企業では，解雇を自己抑制する，慎重に行うという相場観から，いろいろな解雇の類型，例えば経歴詐称，私生活上の非行，成績不良など様々な解雇の類型ごとに具体的な判断基準を形成し，蓄積していきました。これらを集計したものが解雇権濫用法理であり，長期雇用慣行法理の最も基本的なものであると思っています。

解雇権濫用法理は，昭和50（1975）年と52（1977）年の最高裁判決で確立したと言われますが，そのときには既に出来上がっていました。」

第3章／正社員の普通解雇 ◀81

判例・裁判例⑤　日本食塩製造事件／最判昭50.4.25／労判227-32

【事案概要】YとA労働組合A支部（以下「A組合」）との間では，新機械の導入に関する事前協議を巡り昭和38年1月中旬ころから対立が生じていたところ，A組合執行委員であったXらが，ピケによりY役員の入門を阻止した。そこでYは，Xらが職場規律を乱したものとして，同年7月29日，Xを懲戒解雇とするとともに，他の組合員らに対し出勤停止，減給，譴責等の処分を行った。これに対しA組合は，Yの上記処分を不当労働行為として，同年10月30日，神奈川県地方労働委員会へ救済を申し立てたところ，昭和40年8月2日，同委員会においてYとAとの間でXへの懲戒解雇や他の組合員への懲戒処分を撤回するとともに，Xの退職を内容とする和解が成立した。

　ところがXは，上記和解に従わず退職を拒否したことから，8月21日，A組合はXを離籍（除名）処分とし，同日Yにその旨を通知した。そこでYは，A組合とのユニオンショップ協定に基づきXを解雇した。これに対し，XはA組合の除名及びYの解雇の無効を主張して提訴した。

【原審要旨】「元来使用者は解雇制限（労働基準法第19条参照）ないしは労働協約に規制されている場合を除き解雇の自由を持っている」ところ，「組合の自主性を尊重して，除名の有効，無効は本来使用者の調査すべき事項ではなく，手続的に正当な除名通知があれば使用者は解雇すれば足り」るとして，仮に組合の除名が無効であっても解雇は有効と判断した。

【判決要旨】「思うに，使用者の解雇権の行使も，それが客観的に合理的な理由を欠き社会通念上相当として是認することができない場合には，権利の濫用として無効になると解するのが相当である。…労働組合から除名された労働者に対しユニオン・ショップ協定に基づく労働組合に対する義務の履行として使用者が行う解雇は，ユニオン・ショップ協定によって使用者に解雇義務が発生している場合にかぎり，客観的に合理的な理由があり社会通念上相当なものとして是認することができるのであり，右除名が無効な場合には，前記のように使用者に解雇義務が生じないから，かかる場合には，客観的に合理的な理由を欠き社会的に相当なものとして是認することはできず，他に解雇の合理性を裏づける特段の事由がないかぎり，解雇権の濫用として無効であるといわなければならない。

　本件についてこれをみるに，…離籍（除名）の効力いかんによっては，本件解雇を無効と判断すべき場合があるものといわなければならない。しかるに，Xが，本件離籍は無効であり，したがって右ユニオン・ショップ条項に基づいてした解雇は無効であると主張したのに対し，原審が，本件離籍（除名）の効力について審理判断することなく，除名の有効無効はユニオン・ショップ協定に基づく解雇の効力になんら影響を及ぼすものではないとして，Xの主張を排斥したのは，ユニオン・ショップ協定に基づく解雇の法理の解釈を誤り，そのため審理不尽におちいり，ひいては理由不備の違法をおかしたものというべきである。したがって，論旨は理由があり，原判決は破棄を免れない。」

82 ▶ 第1編／労働契約の解消

判例・裁判例⑥　高知放送事件／最判昭52.1.31／労判268-17

【事案概要】XはY報道部勤務のアナウンサーであった。昭和42年2月22日午後6時から翌23日午前10時までファックス担当放送記者Aと宿直勤務についたが、23日午前6時20分頃まで仮眠していたため、同日午前6時から10分間放送されるべき定時ラジオニュースを全く放送できなかった（第一事故）。また同年3月7日から翌8日にかけてBと宿直勤務についたが寝過ごしたため、8日午前6時からのニュースを約5分間放送できなかった（第二事故）。Xは、第二事故について上司に事故報告せず、後日これを知ったC部長から報告書の提出を求められ、事実と異なる報告書を提出した。そこで、YはXの行為が就業規則所定の懲戒解雇事由に該当するので懲戒解雇とすべきところ、将来を考慮し普通解雇とした。

【判決要旨】「普通解雇事由がある場合においても、使用者は常に解雇しうるものではなく、当該具体的な事情のもとにおいて、解雇に処することが著しく不合理であり、社会通念上相当なものとして是認することができないときには、当該解雇の意思表示は、解雇権の濫用として無効になるものというべきである。

本件においては、Xの起こした第一・第二事故は、定時放送を使命とするYの対外的信用を著しく失墜するものであり、またXが寝過しという同一態様に基づき特に2週間内に二度も同様の事故を起こしたことは、アナウンサーとしての責任感に欠け、更に第二事故直後においては率直に自己の非を認めなかった等の点を考慮すると、Xに非がないということはできないが、他面、…本件事故は、いずれもXの寝過しという過失行為によって発生したものであって、悪意ないし故意によるものではなく、また通常はファックス担当者が先に起きアナウンサーを起こすことになっていたところ、本件第一・第二事故ともファックス担当者においても寝過し、定時にXを起こしてニュース原稿を手交しなかったのであり、事故発生につきXのみを責めるのは酷であること、Xは、第一事故については直ちに謝罪し、第二事故については起床後一刻も早くスタジオ入りすべく努力したこと、第一・第二事故とも寝過しによる放送の空白時間はさほど長時間とはいえないこと、Yにおいて早朝ニュース放送の万全を期すべき何らの措置も講じていなかったこと、事実と異なる事故報告書を提出した点についても、1階通路ドアの開閉状況にXの誤解があり、また短期間内に二度の放送事故を起こし気後れしていたことを考えると、右の点を強く責めることはできないこと、Xはこれまで放送事故歴がなく、平素の勤務成績も別段悪くないこと、第二事故のファックス担当者Bはけん責処分に処せられたに過ぎないこと、Yにおいては従前放送事故を理由に解雇された事例はなかったこと、第二事故についても結局は自己の非を認めて謝罪の意を表明していること等の事実があるというのであって、右のような事情のもとにおいて、Xに対し解雇をもってのぞむことはいささか苛酷にすぎ、合理性を欠くうらみなしとせず、必ずしも社会的に相当なものとして是認することはできないと考えられる余地がある。したがって、本件解雇の意思表示を解雇権の濫用として無効とした原審の判断は、結局、正当と認められる。」

2　雇用社会が法律と判決の間に位置している

　このように裁判所は，整理解雇だけでなく普通解雇にさえ，労働者保護の立場からその解雇が著しく不合理でないかどうかについて，改善の機会を与えたかなどの諸事情を考慮しながら考える立場をとっています。しかし，これでは法律では解雇自由とされながら，判例では解雇不自由という矛盾した状態になっています。これは日本が法の支配を前提としていることからすると，非常におかしなことです。裁判官は，法の精神に従って判断するわけですから，法律と判決は一致しなければなりません。それにもかかわらず，このような不一致が生じている原因は，次頁の図のように雇用社会というものが法律と判決の間に位置していることにあります。

　　＊　**雇用社会とは**　　雇用社会の一般的なモデルを説明すると，労働者は特定の企業と労働契約を結んで労務を提供し，その見返りとして賃金を得て家族とともに生活しています。一方で，使用者は労働者の労務提供を手段としてモノやサービスを作り出し，消費者に提供して利益を得て，家族とともに生活しています。前述したとおり，就業者に占める雇用者の割合は，平成29年平均では89.1％になっています（総務省統計局「労働力調査」）。
　　　　この労働契約関係が適正なものとなるよう，公的機関が助言や指導などを通して規制しているのが「雇用社会」です。

　「法律」とは，雇用社会のルールや指針を決めたものです。労働関係の法律で主たるものは労基法ですが，その労基法も平成15年改正まで解雇に関する条文としては解雇制限（労基法19条）および解雇予告手続（労基法20条）などを規定するのみで，またその改正条文（旧労基法18条の２，現労契法16条）も解雇権濫用法理を条文化しただけで，解雇に理由を求めない民法と同様のスタイルが維持されました。この経緯には以下のような事情がありました。

　まず，国会に提出された案では，「使用者は，この法律または他の法律の規定よりその使用する労働者の解雇に関する権利が制限されている場合を除き，労働者を解雇することができる」とまず使用者の解雇権を宣言したうえで，その

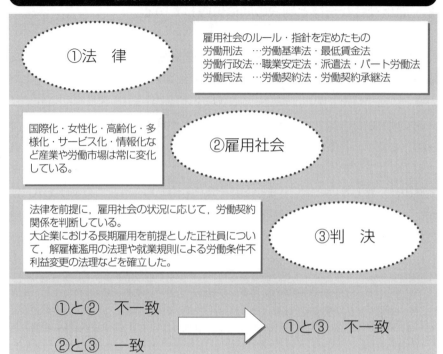

但書として,「解雇は,客観的に合理的な理由を欠き,社会通念上相当であると認められない場合は,その権利を濫用したものとして,無効とする」と規定するものでした。しかし,国会では,解雇訴訟において使用者側に主張立証活動を行わせている現状を変更することになりかねないとの労働者側の強い懸念が野党を通じて表明されたことにより,使用者の解雇権を宣言する本文を削除する修正が合意されました。

　この時,さらに労働者側は当時野党であった民主党などを通じ,解雇には正当な理由を必要とするとの趣旨の条文化を強く主張しました。そして,与党である自民党の権利濫用説か,野党の正当事由説かの対立の中,野党側が,労基法14条で有期労働契約の期間制限が1年から3年に延長されるに伴って長期の

契約から離脱が難しくなることを踏まえ，労働者は１年を超えた後はいつでも退職できるという暫定措置を労基法附則137条に定めることを取引に，正当事由説の主張を取り下げた結果，労基法18条の２の条文化となりました。こうした経緯からも明らかなように，法的には解雇自由の原則が維持されたのです。

* 附則137条については，当初，３年程で失効するということでしたが，条文上は，労基法14条についての検討が引き続いている間はその効力を有するとされました。そうしたところ，労基法14条は引き続き検討中とされているため，附則137条の規定もいまだ失効せず，維持されることとなっています。

　他方で，「判決」とは，雇用社会で起きたトラブルを解決するために裁判所が下す裁定をいいます。日本は法治国家ですから，裁判所は法律に従うことを原則としながらも（憲法76条），トラブル解決のために雇用社会のルールの影響を受けざるをえないことになります。雇用社会のルールを無視して判決が出されれば，雇用社会が混乱することになります。

　日本の雇用社会では，昭和30〜40年代前半にかけて，終身雇用制や年功序列制という雇用慣行・雇用システムを確立してきたといわれています。「終身雇用制」とは，長期雇用を前提として，雇用した従業員に研修や人事異動を通して社内キャリアを積ませ，そのキャリアに応じて仕事を与えて賃金を支払うシステムをいいます。年功序列によって賃金も上昇し，仕事の内容も高度になっていくというものです。この長期雇用が雇用社会でみられるようになったのは，20世紀初頭の八幡製鉄所においてとされています。当時の八幡製鉄所に代表される製造業の分野では，生産性を高めるために多数の従業員を熟練工化する必要がありました。そのため，定期的に新卒者を採用し，多数の従業員を長期間かけてキャリアを積ませることで，業務への熟練度を高めることとしました。そして，長期にわたり業務に従事させ，就労意欲を高め，熟練工になった後も会社にとどまるようにするために，年功序列によって賃金を上昇させ，多額の退職金を用意し，いわば「熟練工の囲い込み」をするに至りました。これが，終身雇用制の実質的な性質といえます。

　このような内容のシステムですから，特別な経営上の都合がない限りは労働

契約を解消しない（長期雇用を約束する）というルールがつくられました。当然に，裁判所もトラブルを解決する過程で，このルールを考慮せざるをえないことになります。

　以上のように，日本は法治国家でありながら，解雇については，整理解雇を中心に法律と判決とが矛盾する立場をとることになります。そして労働者に契約違反のある普通解雇でさえ，就業規則の普通解雇事由に該当してもそれだけでは解雇は有効と認められず，解雇事由のある労働者を企業から放逐するだけの社会的相当性があるのかということが問われてきたのです。このように，長期雇用システムという雇用慣行が，今日の解雇権濫用法理の確立に影響を与えたものといえます。

3　雇用社会で長期雇用システムが成立した背景

(1)　長期雇用システムは労使の合意で成立

　長期雇用システムは労使の合意のうえで日本の雇用社会に定着したものです（長期雇用システムが労使の合意に基づいていたという事実は，日本の雇用社会に生起する問題についての認識を深めるためにも記憶にとどめておいてください）。労使の合意があったということは，双方にメリットがあったからです。

　労働者のメリットについては，比較的理解しやすいと思います。生活していけるだけの賃金が支給されることを前提にすれば，長期雇用システムは生活の安定につながるからです。明日はもちろん，1カ月後，1年後，10年後も20年後も働いて賃金を得ることのできる場所があるということは非常に重要なことです。しかし，それは「食える賃金」であることが条件となります。したがって，当時の労働運動は「食える賃金」を獲得することに集中しました。「食える賃金」さえ得られるならば，長期雇用システムは労働者にとって大変ありがたいものだったのです。

　一方，使用者が人件費の固定費化を覚悟してまで長期雇用システムを受け入れた大きな理由は，技術革新にあったと筆者は考えています。長期雇用システ

ムが日本の産業の技術革新を容易にしたのです（なお，民間企業が，官公庁に流れる優秀な人材を雇用するため，官公庁の長期雇用システムを導入したという一面もあります）。

たとえば，現状ではＡの機械で10人が仕事をしているとします。これをＢの機械に置き換えれば，今までの作業量を５人でできるようになります。使用者は当然，Ｂの機械を導入したいと考えます。このとき，「５人の余剰人員については労働契約を解消したい」と考えるのが，使用者としての普通の経営判断といえます。しかし，実際に労働契約を解消しようとすれば，現在働いている10人は「だれが辞めさせられるのだろう」，「自分も辞めさせられる人の中に入るかもしれない」と不安になります。そこで不安を取り除くため10人全員が団結し，自分たちの仕事を確保しようとします。つまり，Ａの機械からＢの機械に置き換えるという会社の合理化策を集団的な対応によって阻止しようとするのです。

技術革新が集団的労使紛争を伴いながら進展してきたことは，歴史の示す事実です。典型的な例が産業革命期のイギリスで起こった「機械打ち壊し運動」です。「機械が導入されることによって労働者は職を失う。だから自分たちの敵は機械だ」ということになったのです。

技術革新を円滑に進めるためには，この集団的労使紛争を極力避けなければなりません。そこで，使用者は労働者に対し次のような提案をすることになります。「会社の業績向上のため，Ａの機械をＢの機械に置き換えることは，どうしてもやらなければなりません。それによって余剰人員が５人出ることになります。しかし，この５人は解雇しません。その５人には別の仕事を用意して雇用は守ります。」すなわち，職種変更による雇用維持です。このような経営の手法が日本の長期雇用システムと技術革新の関連なのです。

(2) 職種変更と属人給の関係

このことから，もう１つ興味深い関連性がみえてきます。日本独特の賃金の決定方法です。日本の会社では，雇用を守るためにしばしば職種変更を行う必

要があります。しかし，仕事が変わって賃金が下がるようでは，トラブルが起こりやすくなります。そこで，賃金については仕事内容に連動させる職務給システムではなく，人に連動させる属人給システムを採用し，仕事内容が変わっても賃金は変わらないようにしたのです。職種変更とは，要するに経験を積んだ仕事から切り離して新しい仕事に就けるわけですから，業務遂行能力は当然落ちることになります。にもかかわらず，賃金を維持することによって，職種変更に伴う不満を抑える必要があったのです。日本で属仕事給である職務給が普及しなかった理由および成果給導入に問題が発生している理由は，職種変更の実態との関連で考えると理解しやすくなります。[*]

* **日本ガイダント仙台営業所事件**＝仙台地決平14.11.14労判842-56

　入社以来就いていた営業係長（給与等級PⅢ）から営業事務職（給与等級PⅠ）に配転した事案において，「労働者の業務内容を変更する配転と業務ごとに位置づけられた給与等級の降格の双方を内包する配転命令の効力を判断するに際しては，給与等級の降格があっても，諸手当等の関係で結果的に支給される賃金が全体として従前より減少しないか又は減少幅が微々たる場合と，給与等級の降格によって，基本給等が大幅に減額して支給される賃金が従前の賃金と比較して大きく減少する場合とを同一に取り扱うことは相当ではない。従前の賃金を大幅に切り下げる場合の配転命令の効力を判断するにあたっては，賃金が労働条件中最も有用な要素であり，賃金減少が労働者の経済生活に直接かつ重大な影響を与えることから，配転の側面における使用者の人事権の裁量を重視することはできず，労働者の適性，能力，実績等の労働者の帰責性の有無及びその程度，降格の動機及びその目的，使用者側の業務上の必要性の有無及びその程度，降格の運用状況等を総合考慮し，従前の賃金からの減少を相当とする客観的合理性がない限り，当該降格は無効と解すべきである」と判示されています。

　なお，上記裁判例は当該給与等級の引下げが無効であるから配転命令も無効という論理をとっていますが，職務等級制度は職能資格制度と異なり，職務の内容が変わることでの給与等級引下げが問題となっているので，等級引下げを含む配転命令自体の権限濫用を判断するという論理が適切であると考えます。業務上の必要性があるとして配転命令を有効とし，他方で賃金減額は無効であるとすると，職務等級制そのものが崩れてしまうことから，それを避けるために上記の論理をとる必要があります。

4 解雇権濫用法理の適用の注意点

(1) 企業規模などを考慮する必要性

前記のとおり，裁判所が法律とは異なった立場において解雇紛争を処理してきた背景には，長期雇用システムという雇用慣行に対応したことがあります。[*]

> * 菅野和夫教授は，以下のように述べられています（前掲中央労働時報）。
>
> 「第一次石油危機が1973年に起こり石油価格が高騰，物価も高騰し，生産が急落した状況で，久しぶりの大規模の雇用調整が行われた時期です。しかし，この時期は労使関係が安定していましたので，労使が話し合い，解雇をできるだけ回避するという日本的な雇用調整の手続・手法によって行われました。希望退職募集あるいは解雇はできるだけ回避する。これが大企業を中心とした雇用調整でして，それが整理解雇法理の4要件になったわけです。」

ここで，考えておかなければならない大きな注意点が2つあります。

1つは，総務省統計局の労働力調査によると5,819万人（平成29年平均，役員350万人含む）といわれる日本の労働者全員が，終身雇用制や年功序列制という長期雇用システム下にあるわけではないということです。現実に，従業員100人未満の中小零細企業の多くの雇用は流動化していたはずで，そこに勤務する労働者自身も転職を重ねており，長期雇用システム下にはありません。しかし，裁判所によって確立された解雇権濫用法理は，終身雇用制や年功序列制という雇用慣行のもとに働いていた労働者を中心として議論されてきたものといえます。簡単にいえば，解雇権濫用法理は，大企業の新卒一括採用された正社員（ゼネラリスト）を中心にして確立された法理といえます。

したがって，企業規模からだけでも，解雇権濫用法理が求める解雇の合理的理由の程度が変わってくると考えられます。

同調査によると，日本で大企業と呼ばれる従業員1,000人以上の企業で働く労働者は約19.1％ですが，従業員500人以上の中堅企業で働く人を含めても25.4％です。そして，従業員100人未満で働いている人は48.5％，30人未満に限定しても34.4％となります（平成29年の厚生労働省「労働組合基礎調査」によ

ると，平成28年6月30日現在における労働組合の組織率は，100人未満の企業で0.9％にすぎません）。

　仮に，従業員30人未満の企業に整理解雇の必要性が生じ，判例法理にいう整理解雇の4要件（要素）で有効性が議論されると大変なことになります。たとえば，希望退職を募ると必要な従業員が退職してしまい，倒産してしまうということにもなりかねません。また，零細企業では会社都合としての退職金をさらに上積みする余裕がないのが通常です。一方で，従業員数1万人以上の大企業であれば，希望退職を募集して必要な従業員が何人か退職しても，それほど大きく影響することは少ないと思われますし，退職金の上積みを用意することもできるはずです。

　このように解雇権濫用法理は，終身雇用制や年功序列制のもとで雇用されている正社員と，そのような慣行のない中小零細企業の正社員，またパートタイマーや有期契約労働者に代表される特殊雇用形態者など，各々の雇用実態に応じて考えなければならないということです（宗宮英俊，萩尾保繁編『現代裁判法大系(21)』142頁［三浦隆志執筆部分]）。

　たとえば，規模が小さくても企業グループに属している企業では，親会社が大企業であれば親会社に準じた労務管理が行われている場合もあり，その場合には，解雇の合理的理由の程度は，終身雇用制や年功序列制のもとで雇用されている正社員に準じると考えればよいといえます。また，外資系の企業でも，昭和の時代から日本に展開していた企業と，平成10年代に入りグローバル化の波の中で日本に進出してきた企業とでは，その労務管理の手法に違いがあると考えられ，解雇権濫用法理が求める解雇の合理的理由の程度も違ってくると考えられます[*]。

＊　菅野和夫『労働法（第11版）』743頁は，経済のグローバル化を反映して，人材の調達を転職市場（外部労働市場）に依存する企業（主として外資系）における成績不良者の解雇についても，裁判所は，長期雇用慣行下に形成されてきた解雇権濫用法理の判断基準を適用しているとしています。そして，整理解雇についても，4要素説（第5章第1節参照）に照らした判断になるとしています。

　　もっとも，そのような企業は，職務と成果に応じた高レベルの賃金・処遇制度を採用し

ているものが多く，景気変動に対応する際にも，雇用調整を行うことにより解雇を回避しようとするよりも，不要となった職務に就く従業員に対して，退職条件の提案を行いつつ転職を促し，これに応じなければ整理解雇を実施することになりやすいといった，雇用・処遇の仕組みの違いを考慮に入れる必要があるとしています（同書750頁）。

　これまで解雇が不自由であると考えられてきたのは，多くの経営者や人事労務担当者に，「大企業の新卒一括採用者で，終身雇用制や年功序列制のもとで雇用された正社員に適用される法理が，すべての労働者にそのまま適用される」と考えられていたというのも理由の1つだと思います。

　また，大企業の中でも，雇用実態の異なるスペシャリスト・職種特定者・勤務地特定者などはゼネラリストと違った考え方で対応しなければなりませんし，中小零細企業の中でも，営業部長など地位特定者を採用した場合には，その特殊な雇用実態に応じて解雇に求められる合理的理由の程度に差があってしかるべきといえます。

　このように，解雇の実務上のポイントは，求められる合理的理由の程度に差があるということです。最高裁判例として確立した解雇権濫用法理は，解雇に客観的・合理的理由を求めています。そして，合理的理由があると評価されるかどうかは，当該事案においてどの程度の理由が求められるかによって大きな影響を受けます。一般的にいえば，長期雇用システム下にある大企業の新卒一括採用者であれば，高度な合理的理由が求められますし，そのような雇用システム下にない中小零細企業の正社員や特殊雇用形態者であれば，合理的理由が必要だとしても，その合理的理由の程度は前者に比較して低いものになると考えられます。

(2)　政治状況やマーケットの変化を考慮する必要性

　解雇権濫用法理の求める解雇の合理的理由の程度は，雇用形態や雇用実態だけでなく，その時代の政治状況やマーケットの変化による雇用システムの変化によっても影響を受けるといえます。

　平成初期には，平成3年8月のバルト三国の独立によりソ連の解体が始まり，

同年12月に崩壊したため，米ソの冷戦構造が崩れ，唯一の超大国となった米国は，その発言力・影響力を背景に他国の市場開放を求めました。日本も例外なく，「規制・談合・接待」で動いてきた閉鎖的な市場の開放を要求され，独占禁止法の改正や国家公務員倫理法の成立などでこれらの撤廃が進められました。そして，法令を遵守したうえでの「品質」と「価格」による競争を余儀なくされています。

　このため，総額人件費の削減が必要となり，多くの希望退職が募られるなど雇用問題を発生させてきました。加えて，商品ライフサイクルの短命化は，以下の①～⑥の流れで，製造業そして物流，販売業等に雇用の流動化を強く求めることになります。

---

①　労基法32条に代表される固定的労働時間による製造は在庫調整システムを前提に成り立つ。

②　在庫調整が可能であるために製造は販売とは別に１日８時間の労働を可能にし，製造された商品は在庫としてストックできた。

③　しかし商品ライフサイクルが短期化すると，在庫を抱えることができなくなる。

④　ヒット商品を短期間に集中して製造し，在庫はつくらず物流に乗せ，販売する。販売が止まれば製造も止める。

⑤　結果，商品を短期に集中して製造するために期間限りの大量の労働力が必要になり，雇用の流動性が求められる。

⑥　労働者にとって雇用保障は低下する。

　このような中で，平成11年秋から平成12年秋の１年間に，東京地方裁判所における整理解雇の事案で労働者側が８連敗するという事態が発生し，平成12年12月７日，労働者団体が東京地裁に1,000人を超える人員を動員して「解雇は自由ではない」との抗議行動を行うまでに至りました。まさにこの時は，当時の政治状況と不況というマーケット状況下で，間違いなく解雇権濫用法理に求め

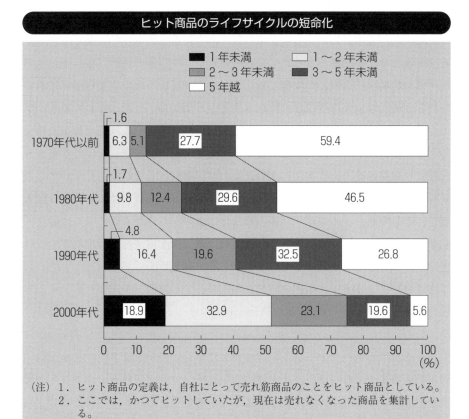

られる合理的理由の程度が低くなっていたと思われます。

　その後，日本経済も景気を回復し，平成14年2月から平成19年10月までは，いわゆる「いざなみ景気」となりました。いざなみ景気は，企業が外需により利益を得ることで回復したものですから，その景気回復が労働者の賃金に反映されることはなく，「実体なき景気回復」ともいわれました。この時期の裁判の状況をみると，昭和50年代ほど厳しいとはいえませんが，バブル崩壊後の不況時に比べると，やはり解雇の合理的理由の程度は高いものが求められていたと筆者は感じています。

他方で，平成20年９月におけるリーマンショックが原因となって世界的な不況が発生し，日本においても非正規社員である派遣労働者の契約終了，いわゆる「派遣切り」が問題となりました。この時期の裁判所の判断では，契約期間途中の契約解消には厳しい姿勢を示しましたが，雇止めを含む整理解雇に求められる合理的理由の程度には理解を示すという傾向があったと思われます。また，賃金の切下げによりキャッシュの流出を止め，希望退職募集（退職上積金の支給は会社が承認した者に限るとする規定［会社承認規定］を定める場合も含む）や退職勧奨という手法による企業の雇用調整にも理解を示していました。

今後のマーケット状況は，グローバルスタンダード下におけるさらなる競争激化，そして商品ライフサイクルの短命化により，さらなる人件費の流動化・低額化を求めていくものと考えられ，これが解雇権濫用法理の合理的理由の程度について常に影響を及ぼしていくものと思われます。

加えて，アメリカ一国強国の時代から，ロシアの復興，中国の台頭，そしてEU加盟国の増減などの政治的変化が今日のマーケットにどのような影響を与え，さらには，日本の経済動向がどのように変化するか判然とはしませんが，常に政治状況とマーケット状況には注意しておく必要があります。日本国内の雇用社会の変化としては，成果主義の導入，そして非正規社員の増加などの事情が解雇の合理的理由の程度にどのような影響を与えるのかも常に注意しておく必要があります。

近時では，平成23年３月11日の東日本大震災の影響により，日本全体の景気が後退し，製造業は大リストラを行いましたが，平成24年12月に第二次安倍内閣が発足し，円安株高の政策を進めたことで，景気は一定程度回復しました。

もっとも，中国の景気の悪化，新興国の経済の減速，難民問題，イギリスのEU離脱問題，アメリカのトランプ政権による保護主義化等により，いまだ世界経済は非常に不安定な状況にあることから，この先，日本の景気に影響が出てくることもあると思われます。

現状は景気が良い状態が続いていたため，厚生労働省の公表資料である「平成28年度個別労働紛争解決制度施行状況」によると，総合労働相談（労働局等

に設置されている総合労働相談コーナーにおいて実施されているもの），労働局長による助言・指導，紛争調整委員会によるあっせんのいずれにおいても，解雇に関する案件が減少し，いじめ・嫌がらせに関する案件が最多となったといわれています。

　しかし，実務においては，解雇という手段よりも，合意により労働契約の解消がなされる場合が多く，その中でトラブルとなることが多々あるといえます。加えて，雇止め，退職勧奨，自己都合退職など解雇以外の労働契約解消に関する案件が多数あることを合わせ考えれば，なお労働契約解消に関する案件がいじめ・嫌がらせに関する案件よりも多いということができます。

第2節　普通解雇事由にはどのようなものがあるか

1　労働者に求められるものとは

　人事労務管理の目指すところは，業務指示に従い労働者が誠実に労務を提供し，企業が利益を上げることのできる状態にすることです[*]。グローバルマーケットのもとで厳しい競争をしている企業の多くが，業績を賃金に反映させるという形で，個々の労働者に実質的な成果を求めています。このような制度の労務管理のポイントは，労働者の持っている能力を見極め，能力のある者には付加価値の高い仕事をさせるなど，能力と仕事を適切にマッチングさせ，成果に結びつけることです。そして，それを適正に評価して，成果に見合った賃金を支払うという形で，人（能力）と組織（仕事）とコスト（賃金）の結びつきをいかに高位で均衡させるかが重要となります。

> **＊　労務管理とは**　　日本経済団体連合会（経団連）は，労務管理について以下のとおり定義しています。
> 「団体交渉，労働協約，就業規則など，労使関係に関する施策や制度と，賃金，賞与，手当て，労働時間，有給休暇，福利厚生など労働条件に関する施策や制度の管理を指す。また広い意味では採用，配置，昇進，教育訓練，退職などの人事管理も含まれる。」（『人事・労務用語辞典（第7版）』日本経団連出版編，2011）

　このように，労務管理は配置や人事考課がポイントといえますが，労働者の資質を見極める採用，保有する能力を高める教育・研修，能力を十分に発揮できる適正な職場環境の維持が配置の前提となります。また，個人が成果を出すためには，仕事に対する意欲が必要不可欠であり，さらには個々の労働者による成果だけでなく，複数の労働者が協働してはじめて上げることのできる成果もありますから，労働者が協調性を備えていることは不可欠といえ，その不足を理由とする労働契約の解消も，良質な人材を選別するという意味で重要な労務管理の1つといえます。

　このように考えると，労働者に求められる重要なものは次の5つといえます。

①	知識や経験，専門性といった能力があること
②	身体的・精神的に良好な健康状態であること
③	勤務態度が良好であること（就労意欲・協調性などがある）
④	成果を実現する行動様式がとれること
⑤	私生活が安定していること

(1) 知識・経験・専門性といった能力を持っている

　まず，知識や経験，専門性といった能力を労働者が持っていることが，当然に要求されます。もっとも，新卒一括採用で長期雇用を前提とする正社員の場合，企業に入社してから社員教育や人事異動などを通じて能力を培っていくことが一般的ですから，その学歴に応じた一般的な水準の能力が要求されます。一方，専門能力を持っていることを前提とした契約社員などの場合には，契約内容に従って，その約束した高いレベルの知識・経験，専門性が求められることもあります。この求められるレベルの差によって，能力不足という普通解雇事由に実質的に該当するかの判断に影響が出てきます。

(2) 身体的・精神的に良好な健康状態である

　次に，労働者の健康状態が良好であるかどうかは，能力を成果につなげる大きなポイントです。どんなに有能な労働者でも健康を損なっていては，持っている能力を十分に発揮することができず，成果も上がらなくなります。成果が上がらないばかりか，労務提供の義務さえ果たせないということにもなりかねません。

　ここにいう「健康」には，身体的健康だけでなく，精神的健康も含まれます。身体的健康を損なっている場合は個人としての成果が上げられませんが，他方，精神的健康を損なっている場合は，個人としての成果どころか，周りで一緒に働いている労働者の能力発揮まで妨げてしまい，組織としての成果が上がらな

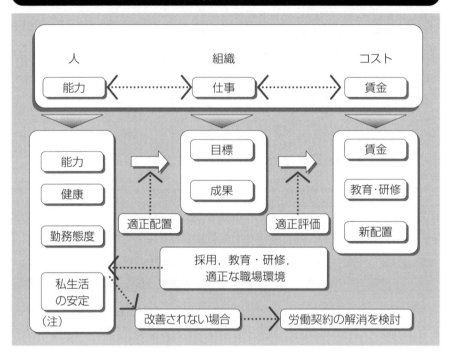

くなってしまう場合もあります。

　労働者が身体的・精神的な健康を維持できず業務に支障をきたす場合は，債務不履行（約束違反）ですから普通解雇事由に該当します。使用者が職場環境や業務量の分配などを調整することはもちろん，休職に入らせるなど療養して回復する機会を与え，それでも回復しない場合に労働契約の解消を考えていくことになります。*

*　精神の健康を損なった原因が①業務に起因するのか，②私生活に起因するのかでは，会社に求められる対応は大きく違いますので，この点は慎重に対応する必要があります。

(3) 勤務態度が良好である（協調性などがある）

　また，健康で，かつ知識や経験，専門性といった能力について求められる基

準を上回っていたとしても，仕事で成果を上げられるとは限りません。能力があっても，上司に反抗的な態度を示すなど勤務態度が悪く，誠実に仕事をする姿勢がなければ個人としての成果を上げられませんし，自分勝手な態度に終始し，他の従業員と協調性を持って仕事をする姿勢がない場合は，組織としての成果につながらないといえます。このような場合，使用者は日常労務管理の中で，注意・指導・配転・懲戒などを重ねて労働者に改善を促します。それでも改善がみられない場合には労働契約の解消を考えることになりますが，十分な改善の機会を与えたか否かなど，使用者がどのような対応をしてきたかが解雇の社会的相当性の判断に決定的な影響を与えるといえます。

(4) 成果を実現する行動様式がとれる

さらに，能力を持っていたとしても，それを成果につなげる行動様式がなければ，結果としての成果は得られません。能力は経験や知識として保有するものであり（インプット），成果はその能力が結果として現れるものですが（アウトプット），将来的に成果を上げるためには，どのような行動様式をとるべきかを考え，成果が上げられない原因を解明し，自らの行動を改善しようとする行動様式が必要です（スループット）。こうしたことが自主的にできない労働者には，やはり，日常労務管理において注意・指導（現地への同行指導も含む）を重ねることで改善を促し，改善の見込みがない場合には契約解消を考えることになります。

(5) 私生活が安定している

加えて，私生活でトラブルを抱えていて，仕事に身が入らないといった状況も，その労働者が本来持っている能力を抑制してしまいます。そこで，たとえば，上司が時間外労働や休日労働を命じる場合に，労働者の私生活とのバランス（ワークライフバランス）に配慮をすることで，私生活を安定させ，労働者の能力が十分に発揮できる状況を整えておくことが必要です。なお，私生活のトラブルとしては離婚などの家庭内トラブルや借金の返済などの金銭トラブル

がありますが，原則としてこれらの理由が普通解雇事由に該当することはありません（図の（注）の部分）。したがって，実務では別途の対応が必要となります。

2 具体的な普通解雇事由とは

以上をまとめると普通解雇事由として，具体的には以下のようなものがあげられます。

---

① 職務遂行能力がない（能力不足）。
② 能力を成果につなげる行動がとれない。
③ 成果を上げることができない。
④ ケガや病気（私傷病）で，当初の契約内容どおり働くことができない。
⑤ 協調性がなく，他の従業員と円滑に仕事をすることができない。
⑥ 遅刻や早退，無断欠勤が多いなどの出勤不良である。
⑦ 上司に反抗的な態度を示すなど勤務態度が不良で，また企業秩序を乱す行為をする。
⑧ 使用者の社会的信用や名誉を毀損する。

なお，上記の普通解雇事由の中には単なる債務不履行だけでなく，規律違反も含まれています。

それは，労働者は労働契約に基づいて労務を提供することになりますが，単独で仕事をするケースはまだ少ないのが現状です。在宅勤務が増えてくれば別ですが，出社して集団の中で労務提供するという協働関係にある場合，集団における労務提供を効率よく，円滑に運営していくための企業秩序が不可欠です。したがって，「企業秩序を遵守すること」という内容が労働契約に含まれていると解されますから，それに反して企業秩序を乱すことも債務不履行となり，普通解雇事由になります。

第3章／正社員の普通解雇 ◀101

　さらに，1回の規律違反行為で懲戒解雇に該当するような企業秩序を乱す行
為，あるいは長期にわたる出勤停止という重い懲戒処分が与えられるような行
為であれば，たとえそれが1回の行為であっても，普通解雇として有効と認め
られる可能性は十分にあります。*

＊　事案によっては，懲戒解雇は無効であっても，予備的に主張された普通解雇は有効と
　する裁判例も多く見られます。

102 ▶ 第1編／労働契約の解消

第3節 裁判所は普通解雇の有効性をどのように判断しているか

1 普通解雇事由がある場合においても常に解雇しうるわけではない

普通解雇事由がある場合においても，常に解雇が有効となるわけではありません。前掲の最高裁判決（高知放送事件＝最判昭52.1.31労判268-17判例・裁判例⑥）も，「普通解雇事由がある場合においても，使用者は常に解雇しうるものではなく，当該具体的な事情のもとにおいて，解雇に処することが著しく不合理であり，社会通念上相当なものとして是認することができないときには，当該解雇の意思表示は，解雇権の濫用として無効になるものというべきである」として，使用者の行った普通解雇について，その解雇が著しく不合理ではないかどうか，あらゆる事情を考慮して無効と判断しています。

2 裁判所が着目する解雇権濫用の有無の判断要素は何か

(1) 裁判所が着目する要素

使用者が従業員を普通解雇する際に，裁判所がどのような要素に着目して解雇の有効・無効を判断しているかを知ることは，重要なポイントです。

そこで，東京地裁の裁判官が，労働事件の審理の手引きとして1冊の本にまとめて発表したものがありますので（山口幸雄ほか『労働事件審理ノート〔第3版〕』判例タイムズ社），これに沿って裁判所の考え方を整理すると次のとおりとなります。

解雇権濫用の有無を判断する具体的事情として，(1)勤務成績や勤務態度などが不良で，職務能力や従業員としての適格性を欠いているかどうか（同書において「単なる債務不履行」と表現した部分）を判断するには，次の点などを総合的に検討するとしています。

①	当該企業の種類・規模
②	職務内容
③	労働者の採用理由（職務に要求される能力および勤務態度がどの程度か）
④	勤務成績・勤務態度の不良の程度（企業の業務遂行に支障を生じ，解雇しなければならないほどに高いかどうか）
⑤	その回数（1回の過誤か，くり返すものか）
⑥	改善の余地があるか
⑦	会社の指導があったか（注意・警告したり，反省の機会を与えたか）
⑧	他の労働者との取扱いに不均衡はないか

＊　『労働事件審理ノート』の中では「実務上，以下のようなものが争われることが多い」と表現されていますが，同書の初版の執筆に携わった裁判官は弁護士向けの講演の中で，「東京地裁では，この基準で考えている」と明言しています。同裁判官は，勤務態度不良を理由とする普通解雇については，「改善の機会を与えたかどうかを中心にみている」とも明言しています。

　また，(2)規律違反行為があるかどうかを判断するには，次の点などを同様に総合的に検討するとしています（企業秩序を乱す場合には，懲戒解雇もありえます）。

①	規律違反行為の態様（業務命令違反・職務専念義務違反・信用保持義務違反など）
②	規律違反行為の程度
③	規律違反行為の回数
④	改善の余地の有無

　この点について『労働事件審理ノート』では，「懲戒解雇の場合は，普通解雇の場合よりも大きな不利益を労働者に与えるものであるから，規律違反の程度

104▶ 第1編／労働契約の解消

は，制裁として労働関係から排除することを正当化するほどの程度に達していることを要する」としています。

(2) 改善機会の付与は必ず必要か

近時の地方裁判所の判断をみる限り，勤務成績や勤務態度の不良により適格性が欠けていること，規律違反行為があることを理由に解雇する場合には，どのような場合であっても懲戒手続等の十分な反省の機会を与えたのかにより判断するというように，いわば「マニュアル化」した判断がなされている印象があります。*

しかし，労働契約の内容（後述する地位特定者等の中途採用者）との関係では，必ずしも懲戒手続等の反省の機会を与える必要がない場合もあり，反省の機会をどのような手段でどの程度与えたかは，あくまで総合的に検討する際の一要素であるべきです。

＊ 近時，マニュアル化した判断をすることについて批判的な裁判官も一部います。しかし，地方裁判所全体でみれば，やはりマニュアル化して判断する傾向にあるといえます。

この点，地方裁判所において，改善手続をとっていないことを理由の1つとして，解雇は無効であると硬直的な判断がされた後，控訴審あるいは上告審において，マニュアルに沿わない判断がなされ，解雇は有効であるとされた事案として，次のような裁判例があります。

ア カジマ・リノベイト事件

第一審＝東京地判平13.12.25労判824-36
控訴審＝東京高判平14.9.30労判849-19 ［上告棄却・不受理］

事案の概要
業務命令違反を理由に4回にわたってけん責処分を受けた後に，勤務成績・能率不良等を理由に普通解雇された事案
第一審判決概要 〈解雇無効〉
「被告は，本件第1けん責処分後に限っても，一連のけん責処分に対する原告の反論や対応を見極めて，原告と対話するなどといった方策を十分講じたとは認め難いこと，

第3章／正社員の普通解雇 ◀105

被告においては，労働契約関係を維持したまま　する，けん責を上回る程度の懲戒処分として，減給，出勤停止等があるが，弁論の全趣旨によれば，被告には，本件第4けん責処分の後であっても，このような他の懲戒処分を行うことに特段支障はなかったものと認められること」などからすれば，本件解雇は解雇権の濫用にあたり無効であるとした。

控訴審判決概要〈解雇有効〉

「控訴人は第1けん責処分をするに当たっては被控訴人に反省の機会を与えようとの意図に出たものであったが，被控訴人からは反論のみで反省の趣旨のうかがえない返答書が提出され，その後も第2回以降のけん責処分がされたが被控訴人の態度が変化しないばかりか，第3回けん責処分では被控訴人は通知書をその場でシュレッダーに投入して破棄するという行為に及び，更に第4回けん責処分を行ったが結局被控訴人に反省の態度が認められなかったことから本件解雇に至ったものである。そして第1けん責処分においては始末書の提出について1か月の期間を設定しており，これに対し被控訴人は即日返答書を提出している。第2けん責処分はその後1か月以上経てされており，第4けん責処分までの期間は10日間程度であるが，既に第1けん責処分の時点からは十分な弁明の期間が与えられており，第4けん責処分の5日後には被控訴人は返答書を提出している。したがって，全体としてけん責処分が被控訴人の弁明の機会を与えないでされた不当なものであるとは認められない。」

「（筆者注：被控訴人は）日頃上司から注意を受けていたのにこれを聞き入れずほとんど改善することがなかったため4回にわたるけん責処分を受けたが，それでも被控訴人の態度に変化がなかったことから控訴人は本件解雇に至ったとみることができ」ることなどからすれば，本件解雇は有効であるとした。

イ　小野リース事件

第一審＝仙台地判平20.12.24労判1018-12
控訴審＝仙台高判平21.7.30労判1018-9
上告審＝最判平22.5.25労判1018-5

事案の概要

勤務態度不良等を理由に普通解雇された事案

第一審判決概要〈解雇無効〉

「被告も，原告の勤務態度に問題がみられるのは，その飲酒癖，深酒によることにあると把握できていたはずである。

そうであれば，被告は，原告に対し，自分の問題点を自覚させ，自らの勤務態度を改める機会を与えるため，はっきりと，その飲酒癖，深酒，そのことにより勤務態度に問題が生じていることを注意，指導したり，そのことが解雇の理由になり得ることを警告したり，そのことを理由とする懲戒処分をすることで，改善が図られるか見極めること

はできたはずであるし，そうすべきであった。」

「ところが，A社長は，本件欠勤まで，原告に対し，午前7時以前，午後9時以降の電話や，飲酒を控えるよう注意したり，居眠りをしていたときは，本社事務所の2階にある社長室で寝るよう言ったことはあるが，それ以上に，勤務態度や飲酒癖を改めるよう注意や指導をしていなかった。」

「また，被告は，本件欠勤の後も，取締役の解任，統括事業部長職の解職，懲戒処分など，解雇以外の方法で，勤務態度の改善が図られるかどうかの見極めはできたはずであるし，これまで自らの勤務態度を改める機会を与えていなかったのであるから，そうすべきであった。ところが，被告では，これらの手段を講じることなく，本件解雇をしている。」として，本件解雇を無効とした。

そのうえで，原告には，本件解雇がされなければ得られたはずの収入について損害が生じているとして，6カ月分の給与額である447万7,325円の限度で，被告に不法行為に基づく損害賠償責任を認めた。

控訴審概要

上記判旨を維持

上告審判決概要〈解雇有効〉

「被上告人は，入社直後から営業部の次長ないし部長という幹部従業員であり，平成19年5月以降は統括事業部長を兼務する取締役という地位にあったにもかかわらず，その勤務態度は，従業員からだけでなく，取引先からも苦情が寄せられるほどであり，これは被上告人の飲酒癖に起因するものであったと認められるところ，被上告人は，社長から注意されても飲酒を控えることがなかったというのである。

上記事実関係の下では，本件解雇の時点において，幹部従業員である被上告人にみられた本件欠勤を含むこれらの勤務態度の問題点は，上告人の正常な職場機能，秩序を乱す程度のものであり，被上告人が自ら勤務態度を改める見込みも乏しかったとみるのが相当であるから，被上告人に本件規定に定める解雇事由に該当する事情があることは明らかであった。そうすると，上告人が被上告人に対し，本件欠勤を契機として本件解雇をしたことはやむを得なかったものというべきであり，懲戒処分などの解雇以外の方法を採ることなくされたとしても，本件解雇が著しく相当性を欠き，被上告人に対する不法行為を構成するものということはできない。」として，解雇は有効であり，不法行為責任も成立しないとした。

ウ　南淡漁業協同組合事件

第一審＝神戸地洲本支判平23.9.8労判1053-16
控訴審＝大阪高判平24.4.18労判1053-5［上告不受理］

事案の概要
規律違反行為や勤務状況の不良等を理由に普通解雇された事案

第一審判決概要〈解雇無効〉
「原告は，本件解雇処分の前の段階で，被告代表者らから，解雇を含めて厳しい処分を検討しているので職務態度を改善するようになどといった指導や警告を受けていなかった。被告代表者は，原告が被告の職場で話をしなくなった後，3回にわたって原告に注意をしたことがあったものの，それは，解雇を含む処分があり得ることを告知されないで行われたものであった。そして，被告の理事会は，原告に対し，減給の懲戒処分を検討し，その後に被告代表者が原告に1回注意をしたことがあったものの，上記のような指導や警告をすることなく，退職勧告をすることを決定し，原告が長期の有給休暇を取得している期間中に本件解雇処分を行った。 　原告は，平成20年5月から6月にかけて，適式の印鑑照合をすることなく定期貯金の解約に応じるよう指示したほか，自らF₂名義の口座から無断で振替手続を行ったものであるが，原告は，この件で被告代表者から注意を受けた後は，上記のような重大な規律違反を行わないようになった。このことは，被告が，原告に対し，上記のような指導や警告をしたり，解雇に至らない懲戒処分をしたりしていれば，原告が職務態度を改善させていたのではないかと推認させる事情といえる」としたうえで，「原告の職務状況に照らしても，解雇を含む厳しい処分があり得る旨を明示して指導や警告をしていれば，あるいは職務態度を大幅に改善できたのではないかとの蓋然性は否定できない。被告が原告に対し，このような指導や警告をすることなく，また，減給や出勤停止といった段階的な処分をすることなく本件解雇処分を行ったことは，著しく不合理で，社会的相当性を欠くといわざるを得ない」として，本件解雇は解雇権の濫用にあたり無効であるとした。

控訴審判決概要〈解雇有効〉
「1審被告代表者は，1審原告が1審被告の職場で他の同僚職員と会話をしないだけでなく，職務上必要な連絡や伝達さえもしなくなり，事務処理上さまざまの支障が生じていることについて3回にわたって1審原告に注意をしたにもかかわらず，1審原告はこれを聞き入れようとせず，2回目の注意を受けた際には反発して午後には家に帰ってしまい，3回目の注意を受けた際には『ほっといてくれ』などと強く言い返して勤務態度を改めようとは全くしなかったものであるから，1審被告の側でそれ以上の注意を重ねても1審原告の勤務態度の改善が期待できないものと判断したことはやむを得ないところであったというべきである。

F_2

108 ▶ 第1編／労働契約の解消

　この点，1審原告は，本件解雇処分の前の段階で，1審被告代表者らから，解雇を含めて厳しい処分を検討しているので職務態度を改善するようになどといった指導や警告を受けておらず，かかる指導や警告を受けたなら，1審原告が職務態度を改善した蓋然性があったと主張する。しかし，上記のとおり1審原告が他の職員との会話をせず，職務上必要な連絡や伝達さえも行わない状態を長期間にわたって続けており，1審被告代表者からの注意や指導に対しても，何らの説明や弁明をすることもなく，むしろ反発を強めるだけであった一連の態度に照らすと，1審原告の主張は到底採用することができない。

　また，段階的な処分を踏むべきであったとの1審原告の主張についても，1審被告代表者からの注意や指導に対して一向に態度を改めることがなく，かえって反発を強めるばかりであった1審原告の一連の態度に照らすと，段階的な処分によって1審原告が態度を改善させる可能性があったものとは認められないから，1審原告の主張は認められない」として，本件解雇を有効とした。

エ　海空運健康保険組合事件

第一審＝東京地判平26.4.11労判1122-47
控訴審＝東京高判平27.4.16労判1122-40［上告不受理］

事案の概要
従業員としての資質，能力を欠くこと等を理由に普通解雇された事案

第一審判決概要〈解雇無効〉
原告が人事考課上，消極評価を受けた際，原告について降格・降級が2回にわたりされてはいるが，これを超えて，事務に支障が生じたとして，原告に対する訓告等の懲戒処分がされたことはないことに触れたうえで，「今までの担当事務によっては，不安定ながらも改善の傾向をみせていたものもある」し，「指導が浸透しにくいものの，指導に反発するということはなく，本人も相応の努力の姿勢はみせ，改善の余地が全く否定されるものでもなく，そもそも，原告は，入社以降（筆者注：入社は平成5年），平成17年に至るまで，総務課・業務課で，上記bの点（筆者注：原告が総務課長であった平成16年当時，課員と対立したこと）を除くほかは特段の支障なく勤務をしていたものであり，担当職務の変更による改善の余地も現状否定し得ない。この点，平成24年3月の運営会合において，F（筆者注：Fは原告の上司）は，説明された医師の見解を踏まえ（ただし，当該見解は，後に当該医師自身によって否定される。），参加管理職に対し，受入れの可否について問うているが，一般的に受入れの可否を問うという程度では配転等による改善の余地の検討としては不十分である。 　そして，担当業務につき誤謬のないようにすべきことについては，…被告においても，原告が過誤ないし事務遅滞を生じてもBないしこれに準ずる評価をしてきた経過があるのも事実であり（筆者注：被告においては，SABCDの5段階評価を採用していた），

第3章／正社員の普通解雇　◀109

誤謬の生じ得べき可能性を現段階でことさら重視するのは相当とはいえない。」

「原告の執務に上記説示の問題が生じ，N医師から作業能力が半分であるなどと聴取すると，運営会合で協議し，その日のうちに原告に解雇を示唆，指摘するに至っており，その間，医師に対し，原告の執務の状況を踏まえた適切な対応策を諮ったり，医師の見解を踏まえて原告と今後の執務の有り様について協議をするといった善後策を講じ，講じようとした形跡も窺われない。この点，被告は，保健事業課への異動について，最後の機会としてこれを行ったものであるなどと主張するが，原告に対してそのような注意喚起がされた形跡はその前後を含めておよそない。かえって，被告は，原告に医師への受診を勧めるに際し，これを渋る原告にセカンドオピニオンを取ることもできるなどと申し述べて受診を促しておきながら，検査直後の運営会合を経るや，原告に対し，直ちに解雇を示唆，指摘しており，その後，原告が，医師から入手した検査結果を踏まえて再考を求めても，これを受け取ることすらせず，本件解雇に及んでいる。

そうしてみると，本件解雇は，その手続面においても，早急に過ぎる面があったといわざるを得ない。」として，本件解雇は無効であるとした。

控訴審判決概要〈解雇有効〉

「被控訴人は，上司の度重なる指導にもかかわらずその勤務姿勢は改善されず，かえって，被控訴人の起こした過誤，事務遅滞のため，上司や他の職員のサポートが必要となり，控訴人全体の事務に相当の支障を及ぼす結果となっていたことは否定できないところである。そして，控訴人は，本件解雇に至るまで，被控訴人に繰り返し必要な指導をし，また，配置換えを行うなど，被控訴人の雇用を継続させるための努力も尽くしたものとみることができ，控訴人が15名ほどの職員しか有しない小規模事業所であり，そのなかで公法人として期待された役割を果たす必要があることに照らすと，控訴人が被控訴人に対して本件解雇通知書を交付した平成24年3月30日の時点において，被控訴人は，控訴人の従業員として必要な資質・能力を欠く状態であり，その改善の見込みも極めて乏しく，控訴人が引き続き被控訴人を雇用することが困難な状況に至っていたといわざるを得ない」とした。

被控訴人が懲戒処分を受けたことがない点については，「被控訴人が控訴人から度重なる指導を受けていたことは前記認定のとおりであり，しかも，被控訴人は2回にわたって降格・降級を受けているのであるから，本件解雇に至るまでに控訴人が被控訴人に対して懲戒処分をしたことがないからといって，被控訴人に重大な過誤や事務遅滞がなかったということはでき」ないとして，本件解雇は有効であるとした。

このように，使用者にどの程度の改善手続が必要かは，一般的にマニュアル化できるものでなく（ただし，東京地裁の裁判官が示した解雇手続のあり方は，不透明といわれた解雇訴訟について実務のあり方を示すもので，十分に評価されうるものと考えています），新卒一括採用者から地位特定者まで，勤務間もな

い者から40年の勤続がある者まで，多様な労働関係にある当事者ごとに，柔軟にその改善手続の必要性とその程度を考える必要があります。*

＊　関連裁判例

①　解雇有効とした裁判例

山口地萩支判平24.11.19判例集未掲載

　教員として勤務していた原告が，学校の秩序維持義務等の就業規則に違反したとして，懲戒手続をとることなく解雇された事案において，解雇有効と判示されました。同裁判例は，理事長および教頭から指導を受けたにもかかわらず，「これを改善する旨の申告もせず，具体的な事例での合理的指導であったか否かを検証することもなく反駁するに終始しているのであって，これらの原告の対応に照らすと，訓戒・けん責等の懲戒処分等により改善する意思も見込みもなかったというべきである。そうすると，原告に対し，訓戒・けん責等の懲戒処分を行うべきであったとはいい難い。」としています。

　ただし，同裁判例については，原告が高校の教師という社会的に物事を考えることができるはずの地位にあり，通常の労働者とは若干異なる面があることに注意が必要です。

②　解雇無効とした裁判例

ア　Y大学〔アカデミックハラスメント〕事件＝札幌地判平22.11.12労判1023-43

［控訴棄却］

　懲戒解雇および諭旨解雇の有効性が争われた事案において，原告らの行為は「それ自体が直ちに諭旨解雇ないし懲戒解雇に相当するような重大な非違行為であるとまではいえない。」としたうえで，「被告において，減給又は停職というより軽い懲戒処分を選択することにより原告らに反省する機会を与えることなく，直ちに，二番目に重い懲戒処分であって，退職届を提出しなければ懲戒解雇処分を行うことが予定されている諭旨解雇を選択したことは，原告らの行為との間に均衡を欠き，社会通念上相当であるとは認められない。したがって，原告らに対する本件懲戒処分（諭旨解雇及び懲戒解雇）は懲戒権ないし解雇権を濫用するものとして無効」としています。

イ　セネック事件＝東京地決平23.2.21労判1030-72

　教育指導をすることなく解雇がなされた事案において，解雇事由は「いずれも企業経営に重大な支障を及ぼすなど即刻企業から排斥することをやむなしとする程のレベルに達していたかは疑問がある上，その内容からみても債務者としては先ずは然るべき教育指導等を行うことによって同債権者に改善の余地等があるか否かを慎重に見定める必要があったものというべきである。」として，解雇は無効であると判示されました。

(3)　企業規模も考慮される

さらに，従業員の数が少ない中小零細企業ほど，1人の従業員の勤務態度な

どの不良が業務に支障を及ぼす程度が大きいといえますから，その点をとらえて，大企業の場合より普通解雇の有効性が認められやすくなると考えられます。裁判例（全国給食協同組合連合会事件＝東京地決平元.2.20労判544-77判例・裁判例⑦）でも，「債務者の事務局職員は4名にすぎないから，そのうちの1名でも勤務成績の劣る者が存在する場合には，その補いをする他の職員の負担が増す割合は大きく，その職員の担当事務の停滞をもきたすことになるおそれもあるから，許容される勤務成績の悪さの程度はさほど大きくはないというべきである」との判断が示されています。勤務成績が劣る者が存在すると，他の労働者の業務量が増加し，その業務をこなすために残業時間が増加するなどの負担が生じます。とくに，他の労働者が，恒常的長時間労働により健康を害することになったりすれば，重大問題といえます。

　そして，勤務成績が劣る者のフォローを強いられることにより他の労働者の本来の業務が停滞することになれば，企業の業務に支障を与える程度が大きくなります。このことは普通解雇が有効となる1つの要素です。同裁判例はこの点について，「Xは…自らの仕事の遅れを仕事が多いことのせいにして省みることなく，しかも，命ぜられた仕事を期限内にできなかったことを報告もしなかったのであるから…，その結果仕事の遅れに対応する措置をYが講ずる機会を失わせたことも十分に考えられる」としています。したがって，この業務への支障という観点も実務上押さえておくべき重要なポイントの1つといえます。[*]

＊　**関連裁判例**
　　NEXX事件＝東京地判平24.2.27労判1048-72［控訴棄却，上告却下］
　　正社員3人の企業において，勤務態度や業務上のミス等を理由に普通解雇された事案において，「ごく少人数の企業において，社内で最も高給取りであったにもかかわらず，幾度となく居眠りをして管理部長からも注意を受ける等，他の従業員の士気にも影響を及ぼしかねないような勤務態度が認められ，しかもそれが改善に至っていなかったことが認められる。」として，解雇有効と判示しています。

判例・裁判例⑦　全国給食協同組合連合会事件／東京地決平元.2.20／労判544-77

【事案概要】　Ｙは，中小企業等協同組合法に基づき設立された協同組合連合会であり，全国の給食センター（協同組合）を会員とし，会員に対し，各種研究会等の事業を行っている。Ｘは，昭和60年９月，Ｙの事務局職員として雇用された。Ｘの雇用当時，Ｙの事務局職員はＸを含め５名であったが，昭和61年７月，職員の退職により４名となり，Ｘは経理業務も担当するようになった。経理業務の具体的内容は，Ｙ等の振替伝票の作成，経理元帳の記帳，貸借対照表及び損益計算表の試算表（以下「試算表」）作成等であったが，Ｙ等の経理規模は大きくなく，特別な知識・経験を要するものでもなかった。

その後，Ｘが昭和62年７月から病気による入院を理由に欠勤した際，上記経理元帳・試算表の記帳及び作成が数カ月間行われていないことが判明した。そこで，事務局長は，同年８月中旬ころ，Ｘに対し，同年10月末までに作業の遅れを回復することを命じ，もし，間に合いそうもないときには事前にその旨を報告するよう指示した。しかし，Ｘは，昭和62年10月末までに作業を完了することができず，しかも事務局長に報告をしなかった。また，これを受けてＸが延長を申し出た期限の同年11月10日にも作業を終えることができなかった。そのため，事務局長がＸに対して始末書の提出を求めたところ，むしろＸは，事務局長の指示が不適切であったこと等を内容とする意見書を提出した。そこで，Ｙは同年11月中旬，Ｘに退職を勧告したが，Ｘが拒否したため，昭和63年３月，Ｘを解雇した。これに対し，Ｘが解雇の無効を主張して申請に及んだ。

【決定要旨】「経理担当の職員にとって，会計帳簿への記帳及び試算表の作成は最も基本的な職務であって，Ｙの経済状態を正確に把握するためには，それが正確かつ遅滞なく記帳されなければならないことはいうまでもない。しかるに，Ｘは，その最も基本的な職務を遂行することができなかったのであって，…これを遂行できなかったのは，Ｘの体調その他の一時的な原因に基づくものではなく，その能力に由来するものと推認することができる。」

「ところで，…Ｙの事務局職員は４名にすぎないから，そのうちの１名でも勤務成績の劣る者が存在する場合には，その補いをする他の職員の負担が増す割合は大きく，その職員の担当事務の停滞をもきたすことになるおそれもあるから，許容される勤務成績の悪さの程度はさほど大きくはないというべきである。

しかるに，Ｘは，…自らの仕事の遅れを仕事が多いことのせいにして省みることなく，しかも，命ぜられた仕事を期限内にできないことを報告もしなかったのであるから…，その結果仕事の遅れに対応する措置をＹが講ずる機会を失わせたことも十分に考えられるのである…。

これからすると，Ｘは就業規則36条１号の「勤務成績不良にして就業に適しないとき」との解雇事由に該当するというべきである。そして，以上の事情のもとでは，Ｘを解雇したことは解雇権の濫用とは認められない。」として，Ｘの申請を却下した。

3 注意指導と実務

　上記2(2)において，近時の手続のマニュアル化について，裁判例をあげて批判しましたが，実務では，問題のある従業員については，必ずこの改善手続をとるべきです（解雇の告知や出勤停止等の厳しい処分が必ずしも必要とは考えていません）。裁判におけるリスクをできるだけ回避するためには，必要不可欠と考えてください。

　上記の説明は，すでに解雇しており，その改善手続が十分でないおそれがある事案において，裁判所で争う場合に参考となるものです。

4 メモや報告書など書面を残しておくことが重要である

　当該解雇が有効か無効かは上記のような基準で判断されるのですが，たとえば上記2(1)の④〜⑦の事情は，上司の供述や報告書など間接的な証拠をもとに，その事情の有無・程度を判断していきます。裁判となった時に，関係者から聞き取りをして陳述書を作成することもできますが，裁判官の心証としては，記憶の新しい当時に作成されたメモや報告書を信用するといえます。

　したがって，どのような業務指示や注意をし，それに対して労働者がどのような反応を示したのか（素直に従った，無視した，反抗的な姿勢を示したなど），また業務上どの程度の支障をきたしたのかを，メモなど何らかの書面の形で証拠として残します。さらにいえば，日報への記載や注意書の交付を行うべきです。業務指示や注意などに対する労働者の反応によって，改善の見込みがあったのかが判断されますから，この日常労務管理が訴訟においては重要な証拠になります。また，業務上の支障の具体的な内容，たとえば，取引先または他の従業員からの苦情の有無およびその内容，当該労働者が上司からの注意に対してとった態度により業務に支障が生じたなどの他の従業員の業務遂行や職場環境に与えた悪影響などを，その都度メモに残しておくことが重要です。

第4節　普通解雇する際のチェックポイントとは

1　重要なチェックポイント

　本来，使用者と労働者間の紛争，たとえば賃金の未払いや配転命令拒否などの争いは，企業内で解決すべきものです。

　しかし，解雇をめぐる争いを当事者間で解決するのは難しいといえます。使用者の横暴な解雇は別として，使用者が労働者を普通解雇する場合，労働者に勤務態度不良や能力不足など何らかの理由があるのが一般的です。仮に，解雇した労働者を職場に復帰させるならば，企業秩序は混乱するのが通常ですし，一度解雇した労働者との間で信頼関係を再構築することも難しいといえます。

　したがって，使用者は解雇した労働者の原職復帰を認めないのが通常ですので，労働者が原職復帰を望む場合，当該解雇の有効性の判断（判決）を裁判所に求めることになります。判決の際の重要なチェックポイントを筆者の実務経験から整理すると，次のようになると考えます。

---

① 　債務不履行（約束違反）か否か（当該契約内容の特定）

② 　就業規則の普通解雇事由への該当性

③ 　当該解雇に社会的相当性はあるか

　　ア　改善の機会を付与したか（注意・懲戒など）

　　イ　それでも改善の見込みがないのか

　　ウ　業務上の支障の程度(配転や降格などの方法で回避できないのか)

　　エ　使用者の態度（労働者の反発を招く姿勢がないか）

　　オ　その他の事情

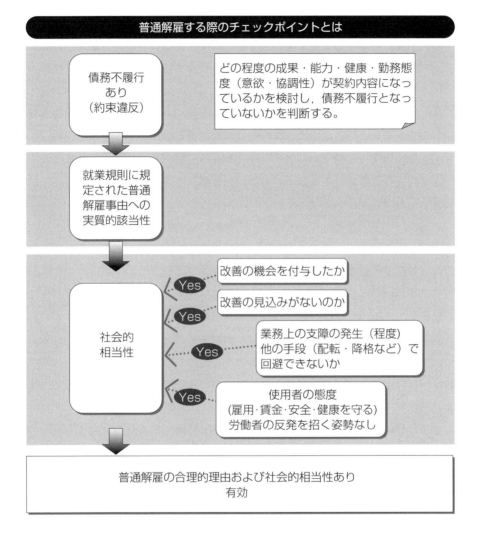

2 チェックポイント① 債務不履行の存在（契約内容の特定）

　債務不履行の有無は，契約どおりに労務提供の本旨弁済がなされているか否かにより判断します。労務提供の本旨弁済とは，通常の場合，以下の①〜⑥が

可能であることをいうと考えられます。

① 始業・終業時刻を守って所定労働時間働けること（通常8時間）

② 独力で安全に通勤ができること（配偶者などによる車での送迎で代替することは可能）

③ 通常の業務遂行にあたって必要となる機器（OA機器など）を支障なく操作できること，工場であれば安全に機械装置を操作できること

④ 他の従業員とコミュニケーションをとって協調して仕事ができること

⑤ 時間外労働ができること（月20時間程度）

⑥ 国内出張ができること

　加えて，当該労働者との間で締結した契約内容の特定が必要となります。たとえば，成果・能力・健康・意欲や協調性を含む勤務態度がどのような形で契約内容となっているかを検討しなければなりません。

　成果については，「売上げ5億円」など具体的な数字をあげた形で採用されていた場合，上記の具体的な数字は契約内容になっているといえます。

　能力については，仕事を通じた教育や研修を前提とする一般的な能力が求められているのか，それとも，業務に必要な特定の能力が求められているのかは，新卒一括採用者か専門能力を持った労働者の中途採用かなどで違いが出てきます。

　健康については，重度の高血圧などで1日8時間労働の負担に耐えられない，もしくは通院治療が必要で1週間のうち何日か早退しなければならないといった状況では，業務に支障が生じてしまいます。したがって，通常は，労働者が1日8時間・1週40時間という労基法の定める労働時間とともに，ある一定程度の時間外労働をする健康を保持していることが労働契約の内容となっていると考えることができます（もちろん，休日・休憩・有給休暇の消化が前提となります）。

　また最近では，パソコンやテレビ電話を活用して職場とのやりとりをしながら仕事を進めていく在宅勤務形態も，大企業などで導入する動きがみられるようになっていますが，労働者の多くは同じ事業所で他の労働者と協力しながら

働くのが通常です。自分勝手な仕事の仕方をされ，他の従業員がフォローを強いられるような状態では，企業のトータルパワーが下がり，ひいては企業業績に悪影響が出てしまいます。したがって労働者は，仕事に対する意欲も含め，協調性を持っていることを求められるといえ，労働者が備えるべき勤務態度として，契約内容となっていると考えられます。

3　チェックポイント②　就業規則に規定する普通解雇事由への該当性

　普通解雇は，契約締結時に約束した内容の債務不履行により契約関係が継続できないと判断して労働契約を解消する行為です。これは契約の本質ですから，就業規則に根拠規定がなくても，また相手方（労働者）の同意がなくても解消することができます。

　もっとも，労基法89条は「常時10人以上の労働者を使用する使用者は，次に掲げる事項について就業規則を作成し，行政官庁に届け出なければならない」と定め，「次に掲げる事項」として3号に「退職に関する事項（解雇の事由を含む）」との規定を置いています。これにより，合意退職・解雇・定年制度・休職期間満了・当然退職などの労働関係の終了事由に関する定めを就業規則に記載することが求められていることになります。つまり，就業規則に次のような普通解雇事由をすべて規定する必要があります。

◇　身体または精神の障害等により業務に耐えられないと認められたとき
◇　能力不足または勤務成績が不良で就業に適しないと認められたとき
◇　勤務態度が不良で注意しても改善しないとき
◇　協調性を欠き，他の従業員の業務遂行に悪影響を及ぼすとき
◇　事業の縮小その他やむをえない業務の都合によるとき

　そこで，このように普通解雇事由を定めた場合，解雇できるのはこの事由に該当する場合に限定されるのか否かが議論となります。

この点，就業規則に普通解雇事由を規定した以上，これ以外の事由による解雇を制限したと考えるのが合理的とする限定列挙説もあります。裁判例の中には，「使用者自らが解雇事由を規定したのだから，記載した事由でしか解雇してはならない」と理解しているものも多くみられます（東京地裁の裁判例には，例示列挙とするものもあります。ナショナル・ウエストミンスター銀行〔三次仮処分〕事件＝東京地決平12.1.21労判782-23判例・裁判例⑧など）。

しかし，普通解雇は基本的に契約の本質から出てくるものですから，就業規則の定めは単なる例示として列挙したものと考えるべきです。就業規則に解雇事由を定めたからといって，それは，刑法の性質を持つ労基法による使用者への義務づけに基づくものですし，また各解雇事由は抽象的であり，労基法13条の具体的基準に該当するとはいえないので，民事上の使用者の解雇権が限定されると考える必要はないといえます。

もっとも，現在の裁判例の流れからすると，普通解雇事由を規定した場合には，その解雇事由に限定されてしまうおそれが高いと考えておいた方がよいと思います。この点，前掲の『労働事件審理ノート』は，例示列挙・限定列挙のいずれの説に立つにせよ，就業規則の合理的解釈の問題であるとしています。そこで実務では，例示列挙の立場にこだわるのではなく，限定列挙の立場で判断されたとしても使用者の解雇権が制約されないよう，規定の最後に包括条項を規定する必要があります。

包括条項については，「その他，前各号に掲げる事由に準ずる重大な事由があるとき」という条項を規定すれば，例示列挙と限定列挙との差がなくなるという説明がされてきたはずです。しかし，包括条項の規定の仕方も十分に注意しなければなりません。

従来の就業規則は，大企業の新卒一括採用されたゼネラリストをイメージしたものがほとんどです。その就業規則にならって，「勤務態度が著しく不良で業務に耐えられないとき」や，「再三注意しても改善の見込みがないとき」などの解雇事由を規定してしまうと，大企業の新卒一括採用されたゼネラリストに対して求められる改善手続に相当近いものが求められる可能性があります。

第3章／正社員の普通解雇 ◀119

判例・裁判例⑧　ナショナル・ウエストミンスター銀行〔三次仮処分〕事件／
東京地決平12.1.21／労判782-23

【事案概要】 Xは，外資系Y銀行の貿易金融業務等の事務を担当するアシスタント・マネージャーの地位にあったものであるが，平成9年3月，Y銀行が貿易金融業務から撤退しこれを統括するグローバル・トレード・バンキング・サービス（GTBS）部門の閉鎖を決定したことに伴い，同年4月13日，Y銀行から，合意退職の申入れを受けた。当該申入れには，特別退職金等合計2,300万円の支払いと，就職あっせん会社による再就職までの無期限の再就職支援が退職の条件とされていた（Xの年収は1,052万円余）。ところが，XはY銀行の当該申入れを拒否して雇用継続を希望した。そこで，Y銀行は，X所属の労働組合との団体交渉を行い，関連会社の経理部クラークのポジションを提案したものの，これもXが拒否したことから，同年9月1日，同月末日付けで普通解雇する旨の意思表示をした（本件解雇）。これに対し，Xは，本件解雇が就業規則所定の解雇事由に該当しないこと，整理解雇の4要件を充足せず解雇権の濫用であることを主張して，地位保全及び賃金仮払いの仮処分を求めて申立てに及んだ。

【決定要旨】「本件就業規則29条には「解雇」の表題のもとに解雇事由が列挙されているが，列挙された事由はいずれも…従業員に何らかの落ち度があることを内容とするものであることが認められ，Xについて右の列挙事由に該当する事実が存在しないことは，当事者間に争いがない。

　しかしながら，現行法制上の建前としては，普通解雇については解雇自由の原則が妥当し，ただ，解雇権の濫用に当たると認められる場合に限って解雇が無効になるというものであるから，使用者は，就業規則所定の普通解雇事由に該当する事実が存在しなくても，客観的に合理的な理由があって解雇権の濫用にわたらない限り雇用契約を終了させることができる理である。そうであれば，使用者が，就業規則に普通解雇事由を列挙した場合であっても，限定列挙の趣旨であることが明らかな特段の事情がある場合を除き，例示列挙の趣旨と解するのが相当である。

　これを本件就業規則についてみると，普通解雇事由を29条所定の事由に限定する旨明記した規定はなく，その他同条が普通解雇事由を限定列挙した趣旨の規定であることが明らかな特段の事情は見当たらない。かえって，本件給与規則14条3項によれば，本件就業規則29条に基づいて解雇された従業員は退職手当を受けることができないとされており，この規定に本件就業規則1条の規定内容を照らし合わせて本件就業規則を作成したYの意思を合理的に解釈すれば，退職手当の受給資格を喪失することは従業員にとって著しい不利益であるから，このような不利益な効果を発生させる解雇事由は，…従業員に周知し，それ以外の解雇事由については，…解雇自由の原則が妥当し，敢えて列挙するまでもないとして，列挙しなかったものと解される。

　以上によれば，本件就業規則29条は普通解雇事由を限定列挙した趣旨の規定であるとはいえず，Xの前記主張はその前提を欠き，理由がない。」

従業員30人未満の零細企業に勤める人たちの中には，転職を何回かくり返している人たちがいますし，このような人たちと労働契約を締結した会社が長期雇用する意思を持っているとは思えません。実際に，雇用したときの業務量や労働力の需要に応じて雇用している場合もあるからです。したがって，その雇用の保護の程度は長期雇用を前提とした場合と違ってよいと考えられ，解雇権濫用法理についても，各企業の具体的な雇用実態に応じた解雇の合理的理由の程度を考えなければならないはずです。

就業規則についても同じことがいえます。就業規則に，大企業の新卒一括採用されたゼネラリストをイメージしたような解雇事由を規定すること自体が問題です。中小零細企業であれば，解雇事由をもっと緩やかに記載すべきではないかと考えます。とくに包括条項は，厳しい解雇事由に準ずる重大な事由だけでなく，次のような包括的な条項を設けるべきだと考えます。

> ◇ 当社の従業員としての適格性がないとき

このような条項を設けてこそ，大企業とは規模も雇用実態も異なる中小零細企業の規定として意味のあるものになります（なお大企業も，この解雇事由の表現で十分であると筆者は考えています）。

4 チェックポイント③ 当該解雇に社会的相当性があるか

3つ目のチェックポイントは，当該解雇が社会的にみて相当なものか，つまり，その従業員が会社から普通解雇という形で放り出されてもやむをえないと評価できるかどうかです。

その評価の要素となるものは多々ありますし，それらを総合的に判断するので一概にはいえませんが，その中でも重要な要素は次のようなものと考えます。

ア　改善の機会を付与したか

　まずは，使用者が労働者に対して改善の機会を付与したかどうかです。たとえば，当該従業員の不適切な行為に対しては，日常的に接する上司からの注意・指導や，訓告・戒告といった懲戒処分を科すことによって，従業員自身がその行為が不適切であることを認識し，改善する機会を持つことができたのかどうかが問われます。一方，従業員が上司の適切な注意・指導に反抗もしくは無視するような態度をとった場合には，解雇有効の方に判断が傾くと考えればよいと思います。さらに，自己弁解に終始する態度については，改善意思の欠如をも表していると考えています。また，能力不足であれば，改善プログラムを組むなどして改善を求めることになります。さらに，能力があっても，それを成果に結びつける行動様式をとれない従業員については，上司が行動を共にして実地研修を行い，手本を見せるなどの手続が必要ではないかと考えます。東京地裁はこの点を中心に事案をみているように思われ，一番重要な点だと考えます。ただし，前述のように，各労働契約の内容によって，その必要性および程度には差があることには十分注意すべきです。

イ　それでも改善の見込みがないのか

　改善の機会を付与したかどうかとともに，裁判例は，改善の機会を与えたにもかかわらず，その見込みがないのかを判断しています。

　その判断のポイントは，注意指導にもかかわらず改善の様子がみられないかということに加え，本当に反省し改善する意思があるかということです。注意の際および注意後の本人の言動をもとに判断していくことになります。

ウ　業務上の支障の程度

　次にチェックするのは，業務上の支障が発生したかどうかです。たとえば，1人の能力不足により他の従業員に過度に業務負荷がかかるとか，協調性不足により他の従業員の業務遂行のための適正な職場環境が害されているような状

況です。従業員の態度の悪さが原因で顧客からクレームが入ったり，上司が謝罪に出向くとか，取引が停止されるといった状況になれば，その業務上の支障の程度は大きいといえます。

エ　配転や降格などで回避できないか

さらに，その業務上の支障を解雇以外に回避する手段がないかどうかも重要なチェックポイントです。たとえば，対人関係の面で問題があり顧客からのクレームが発生したならば，営業や窓口業務から総務に職種変更したり，社内でも人間関係をうまく築けないのであれば，チームワークを必要とする業務から1人でも処理できる業務に配転することも考えられます。また，他の従業員を管理する能力に乏しい管理職などは，降格することも選択肢の1つです。

このように，その従業員に何らかの問題があって業務に支障をきたしているならば，その従業員でもこなせる業務に配転もしくは降格などをすることによって解雇を回避できないか，そのための企業努力をしたかが問われることになります。もちろん，規模の小さい会社では配転場所もなく，加えて従業員1人ひとりが貴重な戦力ですから，その場合はこの点の対応がなくても解雇できるという方向で考えることになります。

5　チェックポイント④　使用者の経営・労務管理の基本姿勢

会社がとってきた使用者としての態度も問題とされます。労働者の業務命令違反や勤務態度不良が，不合理な労働条件を強いる使用者に対する反発から生じたものであれば，一概に労働者ばかりを責めるわけにはいかなくなります。

筆者は，この使用者の経営・労務管理の基本姿勢のあり方こそが，従業員の普通解雇の有効性判断の重要なポイントであると意識しています。従業員の債務不履行の責任を問う前に，使用者はその従業員に対し，負担している責務・配慮を行ってきたかです。

昭和の時代のように，「雇用」と「賃金」だけを守っていたイメージではなく，

憲法25条の趣旨に従って,「安全」と「健康」を確保する必要から長時間労働は抑制されているか,憲法14条の趣旨に従って,セクハラやマタハラのような差別を厳しく規制しているか,さらには憲法13条の趣旨に従って,従業員の人格を尊重しパワハラ等の行為を規制しているか,すなわち,従業員教育・研修を徹底しているかが問われることになります。したがって,常に使用者は,

① 従業員を個人として人格を尊重する

② 差別をしない

③ 安全と健康を守る

④ 教育・研修を徹底する

⑤ 充実した私生活とのバランスを図る（ワークライフバランス）

を労務管理の基本として行うべきです。

　このような労務管理の中で,従業員が本旨弁済に関し不履行を発生しているという場合に,解雇の実施の要否の検討が始まると考えるべきです。これを図にすると次頁のようになります。

　裁判例でも,「長期雇用システム下で定年まで勤務を続けていくことを前提として長期にわたり勤務してきた正規従業員を勤務成績・勤務態度の不良を理由として解雇する場合」と限定されていますが,労働者の不利益が大きいこと,それまで勤務を長期間継続してきたという実績に照らして,「使用者の不当な人事により労働者の反発を招いたなどの労働者に宥恕すべき事情がないこと」を1つの判断要素と明言するものもあります[*]（エース損害保険事件＝東京地決平13.8.10労判820-74裁判例⑨）。

> [*] ただし,同裁判例は従業員数が400人超の保険会社において,長期雇用システム下における正社員が解雇された事案であったことに注意する必要があります。

　そして筆者は,使用者の労働者に対する「雇用」,「賃金」,「安全」,「健康」などに関する日常の気配りが実務上重要と考えています。

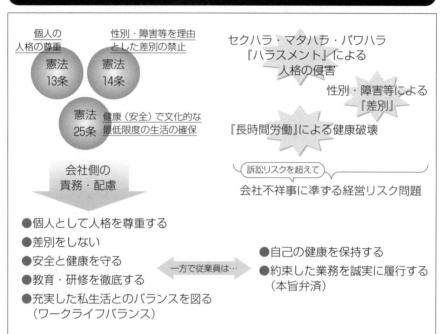

6　チェックポイント⑤　解雇手続の遵守

　就業規則に規定する普通解雇事由に該当するとしても，労働者を解雇する際，労基法上の規制や手続を遵守しているかどうかも，当該解雇が有効か無効かを判断するうえでのチェックポイントの1つとなります。

(1)　解雇制限（労基法19条）

　労基法19条は，「解雇制限」と題して，「使用者は，労働者が業務上負傷し，又は疾病にかかり療養のために休業する期間及びその後30日間並びに産前産後の女性が第65条の規定によつて休業する期間及びその後30日間は，解雇してはならない」と規定しています（1項本文）。かかる趣旨は，労働者が業務上の負

第3章／正社員の普通解雇 ◀125

判例・裁判例⑨　エース損害保険事件／東京地決平13．8．10／労判820-74

【事案概要】　X1は昭和48年，Yの前身たる保険会社Y1に，X2は，昭和51年同じく保険会社Y2に，それぞれ大卒の正社員として採用された（その後Y1，Y2は合併してYとなり，日本法人化を経て，外国法人エースリミテッドがYを100％子会社化した）。平成11年7月，Yは，従業員580名規模から430名規模への人員削減を目的として希望退職を募るとともに，430名分のポジションを従業員に争わせ，そこから漏れたものは退職とする旨を表明した。平成12年8月31日，YはXらに自主退職を勧告し，退職しない場合の能力不足を理由とする解雇を通知した。そして，同日から半年以上自宅待機とし，平成13年3月14日，解雇の意思表示をした。

【決定要旨】　「就業規則上の普通解雇事由がある場合でも，使用者は常に解雇しうるものではなく，当該具体的な事情のもとにおいて，解雇に処することが著しく不合理であり，社会通念上相当として是認できない場合は，当該解雇の意思表示は権利の濫用として無効となる。

　特に，長期雇用システム下で定年まで勤務を続けていくことを前提として長期にわたり勤続してきた正規従業員を勤務成績・勤務態度の不良を理由として解雇する場合は，労働者の不利益が大きいこと，それまでの長期間勤務を継続してきたという実績に照らして，それが単なる成績不良ではなく，企業経営や運営に現に支障・損害を生じ又は重大な損害を生じる恐れがあり，企業から排除しなければならない程度に至っていることを要し，かつ，その他，是正のため注意し反省を促したにもかかわらず，改善されないなど今後の改善の見込みもないこと，使用者の不当な人事により労働者の反発を招いたなどの労働者に宥恕すべき事情がないこと，配転や降格ができない企業事情があることなども考慮して濫用の有無を判断すべきである。

　なお，…仮にXらがその作業効率等が低いにもかかわらず，高給であるとしても，Xらとの合意により給与を引き下げるとか，合理的な給与体系を導入することによってその是正を図るというなら格別，自ら高給を支給してきたYがXらに対しその作業効率が低い割に給料を上げすぎたという理由で解雇することは，他国のことはいざ知らず，我が国においては許容されないものというべきである。」

　本件では，Yの一方的な合理化策の結果，不適切な部署に配置されたXらは能力発揮につき当初から障害を抱え，Yに対し多大な不安等を抱かざるを得なかったこと，X1は支店長から繰り返し些細なことで侮辱的な言辞で非難され，退職を強要され，恐怖感から落ち着いて仕事のできる状況ではなく，X2も人員が実質半分という不適切な配置の中で生じた過誤等は，むしろYの人事の不適切に起因するものと言うべきで，X2の責任のみに帰することは相当でないこと，Yは当初からXらを他の適切な部署に配置する意思はなく，研修や適切な指導を行うことなく，早い段階から組織から排除することを意図して，任意に退職しなければ解雇するとして退職を迫りつつ長期にわたり自宅待機としたことなどを考えると，本件解雇は解雇権の濫用として無効である。

傷・疾病の場合の療養および産前産後の休業を安心して取得できるようにすることにあります。

　この解雇制限は，労働者の責めに帰すべき事由による解雇の場合にも適用されます。たとえば，労働者が就業規則の解雇事由に該当するような不正行為をしており，これが発覚したのが労働者が業務災害により入院している期間中だったとします。この場合，明らかに労働者の責めに帰すべき解雇事由があったとしても，労働者が復職してから30日が経過しないと，使用者は解雇することができないのです。また，解雇予告期間中に業務災害により休業することになった場合等も，上記と同様にその休業期間中およびその後30日間は解雇できません。

　また，労基法上の解雇制限は，業務上の負傷などによる療養のために休業する場合の制度ですから，負傷などが治癒した段階で療養のための休業期間は終了し，その後30日を経て解雇制限が解除されることになります。不幸にして足を切断してしまったような場合，足が元通りになることはないので，それ以上療養しても回復しない時点（症状固定），つまり傷口がふさがってそれ以上の回復がない時点で治癒したと判断されます。

　精神障害の場合も同様で，後遺障害として障害認定を受けるような場合にも，それ以上療養しても回復しない（症状固定），すなわち治癒したとして，解雇制限が解除されることになります*。

　＊　精神障害における後遺障害の認定　　労災保険においては，業務上の負傷や疾病にかかり，その傷病が治っても身体などに障害が残った場合には，その後遺障害の程度（等級）に応じて障害補償給付が行われます。そして，この障害等級を認定する基準として障害等級認定基準が設けられています。
　　平成15年8月には，精神障害の後遺障害について，新たに「神経系統の機能又は精神障害に関する障害等級認定基準」が設けられました。同基準においては，うつ病やPTSDといった精神障害について，十分な治療の結果，完治にはいたらないものの日常の動作ができるようになり，症状がかなり軽快している場合には，治癒の状態にあるものとして障害等級の認定が行われることになっています。ただし，治療を行っても重い症状が続く場合には，さらに症状の改善が見込まれるため，原則として治療を継続し，その時点での障害等級の認定はしないことになっています。

後遺障害の認定は労基署長が行うものであり，会社が判断するものではありません。したがって，業務災害による精神障害の場合において，症状固定時に抑うつ状態などの精神症状が残っている場合には，労基署長に後遺障害の認定をしてもらうようにします。

ア　解雇制限の例外

このように，業務上の負傷・疾病の療養のために休業する期間および産前産後の休業期間中の解雇は禁止されますが，労基法19条1項但書および同条2項において，以下の例外が認められています。

(ア)　打切補償（労基法81条）を支払う場合

業務上の負傷・疾病による休業の場合，療養開始後3年を超えても治らない場合に，平均賃金の1200日分（打切補償）を支払うことによって，解雇をすることができるようになります。

> ＊　労働者が，労基法上の療養補償に代わって，労災保険法上の療養補償給付を受けている場合であっても，打切補償を行うことにより解雇制限が解除されることが，最高裁判決（学校法人専修大学事件＝最判平27.6.8労判1118-18）により認められています。

さらに，労災保険法で，療養開始後3年経過日以後に傷病補償年金を受けている場合には，打切補償を支払ったものとみなされます（労災保険法19条）。

したがって，療養開始後3年を経過して使用者が打切補償を支払った場合，または傷病補償年金が支給されている場合には，労基法19条1項の解雇制限の規定が適用されなくなるので，法律上解雇が可能になります。

(イ)　天災事変その他やむをえない事由のため事業の継続が不可能となった場合
(i)　「やむを得ない事由」とは

解雇制限期間中であっても，天災事変その他やむをえない事由のために事業の継続が不可能となった場合には，所轄労基署長の認定（以下「除外認定」）を受けることにより，解雇が可能となります。

「やむを得ない事由」には，事業場が火災により焼失した場合（ただし，事業主の故意または重大な過失に基づく場合を除く）や震災に伴う工場・事業場の倒壊，類焼等により事業の継続が不可能となった場合等が該当します（昭63.3.14基発150号・婦発47号）。

(ii) 解雇の意思表示と除外認定の前後関係

前掲行政通達によれば，解雇制限の除外認定は，「原則として解雇の意思表示をなす前に受けるべきものである」とされています。

もっとも，同通達は，解雇の意思表示をした後，除外認定を得た場合はその解雇の効力は使用者が解雇の意思表示をした日に発生するとして，事後の認定申請であっても，解雇の効力は有効であるとしています。

しかしながら，解雇後の認定申請に関しては，同通達の前半部分（原則として解雇の意思表示前に受けるべきである）を根拠として，解雇後は一切受理しない労基署もあります。この点は各労基署によって考え方が異なるようなので，事前に確認をしておくことが必要です。

(iii) 不認定の場合の行政訴訟の可否

労基署長が認定事由はないと判断したという事実は，当該解雇が訴訟に発展した場合，裁判の結果に一定の事実上の影響を与える可能性があります。

そこで，当該不認定を行政処分ととらえて，行政事件訴訟法（以下「行訴法」）等によって取消訴訟等を提起することが可能か（訴訟要件を満たすか）が問題になるところ，この問題は，除外事由の有無の判断が行訴法3条の「公権力の行使」に該当するか，すなわち処分性を有するかの問題になると考えられます。この点に関しては，労基法20条に関する裁判例ではありますが，処分性を認めた裁判例と，否定した裁判例があります。*

* 処分性に関する裁判例

［処分性肯定例］

群馬中央バス事件＝前橋地判昭43.12.24行集19-12-1966

京都厚札自動車事件＝京都地判昭47.4.1労判151-33

天王寺労基署長〔日東宝飾〕事件＝大阪地判昭57.12.20労判401-23

[処分性否定例]

　神戸東労基署長事件＝神戸地判昭51.9.28行集27-10-1635

　上野労基署長〔出雲商会〕事件＝東京地判平14.1.31労判825-88

　取消訴訟を提起するか否かは，基本的には，当該解雇が訴訟になった場合のリスクの大きさと，行政訴訟を行うことの負担等を考慮して決定すべきものと思われます。

　筆者が受任した事件では，鹿児島の労基署長が不認定をした際に，当該不認定を行政処分であると構成して取消訴訟を提起したことがありますが，処分性を有しないとして却下されています。

　しかしながら，行訴法3条の解釈として，不認定がされた場合には，その後の解雇の有効性を争う訴訟に事実上大きな影響力がありますので，その点から法的効果が発生すると構成して処分性を有すると解釈すべきと考えます。

イ　解雇以外への適用ないし類推適用

　労基法19条の適用対象は，使用者の一方的意思表示である「解雇」であり，普通解雇のみならず懲戒解雇も含みます（三栄化工機事件＝横浜地川崎支判昭51.7.19労判259-34参照）。

　他方で，同条違反の場合には労基法119条の刑罰が科されることとなり，刑事事件においては罪刑法定主義の観点から法律の類推解釈は禁止されていますので，定年や当然退職等の解雇以外の場合に同条の類推適用はないと考えるべきです。[1][2]

＊1　労基法19条を適用・類推適用した裁判例

　休職期間満了後の当然退職に関して，労基法19条を類推適用した裁判例として，アイフル〔旧ライフ〕事件＝大阪高判平24.12.13労判1072-55，適用した裁判例として社会福祉法人県民厚生会ほか事件＝静岡地判平26.7.9労判1105-57があります。しかし，法令の解釈を誤っているといわざるをえません。

＊2　治癒後の職場復帰不能を理由とする解雇

　業務災害の場合の解雇制限をもたらす「療養」とは，労基法および労災保険法上の療養補償・休業補償の対象となる「療養」と同義であり，治癒（症状固定）後の通院等は含まれないとされています。すなわち，業務上の障害・疾病が治癒した後に，職場復帰不能

を理由として解雇することについては，同条は適用されません（菅野和夫『労働法（第11版）』731頁，光洋運輸事件＝名古屋地判平元.7.28労判567-64，名古屋埠頭事件＝名古屋地判平2.4.27労判576-62，大阪築港運輸事件＝大阪地決平2.8.31労判570-52）。

ウ　労基法19条違反の効果

㈦　刑事上の効果

労基法19条に違反した場合，6カ月以下の懲役または30万円以下の罰金に処せられます（労基法119条。ただし，認定事由は存するものの，労基署長の認定を受けなかったという場合には，送検手続は行われないのが実務です）。

㈦　民事上の効果

同条違反の解雇は原則として無効と解されます。

しかし，その後法定の要件を満たした場合には有効になると考えられます。たとえば，労基法81条の打切補償を未払いのまま解雇したときその解雇は無効ですが，その後現実に打切補償が支払われればその時から解雇は有効になると解されます。

また，除外認定を受けずに天災等を理由として解雇した場合については，認定事由に該当する事実がない場合は解雇無効と解されます。他方で，認定事由に該当する事実がある場合には解雇は有効になると解されます（昭63.3.14基発150号・婦発47号）。

エ　解雇制限期間内の解雇予告

解雇制限の期間内に解雇予告をすることができるかについては，争いがあります。

裁判例（東洋特殊土木事件＝水戸地龍ヶ崎支判昭55.1.18労民集31-1-14）は，「労働基準法19条の定めは，その定めの期間中における解雇の予告を禁ずる趣旨でなく，同期間中の解雇そのものを禁ずる趣旨であると解せられる」として，解雇予告までを禁止する趣旨ではないとしています。

菅野和夫教授も，「『解雇』と『解雇予告』は労基法上明確に使い分けられている」ことを理由に，上記裁判例の立場を支持しています（菅野和夫『労働法（第11版）』732頁）。

オ　解雇制限が解除されたらすぐに解雇してよいのか

打切補償を支払った場合や，傷病が治癒（症状固定）して療養のための休業が終了して30日経過した場合は，労基法上の解雇制限は解除されます。しかし，その場合でも，私傷病による休職期間満了時の復職判断と同様，当該労働者が従前の職務を遂行できる状態に回復していないことを理由に，すぐに解雇してよいのかについては問題が残ります。この点については，第11節で説明するように，復職のための支援が使用者に求められることになります。

なお，業務災害による精神疾患の場合には，厚生労働省が発表している「心の健康問題により休業した労働者の職場復帰支援の手引き」（平成21年3月改訂）に沿った形での復職の支援手続が求められると考えられます。

(2)　解雇の予告（労基法20条）

労基法は，使用者が労働者を解雇しようとする場合においては，30日前の予告または30日分以上の平均賃金の支払いを要求しています（労基法20条1項本文）。かかる趣旨は，労働者が突然の解雇から被る生活の困窮を緩和し，再就職などの準備の時間的余裕を与えることにあります。

ア　即時解雇が可能な場合

天災事変その他やむをえない事由のために事業の継続が不可能となった場合，または労働者の責めに帰すべき事由に基づいて解雇する場合においては，労基署長の認定（除外認定）を受けることによって，即時解雇が可能となります（労基法20条1項但書）。

天災事変の解釈については，上記(1)アで述べたところと同一となります。

また，労働者の責めに帰すべき事由については，通達において，事業場内で

盗取・横領・傷害など刑法犯に該当する行為があった場合，賭博・風紀紊乱などにより職場規律を乱し他の労働者に悪影響を与えた場合，入社の際に採用条件の要素となるような経歴を詐称した場合，他の事業に転職した場合などがあげられており（昭23.11.11基発1637号，昭31.3.1基発111号），この点に関する裁判例には以下のようなものがあります。

【「責めに帰すべき事由」ありとされた裁判例】

	内　　　容
1	給排水設備の維持管理を業とする会社に，5年の経験があり，どのような仕事でもできる旨虚偽の申告をして採用されたが，十分な仕事ができなかった事案（環境サービス事件＝東京地判平6.3.30労判649-6）
2	保険代理店の営業員が，顧客の保険を無断解約し，解約金を着服したり，競業する保険代理店を代理人とする保険契約を締結した事案（タツミ保険サービス事件＝大阪地判平11.4.23労判767-87）
3	同僚に侮辱的な内容を大声で怒鳴り続けたうえ，暴行を加え傷害を負わせた事案（豊中市不動産事業協同組合事件＝大阪地判平19.8.30労判957-65）
4	配達先構内で車両接触事故を起こしたり，悪質運転について厳重注意を求める手紙が届き，配達先で不当な発言をして出入り禁止となり，速度違反でトラックを停止した警察官ともみ合いになるなど，職場秩序に少なくない影響を及ぼした事案（旭運輸事件＝大阪地判平20.8.28労判975-21）

　いずれも責めに帰すべき事由はありとしていますが，上記通達の何号に該当するかに関しては判示していません。

【「責めに帰すべき事由」なしとされた裁判例】

1	使用者である被告が，労働者である原告について，社長命令を無視し，取引先からの購入申出を再度にわたって独断で拒否し，被告に損害を与えたとして即時解雇したが，その立証がないとして労基法20条1項但書の適用が認められなかった事案（インターパシフィック事件＝大阪地判平8.9.6労判712-94）

　除外認定の申請に際しては，上記通達および裁判例を参考にしながら，除外事由があるか否か，総合的かつ実質的に判断することが望ましいといえます。[*]

＊　就業規則の懲戒解雇事由との関係

　　　ここで留意しなくてはならないのは，就業規則に記載された懲戒解雇事由と，上記の「労働者の責めに帰すべき事由」が（重複する部分が多いとは思いますが）完全には一致しないことです。したがって，就業規則上の懲戒解雇事由には該当するが，「労働者の責めに帰すべき事由」には該当しないことも十分にあります。

　　　就業規則の規定によりますが，明らかに上記通達の例示に該当しない事由で懲戒解雇

第3章／正社員の普通解雇 ◀133

する場合には，除外認定を受けることができない可能性が高いため，即時解雇に固執せずに，予告手当を支払って解雇するのが望ましい場面もあると思われます。

なお，解雇の意思表示と除外認定の前後関係および不認定の場合の行政訴訟の可否については，上記(1)アで述べたところと同様です。

イ 解雇以外への適用ないし類推適用

上記(1)イで述べたのと同様，労基法20条は解雇に適用され，それ以外の場合には適用ないし類推適用されないと考えるべきです。

もっとも，有期契約労働者には，「有期労働契約の締結，更新，及び雇止めに関する基準」（平15.10.22厚労告357号，平24.10.26最終改正）が適用されるところ，同基準の第1条には，雇止めの予告として，「使用者は，期間の定めのある労働契約（当該契約を3回以上更新し，又は雇入れの日から起算して1年を超えて継続勤務している者に係るものに限り，あらかじめ当該契約を更新しない旨明示されているものを除く。略）を更新しないこととしようとする場合には，少なくとも当該契約の期間の満了する日の30日前までに，その予告をしなければならない。」と定められています。

したがって，雇止め法理が適用されるような場合については，雇止め予告をしたか否かが雇止めの有効性に影響を及ぼすことは避けられないと思われます。とくに実質無期タイプの有期労働契約（657頁参照）については，雇止めの有効性を考えると，上記告示に従って必ず予告すべきだと考えます。そして，実務においては，予告をしていなかった場合には，予告金を支払うことが望ましいと考えます（660頁参照）。

ウ 解雇予告手続が適用されない労働者

労基法21条は，この解雇予告手続が適用されない労働者を次のように定めています。

①	日々雇い入れられる者
②	２カ月以内の期間を定めて使用される者
③	季節的業務に４カ月以内の期間を定めて使用される者
④	試の使用期間中の者

　なお，①に該当する者が１カ月を超えて引き続き使用されるに至った場合，②もしくは③に該当する者が所定の期間を超えて使用されるに至った場合，または④に該当する者が14日を超えて引き続き使用されるに至った場合については，解雇予告手続が適用されます。

エ　予告手続

㈠　予告の期間

　解雇予告は，30日分以上の平均賃金を支払うとき，または即時解雇事由がある場合を除き，30日以上前に行う必要があります。解雇予告がなされた当日は期間に算入されず，その翌日より計算され（民法140条，日本炭業事件＝福岡地決昭29.12.28労民集5-6-661），期間の末日の終了をもって満了となります（民法141条）。

> ＊　民法627条と労基法20条の適用関係については，労基法20条が民法627条より優先的に適用されます（平安学園事件＝大阪高判昭33.9.10労民集9-5-816）。

㈡　予告の方法

　30日以上前の予告は，いつ解雇されるのか明確に認識できるように，解雇の日を特定してしなければなりません。

　予告は口頭で行っても有効ですが，解雇に関する争いが生じた場合に証明が困難となるので，実務上は書面の交付を行う必要があると考えます。

第3章／正社員の普通解雇　◀135

(ウ)　予告の取消し（撤回）

　解雇予告は，使用者から労働者に対する一方的な労働契約解除の意思表示で
あって，これを撤回することはできません（民法540条2項）。もっとも，労働
者が同意した場合は，解雇予告の意思表示を取り消すことができるとされていま
す*（昭25.9.21基収2824号，昭33.2.13基発90号）。

　＊　行政解釈等では解雇予告の意思表示の「取消し」とされていますが，法律上は撤回とい
　　う言葉を用いた方が正確です。

(エ)　解雇予告後の解雇日の変更

　上記(ウ)で述べたように，解雇予告は使用者から労働者に対する労働契約解除
の一方的な意思表示であるので，原則として，解雇日をくり上げることはでき
ません。

　もっとも，労働者が同意した場合には，1日についての平均賃金を支払うこ
とによって，解雇日をくり上げることも可能です。そして，くり上げた分の1
日の平均賃金を労働者が受領した場合には，同意があったものとして扱うこと
も可能と考えます。また，これとは逆に，30日分以上の平均賃金を支払い即時
解雇するとしながら，解雇予告に切り替える場合も，労働者の予告手当支給に
対する期待を侵害することになるので，労働者の同意がない限り許されないと
考えます。

　なお，解雇予告後に，労働者の責めに帰すべき事由が新たに発覚して即時解
雇をすることは，新たな意思表示として可能であり，解雇日の変更とは別問題
であると考えます。

(オ)　解雇予告期間中の労働関係

　解雇予告がされた場合でも，使用者と労働者との間の労働関係には影響がな
いので，労働者は労務を提供する義務を負い，使用者は賃金を支払う義務を負
います。

　したがって，通常どおり，労働者が自己都合で欠勤した場合には，完全月給

制でなければその分の賃金を減額することが可能です。

　他方で，会社都合で休業させた場合には，原則としては民法536条2項の危険負担の規定により，会社は賃金全額を支払う義務があります。ただし，同項は任意規定であるため合意により異なる定めをすることができますので，就業規則で同項の適用を排除する旨規定しておけば，労基法26条により，100分の60の休業手当を支払えば足ります（昭和24.12.27基収1224号）。

　また，解雇予告期間中に労働者が退職の意思表示を行った場合，労働者が申し出た退職日付が解雇予告期間を超えていれば解雇が優先することになります。

　他方で，労働者が申し出た退職日付が解雇予告期間内であれば，かかる退職の意思表示をもって退職となります。とくに，平成29年の民法改正により，いかなる給与体系であっても，労働者からの退職の意思表示は14日前に予告することにより効力を生じることになりましたので，解雇よりも退職が優先するケースが想定されます。

　このような場合，会社が退職でもよいのであれば問題になりませんが，解雇をしたいときは問題となります。とくに懲戒解雇をして退職金を没収するようなときは，会社が解雇にこだわることがあります。

　この場合，1日についての平均賃金を支払うことによって解雇日をくり上げて，労働者が申し出た退職日付よりも前に解雇をすることも考えられます。このようにすれば退職よりも解雇が優先することになります。しかし，前述したとおり，それには労働者の同意が必要となるところ，このようなケースでは労働者の同意は期待できません。

　したがって，解雇予告をすることには上記のようなリスクがあることを前提に，どうしても退職ではなく解雇をしたい場合には，解雇予告ではなく30日以上の平均賃金を支払って解雇した方がよいということになります。

　なお，労働者が他社で現実に勤務を開始した場合は，その現実の勤務をもって，労働者が退職の意思表示をしたと考えられます。

オ 解雇予告，除外認定と就業規則への規定

　解雇予告手続に関連し，労基法89条3号によって「退職に関する事項（解雇の事由を含む）」が必要的記載事項として求められている関係からか，この解雇予告手続を就業規則に定めている企業も見受けられます。

　しかし，その中には労基法で求められる以上の規定をしているものがあります。たとえば，除外認定を受けることが解雇の有効要件となっている規定，解雇予告が適用されない労働者（労基法21条参照）にも解雇予告が必要となっている規定などです。このような場合，使用者は本来，解雇予告手続が適用されない労働者にも同手続をしなければいけないといった議論に巻き込まれる可能性があります。

　したがって必要的記載事項との関係で議論はありますが，実務上は解雇予告手続について就業規則に規定することで，記載しない場合よりも解雇が無効となるリスクが高まりますので，特段就業規則に記載しないことが望ましいといえます。*

＊　関連裁判例
　① 就業規則の規定にかかわらず，解雇予告手当の支払義務がないとされた裁判例
　　グラバス事件＝東京地判平16.12.17労判889-52
　　　就業規則に除外認定を受けたときは解雇予告手当を支給しない旨定められていた会社で，除外認定を受けずに解雇予告手当なしで解雇された事案において，「前記就業規則の定めは，労基署長の除外認定を受けていないものの客観的に解雇予告の除外事由があると判断された場合においても，被告が解雇予告手当を支払うことを定めたと解するのは不合理であり，就業規則を定めた被告の合理的意思に反するというべきであるから，客観的に解雇予告の除外事由がある本件においては，就業規則の定めにかかわらず，被告が原告に対して解雇予告手当を支払う義務はないと解するのが相当である。」と判示されています。
　② 就業規則の規定により，除外認定なしの即時解雇を無効とした裁判例
　　フットワークエクスプレス事件＝大阪高判平7.10.25労民集46-5・6-1351
　　　就業規則に「懲戒解雇は原則として行政官庁の認定を受け，予告せず解雇し，退職金は不支給とする」と定められていた会社で，除外認定を受けずに即時解雇された事案において，「この就業規則にいう『行政官庁の認定』とは，労働基準法20条3項，19条2項の『行政官庁の認定』をいうものと解される。同法の行政庁の認定を受けるのは使用者の行

政上の義務であって、これを欠いているだけでは解雇は私法上無効とはならない。しかしながら、本件のように就業規則でこれが解雇の前提として定められた場合は同様に解することはできない。労働基準法の右条項は使用者と国との関係を規制するものであるが、就業規則は使用者と労働者との私法関係を規制するのが本来の目的であるから、就業規則の定め、本件では解雇に先立ち行政官庁の認定を受けるべきことも、使用者（被控訴人）と労働者（控訴人）との私法関係を定めたものと解すべきであって、この認定を欠いた解雇は無効とするのが相当である。」と判示しています。

すでに規定している場合にこれを変更する場合には、労働条件の不利益変更となる可能性が高く、労契法10条の要件を満たす必要があります。

もっとも、①除外認定に関して変更される事項は、賃金等の重要な労働条件とはいえないこと、②実務的な取扱いに合わせる必要性があるので、変更の必要性が肯定できること、③当該就業規則作成当時に、使用者側はこの点を意識していなかった可能性が高いところ、一方で労働者側もこの点について期待していなかった可能性が高いことを考慮すると、変更手続に多数の労働者が賛成していれば、労契法10条の要件を満たすと考えてよいといえます。ただし、具体的な事案が発生している場合には、当該事案についてのみ従来の就業規則に従えばよいと思います。

カ　解雇予告手当

㈦　解雇予告手当の性質

解雇予告手当の性質については、労働者が使用者に対して有する債権であるかについて、争いがあります。後述する相対的無効説の立場では、解雇予告手当は解雇通告後に労働者が取得する債権としての性格を有するものではなく、使用者が即時解雇をするための要件として、法律が定めた手当としての性格を有すると解されることになります。

したがって、除外事由がないにもかかわらず、解雇予告手当を支払わずに即時解雇した場合、使用者が即時解雇に固執すると、解雇は無効となり、労働者に解雇予告手当を請求する権利が発生する余地はなくなります。他方で、使用者が即時解雇に固執しない場合には、民事的には30日経過後、または所定の解

雇予告手当を支払った時点で解雇に基づく効力が生ずると解されるので，これ
とは別に労働者に解雇予告手当の請求権が生ずる余地はないことになります[*1][*2]。

＊1　労働者が予告手当の受領を拒否した場合

　　　予告手当の支払いが解雇の効力発生要件と解されることから，解雇に反対する労働者
　　がその受領を拒否した場合，どのように対処すべきか問題となります。

　　　解雇予告手当も一般の債務の弁済と実質的には同じ性質のものといえるので，その支
　　払いについても，一般債務における弁済の提供に準じて考えることになります。したが
　　って，原則としては，現実の提供がなされれば，支払いがあったのと同様の効果が生ずる
　　ものと考えられます。

　　　解釈例規（昭63.3.14基発150号）では以下のようなことが必要であるとされています。

　① 郵送等の手段により労働者あてに発送を行い，この予告手当が労働者の生活の本拠
　　地に到達したとき。なお，この場合，直接労働者本人が受領するか否か，また労働者が
　　在宅しているか否かには関係がない。

　② 労働者に解雇予告手当を支払う旨通知した場合については，その支払日を指定し，
　　その日に本人不参のときはその指定日，また支払日を指定しないで本人不参のときは
　　労働者の通常出頭しうる日。

　　　裁判例（大林組事件＝東京地決昭25.4.11判タ2-53，日本曽達事件＝新潟地高田支判
　　昭25.8.10労民集1-5-835）も口頭の提供で足りるとしています。

＊2　解雇予告手当の概算払い

　　　解雇予告手当について，現実の提供を要すると解する場合，平均賃金の算定が複雑で
　　あることから，大量解雇時において正確な予告手当を解雇通告と同時に支払うことが困
　　難な場合が考えられます。この場合，「30日分の概算額が即時解雇を通告する以前，又は
　　これと同時に現実に提供せられ，且つ概算額が精算額より不足するときに残余の不足額
　　がその後速やかに提供される場合には，その即時解雇は有効として取扱われたい」（昭24.
　　7.2基収2089号）として，予告手当の概算払いとそれに不足がある場合の追加払いを認
　　めた解釈例規があります。

㈣　解雇予告手当の支払い時期

　後述する相対的無効説の立場からは，解雇予告手当は，即時解雇をするため
に法律が定めた手当と考えるため，解雇と同時に支払うべきとされています
（昭23.3.17基発464号）。もっとも，労基法20条2項に基づいて解雇予告手当の
一部を支払う場合には，現実の支払いは，解雇の日までに行えば足りると考え
られます。

キ　労基法20条違反の効果

㈠　刑事上の効果

労基法20条に違反した場合，6カ月以下の懲役または30万円以下の罰金に処されます（労基法119条。ただし，即時解雇事由は存するものの，労基署長の認定を受けなかった場合には，送検手続は行われないのが実務です）。

㈡　民事上の効果

最高裁は，予告期間を置かず，予告手当の支払いもしないで労働者に解雇の言渡しをした場合には，使用者が即時解雇に固執する趣旨でない限り，通知後30日間が経過するか，解雇予告手当の支払いをした時のいずれか早い時から解雇の効力が生じるとしています（相対的無効説。細矢服装事件＝最判昭和35.3.11民集14-3-403）。かかる見解は，行政解釈（昭24.5.13基収1483号）がもととなっており，近時の裁判例もこの考え方にならっているものがあります（トライコー事件＝東京地判平26.1.30労判1097-75）。

即時解雇に固執する場合については，原則として解雇無効となりますが，客観的に除外事由があるときは，解雇有効となりえます（上野労基署長〔出雲商会〕事件＝東京地判平14.1.31労判825-88）。

⑶　労働協約に解雇に係る協議規定がある場合の労働組合との協議

労働協約において，「組合員を解雇する場合には労働組合と協議する」もしくは「同意を得る」といった規定のある会社も見受けられます。

このような規定がある場合には，労働協約の適用のある組合員の解雇については，労働組合と誠意をもって協議し，もしくは労働組合の同意をとらなければなりません。この協議手続の不備ないし同意の欠缺は，解雇無効の原因となります。なお，同意については，通常ならば同意が得られるほど誠意を尽くして協議したにもかかわらず相手方（労働組合）が同意しない場合，事情によっては同意権の濫用として同意があったものとして取り扱われ，解雇が有効とな

る場合もあります。*

＊ 関連裁判例

ア 磯貝鉄工事件＝最判昭29.1.21民集8-1-123

　労働協約に，「組合は経営権が会社にあることを確認する。但し会社は経営の方針，人事の基準，組織及び職制の変更，資産の処分等経営の基本に関する事項については再建協議会その他の方法により，組合又は連合会と協議決定する。前項の人事とは従業員の採用，解雇，異動，休職，任免及びこれ等に関連する事項をいう。」と規定されていた事案において，最高裁は，「上告人会社が極度の経営不振に陥り企業倒壊の寸前にまで追い込まれたため，企業再建の方策として人員整理を含む新たな経営方針を樹立し，右協約条項に基ずき（原文ママ）組合側と協議を重ねたのであるが，右人員整理を内容とする企業再建方策が当時の情勢下においては被上告人会社としてやむを得ない措置であり，且早急にこれを実施する必要に迫られていると認められるにも拘わらず，上告人等の所属する組合にあつてはあくまで人員整理の方針に反対し，この方針を改めなければ協議に応じない態度を固執したため被上告人会社としてはやむを得ずそれ以上の協議を断念して人員の整理を断行したものであるというのである。そして原審は，かかる事情の下において，会社が一方的に人員整理基準を定めてこれに基ずいて（原文ママ），人員の整理を実施したからとてこれを目して前示協定に違反するものとはいい得ないと判示した」原審の判断を維持しました。

イ 洋書センター事件＝東京高判昭61.5.29労判489-89

　組合員である原告らが会社の社長を長時間にわたり軟禁し，暴行を加え傷害を負わせたことなどによって解雇された事案において，組合の意思決定は主として原告らによって行われていること，組合の利害と原告らの利害とは密接不可分であり，共謀による社長に対しての長時間に及ぶ軟禁，暴行傷害を実行した当の本人であること，その後組合闘争として旧社屋の不法占拠などを行っていることからすると，会社と組合および原告らとの間には，「本件解雇に際し，本件事前協議約款に基づく協議を行うべき信頼関係は全く欠如しており，『労働者の責に帰すべき事由』に基づく本件解雇については，組合及び当人の同意を得ることは勿論，その協議をすること自体，到底期待し難い状況にあった」として，かかる特別の事情のもとにおいては，「会社が本件事前協議約款に定められた手続を履践することなく，かつ，組合及び当人の同意を得ずに…即時解雇したからといって，それにより本件解雇を無効とすることはできない」としました。

　労働組合との力関係もあり，仕方ない場合もあると思われますが，解雇について，労働組合との協議・同意約款や労働者の同意条項などは，決して締結するべきではないと考えます。

　このように，解雇について経営の柔軟性維持のため，外部の規制を受けるべきではありませんが，使用者は決して解雇権を濫用しないように肝に銘じるべ

きです。すなわち，使用者自ら内的規制を課し，解雇については本節で述べた「普通解雇する際のチェックポイント」を十分に検討すべきと考えます。

第3章／正社員の普通解雇 ◀143

第5節　新卒一括採用者を能力不足を理由に解雇できるか

1　労働契約がどのような内容なのかがポイント

　業務上の遂行能力がないこと（能力不足）を理由とする普通解雇の問題は，当該労働契約上，その能力不足が債務不履行といえるかどうか，契約を継続できないほどの事由に該当するのかという問題です。

　どのような労働契約でも，ある程度の能力（社会人として最低限のマナー，最近ではパソコンでレポートを作成する能力など）を持っていることが契約内容になっていることは明らかです。しかし，特定の業務を遂行するための具体的能力（システム構築，経理，法務のノウハウなど）を持っていることが契約内容になっているかどうかは，慎重に検討しなければなりません。すなわち，労働契約の内容を特定しなければならないということです。

2　新卒一括採用されたゼネラリストを能力不足で解雇するのは困難

　基本的に解雇権濫用法理が適用されると考えられている新卒一括採用されたゼネラリスト，つまり大企業が昭和30〜40年代後半に基本的パターンとしていた方法で採用される正社員は，在学中に内定という形で企業と労働契約を締結します。このとき企業は，出身校（学歴）や学校での成績で学生の能力を推察して採用を決定します。

　しかし，どのような部署に配属されるのか，どのような業務を行うのかということは決められませんし，特定の業務に対してどの程度の遂行能力があるかという具体的な特定もされません。つまり，特定の業務を遂行することのできる能力がどこまであるかは，労働契約の内容に具体的には含まれていないと考えられます。

新卒一括採用のゼネラリストと能力不足

ゼネラリスト 労働契約を締結して会社に入社してくるだけ

- 出身校や学校の成績から能力を推察
- 採用段階では，配属先も業務内容も決められていない

具体的な職務遂行能力が労働契約の内容として特定されているわけではない

単なる能力不足を理由に解雇することは難しい！

　新卒一括採用される正社員は，「就職」というよりも，「入社」という言葉に代表されるように，労働契約を締結して会社に入社してくるだけといってよいといえます。入社後に，社員教育と人事異動を通して具体的な職務遂行能力を身につけていくことになります。

　また多くの企業が，年功序列型賃金制度から職能資格制度に基づく職能等級に応じて賃金を支払うという人事制度を採用してきました（最近では，業務成績を賃金に反映させる成果主義的な賃金制度を採用する企業も増えています）。このような制度のもとでは，本人が保有している職務遂行能力を評価しながら賃金を決めていくということになります。つまり，今日の雇用社会では，日常の職務遂行に必要な能力は，基本的には賃金処遇の対象であって，普通解雇事由ではないと考えるべきです。

　前述した裁判例（エース損害保険事件＝東京地決平13．8．10労判820-74判例・裁判例⑨）も，新卒ないし第二新卒で入社し，長年勤務してきた高年齢者に対する解雇の社会的相当性を判断する基準として，「長期雇用システム下で定年まで勤務を続けていくことを前提として長期にわたり勤続してきた正規従業員を勤務成績・勤務態度の不良を理由として解雇する場合は，労働者に不利

益が大きいこと，それまで長期間勤務を継続してきたという実績に照らして，それが単なる成績不良ではなく，企業経営や運営に現に支障・損害を生じ又は重大な損害を生じる恐れがあり，企業から排除しなければならない程度に至っていることを要し，かつ，その他，是正のため注意し反省を促したにもかかわらず，改善されないなど今後の改善の見込みもないこと，使用者の不当な人事により労働者の反発を招いたなどの労働者に宥恕すべき事情がないこと，配転や降格ができない企業事情があることなども考慮して濫用の有無を判断すべきである」とし，能力不足での解雇を限定的に判断しています。

　また，新卒一括採用した従業員について，その試用期間中または入社後数年間という早い段階で，その従業員の能力不足により普通解雇をする場合は，教育・指導により改善する可能性が十分に認められる余地があると考えられるため，裁判例においても厳しく規制されています。

　この裁判所の考え方は，比較的大きな企業に新卒一括採用されたゼネラリストに限定すれば，正しい考え方だと思います。このように新卒一括採用されたゼネラリストを単なる能力不足で解雇するのは困難と考えておくべきです。[*]

　　＊　関連裁判例
　　　① **解雇を有効とした裁判例**
　　　日本基礎技術事件＝大阪地判平23.4.7労判1045-10，大阪高判平24.2.10労判1045-5［上告・上告受理申立て］
　　　　新卒者について，技術社員としての適格性を有しないことを理由として試用期間中に解雇した事案において，解雇は有効であるという異例な判断がなされました。
　　　　同事案では，単なる能力不足というより，当該労働者の問題行動が「原告ないし原告の周りにいる者に対して身体や生命に対する危険を有する行為であって看過することができない行為」であったことが重視されたものと思われます。
　　　② **解雇を無効とした裁判例**
　　　ア　東京地判平23.12.26判例集未掲載［控訴審にて和解成立］
　　　　新卒者について，営業成績不良等を理由として解雇した事案において，会社の姿勢が悪かったことも判断の１要素としたうえで，解雇は無効であると判示されました。
　　　イ　**国〔在日米軍司令部・解雇〕事件**＝東京地判平18.6.30労判936-57，東京高判平18.12.21労判936-39
　　　　新卒で被告国に雇用され，アメリカ合衆国軍隊のわが国における駐留軍のもとで労務（当初はクラークタイピスト職，昇格後は報道編集専門職）に従事していた原告が解雇さ

れたことから，当該解雇の無効を主張した事案において（労務管理については日米両国政府が分担して行ういわゆる日米共同管理方式を採用），第一審は，救済援助プログラムを実施したにもかかわらず，原告がこれに従わず，職務遂行能力に関する業務の改善や職に対する前向きな意欲を示さず，また発揮しようとしなかったこと，日米間労務提供契約に従って配転を模索しても原告が職位に対する応募の意思を示さなかったことから解雇事由があるとしました。解雇の手続についても，日米間の労務提供契約の不適格解雇手続に則って行われており，使用者ないし雇用主において解雇回避努力をすることなく，または努力が不十分なままに本件解雇がなされたものとはいえないとして解雇を有効としました。

　これに対して，控訴審は，報道編集専門職の仕事の概要に照らすと，日米労務提供契約の「最小限度の職務上の要求を満たさないため不適格であると認められる場合」に該当し，そして，救済援助プログラムを実行した後も原告の問題点は改善されていないから，「なおその者が十分に職務を遂行できない場合」に該当するものと認めることができるとして，解雇事由に該当することは肯定しました。

　しかし，日米労務提供契約の定める予備措置は，「解雇が従業員に与える影響の大きいことを配慮し，当該職務については不適格者であっても，他の職務についてまで不適格者とはいえないことから，米国政府側（在日米軍司令部）において，その者に適する職務を提供できるか否かを確認し，これを提供できる場合で，当該従業員がその職務への配置転換に同意するのであれば，在日米軍司令部でその配置転換を実行することで，解雇を回避しようとした手続ということができる。そうすると，米国政府側ですべき相応職務確認措置は，当該従業員が同意すれば配置転換を実行できるような職務を同従業員に提供できるか否かを確認すること，これを提供できる場合にはその情報を同従業員に提供することを意味するものと解するのが相当である。」として次のように判示しました。

　東京防衛施設局総務部労務対策官が原告に提供した情報は，「インターネットで確認できるような一般的な求人情報にすぎず」，在日米軍が原告の「配置転換先として受入れを検討した職位の情報ではない」とし，「しかも，そこで提供された求人情報の多くは，募集締切日が経過したものや差し迫っていて応募が間に合わないものであったり」，従前の原告の等級より高いものであるなど，原告が応募することが困難な職務についての情報であって，実際の配転先の候補になりうるものは，わずかなものにすぎなかったことなどに照らすと，在日米軍司令部や国において，原告が同意すれば配転を実行できるような職務を原告に提供できるか否かを確認する措置をとったとは到底認められないとして，解雇を無効としました。

3 職種が限定されているスペシャリストの場合

　職種を特定して労働契約を締結するスペシャリストの契約形態は，新卒採用の場合にもみられます。市場がグローバル化し，企業が絶え間ないイノベーションを求められていることからも，即戦力となるスペシャリストの採用は今後も増えてくると思います。

　技術開発能力などの専門能力を要求される職種に特定して契約すれば，新卒者の場合でも，新卒一括採用されたゼネラリストとは違った解雇権濫用法理の考え方が成り立つと考えられます。つまり，雇用実態に応じて，能力不足が労働契約の債務不履行といえるかどうかも変わってくると考えられるのです。使用者は，スペシャリストとして近い将来に特定の能力を持ち，その能力を発揮してくれることを期待して新卒者を採用するのですから，ゼネラリストにおける場合よりも，債務不履行が認められやすくなると考えてよいと思います。

　これまでは，スペシャリストとして新卒一括採用で入社させた場合，能力不足が判明しても，雇用保障という意味で，配転を提示することが求められると考えてきました。この基本的な考え方を前提にしながらも，今後は，労働契約の締結時に「職種変更はしない。労働契約で特定された職務遂行能力がなければ，労働契約を解消する」ということが明示されるようになれば，新卒者といえども能力不足を理由に労働契約を解消することができるのではないかと考えます。

　ただし，新卒一括採用のスペシャリストやそれに準じる中途採用の若年者の場合には，その職務経験がない，もしくは未熟であるという点を考慮して，一定期間（少なくとも2年前後は必要と考えます）の十分な教育を実施したかどうか，会社として支援体制を確立しており，かつ現実に支援していたかどうかなどの事情が解雇の有効性を考える際のポイントになると考えます（プラウドフットジャパン事件＝東京地判平12.4.26労判789-21判例・裁判例⑩参照）。

　なお，実務の取扱いでは，特定業務に対する能力不足が明らかであれば，退

職するか,異動(会社の指定する部署)するかを提案し,雇用確保の努力をする方が無難だと考えます。労働者が,その選択肢をどちらも拒否した場合には,普通解雇することになります。*

* プラウドフッドジャパン事件(判例・裁判例⑩)でも,会社が,労働者に対し,労働契約において特定された職種とは別の職務を提供して雇用継続の提案をしていることも参考になります。

4 一般事務職の場合

一般事務職の新卒一括採用の場合には,労働契約の内容と能力の関係について,ゼネラリストよりさらにその関連性が薄いといえ,能力不足を理由とする解雇は非常に難しいといえます。

第3章／正社員の普通解雇 ◀149

判例・裁判例⑩　プラウドフットジャパン事件／東京地判平12.4.26／労判789-21

【事案概要】Xは，コンサルティング・サービスなどを業とする外資系企業Yに，平成7年4月，インスタレーション・スペシャリスト（IS）として中途採用された（年俸770万円）。ISの主要業務は，顧客企業に対するインスタレーション（顧客企業の役員及び管理職に対して適切な質問を行うことなどを通して自ら問題意識と解決への意欲を生じさせ，共同して問題の解決策を作成実行していくこと）である。Xは，採用から1年半にわたりプロジェクトに従事したがISとして求められている能力や適格性がなく，就業規則上の「従業員がその職務遂行に不適当と判断されたとき」「従業員がその職務遂行に不十分又は無能と判断されたとき」との解雇事由に該当するものとして，平成9年3月，解雇された。これに対し，Xは労働契約上の地位確認等を求めて提訴した。

【判決要旨】Yの就業規則上の解雇事由について，「YがISとして雇用した社員に対しどのような能力や適格性を求めているかについては，Yが社員との間で締結した雇用契約の内容によって決まるものと解される。ISには経営コンサルタントとしての資質のみならず，インストーラーとしての資質が求められているのであり…，ISが担当する業務の内容…からすれば，Yにおいては社員がISとして求められている能力や適格性が平均を超えているか，又は少なくとも平均には達していることが求められているものというべきである。しかし，…Yが新聞紙上に掲載している社員の募集広告には…経験不問という記載もあることが認められるのであって，このことに，Yにおいてはオフ・ザ・ジョブ・トレーニングが完備されていること…も併せ考えれば，YにおいてはISとして採用された社員が…経験を重ねることによりISとしての能力や適格性を高めていくことが予定されているものと認められ，…そうであるとすると，YがISとして雇用した社員がYに入社するまでに経営コンサルタントとして稼動した経験がない場合には，…一定の期間ISとして稼動し，その間にISとして求められている能力や適格性が少なくとも平均に達することが求められているものというべきである。

　そうすると，Yに入社するまでに経営コンサルタントとして稼動した経験がない社員が一定期間ISとして稼動したにもかかわらず，ISとして求められている能力や適格性がいまだ平均を超えていないと判断される場合には，その社員はその能力や適格性の程度に応じて「その職務遂行に不適当」又は「その職務遂行に不十分又は無能」に当たると解される。」

　裁判所は，以上を前提にXの能力及び適格性について検討し，入社以来1年半の大半の期間中，XのISとしての能力や適格性が平均に達していなかったこと，自己の能力や適格性に対するXの発言及び認識から，今後もXに能力を高める機会を与えても，Xの能力や適格性が平均に達することを期待するのは極めて困難であることなどから，解雇事由に該当するとした。さらに，Yが，XにISとは別の職務を提供して雇用継続の提案をし，約3カ月にわたり交渉を続けるも妥協点を見出せず，交渉中断から約2カ月後に解雇した事情等を考慮し，権利の濫用として無効であるということはできないとした。

第6節　中途採用者を能力不足を理由に解雇できるか

1　地位の特定された中途採用者を能力不足で解雇できるか

(1)　地位特定者とは

　地位特定者とは，一般の従業員とは異なり，「人事部長」などの職務上の地位（役職を意味する）を特定して，その職務上の地位に応じた能力等を期待されて，企業に中途採用される者をいいます。たとえば，大企業の営業課長などを務め，その能力を買われて中小零細企業に「営業部長」などの地位を特定して採用されるケースです。

　地位特定者は，労働契約で地位が特定されていますから，特定された営業部長や人事部長という地位について，その職務を遂行する具体的能力と適格性があることが労働契約の内容になります。

　仮に，労働契約の締結時に10億円を売り上げることを前提に，営業部長という地位を特定して採用され，実際には6億円程度しか売り上げることができなかったとします。この場合，特別な経済環境の変化などがあれば別ですが，通常の状態で6～7割程度しか売り上げられなければ，当初の契約内容を履行できておらず，いわゆる債務不履行の状態です。その結果，会社は営業部長としての能力がないことを理由に，労働契約の解消を検討することになると思います。

　なお，地位特定者をイメージしやすくするために，筆者は以下のような事例をあげて説明することがあります。

　まず，大企業の管理職が中小企業に転職する事例を紹介します。大企業の新卒一括採用で管理職の地位に昇りつめた者は，その年収が800万円から1,000万円であることが一般的です。そのような者に対しては，部長職ないし本部長職，年収1,200万円から1,400万円という条件でヘッドハンティングがなされることがあります。この条件に心を動かされ，転職する人はいます。しかし，もし転

職をするのであれば，移籍金として１億円をもらうべきだと筆者は説明しています。なぜなら，地位特定者として転職した場合，能力不足を理由に契約を解消され，その後の生活保障がなくなるというリスクを負うからです。つまり，転職を選択することによって，極端にいえば１億円に匹敵する価値の雇用保障を失うのです。

　次に，中小企業の社長が経験豊かな有能な人材を登用しようとする事例を紹介します。中小企業の社長がこのような人材を求める場合，取引先の大企業などにおいて，能力が高く，経験を持った人材を登用しようとすることが多くあります。しかし，その人材は，大企業の純粋なマネージャーであり，中小企業におけるプレイングマネージャーとしても同様の能力を発揮できるとは限らず，また，企業名というブランドがなくても常に実力を発揮できるとも限りません。社長が求めるとおりの人材であることは，３人に１人，４人に１人程度かもしれません。多くの場合，社長の方針と対立したり，期待した能力を発揮できず期待外れに終わったりします。こうしたリスクに備えるには，雇用契約において地位を特定し，その地位に見合った厚遇をしておくことが重要です。地位特定者であれば，約束した能力がなければ，能力不足を理由に契約解消を検討する余地があります。約束した能力があれば，退職されないようにより要職につけ，役員に登用し，株式を保有させることも検討すべきです。

　地位特定者については，このように考えてみると，イメージしやすいと思います。

⑵　地位特定者と新卒一括採用されたゼネラリストとの違い

　大学卒業後，新卒一括採用された従業員が，入社してすぐに営業部に配属され，営業一筋で係長，課長，次長，部長というように昇進してきたとします。そして，この営業部長に対して，会社は「今年の売上げは10億円」という目標を設定しました。そして，結果として６億円しか売り上げられなかった場合，会社は能力不足を理由に営業部長を解雇することができるのかといえば，当然のことながらできません。判例・裁判例⑨のように，営業次長に降格するか，部

地位特定者の能力不足・適格性欠如は決定的な解雇事由

地位特定者の場合	新卒一括採用されたゼネラリストの場合
「売上げ10億円」をあげることを前提に労働契約を締結する	売上目標として「売上げ10億円」
↓	↓
実際には6億円しか売り上げることができなかった	実際には6億円しか売り上げることができなかった
↓	↓
能力不足を理由に労働契約の解消を検討する	降格や配転などの人事措置を講じる必要がある

長職のまま業務部長などに配転するなどの人事措置を講じる必要があります。

一方，地位特定者の場合，「営業部長」などの地位を特定して採用されたわけですから，営業次長に降格したり，業務部長に配転して雇用を保障する必要もありません。後述する裁判例（フォード自動車〔日本〕事件＝東京高判昭59．3．30労判437-41）も，「あらためて（就業規則の規定に則り）異なる職位・職種への適格性を判定し，当該部署への配置転換等を命ずべき義務を負うものではない」と説示しています（持田製薬事件＝東京地決昭62．8．24労判503-32判例・裁判例⑪も同趣旨を説示しています）。これが，地位を特定して採用された中途採用者と新卒一括採用されたゼネラリストを解雇する際の決定的な違いです。

ちなみに，売上目標の8〜9割を達成した場合，たとえ地位特定者であっても，能力不足を理由に解雇することは難しいと考えます。その場合には，当該地位特定者が契約内容の達成に向けて努力していたか，まじめに取り組んでいたかなどの勤務態度も判断のポイントになると考えておいた方が無難といえます。

第3章／正社員の普通解雇 ◀153

判例・裁判例⑪　持田製薬事件／東京地決昭62.8.24／労判503-32

【事案概要】Yは，昭和50年代後半以降の医薬品業界における競争に打ち勝つため，マーケティング部を新設し，昭和60年5月，人材センターZの紹介によりXをマーケティング部長として中途採用した。しかし，Xの勤務状況はその責務に応えるものではなく，Yは昭和61年2月，「雇用を継続されることができないやむ得ない業務上の事情がある場合」との解雇事由にあたるものとして，Xを解雇した。これに対して，Xは賃金仮払い等の仮処分を求めて本件申立てに及んだ。

【決定要旨】「Xが採用された経緯によると，Xは，マーケティング部部長という職務上の地位を特定し，その地位に相応した能力を発揮することを期待されて，Yと雇用契約を締結したこと明らかであるが，Xが，人材の斡旋を業とするZの紹介によって採用されていること，及びその待遇に鑑みると，それは，単に，期待に止まるものではなく，契約の内容となっていたと解せられ，この見地から，…Xの勤務態度を検討すると，Xは，営業部門に実施させるためのマーケティング・プランを策定すること，そのなかでも，特に薬粧品の販売方法等に具体的な提言をすることを，期待されていたにも係わらず，執務開始後7カ月になっても，そのような提言を全く行っていないし，そのための努力をした形跡もないのは，マーケティング部を設立したYの期待に著しく反し，雇用契約の趣旨に従った履行をしていないといえるし，サラリーマン新党からの立候補を考えたことについても，当選すれば，職業政治家に転身することになるのであるから，Yにとっては，Xが，途中で職務を放擲することにほかならないのであり，その影響するところは，一社員が市民として，政治に関心をもって，行動したという範疇に止っていないこと明らかで，これによって，Yが，Xの職務遂行の意思について，疑念を抱いたとしても，Xは，甘受すべきである。」とした上，「Xの先に述べた執務態度は，期待したマーケティング部の責任者として，雇用の継続をYに強いることができない「業務上の事情がある場合」に該当すると解するのが相当であるから，Xには，就業規則第55条第5号による解雇事由が存したというべきである。

（なお，念のため付言すると，Xは，マーケティング部の責任者に就任することで，雇用されたのであるから，解雇するに際し，Yは，下位の職位に配置換えすれば，雇用の継続が可能であるかどうかまでも，検討しなければならないものではない。）」とし，Yの解雇を有効とした。

なお，抗告審（東京高決昭63.2.22労判517-63）も原審とほぼ同様に判断している。

154▶ 第1編／労働契約の解消

(3) 地位特定者は能力不足や適格性の欠如が決定的な解雇事由になる

　地位特定者については，次のような裁判例（フォード自動車〔日本〕事件＝東京高判昭59.3.30労判437-41）を参考として解雇問題を考える必要があります。

　外資系の大企業が，組織上，社長に次ぐ最上級管理職4名のうちの1名である人事本部長として，原告を中途採用しました。入社後，会社は原告に人員整理の際の余剰人員を選定することを目的の1つとして，従業員との面接を行うよう命じました。しかし，原告は同業務命令に従わず，ごく少数の従業員との面接を行ったのみでいたところ，人事本部長としての適格性を欠くことなどを理由に解雇がなされました。

　結局は裁判となり，原告は「採用した時点で，会社はすでに人員過剰の状態にあり，その過剰人員の整理の業務は採用後の原告に与えられる重要な任務の1つと予定されていたにもかかわらず，採用面接などの過程で会社はそのような事情について説明していない。したがって，事情を説明しなかった会社に責められるべき事由があり，解雇は解雇権の濫用で無効である」と主張しました。

　しかし，裁判所は「人員整理問題は人事関係の最上級管理職である人事本部長に就職しようとする者としては当然に予想すべき事柄であり，この点に危惧があれば入社までに十分な期間が存したのであるから，自らの責任で調査確認のうえ就職の可否を決すべきであり，（人事本部長に）就職前には，同人に対し，積極的に，会社にとって最上級の機密事項に属する人員整理計画の存在について告知すべき義務があるとはいえない」などと説示して，原告の解雇権濫用の主張を退けます。つまり，聞くべき内容を聞かなかった原告に責められるべき事由があり，解雇は有効としたのです。

　この裁判所の判断は，地位特定者の立場を端的に表しているといえます。地位を特定して労働契約を締結するということは，労働者の保護を考えたこれまでの労働契約と違い，「対等当事者を前提とした民法に近い概念の契約を締結すること」と理解することができると思います。地位特定者であると認定され

ると，能力不足や適格性の欠如は，決定的な普通解雇事由になると考えます。*

＊　解雇無効とした裁判例

ア　クレディ・スイス証券〔休職命令〕事件＝東京地判平24.1.23労判1047-74［控訴棄却，上告棄却・不受理］

　　外資系の企業である被告に，ヴァイス・プレジデント（5段階中，上から3番目）として採用され，株式営業部において勤務していた原告が，3カ月間の休職命令を受け，さらにそれを3カ月延長されたうえで，営業成績の不良等を理由に，普通解雇された事案において，裁判所は解雇無効としています。

　　被告は大手の外資系企業であり，原告の年収は3,500万円を超えるものだったため，地位特定者の解雇として，営業成績不良を理由とする解雇の有効性が認められやすいかに思われます。

　　しかし，同事案では，被告が6月という年度の途中で原告を解雇していることが問題視されたものと思われます。すなわち，労働者の評価は本来1年間を通じて行うべきものであるところ，本件では，年度の途中で解雇をするに至っており，年度内の残期間で，原告が前半の成績不良を補うことができた可能性がないとはいえないということが考慮されたものといえます。

イ　芝ソフト事件＝東京地判平25.11.21労判1091-74［控訴審にて和解成立］

　　IT業務推進部長として中途採用された原告が，営業能力の欠如等を理由として解雇された事案において，解雇は無効であるとされました。

　　同事案の被告は中小零細企業であったため（従業員数は役員3名を含めて計16名），部長という肩書が特別のものではなかった可能性があります。

　　また，地位特定者とは通常年収1,000万円以上が想定されており，年収600万円以下の労働者に対して，地位特定者としての特別な責任を負わせることの妥当性には疑問があるところ，同事案の原告の賃金は月額40万円程度でした。

　　以上の被告の企業規模および原告の賃金額からは，原告を特別な能力がある地位特定者として解雇しやすいということはできなかったものと思われます。

　　また，同事案では，当初，原告の暴言行為等を理由とする懲戒解雇がなされましたが，労働審判手続において懲戒解雇が難しいことが明らかになったため，後から，営業能力の欠如等を理由とする普通解雇の主張がなされていました。

　　ある1つの行為について，懲戒解雇を主位的請求，普通解雇を予備的請求とすることはありえますが，懲戒解雇の有効性が否定されそうだからといって，後から別の解雇事由を持ち出してきて普通解雇を主張しても，裁判所に信用してもらうことはできません。

　　同事案は，訴訟進行方法にも問題があったといえます。

(4) 地位特定者の従業員適格性

地位特定者は，人事部長や法務部長など会社の要職に就いていることもあり，この場合は，業務遂行能力および業務成績とともに，法令や規則などの遵守が求められます。その観点からすれば，私利私欲に走ることは決してあってはならないことであり，公平無私に振る舞い，徹底して法令や規則などを遵守する意識を持ち，それを実践しなければならないのです。他の従業員の模範となるべき行動をとるよう要請されているともいえます。

ここで，地位特定者に従業員としての適格性が欠けている場合に，注意・指導を行い，改善の機会を与えるという是正手続が必要か否か，必要ならどの程度かという問題があります（前掲小野リース事件最高裁判決，105頁参照）。

(5) 地位特定者と労働契約を締結する際のチェックポイント

実務では，締結した労働契約が地位を特定したものなのか，それとも採用後にたまたまその地位に就けたのか，が重要なポイントとなります。前述の裁判例でも，地位を特定した労働契約かどうかが争われました。

したがって，地位を特定して採用する場合は，それを明らかにするために個別に雇用契約書を作成する必要があります。

また，他の従業員と違った能力を要求して採用することから，画一的な能力を前提とした従来の就業規則に基づいて集団的・統一的に処遇することは困難です。そこで，雇用契約書に「営業部長」や「人事部長」などの地位を特定して雇用するということに加えて，会社が望む職務内容を詳細に記載しておくべきです。出張の有無および回数，海外出張の可能性およびその頻度などの説明も必要です。また，たとえば全国展開する企業が本部長の地位に特定して雇用する場合，定期的に全国を回ることができる健康状態にあることが必要ですから，そのような健康状態にあることも記載します[*]。もちろん，最後に「その他，各項に準ずる事由」，「その他，各項の地位に基づく業務」（包括条項）を入れておく必要もあります。

第3章／正社員の普通解雇 ◀157

地位特定者と労働契約を締結する際のチェックポイント

① 個別に雇用契約書を作成する（正社員就業規則の適用除外とする）。

② 雇用契約書に「営業部長」や「人事部長」などの地位を特定して雇用するということを記載しておく。

（例：甲（会社）は乙（社員）を本契約書に定める条件により，「営業部長」として雇用する。）

③ 雇用契約書に会社が望む職務内容を記載しておく。

（例：乙は，○○の資格，これに伴う高度な専門的知識・技術および営業に○年以上従事した職務経験等を十分に活かし，次の各号に掲げる業務に従事するものとする。①，②，③その他前各号に準ずる業務）

④ 仕事の成果の数値・内容を明示しておく。

（例：乙は，以下に定める成果を達成することを目的として，業務に従事するものとする。①来年度末までに売上げ10億円）

* 採用前に健康診断を実施し，その結果次第では採用しないという運用も徹底させるべきです。

そして最も重要なことは，契約書に仕事の成果の数値・内容を明示しておくことです。その従業員の将来的な処遇は，最終的に約束した契約内容を達成したかどうかによって決まってくるからです。

このような契約書であれば，地位特定者として雇用したということが明確になります。地位特定者ということが明確になっていれば，約束した成果の数値・内容が達成できなかった場合，債務不履行＝能力不足を理由として，普通解雇事由に該当するといえることになります。

他方，個別の雇用契約書にこのような事項を入れていない場合には，職歴や学歴，採用の経緯から，雇用契約書に記載されていないものの，当該従業員に求められている契約内容を明らかにする必要があります。そして，仮に当該解雇が争いとなった場合には，これらの事情から，当該従業員との労働契約にはかかる契約内容が含まれていたと主張することになります。

そして，当該解雇が社会的に相当であるか否かについては，次の点を慎重に検討する必要があります。

① 当該地位特定者が能力を発揮する機会を与えたか（期間として1年間くらいをみる）。

② 地位特定者は成果を労働契約の内容としており，その達成に会社としていかに支援したか（使用者が足を引っ張る形では，成果を出せないことについて地位特定者の責めに帰すことができなくなる）。

③ 支援が行われているならば，会社を取り巻くマーケットの変化など地位特定者が労働契約の内容を達成できない外的要因がなかったか。

④ 他の従業員よりもはるかに重い責任を地位特定者に求める以上，「営業部長」や「人事部長」という地位にふさわしい賃金処遇や待遇をしているか（具体的な金額としては，年収1,075万円以上をイメージ）。

④の年収1,075万円とは，労基法14条1項により5年（当事者対等を前提とした民法で解除権が発生する期間と同じ年数）の有期労働契約を締結できる「高度の専門的知識を有する労働者」について，厚生労働大臣が定める基準の中で出てくるもので，1つの目安と考えることができます[*]。

* 年収1,075万円のもつ意味　専門的知識等を有する有期雇用労働者等に関する特別措置法（以下「有期特措法」）は，労契法18条（同一使用者との間で有期労働契約が更新されて通算5年を超える場合は，労働者の申込みにより，無期労働契約に転換されるという規定）の例外を規定しており，例外の対象者として，専門的知識等を有する有期雇用労働者をあげているところ（有期特措法2条3項1号），同例外に該当するためには，年収1,075万円以上であることが必要とされています（同法施行規則1条）。

また，労基法改正案において，新規に導入することが検討されている高度プロフェッショナル制度（高度の専門的知識等を要する業務に従事する労働者に関し，労働時間，休憩，休日，深夜割増賃金の規制を適用除外する制度）においても，同制度の適用を受けるために必要とされる年収額については，1,075万円以上となる可能性が高いことが確認されています。

以上より，年収1,075万円というのが，1つのターニングポイントとなる数字ということがいえます。

また，この年収1,075万円という基準は，契約内容の特定が明確でない場合に，その特定があったかどうかの事実認定の資料にもなると考えられます（企業の

規模や業績などによりこの金額は変動するものといえますが，少なくとも，その企業のプロパー社員であり，かつ同等地位の役職者よりも高額であることが必要であると筆者は考えています）。

以上の点に関し，①と②，④が満たされ，③の外的要因がなければ，普通解雇が有効と認められる可能性が高いと考えます。

(6) 地位特定者における注意点

地位特定者についての基本的な説明は以上のとおりですが，その他の論点も含め，実務上の注意点は次のとおりです。

ア　地位特定者は，会社の重要な役職に就任するわけですから，その業務遂行能力とともに，その業務遂行を強力に実施していく意思と健康が必要です。したがって，労働契約締結時には，健康診断の実施とともに過去の「病歴（精神疾患を含む）」を申告させ，その意思と健康が欠如していれば，当然に解雇理由となることを合意しておくべきです。[*]

* 626頁で述べるように，病歴は，個人情報保護法において要配慮個人情報として規定されています。したがって，使用者がこの点について質問をしても，これに答える必要はありません。仮に答えがなかった場合には，答えなかったということも含めて，使用者は採否を検討することになります。

イ　地位特定者は，前職においても重要な役職に就任していた場合も想定できますので，採用の際，前職の会社とのトラブルにならないように，競業避止義務や守秘義務，とくに「営業秘密」の持出しの有無にも注意する必要があります。この点については，専門能力者を中途採用する場合の注意点（163頁）を参照してください。

ウ　筆者が，地位特定者の業務遂行能力を判断するには約1年は必要と考えていることは，すでに述べたとおりです。この点に関し，地位特定者とする労働者に数カ月の試用期間を設定できるかが争われた事案があります（オープンタイドジャパン事件＝東京地判平14.8.9労判836-94）。

この事案は，原告である労働者（当時44歳）が，人材会社から被告である

会社を紹介され，採用面接を経て会社から事業開発部長として年俸1,300万円で採用する旨の採用決定の通知を受け，「試用期間中，本人の実務修習状況と，素質を勘案して会社が辞退を勧告した場合は，無条件，即時辞退すること」と記載された誓約書に署名押印して，就労を開始したというものです。この誓約書には，試用期間の存在を前提とした記載があったことから，判決は，「原告の事業開発部長としての業務能力を把握し，その適性を判断するための試用期間を定める合意が成立したものと認められ，この合意は，合理的理由に基づくものとして，有効というべきである。そして，被告がした本件解約告知は，雇用から2カ月弱経過してされたものであり，原告の業務能力を把握し，その適性を判断するための合理的な期間内にされたものといえる」として，2カ月でもその判断の合理的な期間と判断しています。

筆者は，2カ月で判断するのは早すぎると考えますので，この判断には反対です。もちろん，例外的な事案があることまで否定するつもりはありませんが，決して一般化できる内容ではないと考えています。

ところで同判決は，本採用拒否自体については，「原告の業務能力又は業務遂行が著しく不良であるとか，原告が事業開発部長として不適格であったと認めることはできず，本件解約告知は，試用期間中の本採用拒否として，客観的に合理的な理由があるとか，社会通念上是認することができるものということはできない。したがって，本件解約告知は無効である」という結論になっています。

エ　地位特定者の解雇について，どの程度の是正手続が必要かについては，懲戒処分までは必要はないと考えます。労働契約内容そのものが，その地位に相応しい業務遂行能力，健康，勤務態度を保有していることが前提となっている以上，是正手続自体が必要かも疑問です。

しかし，少なくとも実務では，企業のトップクラスによる改善指導や注意・指導を行っておくことが重要といえます。[1][2]

＊1　この際，できれば改善要望書を手交しておくことを考えるべきです。地位特定者に「指導」という言葉は妥当といえず，改善要望書との標題の方がふさわしいと思います。

＊2　前掲小野リース事件（105頁）は，入社当初から幹部職員であった原告が，社長から
の口頭での注意指導のみで懲戒処分等をされることなく解雇された事案ですが，一審
（仙台地判平20.12.24労判1018-12）および二審（仙台高判平21.7.30労判1018-9）が懲戒
処分等をせずに解雇したことなどを理由に解雇無効と判示したのに対し，最高裁（最判
平22.5.25労判1018-5）は，原告の地位に鑑みれば懲戒処分等の解雇以外の方法を採るこ
となくされた解雇であっても有効であると判示しました。

2　専門能力者（スペシャリスト）または専門職者として採用した中途採用者を能力不足で解雇できるか

(1)　高度の専門的知識を有する専門能力者

　専門能力者（スペシャリスト）とは，専門性を要する業務に適用できる高度の専門的知識・能力を有する者といえ，労基法14条1項1号にいう高度の専門的知識を有する者が代表的な例だといえます。[*1]

　この高度の専門的知識を有する専門能力者については，地位特定者と同様の理論構成で解雇を考えればよいといえます。すなわち，専門職種を特定して配転を行わず，職種の専門性に応じた一定期間に能力が発揮されたのかを把握し，雇用契約で定められた成果が達成できなければ契約内容の不履行があるとして解雇することになります。

　具体的には，個別の雇用契約書を作成し，保有すべき専門能力と達成すべき成果を明確に規定します。そして，3年を超える有期労働契約を締結することができるシステムエンジニアなどは，厚生労働大臣が定める基準の中で求められる年収1,075万円以上での処遇を労働契約の内容とします（期間3年を超える契約を締結しない場合や，弁護士や薬剤師など年収要件のない専門能力者の場合もありますので，年収1,075万円以上を契約内容とすることが絶対に必要というわけではありません）。

　労働契約の内容とした成果を達成できない場合には，債務不履行として普通解雇事由に該当することになりますが，その解雇が社会的に相当といえるためには，地位特定者の場合と同様に，①能力発揮のための期間，②会社としての

162 ▶ 第1編／労働契約の解消

支援，③当該専門能力者の責めに帰すことのできない経済状況の変化がないか，④保有すべき専門能力にふさわしい賃金処遇や待遇をしているか（年収1,075万円が目安）などを考慮しなければなりません。

　このように，地位特定者に準じて考えていけばよいと考えます。[*2,*3]

＊1　専門能力者の例

　　いかなる者が専門能力者にあたるかについては，有期労働契約の期間上限3年の例外とされる高度の専門的知識等を有する者（労基法14条1項1号）のほかに，無期転換（労契法18条）の特例とされる者（有期特措法2条3項1号），高度プロフェッショナル制度の適用対象者（改正労基法案41条の2）も参考になります。

ア　高度の専門的知識等を有する者（労基法14条1項1号）

〈①〜⑥のいずれかに該当すること〉

①　博士の学位を有する者

②　公認会計士，医師，歯科医師，獣医師，弁護士，一級建築士，税理士，薬剤師，社会保険労務士，不動産鑑定士，技術士または弁理士

③　システムアナリスト，アクチュアリーの資格試験に合格している者

④　特許発明の発明者，登録意匠の創作者，登録品種の育成者

⑤　年収1,075万円以上で次のいずれかに該当する者

　　ａ．大学卒で5年，短大・高専卒で6年，高卒で7年以上の実務経験を有する農林水産業・鉱工業・機械・電気・建築・土木の技術者，システムエンジニアまたはデザイナー

　　ｂ．システムエンジニアとしての実務経験5年以上を有するシステムコンサルタント

⑥　国等によって知識等が優れたものであると認定された者

イ　無期転換の特例とされる者（有期特措法2条3項1号）

〈①と②に該当すること〉

①　年収1,075万円以上であること

②　次のいずれかの「専門的知識等を必要とする業務」に就く者（5年を超える一定の期間内に完了することが予定されているものに限る）

　　ａ．博士の学位を有する者

　　ｂ．公認会計士，医師，歯科医師，獣医師，弁護士，一級建築士，税理士，薬剤師，社会保険労務士，不動産鑑定士，技術士または弁理士

　　ｃ．ITストラテジスト，システムアナリスト，アクチュアリーの資格試験に合格している者

　　ｄ．特許発明の発明者，登録意匠の創作者，登録品種の育成者

　　ｅ．大学卒で5年，短大・高専卒で6年，高卒で7年以上の実務経験を有する農林

水産業・鉱工業・機械・電気・建築・土木の技術者，システムエンジニアまたはデザイナー

f．システムエンジニアとしての実務経験5年以上を有するシステムコンサルタント

g．国等によって知識等が優れたものであると認定され，上記aからfまでに掲げる者に準ずるものとして厚生労働省労働基準局長が認める者

ウ　高度プロフェッショナル制度の適用対象者（改正労基法案41条の2）

〈①〜③に該当すること〉

① 年収1,075万円以上であること

② 「高度の専門的知識等を必要とし，その性質上従事した時間と従事して得た成果との関連性が通常高くないと認められるものとして厚生労働省令で定める業務」に従事すること

具体的には以下のような職務が省令で定められる見込みです。

a．金融商品の開発業務，金融商品のディーリング業務

b．アナリストの業務（企業・市場等の高度な分析業務）

c．コンサルタントの業務（事業・業務の企画運営に関する高度な考案または助言の業務）

d．研究開発業務等

③ 使用者との書面等による合意により職務が明確に定められていること

＊2　専門能力者を中途採用する時の注意点

専門的知識を有する専門能力者を中途採用する際には，当該労働者が，競業避止義務や守秘義務を負っていないかを確認することが重要です。

①　競業避止義務

競業避止義務とは，各社によりその義務範囲に差がありますが，一般的には，使用者の利益に反する競業行為を差し控える義務をいいます。この義務に違反した場合には，債務不履行責任に基づく損害賠償請求や営業行為の差止めをなされることがあります。専門能力者は，会社の核となる事業に関与していることが多く，業務を遂行するうえで培ってきた能力を転職先の会社で発揮されることは，前職の会社にとって競争に不利に働きます。そこで，前職の会社は，専門能力者が退職するにあたり，一定の期間は競業他社に就業しない旨を誓約させ，競業避止義務を課してこれを防止しようとすることが多くみられます。したがって，中途採用を予定している専門能力者には競業避止義務を負っていないかを確認する必要があります。

もっとも，競業避止義務が誓約書に形式的に定められていたとしても，常にその競業避止義務が有効であるとは限りません。専門能力者が従事していた業務内容や前職における地位，競業避止義務を負う期間，義務を負うことの代償の有無などによって有効性が判断されます。そのため，競業避止義務を定めた誓約書があったとしても，その内容を精査し，競業避止義務の有効性を判断しなければなりません。損害賠償請求や営業行

為の差止めが認められるような事案は少ないといえますが，リスクが存在することは間違いありませんので，慎重な対処が必要です。

そして，有効な競業避止義務を負っているとしてもなお，当該労働者を中途採用したいと考えるのであれば，会社に対する損害賠償請求や営業行為の差止め請求がなされるリスクを甘受せざるをえません。したがって，そのリスクを負ってでも採用したい専門能力者なのかどうかを採用において見極めるべきであると考えます。

② 守秘義務

他方，とくに営業秘密（秘密として管理され，有用な情報であり，公然と知られていない技術上・営業上の情報）を労働者が保有していた場合，その営業秘密の漏洩は不正競争防止法違反となり，意図的にこれを行った場合には不法行為責任に基づく損害賠償請求や営業行為の差止め，営業秘密を活用して作成された物の破壊などを求められます。さらに，営業秘密侵害罪として刑罰も予定されています（不正競争防止法21条1項1号～7号）。専門能力者が会社の核となる事業に関与していることが多いことは前述のとおりですが，その事業に関与することで必然的に営業秘密，さらには企業秘密（営業秘密よりも範囲が広く，当該企業にとって秘密にしておきたい情報［経営陣のスキャンダルなども含む]）に触れる機会が多くなります。そして，専門能力者が業務遂行上取得した営業秘密や企業秘密を漏洩すれば，会社にとっては致命的な損害を被るおそれがあります。そこで，専門能力者が退職するにあたり，会社はこれらの秘密を漏洩しない旨誓約させ，守秘義務を課してこれを防止しようとすることも多くみられます。したがって，守秘義務を負っているか否かの確認をすることも必要です。

守秘義務については，当該労働者が有する知識に，営業秘密や企業秘密が混入していないかを確認します。そして，不正競争防止法を念頭に，その秘密を不正に取得していないか，また，その秘密の開示は不正開示にならないかを慎重に判断しなければなりません。そして，営業秘密を取得している者については，そのリスクを考慮して採用を検討することになります。こうしたリスクを回避する方法としては，以下のような点などが記載された誓約書を転入者から取得することが考えられます（経済産業省「営業秘密管理指針」平22.4.9改訂）。

---

① 他社の営業秘密を，その承諾なしに自社内に開示あるいは使用させないこと
② 他社において完成させた職務発明等の自社名義での出願をさせないこと
③ 自社で就業するにあたり，不都合が生じる競業避止義務がないこと

＊3　関連裁判例

① 解雇有効とした裁判例

ア　類設計室事件＝大阪地判平22.10.29労判1021-21 ［控訴審にて和解成立]

学習塾である被告に講師として採用された原告が，勤務成績の不良等を理由に解雇された事案において，被告では，定期的に，生徒アンケートを実施していたところ，

原告は文系講師70名中68位，68名中68位（67位とは10.8ポイントの大差のついた最下位），78名中77位（78位は入社したばかりの新人講師），84名中84位（83位とは10.2ポイントの大差）という最低位の成績が続いており，また，原告に対しては，生徒・保護者から多数のクレームが寄せられており，退塾・退講する者がでるほどであったところ，解雇は有効であると判示されました。

一般に学習塾というのは，評判の悪い講師がいると，生徒を集めるにあたり，大きなハンデとなります。したがって，同事案では，学習塾の講師という業務の特殊性が考慮され，生徒アンケートが最低位ということとクレームが多数寄せられていたということが重視されたものと思われます。

イ　トライコー事件＝東京地判平26.1.30労判1097-75［控訴審にて和解成立］

外国企業を相手に，日本の事業所における記帳・経理業務を代行することを業とする会社に，日商簿記1級を持っていること，および長年にわたり記帳・経理業務に携わっていたことをアピールして採用募集に応募し，記帳・会計業務に関する相応の知識・経験を有するものと評価され，コンサルタントとして採用された原告が，会計処理を誤ることが多く，取引先から業務委託を打ち切られたり，原告がした会計処理の修正に多大な労力を要する事態が発生したりしたため，コンサルタントとしての能力を有しておらず，就業規則の解雇事由である「特定の地位，職種または一定の能力を条件として雇い入れられた者で，その能力，適格性が欠けると認められるとき」に該当するものとして解雇された事案において，同解雇は有効とされました。

②　解雇無効とした裁判例

ブルームバーグ・エル・ピー事件＝東京地判平24.10.5労判1067-76，東京高判平25.4.24労判1074-75［確定］

通信記者が，職務能力の低下を理由に解雇された事案において，「職務能力の低下を理由とする解雇に『客観的に合理的な理由（労働契約法16条）』があるか否かについては，まず，当該労働契約上，当該労働者に求められている職務能力の内容を検討した上で，当該職務能力の低下が，当該労働契約の継続を期待することができない程に重大なものであるか否か，使用者側が当該労働者に改善矯正を促し，努力反省の機会を与えたのに改善がされなかったか否か，今後の指導による改善可能性の見込みの有無等の事情を総合考慮して決すべきである。」としたうえで，本件解雇は客観的に合理的な理由を欠くものとして，無効とされました。

同事案については，職務能力の低下を理由とする解雇に関する一般論をたてたものとみることは適切ではありません。なぜなら，そうだとすると，年齢と共に能力が低下した高年齢者に対する解雇の有効性が常に問われることになってしまうからです。

同事案では，原告が記者として中途採用された者であったことにポイントがあったといえます。すなわち，原告については，記者として特定された地位について，職務を遂行する具体的能力と適格性があることが労働契約の内容となっていたために，上記のような職務能力の低下が解雇事由になるかが議論されたものといえます。

166 ▶ 第1編／労働契約の解消

(2) 中途採用の専門職者に対しては配転の機会を与える必要がある

　他方で，高度な専門的知識を有する専門能力者とまではいえませんが，職種に専門性があり，その業務に一定の経験年数を有する者を職種を特定して中途採用することもあります。このような労働者をここでは専門職者と呼びます。具体的には，大企業の技術開発部などに勤務していた人たちを，技術主任や係長などの地位でスカウトし，職種を特定した専門職者として労働契約を締結するケースです。

　これらの専門職者の解雇問題も企業には多くみられますが，一定程度の具体的な職務遂行能力を労働契約の内容として雇用した専門職者を，職務遂行能力がないことを理由に解雇しようとする場合，やはり，地位特定者の場合とは異なった対応が必要となると思います。なぜなら，この専門職者は，地位特定者と同様の処理をする専門能力者とは異なり，高度の専門能力を発揮することを契約内容としているのではなく，これまでの経験を特定の職種において発揮することを求められているにとどまるため，既存の能力を発揮できなかったことをもって直ちに契約違反があるとは限りません。したがって，地位特定者の議論をそのまま当てはめることは難しいからです。そこで，基本的には，他の職種での雇用の確保が求められるのではないかと考えます。つまり，一度は事務職などへの職種変更を提示する必要があるといえます。そして，その提示を拒否した場合には，解雇することができると考えるべきです。

(3) 専門職者は配転の機会を与えても退職することが多い

ア　配転を提示して起こりうるケース①

　専門職者に配転を提示した場合，労務管理の実務ではどうなっているのかをみてみると，たとえ会社が事務職で引き続いて雇用するといっても，専門職者には受け入れがたい事情があります。

　専門職者にしてみれば，それまでに専門職として働きながらスキルを磨いて

きていますし，大学時代にも専門的な技術を勉強してきているはずです。ここで事務職に配転となったら，いままで積み重ねてきたスキルや技術を活かせず，むだにしてしまいます。したがって，専門職者にはこのような配転を受け入れるのが難しい事情があるといえます。

そのような事情を抱える中，自ら退職という道を選択する人もいますが，その際に「再就職先を探すために，３カ月間ぐらい待ってほしい」と要望されることがあります。このような申入れがあった場合，会社としては受け入れるべきだと考えます。退職届を受け取ることは，トラブルを避ける最善の方法であり，トラブルを避けることは，会社にとって大きなメリットだからです。

要望を受け入れた場合，３カ月間は引き続き雇用することになります。しかし，技術開発部門に勤務する専門職者などの場合，企業秘密・営業秘密の漏洩というリスクへの配慮が必要です。猶予の３カ月間に新たに情報を取得されることも避けたいところです。

したがって，「３カ月間待ってほしい」との申入れがあった場合には，３カ月分の給与を上積金ないし解決金などとして支給して，「今日付けで退職届を提出してください」という方法で処理するのが最善だと思います。

イ　配転を提示して起こりうるケース②

基本的に上記のように対応するとしても，「退職してからの再就職では，どうしても条件が悪くなる。再就職のためには，会社に在籍していた方がいい」と，在籍を要望される場合もあります。この要望も受け入れた方がよいと考えます。ただし，３カ月間は出社せず再就職活動に専念しても構わないことにして，企業秘密や営業秘密を守ります。

ウ　配転を提示して起こりうるケース③

また，「どうしても引き続き３カ月間，技術関係の仕事をしていたい」と要望される場合もあります。その場合は，その申入れを受け入れるしかないと考えます。ただし，退職日の合意を書面で明確に取っておきます。強引に配転を提

示し，それに応じなければ解雇するというのは，法的には考えられるかもしれませんが，いささか乱暴すぎる対応であり，実務ではするべきではありません。

(4) 専門職者の労働契約を解消する場合には本人のプライドを守ることが大切

専門職者に対して事務職などへの配転を提示しても，結局は前述のように退職するケースが多いようですが，トラブルを起こさずに退職届を提出してもらうには，前述したような解決金などの条件面の調整が大切です。それに加えて，雇用保険の取扱いに配慮することも，トラブル回避に必要なことです。[*]

> ＊　会社都合退職であれば，雇用保険の基本手当を早期（待機7日）に受けられることも説明すべきです（雇用保険法33条）。

そして，配転を提示する以前に退職を勧奨するのであれば，これらの条件や配慮は，前もって十分説明をしておくべきです。なぜなら，あらかじめ退職の条件などが説明されていれば，配転された後に退職を検討しようとしたとき，その条件を考慮して退職を選択することがありうるからです。

もう1つ重要なことは，労働者のプライドを守ることです。退職を前提とした条件面の話合いができるのは，使用者が労働者のプライドを守ったという客観的状況があってのことです。つまり，専門職者としての一般的能力がないといってしまってはいけません。「当社の業務遂行においては職務遂行能力が不足しているないし発揮されていないといわざるをえない」など，他社における就労可能性を否定するような発言をしないという対応が必要です。できるだけ本人のプライドを傷つけないということが，その後の話合いで重要になります。

(5) 職務未経験者（経験が不十分な者）を専門職として採用した場合の注意点

専門職の募集にもかかわらず，その職務経験がない労働者を採用する場合があります。このような採用形態であれば，その専門性を身につける間，一定の教育・研修を行うことが労働契約の内容になっているものと考えられます。す

なわち，会社は，職務経験がない労働者を専門職に採用する場合，既存の専門能力を発揮するというよりは，新たに専門能力を身につけることを期待して当該労働者を採用していますから，専門能力があることを前提とすることには議論があります。したがって，単に一定期間内に能力を発揮できず成果が上がらないという理由で解雇するのは難しく，教育・指導をしたうえで，期待する能力を身につけることができないと判断した場合には，配転なども考慮することがよいと考えます。前掲の裁判例（プラウドフットジャパン事件＝東京地判平12.4.26労判789-21判例・裁判例⑩）も，経営コンサルティング会社が職務未経験者を専門職として中途採用し，その後，職務に必要な職務遂行能力を欠くとして解雇した事案において，解雇の社会的相当性の判断として，1年半以上にわたり実務の中で教育・指導したうえで能力がないと判断し，さらに会社が他の職務を提供して雇用を継続しようとする提案をし，当該労働者と交渉を続けた点などを考慮して，当該解雇を有効と判断しています。

(6) グローバル化等の影響による判断基準の変化

もっとも，今後はこの判断基準が変わっていく可能性もあります。

市場がグローバル化し，製品のライフサイクルが短くなった影響を受け，製品開発にスピードとコスト競争力の求められる世界において（91頁以下参照），企業は人材活用についてもコストパフォーマンスを求めています。平成7年の時点で，日本経営者団体連盟（当時）も，次頁の図のように雇用を3つのグループに分けて考え，それぞれの企業に応じた人材活用の方法を考えて対応する必要があるとしていました。時代の流れとして，専門職者は増えてきており，長期雇用を前提に教育研修して戦力化する内部労働市場から，IT業界等の一部の業種については，業務の必要に応じて労働力を調達する外部労働市場へと，労働市場の流動化が進んでいます。このような状況下にある企業においては，その変化に呼応して，職務遂行能力があることを前提に雇用された専門職者について，当該契約で求められた能力がないと判断された場合，専門能力者と同様に配転の提案なしに解雇も有効と判断されるようになってくるのではないか

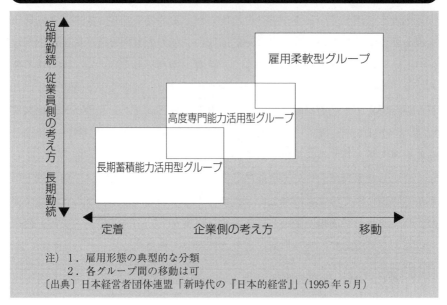

人材活用における雇用グループの考え方

注）1．雇用形態の典型的な分類
　　2．各グループ間の移動は可
〔出典〕日本経営者団体連盟「新時代の『日本的経営』」（1995年5月）

と考えます。

　ただ現状では，一度は配転の機会を与えるということが，解雇の有効性の判断の際に，会社の対応として評価される大事な点といえます。とくに，専門職者には，技術革新や新たな発明による製品開発のスピードに対応できる能力も求められています。こうしたスピードに対応できなければ，採用当初はまだしも，時間の経過とともに既存能力は陳腐化してしまいます。そのような場合には，別業務への配属を提案し，配転しておくことが重要であると考えます。

(7) 専門職者とも個別の労働契約を締結する

　専門職者の解雇が問題となる場合，職務経験者として雇用されたのか，職務未経験者として雇用されたのかによって，解雇に求められる合理的理由の程度が変わってきますので，その契約内容の特定が行われます。

専門職者も，一定の知識や経験を要する業務に就く以上，画一的な能力を前提とした従来の就業規則に基づく処理にはそぐわないという点は，地位特定者や専門能力者と同様といえます。

したがって，雇用契約書に専門職として雇用する文言を記載し，その職務内容についても，資格・経験・知識を明記して，会社が期待する能力水準をできる限り明確に表現するようにします。そして，できる限り担当業務を詳細に記載し，最後には「上記に準じる業務」との包括条項も記載します。

また，具体的に期待する成果目標についても，その数値・内容を明確にしておく方が，能力不足の程度について客観的に評価しやすくなります。賃金についてはその専門職にふさわしい額を設定しておく方がよいと考えます。

(8) 小活（地位特定者，専門能力者，専門職者）

これまでの議論を整理すると以下のようになります。

地位特定者とは，職務上の地位を特定して，その職務上の地位に応じた能力や適性を期待されて企業に中途採用された場合をいいます。

この場合，特定された地位についての職務遂行能力と適性が契約内容となっているため，その能力や適性が欠如しているとなれば，決定的な普通解雇事由となります。

専門能力者とは，専門性を要する業務に適用できる高度の専門的知識・能力を有する者をいい，労基法14条1項1号にいう高度の専門的知識等を有する者が代表的な例となります。

高度な能力を発揮することが契約内容になっている以上，その能力や適性が欠如している場合，地位特定者に準じて判断することになります。

専門職者とは，一定の経験を考慮して採用されたにすぎないため，他の職種での雇用確保が求められます。職務未経験者を専門職として採用した場合には，一定期間の教育研修が求められます。

3 中途採用した一定の経歴・職歴を持つ課長・次長を能力不足で解雇できるか

(1) 経歴・職歴や実績に着目した課長・次長処遇での中途採用者

　労働者のそれまでの経歴・職歴や実績に着目して，課長や次長クラスの処遇で中途採用する場合があります。

　この場合，会社は即戦力としての働きを期待していますので，新卒一括採用された者と異なり，経歴・職歴や実績から推測される能力を持っていることが労働契約の内容となっているといえます。したがって，その能力に達していない場合には債務不履行として，普通解雇事由に該当することになります。

　このような労働者を中途採用する場合には，まず，その職歴を詳細に確認します。職歴は，労働者が保有する能力を一定程度推認させるものですが，当該労働者が勤めていた会社の規模などによっては，会社が期待する能力を保有していない可能性があります。推認で補うのではなく，実際にこれを十分に確認することによって，会社が期待する能力を保有している可能性があるのかどうかが明らかになります。こうした確認をした後，会社が期待する能力，成果を提示し，それに対して，当該労働者に回答を求めます。そして，その能力を持ち，成果を達成できると回答した場合には，採用面談記録として文書化しておきます。

　次に，当該労働者を中途採用すると決定した場合には，個別の雇用契約書を作成し，契約内容を明確にします。この個別契約書には前文を設け，採用面談記録を参考に，当該労働者が入社する経緯として，会社が労働者に要望すること，労働者がそれに応えられると回答したこと，それによって会社が労働者と雇用契約を締結することとしたことを記載しておくべきです。このように契約内容を明記することで，会社が当該労働者に対して何を期待して雇用契約を締結したのかが明らかになり，当該労働者が契約書に記載された事項について能力を十分に発揮できず，会社の期待に応えられなかった場合に，契約内容の不

履行があることが明らかになります。なお，雇用契約締結の際には，会社が労働者の能力をどのように評価するのかをあらかじめ明らかにし，労働者がどのように自分の能力を成果に反映すればよいかの予測可能性を与えるために，人事考課の評価表を示しておくことも有用であると考えます。

そして，この労働者を採用した後は，当初期待した能力を持っているかどうかを，少なくとも1～2年の間に判断すべきだと考えます。

このような労働者が能力不足と考えられた場合，職歴などから一定の地位を与えられてはいますが，上記1で述べた地位特定者とは異なり，以下①～⑦の手順で改善プログラムを組むことによって，改善の機会を与える必要があると考えます。

---

① 雇用契約書を示し，経歴や職歴からどのような仕事・成果を期待されているかを示します。

② 現状はその期待すなわち契約内容に反していることを示します。たとえば，能力不足，勤務態度の不良，成果未達成などに関する事項です。

③ 契約内容違反・未達成の原因を明らかにします。

④ その原因を取り除き，契約内容を履行できるように改善する方法を示します。

⑤ 改善方法に従った行動がとれるように，改善指導を実施します。

⑥ 3カ月程度のプログラムを組み，業務への支障の有無・程度を判断します。改善策が実践できているかについては，メモなどにより記録化しておくことが重要です。

⑦ 依然として業務への支障がみられる場合は，再度3カ月程度のプログラムを組み，改善する機会を与えます。

労働者の中には，契約内容に反していることを指摘すれば，自ら原因を分析し改善する者もいますが，原因を自ら分析することができない者もいます。また，原因がわかっても改善方法がわからない者，改善方法を示してもそれを行

動に移せない者もいます。したがって，改善プロセスにおいては，個々の労働者の改善状況に応じて臨機応変に，原因の指摘，改善方法の指摘，改善のための行動の指導などを実施することが求められます。それでも改善がみられず，そのために業務に支障が発生していれば，普通解雇としても社会的相当性があると考えられます。

この点，即戦力としての働きを期待されて中途採用されたシステムエンジニアについて，会社がその問題点と改善事項を示したうえで，やり直しの機会を与えたにもかかわらず改善されなかったという事情を評価して解雇を有効と判断した裁判例もあります（日水コン事件＝東京地判平15.12.22労判871-91判例・裁判例⑫）。

しかし実務では，このような場合はとくに話合いによる合意退職に最善の努力をすべきです。労働者の方も再就職のことを考えれば，条件次第で合意退職の道を選択する可能性が高いといえます。また，外資系の会社の場合，その確率は高くなるといえます。

⑵　すでに採用し，雇用契約書が作成されていない場合

すでに採用されている労働者の場合，経歴・職歴や実績から推測される能力について，雇用契約書で明らかにされている事案の方が少ないのが現状だと思います。

したがって，改善プログラムを組む際，改善指導書に入社の経緯，口頭での確認などを通して約束された能力や実績などを記載し，労働者の確認をとっておくのも重要な手続です。なぜなら，採用時に会社が労働者に期待していたことに対し，労働者がその内容を履行すると応じたことによって労働契約を締結するに至った経緯等から契約内容を確定し，その内容を履行できていないために改善を促すのが改善プログラムであるからです。そして，労働者は，会社から解雇された後には，そのような契約内容であったことをすべて否定するのが通常ですので，契約内容を確認するという手続をあらかじめ踏むべきです。

第3章／正社員の普通解雇 ◀175

判例・裁判例⑫　日水コン事件／東京地判平15.12.22／労判871-91

【事案概要】　Yは建設コンサルタントを業とする会社であるが，平成4年3月，XのSE（システムエンジニア）としてのスキル及び業務実績が即戦力になるものと判断して，XをSEとして中途採用し，その後，平成5年4月から平成12年3月までの約8年間，会計システム課等にXを配属した。

　しかし，Xは会計システム課に在籍中，通常であれば6カ月程度で完了する作業を約8年間かけて完成させるなど実績や成績が著しく劣っていた。加えて，顧客や社内からクレームや苦情が寄せられ，求められる企画書を提出できず，周囲とのコミュニケーションを図ろうとせず，更には上司の注意・指導に反抗的な態度をとり，周囲に責任転嫁する内容の発言を行っていた。

　そこで，Yは，平成12年5月，Xに対して資料センターへの配置換えを内示した。その際，Yは，Xの業務実績が乏しく仕事の進め方に問題があったこと，今後は上司の指導・助言を受けながら，周囲とコミュニケーションを取り業務調整をしていくこと，40歳代中堅社員に対する指導育成としてはこれが最後の機会になることなどをXに伝えた。

　そして，平成12年7月以降，Xは資料センターでの業務に従事したが，Yの人事企画課長の再三の指導・配慮にもかかわらず，以前の会計システム課におけるのと同様の姿勢を示したことから，平成14年6月，YはXを解雇した。これに対し，Xは解雇の無効を主張し，労働契約上の地位確認等を求めて提訴した。

【判決概要】　「Xは，Yからコンピューター技術者としての豊富な経験と高度の技術能力を有することを前提に，Yの会計システムの運用・開発の即戦力となり，就中，将来は当該部門を背負って立つことをも期待されて，SEとして中途採用されたにもかかわらず，約8年間の同部門在籍中，日常業務に満足に従事できないばかりか，特に命じられた業務についても期待された結果を出せなかった上，直属の上司であるAの指示に対し反抗的な態度を示し，その他の多くの課員とも意思疎通ができず，自己の能力不足による業績不振を他人の責任に転嫁する態度を示した。そして，人事部門の監督と助力の下にやり直しの機会を与えられたにもかかわらず，これも会計システム課在籍中と同様の経過に終わり，従前のXに対する評価が正しかったこと，それが容易に改善されないことを確認する結果となった。このように，Xは，単に技術・能力・適格性が期待されたレベルに達しないというのではなく，著しく劣っていてその職務の遂行に支障を生じており，かつ，それは簡単に矯正することができない持続性を有するXの性向に起因しているものと認められるから，Y就業規則59条3号及び2号に該当するといえる。」，「長期にわたる成績不良や恒常的な人間関係のトラブルは，Xの成績不良の原因は，Yの社員として期待された適格性とXの素質，能力等が適合しないことによるもので，Yの指導教育によっては改善の余地がないことを推認させる。」などと判示して，裁判所はYの解雇を有効とし，Xの請求を棄却した。

4 即戦力として中途採用した営業部員を能力不足で解雇できるか

即戦力としての働きを期待して中核となる営業部員を中途採用する場合に，「営業職経験5年以上」など職務経験を設定して採用した従業員については，職務経験5年の一般的な営業部員が持っている職務遂行能力があることが労働契約の内容となっているといえます。そして，その能力に達していないといえる場合には，債務不履行として普通解雇事由に該当するのではないかと思います。

したがって，即戦力を雇用するために中途採用を行うのであれば，「要求する経験年数」，「職務遂行能力」，「目標値」，そして単に営業の経験というだけでなく，どのような商品の営業を行うのかということも具体的に明示して，労働契約を締結すべきです。たとえば，「医療機器販売の営業経験5年以上」というように，営業内容を特定するということです。営業といっても，製薬会社から証券会社まで，商品が違えば営業のノウハウも違ってくるからです。このような採用手続を踏んでいれば，仮に実績不足，能力不足を理由に解雇しても，裁判所が考慮してくれる余地は十分あるだろうと考えます。なお，このような労働契約を締結すると，同じ営業職であっても，他の商品の営業職（たとえば，薬品販売など）への配転や応援などの対応は難しくなると考えます。就業規則で異動命令を規定することにより配転などは可能ですが，その規定が存在することは，解雇の際に改善の機会を付与するプロセスにおいて，配転を求められる根拠にもなります。営業内容を特定して解雇とするか，配転等を可能とするか，どちらをメリットと考えるのかが重要です。

この点，アパレル業界における営業の経験者として採用し，売上目標額も合意していたにもかかわらず，その目標の30％程度しか達成できなかったという事案において，未経験者の新人と同様に論じることはできないとして，営業成績不良による解雇を有効と判断した裁判例があります（エイゼットローブ事件＝大阪地決平3.11.29労判599-42判例・裁判例⑬）。

その意味でも，新卒一括採用されたゼネラリストをイメージするような解雇

第3章／正社員の普通解雇 ◀177

判例・裁判例⑬　エイゼットローブ事件／大阪地決平3.11.29／労判599-42

【事案概要】Yは，婦人服の製造・販売を業とする株式会社であるが，平成2年3月11日付及び同月12日付の新聞に正社員募集の広告を掲載した。その広告では，募集条件として35歳位までとの年齢制限，及び営業部正社員については経験者との条件があった。Xは，右広告を見て募集に応じ，Yの総務部長BがXと面接してY会社の説明をし，Xの経歴を確認した。また同年3月24，25日ころ，Yの代表者であるA社長とB部長がXと面接し，再度Y会社の内容や営業方針，今回の募集の趣旨を説明した。そして，A社長等において，Xが服飾専門学校を出ていること，アパレル業界の営業等の経験があること，得意先も相当数あるということを確認したうえ，Xに対し，新規顧客の開拓業務に専念して，年間1億円くらいの売上げができるかを尋ねたところ，Xはこれを承諾した。そこで，A社長は，Xが当時39歳で年齢制限を超えているが係長相当待遇としてXを採用し，営業課員では2番目に高い給与（金35万円）を支給することを決め，その旨Xに説明した。

ところが，①Xは在籍期間8カ月間で1,500万円余りを売り上げたに過ぎず，他の営業課員の売上目標達成率が平均70％以上であるのに対し，Xは下期売上目標5,000万円の30.5％に過ぎなかったこと，②返品率も平均に比べ高い割合であったこと，③Xは新規顧客の開拓業務に専念することになっていたが，既存店との取引を並行して担当する他の営業課員に比べても新規店舗件数が非常に少なかったこと，④さらには期限や時間を遵守せず，協調性を欠いているなど勤務態度も良くなかった。

そこで，A社長は，Xに対し，平成2年7月及び10月，「このままの状態では面接時の約束と違うので，営業成績を上げてくれないと，辞めてもらわないといけない。」と営業成績について指導・注意したが改善されず，また，勤務態度についてもB部長が繰り返し注意指導をしたが，Xはこれを改めようとはしなかった。

そこで，Yは，平成2年11月，Xに対して解雇する旨の意思表示をして，Xの引継ぎが完了した同年12月に解雇した。これに対し，Xは，Yの解雇の無効を主張し，従業員たる地位保全の仮処分等を求め本申立てに及んだ。

【決定要旨】「Xは，他の新人の営業成績の低さを指摘するが，他の新人はアパレル業界の未経験者であって，経験者として採用された債権者とは採用条件が異なるので，Xと同様に論じることはできない。

むしろ…，Xは，アパレル業界における営業の経験者として採用され，採用時の面接において年間売上目標1億円を約束し，またYによって，半期の売上目標額として5,000万円が設定されたが，いずれも経験者とすれば達成可能な数字であったのに，Xの実績はこれを大きく下回るものであったうえ，上司の注意指導にもかかわらずXは営業成績を向上させようとする意欲がなかったということができる。

従って，Xの営業成績は不良であって，Y会社の就業規則10条3号の「勤務成績または能率が不良で就業に適しないと認められた場合」の普通解雇事由に該当するというべきであるから，本件解雇は正当なものであり，Xの本件解雇が権利濫用である旨の主張は理由がない。」として，Xの申立てを却下した。

事由（たとえば「職務遂行について著しく能力が不足するとき」，「教育・指導するも将来にわたって能力の向上を望めないとき」など）が適用されないように，別個の就業規則をつくり，雇用契約書においても上記のような規定をして自らを縛ることがないようにしなければなりません。

ちなみに，中途採用者に即戦力を求めながらも，応募を増やすため「経験不問」との文言を募集広告にのせてしまっていると，解雇する際に，会社が求める即戦力としての能力基準が労働契約の内容となっていることを否定されることになると考えられます。

5 中途採用の事務職を能力不足で解雇できるか

ある程度の規模の企業で一般事務職を中途採用する場合，とくに退職した新卒一括採用者の補充をする意味で，期間の定めのない契約で雇用した一般事務職については，基本的に長期雇用システムの枠内に置かれると思います。

したがって，新卒一括採用者と同様に，事実上能力不足での解雇は難しいといえます。ただし，自らの能力不足について改善しようと努力する態度さえないときには，場合によって能力不足を理由に解雇できると考えます。

6 中途採用者でも企業規模によって求められる理由の程度が違ってくる

職務に対する能力不足については，企業規模も重要な考慮要素の1つと考えられます。

何度も転職をくり返して中小零細企業を渡り歩いてきた中途採用者に対して，その職務に対する一定の能力を期待した場合には，改善の機会を与えるなどすれば，能力不足を理由に普通解雇できるのではないかが実務で重要な点となります。

とくに零細企業の場合，大企業に比べて従業員1人ひとりの職場に占める比重は必然的に大きくなります。たとえ1人でも能力不足と思われる従業員がい

れば，業務の遂行状況は大きく変わってきます（前掲全国給食協同組合連合会
事件＝東京地決平元.2.20労判544-77判例・裁判例⑦）。

　職務経歴をみて雇用している中小企業，とくに零細企業の場合は，新卒一括
採用されたゼネラリストとは違い，能力不足が原因で業務に支障が出るのであ
れば，普通解雇できるという判断もありうるのではないかと考えます。ただし，
企業規模や採用理由により大きな差が出ますので，実務ではとくに慎重な対応
が必要です。

7　裁判例に基づく実務の注意点

　中途採用者に関し，能力不足を理由に解雇を有効とした裁判例は，単なる能
力不足を理由とする成績不良だけでなく，「自らの仕事の遅れを仕事が多いこ
とのせいにして省みることなく，しかも命ぜられた仕事を期間内にできないこ
との報告もなかった」（前掲全国給食協同組合連合会事件，判例・裁判例⑦），
「自己の能力や適性に対する発言及び認識から，機会を与えても契約内容の目
標に達することを期待するのは極めて困難」（前掲プラウドフットジャパン事件，
判例・裁判例⑩），「直属の上司の指示に対し反抗的な態度を示し，自己の能力
不足による業績不振を他人の責任に転嫁する態度を示した」（前掲日水コン事件，
判例・裁判例⑫），「上司の注意指導にもかかわらず営業成績を向上させようと
する意欲がなかった」（前掲エイゼットローブ事件，判例・裁判例⑬）というよ
うに，使用者の改善指導に対する労働者の姿勢も考慮されていることに十分注
意する必要があります。この点に関してメモなどの記録化も重要といえます。

第7節　協調性不足を理由に解雇できるか

1　協調性不足は普通解雇事由に該当する

協調性不足は重要な普通解雇事由です。多くの企業では，人事考課に「協調性」という項目があるはずです。つまり，従業員としての適格性を判断する際に，労務提供における成績・能力の問題と同様に，協調性も議論されます。

1990年代以降，製造業において1人または数人で製品の組立てなどの作業を完遂するセル生産方式をとり入れている会社もみられるようですが，ベルトコンベアの流れに従って集団で労務提供を行うような旧来のライン生産方式のところでは，従業員個々の能力よりも，スムーズに仕事が流れるかどうかということの方が，全体の生産能力を左右します。

実際，協調性を重視すべきだという労務管理がなされた時代もありました。[*]

＊　昭和50年代に楠田丘先生が，職務経験の中で身に付けた仕事に対する習熟度や，保有する知識・技能等を評価して決定する賃金である職能給の導入を提唱しました。
　　楠田先生は，標準的，定型的な仕事に従事している労働者については，知識，技能，経験がなくても，決まったとおりにやれば良い仕事ができるため，何よりも必要なことは協調性等の情意であり，その能力を評価する際の人事考課の重点は，ここに置かれるべきであるとしています（楠田丘『新しい人事考課（第4版）』130頁）。
　　工場に勤務するブルーカラーの労働者で，特別な技術は不要である仕事に従事する者については，とくに協調性が重要であるということができると思います。

ブルーカラーに限らずホワイトカラーについても，集団で労務を提供する「協働」が通常ですから，必然的に他の従業員との協調性は欠かせないものです。

協調性が欠けていることで業務に支障が出ている場合には，「労務提供に瑕疵がある＝債務不履行」ということになります。

ただし，単に「債務不履行がある」とか「継続的な労務提供ができない」というだけでは，その普通解雇が有効であるとはいえません。すでに説明したように，使用者として，問題のある従業員の協調性不足を是正するための手続

協調性不足を是正するための手続（大企業の新卒一括採用ゼネラリストの場合）

職場Ⅰ
協調性がない
と判断される

注意 →

職場Ⅱ
改善されない

注意
＋
懲戒処分

職場Ⅲ
改善されない →

解雇に社会的相
当性ありと判断
される可能性が
高い

（措置）をとったことが必要となります。

2　大企業の長期雇用者（ゼネラリスト）に必要な手続

　大企業の長期雇用者（ゼネラリスト）の場合で，協調性が欠けていると判断された新卒一括採用者については，少なくとも2回の配転は必要と考えます。

　仮に，最初に配属された職場で協調性を欠いているために他の従業員とうまくいかないと判断される従業員がいて，全体の業務遂行に支障が出ているとします。

　この時点では，その従業員を解雇することはできません。その職場に10人の従業員が働いているとして，仕事がうまくいかないのは，もしかすると9人が非常識人で，問題とされている従業員だけが常識人という場合も考えられるからです。したがって，一度配転をして，本当にその従業員に問題があるのかを確認してみる必要があるということです。

その際に重要なことは，次の職場で協調性があるかどうかを確認する意味も
あるわけですから，改善する機会を与えることです。つまり，配転を行う段階
で本人に対して，「あなたは，現在の職場で他の従業員とうまくいっていない。
そのために，全体の業務遂行にも支障が出ている。原因は，あなたの協調性不
足にあると会社は判断している。そこで，あなたを別の職場に配転する。次の
職場では，他の従業員と協調してやるよう努力しなさい」と説明しなければな
りません。

ここで，実務では説明に伴うトラブルを嫌い，「あなたには，別の職場で能力
を発揮してほしい」などと協調性不足による配転であることを隠してしまうこ
とがあります。しかし，これでは改善の機会を与えたことにはならないので，
必ず協調性不足による配転の事実を明確に伝える必要があります。

さらに，本人に改善の機会を与えて注意・指導したにもかかわらず，次の職
場でも改善されなくても，もう一度チャンスを与えるべきだと思います。

2度目の配転にあたっては，人事処分としてより厳重な注意を与え，OJTで
再教育するなどの措置をとらなければなりませんし，その間の記録を残してお
く必要もあります。また，3つ目の職場でも改善されず，トータルパワーとし
て能力が発揮できないようであれば，解雇されるおそれがあることを告知する
例もあるようです*。このような改善の機会や注意を与えたにもかかわらず，3
つ目の職場でもうまくいかないというのであれば，協調性がないことを理由に
解雇しても，社会的相当性があると判断されると思います。

* 筆者は，真に改善・指導をし，人材の有効活用を会社が意図していることを示す意味で，
　解雇のおそれの告知には慎重な立場です。
　　また，この告知で合同労組等に加入するきっかけを作る場合もありますし，裁判所か
　らは会社は解雇を前提にその後の手続を進め，真に改善させる意図がなかったのではな
　いかと疑問をもたれることもあり，この点からも慎重であるべきです。

重要なことは，大企業の新卒一括採用されたゼネラリストで協調性がないと
判断された従業員に対しては，十分な注意・指導を与えて，少なくとも2度は
配転を行い，本人に対して改善する機会を与えるということです。なお，この
間に企業秩序を乱すような行為があれば，必ず懲戒処分をしておくべきです。

3　中小零細企業の中途採用者に必要な手続

　全従業員が同じ職場で働いている従業員数30人以下のような小零細企業で，問題となる従業員に協調性がないと判断された場合には，大企業のように配転できる可能性がないわけですから，その手続なしに解雇を検討することにならざるをえません（たとえ小規模企業であっても，配転できる可能性があれば，異動させて改善の機会を与える必要があると考えます）。

　仮に従業員10人の職場で，1人が常識人，9人が非常識人だとしても，その企業の中では9人の非常識な従業員が常識，常識人である1人が非常識と判断され，全体の業務遂行に支障があるとしてその1人を解雇することになると考えるしかありません。

　このような配転の可能性がない企業では，その都度厳しい注意や指導が要求されることになると思います。また必ず一度は懲戒処分を実施しておきたいと考えますし，少なくとも理由を詳細に記載した書面による注意を与えておくべ

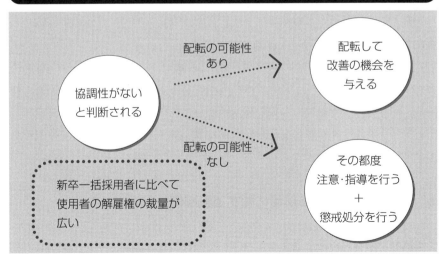

きです。改善の機会を与えたことを明確にしておく意味があります。

しかし，中小零細企業の場合，従業員のほとんどが新卒一括採用者ではなく，中途採用者の割合が大きいと考えられます。中途採用でいくつかの職場を経験してきたということは，その会社でどのような協調性が求められているかを本人もある程度わかっているということを前提にしてよいと思います。その意味で，協調性不足という問題も本人の責めに帰すべきところが大きくなり，解雇については，大企業の長期雇用者に対するよりも求められる改善手続が簡易である（使用者の解雇権の裁量が広い）と理解してもよいのではないかと考えます。

4 協調性の判断は主観的なもの（記録メモの重要性）

協調性の有無についての判断は，多分に主観的な部分が含まれていますので，とくに明確な記録を残しておく必要があります。配転を行った場合や，配転を行わなくても，日常業務の中で注意・指導を行っていれば，その内容を記録として残しておきます。上司に対する報告書という形式でもかまいません。そして，その注意・指導に対する労働者の反応（反抗的であったか，自己弁護をしたかなど）をも詳細に記録します。この記録内容によって，改善の可能性があるか否かを判断できます。

さらに，その従業員のどのような言動が協調性を乱し，どのような業務支障を生じさせたかについて，後日でも明らかとなるようにしておくことです。同時に，同じ職場で働いていた他の従業員から，問題となっている従業員の発言や行動によって一緒に職務を遂行するのが難しかったという陳述書をその時点でとることが必要になると思います。

5 協調性不足による解雇に関する裁判例

協調性不足を理由に普通解雇がなされた裁判例をみると，すでに説明してき

たとおり，業務もしくは企業秩序にどのような影響が生じたかという点と，会社による注意・指導によって改善されたかという点が重視される傾向があります。

この点に関し，パイオニア事件＝東京地判平元.1.23労判542-82では，「原告は，…仕事が遅い上に職場を離れることが多く，しかも些細なことに声高に反論して一方的にまくしたて…過誤等があったとして上司から注意されても，これを素直に聞かず，逆に直接に関係のない事を取り上げて威圧的に追及するという顕著な性癖があって，著しく協調性に欠けていた」ことを理由に，被告である会社が原告を解雇したのは相当の理由があるとしています。

他方，大和倉庫事件＝大阪地決平4.9.8労判619-61では，「債権者と他の従業員との対立は，他の従業員が債権者の人格態度に対する漠然とした嫌悪感情を抱いているにとどまり，それ以上に債権者が他の従業員に対し，具体的な加害行為に及んだり，他の従業員との間に重大な紛争を生じ，あるいは債権者と他の従業員との感情的な対立により債務者の駐車場業務の遂行に現実に著しい支障をきたした事実は認められないし，…債務者の業務は，…従業員間の緊密な協調がなければ業務遂行が不可能となる類のものとも認められない」として，労働者の態度が会社の業務に与える支障を検討しています。そして，「…他方，雇用者たる債務者としては，…債権者に対して注意を与えた事実は認められるものの，それ以上に，債権者の債務者代表者やその他の従業員に対する態度を改善するように注意等を与え，あるいは債権者とその他の従業員との人間関係の調整・修復を図って努力した形跡は窺われない」とし，会社による注意・指導が不十分であったことからも，解雇は権利濫用にあたるとしています。

その後の裁判例においても，この傾向は踏襲されています。セコム損害保険事件＝東京地判平19.9.14労判947-35では，「原告の問題行動・言辞の入社当時からの繰り返し，それに対する被告職制からの指導・警告及び業務指示にもかかわらず原告の職制・会社批判あるいは職場の周囲の人間との軋轢状況を招く勤務態度からすると，原被告間における労働契約という信頼関係は採用当初から成り立っておらず，…もはや回復困難な程度に破壊されていると見るのが相

当である」とし，普通解雇を有効としています。[*]

＊　解雇有効とした裁判例

　ア　南淡漁業協同組合事件＝神戸地洲本支判平23.9.8労判1053-16，大阪高判平24.4.18
　労判1053-5［上告不受理］（第3節**2(2)ウ**・107頁）

　　協調性を欠くことなどを理由に解雇された事案において，一審では，原告の協調性欠
　如により，業務に支障が生じていたことを認めつつも，改善の機会を十分に与えていな
　かったことなどを理由として解雇無効とされたのに対し，控訴審では，「日常的に他の職
　員との間で業務上必要な連絡や連携を拒むことによって1審被告の業務に少なからぬ支
　障を生じさせており，1審被告代表者の再三にわたる注意に対しても反発を強めるばか
　りで一向に改善の見込みがなかったこと」などに照らすと，本件解雇は有効であるとさ
　れました。

　イ　トレンドマイクロ事件＝東京地判平24.7.4労経速2155-9［控訴棄却］

　　周囲との協調性を欠くことなどを理由に解雇された事案において，原告には，被告会
　社が求めている協調性が欠けているとしたうえで，被告が再三にわたって注意指導を行
　うも，原告が自分の姿勢を改めようとしなかったこと，被告が他部署への異動を打診す
　るも，原告が「この会社アホ？」と述べるなど，解雇を回避するための措置をあざ笑う
　かのような不誠実な態度をとり続けたために，異動が実現しなかったこと，被告が退職
　勧奨を経たうえで解雇を実施していること，被告がかなり長い時間をかけて原告と協議
　を行っていることなどからすれば，本件解雇は社会通念上相当であるとして，解雇有効
　とされました。

　ウ　メルセデス・ベンツ・ファイナンス事件＝東京地判平26.12.9労経速2236-20［控訴棄却］

　　協調性を欠き，他の従業員の職務に支障をきたすことなどを理由に解雇された事案に
　おいて，「原告は，同僚らに対し，日常的に高圧的，攻撃的な態度を取り，トラブルを発
　生させていた…のであり，そのため，被告は職務の遂行に支障を来していたところ，この
　ような原告の言動は，容易には変わり得ないであろう性向に起因しているものと推認で
　きる」から，原告は協調性を欠くことなどの解雇事由に該当するとしたうえで，「原告の
　性向等は容易に変わり得ないものと推認でき，職種や配置を転換することによって問題
　が解決ないし軽減されるという事態は想定し難いから，職種や配置の転換の可能性を検
　討していなかったとしても，そのことをもって解雇回避義務を尽くしていないと評価す
　るのは相当でない」し，「被告は，…原告をその希望どおりの与信審査部に異動させた上
　で，他の従業員らのコミュニケーション及び行状について，何度も原告との面談を実施
　し，注意を行い，懲戒処分たる譴責処分も行うなど，改善の機会を何度も与えたものの，
　原告の言動が基本的に変わることがなかったため，原告を解雇するに至ったものであ」
　るとしました。

　　そして，被告が原告の個々の言動を指摘したうえで注意や指導をしたことはないから，
　本件解雇は社会通念上相当性を欠くとの主張について，「原告は，21年間にわたる銀行勤

務の後に被告との間で本件雇用契約を締結し，月額50万円近い賃金の支払を受けて稼働していたのであり，相応の経験を有する社会人として，自身で行動を規律すべき立場にあったものといえるところ，他者とのコミュニケーションに意を用い，その名誉や感情を徒に害するような言動を慎むことは，かかる社会人経験を有する者としては当然のことであり，改めて注意されなければ分からないような事柄ではない。とすれば，…被告が原告に具体的かつ明示的な注意や指導をしていなかったとしても，そのことを重視することは相当ではない。しかも，被告が実施していた面談等は，何が問題であるのか通常の理解力があれば容易に認識し得る方法で提示し，注意や指導をしていたと評価することができ，原告としても，改善の契機はあったと認められるのであって，被告は原告に行動を改める機会を何度も与えてきたということができる。むしろ原告において前記のような主張をすること自体が，原告の処遇の困難性を示し，本件解雇の相当性を裏付けるものというべきである。」として，本件解雇は有効であると判示しています。

なお，協調性不足は，往々にして労働者の勤務態度などの言動によって引き起こされるものですので，協調性不足のみを解雇事由にあげるというよりも，勤務態度不良と合わせて解雇事由にあげられます（ユニスコープ事件＝東京地判平6.3.11労判666-61〈解雇有効〉，古川製作所事件＝東京地判平9.6.9労判720-61〈解雇有効〉，テレビ朝日サービス事件＝東京地判平14.5.14労経速1819-7〈解雇有効〉）。

また，能力不足や責任感の欠如と並べて解雇事由にあげられることもあります（大阪府保険医療財団事件＝大阪地判平18.3.24労判916-37〈解雇無効〉）。

第8節　出勤不良を理由に解雇できるか

1　出勤率が8割を超えている場合は普通解雇事由に該当しにくい

　出勤不良を理由とした普通解雇の問題については，出勤率を1年間のトータルでみて，どの程度の出勤不良なのかを考えます。

　1年間の出勤率が8割を超えている場合には，普通解雇事由に該当しにくいと思います。これは労基法39条の年次有給休暇の規定を意識した判断です。年次有給休暇の規定は，出勤率が8割以上の人を対象に，いわゆる「褒美」として休暇を与えるシステムです。その褒美をもらえる人を解雇して，その正当性を裁判所に訴えるのは困難であると考えるからです。[*]

> ＊　**「8割以上出勤」という要件**　出勤率が8割以上の人に有給休暇を付与するというのは，もともと週休1日を想定した基準であったと考えられます。昭和62年労基法改正以前は，法定労働時間は1週48時間，1日8時間であったことからすれば，週休1日を想定していたと思われます。
>
> 　週休1日を前提に，祝日・年末年始等を捨象して概算すると，年次有給休暇を取得するために必要となる年間出勤日数は，（365日−1日／週×52週）×0.8≒251日となります。1年間の勤務日数に対する報償として，年次有給休暇を与えるに相当する勤務日数としては，これくらいの数字を想定していたと思われるのです。
>
> 　その後，徐々に労基法改正により週法定労働時間が減少し，平成9年4月1日から週法定労働時間は40時間となり，実質的には週休2日制が導入されることとなりました。その分，年間の所定労働日数が減少する結果となったため（前述の251日は，週休2日を前提とすると，所定労働日数の約9割6分に相当します），本来であればこのタイミングで，労基法39条の「8割以上」という出勤率の要件も見直されるべきだったと考えますが，結局見直されることなく，8割以上という基準は残ったまま，実質的な週休2日制が導入されるに至っています。

　したがって，出勤不良が普通解雇事由に該当するかどうかという問題は，出勤率が8割未満の従業員を対象とした議論になると思います。

　ただし，私傷病により継続的に労務提供ができないという場合は休職事由になることも多いので（210頁），なぜ出勤率が8割に満たなかったのかという欠

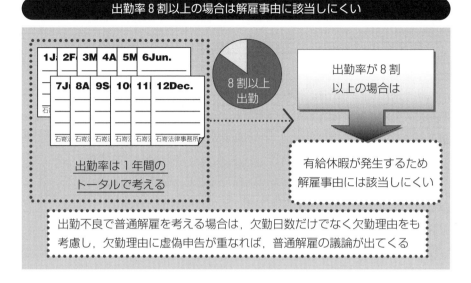

勤理由が問題になります。

2　欠勤日数だけでなく欠勤理由が重要な要素である

　出勤不良で普通解雇を考える場合，欠勤「日数」だけでなく欠勤「理由」が重要となります。会社が承認できない欠勤や無断欠勤，虚偽申告などがあるか否かを加味して考えるのがもっとも実務的です。

　出勤状態が不良な従業員に対しては，厳しく指導し改善を求めます。それでも出勤率が8割に満たない場合に，普通解雇の議論が出てきます。もちろん，出勤率が8割に達していても，病気といいながらパチンコや競馬に興じていたなどの虚偽の申告が重なれば，虚偽申告と欠勤の問題があいまって普通解雇事由になると思います。

　なお，欠勤による解雇は，後述のとおり，能力不足による解雇とは改善プロセスが異なります。能力不足による解雇では労務提供それ自体はなされており，能力不足であるが故に不完全履行となっているのに対し，欠勤は契約内容とな

っている労務提供が一切なされていない債務不履行の状態であるからです。

3　労務提供は労働者の義務で「欠勤権」という権利はない

　欠勤の問題については，次の原則を覚えておく必要があります。それは，「労働者に欠勤する権利はない」ということです。労働者の持っている権利は賃金請求権です。労務提供は義務であって権利ではありません。使用者が許可しない限り，労務提供の義務を免れることはできないのです。

　極端なことをいえば，たとえ朝起きて40度の熱があって，出勤することすら困難な状況にあっても，休む権利が生じるわけではありません。使用者が欠勤を許可しなければ，労務提供の義務があるのです。もっとも，その義務を履行しなかった場合に，使用者がそれを無断欠勤または無承認欠勤にあたるとして懲戒処分をすれば，その欠勤についてやむをえない事由があるとして，懲戒権の濫用と判断されて無効となるというのが基本的な立場といえます。

　欠勤については，常に使用者が承認するかどうかにかかっています。もともと労働者に欠勤する権利はなく，やむをえない欠勤理由があるとみなすかどうかは使用者の判断によります。そして，使用者が労働者の欠勤申請を特別の手続なく承認しているのは，やむをえない欠勤理由があるとの共通認識に基づく信頼関係が，両者の間に築かれているからです。したがって，出勤率が良好な従業員ならば，「熱があってフラフラする」とか「腹痛で動けない」などの欠勤理由であっても使用者から認められるかもしれません。しかし，出勤率が悪い従業員については，その程度の理由では必ずしも使用者は欠勤を認めず，真に労務提供が困難か否かの証明を求めることになります。本来，診断書の記載が「加療を要する」との診断であれば，それに必要な時間の欠務のみ認めれば足り，出社そのものは求めてもよいはずです。「安静加療を要する」との診断ではじめて，欠勤の問題が発生するはずです。そして，その証明ができない場合には，無承認欠勤などを理由とした懲戒，そしてそれが頻繁に発生すれば解雇論が出てくる可能性があります。

4 欠勤日数に関係なく診断書の提出を求められる規定をつくる

　労働者は申請したからといって欠勤できるというわけではなく，使用者の承認が必要です（ただし，就業規則に届出により欠勤しうるとの明確な規定があれば，それに従うことになります。その場合は，事後的にその届出事由について虚偽がないかを常にチェックする必要があります）。事前報告でも事後報告でも，欠勤理由の真実性についてチェックし，使用者がやむをえないとして承認した場合にだけ欠勤が認められます。それ以外は，無断欠勤または無承認欠勤という取扱いとなります。

　注意したいのは，就業規則の規定の仕方です。就業規則に「4日（あるいは5日）以上連続して欠勤する場合は診断書を提出すること」などと規定している企業がみられます。医師にみてもらい1回診断書をとるにも，何千円という費用がかかり，労働者の負担が大きくなるからです。[*]

> ＊　診断書の料金は各医院により異なります。産労総合研究所による「2012年医療文書作成業務・文書料金実態調査」では，診断書は自院様式の場合，全国平均で，簡易なものは2,337円，複雑なものは3,665円となっています。
> 　最高額は，簡易なものは5,250円，複雑なものが10,500円，最低額はいずれも1,000円となっています。

　勤務態度が良好な従業員に対しては，診断書の提出を求めず，本人の申告のみで判断する場合もあります。これは，労使の信頼関係が成り立っているからこそといえますし，その取扱いで構わないと思います。

　しかし，1日や2日の欠勤が間断なく続いている従業員，つまり信頼できない従業員については，たとえ1日の欠勤でも診断書を求める必要があります。そして，提出された診断書をもとに労務提供できるか否かを判断します。上記規定では1日や2日の欠勤では診断書の提出を求めることができないため，不備があることは明白です。欠勤については日数に関係なく診断書の提出を求めてもよいと思います。

　そして，信頼関係が築かれていると考えられる従業員に対しては診断書の提

出を求めず，信頼関係が破壊されている，もしくは問題があると思われる従業員に対しては，たとえ１日の欠勤でも診断書の提出を求められる就業規則にしておくべきと考えます。

たとえば，「会社は，従業員が私傷病を理由に欠勤する場合，医師の診断書の提出を求めることがある」と規定し，さらに，従業員から提出された医師の診断書に疑義がある場合に対応できるよう，「前項の診断書が提出された場合といえども，必要があれば従業員に対し会社の指定する医師への受診を求めることがある」としておけば，会社として問題のある従業員に一定の対応ができると考えます。実務では，主治医の診断書に基づく労務管理をすることは絶対に避けるべきです。主治医の診断書は本人や家族の希望を多く反映しており，また業務遂行ができるか否かの観点からの判断が乏しいからです（この点は，第４章第４節で詳細に説明します）。

なお，欠勤理由に虚偽があると判断される場合は懲戒しておくべきです。譴責あるいは減給という程度でも懲戒して，従業員に是正の機会を与えておきます。それにもかかわらず，欠勤が多い，欠勤理由があいまいである，申告に虚偽があったなどの場合は，総合的に勘案して普通解雇を選択する場合も生じてくるといえます。

5　出勤不良による解雇に関する裁判例

裁判例では，通勤途上の負傷や私傷病等を理由に，４回の長期欠勤（４カ月間，５カ月間，１年間，６カ月間）をはじめ約５年５カ月のうち約２年４カ月を欠勤し，最後の長期欠勤の前２年間の出社日数のうち約４割が遅刻であった従業員につき，「原告は，…４度の長期欠勤を含め傷病欠勤が非常に多く，その総日数は約５年５か月のうち約２年４か月に及び，長期欠勤明けの出勤にも消極的な姿勢を示したこと，出勤しても遅刻が非常に多く，離席も多かったこと，出勤時の勤務実績も劣悪で，担当業務を指示どおりに遂行することができず，他の従業員が肩代わりをしたり，時には後始末のために少なからぬ時間を割か

なければならず，被告の業務に支障を与えたことが認められる。これらによれ
ば，原告は，労働能力が甚だしく低く，被告の業務に支障を生じさせていたと
いうべきである」とし，「原告は，普通解雇事由を定めた労働協約27条1項3号
及び就業規則50条1項3号の『労働能率が著しく低く，会社の事務能率上支障
があると認められる場合』に該当すると認められる」としています（東京海上
火災保険〔普通解雇〕事件＝東京地判平12.7.28労判797-65）。

　他方，出勤不良を理由に普通解雇する場合であっても，勤務態度不良が原因
となり出勤不良の結果が生じている場合には，注意・指導および出勤の指示・
命令を行っておくことが重要です。裁判例では，「原告は，所属長に無断で欠
勤・早退・遅刻・離席を繰り返し，…昭和46年9月以降の約1年間ほとんど勤
務しなかったこと，出勤表は…毎日記載すること，また，欠勤の際は直接の上
司…に直接連絡することなどの上司の指示・命令に従わなかったこと，上司に
より命ぜられた業務をほとんど履行しなかったこと，この間再三にわたり注
意・警告を受けても反省するどころか一切無視して改めず，かえって反抗し，
…以上のような言動は，時が経過するに従い一層顕著となっていった」という
事情のもとで，「上司の指示，命令に従って誠実に労務を提供するという労働契
約上の基本的債務を履行する意思なしとの被告の判断は客観的妥当性を有する
と認められる」とされています（日本テレビ放送網事件＝東京地判昭62.7.31
労判503-45）。

　このような裁判例の事案は極端なケースといえ，労務提供は労働者の基本的
な義務ですから，出勤不良に対しては，改善の一定の手続をとっても改善しな
い場合には，普通解雇の正当性が肯定されると考えています。[*]

　　＊　**建設技術研究所事件**＝大阪地判平24.2.15労判1048-105
　　　約4カ月半にわたり正当な理由のない欠勤を続けていることを理由に解雇された事案
　　において，原告の上記勤務状況は普通解雇事由に該当するとしたうえで，「被告は，…原
　　告が欠勤状態と扱われている旨を伝えた上，出勤するか，休養の必要性を認める診断書
　　を提出するかのいずれかをするように，繰り返し求めており，これに応じない原告に対
　　し，被告の労働組合に通知した上で退職勧告書を送付し，本件解雇をしたものであって，
　　解雇に先立ち，適正な手続を踏んでいるといえる。そして，被告の労働組合も，原告の出
　　勤しない状態が欠勤と扱われているのは当然であると認識していたものである」として，

本件解雇は権利濫用にもあたらず有効であると判示しています。

第3章／正社員の普通解雇 ◀195

第9節　勤務態度不良・企業秩序を乱したことを理由に解雇できるか

1　使用者に求められる改善努力は企業規模や雇用実態によって違ってくる

　勤務態度不良や企業秩序を乱す行為がみられ，就業規則の「勤務態度が不良であるとき」などの普通解雇事由に該当するとしても，一度だけではその解雇が有効とは判断されません。何回もくり返され，その積み重ねによって業務遂行のうえで問題が生じるような場合に，その解雇が有効となる可能性が出てきます。いわゆる「積み重ね論」です。

　裁判例の中にも，「それぞれの事実を個々にみれば，中には程度の軽微なものもないわけではないが，これらを全体としてみた場合には解雇理由として既に十分であり，これを理由とする解雇を解雇権の濫用とみることはできない」(インチケープ・マーケティング・ジャパン事件＝大阪地決平7.12.21労判688-27)，「原告の行状の数々は，その一つ一つを個別に取り上げる限り必ずしも重大な不都合とはいえないものの，これを全体としてみた場合，組織として活動している会社にとって決して看過することのできない事柄であるというべく，これは，被告の就業規則…所定の『仕事の能力が甚だしく劣るか，又は甚だしく職務に怠慢で担当業務をはたし得ないと認めたとき』に該当するか，少なくとも…『その他前各号に準ずる程度のやむを得ない事由があるとき』に該当するというべきである」(シンワ事件＝東京地判平10.3.3労経速1666-23)，「認定した個々の事実については，その一つをとって解雇事由とするには，いずれもいささか小さな事実にすぎない。ただ，…原告は，その上司に当たる被告丙や経理担当課長の被告丁に反抗的であり，過激な言辞を発してその指示に素直には従わず，また，K (筆者注：他の従業員) に対しても，不穏当な言動をしているのであるが，これらを総合すれば，原告には，総じて，上司たる被告丙や被告丁に反抗的で，他の従業員に対しても，ときに感情的な対応をする傾向が

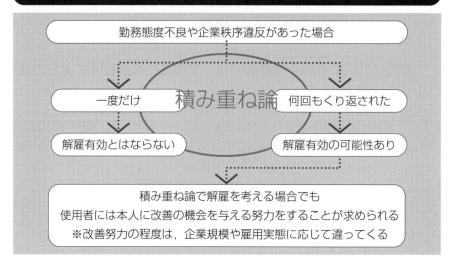

あったといわなければならない。…原告の種々の言動は、部下の上司に対する言動としてみれば程度を超えており、被告丁やKに対する言動も職場の秩序を乱すものといわざるを得ない。そうであれば、原告を解雇した被告会社の措置は、その効力を否定することはできず、これを解雇権の濫用とする事由もない」（山本香料事件＝大阪地判平10.7.29労判749-26）と判断するものがあります。

また、「これらの事実（筆者注：会社が主張する解雇事由該当事実）はこれを一つ一つ取り上げると比較的些細なものが多いように思われるが、企業全体として統一的・継続的な事務処理が要求される事柄について、被控訴人は独自の見解で合理的であると考えて上司の指示に従わず自己の事務処理方針を変えないという態度が顕著である。…被控訴人のこのような態度はそれぞれについて控訴人の事務の進行に支障をもたらすものである上、職場全体の秩序、人間関係に悪影響を及ぼすものである。…被控訴人については就業規則39条2号の『勤務成績又は能率が著しく不良で、就業に適しないと認めるとき』に該当するものと認められる」と判断した裁判例があります（カジマ・リノベイト事件＝東京高判平14.9.30労判849-129）。

この「積み重ね論」で解雇しようと考えた場合でも，会社が十分な注意・指導をして，本人に改善の機会を与える努力をすることが求められます。前掲カジマ・リノベイト事件では，「本件第1けん責処分後から第4けん責処分に至るまでの控訴人及び被控訴人の対応等については…全体としてけん責処分が被控訴人の弁明の機会を与えないでされた不当なものであるとは認められない」と認定され，被控訴人（労働者）に対し，懲戒処分である譴責処分を4度にわたり行い，改善の機会を付与していたことに着目し，解雇有効としています[*1]。どの程度の改善努力が使用者に求められるかは，企業規模や，新卒一括採用されたゼネラリストなのか中途採用者なのかによっても，その差が大きく出てきます[*2]。

＊1　本件の第一審が，改善の機会を付与したか否かをマニュアル化した判断により解雇無効としたことについては，第3節2（104頁）で述べたとおりです。

＊2　関連裁判例

① 解雇有効とした裁判例

ア　岡畑興産事件＝東京地判平23.5.10労判1039-90［控訴審にて和解成立］

労務提供の意思の欠如等を理由に解雇された事案において，裁判所は，原告が，勤務時間中に職務以外の個人的興味の対象の研究・調査に時間を割き，営業部員が必要とする情報を適時に提供することを怠っていたこと，また退職勧奨に対し，失業手当をスムーズに受けるために懲戒解雇せよとか，週4日勤務へ変更せよなどと要求し，出勤指示に対しては，同指示に従えないと表明して欠勤をくり返していたことなどについて，「原告の言動は，職務専念義務に違反し，さらに職場放棄に匹敵するような身勝手なものといわざるを得ない」と判示しました。

そして，被告が原告の要求を一部受け入れ再雇用に向けた交渉をするも，同交渉は結局，原告が私用電話を注意されたことに激怒し，貸与されたパソコンを持ち帰ろうとした挙句に，これを制止されたらパソコンの初期化をしてしまうという理不尽な行動をとったために決裂したことについて，「原告は，本件解雇を自ら招くような言動をしている。」とされました。

そのうえで，原告が飲み過ぎて遅刻をくり返したり，空港で予約していた便を乗り過ごすなど，飲酒癖により周囲に相当の迷惑をかけていたことについては，「原告は労務提供の意思を欠いているという被告の判断の相当性を補強するものということができる」として，解雇有効としました。

イ　新潟地判平23.7.26判例集未掲載［控訴審にて和解成立］

家賃補助を不正に受給し，紹介手当についても不正に受給しようとしており，また

合理的な理由なく上司の指示に従わず，注意を受けると反発することがあった労働者を解雇した事案において，とくに不正受給の点が重視されて，解雇有効と判示されました。

ウ　日本ヒューレット・パッカード〔解雇〕事件＝東京地判平24.7.18労判1073-11，東京高判平25.3.21労判1073-5［上告棄却・不受理］

　大企業で，勤務態度不良を理由とする解雇の有効性が争われた事案において，被告が，原告に対して約5年間にわたり改善プログラムを適用していたこと，複数の上司による日常的な指導を通じて，業務能力・勤務態度上の問題の改善を試みたにもかかわらず改善されなかったこと，そして退職勧奨の前提となる制度の適用，降格という手順をおって解雇をするに至っていたことから，解雇有効と判示されました。

② **解雇無効とした裁判例**

セネック事件＝東京地決平23.2.21労判1030-72

　怠慢な職務態度をとり続け，社内秩序を乱すなど，新体制への協力姿勢もみられなかったことなど（敵意といっても過言ではない姿勢がみられた）を理由に解雇された事案において，「債務者の主張する本件解雇事由…は，いずれも企業経営に重大な支障を及ぼすなど即刻企業から排斥することをやむなしとする程のレベルに達していたかは疑問がある上，その内容からみても債務者としては先ずは然るべき教育指導等を行うことによって同債権者に改善の余地等があるか否かを慎重に見定める必要があったものというべきである」ところ，「（筆者注：本件解雇は）いかにも拙速というよりほかないものである」などとして，社会通念上相当であるとは認められないとして，解雇無効としました。

2　長期雇用が予定されて採用されたゼネラリストの場合に求められる改善努力

　長期雇用が予定されて採用されたゼネラリストの場合には，譴責などの懲戒処分を実施する必要があるといえます。

　上司に反抗的であるなどの勤務態度不良や企業秩序を乱す行為が頻繁にみられる従業員については，書面で問題点を明らかにし，注意を与えます。そして，実際の業務の中で改善するように指導を行います。この改善指導は，普通解雇のための準備と考えず，採用した人員の有効活用の観点から行うことが求められます。

　実務ではこの観点が最も重要だといえます。人材の有効活用が労務管理の本務ですし，この使用者の真摯な態度があってこそ，労働者の改善もありうると

考えるからです。そのような使用者の態度にもかかわらず，労働者に改善の姿勢がなければ，やむをえない措置として普通解雇が認められるといえます。

改善指導後は，3カ月間程度，勤務態度や日常の行動をチェックします。その3カ月間に同じような勤務態度不良や企業秩序を乱す行為がみられるようであれば，譴責や減給などの懲戒処分を実施すべきです。

もちろん，それまでの日常行ってきた注意については，記録を残しておきます。記録には，第7節（協調性不足）4で説明したのと同様に，注意を受けた従業員の態度（注意に対して，「無視した」，「反発した」，「自己弁護した」などの内容）も詳細に記載しておく必要があります。注意は，労働者に対し是正の機会を与える行為ですから，「無視」，「反発」，「自己弁護」のような労働者の姿勢は，多くの場合，改善の見込みが少ないとの証明になるといえます。また，どの程度業務上の支障が出ているかの基準も重要です。そして，懲戒事由となった事実を十分に説明したうえで本人の反省を促し，改善の指導をします。その後，再度3カ月間，勤務態度や行動をチェックします。当然のことながら，問題があればOJTなどを通して注意・指導し，なお勤務態度不良や企業秩序を乱す行為がみられるようであれば，譴責や減給などの懲戒処分を再度実施します。

それでも改善されなければ，その時点で解雇を通告することが考えられます。しかし，実務ではトラブルを起こさないために，解雇理由書を作成して，「できれば退職した方が，あなたの将来のためにもよいと思う。退職届を出してくれるなら，普通解雇はしない」との提案をすべきです。この点に関する実務としては，後に労働者から「強迫」や「錯誤」を主張されるリスクを考慮することが必要です（詳細は第2章第5節を参照してください）。

なお，注意すべきなのは，懲戒を経由していても「普通解雇」であって，「懲戒解雇」ではないということです。ここまで手続を踏めば，筆者は，解雇の社会的相当性が認められ普通解雇は有効となると考えますが，それでも裁判になった場合，まだ敗訴のリスクが残っているだろうと思います。敗訴のリスクをなくすとするならば，普通解雇する前に数日間の出勤停止処分を科し，その後，

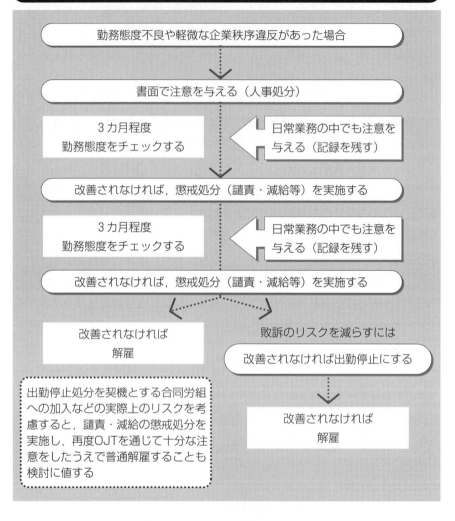

改善されなければ普通解雇するという手続をとります。出勤停止処分には、「それでも改善がみられない場合には解雇します」ということを予告する意味が含まれています。そこまでしておけば、仮に解雇に厳しい規制を考える裁判官が事件を担当したとしても、裁判所は普通解雇を認めてくれるだろうと思い

ます。

　もっとも現実問題として，注意書を渡し，譴責・減給などの懲戒処分も2回程度行い，日常の注意もくり返し行っているにもかかわらず，勤務態度不良や企業秩序を乱す行為が改善されない場合は，出勤停止処分までしても，その従業員が「次は解雇される」と認識して行動を改めることはまれだろうと思います。

　このような従業員の場合は，協調性がないというケースとは少し異なる気がします。結局，従業員の方がずる賢くなってしまい，会社が労務管理上，大変な思いをするのではないかと予測します。したがって，出勤停止処分の前段階で前述のように十分な改善の機会を付与すれば，解雇することも許されるのではないだろうかと考えます。

　また，勤務態度不良の従業員は，自らの行動を改めることがないにもかかわらず，権利意識だけは強い場合も往々にしてみられます。そして，出勤停止処分にすると，合同労組等に相談し，加入することがあります。こうなると，実務においては解雇は難しくなります。合同労組等としても，組合員が解雇される以上，相当の行動をとると考えられますし，企業としても合同労組等との労使交渉をしていかなければならないからです。

　また，解雇される前に合同労組等に加入する場合と，解雇されてから加入する場合とでは，合同労組等の対応（闘争方式）も大きく変わってきます。組合員が解雇されるとなれば，合同労組等の面目もありますから，解雇撤回を前面に押し出して交渉してきます。しかし，解雇された労働者から救済を求められた場合は，解雇に伴う利益調整のための交渉になります。

　このようなリスクも考えると，やはり譴責・減給などの懲戒処分を実施し，再度，日常のOJTを通じて十分な注意を行ったうえで普通解雇とすることも，十分検討に値すると考えます。

3 中小零細企業の中途採用者の場合に求められる改善努力

　中小零細企業の中途採用者の場合は，大企業の長期雇用を前提として採用されたゼネラリストとは違った取扱いになります。中小零細企業の雇用は流動化していますし，何度か転職をくり返している人がほとんどですから，雇用される従業員自身もすでに企業での処し方について十分認識しているはずです。

　そのような従業員が，勤務態度不良・企業秩序を乱すなどの問題を起こした場合の是正手続や期間，注意の内容・回数は，長期雇用を前提で採用されたゼネラリストに対して行う手続よりも少なくてよいと考えられます。つまり，使用者に求められる勤務態度改善に対する努力の程度が低くなると考えます。

　この点，「原告らの勤務場所が小規模の映画館というサービス業であって，原告らの勤怠状況，勤務態度が不良で，これについての上司の注意によっても改善が見られず，『客に奉仕するつもりはない。』等と言い放つなどの前記諸事情を総合すれば，被告が原告らを解雇したことは，客観的合理性を欠くものではなく，社会通念上相当として是認することができないものではない」(熊谷興業事件＝東京地判平2.5.30労判563-14)，また，信頼関係破壊の言動について「債務者は建築の設計・監理という専門的な業務を扱う個人企業であることから，債権者は人間関係特に経営者井上社長との関係には配慮すべきであるということはできる」(井上達明建築事務所事件＝大阪地決平4.3.23労判623-65)など，中小零細企業の場合の勤務態度改善に対する努力の程度について，大企業の長期雇用者とは求める程度を低くしていると評価できる裁判例も多くあるといえます。

第3章／正社員の普通解雇 ◀203

第10節　就業規則の解雇事由と人事考課の関係

1　人事考課が低いことは解雇事由になるか

　就業規則の普通解雇事由に「著しく勤務成績が不良で改善の見込みがないとき」などと記載されている場合，注意しなければならないことがあります。ほとんどの企業では，従業員の人事考課を行っているはずです。その評価方法はさまざまですが，人事考課をA～Eなどの5段階で評価している企業が多数です。

　この場合，E評価は「明らかに勤務成績が不良で改善の見込みがない」，D評価は「ほぼ水準に達しているが，多少の改善が必要で，上司から必要最低限の援助を受けた」などという評価と考えられます。

　E評価であれば，「著しく勤務成績が不良で改善の見込みがない」という普通解雇事由に該当しえます。問題なのは，人事考課でD評価を受けた従業員が，就業規則の普通解雇事由に該当するといえるかです。

　一般的に，企業における人事考課は，比較的甘く行われているといっても過言ではありません。本来ならば5段階中最低のE評価をつけられるような従業員に対しても，D評価をつけています。しかし，この甘い人事考課が，勤務態度不良の従業員を普通解雇しようとしたときに足かせになることがあります。就業規則の普通解雇事由は人事考課がE評価の従業員をいうのであって，D評価では就業規則の普通解雇事由に該当しないという議論が起こりうるのです。ですから，就業規則の規定の仕方に注意することはもちろん，人事考課についても厳正な評価をしておく必要があります。[*]

　＊　**日本ベリサイン事件**＝東京地判平22.12.27労判1031-62，東京高判平24.3.26労判1065-74［上告却下］

　　　内部監査室長として年俸1,200万円で雇用された原告が，能力不足等を理由に解雇された事案において，一審は，「5段階評価中下から2番目のC評価であり，当該評価をもって，原告の解雇を相当と認めることはできないといわなければならない。」として解雇無

効と判示しました。もっとも，同判決は控訴審において覆され，控訴審は，一審原告を相応の役職の幹部職員として雇用を維持することはもはや困難になっているなどとして，解雇有効と判示しました。

仮に，3年間D評価を与えてきたが，従業員100人中，その3年間にD評価を受けた者は他にいない，あるいは1人か2人しかいないような場合（その従業員の勤務成績が最も悪い場合）は，人事考課が甘く行われていたためにD評価が与えられていたとの証明ができれば，就業規則の普通解雇事由と人事考課結果の間の齟齬についての説明ができると思います。

ただし，従業員全員の人事考課結果を証拠として提出することになりますから，実務としては非常に困難な状況に陥ります。会社の人事考課を証拠として提出した場合，インターネットで公開されてしまう危険さえあります。証明できない場合は，人事考課結果をもとに，就業規則の普通解雇事由への該当性，解雇の社会的相当性が否定されることがあると思います。このように，甘い人事考課を行っていると，裁判となった場合に不利となりますので，人事考課は厳格に行っておく必要があります。

2 人事考課の過程を記録化すること

他方，企業では，人事考課の過程を詳細に記録化するという意識が不十分です。多くの企業では，評価の結果は記録化されています。しかし，なぜそのような評価に至ったのかというプロセスは記録化されていないことが一般的です。

人事考課は，従業員の業務遂行に対し，評価者が一定の判断を行った結果としての評価です。したがって，人事考課には，従業員のどのような業務遂行を評価の対象としたのか，評価者はその業務遂行についてどのような評価をしたのか，それ以外に考慮した要素があったのかという判断プロセスが存在します。

これらを記録化しておくことで，人事考課の正当性を説明しやすくなります。また，先ほど説明したような，人事考課が甘く行われていたためにD評価が与えられていたとの証明にも資すると考えます。

3　人事考課におけるフィードバックの重要性

　人事考課の結果を理由に普通解雇を検討する場合には，フィードバックのための面談を実施しておくことが重要です。フィードバックのための面談においては，従業員に対して，なぜこのような評価となったのかを説明し，今後どのようにすれば改善できるのかを指導することで，改善のチャンスを与えます。

　また，従業員に十分な改善のチャンスを与えるという観点からすれば，人事考課に対する苦情処理システムを整備しておくことも重要です。人事考課の結果を説明し，その評価に至った判断プロセスを伝えて，改善方法を指導したとしても，その判断プロセスや指導内容が十分なものでなかった場合には，従業員に十分な改善のチャンスを与えたとはいえません。当然のことながら，従業員はフィードバックに不満を持つと思われます。改善のチャンスを十分に与え，従業員に自らの問題点を理解させるためには，従業員からの不満の声を受け付ける苦情処理のシステムが必要です。

　このように，人事考課のフィードバックを実施し，苦情処理システムを整備し，従業員に十分な改善のチャンスを与えて改善手続をくり返したにもかかわらず人事考課が改善しない場合には，普通解雇を検討することになります。

▶ 第1編／労働契約の解消

第11節　傷病で業務が遂行できないことを理由に解雇できるか

1　傷病による履行不能や不完全履行は解雇事由になるか

　従業員が傷病によって雇用契約の本旨に従った労務提供が全くできなくなった場合や一部しかできなくなった場合は，契約上の債務が不履行となっていますので，これらは原則として普通解雇事由に該当します。

(1)　業務災害の場合

　しかし，業務が原因で傷病が発症し，従来の業務が遂行できなくなった場合，従業員の労務提供義務は履行不能となりますが，労基法19条1項本文の解雇制限の規定が適用されますので，療養のために休業する期間およびその後30日間は，解雇することができません（解雇制限の例外については第4節の **6** を参照してください）。

　一方，不完全履行，つまり症状が固定した（たとえば，片腕を切断したあと傷口がふさがったなど）にもかかわらず，それまでの労務（両腕を使う作業）が提供できない場合も，労働契約の内容を履行することができないという理由で，解雇の可能性も出てきます。しかし，そもそも業務災害がなければ従業員は労務提供できていたはずですから，そう簡単には解雇できないと考えます。

　次のような裁判例（光洋運輸事件＝名古屋地判平元.7.28労判567-64）があります。従業員12名全員が運転手のみで構成される零細な運送会社で，トラック運転手が鞭打ち（業務災害）で従来の業務ができなくなりました。会社は，その労災事故から約5年7カ月，症状固定時からも約2年6カ月の間，当該運転手が療養，入院・通院のための休業，早退などを反復継続し，トラック運転業務に就いたのがわずかの期間にすぎないにもかかわらず，雇用を継続しました。さらに，本来の業務ではない伝票作成補助などの軽作業に従事させ，治療，

精神障害等および脳・心臓疾患の労災補償状況

区分	年度	H3	H4	H5	H6	H7	H8	H9	H10	H11	H12	H13	H14	H15	H16	H17	H18	H19	H20	H21	H22	H23	H24	H25	H26	H27	H28
精神障害	請求件数	2	2	7	13	13	18	41	42	155	212	265	341	447	524	656	819	952	927	1136	1181	1272	1257	1409	1456	1515	1586
	認定件数	0	2	0	0	1	2	2	4	14	36	70	100	108	130	127	205	268	269	234	308	325	475	436	497	472	498
うち自殺（未遂含む）	請求件数	0	1	3	5	10	11	30	29	93	100	92	112	122	121	147	176	164	148	157	171	202	169	177	213	199	198
	認定件数	0	0	0	0	0	1	2	3	11	19	31	43	40	45	42	66	81	66	63	65	66	93	63	99	93	84

区分	年度	H11	H12	H13	H14	H15	H16	H17	H18	H19	H20	H21	H22	H23	H24	H25	H26	H27	H28
脳・心臓疾患	請求件数	493	617	690	819	742	816	869	938	931	889	767	802	898	842	784	763	795	825
	認定件数	81	85	143	317	314	294	330	355	392	377	293	285	310	338	306	277	251	260
うち死亡	請求件数	－	－	－	355	319	335	336	315	318	304	237	270	302	285	283	242	283	261
	認定件数	48	45	58	160	158	150	157	147	142	158	106	113	121	123	133	121	96	107

〔出典〕厚生労働省発表「過労死等の労災補償状況（平成28年度）」

リハビリテーションのための欠勤や早退を許すなど，できる限り便宜を図り，鞭打ちが回復するようにサポートしました。解雇に先立っても，弁護士を交えて話合いの機会を持ち，所属組合とも協議，同意を得たうえで解雇に踏み切りました。この解雇は有効と判断されています。この事案のポイントは，職場復帰について会社の誠実な支援という事実があった点にあるといえます。

このような事情のある場合に，従来の業務を遂行する能力がない，会社にも

配転させるだけの業務がないと認められれば，解雇することができるといえます。

ただし，傷病が業務災害によるもので，会社に安全配慮義務違反が認められる場合には，それによって喪失した職務遂行能力の程度に従って，将来の逸失利益に関する損害賠償の問題が残ります。

⑵　私傷病の場合

業務災害ではなく，本人の領域に属する傷病（私傷病）を要因とする債務不履行の問題は，普通解雇事由で考えることになります。会社に責任のない私傷病による長期の履行不能や不完全履行は，典型的な普通解雇事由です。なぜなら，労務提供という契約の本質に違反があるからです。

多くの企業が，就業規則に普通解雇事由として，「身体，精神の故障で業務に耐えないとき」と履行不能を想定して規定していますが，不完全履行も解雇事由であることを明確にするためには，「身体，精神の故障で業務に耐えないとき，または不完全な労務提供しかできないとき」としておくべきです。

2　私傷病を理由とした普通解雇と休職システムの関係

現在，日本の多くの企業は，休職システムを導入しています。休職とは，官公庁に次いで大企業で認められてきたシステムで，長期雇用者について，そのスキルアップした人材を有効活用する方法の１つとして，回復する機会を与え，解雇を猶予するものです。私傷病を理由とした普通解雇の問題では，この休職システムが非常に重要なポイントになります。

休職システムとは，一般的に説明すれば，私傷病で欠勤ないし不完全な労務提供が２〜３カ月間続いた場合に，就業規則の規定に基づいて，勤続年数に応じた一定期間の休職期間を与え，休職期間満了時に治癒していれば復職を認め，治癒していなければ労働契約を解消するというシステムです。

私傷病で従来の業務が遂行できなくなった場合，普通解雇か休職かを区別す

る基準が問題となりますが、以下のようなものが現在の就業規則文言上の基準だと思います。

---

① 就業規則で定めた休職期間中に傷病が治癒して労務提供できる状態に戻る蓋然性があれば休職
② 休職期間内では治癒することが困難で、従来の労務提供を行うことができない場合は解雇（ただし、障害者雇用促進法上の障害者に該当する場合には配慮をする）

裁判例（農林漁業金融公庫事件＝東京地判平18.2.6労判911-5）も、私傷病により心肺停止後、低酸素脳症による高次脳機能障害となり就労能力を喪失していた労働者について、客観的な当該労働者の病状・就労能力とも一致する資料に基づいて就労能力はないと判断し、休職命令を発することなく解雇したことについて、その正当性を肯定しています（主治医との面談だけで判断し、産業

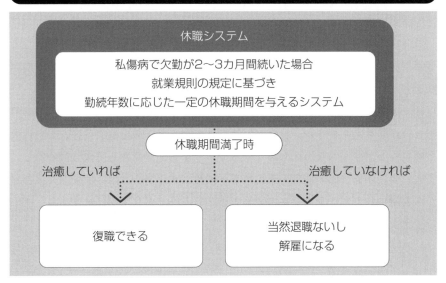

医の診断を受けさせていないことが使用者の判断手続として相当性を欠くことになるものではないとも判断しています。しかし，裁判で争われる場合を想定し，実務では，専門医である産業医等の診断を受けさせるべきであると考えます）。

3 私傷病を解雇事由ではなく休職事由と考える

法や契約の解釈は別として，従来，とくに大企業では，休職に入る前に休職期間中に治癒する蓋然性が高いかどうかという判断はほとんどされていませんでした。加えて，解雇ということになれば，社会保険（厚生年金保険・健康保険）や法定外の福利厚生（社宅など）の問題が生じるため，できる限り休職を適用してその従業員の地位を守るというのが，これまでの大企業のスタイルでしたし，現在でも多くの企業でこの手法が採られているといえます。筆者は，企業に根付いた労務管理手法として評価できると考えます。

この実態を捉えて，個人的には，私傷病は解雇事由と考えず，休職事由と考えています。休職事由と考えれば，休職期間満了までに治癒したかどうかの認定の問題になります。

私傷病の場合，実務では，復職の可能性の程度で区別せず，休職を適用してケガや病気を治して復職するチャンスを与えるのが，解雇の社会的相当性の判断を考えたとき，より無難な対応だといえます。

また，休職期間中の賃金については無給として取り扱うべきです。会社の負担という面もありますが，賃金が保障されていると，職場に戻る努力を怠ることにもつながりかねない面もあるからです。なお，無給として取り扱ったとしても，会社が健康保険法上の適用事業所に該当する場合[*]には，健康保険組合等から支給される傷病手当金を申請することによって，私傷病により休職している従業員の生活は一定程度保障されます。

> [*] 健康保険法において，船員保険の被保険者，臨時の使用の者等の一部例外をのぞき（3条1項但書），適用事業所に使用される者は同法上の被保険者となります（3条1項本

文）。

そして，同3項において，適用事業所とは以下に該当する場合をいうとされています。

一　次に掲げる事業の事業所であって，常時5人以上の従業員を使用するもの

　　イ　物の製造，加工，選別，包装，修理又は解体の事業

　　ロ　土木，建築その他工作物の建設，改造，保存，修理，変更，破壊，解体又はその準備の事業

　　ハ　鉱物の採掘又は採取の事業

　　ニ　電気又は動力の発生，伝導又は供給の事業

　　ホ　貨物又は旅客の運送の事業

　　ヘ　貨物積卸しの事業

　　ト　焼却，清掃又はとさつの事業

　　チ　物の販売又は配給の事業

　　リ　金融又は保険の事業

　　ヌ　物の保管又は賃貸の事業

　　ル　媒介周旋の事業

　　ヲ　集金，案内又は広告の事業

　　ワ　教育，研究又は調査の事業

　　カ　疾病の治療，助産その他医療の事業

　　ヨ　通信又は報道の事業

　　タ　社会福祉法に定める社会福祉事業及び更生保護事業法に定める更生保護事業

二　前号に掲げるもののほか，国，地方公共団体又は法人の事業所であって，常時従業員を使用するもの

したがって，法人ではない農林水産等の第一次産業，飲食店旅館等のサービス業，弁護士事務所等は強制適用事業所にはあたらないことになります。ただし，事業主が「当該事業所に使用される者（被保険者となるべき者に限る。）の2分の1以上の同意を得て」，申請をし（31条2項），厚生労働大臣の認可を受けた場合には，当該事業所を適用事業所とすることができます（31条1項）。

4　私傷病と業務災害の違いを認識しておくことが重要

このように傷病を理由とした労働契約解消の問題を考える場合，私傷病と業務災害の違いを十分に認識しておく必要があります。

業務災害による疾病，負傷による休業の場合，労基法19条の解雇制限，同法39条の有給休暇，同法第8章の災害補償などに留意しなければなりません。

第1編／労働契約の解消

　一方，私傷病は業務災害ではなく，従業員個人の責任によるものです。たとえば通勤途中のケガなどは，あくまでも私傷病です（労災保険給付の対象にはなります）。労働者の労務提供は持参債務であり，通勤は労働者の負担だからです。したがって，通勤途中のケガによる労務提供義務の不履行には解雇制限はなく，就業規則の休職規定の問題となります。また，労基法上の災害補償の適用はありませんし，有給休暇の8割以上の出勤率を計算する場合の出勤ともみなされません。

第3章／正社員の普通解雇 ◀213

第12節　成果を出せないことを理由に解雇できるか

1　成果を出し，会社に貢献することは労働契約の内容である

　労働契約は，労働者が使用者に対し労務を提供し，使用者は労働者に対し労働の対価としての賃金を支払うという契約です。そして，使用者は労働者に対し指揮命令を行い，その目的である事業を運営し，利益を得るために労働契約を締結するのです。かかる労働契約の性質からすれば，労働者が，使用者の目的とする事業を運営するための業務を遂行し，一定の成果を上げ，会社に貢献することがその契約の内容となっているといえます。

　労働契約の内容である具体的な成果は，契約締結の際に約束されることもありますし，契約締結後に約束されることもあります。前者の例としては，ある専門職種に特定された中途採用の際に，あるプロジェクトを成功させることなど具体的な条件を示して雇用契約が締結される場合があげられます。後者の例としては，具体的成果を約束せずに中途採用されたものの，期待した成果が上がらないことから，これまでの職歴や経験に照らし，求められている成果を具体的に約束する場合があげられます。

　一方，新卒一括採用され，引き続き雇用されている従業員との間には，このような成果に関する約束は明確になされていないのが通常です。なぜなら，以下のような事情があったからです。昭和50年代には年功序列に基づく人事処遇が行われ，従業員の能力は，能力を発揮した結果である成果ではなく，勤続年数を中心に考えられていました。昭和50年代以降，企業の人事制度は職能人事制度に基づく処遇へと変容していきましたが，この制度下における従業員の能力は，その保有している能力はどの程度かという保有能力基準によって判断され，やはり成果から把握されるものではありませんでした。こうした事情からすれば，使用者は，労働者たる従業員に対し，勤続により身につけた保有能力を求めていたのであり，直接的に成果を求めて労務管理していたわけではあり

ません。したがって，通常は，成果に関する明確な約束がなされていなかったといえます。

　成果を出せないことを理由に普通解雇するには，具体的な成果が約束され，その約束違反であることが前提になります。そのため，従来は，従業員が成果を出せないことを理由に普通解雇を議論するのではなく，保有している能力が不足していること，勤務態度が不良であることなどを理由に普通解雇を議論することが一般的でした。

　しかし，現在は，成果主義人事に基づく処遇が広まり，従来の保有能力不足，勤務態度不良に加え，成果を出すことによって会社に貢献できないことに焦点が移ってきています。

2　会社に貢献しない従業員がクローズアップされてきた

　企業は，グローバル市場のもとでのコスト競争にさらされています。また，外資系投資ファンドが，当該企業において発言権を持つほど多くの株式を保有し，配当金額の大幅な引上げをはじめ，会社資本の効率的運用，ホワイトカラー従業員の生産性向上を要求する場面も多く発生しています。

　企業は，人件費の抑制を余儀なくされながらも，一方では限られた人員で生産性を向上させなければならないという厳しい状況にあります。当然，従業員には，これまで以上に結果を出すことが要求されます。成果主義的人事の導入が盛んに行われていることも，結果を出せない従業員に対する企業の厳しい姿勢を表しているともいえます。

　そうした状況において企業を悩ませているのが，期待された結果を出せない従業員への対応です。いま，いわゆる「問題社員」を論じる場合，企業秩序違反に加えて，「結果を出せない」という観点からも考える必要があります。

　もちろん，結果を出せないといっても要因はさまざまです。また，対応の仕方も要因によって違ってきます。従業員が結果を出せない要因として，次の3つを考えることができます。

| ① 能力がない場合（能力の欠如） |
| ② 能力を発揮しない場合 |
| ③ 能力を発揮できない場合 |

3 能力がないと考えられる従業員への対応

「能力がない場合」とは，企業が求める知識・技術を持っていない場合です。能力がないと考える従業員がいる場合，そのような従業員を抱えていても費用がかかるばかりですので，企業はやはり解雇を考えると思います。

一般的に，新卒一括採用された正社員については，能力不足を理由に解雇することは難しいといえます。新卒一括採用者の場合，特定業務に対する具体的な能力を想定して採用したわけではありませんから，この結論はやむをえないといえます。会社としては，社内での教育・訓練あるいは制度内での賃金処遇，配転などで対応することになります（第5節参照）。

しかし，営業部長として活躍してもらう目的でヘッドハンティングしてきたなど，地位を特定して採用した場合などは，能力不足を理由に解雇することもできます。ただし，地位を特定して採用したというためには，労働契約を締結する際，就任するポスト，業務内容，達成すべき目標などを雇用契約書で明確にし，賃金などの待遇も責任に見合ったものにしておく必要があります（第6節参照）。

4 能力を発揮しない従業員への対応

「能力を発揮しない場合」とは，やればできるかもしれないがやろうとしない，つまり，能力がありながら意欲がないという場合で，遅刻・欠勤，職務怠慢など勤務態度に問題があるケースがこれにあたります。自己の協調性のなさゆえ

に能力を発揮できない場合や，行動様式に問題があるために能力を発揮できない場合も，協調性がない点，行動様式に問題がある点を改善すれば能力を発揮できるのに，それをしようとしないのですから，「能力を発揮しない場合」に含まれます。

能力や業績に応じて報酬を支払うという成果主義は，従業員に能力を発揮させるインセンティブとなります。ただし，それでもやる気がなく，遅刻・欠勤，無断外出などをくり返す従業員に対しては，しかるべき対応が必要となります。労働契約で約束した就業日の出社時間に出社し，約束した仕事をすることは，労働者の基本的な義務であり，これを怠る場合は普通解雇の対象にもなります。

ただし，遅刻や欠勤を理由に解雇できるかどうかは，その理由や程度，本人の反省の有無，普段の勤務状況，会社の勤怠管理の状況などを勘案して判断されることであり，遅刻が多いからといって必ずしも解雇が有効とされるわけではありません。複数回にわたって注意・指導を行い，譴責などの懲戒処分を経ることにより，解雇が有効と認められる蓋然性が高くなります（第8節参照）。

実務で重要なことは，普段から勤怠管理を厳格に行っておくこと，そして遅刻や欠勤については記録として積み上げておき，明確に注意を与えておくことです。

また，無断外出など勤務態度不良がみられる場合も，解雇できるかどうかはさまざまな事情を考慮して判断されます。無断外出などの勤務態度不良がみられた場合は，書面で明確に注意を行い，懲戒などの方法で是正の機会を与えておくことが重要となります。そして，是正の機会を与えられながら改善されない場合に，解雇が本格的に議論されることになります（第9節参照）。

5　能力を発揮できない従業員への対応

「能力を発揮できない場合」とは，さまざまな事情により能力の発揮が妨げられている場合で，健康上の問題，とくに精神疾患がある場合と，私生活上の問題がある場合が考えられます。

(1) 健康上の問題（精神疾患）がある場合

　従業員の能力発揮を妨げる要因としてとくに問題となるのが，うつ病などの精神の病気です。勤務成績や態度，日常の言動などから精神の病気が疑われる従業員がいる場合，会社としてはまず，心療内科での診察や専門家によるカウンセリングを勧めることになると思います。最近では，うつ病が「こころの風邪」などといわれ，以前ほどの抵抗感はなくなったようにも思われますが，できるだけ従業員本人の納得のもとに受診させるように努めるべきです。受診の結果，精神の病気と診断され，かつ，労働契約で約束した労務提供ができないと判断された場合には，休職規定に基づき休職扱いとすることになります（第4章第2節参照）。

　近年，うつ病といっても，従来型のうつ病と比べて異質で，本当に病気だろうかと周りが考えてしまうような「うつ病」による従業員の欠勤などが問題となっています。

　こうした「うつ病」について，医学界では，逃避型うつ（広瀬徹也），現代型うつ病（松浪克文），未熟型うつ病（阿部隆明），ディスミチア親和型うつ病（樽味伸）という概念が発表されていますが，社会的には従来型のうつ病に対して，「新型うつ病」と呼ばれています。

　未熟型（人格面の未熟さを主な要因と考える立場）によれば，典型的な例は次のようなものです（大熊輝雄『現代臨床精神医学（改訂第11版）』383頁）。

　「患者の多くは幼少児期から保護された環境に育ち，葛藤や欲求不満の経験が少ないので，依存的，わがまま，自己中心的な人格に育ち，欲求不満に対する耐性が低い。一方ではプライドが高く，自己愛的な傾向が強い。したがって社会に出て就職し，与えられた仕事を義務づけられ，その成果を絶えず評価され，十分な仕事ができないと批判されるという環境に置かれると，それに適応することができず，困難な状況を回避して仕事を休むことになる。

　彼らは，毎朝仕事に行くことを考えると憂うつになり，朝寝床から出られず，意欲がわかず，そのまま休んでしまう。この場合，意図的に仕事をさぼるとい

うのではなく，神経症的な機序によって，反応的にうつ状態（意欲低下状態）になるのであろう。しかし，これまでのうつ病の概念に合わない点は，彼らは仕事以外の生活活動は普通にでき，仕事を休んでいるのに昼間からパソコンゲームに興じたり，ジムで運動したり，場合によっては家族と海外旅行に行ったりできる。いわば仕事という状況だけ回避していることになる。

未熟型の症例は，自分が仕事に適応できないことを会社のせい，上司のせいにするなど，他罰的であり（メランコリー型では自罰的である）自己反省に乏しい。治療面でも，抗うつ薬はあまり効果がなく，精神療法に導くことも容易ではないなど実際面でも困難が多い。」

つまり，仕事はできないが，私生活には何ら支障がないということです。このような症状に対する治療方法は，会社を退職してその仕事から離れ，新たな道を探す以外にないものと考えます。「新型うつ病」は確かに疾病であるのかもしれませんが，会社における労務提供の約束を履行しようとすることが原因でうつ状態になっているのですから，会社において労務を提供することを本旨とする労働契約の性質からすれば，普通解雇を猶予して休職扱いとするまでの必要はないと考えます。

ただし，実務では通常の精神の病気と同様の手続をとる方が無難であることは，いうまでもありません。とくに，大企業であれば休職手続でよいと考えます。

なお，健康に問題があるふりをして遅刻や欠勤をくり返す従業員に対しては，医師の診断書の提出，場合によっては会社の指定する医師への受診を命じるなどの対応が考えられます。同様に，健康上の問題を理由に仕事を十分にしない従業員に対しては，労務提供が不完全であることを理由に労務提供の受領を拒否することもできます。また，遅刻や欠勤などの程度によっては，その事実をもとに普通解雇も検討されることになります。

(2) 私生活上の問題がある場合

私生活上の問題は，異性関係のトラブルや多重債務を負っているなどのケー

スが考えられます。会社が従業員の私生活上の行為に干渉することは，プライバシーの侵害にもなり許されません。しかし，「企業の社会的信用を損なう」，「企業秩序を乱す」，あるいは「業務の円滑な遂行に支障が生じる」ような場合には，その限度で懲戒処分などの対象にもなりえます。ただし，社内恋愛（不倫関係は除く）も含めてプライベートでの異性関係のトラブルを「業務に支障が生じた」ということに結びつけることは難しいと思われます。実務としては，私生活上のトラブルを解決してから仕事に戻ってくるように，2〜3カ月分の賃金を渡して自宅待機処分とすることも考えられます。そして問題を解決できない場合，本人が退職を考える1つの契機ともなります。

　また，多く問題となりそうなのが，サラ金（消費者金融）に借金を抱える，あるいは破産手続開始決定を受けた従業員がいる場合です。この場合，業務に具体的な支障が生じていない限り，経済生活上破綻しているにすぎず，懲戒処分としたり，解雇することは難しいと思います。なお，サラ金から会社にまで借金の取立ての電話が頻繁にあったりすると，業務への支障が生じる場合があります。しかし，これは原則としてサラ金が法（貸金業法21条1項3号）に違反しているのであって，会社はサラ金業者に対して電話をしないよう要求し，従業員に責任はないという形で対応する必要があります。

　もっとも，経理課で金銭を扱うなど，担当している業務によっては，適格性がないとして配転などの措置を講じることはできます。さらに個別事情として，小零細企業が経理という職種を特定して採用した場合のように配転できないという事情があれば，普通解雇も議論されるだろうと思います。

　なお，従業員の私生活上の問題が業務に支障を及ぼしている，あるいはそのおそれがある場合，企業として必要な限度において，その従業員から話を聞くことは差し支えありません。

　ところで，従業員がその能力を十分に発揮できない大きな原因となっているものとして，業務命令と従業員の私生活のバランス，すなわち，ワークライフバランスが崩れていることが考えられます。会社は，業務遂行の必要に応じて，従業員に対して残業命令や休日出勤命令を行いますが，この業務命令が従業員

個人の人格尊重のための性格の把握

過労死・過労自殺を引き起こしかねない**長時間労働・ハラスメント**

✓ **長時間労働**を生み出しかねない性格
『うつ親和性』

・仕事熱心・凝り性・強い義務感等の傾向をもち、いわゆる執着気質
・まじめ、責任感が強い、負けず嫌い、感情を表さないで対人関係に敏感
・仕事の面において能力を超えた目標を設定する傾向

✓ **ハラスメント**に対する性格の脆弱性

心理的負荷による精神障害の認定基準（平成23年12月26日基発1226第1号）も、対象疾病の発病に至る原因の考え方は、環境由来の心理的負荷（ストレス）と、個体側の反応性、脆弱性との関係で精神的破綻が生じるかどうかが決まり、心理的負荷が非常に強ければ、個体側の脆弱性が小さくても精神的破綻が起こるし、逆に脆弱性が大きければ、心理的負荷が小さくても破綻が生ずるとする「ストレス―脆弱性理論」に依拠

把握

＋α

ワークライフバランス
暮らし方改革

本人の性格だけでなく
✓・配偶者の性格
✓・子供の年齢
も考慮事項として意識

の私生活を壊してしまい、それゆえに従業員が能力を発揮できなくなるという問題です。とくに若い世代にとって、私生活の充実は重要なことであり、私生活が安定していることは業務遂行に直結します。したがって、従業員がその能力を発揮できていない場合には、業務命令によって従業員の私生活が悪化していないかを検証することが重要です。そして、従業員の能力を十分に発揮させ、成果を出させて会社に貢献させるには、その私生活に配慮しつつ業務命令を出すだけでなく、その配置、職場環境の整備にも配慮すべきであると考えます。

(3)　私生活への配慮と「性格」

　労働者の中には、うつ親和性のある性格の人がいます。そのような人は非常にまじめで仕事熱心であり、それゆえに長時間労働に陥るおそれがあります。

　また、そのような人は外的な心理的負荷に弱い傾向にあり、外的な心理的負

荷とは仕事のみならず，私生活のものも含まれることになります。そして，私生活のあり方には，配偶者の性格や子供の年齢なども影響してきます。

会社としては，日常のコミュニケーションの中で本人の性格や私生活のあり方を認識し，それも考慮したうえで労務管理を行っていく必要があります。

この点，最高裁においても，労働者の性格を踏まえて，配置先を決定できる旨が判示されています。[*]

＊　**電通事件**＝最判平12.3.24労判779-13

　　被告会社の元従業員が自殺したことから，元従業員の父母である原告らが，会社に対し，長時間労働によってうつ病に罹患した結果，自殺に追い込まれたとして，損害賠償を請求した事案において，裁判所は過失相殺の判断にあたり，「使用者又はこれに代わって労働者に対し業務上の指揮監督を行う者は，各労働者がその従事すべき業務に適するか否かを判断して，その配置先，遂行すべき業務の内容等を定めるのであり，その際に，各労働者の性格をも考慮することができるのである。」などとして，本件では労働者の性格およびこれに基づく業務遂行の態様等は，労働者側の過失にあたらないと判示しました。

222 ▶ 第1編／労働契約の解消

第13節　使用者の社会的信用や名誉の毀損を理由に解雇できるか

1　対外的な行為にも同様の解雇事由や手続が求められるか

　前節までに説明した内容は，ある意味では対内的な，つまり企業内での労務提供に関する問題です。

　とくに，新卒一括採用を行っている大企業は，昭和の時代はいわゆる村共同社会のような形になっており，会社と従業員の関係は親子にも例えられることがありました。仮に従業員に問題があったとしても，親である会社はできる限りそれをかばい，注意を与えて改善させるべきであるという考え方が根底にあったと考えられます。

　そのため裁判所も，解雇の合理的理由の程度について高度なものを求めてきました。解雇が過酷でないか，労働者に有利なあらゆる事情を考慮して検討するというスタイルをとってきたのだと思います（前掲高知放送事件＝最判昭52.1.31労判268-17判例・裁判例⑥）。

　しかし，これが対外的な行為，たとえば労働者が使用者の社会的信用を失わせる行為や名誉を毀損する行為に及んだ場合の普通解雇にまで，対内的な債務不履行の場合のような合理的理由の程度が求められるかどうかについては，議論があると思います。

2　使用者の社会的信用・名誉を毀損する行為に対する裁判所の考え方

　この問題に1つの考え方を示した判例があります（学校法人敬愛学園〔国学館高校〕事件＝最判平6.9.8労判657-12判例・裁判例⑭）。

　事案は，第1次解雇の無効を裁判で争っている最中に，解雇された教員が，学校や校長の社会的信用・名誉を毀損する内容が掲載されることを認識したう

えで，週刊誌の記者に情報提供を行ったことを理由に，学校が仮処分では敗訴していた第１次解雇を撤回し，学校に対する名誉毀損などの解雇理由を追加して第２次解雇をしたというものです。

教員が行った学校や校長の社会的信用・名誉を毀損する行為は許されるものではありません。しかし，学校というのは新卒一括採用を行っている団体・企業に準じた終身雇用制・年功序列制下にある団体であり，また教員の行為は，学校が行った無効な解雇の撤回を求めて争っていたときに起きた事柄ですから，これまでの普通解雇法理で考えると，社会的信用や名誉を毀損することがあったとしても，解雇するのは過酷であるという判決になっていたのではないかと思います。実際，同様の考え方から，一審も控訴審も解雇は無効という判決でした。

しかし，最高裁は「被上告人の行為は，校長の名誉と信用を著しく傷つけ，ひいては上告人の信用を失墜させかねないものというべきであって，上告人との間の労働契約上の信頼関係を著しく損なうものであることが明らかである。第一次解雇が校長の学校運営に批判的で勤務状況にも問題のある被上告人を排除しようとして性急にされたうらみがないではないことや，被上告人が，秋田弁護士会又は同弁護士会会長あてに前記各文書を交付したのが第一次解雇の効力をめぐる紛争中のことであったことを考慮しても，右の評価が左右されるものとはいえない。そして，被上告人の勤務状況には前記…のような問題があったことをも考慮すれば，本件解雇が権利の濫用に当たるものということはできない」として原審の判断を違法とし，解雇を有効と認めました。

この事案で興味深いのは，最高裁が原審の「解雇は過酷に過ぎ，社会的相当性を是認できない」とした点について独自に事実認定を行い，原審を破棄し，自判したことです。

そして，労働契約は当事者間の信頼関係に基づいて築かれるものであり，事実を歪曲して使用者を誹謗・中傷する行為によって信頼関係を損なえば，そのような行為を理由とする普通解雇は，解雇権の濫用に該当しないとしたものと評価できます。

224▶ 第1編／労働契約の解消

判例・裁判例⑭　学校法人敬愛学園（国学館高校）事件／

最判平6.9.8／労判657-12

【事案概要】Xは，昭和41年4月，学校法人Yに採用され，以来Yの設置するA高校に教諭として勤務してきた者である。Yは，教育内容の低下，学校財政の逼迫及び教職員の服務規律の乱れ等，教育機関としての荒廃が甚だしい状態であったため，これを再建するべく，昭和60年4月，BをA高校の校長に就任させた。

他方，Xは，従来から多数回にわたり遅刻を繰り返し，また入学試験でのミスや業務命令違反等その勤務状況に問題があり，かつ，就任したB校長の学校運営の方針に反発し，幹部教職員との意見対立が生じていたところ，職員会議にてB校長のテスト実施方法の指示等へ反対したことから，昭和62年2月27日，Yから解雇された（第一次解雇）。

これに対し，Xは，同年5月，第一次解雇を不当として地位保全等の仮処分を申し立てたところ，その申立前から申立後にかけて，秋田弁護士会及び同会長宛てに，文書1，2及び3を送付した。文書1及び2には，Yの不正な会計処理，不当な労務管理，B校長への人格攻撃等が記載され，文書3には，B校長の女子生徒に対するわいせつ行為等が記載されていた。また，Xは，文書1及び2の内容を週刊誌Cの記者に提供し，週刊誌CにXの言い分が掲載されたが，いずれの文書の内容も事実に反し，あるいはわい曲されたものであった。

そこで，昭和63年3月，Yは，Xの上記勤務状況と不当な内部告発を理由に，改めて解雇の意思表示をした。

【判決要旨】「Xは，文書1ないし3により，Yの学校教育及び学校運営の根幹にかかわる事項につき，虚偽の事実を織り混ぜ，又は事実を誇張わい曲して，Y及び校長を非難攻撃し，全体としてこれを中傷ひぼうしたものといわざるを得ない。さらに，Xの「C」誌の記者に対する文書1及び2の情報提供行為は，前示の様な問題のある情報が同誌の記事として社会一般に広く流布されることを予見ないし意図してされたものとみるべきである。以上のようなXの行為は，校長の名誉と信用を著しく傷付け，ひいてはYの信用を失墜させかねないものというべきであって，Yとの間の労働契約上の信頼関係を著しく損なうものであることが明らかである。第一次解雇が校長の学校運営に批判的で勤務状況にも問題のあるXを排除しようとして性急にされたうらみがないではないことや，Xが，秋田弁護士会又は同弁護士会会長あてに前記各文書を交付したのが第一次解雇の効力をめぐる紛争中のことであったことを考慮しても，右の評価が左右されるものとはいえない。そして，Yの勤務状況には，前記…のような問題があったことをも考慮すれば，本件解雇が権利の濫用に当たるものということはできない。」として，Xの請求を棄却した。

なお，本件は，学園の学校教育および学校運営の根幹にかかわる事項について事実を歪曲して，学園を非難攻撃したところにポイントがあると考えます。したがって，会社の社会的信用・名誉を棄損する行為を理由に普通解雇する場合には，従業員の行為によって歪曲された事実が会社の経営の根幹にかかわるものか否かの点について慎重な判断が求められるものと考えます。

3　対外的行為に対しては厳しい対応が認められる

上記の事件は，社会的信用が落ちれば生徒募集に多大な影響を与える「学校」という特殊性を考慮する必要がありますが，次のように考えることができると思います。

つまり，裁判所は，対内的な能力不足や勤務態度不良については，使用者に最大限の改善努力・再教育を求めますが，対外的に会社や団体の経営の根幹にかかわる事項に関する事実を歪曲するなどの社会的信用・名誉を毀損するような行為については，従業員としての適格性がないとして厳しい態度をとることを認め，解雇の合理的理由の程度については異なった取扱いを認めているのではないかということです。

また，次のような裁判例もあります（ニューサンノー米軍センター事件＝東京地判平9.4.15労判732-82）。米国政府と日本国政府との間で締結された協約に基づき，被告である国と1年を超えない期間につき，時給制臨時従業員としての雇用契約を締結し，在日米軍の施設において，ウエーターとしての職務に従事していた労働者に関する事案です。

同施設において式典が行われた際，式典が終了しておらず，いまだ約20名の客が演奏等を楽しんでいた最中に，原告は机を移動させるなどの片づけを開始しました。これに気付いた上司が片付けを止めるよう原告に指示しましたが，追い出しにかかられたと判断した客が上司に苦情を述べるに至りました。

そこで，原告もいったんは片付けを中止しましたが，その5分ないし10分後に再度片付けを始めました。そのため，上司は再度原告に注意しましたが，客

からは再度苦情が出されることとなりました。

　上記の行為に対し，被告国は，指示・命令違反を理由に，契約締結から3カ月後に契約期間途中で原告を解雇しました。

　パーティーなどの式典を行う施設にとって，このような行為はたとえ1度であっても社会的信用にかかわる問題です。したがって，1度注意したにもかかわらず，再度その行為を行ったことを理由として解雇したわけですが，裁判所は，原告の行為につき，「同施設の信用を著しく失墜させ」るものであり「到底軽視することができない」として，解雇の有効性を認めています。

　最高裁の事案を考えると，顧客に対する会社の信用を著しく失墜させ，企業の経営の根幹に悪影響を与えるような対外的行為に対しては，厳しく対応できる，すなわち解雇が有効とされる可能性が高いといえます。

　ただし，上記のような事案で裁判になった場合，顧客を巻き込んで，別のトラブルに発展する危険性が多分にあります。たとえば，解雇者を支援する合同労組等が顧客である会社に抗議行動を起こすことも想定しなければならず，さらに，裁判になれば，事実認定のためにその場にいた客に証言してもらわなければならないからです。したがって，裁判になる可能性が高い場合は，事前に顧客にも事情を十分説明して了解をとり，協力を得られるようにしておく必要があります。

　また，この了解ないし協力の同意は，顧客の担当者からではもちろん，取締役クラスからでも不十分な場合もあります。この企業が合同労組等とのトラブルに巻き込まれるおそれを考えた場合には，その企業のトップの了解が必要な場合もあるといえます。[*]

　　*　関連裁判例
　　　学校法人関西学園事件＝岡山地判平23.1.21労判1025-47，広島高岡山支判平24.3.22判例集未掲載
　　　　高等学校，中学校を設置する学校法人である被告において，主として寮監職（寮生の生活指導）を務めていた原告が，週刊誌の記事により，参議院議員であるAと不倫関係にあることが明らかになったことなどから，教職員としての資質に著しく欠けるとして解雇された事案において，一審が，原告の行為は「教職員としての適格性に大きく影響する事

由であると思われる。」としながらも，被告代表者が解雇時に当該解雇事由を重要視していなかったことからすると，これのみをもって原告を解雇するのは相当ではないなどとして，解雇無効としたのに対し，控訴審は一審判決を覆し，解雇は有効であると判示しました。

控訴審は，「思春期の生徒の指導に当たる教職員が有夫の女性と性的関係を持つことは，そのこと自体が社会的に評価できないことはもとより，これが公になれば生徒や保護者の信頼を損ない，控訴人の教育機関としての社会的評価も低下させかねない事情であり，被控訴人自らが進んで週刊誌の取材に応じていることをも考慮すれば，被控訴人とＡとの上記関係は，被控訴人の教職員としての適格性判断に大きく影響する事由というべきである。」としたうえで，被控訴人代表者が，解雇時には，上記事情を重要視していなかった点について，「被控訴人とＡとの上記関係は本件解雇処分後に判明した事実であり，本件解雇処分当時，控訴人代表者は，（筆者注：他の解雇事由）を問題視していたことを考慮すれば」被控訴人とＡとの上記関係が「被控訴人の教職員としての適格性の判断において重要でない…とはいえない。」として，「被控訴人は，教職員としての能力を著しく欠く（控訴人就業規則41条1号）との解雇事由に該当」するとして，解雇有効としました。

第14節　解雇無効等により職場復帰後の解雇の有効性

1　最初の解雇や懲戒処分は慎重に行わなければならない

　使用者は，能力不足や協調性の欠如，出退勤不良等さまざまな理由で労働者を解雇することがあります。この解雇について裁判となり無効と判断された場合，その労働者を職場に戻すという事態が生じます。

　使用者は，もうこれ以上会社に置いておくことはできないと判断したために解雇したのであり，労働者に対して不信感を持っています。一方で労働者も，裁判で解雇無効と判断されたのですから，そのような解雇をした使用者に対して不信感を持っています。

　こうした場合の多くは，当該労働者の職場復帰後も，両者間で一旦壊れた信頼関係を戻すということは，非常に難しいといえます。

　このような経緯の中，使用者が，当該労働者のその後の債務不履行，企業秩序違反行為について懲戒処分をしたり，普通解雇したりして裁判となった場合，裁判所からは使用者の以前の無効とされた解雇を評価されて，当該懲戒処分や普通解雇を厳しくみられる傾向があります。

　もちろん，解雇が無効とされて職場に復帰した労働者が，職場で好き勝手できるわけではありませんし，理論上，債務の本旨に従った労務提供ができていないのであれば，改善の機会を付与するなどして，それでも改善されない場合に普通解雇することはできるのです。それでも，裁判例の中には，以下のように使用者の普通解雇が認められた事案もありますが，裁判官は以前の経緯をみて，使用者のとった手続も改善のためではなく普通解雇のためにしたものではないかと，使用者の行為を厳しく評価してくるのは覚悟せざるをえません。

　一旦無効とされた後では，使用者の合理的理由および社会的相当性のある行為についても，認められにくくなるのです。その意味では，最初の解雇や懲戒

第3章／正社員の普通解雇　229

処分は慎重に行う必要があります。

2　処分無効の判決・決定後の普通解雇・懲戒解雇が争われた裁判例

(1)　学校法人敬愛学園〔国学館高校〕事件＝最判平6.9.8労判657-12

　この判決は，第13節において詳細に説明したように，解雇された教員が，第1次解雇の無効を裁判で争っている最中に，学校の不正な会計処理，校長への人格攻撃，校長の女子生徒に対するわいせつ行為等の虚偽の事実が記載された文書を弁護士会や週刊誌の記者に提供したことにつき，学校が仮処分で敗訴していた第1次解雇を撤回して，学校に対する名誉毀損などの解雇理由を追加し，第2次解雇をした事案です。

　この第2次解雇につき，原審も一審も無効という結論でした。しかし，最高裁判決では，「第1次解雇が校長の学校運営に批判的で勤務状況にも問題のある被上告人を排除しようとして性急にされたうらみがないではないことや，被上告人が，秋田弁護士会又は同弁護士会会長宛に前記各文書を交付したのが第1次解雇の効力をめぐる紛争中のことであったこと」を考慮しながらも，「被上告人の行為は，校長の名誉と信用を著しく傷つけ，ひいては上告人の信用を失墜させかねないものというべきで，上告人との間の労働契約上の信頼関係を著しく損なうものであることは明らか」として，解雇を有効と判断しています。

(2)　ハネウェルジャパン事件＝東京地判平19.12.14労判957-26

　入社後一貫して営業担当の管理職として勤務し，営業担当取締役にまで就任した労働者が，新たに就任した社長との意見対立を契機に，第1次から第4次にわたる降格・減給処分を受けましたが，その処分無効が判決で確定し，元の職場に復帰した事案です。

　職場復帰当時の労働者の心情は，「過去の降格・減給処分に対する前訴判決があり，それを踏まえて同判決確定後出社したにもかかわらず被告の丙川社長が就労を拒み自宅待機状態を長期間強いられたことから，職場復帰に際しても自

分の立場が法的に尊重されなければならないのにそれが速やかに実現されないことに憤りと反発心を抱き，相当程度の被告及び丙川社長に対する猜疑心を有していた」というものでした。

そうした背景もあり，労働者は，職場に戻ったにもかかわらず，与えられた業務の主要な遂行を拒否し，上司の指示命令への反抗・拒否をくり返し，会社に敵対する対応・態度に終始しました。

会社は，職場復帰後約9カ月にわたり，労働者の対応や態度に対して真摯な反省を求め，また改善されなければ懲戒処分や解雇があることをくり返し警告しました。それにもかかわらず，労働者が敵対的な態度を改めず，会社の求めた誓約書の提出を拒絶するなど争う姿勢を明らかにしたため，会社は労働者を懲戒解雇しました。

判決では，当該解雇は「やむを得ないものとして有効というべきであり，原告の地位，職責，及び給与条件等に照らすと，被告の社内で前記のような原告の明白かつ重大な違反行為が相当期間，職場復帰後の複数のポストにわたり，複数の上司との関係で継続的に示され，当該態度が原告の過去の経緯へのこだわりや丙川社長をはじめとする職制への確執や会社そのものへの不信といった原告の頑なな心情に発したものであることからすると，解雇以外の懲戒処分をもってその改善・緩和を求めることはもはや期待できないものといわなければならない」と判断されています*。

なお，筆者は，過去の経緯をも考慮すれば，実務のあり方として懲戒解雇でなく普通解雇を選択すべき事案ではないかと考えます。

＊ 労働契約解消を有効とした裁判例
ア 日本ヒューレット・パッカード事件＝東京地判平27.5.28労判1162-73［控訴棄却，上告棄却・不受理］

原告が，被害妄想等により，職場で嫌がらせを受けたなどと主張して欠勤を重ねたため，被告は原告を諭旨解雇処分にしましたが，最高裁は，精神的な不調のため欠勤を続けていると認められる者に対しては，精神科医による健康診断を実施するなどしたうえで，必要な場合は治療を勧めたうえで休職等の処分を検討し，その後の経過を見るなどの対応を採るべきであり，このような対応をとることなく行われた諭旨退職処分は無効であると判示しました（第1次訴訟）。

上記判決を受け，原告は復職を求めましたが，被告は産業医面談を指示し，さらに大学病院の精神科を受診させるなどしたうえで，原告の心身の不調を理由に原告の就労申出を拒絶して休職を命じ，さらに休職期間満了日において退職としました。そのため，原告が再び労働契約上の地位確認等を求めて提訴しました（第2次訴訟）。

そうしたところ，裁判所は，原告には休職して治癒することを必要とするような精神的な不調が認められ，また休職期間満了までの間に復職できるような状態になっていたとも認められないとして，休職期間満了により原告は自然退職し本件労働契約は終了したと判示しました。

イ　メルセデス・ベンツ・ファイナンス事件＝東京地判平26.12.9労経速2236-20［控訴棄却］

（本件は，事案は少し異なりますが，実務の参考になると考え，紹介します。）

原告は，被告に中途採用され，与信事業部のローン資産管理課課長代理として勤務していたところ，平成21年1月，債権管理部の課長代理に配転となりました。原告は，同年8月，東京労働局に対し，与信審査部門への配転を求めるあっせんを申し立て，あっせん手続において，原告と被告は，平成21年11月1日から6カ月間を経過観察期間とし，その間の業績を公正に評価し，被告が不適当と認めた場合には普通解雇とすることなどを条件として，原告を同年11月1日付けで与信審査部に異動する旨の合意をし（本件合意），原告は配転されました。

その後，被告は，平成23年12月末日をもって，本件合意に基づき，協調性の欠如等を理由に原告を解雇したため，原告は解雇は無効であるなどと主張して，本件訴訟を提起しました。

裁判所は，原告には協調性が欠如しているという普通解雇事由が存することを認めたうえで，「被告は，…原告をその希望どおり与信審査部に異動させた上で，本件合意に沿って，他の従業員らとのコミュニケーション及び行状について，何度も原告との面談を実施し，注意を行い，懲戒処分たる譴責処分を行うなど，改善の機会を何度も与えたものの，原告の言動が基本的に変わることがなかったため，原告を解雇するに至ったものであるから，以上の経緯を踏まえると，本件解雇は『社会通念上相当』と認められる」として，解雇有効と判示しています。

第1編／労働契約の解消

第15節　解雇と不法行為の関係

1　解雇に伴う慰謝料請求が認められるのは例外的

　使用者からの一方的な労働契約の解消である解雇では，労働者から労働契約上の地位確認や解雇期間中の未払賃金支払などが争われます。同時に，使用者の故意または過失による違法な解雇によって精神的苦痛を受けたとして，労働者がその損害賠償（慰謝料）を求める事例も多くみられるようになりました。

　しかし，当該解雇が解雇権の濫用にあたると評価されたからといって，当然に不法行為による損害賠償義務が使用者に生じるわけではありません。裁判例（静岡第一テレビ事件＝静岡地判平17.1.18労判893-135判例・裁判例⑮）でも，懲戒解雇の事案ですが，「権利濫用の法理は，その行為の権利行使としての正当性を失わせる法理であり，そのことから直ちに不法行為の要件としての過失や違法性を導き出す根拠となるものではないから，懲戒解雇が権利の濫用として私法的効力を否定される場合であっても，そのことで直ちにその懲戒解雇によって違法に他人の権利を侵害したと評価することはできず，懲戒解雇が不法行為に該当するか否かについては，個々の事例ごとに不法行為の要件を充足するか否かを個別具体的に検討の上判断すべきものである」と説示しています。[*]

　＊　**関連裁判例**
　　テイケイ事件＝東京地判平23.11.18労判1044-55［確定］
　　　解雇の有効性および違法性が争われた事案において，「かかる本件解雇の無効及び前記認定事実に係る本件解雇に至る経緯にかんがみれば，本件解雇は，それ自体権利濫用に該当し，不法行為に該当するものと評価すべきである」と判示されています。
　　　同裁判例は，違法性の有無を判断するにあたって，社会的相当性に関する評価をしていないように読みうる点で，不適切な表現をとっているといえます。もっとも，同判旨には「本件解雇に至る経緯にかんがみれば」との文言があるので，この中で実質的には，社会的相当性に関する評価をしているとも思われます。

　また，解雇された従業員が被る精神的苦痛は，解雇期間中の賃金が支払われることによって慰謝されるのが通常とされ，あくまで例外的に，これによって

第3章／正社員の普通解雇 ◀233

判例・裁判例⑮　静岡第一テレビ事件／静岡地判平17.1.18／労判893-135

【事案概要】 Xは，昭和54年Yに雇用され，平成11年8月まで本社営業部長，同年8月から編成部ライブラリー室担当部長の職にあった者である。Yは，Xに不正な金銭処理や顧客への暴言等があり，就業規則上の懲戒事由に該当するとして，平成11年9月，Xを諭旨解雇した。これに対し，Xは，上記解雇が解雇権の濫用として無効と主張し，地位確認等を求めて別件訴訟を提起した。第一審判決は，Xの解雇無効の主張を認めて一部認容し，第二審もYの控訴を棄却した。そして，最高裁も上告を棄却するなどして第一審判決が確定した。その結果，YはXを平成14年3月に復帰させ，未払賃金等を支払った。

　他方，平成11年2月，Yに対してCMの不正な未放送に関する内部告発があり，その結果，同年3月，民放連からの除名，Zテレビネットワーク協議会会員資格の無期限停止等，甚大な損害を受けた。

　これを受けてXは，諭旨解雇の目的がXを内部告発者として追放することにあり，本件諭旨解雇により精神的損害を受けたとして，平成15年1月，不法行為に基づく慰謝料の支払いを求めて訴えを提起した。

【判決概要】「使用者の懲戒権の行使は，当該具体的事情の下において，それが客観的に合理的理由を欠き社会通念上相当として是認することができない場合に初めて権利の濫用として無効になると解するのが相当である…。

　しかしながら，権利濫用の法理は，その行為の権利行使としての正当性を失わせる法理であり，そのことから直ちに不法行為の要件としての過失や違法性を導き出す根拠となるものではないから，懲戒解雇が権利の濫用として私法的効力を否定される場合であっても，…個々の事例ごとに不法行為の要件を充足するか否かを個別具体的に検討の上判断すべきものである。

　そして，…懲戒解雇が不法行為に該当するというためには，使用者が行った懲戒解雇が不当，不合理であるというだけでは足らず，懲戒解雇すべき非違行為が存在しないことを知りながら，あえて懲戒解雇をしたような場合，通常期待される方法で調査すれば懲戒解雇すべき事由のないことが容易に判明したのに，杜撰な調査，弁明の不聴取等によって非違事実（懲戒解雇事由が複数あるときは主要な非違事実）を誤認し，その誤認に基づいて懲戒解雇をしたような場合，あるいは上記のような使用者の裁量を考慮してもなお，懲戒処分の相当性の判断において明白かつ重大な誤りがあると言えるような場合に該当する必要があ」る。

　以上を前提として，裁判所は，Yが懲戒理由とした事実のうち，不正な金券等の取扱いの事実関係の大要を認定し，これらの非違行為は軽微とは言えず，YがXを内部告発者として追放する目的で諭旨解雇をしたとは認められないこと，他の懲戒処分と均衡を欠いたり，解雇の手続に重大なミスがあって主要な非違事実を誤認したというような事情も認められないこと等から，故意又は過失があるとは認められないと判断し，Xの請求を棄却した。

もなお償えない特段の精神的苦痛が生じた事実が認められる場合にはじめて慰謝料請求が認められるとするのが，最近の裁判例の傾向です（東京自転車健康保険組合事件＝東京地判平18.11.29労判935-35）。

2　どのような場合に慰謝料が認められるのか

どのような場合に慰謝料請求が認められているのかについて，裁判例（前掲静岡第一テレビ事件＝静岡地判平17.1.18労判893-135判例・裁判例⑮）は，懲戒解雇が不法行為に該当するというためには，当該懲戒解雇が不当・不合理というだけでは足りず，

①　使用者が懲戒解雇すべき非違行為が存在しないことを知りながらあえて懲戒解雇した場合

②　ずさんな調査，弁明の不聴取などによって非違事実を誤認して懲戒解雇した場合

③　懲戒処分の相当性の判断において明白かつ重大な誤りがある場合

に該当することが必要であるとしています。

普通解雇においても，解雇事由にあたる事実の認定について，もう少し慎重な調査をしていれば，解雇事由が容易には肯定できないことを知りえたとして，会社の過失に基づく不法行為を認め，高額（700万円）の慰謝料請求を認めたケースもあります（ケイエム観光事件＝東京高判平7.2.28労判678-69）。

慰謝料が認められた裁判例をみていくと，次のような具体的事情が判断材料とされているようです。

まず，労働者が外部の相談機関（労働局や労働委員会）に相談した行為を使用者が嫌ってまたは快く思わず違法な解雇をすれば，使用者に厳しい判断がなされると考えます。

また，解雇となれば労働者は生活の糧である賃金が途絶え，生活が立ち行かなくなります。被扶養者（幼い子供や介護の必要な親）がいれば，なおさらその影響は大きいものです。また，審理が長期にわたって続くとなれば，労働者

の精神的負担および将来への不安は非常に大きいであろうと容易に想像できます。したがって，使用者の違法な解雇によって賃金が支払われない期間が長くなればなるほど，労働者に精神的損害があったと認められやすくなると考えられます。

さらに，使用者が労働者の妊娠を知ったうえで違法な解雇を行えば，その解雇についての違法性は増すと考えてよいと思います。労基法および男女雇用機会均等法（以下「均等法」）などで妊産婦の保護が図られていますから，使用者にとって大きなマイナス評価と考えて間違いありません。

その他，労働者の就業期間，解雇に至る労働者の態度や他の同僚の反応などが考慮の対象とされているようです。

もっとも，解雇無効で慰謝料が認められた事案の多くは，強引な退職勧奨や仕事を与えないなどの嫌がらせ行為を不法行為と認定しています。したがって，解雇そのものというよりは，それ以前の使用者の違法な行為に対して不法行為が認められているのであって，解雇自体が不法行為に該当し，慰謝料請求が認められる事案はあくまで例外的であると考えてよいと思います。[*]

＊　関連裁判例

①　慰謝料請求が認められた裁判例

ア　福島県福祉事業協会事件＝福島地判平22.6.29労判1013-54［確定］

裁判所は，被告が原告ら代理人から諭旨解雇に合理的な理由がない旨の書面の送付を受けていたことなどからすると，被告は本件解雇に理由がないことを認識し，または容易に認識しえたというべきであるから，本件解雇は不法行為にあたると判示しました。

そして，本件解雇が全く理由のない諭旨解雇であること，および被告は，団体交渉，仮処分決定，労働委員会の救済命令手続をする中で違法行為を是正する機会を有していたにもかかわらず，原告らの要求を拒否し続け，紛争解決を不当に長期化させ，これを困難にしたものと評価せざるをえないことからすると，原告らに対する慰謝料は，各30万円と認めるのが相当であるとしました。

イ　医療法人大生会事件＝大阪地判平22.7.15労判1014-35［控訴結果不明］

裁判所は，被告が解雇予告をしたのは，原告が被告に採用されて2カ月程度しか経っておらず，しかも，被告の指示により総務管理に配転になってからは2週間しか経っていなかった時であることを認定したうえで，上記からすると原告が事務処理を的確に行わないことがあったり，業務の取組み姿勢に問題があったとしても，そのこと

だけをもって解雇理由になしえないことは明らかであること，また被告が原告に対して研修等により執務能力の改善を図った事実を認めることもできないことから，本件解雇は無効であると判示しました。

そのうえで，被告は解雇予告を行うに際して何ら解雇理由についての説明をせず，その後においても業務命令違反と称して基本給の半分にあたる金員を一方的に給与から控除するなどの嫌がらせを行うなどしたものであって，このような被告の態様に照らすと，被告の行った上記解雇は不法行為法上も違法性を有し，被告は原告に対して慰謝料30万円の支払義務を負うと判示しました。

なお，被告が，原告が本件解雇に同意していたから不法行為は成立しないと主張していた点については，労働者が退職する意思を有していたからといって，使用者の行った違法行為が適法になるものではないとして，被告の主張を退けました。

ウ　レイズ事件＝東京地判平22.10.27労判1021-39［控訴棄却］

裁判所は，被告は整理解雇を解雇理由として本件解雇を行いながら，その具体的根拠は何ら明らかにしていないうえ，本件訴訟に至って初めて本件解雇が懲戒解雇であったなどと主張しているのであって，このような事実経緯に鑑みれば，本件解雇はそれ自体で不法行為を構成するというべきであると判示しました。

そのうえで，原告は，本件解雇の約2カ月半後に株式会社を設立しているところ，原告が被告における就労意思を失うに至った時期は，同設立からある程度さかのぼった時期であると認められること，原告は，本件解雇後しばらくの間は，本件解雇を積極的に争う姿勢を明確にせず，株式会社を設立する直前になって，本件解雇の具体的説明を求める書面を送付していることなどの事情をも総合考慮すると，本件解雇による損害額については，80万円（原告の本件解雇時点における給与1月分50万円と慰謝料相当額30万円の合計額）と算定評価するのが相当であるとしました。

エ　京阪バス事件＝京都地判平22.12.15労判1020-35［控訴結果不明］

裁判所は，原告が慎重な検討を求めたにもかかわらず，被告は所長が改変を加えた資料をもとに賞罰委員会を開催し，こうした資料の改変内容について原告に反論等を行う機会を与えることなく本件諭旨解雇を決定しており，通常の解雇手続で行われるべき手順を逸脱しているから，本件諭旨解雇は不法行為に該当するものと評価せざるをえないと判示しました。

そのうえで，原告が少量は飲酒していたと推認できることなどからすれば，原告の被った精神的苦痛を過大に評価することはできないとして，慰謝料としては50万円が相当としました。

オ　ジェイ・ウォルター・トンプソン・ジャパン事件＝東京地判平23.9.21労判1038-39
［控訴審にて和解成立］

裁判所は，被告は，前件訴訟により原告に関する雇用契約上の地位確認等につきほぼ全部敗訴の判決が確定したにもかかわらず，その後も約2年間にわたって原告の出勤を許さず，再び退職勧奨をし，そのうえで無効というべき本件解雇に及んだのであ

り，これらの行為は不法行為を構成するというべきであると判示しました。

そのうえで，原告が専業主婦の妻と幼い双子の児童（うち1人には障害がある）を抱えていることなどを考慮すると，慰謝料としては30万円が相当であるとしました。

② **慰謝料請求が認められなかった裁判例**

ア **三枝商事事件**＝東京地判平23.11.25労判1045-39［控訴審にて和解成立］

裁判所は，試用期間終了後1カ月も経過しないうちに全く職種の異なる他部門への配転を検討することは性急に過ぎるうえ，本件配転打診は，1割以上の減給だけでなく，別居・転勤を伴うものであるから，原告が本件配転打診をにべもなく拒絶したことはむしろ当然のことであり（原告が本件配転打診を拒絶し騒いで警察沙汰となった結果，本件解雇がなされた），本件雇用契約を直ちに一方的に解消しうるほどの解雇事由が認められないことは明らかであるなどとして，本件解雇は無効であり，不法行為法上も「他人（原告）の権利又は法律上保護される利益を侵害」する行為に該当すると判示しました。

また，被告代表者は，長年にわたる経験に基づき使用者として通常払うべき法令等の調査・注意義務を尽くしていたならば，本件のような解雇は許されないものであることを認識することは可能であったなどとして，少なくとも「過失」が認められることは明らかであると判示しました。

そして，本件解雇により原告には損害が発生しているから，原告は，被告に対し，不法行為に基づく損害賠償請求権を行使しうるとしました。

もっとも，本件解雇が上記のとおり違法，無効なものであったとしても，特段の事情がない限り，慰謝料請求権の発生を肯認しうる違法行為と評価することはできないものと解されるところ，かかる特段の事情に関する主張，立証はないとして，慰謝料請求は認められませんでした。

イ **A式国語教育研究所代表取締役事件**＝東京地判平25.9.20労判1100-58，東京高判平26.2.20労判1100-48［確定］

裁判所は，被告である代表取締役は特段労働法規に通じていたわけではなく，本件解雇が無効であることを知りながら，故意に本件解雇を行うこととしたとまではいうことができないこと，被告が原告に対し，被告において解雇に足ると考えた事由を記載した始末書への署名を求め，これを得た後に本件解雇の通知を発している事実を踏まえると，被告としては取りうる手段をとったと認識していたのも無理からぬところであり，弁護士等に相談をしなかったことを考慮に入れてもなお，本件解雇については，被告の故意または重過失によるということはできず，被告には会社法429条1項に基づく損害賠償責任は認められないと判示しました。

第16節　その他解雇をめぐる問題

1　解雇から長期間経過した後に解雇無効を主張できるか

　使用者が労働者を解雇しても，その解雇に合理的理由がない場合には，解雇権濫用法理によって当該解雇は無効とされることになります。したがって，労働者が解雇に不服がある場合，最終的には裁判所などに訴えて，当該解雇の無効が主張されます。解雇されてしまうと，労働者は生活の糧を失うことになるので，できる限り迅速に解雇無効を主張し，復職するか，または金銭的解決を図ろうとするのが一般的です。

　一方，使用者からみれば，解雇して一定期間内は労働者から解雇無効の主張があるかもしれないことを予測し，それに備えた対応をとっておくことも必要です。しかし，たとえば労働者が解雇予告手当や退職金を受領し何ら主張もなされないまま何年も経過していれば，当該労働者は解雇を受け入れたものとして，裁判などが起こされるリスクはほぼないと考えるのが通常です。そして，会社内の組織は，この労働契約が終了したのを前提に，新たな採用や配置などの処置をとって運営されていくこととなります。にもかかわらず，数年後に突然労働者から解雇無効の主張がなされ，仮に解雇が無効であるとして労働契約が終了していないこととなると，実務の現場は大変な混乱をきたすことになってしまいます。

　そこで問題となるのが，解雇された労働者は，いつ，いかなる場合でも当該解雇の無効を主張しうるのかという点です。この点，法律上，解雇が無効として「労働契約上の権利を有する地位」にあることを確認する訴えを起こす期間を何年以内として明確に制限する規定はありません。したがって，一見すると，労働者は解雇から何年経過していても，その無効を主張できるようにも思えます。

　しかし，裁判例では，解雇された労働者が異議なく解雇予告手当および退職

金を受領したうえ，中央労働委員会の棄却命令を受けてから後，10年間という長期にわたり解雇を争う法律上および事実上の手段を全くとらなかったといった事情がある事案において，「10年という長年月が経過した後において，突如として本件処分の無効を主張するが如きは，たとえ，本件処分に原告ら主張のような瑕疵が存したとしても，それは労働関係上の権利の行使として恣意的にすぎるとのそしりを免れず信義誠実の原則に反する」として，解雇無効の主張は許されないと判断したものがあります（愛知県レ・パ事件＝名古屋地判昭46.5.26労判131-30）。また，解雇から12年8カ月が経過しており，当該労働者が属していた労働組合による解雇撤回闘争が完全に終結した後からも5年4カ月余りの間，解雇を争う法律上および事実上の手段を全くとらず，その間に他の職に就くなどしていた事案でも，「原告が本訴において本件解雇の無効を主張し，被告において新たに形成した企業秩序を一挙に覆そうとすることは，仮に本件解雇に原告主張のような瑕疵があるとしても，紛争の早期解決による法的安定が強く要請される労働関係上の権利の行使としては恣意的にすぎ，被告の信頼を裏切るもので，信義則に反する」として請求が棄却されています（全電通長崎県支部事件＝長崎地判昭60.2.27労判449速カ17）。

　つまり，解雇された労働者が異議を述べずに退職金などを受領したり，他の職に就いていたりして，かつ，相当長期間その解雇の有効性を争わないなどの事情から当該解雇を受け入れたものと認められる場合には，労働者は民法1条2項により信義則上当該解雇の無効を主張することができなくなると解されているのです。ただし，この場合の相当期間が具体的にどの程度の期間となるのかは明らかではありません。単に期間の長短だけでなく，異議を述べずに退職金などを受領しているといった事情も総合的に考慮されることになるため，事案によって個別に判断されることになります。

2　解雇が無効となった場合の解雇期間中の賃金は

　裁判所において解雇無効と判断されると，当該解雇から無効判決を得るまで

の間も労働契約は存続していたことになります。したがって，本来であれば労働者はその間も当該企業で働いて賃金を得られるはずであったところ，無効な解雇を言い渡されたことによって働けず，賃金も得られていなかったという状況が発生するのです。

このような場合，労働者が労務の提供をしながら就労できなかった原因は，原則として無効な解雇を行った使用者にあります（労働者が労務提供をしていないならば別です）。したがって，民法536条2項の「債権者の責めに帰すべき事由によって債務を履行することができなくなったときは，債務者は，反対給付を受ける権利を失わない」との規定により，使用者は労働者に対して解雇期間中の賃金（バックペイ）を支払わなければならないことになるのです（ただし，例外的に使用者が解雇を判断したことに無理からぬ事情があったという場合，使用者の「責めに帰すべき事由」が否定されることも考えられます[*]）。

> [*]　「例外として，たとえば，就業規則の懲戒解雇事由に該当する非違行為であるけれども，懲戒解雇はわずかに不相当（苛酷）であり，使用者が懲戒解雇相当と判断したのも無理からぬものがあったという場合や，組合による除名処分の通知によりユニオン・ショップ協定に基づく解雇がなされた後に，除名処分の無効を理由に当該解雇が無効とされたが，使用者が解雇時において除名処分の無効たることを知るのがきわめて困難であったというような場合には，使用者の『責めに帰すべき事由』が否定される場合もありえよう。」との見解があります（菅野和夫『労働法（第11版）』755頁）。

一方，労働者が解雇されてから，当該解雇の無効が確認されるまでの間に他の職に就いて収入を得ていた場合，使用者はこの中間収入を労働者に遡及して支払うべき賃金から控除できるのかが問題となります。

この点について最高裁（あけぼのタクシー事件＝最判昭62.4.2労判506-20判例・裁判例⑯）は，「使用者の責めに帰すべき事由によって解雇された労働者が解雇期間中に他の職に就いて利益を得たときは，使用者は，右労働者に解雇期間中の賃金を支払うに当たり右利益（以下「中間利益」という）の額を賃金額から控除することができるが，右賃金額のうち労働基準法12条1項所定の平均賃金の6割に達するまでの部分については利益控除の対象とすることが禁止されているものと解するのが相当である」としています。

第3章／正社員の普通解雇 ◀241

判例・裁判例⑯　あけぼのタクシー事件／最判昭62.4.2／労判506-20

【事案概要】　Xらは，タクシー会社であるYの運転手として雇用されていた者であり，Xらはいずれも労働組合の執行部（執行委員長ないし書記長）であった。昭和51年8月，Yは，XらがYを誹謗中傷するビラを配布したことなどを理由としてXらを懲戒解雇した。これに対し，Xらは上記Yの懲戒解雇を不当労働行為にあたり無効と主張し，Yとの雇用関係存在確認及び解雇期間中の賃金支払いを求めて提訴した。なお，Xらは解雇期間中，別のタクシー会社に勤務し収入（中間収入ないし中間利益）を得ていた。

【判決概要】　最高裁は，Xらの懲戒解雇を無効とした原審の判断を維持し，中間収入の控除について，次のように判示して原審に差し戻した。

「使用者の責めに帰すべき事由によって解雇された労働者が解雇期間中に他の職に就いて利益を得たときは，使用者は，右労働者に解雇期間中の賃金を支払うに当たり右利益（以下「中間利益」という。）の額を賃金額から控除することができるが，右賃金額のうち労働基準法12条1項所定の平均賃金の6割に達するまでの部分については利益控除の対象とすることが禁止されているものと解するのが相当である…。したがって，使用者が労働者に対して有する解雇期間中の賃金支払債務のうち平均賃金額の6割を超える部分から当該賃金の支給対象期間と時期的に対応する期間内に得た中間利益の額を控除することは許されるものと解すべきであり，右利益の額が平均賃金額の4割を超える場合には，更に平均賃金算定の基礎に算入されない賃金（労働基準法12条4項所定の賃金）の全額を対象として利益額を控除することが許されるものと解せられる。そして，右のとおり，賃金から控除し得る中間利益は，その利益の発生した期間が右賃金の支給の対象となる期間と時期的に対応するものであることを要し，ある期間を対象として支給される賃金からそれとは時期的に異なる期間内に得た利益を控除することは許されないものと解すべきである。以上と異なり，中間利益の控除が許されるのは平均賃金算定の基礎になる賃金のみであり平均賃金算定の基礎に算入されない本件一時金は利益控除の対象にならないものとした原判決には，法律の解釈適用を誤った違法があるものといわざるを得ず，右違法が判決に影響を及ぼすことは明らかである。論旨は理由があり，原判決中被上告人らの本件一時金請求を認容した部分…は破棄を免れない。」

つまり，民法536条2項の規定から，労働者は解雇期間中の賃金請求権を有していることとなりますが，同時に同項後段で「この場合において，自己の債務を免れたことによって利益を得たときは，これを債権者に償還しなければならない」とされていることから，解雇期間中に他の職に就いて収入を得ていれば，その金額は使用者が遡及して支払うべき賃金額から控除されることになります。ただし，労基法26条が「使用者の責に帰すべき事由による休業の場合においては，使用者は，休業期間中当該労働者に，その平均賃金の100分の60以上の手当を支払わなければならない」としていることから，労働者が中間収入を得ていても，使用者は平均賃金の6割の賃金は支払う義務があり，この分を控除することはできません。したがって，使用者は原則として解雇期間中の賃金を100％支払う義務があり，仮に解雇期間中に労働者が他の職に就いて収入を得ていた場合でも60％の支払いは免れないことになります。

この最高裁判決を法的に整理すると，以下のようになります。

---

① 中間利益は，民法536条2項後段の「自己の債務を免れたことによって利益を得た」ことになる。

② バックペイ金額から中間利益を控除することは，労基法24条1項の全額払の例外として24協定を必要としない。

③ 使用者は，労基法26条の休業手当（平均賃金の6割以上）を超える部分については中間利益を控除することができる。

---

(1) 賃金の額

解雇期間中の賃金請求が認められる場合において，その額は，当該労働者が解雇されなかったならば，労働契約上確実に支払われたであろう賃金の合計額となります。基本給や諸手当，一時金などがそれに該当しますが，通勤手当のような実費補償的なものや，残業してはじめて請求権が発生する残業手当は該当しません。

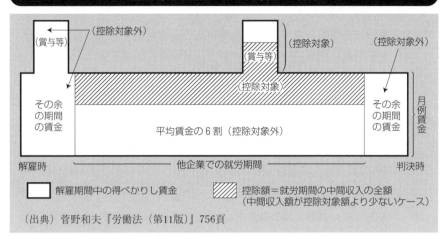

(出典) 菅野和夫『労働法（第11版）』756頁

(2) 賃金の査定・改訂, 昇給・昇格

　賃金の額が出勤率や出来高, 査定などによって個々に算定される場合には, 最低評価額や当該労働者の解雇前の実績に基づくなど, 最も蓋然性の高い基準を用いて算出されるべきと考えます。解雇期間中の賃金改訂（ベースアップ）も, やはり蓋然性の高い配分基準を用いて認めるべきと考えますが, 昇給や昇格は, 使用者の発令があってはじめてなされるものであるので, 裁量の余地のない昇給分を除いて認められないと考えます。

3　特別の事由による解雇制限

　解雇について, 現行法上以下に掲げる特別の事由がある場合には, 解雇が禁止されています。

【絶対的な解雇の禁止】
①　産前産後の休業中・業務災害による療養中の解雇の禁止（労基法19条

１項）

【不利益・差別的取扱いとしての解雇禁止】

② 労働者が労働組合員であることや正当な組合活動をしたことなどを理由とする解雇の禁止（労組法７条１号・４号）

③ 労働者の性別を理由とする解雇の禁止（均等法６条４号），女性労働者が婚姻し，妊娠し，出産し，産前産後休業をとったことを理由とする解雇の禁止（同法９条２項・３項），労働者が都道府県労働局長に解決の援助を求めたこと，調停を申請したことを理由とする解雇の禁止（同法17条２項，18条２項）

④ 育児休業・介護休業・子の看護休暇・介護休暇・所定外労働の制限・時間外労働の制限・深夜業の制限・所定労働時間の短縮等の育児・介護支援の措置の利用の申し出をし，またそれらを利用したことを理由とする解雇の禁止（育児介護休業法10条，16条，16条の４，16条の７，16条の９，18条の２，20条の２，23条の２），上記措置をめぐる紛争について都道府県労働局長に解決の援助を求めたこと，調停を申請したことを理由とする解雇の禁止（同法52条の４第２項，52条の５第２項）

⑤ 通常の労働者と同視すべき短時間労働者に対する差別的取扱いとしての解雇の禁止（パート労働法９条），同法上の規制をめぐる紛争について，都道府県労働局長に紛争解決の援助を求めたこと，調停を申請したことを理由とする解雇の禁止（同法24条２項，25条２項）

⑥ 労基法等の労働保護立法における，労働者が法違反を監督官庁に申告したことを理由とする解雇の禁止（労基法104条２項，最賃法34条２項，労安衛法97条２項等）

⑦ 個別労働関係紛争について，都道府県労働局長に解決の援助を求めたこと，あっせんを申請したことを理由とする解雇の禁止（個別労働関係紛争解決促進法４条３項，５条２項）

⑧ 労働者が一定の要件のもとで公益通報したことを理由とする解雇の禁止（公益通報者保護法３条）

⑨　国籍・信条・社会的身分による不利益取扱いとしての解雇禁止（労基法3条）

⑩　障害者差別としての解雇禁止（障害者雇用促進法35条）

　なお，これらの解雇禁止規定は強行規定と考えられ，これに反する行為を直接に無効とすると考えられていますが，筆者は，次のように考えています。

　まず，前記①・②・⑥・⑧・⑨による解雇制限については，各規定が強行規定として，それに反する行為を直接に私法上無効とすると考えます。

　次に，前記③による解雇制限については，いわゆる行政法が指導・勧告などの行政指導を通じて当事者の自主的な是正を求める法律であることを考えると，それに違反する行為を直接に私法上無効とするのではなく，性別による差別の禁止が民法90条のいう公序を形成していると考えて，私法上の無効が導かれると考えます。*

*　最高裁（広島中央保健生協〔C生協病院〕事件＝最判平26.10.23労判1100-5）は，均等法9条3項は強行規定と解するのが相当であり，同項の違反は私法上も無効となると判示しています。

　また，前記⑩による解雇制限についても，障害を理由として差別されないことが，性別と同様に憲法14条で保障されていることからすると，民法90条の公序を形成していると考えて，私法上の無効を導くのが適切と考えられます。

　さらに，前記④・⑤・⑦による解雇制限については，それに違反する行為が，解雇権濫用法理の適用の中で客観的かつ合理的理由を欠くという要素として考慮され，私法上の無効が導かれると考えます。

第4章

休職期間満了

第1節　休職措置をとらずに解雇することができるか

1　休職とは

　休職とは，私傷病などを原因として従業員が労務に従事できない，または従事することが適当でない場合に，会社がその従業員との労働契約はそのまま維持しながら，労務への従事を免除すること，または禁止することをいいます。
　この休職システムは，昭和の時代に大企業の正社員に対して長期雇用システム（いわゆる終身雇用制）がとられる中で民間企業にも浸透していきました。優秀な人材が労働条件の手厚い公務員に流れるのを食い止めるという側面も，民間企業が休職制度を導入する目的としてあったと考えます。
　このように，私傷病を原因とする休職には，一定期間は労働者の解雇を猶予するという機能があります。裁判例（北産機工事件＝札幌地判平11.9.21労判769-20）も，6カ月を限度に業務外の傷病による休職期間を設けた休職制度につき，「この期間中の従業員の労働契約関係を維持しながら，労務への従事を免除するものであり，業務外の傷病により労務提供できない従業員に対して6カ月間にわたり退職を猶予してその間傷病の回復を待つことによって，労働者を退職から保護する制度である」と説示しています。

2 休職させるか否かの理論上の判断基準と実務での取扱い

(1) 実務では休職させた後に労働契約を解消するほうが無難

休職させるかどうかの判断は，理論のみでいえば，次の基準によって決めることになります。

---

① 就業規則で定めた休職期間中に傷病が治癒して労務提供できる状態に戻る蓋然性があれば休職

② 休職期間内では治癒することが困難で，従来の労務提供を行うことができない場合は解雇（ただし，障害者雇用促進法上の障害者に該当する場合には配慮をする）

ところが，従来はほとんどの場合，休職期間中に治癒する蓋然性が高いかどうかという議論がされずに，休職規定が適用されてきました。労働者にとっても，休職であれば健康保険や年金といった福利厚生面でメリットがあります。したがって，実務では，私傷病は普通解雇事由ではなく休職事由と考え，復職の可能性や治癒の蓋然性で区別せずに休職を優先させたほうが無難といえます。

※ ただし，障害者雇用促進法上の障害に該当する場合には，休職規定の適用はされないと規定しておくべきであるということは後述255頁のとおりです。

この点，精神的な不調のために欠勤を続けていると周りの従業員から見てもわかるような場合には，診断結果に応じて必要な治療を勧めたうえで休職などの措置を検討し，その後の経過を見るなどの対応をとるべきとし，諭旨退職処分を無効と判断した最高裁判決（日本ヒューレット・パッカード事件＝最判平24.4.27労判1055-5）もありますので，留意する必要があります。

また，就業規則に「休職を命じる」ではなく，「休職を命じることがある」と規定されている場合であっても，休職を与えるか否かにつき，常に使用者に裁量があると考えない方がよいと思います。今までの休職に関する取扱い事例や，

一定の休職期間が改善機会の付与となっている社会状況を踏まえて，休職後に復職できる蓋然性があるかを慎重に判断すべきといえます。

とくに新卒一括採用者や，中途採用者でもすでに一定期間の就労実績がある者については，休職を適用すべきと考えます。

(2) 休職措置をとらなくてもよいのは特殊ケースに限る

休職期間満了時に復職できる蓋然性が極めて低い場合，必ずしも休職措置をとらずに普通解雇しうることもあります。

農林水産省・財務省所管の特殊法人の事例ですが，低酸素脳症による高次機能障害によって4～5歳児程度の知能，判断力となり，同障害が長期的には症状の大幅な改善が望めない事案において，「客観的に就労能力のないと認められる原告について，…客観的な原告の病状，就労能力とも一致する資料に基づいて，原告に就労能力はないと判断し，休職命令を発しなかったことが相当でないということはできない」と判断する裁判例があります（前掲農林漁業金融公庫事件＝東京地判平18.2.6労判911-5）。

また，トラック運転手が脳梗塞（私傷病）となり，休職までの欠勤期間および休職を経ずに普通解雇された事案において，「原告は，平成13年1月31日まで就労不能と診断されており，仮に休職までの期間6カ月及び休職期間3カ月を経過したとしても就労は不能であったのであるから，被告が原告を解雇するに際し，就業規則8条に定める休職までの欠勤期間を待たず，かつ，休職を命じなかったからといって，本件解雇が労使間の信義則に違反し，社会通念上，客観的に合理性を欠くものとして解雇権の濫用になるとはいえない」と判断した裁判例もあります（岡田運送事件＝東京地判平14.4.24労判828-22）。

したがって，交通事故で不幸にも意識不明が続く状態にあるなどの場合には，休職期間満了時に復職できる蓋然性が極めて低いものとして，休職措置をとらずに普通解雇しうることもありますが，極めて特殊なケースと考えるべきです。

3 休職を適用する際の留意点

とくに精神疾患による休職が問題となるケースですが，従業員から「うつ病」や「適応障害」などの主治医の診断書の提出があった場合には，その主治医への面談を求めるべきです。従業員がどういう病気であり，治療にどれぐらいの期間が見込まれるのか，また病気特有の留意すべき点は何かなど，会社のとるべき措置を検討するうえでも知っておかなければならないからです。

また，後述するように，こうした面談をしておくことは，主治医が患者の希望を聞き入れて安易に復職可能の診断書を出すことを抑制するという，副次的な効果もあるといえます。

なお，周りの従業員から見ても精神疾患があるとわかるようなケースでは考えにくいですが，仮に従業員が主治医への面談を拒否するのであれば，当該診断書の内容を鵜呑みにはできません。その場合，会社が指定する医師への受診を求め，その診断結果によって対応を考えることになります。仮にその受診さえも拒否したとなれば，無承認欠勤の状況が続くことになりますので，一定の段階で懲戒または普通解雇を検討することになります。

250 ▶ 第1編／労働契約の解消

第2節　精神疾患で断続的に欠勤する従業員を休職 させることはできるか

1　精神疾患は休職事由に該当するか

　身体疾患の多くは，欠勤が続く（履行不能な状態になる）ので，休職措置を とり，休職からの復帰時の治癒をどう判断するかという議論に進むことになり ます。

　問題は，精神疾患を理由とする不完全な労務提供です。一般に精神疾患の場 合は，労務提供の質と量が不完全になります。また，奇声を発したり，被害妄 想的になったりと，同じ職場で働いている従業員にも悪影響を及ぼし，トータ ルパワーをダウンさせる要因になる場合もあります。その意味では，精神疾患 による不完全な労務提供はその受領を拒否できると考えられ，休職事由に該当 するのではないかと思います。

　しかし，就業規則に「2カ月以上欠勤を続けた場合は休職を命じる」などの 規定をしていると，休職を命じることが難しくなります。精神疾患の場合は， 長期間欠勤するのではなく，断続的に欠勤するか，出勤はしても不完全な労務 提供しかできないという状況が多いからです。

2　精神疾患を持つ従業員を休職させるための就業規則の規定の仕方

　会社の対応として重要なことは，不完全な労務提供を行っている精神疾患の 従業員を休職させることです。そのためには，まず就業規則に以下のような規 定を設ける必要があります。

　第○条　会社は，従業員が次の各号の1つに該当するときは，休職を命ず 　　ることがある。ただし，第1号，第2号の場合，及び第4号の休職事由

が業務外の傷病を原因とする場合には，その傷病が休職期間中の療養で治癒する蓋然性が高いものに限る。

① 業務外の傷病により欠勤し，欠勤日より2カ月経過しても，その傷病が治癒しないとき。

なお，本就業規則に定める治癒とは，民法第493条に定める債務の本旨に従った弁済（本旨弁済）ができる状態，すなわち，従来の業務を健康時と同様に通常業務遂行できる程度に回復することを意味する。

② 業務外の傷病により通常の労務提供ができず，その回復に一定の期間を要するとき。

③ （略）

④ その他前各号に準ずる事由があり，会社が休職させる必要があると認めたとき。なお，業務外の傷病を原因とする場合でも，第1号の欠勤を前提としない。

2 前項第1号及び第2号の傷病とは，私生活においても療養を必要とする傷病をいう。

3 従業員は，傷病による休職期間中は療養に専念しなければならない。

こうした規定（第1項第2号や同4号）があれば，精神疾患により労務提供が不完全な場合にも，休職させることができると考えます。

現実問題として，長期欠勤を前提とした規定しかない場合は，不完全な労務提供に加えて，他の従業員の労務提供にも支障が出ているのですから，それを理由に労務提供の受領を拒否すればよいと考えます。労務提供の受領を拒否した理由は，本人の労務提供の瑕疵にあるのですから，使用者に賃金支払義務も発生しません。労務提供がされていない，賃金が支払われていないということは労働契約の履行不能と同じ状況ですから，欠勤と同様の取扱いをすることになります。

精神疾患の従業員を休職させるには

精神疾患の場合，断続的な欠勤・不完全な労務提供が発生する

長期欠勤を前提とした規定では休職を命じられない

休職規定を整備する
- ▶「通常の労務提供ができず，その回復に一定の期間を要するとき」
- ▶「会社が休職させる必要があると認めたとき」

には休職を命ずることがあるという内容の規定を設ける。

長期欠勤を前提とした規定しかない場合
- ▶不完全な労務提供であること
- ▶他の従業員の労務提供にも支障が出ていること

などを理由に労務提供の受領を拒否し，欠勤の取扱いをする。

3　精神疾患についての診断書と専門医の必要性

　精神疾患の場合，診断書についても注意しなければなりません。統合失調症の診断書は，「不眠症」などと記載されることもあり，「統合失調症」と書く医師は少ないともいわれています。新聞報道（朝日新聞平7.5.18）によれば，約9割の医師が「うつ病」の診断書を「抑うつ状態」などと軽い症状に書きかえているといいます。また，同記事は，患者の意向に沿った診断書の作成について，「患者をだまして事実と全く異なることを書くのでなければ，診断書の偽造ともいえない（厚生労働省〔医事課〕）」と伝えています。加えて，「心の健康問題により休業した労働者の職場復帰支援の手引き」（平成21年3月改訂）においても，「現状では，主治医による診断書の内容は，病状の回復程度によって職場復帰の可能性を判断していることが多く，それはただちにその職場で求められる業務遂行能力まで回復しているか否かの判断とは限らないことにも留意すべ

きである。また，労働者や家族の希望が含まれている場合もある。そのため，主治医の判断と職場で必要とされる業務遂行能力の内容等について，産業医等が精査した上で採るべき対応について判断し，意見を述べることが重要となる」というように，診断書の評価がなされていることにも留意しておくべきです。したがって，会社としては，主治医によって書かれた診断書を鵜呑みにするのではなく，指定医，とくに産業医などを充実させる必要があります。

　現在，多くの企業が悩んでいる労働者の病気は，精神疾患です。それは企業が精神科の専門医を確保していないことにも原因があります。精神科の専門医の確保は容易ではありませんが，精神的な病気を患う従業員が増えている現状を考えると，企業は専門医の確保に努力すべきと考えます。

4　実務では合意のうえで休職させる

　理論上は会社の判断で休職を命じることができますが，若い従業員の場合，まず両親と身元保証人，そして従業員の主治医を加えて話合いを行い，合意のうえで休職させるべきです。

　「主治医は労働者の味方ではないのか」と思われるかもしれませんが，ここで話し合うのは，退職ではなく休職です。医師にしてみれば，患者の治療のために休職させるのですから，反対する理由もないはずです。また，両親以外に身元保証人が同席していれば，冷静に話し合うことができますし，現実に業務に支障を来しているということがわかれば，休職の申入れに応じると思います。中高年者の場合は，配偶者を呼んで話し合うしかありませんが，やはり合意によって休職させる努力をします。

5　新型うつ病に休職規定を適用するか

　217頁で述べたように，近年，仕事に行くことを考えるとうつ状態になってしまう一方で，仕事以外の活動は普通にできる「新型うつ病」という症状を持つ

従業員が増えています。こうした新型うつ病の従業員を休職させる必要があるかといえば，休職制度の趣旨から考えれば，その必要はないといえます。そもそも，ケガや病気で労務提供はおろか，私生活そのものも不自由となっている従業員に対して，解雇を猶予して，その間に健康を回復して再び働いてもらうチャンスを与えるのが休職制度です。新型うつ病のように，私生活で自分の趣味はできるけれども，会社で仕事だけできないというのは，単に従業員として不適格というにすぎず，休職で解雇を猶予すべきものに含まれないと考えます（実務対応については218頁参照）。

　なお，今後は休職規定において，休職の対象となる傷病を「私生活においても療養を必要とする傷病とする」と明記することも考えられます。

6　障害者雇用促進法上の障害と休職制度上の病気の異同

⑴　障害者雇用促進法上の精神障害とは

　障害者雇用促進法２条１号において，「障害者」とは，「身体障害，知的障害，精神障害（発達障害を含む。第６号において同じ。）その他の心身の機能の障害（以下「障害」と総称する。）があるため，長期にわたり，職業生活に相当の制限を受け，又は職業生活を営むことが著しく困難な者」と定義づけられています。すなわち，①身体障害，②知的障害，③精神障害（発達障害を含む），④その他の心身の機能障害の４つの事由のいずれかがあるため，長期にわたり職業生活に相当の制限を受け，または職業生活を営むことが著しく困難な者が障害雇用促進法上の「障害者」となります。

　そして，同法２条６号で精神障害者とは，「障害者のうち，精神障害がある者であつて厚生労働省令で定めるものをいう」とされています。これを受けて施行規則１条の４では，「精神障害者は，次に掲げる者であつて，症状が安定し，就労が可能な状態にあるものとする」とされ，１号において，「精神保健福祉法第45条第２項の規定により精神障害者保健福祉手帳の交付を受けている者」，２号において，「統合失調症，そううつ病（そう病及びうつ病を含む。）又はて

んかんにかかつている者（前号に掲げる者に該当する者を除く。）」と規定され
ています。*

　ただし，うつ病に罹患しているとしても，それが即，障害者雇用促進法にお
ける「障害者」にあたるとは限らないことは，後記(3)で述べるとおりです。

**　＊　法2条1号「精神障害」と施行規則1条の4「精神障害者」**
　　施行規則1条の4は，1号または2号に該当する者で，症状が安定し，就労が可能な状
　態にあるものを障害雇用促進法上の精神障害者と定義しています。そこで，「障害者手帳
　を所持せず，かつ，統合失調症，そううつ病，てんかんではない」精神障害を有する者
　は差別禁止の保護の対象（法34条，35条）の対象にはならないのかという問題があります。
　とくに発達障害について，法2条1号は精神障害に「発達障害を含む」としていながら，
　施行規則1条の4の定義では発達障害が含まれない可能性があります。
　　この点について，理由づけには争いがありますが，結論としては，このような者も，
　長期にわたり職業生活に相当の制限を受け，または職業生活を営むことが著しく困難と
　の要件を満たせば，法2条1号の障害者に該当し，差別禁止の保護対象に含まれると考
　えられます。

(2)　障害者雇用促進法上の障害と休職制度上の病気（私傷病）との違い（障害者に対しても休職措置をとる必要があるのか）

　そもそも，休職措置は債務の本旨に従った弁済（本旨弁済）ができなくなっ
た従業員に対し，本旨弁済が可能となるまで一定期間の労務提供を免除するこ
とにより解雇を猶予する解雇猶予期間であるとされています。そうすると，休
職に関する規定は，あくまで本旨弁済が可能となる状態まで回復する蓋然性の
ある労働者の私傷病についてのみ適用することが前提となっているはずです。
他方で，障害者雇用促進法上の障害者の要件である「長期にわたり」とは，障
害が長期にわたり，または永続することを意味し，病気などにより一時的に職
業生活に制限を受ける者は除外されます（平27.6.16職発0616第1号）。したが
って，障害が固定しており，猶予期間を与えたとしても，本旨弁済が可能とな
る状態まで回復する蓋然性のない障害者の場合には休職に関する規定は適用さ
れないことになります。

　もともとは休職規定も契約ですから，就業規則上も，休職を与えられた期間
内にいわゆる本旨弁済ができる程度に回復すること，またはその蓋然性が高い

者について適用すると明確に規定し，障害を理由としては適用されないことを明らかにしておくことが重要です。

(3) うつ病は障害と扱うべきか，病気と扱うべきか

まず，上記(2)で述べたとおり，障害者雇用促進法上の障害者の要件である「長期にわたり」とは，障害が長期にわたり，または永続することを意味し，病気などにより一時的に職業生活に制限を受ける者は除外されます（平27.6.16職発0616第1号）。

しかし，身体疾患と異なり，うつ病をはじめとする精神疾患は，その原因となる心理的負荷を取り除き，適切な治療を行うことで，事後的に回復し就労が可能となることが想定されます。そのため，一時的にうつ病になったにすぎない者は，「長期にわたり」とはいえず，障害者雇用促進上の障害者には該当せず，病気を患った者として扱うことになります。他方で，長期にわたりうつ病を抱えながら生活していかなければならない人は，障害者雇用促進法上の障害者に該当する可能性があります。

もっとも，障害者雇用促進法上の障害者に該当するためには，「長期にわたり」の要件だけでなく，「症状が安定し，就労可能な状態にあるもの」という要件も充足する必要があります。したがって，実務上，うつ病患者を障害者雇用促進法上の「障害者」として扱うべき場面は，きわめて例外的となります。うつ病患者のうち上記要件を双方とも充足する例は極めて限定的であることから，実務上はうつ病は病気であるとして，休職の議論として扱うべきです。[*]

[*] 本旨弁済ができなくなったことを理由に契約解消に至った場合，当該従業員は生活の糧を失うことになります。休職期間満了により契約解消に至った従業員の職場復帰をめぐる団体交渉等でも，従業員の今後の生活はどうするのかという旨の主張がされることがあります。しかし，本来，失職者の生活を守るのは国の義務であり，障害者の場合には，障害者基本法，身体障害者福祉法，精神保健福祉法等の保護を受けられる可能性があります。営利を目的とする会社の義務と国民の生存権を保障する国の義務とは分けて考えるべきです。

第4章／休職期間満了　257

第3節　休職期間満了時に治癒したかどうかを判断する基準は何か

1　休職期間の満了と就業規則に基づく手続

　一般的な企業では，私傷病を理由とする欠勤が続き，労働者の債務不履行となっている場合，就業規則の休職規定に基づいて従業員を休職させ，休職期間満了までに従業員が「治癒」していれば復職させる流れとなります。休職期間の満了時までに「治癒」しなければ，労働契約が終了します（ただし，休職期間満了時には，使用者側に一定の配慮が必要となることは，後述のとおりです）。

　この労働契約の終了が普通解雇か当然退職かは，企業ごとの就業規則の規定よって異なります。換言すれば，企業は，休職期間の満了を「普通解雇事由」とするか，「当然退職事由」とするかを選択して制度設計できるということです。そして，実務上は，休職期間満了を就業規則の当然退職事由として規定している企業が多く，またそれが適切でもあります。それは，普通解雇事由とすると以下のような不都合があるためです。

　まず，手続の問題があります。普通解雇事由として規定していれば，労基法20条に基づく30日前の解雇予告が必要です。予告しない場合は，休職期間満了の時点で30日分の予告手当を支払わなければなりません（即時解雇に該当する場合はその必要はありません。131頁以下参照）。一方，当然退職事由として規定していれば，休職期間満了とともに労働契約も当然に終了します。

　次に，有効性の問題があります。普通解雇であれば，理論的には解雇権濫用法理の適用を受け，相当性判断によって有効性が否定されることがありえます。当然退職事由であれば原則として「治癒」の有無によって退職か復職かが判断されるため，そのような問題は生じません（ただし，企業側に一定の配慮が要請される場合もあることに注意が必要です）。

　これらの理由から，休職期間満了は当然退職事由としておくべきと考えます。[*]

＊ ただし，当然退職事由として定めている場合でも，裁判所の判断傾向としては，解雇と
同じように慎重な態度をとっているといえます（第一興商〔本訴〕事件＝東京地判平24.
12.25労判1068-5，アメックス〔休職期間満了〕事件＝東京地判平26.11.26労判1112-47）。

2　復職が認められるための「治癒」とはどういう意味か

(1)　治癒の判断の6要素

　休職期間満了時の労働者の取扱いは，「治癒したかどうか」によって判断します。ここでいう「治癒した」とは，「出社することができる」とか，「軽作業ならできる」という意味ではありません。本旨弁済が可能な状態に戻ること，つまり通常の業務を遂行できる程度の健康状態にまで回復していることを意味します。ほぼ治ったけれども，休職前に行っていた業務を遂行することはできないという場合には，治癒したとはいえませんし，復職は権利として認められないといえます（アロマ・カラー事件＝東京地決昭54.3.27労判317速カ23参照）。

　ところで，ここでいう「本旨弁済」とは，要するに労働契約であらかじめ約束していた内容の労務を提供するということですから，いわゆるゼネラリストのように，もともとの約束内容に一定の幅がある場合には，必ずしも健康だった時と同一の労務でなければならないわけではないとされています（詳しくは，後記3を参照してください）。

　そこで，現実には，休職前の職種以外でなら働くことができるなどとして，「治癒」の有無について裁判で争われることも少なくありません。したがって，今後は，このようなあいまいな「治癒」概念に任せておくことはせずに，あらかじめ契約内容として，就業規則に「本条（本就業規則）に定める治癒とは，民法493条に定める債務の本旨に従った弁済（本旨弁済）ができる状態，すなわち，通常の業務を通常の程度に遂行できる健康状態に回復することを意味する」などと規定するべきです。契約内容としておけば，「治癒」の意味が裁判所によって左右されにくくなると考えます。

　＊ 現在，裁判例では，休職期間満了時の治癒の意味につき，相当期間内に回復する場合も

これに含める旨の判示がされる傾向にあります（詳細は273頁以下参照）。こうした裁判例の傾向を踏まえ，治癒の意味につき，相当期間内に回復する場合も含むと規定している会社が見受けられますが，適切ではありません。裁判例の治癒についての判断の傾向は，休職期間の満了により契約解消，すなわち雇用の問題が生じるからです。

　それにもかかわらず，安易に就業規則に相当期間内に回復する場合も含むと規定すると，休職期間途中に労働者が復帰の申出をした場合にも就業規則に定めた治癒概念が適用されることとなり，申出の時点では本旨弁済が可能な状態でないにもかかわらず，復帰させざるをえなくなります。

そして，このような規定を設ける際には，何が通常の程度に業務遂行できる健康状態かということについて，次のような具体的な基準を定めることも考えられます（116頁参照）。

---

① 　始業・終業時刻を守って所定労働時間働けること（通常8時間）
② 　独力で安全に通勤ができること（配偶者などによる車での送迎で代替することは可能）
③ 　通常の業務遂行にあたって必要となる機器（OA機器など）を支障なく操作できること，工場であれば，安全に機械装置を操作できること
④ 　他の従業員とコミュニケーションをとって協調して仕事ができること
⑤ 　時間外労働ができること（月20時間程度）
⑥ 　国内出張ができること

厚生労働省が発表している「心の健康問題により休業した労働者の職場復帰支援の手引き」（平成21年3月改訂）にも，復職が可能かどうかを判断するにあたって考慮する具体的な基準の例として，「労働者が職場復帰に対して十分な意欲を示し，通勤時間帯に一人で安全に通勤ができること，会社が設定している勤務日に勤務時間の就労が継続して可能であること，業務に必要な作業（読書，コンピュータ作業，軽度の運動等）をこなすことができること，作業等による疲労が翌日までに十分回復していること等の他，適切な睡眠覚醒リズムが整っていること，昼間の眠気がないこと，業務遂行に必要な注意力・集中力が

回復していること等」があげられており，実務上の参考になると考えます。

　ただし，これは通常の労働契約が時間外労働や国内出張などを契約内容としていることを考えると，通常の程度に業務遂行できる，つまり「治癒」の基準を指摘しているというよりは，後述するように，治癒には至らないものの使用者に一定の配慮が求められる場合（休職期間満了時）の復職基準を具体化したものと考えられます。

(2)　休職期間満了時の復職には一定の配慮が必要となる

　休職期間満了時の復職については，復職できなければ，労働契約の解消という大きな不利益が労働者に与えられることになります。

　また，精神疾患によって休職していた場合には，一旦は回復していても，急に通常の業務に戻すことによって，その変化に耐えきれずに再発してしまうといった危険性も考えられます。

　したがって，休職期間満了時の復職については，前記基準の①〜④が可能か否かで判断し，⑤時間外労働と⑥国内出張については，数カ月間猶予することもありうると考えます[*]。

＊　関連裁判例

　ワークスアプリケーションズ事件＝東京地判平26.8.20労判1111-84［控訴棄却，上告棄却・不受理］

　　うつ病により休職した従業員の休職期間満了時の退職扱いが無効であるとして，休職期間満了日以降の賃金請求がなされた事案において，主治医の診断書に「復職後，短くとも1か月は残業等過重労働を控えることが好ましい」との記載があり，被告において，原告に残業を1カ月程度させないといった配慮が可能であったことなどからすれば，原告は，休職期間満了時において，債務の本旨に従った履行の提供をしており，復職要件を満たしていたと認めるのが相当であるとして，退職は無効と判示されています。

　もっとも，時差出勤や短時間勤務など，所定労働時間を変更するような配慮はすべきではないと考えます。とくに，精神疾患の場合，本当に治っているのか否かを見るためにも，始業時刻には出勤し，所定労働時間をきちんと勤務できるということは重要な要素です。うつ病の場合には，夜寝られないことが多いことから朝調子が悪く，夕方にかけて徐々に調子を取り戻すといわれていま

す。したがって，うつ症状が残っていると朝起きられない，所定の始業時刻に出勤することができないという状況になります。こうした症状がなく，通常どおり勤務できるということが復職の条件なのですから，所定労働時間の勤務は最低条件とすべきです。

これは会社側だけの都合でいっているのではありません。時差出勤として一般に午前9時とされる始業時刻に来なくてもよいとなれば，取り戻しかけた生活のリズムを崩し，うつ病が再発してしまうことも考えられます。所定労働時間の勤務は，本人のためでもあるのです。[*]

> ＊ **復職時の会社の対応について損害賠償責任を否定した裁判例**
> **横河電機〔SE・うつ病罹患〕事件**＝東京地判平24.3.15労判1091-60［控訴審においても下記判示部分は維持，上告棄却・不受理］
> 　休職期間満了時の会社の対応は原告の復職を困難にして退職に追い込むものであったとして，安全配慮義務等の債務不履行に基づく損害賠償請求がなされた事案において，「被告会社が原告に対して復職当初からフルタイム勤務を求めたことについても，休職者が復職するに当たり，短時間勤務から徐々に勤務時間を伸ばしていく方法も考えられるが，場合によっては職場復帰の当初から本来の勤務時間で就労するようにさせた方が良いこともあり得，一概に短時間労働から始めて徐々にフルタイム勤務で就労させるべきであると断ずることができるものではなく，また，…被告会社は，Ⅰリーダーを中心として原告の正式復職に向け，軽微な作業を中心とした仕事を原告に割り当て，徐々に従前遂行していた業務内容，業務量を与えるような復職支援プログラムを策定して業務量の調整を図っていたものであって，被告会社が，精神的疾患を理由とする休職者については，フルタイム勤務が可能な状態に快復していない限り復職を認めないという方針を採用した上，同方針に基づいて復職に関する主治医の意見書の作成方法を説明し，原告の復職の可否を検討したことをもって，被告会社に職場環境配慮義務違反があるということができるものではない。」として，原告の請求を退けました（もっとも，被告会社は原告に対し，労働の量的側面については，休職期間満了の際にフルタイムの勤務を求めていますが，質的側面については，業務内容，業務量を調整するなどの復職支援プログラムを策定し，長期休職後の円滑な復職の実現の方策をとっていたと認定された事案です）。

(3)　休職期間途中の復職では通常業務が条件

次に，従業員が休職期間を残して途中で復職を申し出てくる場合です。この場合，復職基準を満たせなければ契約解消しかない休職期間満了時とは，復職

基準の考え方は異なってきます。休職期間をすべて使わなくても従前に就いていた通常の業務を行える程度の健康状態に回復したというのですから、所定労働時間はもちろん、時間外労働や出張などもこなせるまでに回復していることが復職の条件となります。仮に時間外労働や出張などをこなせるまで回復していないというのならば、復職基準に達していないので、復職させずに残りの休職期間で心身の回復に専念させることになります。

とくに、従業員が復職後、再度同一ないし類似の病気で休職し、その休職期間の途中で復職を申し出てきた場合には、休職期間途中での復職基準に達しているか否か、つまり所定労働時間はもちろん、時間外労働や出張までこなせるほどに回復しているか否かの判断を厳格に行うべきだと考えます。

3 「通常の業務」とは

治癒とは、「通常の業務が遂行できる程度の健康状態にまで回復していること」と説明しましたが、次に「通常の業務」とは何を基準とするのかが問題となります。

(1) ゼネラリストの身体疾患について

まず、長期雇用を前提として採用されたゼネラリストの身体疾患の場合を考えていきます。

ア 片山組事件＝最判平10.4.9労判736-15

(ア) 事案・判旨

建設会社に就職し、工事部に配属され、建設現場の現場監督を務めていた従業員が、バセドウ病（身体疾患）を患い、休職した事案において、従業員が健康時に行っていた通常の業務（現場監督）が遂行できないことを理由に、賃金をもらうことができないのかが問題となりました。

この問題に関する最高裁の考え方は、次のようなものです。

「労働者が職種や業務内容を特定せずに労働契約を締結した場合においては，現に就業を命じられた特定の業務について労務の提供が十全にはできないとしても，その能力，経験，地位，当該企業の規模，業種，当該企業における労働者の配置・異動の実情及び難易等に照らして当該労働者が配置される現実的可能性があると認められる他の業務について労務の提供をすることができ，かつ，その提供を申し出ているならば，なお債務の本旨に従った履行の提供があると解するのが相当である。」

(イ) 片山組事件判決の考え方

最高裁のいう「労働者が職種や業務内容を特定せずに労働契約を締結した場合」とは，長期雇用を前提に採用された労働者（ゼネラリスト）をイメージしています。ゼネラリストならば，現場監督や総務，営業などに職種転換される可能性があります。つまり，休職したときに建設現場に勤務していたのは，たまたまであり，総務課に勤務していれば問題なく復職できるのに，たまたま従事していた現場監督の業務が遂行できないことを理由に復職できず賃金が支払われないのは，不公平だといっているわけです。

そして，本人から「総務の仕事ならできるので，やらせてほしい」という申出があった場合，実際にその労務提供ができる能力があり，企業規模からも総務の仕事を用意することが可能であるならば，復職を認め，配転してあげなければならないということになります。

そうしなければ，仮に同様の労働契約および身体の状態にあった従業員が2人いたとして，休職前に総務だった1人はエアコンの効いた社内で業務を行うことから復職できても，現場監督だった1人は夏の炎天下での業務を行うことになり復職できない場合が生じます。その能力，経験，地位などに関係なく，現実に担当していた業務によって，労務提供が債務の本旨に従ったものなのかどうかが判断されることになり，その結果，復職できるかどうかが左右されることになって，不合理だということです。

この最高裁判決にならって考えると，ゼネラリストの場合は，企業の規模と

本人の能力，そして正社員が従事している他の職務までを含めて，正社員としての本旨弁済ができる状況かどうかを検討すべきということになります。

㈦　片山組事件判決の射程

　この事案は，使用者が発した自宅治療命令により就労できなかった期間の賃金請求について，労働者から労務提供があったかどうか，本旨弁済があったかどうかをめぐって争われたものです。*

> ＊　労働契約においては，労働者が債務の本旨に従った労務提供をしなければ，賃金請求権は発生しません（民法624条，493条）。

　よって，同判決の射程は，当然ながら賃金請求事件について，同論点が問題となる場合に及ぶものであり，退職・解雇事件（休職期間満了時に復職要件の有無が問題となる事案）には直接の射程は原則として及ばないと解されます（仙波啓孝「判批」判タ1005-322［司法研修所付（当時）の裁判官による同判決の評釈］，鎌田耕一「私傷病休職者の復職と負担軽減措置─復職配慮義務をめぐって」，山口浩一郎ほか編「経営と労働法務の理論と実務」107頁）。また，賃金請求に関する上記の考え方を退職・解雇事件にも適用し，復職時にその人がどういう形で仕事ができるかということまで考慮することについては，果たしてそこまでいってもいいのかなどと批判する声もあります（野田進「最近の労働判例について（上）」中央労働時報969号）。

　とはいえ，同判決がいう「債務の本旨に従った履行の提供がある」状態にまで回復しているのであれば，労働契約に基づく労務提供が十分可能な状態である以上，復職要件である「治癒」を満たすと考えられます。そして，これを基礎に，休職期間満了時に治癒しているか否かは当該労働者の労働契約が終了するか否かにもかかわってくるため，当該治癒の基準に，短期間で治癒に至る場合においても，治癒の要件を満たすと考えるべきです（詳細は後述273頁）。

㈢　軽易業務でも履行の提供があるといえるか

　問題は，同判決にいう「配置される現実的可能性があると認められる他の業

務」とは，労働者の労務提供のレベルが100％ではなくても遂行できる軽易業務を含むものかどうかです。この点に関しては，次のように考えられます。

第1に，同判決の理由づけは，労働者が提供しうる労務の範囲に制約が生じた場合に，複数存在する会社業務のうち，他の業務は遂行可能であるのに，たまたま休職前に命じられていた業務を遂行できないからといって，履行の提供なしと評価するのは酷である，というものです。この理由づけは，通常の労務提供（100％）の範囲内で，他の業務を遂行可能なら履行の提供があるという判断に結びつきますが，軽易業務しかこなせない状況（たとえば70％）でも履行の提供があるとの判断に直ちに結びつくものではありません。

第2に，同事件では，差戻後控訴審において，その労働者を事務作業に配置する現実的可能性があったとして，賃金請求が認容されていますが，同事件での事務作業は，身体的原因による制約があっても遂行可能な業務ではありますが，通常の労働者が就くことのある，通常の労務提供の範囲内のものとしてとらえられています。決して，軽易業務への配置が現実的に可能だったという判断ではありません。

第3に，そもそも同判決の論点は，債務の本旨に従った履行の提供があるかという点ですが（民法415条，493条参照），履行提供のレベルが70％でも，「債務の本旨に従ったもの」という理解は，民法の解釈に反することになります。

したがって，同判決は，通常の労務提供（100％）の範囲内で「他の業務」に現実的に配置可能かを問うたのであって，軽易業務に就ける状態（70％）でも債務の本旨に従った履行提供となりうる旨を述べたものではないと理解されます*。

* 同判決の判例タイムズの匿名解説（判タ972-122）にあげられる「例えば，相当程度の経験を積み管理者的な地位に達した労働者が私傷病のため単純軽作業のみの労務の提供しかできなくなったという場合を考えると，当該使用者の事業に包摂される業務の中に単純軽作業が含まれていても，通常そのような作業は，就業経験の浅い訓練途上の労働者に割り当てられるのであり，右のような（それなりに高給の）労働者が就くことが予定されていない業務というべきであろう」との記述は，この見解に整合的といえます。

266▶ 第1編／労働契約の解消

判例・裁判例⑰　片山組事件／最判平10.4.9／労判736-15

【事案概要】 Xは，複数の支店をもつ従業員数130名の建築関係の会社Yに，昭和45年に雇用され，本社工事部に配属となり，建築工事現場における現場監督業務に従事してきた。Xは，平成2年夏にバセドウ病との診断を受けたが，Yにその旨申し出ることなく平成3年2月まで現場監督業務を続けた。Xは，平成3年2月以降は，次の現場監督業務が生ずるまでの間，臨時的・一時的業務として，Y本社内で図面の作成などの事務作業に従事していたが，同年8月に現場監督業務に従事すべき旨の業務命令を受けた。その際，XはYに対し，病気のため残業や休日出勤について不可能または制限がある旨申し出た。YはXに診断書の提出を求め，その診断書の内容から，Xが現場監督業務に従事することは不可能であり，Xの健康面・安全面でも問題を生ずると判断して，同年10月1日からの自宅治療命令を発した。Xは，自宅治療命令後に事務作業を行うことはできるとして，デスクワーク程度の労働が適切との主治医の診断書を提出するも，YはXが現場監督に従事しうる旨の記載がないことから自宅治療命令を維持した。その後，平成4年1月に回復し，同年2月5日に現場監督業務への業務命令が発せられ，仕事に復帰した。

Xは，平成3年10月1日から平成4年2月5日までの期間中，現場監督業務のうち現場作業にかかる労務提供は不可能で，事務作業にかかる労務提供のみが可能であったものであり，現実に労務に服することはなかったため，Yは右期間中Xを欠勤扱いとし，その間の賃金を支給せず，平成3年12月の冬季一時金を減額支給した。Xは，その間の賃金と冬季一時金の減額分の支払いを求めて提訴した。

【判決概要】「労働者が職種や業務内容を特定せずに労働契約を締結した場合においては，現に就業を命じられた特定の業務について労務の提供が十全にはできないとしても，その能力，経験，地位，当該企業の規模，業種，当該企業における労働者の配置・異動の実情及び難易等に照らして当該労働者が配置される現実的可能性があると認められる他の業務について労務の提供をすることができ，かつ，その提供を申し出ているならば，なお債務の本旨に従った履行の提供があると解するのが相当である。そのように解さないと，同一の企業における同様の労働契約を締結した労働者の提供しうる労務の範囲に同様の身体的原因による制約が生じた場合に，その能力，経験，地位等にかかわりなく，現に就業を命じられている業務によって，労務の提供が債務の本旨に従ったものになるか否か，また，その結果，賃金請求権を取得するか否かが左右されることになり，不合理である。

Xは，Yに雇用されて以来21年以上にわたり建築工事現場における現場監督業務に従事してきたものであるが，労働契約上その職種や業務内容が現場監督業務に限定されていたとは認定されておらず，また，X提出の病状説明書の記載に誇張が見られるとしても，本件自宅治療命令を受けた当時，事務作業に係る労務の提供は可能であり，かつ，その提供を申し出ていたというべきである。」

イ　片山組事件以降の裁判例の評価・分析

㈠　軽易業務での復職を求める裁判例とは

片山組事件判決の理解としては，以上のとおりですが，同判決を契機として出された裁判例を，身体疾患について，休職期間途中の復帰・休職期間満了時の復帰の2パターンに分類すると以下の表①～⑤とおりとなります。次にこれらを分析していきます。

休職期間途中・身体疾患					
	事件名　係属部等	疾病名	職種	障害か否か	結論
①	カントラ事件 平14.6.19判決 労判839-47 大阪高裁第10民事部 裁判長裁判官　岩井俊 裁判官　水口雅資 裁判官　大出晃之 （原審：大阪地裁第5民事部　裁判官大島道代）	慢性腎不全 （不可逆的な疾患と認定）	貨物運転手として採用された。 もっとも，就業規則上，職種は区分されていたが，職種変更も予定されていた。	○	不就労期間の賃金請求認容
休職期間満了時・身体疾患					
	事件名　係属部等	疾病名	職種	障害か否か	結論
②	東海旅客鉄道〔退職〕事件 平11.10.4判決 労判771-25 大阪地裁第5民事部 裁判長裁判官　松本哲泓 裁判官　川畑公美 裁判官　和田健	脳内出血 →後遺症により歩行困難及び構語障害等の後遺障害が残っており，今後の回復見込みが立証されていなかった。	鉄道職員（車両交番検査業務）	○	退職無効
③	全日本空輸〔退職強要〕事件 平11.10.18判決 労判772-9	むちうち症 →業務に支障のあるものではなかった。	原告は客室乗務員として雇用された。	×	解雇無効

	大阪地裁第5民事部 裁判長裁判官　松本哲泓 裁判官　川畑公美 裁判官　和田健 控訴審は，復職に関する原審判断を維持，上告棄却。				
④	西濃シェンカー事件 平22.3.18判決 労判1011-73 東京地裁民事第19部 裁判官　松本真 控訴棄却，上告棄却・不受理	脳出血 右片麻痺	カスタマーサービス	×	退職有効
⑤	第一興商〔本訴〕事件 平24.12.25判決 労判1068-5 東京地裁民事第11部 裁判官　西村康一郎 控訴審にて和解成立	視覚障害（精神的なものを理由とする）	総合職（管理本部，総務部，特販営業部等）	○	解雇無効

(イ)　障害者を解雇する際に必要な配慮とは

　労働者の持つ疾患が病気ではなく障害者雇用促進法上の障害に該当する場合に，病気の場合の復職の基準をそのままあてはめてよいのかという問題があります。

　改正障害者雇用促進法[*]（平成28年4月1日施行）は，募集から解雇までの各段階において，障害者に対して合理的配慮を行い，障害者ができるだけ労務提供を行うことができるよう支援することを求めています。

　[*]　同法は，募集および採用について，障害者に対し，障害者でない者と均等な機会を与えることを規定し（同法34条），待遇について労働者が障害者であることを理由として障害者でない者との間に不当な差別的取扱いをすることを禁止しています（同法35条）。そして，その違反があった場合には厚生労働大臣による助言，指導または勧告を予定しています（同法36条の6）。

合理的配慮とは，労働者がなるべく本旨弁済に近い形で労務提供できるよう支援するものです。つまり，本旨弁済を10としたときに，支援しなければ6しかできないところを，支援して8までできるようにする，そうすると賃金も6から8に上がるというのが合理的配慮です[*]。加えて，会社にとっては，上記の支援をすることにより社会貢献に寄与し，一億総活躍社会につながるという側面もあります。

> [*]　もっとも，合理的配慮は，会社にとって過重な負担にならない範囲で行えば足りるとされています（厚生労働省「合理的配慮指針」）。
> 　また，合理的配慮としていかなる措置をとるかと，その措置が過重な負担にあたるかについては，会社が判断することを基本としつつ，とくに前者については障害者と話合いをして決定すべきことが定められています。そして，会社は，過重な負担にあたると判断した場合は障害者にその理由を説明するものとされています（内閣府「障害を理由とする差別の解消の推進に関する基本方針」）。

他方で，労働契約の解消は民事上の問題です。解雇が有効となるためには，解雇理由があり，かつ解雇に社会的相当性があることが必要です（労契法16条）。本旨弁済がない場合，つまり約束どおりの労務提供をしていない場合には解雇理由はあるとされます。

そして，会社が解雇を避けるために障害に配慮をすれば本旨弁済が可能な場合（10できる場合）には，社会的相当性なしとして解雇無効とされます。一方，配慮をしても本旨弁済ができない場合（8しかできない場合）には，社会的相当性ありとして解雇有効とされます。

解雇の社会的相当性に関連して会社に求められる配慮は，雇用を確保するためのものですから，障害者雇用促進法の合理的配慮よりも高度なものであると考えられます。障害者として8の労務提供をすることをその契約内容とする雇用契約や，契約社員雇用契約の締結を再雇用としてオファーしたかということが議論されると考えます。そして，とくに障害者雇用契約の締結をオファーしたか否かについては，法定の障害者雇用率を遵守しているか否かが考慮されると思われます（第14章第2節4参照）。

この点，障害者雇用促進法が改正される前から，裁判所は，休職期間満了に

よる退職ないし解雇の事案において，契約を解消される労働者が障害者であるということを意識して，それを前提に会社にどの程度の配慮を求めるかということを議論していました。もっとも，実務では，病気と障害を区別して考えていなかったため，この点はあまり議論の対象になりませんでした。

その後，障害者雇用促進法が改正されたのを契機に，病気にあたるのか，障害にあたるのかという点にスポットライトがあたるようになりました。しかし，その際，会社にとって過重な負担にならない範囲内で障害に合理的配慮をするという障害者雇用促進法上の議論が，民事上の解雇の有効性にもあてはまるかのように話が進んでいった感覚があります。

本書では，障害者雇用促進法上の合理的配慮と，解雇をする際の配慮が全く異なるものであり，後者の方が高度なものを求められることを前提に説明していきます。[*]

* 上記の議論は，他の民事上の処分についても同様にあてはまります。たとえば，障害者に対する転勤命令の有効性を判断するにあたっては，人選の合理性や労働者の不利益性について検討をする際に，障害に対しいかに配慮したかということが議論されることになると思いますが，この配慮は，障害者雇用促進法の合理的配慮とは必ずしも同一とは限らないと考えます。

(ウ) 病気でなく障害に該当する事案

上記(ア)の各裁判例を読む限り，現在であれば病気ではなく障害に該当する可能性がある事件は，①カントラ事件，②東海旅客鉄道〔退職〕事件，⑤第一興商〔本訴〕事件です。

まず，カントラ事件は慢性腎不全と診断されていますが，慢性腎不全は不可逆的な疾患で，同事件の原告も休職期間中療養したにもかかわらず，好転しなかったと認定されています。これは「心臓，じん臓…の機能の障害…で，永続し，かつ，日常生活が著しい制限を受ける程度であると認められるもの」（施行規則別表），もしくは「その他の心身の機能の障害…があるため，長期にわたり，職業生活に相当の制限を受け，又は職業生活を営むことが著しく困難な者」（障害者雇用促進法2条1号）に該当すると考えられます。

第4章／休職期間満了 ◀271

　そうすると，障害者雇用促進法上の障害者として，配慮を行う必要があることになります。そして，復帰を認めるか否かについては，民事の問題として，配慮をした場合に本旨弁済が可能か否かを判断する必要があります。

　この事案では，裁判所は，長距離運転と近距離運転のローテーションで就労する運転業務において，近距離運転のみでの就労が可能の場合に近距離運転のみで復帰を認めると，ローテーションに乱れが生じるおそれがあり，会社の業務運営上問題が生じないではないとしつつも，看過しがたい不利益とまでは認めがたいとし，過重負担に該当しない旨の判断をしています。この裁判所の判断は，本件を障害論ととらえたうえで，民事上，会社による労務提供受領拒否について，復帰による業務上の支障の程度が低いことを理由に，近距離運転のみでの復帰を肯定しています[*]（なお，本件の原告は職種を「運転者」として雇用され，運転者の業務は必ずしも長距離運転を前提とするものではなかったこと，就業規則上，職種変更がありうると規定されていたという事情も，判断材料となったと思われます）。

　なお，同裁判例では，この近距離運転のみの復帰は業務を加減した運転者としての業務であると認定されています（実際に認容された賃金は，業務が一定程度しかできないことを前提に各種手当の支給については否定されています）。

[*]　本件のように疾病が不可逆性を有し，障害者雇用促進法上の障害者に該当し，休職期間途中に復帰の申出があった場合，休職が疾病の回復の蓋然性があるものに対して適用される制度であるとすると，それ以降は回復の蓋然性がないため，休職の適用対象から外れることになります。理論的には障害者に該当するか否かは，各機能障害＋社会生活，職業生活への影響で判断するため，各機能障害が不可逆性を有していても，社会生活や職業生活への制限を受けなくなったとして，障害者に該当しなくなる可能性はあります。ただし，身体障害の場合に「永続性」が求められていることからすると，身体障害者等が期間の経過によって回復し障害者ではなくなることは想定されていないと考えられます。そうすると，休職期間途中に復帰の申出があった場合，事実上，休職期間満了時と同様に考える必要がでてきます。

　東海旅客鉄道〔退職〕事件は，脳内出血を原因とする後遺症により歩行困難および構語障害等が生じていた従業員が，休職期間の満了に伴い退職となった事案において，「雇用契約における信義則からすれば，使用者はその企業の規模

や社員の配置，異動の可能性，職務分担，変更の可能性から能力に応じた職務を分担させる工夫をすべきであり，被告においても，例えば重量物の取り扱いを除外したり，仕事量によっては複数の人員を配置して共同して作業させ，また工具等の現実の搬出搬入は貸出を受ける者に担当させるなどが考えられ，被告の企業規模から見て，被告がこのような対応を取り得ない事情は窺えない。そうでれば，少なくとも工具室における業務について原告を配置することは可能であ」るとして，当時2万8,000人を擁する大企業であった被告会社において，配慮を行うべきである旨の判示がなされました。

　この判決は，まさに休職期間満了に伴う復職の問題でありながら，病気ではなく障害としてとらえ，契約終了に伴う社会的相当性の判断において，企業規模からして十分雇用に関して配慮すべきであるとの判断を下したものといえます。そうすると，同様の事件が起きた場合，会社には一定の配慮が求められ，企業規模を踏まえた判断が求められることになると考えられます[*]。

　　＊　この点，「要するに，傷病休職については，休職期間満了時の回復が当該労働者の本来業務に就く程度には回復していなくても，ほどなくそのように回復すると見込まれる場合には，裁判例上，可能な限り軽減業務に就かせる義務が健康配慮義務の一環として樹立されている」とする見解もあります（菅野和夫『労働法（第11版）』700頁）。

　　　　しかし，軽易業務での復職が会社に求められるのは，あくまで数カ月以内に回復の余地のある場合で，後述するエール・フランス事件判決が述べるように従業員からほどなく回復する見込みの証明があった場合であり，使用者には，総合職や正社員として雇用した従業員を軽易業務に恒常的に就かせることで雇用を継続する法的義務はないと考えるべきです。これは，あくまでも病気の場合です。

　第一興商〔本訴〕事件は従業員に精神的なものを理由とする視覚障害が生じた事案ですが，当該従業員は東京都から障害者手帳の交付を受けていました。裁判所は，企業規模（従業員約1,580名）や当該従業員の月収（約26万円）を踏まえれば，事務職（総合職の一種であり，従前従事していた職種）が存在しないことは考えにくいなどとして解雇無効としました。

　以上の3つの事件は，治癒することを前提とした休職からの復帰に関する従来の議論はなじまず，障害者として，企業ごとの事情を踏まえた配慮の議論になります。したがって，休職期間における治癒の議論とは別のものとして整理

第4章／休職期間満了 **273**

する必要があります。

㈐　エール・フランス事件の枠を超えるものか

　休職期間に入ったものの，障害者雇用促進法上の障害者に至った場合には，どの程度の配慮をすべきかの問題となりますが，障害者雇用促進法上の障害者に該当しない場合は，治癒しているといえるかどうかの問題となります。この点，休職期間満了時に100％の状態まで回復していなくても，当初は軽易業務に就かせればほどなく通常業務に復帰できる回復見込みがあれば，「治癒」と評価できる場合があるとされています。

　裁判例としては，勤続14年ほどの従業員が結核性髄膜炎（身体疾患）に罹患して休職していた事案で，復婦当初に身体的疲労度の軽い作業に就かせるならば，徐々に通常勤務に戻ることも十分可能な回復の見通しがあったにもかかわらず，復職を認めず退職扱いとしたことを無効としたものがあります（エール・フランス事件＝東京地判昭59.1.27労判423-23）。

> ＊　勤務地や職種は限定されていましたが，休職前の通常の業務が身体的疲労の強い業務と軽い業務の両方を担当させる形での運用がなされており，作業割当て自体も従業員が話し合って決めていた時期もあるなどの個別事情があります。

　上記㈎の表にあげた裁判例のうち，③全日本空輸〔退職強制〕事件は，一時的に軽易業務に就けるなどの配慮を検討することを使用者に求めたものにとどまります。その意味では，同事件は，従来のエール・フランス事件の枠の中でとらえることが可能なものといえます。

　また，④西濃シェンカー事件は，原告の右片麻痺が従前の通常業務を遂行できる程度に回復していないことは明らかであり，配置の現実的可能性がある具体的業務の指摘があったとも認められず，また，就業規則に規定する「復職後ほどなく治癒が見込まれる」場合にも至っていないとして，退職扱いを有効としました。

> ＊　症状固定に達しておらず，身体障害者には該当しない事案と考えられます。その他の機能障害として障害者に該当するとしても，本件においては，当該従業員は現実的に配

置可能な業務の主張をせず，かつ会社は契約解消後に月額15万円で再雇用を行う旨のオファーを行っていた事案です。

ウ　実務上どう考えるべきか

以上を踏まえ，復職要件である「治癒」（およびその判断基準となる「通常の業務」）をどうとらえるべきかについて述べると，まず視点として，障害者に該当するか否か，該当しないとして，休職期間中と満了時を分けて考えるべきです。

身体疾患の症状が固定し，障害者と評価される場合には，休職期間の途中か満了時かにかかわらず，会社が配慮を行えば従業員が本旨弁済できるか否か，本旨弁済ができない場合に，解雇するとすればその解雇に社会的相当性があるかどうかの問題になると考えます。すなわち，会社は，配慮を行っても70％しか労働能力が回復しない従業員に対し，軽易業務のオファーを行う義務はありません。ただし，当該従業員の契約解消に関わる問題であることからすると，訴訟になった場合，障害者法定雇用率を充足しているか否か，企業規模や経営内容等からして障害者として雇用を続けても業務上大きな支障を発生させないか否かなどの点は，社会的相当性の評価に影響を与えるものと考えられます。

症状固定に達しておらず障害といえない場合で，休職期間中に従業員が復職を申し出てきた場合には，この時点では，休職期間満了に伴う退職または解雇はまだ問題とならず，賃金の問題として，契約自由の原則があてはまります。治癒していない場合には，復職を認めず残りの期間も休職して治癒させるべきといえます。よって，「治癒」の判断においては，原則どおり100％の労務提供が可能な状態に回復しているかを見るべきです。

そして，100％の労務提供が可能であるかを判断する基準となる「通常の業務」については，片山組事件判決が述べるように，ゼネラリストには，休職前に従事していた業務だけでなく，現実的に配置可能といえる「他の業務」を含め検討を求められる場合があります（262頁参照）。ただし，この場合に軽易業務での復帰を検討する義務はないことは，前述のとおりです。

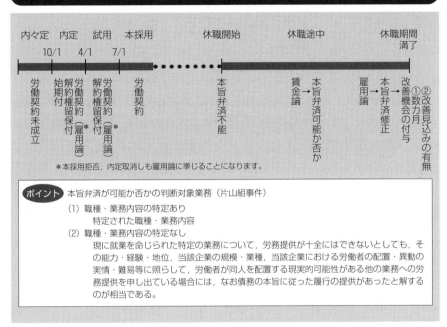

　これに対し，休職期間満了時の「治癒」の判断は，従業員の契約解消の問題につながるため，休職期間中とは異なる制約がありえます。そのことを判示したのが，前述のエール・フランス事件判決です。すなわち，休職期間満了時の場合は，その時点では100％の状態に回復していなくても，ほどなくそのような状態に回復する見込みが立証されていれば，一時的に軽易業務に就けるといった配慮を求められることがありうるのです。

　なお，ほどなく本旨弁済が可能な程度に回復する見込みがあるか否かについては，医学的見地から判断されることになるので，医師の診断内容が必要不可欠となります。

　実務的には，軽易業務で復帰させるのではなく，この軽易業務に対応する賃金を支払いつつ，回復が見込まれる時期まで休職を延長するという対応もありえます（この期間の賃金の支払いをすることも，契約解消という結論に至った

場合に，有利な考慮要素になると考えます）。

(2) ゼネラリストの精神疾患について

ア 障害者に該当するか否かの判断

次に，精神疾患で休職した場合の復帰の議論を検討します。片山組事件判決を契機として出された裁判例のうち，精神疾患について，休職期間途中の復帰・休職期間満了時の復帰の２パターンに分類すると後記の表①〜⑩のとおりとなります。

この裁判例のうち，判決を読む限り，②独立行政法人Ｎ事件と⑨日本電気事件が，病気ではなく障害者としての復帰の事案と考えられます。

独立行政法人Ｎ事件は，診断書には神経症であると記載されていましたが，診断書を書いた医師が当該従業員の父等に対しては，パーソナリティ障害であると説明を行い，通常勤務は困難であると発言していたと認定されており，障害者に該当しうる事案であるといえます[*]。したがって，仮に同様の事案が起こった場合には，解雇の社会的相当性の問題として，いかなる復帰への配慮が求められるのかを考えるべきだといえます。

> [*] 同事件は，神経症疾患の職員が，本来は金融・財務・統計についての知識や経験を駆使したある程度高度な判断が要求される職務に就くべきところ，当該疾患のために，休職前には書類のコピーや製本などの機械的作業しか行えなかった事案です。裁判所は「復職に当たって検討すべき従前の職務について，原告が休職前に実際に担当していた職務を基準とするのは相当ではなく，（被告）の職員が本来通常行うべき職務を基準とすべき」と説示しています。

日本電気事件は，アスペルガー症候群に罹患していた従業員について，休職期間満了後の賃金請求を棄却しました。そして，当時未施行であった改正障害者雇用促進法にも触れ，「当事者を規律する労働契約の内容を逸脱する過度な負担を伴う配慮の提供義務を事業主に課するものではない」として「従前の職務である予算管理業務を通常の程度に行える健康状態，又は当初軽易作業に就かせればほどなく当該職務を通常の程度に行える健康状態になっていたとは認

められない」として，就労可能な状態ではなかったと判示しました。

	休職期間途中・精神疾患				
	事件名　係属部等	疾病名	職　種	障害か否か	結　論
①	日本テレビ放送網事件 平26.5.13判決 労経速2220-3 東京地裁民事第11部 裁判官　五十嵐浩介 控訴棄却	うつ病	マーケティング部	×	不就労期間の賃金請求棄却

	休職期間満了時・精神疾患				
	事件名　係属部等	疾病名	職　種	障害か否か	結　論
②	独立行政法人N事件 平16.3.26判決 労判876-56 東京地裁民事第36部 裁判官　増永謙一郎 控訴棄却	神経症（ただし，従業員の父等にはパーソナリティ障害と説明）	調査統計など	○	解雇有効
③	キヤノンソフト情報システム事件 平20.1.25判決 労判960-49 大阪地裁第5民事部 裁判官　上田賀代 確定	自律神経失調症及びクラッシング症候群（就労が可能な程度にまで十分回復していたと認定）	プログラマー	×	退職無効
④	日本通運〔休職命令・退職〕事件 平23.2.25判決 労判1028-56 東京地裁民事第11部 裁判官　松田典浩 控訴棄却	うつ病	営業部	×	退職有効
⑤	伊藤忠商事事件 平25.1.31判決 労判1083-83 東京地裁民事第11部 裁判官　菊池憲久 控訴棄却，上告棄却・不受理	双極性障害	総合職（営業職等）	×	退職有効

⑥	ワークスアプリケーションズ事件 平26.8.20判決 労判1111-84 東京地裁民事第19部 裁判官　伊藤由紀子 控訴棄却，上告棄却・不受理	うつ病	営業職	×	退職無効
⑦	アメックス〔休職期間満了〕事件 平26.11.26判決 労判1112-47 東京地裁民事第36部 裁判官　吉川健治 控訴審にて和解成立	単極性うつ病	給与支給業務等	×	退職無効
⑧	日本ヒューレット・パッカード事件 平27.5.28判決 労判1162-73 東京地裁民事第19部 裁判官　清水響 控訴棄却，上告棄却・不受理	妄想性障害	ITスペシャリスト	×	退職有効
⑨	日本電気事件 平27.7.29判決 労判1124-5 東京地裁民事第19部 裁判官　伊藤由紀子 控訴審にて和解成立	アスペルガー症候群	総合職（予算管理業務）	○	休職期間満了時以降の賃金請求棄却
⑩	綜企画設計事件 平28.9.28判決 労経速2304-3 東京地裁民事第11部 裁判長裁判官　佐々木宗啓 裁判官　高田美紗子 裁判官　井出正弘 控訴審にて和解成立	うつ病	建築設計技師	×	退職無効

　256頁でも述べたように，うつ病については「長期にわたり」，および「症状が安定し，就労可能な状態」という障害者雇用促進法の要件を充足する例は極めて例外的となっています。表にあげた裁判例でも，判決を読む限りでは障害者に該当する事例はないといえます。

イ　休職前に従事していた業務についての就労可能性を検討する

　労働契約で約束した労務提供ができないということは労働者の責任ですから，休職期間満了時に約束どおりの業務遂行ができる程度の状態に回復していなければ，会社として当該労働者の労務提供を受け取る義務は生じないという原則は，精神疾患に罹患したことによる休職者についても同様です。裁判例においても，うつ状態となった労働者の復職の可否が問題となった事案において「従前の職務を通常の程度行える健康状態に復したかどうか」が復職判断の基準になるとされています（後掲大建工業事件＝大阪地決平15.4.16労判849-35判例・裁判例⑱）。

　そして，休職前に従事していた通常の業務とは，疾患に応じて負担を軽減していた職務ではなく，本来就くことが予定されていた職務であると考えます。精神疾患の場合には，現実的に配転可能な他部署での就労可能性が認められるケースは，顧客サービス部の業務のように，消費者からのクレーム処理等の心理的負荷の比較的大きいと考えられる業務からの配転等のケースに限られると考えられます[*1][*2]。

　＊1　伊藤忠商事事件では，商社の「総合職」として採用された労働者の休職からの「復職可能性を検討すべき職種」は「総合職」であり，復職に際しての配置可能な「他職種」とは，「被告の総合職の中で，原告が休業前に従事していた以外の職種を指すものと解すべき」とし，同一の管理区分である総合職の中での他職種の業務遂行について検討したうえで，いずれの業務においても，対人折衝等の複雑な調整等にも堪えうる程度の精神状態が最低限必要とされることには変わりはないとして，休職期間満了時点での原告の状態（治癒・寛解していない）からは退職を有効としました（もっとも，当該事案では，原告が総合職として雇用されたことのほかに，一貫して総合職としての復職を希望していたという事情があげられているので注意が必要です）。

　＊2　日本ヒューレット・パッカード事件では，まず妄想性障害に罹患した従業員に対する休職命令の有効性が争われました。裁判所は片山組事件判決を引用し，配置可能性のある他の業務について労務の提供をすることができるときは，債務の本旨に従った履行の提供があったものと認められる余地があるとしたものの，原告が他の従業員とコミュニケーションをとることが困難であることからすると，在宅勤務の制度を適用したとしても，社内外との調整や他の社員との協同作業が必要になることには変わりがないこと

からすれば，配転により労働契約上の債務の本旨に従った履行の提供をすることができるような職場を見出すことは困難な状況にあったというべきであるとして，休職命令は有効であるとしました。そして，休職期間満了時の退職については，一般に妄想性障害は薬物治療により治療可能とされているが，原告が休職中，適切な治療を受けていたことを認めるに足りる証拠がないことなどからすると，休職前の欠勤中に約1年間他の会社で稼働していたという事情等を考慮しても，休職期間満了時に妄想性障害がなくなり，復職可能な状態になったと認めることはできないとして，退職は有効であるとしました。

ウ　エール・フランス事件の枠を超えるものか

上記アの表の裁判例のうち，退職無効とした③キヤノンソフト情報システム事件[*1]，⑥ワークスアプリケーションズ事件[*2]，⑦アメックス〔休職期間満了〕事件[*3]および⑩綜企画設計事件は，就労可能な状態まで回復していたか，相当期間内に通常の業務を遂行できる程度に回復すると見込まれていた事案です。

*1　一時的に軽易業務に就けるなどの配慮を検討することを使用者に求めたものにとどまります。その意味では，同事件は，従来のエール・フランス事件の枠の中でとらえることが可能なものといえます。

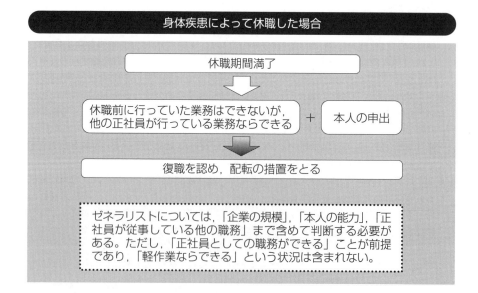

第4章／休職期間満了

精神疾患によって休職した場合

休職期間満了

↓

休職前に行っていた業務ができなければ，
原則として復職は認められない

精神疾患の場合，「正社員が行っている他の業務ならできる」
という可能性は，精神面から考えるときわめて低いため，
結果論としてスペシャリストと同様に考えることになるこ
とが多いと思われる。

*2　上司に怒鳴られるなどの負担により，新入社員が休職し，休職期間満了時に主治医より，復職の際には配転が不可欠であり，短くとも1カ月は残業等の過重労働を控えるのが好ましいとの条件が付された事案において，裁判所は片山組事件判決を引用しつつ，会社は原告に残業を1カ月程度させないといった配慮も可能であったとして，退職扱いを無効としたものです。通常の労働契約の内容として，時間外労働をできることも含まれるとすれば（259頁参照），時間外労働をできるまでに回復するに至っていないものの，一定の配慮を求めたという点では，当該裁判例もエール・フランス事件の枠の中でとらえることが可能であるといえます。

*3　主治医，会社指定医，リワークプログラムを支援したカウンセラーが復職の可能と判断していたにもかかわらず，会社の内規に固執し，退職とした事案です。

これに対して，退職を有効とした事案は，就労可能な状態にまで回復しておらず，また，従業員自身が治療を行わないことなどを理由に相当期間内に回復が見込めないケースです。したがって，精神疾患により休職した場合にも，障害か病気かを判断し，病気であれば，休職期間途中であれば片山組事件判決，休職期間満了時であればエール・フランス事件判決の枠組みを用いて判断するという手法は，身体疾患の場合と同様であると考えられます。*

*　綜企画設計事件では，「休職原因がうつ病等の精神的不調にある場合において，一定程度の改善をみた労働者について，いわゆるリハビリ的な勤務を実施した上で休職原因が消滅したか否かを判断するに当たっては，当該労働者の勤怠や職務遂行状況が雇用契約

上の債務の本旨に従い従前の職務を通常程度に行うことができるか否かのみならず，…相当の期間内に作業遂行能力が通常の業務を遂行できる程度に回復すると見込める場合であるか否かについても検討することを要」する旨判示されており，精神疾患についてもエール・フランス事件判決の枠組みで判断することが明言されています。

エ　精神疾患に罹患した人の復帰は難しい

　精神疾患は，「療養期間を一概に示すことは困難であるが，例えばうつ病について，薬物が奏功する場合には，①急性期から症状が安定するまでの期間としては91％が治療開始から3か月以内，②医学的なリハビリテーション療法としてのリハビリ勤務を含めた職場復帰が可能となるまでの期間としては88％が治療開始から6か月以内，③完全な回復や復職を含む症状固定までの期間としては治療開始から1年以内が79％，2年以内が95％とする報告がある」（「精神障害の労災認定の基準に関する専門検討会報告書」［平成23年11月］13頁）とされていますが，うつ状態は気分変動をくり返しながら徐々に回復していくものであることなど，その判断は微妙なものがあります。職場復帰は身体疾患と比較して難しいといえます。

　精神疾患の従業員との間でトラブルが起きてしまうのは，簡単に復職を認めてしまうからです。その結果，また不完全な労務提供が起きてしまうのです。

オ　できる限り円満退職の実現を図る

　前述したように，精神疾患は，たとえ休職させてもその治癒の判断は微妙なものがあります。そこで，できれば合意のうえで退職してもらうか，退職上積金を出して会社都合退職という方向で話し合います。話合いは，休職期間満了の1〜2週間前に行います。ただし，家族に立ち合ってもらっても，医師は原則として同席させません。休職させるのと違い，退職してもらうという話だからです（自殺念慮を伴う精神疾患の事案では，場合によっては医師を同席させることも考えられます）。

　仮に，本人や家族が会社の提案を拒否するようであれば，「一企業としてでき

るのは，休職までです。休職期間満了時に治癒していないのであれば，復職を認めることはできません。どうしても復職できると主張するのであれば，裁判も辞さないと考えています」という強い態度を示す場合もあります。そして，退職してもらえる（譲歩してくれる）のであれば，「今後の治療費のこともあると思いますので，会社都合退職として退職金の上積みをしたいと思います。雇用保険の基本手当も会社都合退職の場合は待機7日で受けとることができるはずです」と提示し，円満に合意退職を実現するよう努力します。

　精神疾患の場合は，あまり法律論は使わず，できる限り合意で休職や退職措置がとれるように努力をすることが，実務のあり方だろうと思います。

　もっとも，この対応は休職期間満了時のものであることに注意してください。休職させるかどうかの話合いのときには，決して会社の方から退職の話をすべきではありません。従業員に会社の真意について不信感を持たれるだけといえます。従業員の方から退職の申入れがあった場合は別として，休職制度の適用の有無についてのみ協議する姿勢が肝要です。

　なお，本当に精神疾患が治癒すれば，速やかに復職措置をとり，かつ前述したように，一定期間は再発を防ぐため，時間外労働や国内出張については配慮すべきといえます。

(3)　スペシャリストについて

　職種を特定して採用された労働者（スペシャリスト）は業務が特定されていますから，その業務を支障なく遂行できる健康状態に回復しているかが基準となります。身体疾患であろうと精神疾患であろうと同様に考えられます。ゼネラリストについての復職基準を示したと考えられる最高裁（前掲片山組事件）も，「労働者が職種や業務内容を特定せずに労働契約を締結した場合においては，現に就業を命じられた特定の業務について労務提供が十全にはできないとしても」という判決文からみて，スペシャリストについては特定された業務を支障なく遂行できるかという基準を前提としていると考えられます。

　この点，前掲カントラ事件は，前述したとおり職種を運転手と特定して雇用

された労働者が慢性腎不全（身体疾患）で休職した事案ですが，原則として，職種を特定されて雇用された者については，その労働者が従前の業務を通常の程度に遂行することができなくなった場合には，本旨弁済がないものと解されるとしながらも，「他に現実に配置可能な部署ないし担当できる業務が存在し，会社の経営上もその業務を担当させることにそれほど問題がないときは，債務の本旨に従った履行の提供ができない状況にあるとはいえないものと考えられる」として，結論として労働者の請求を認めています。

　しかし，当該事案が，障害者に該当する事案であり，病気の場合における復帰の場面でないことは前述のとおりです。

　また，当該事案では，就業規則で職種は区分されていましたが職種変更を予定しており，その職種のうち作業員が運転手として雇用された者でも就労可能と考えられ，また，長距離だけでなく近距離の運転業務もあり，時間を限定した近距離運転を中心とする運転業務に復帰できる可能性がありました。こうした点から，労務提供の受領を求めたものと評価することもできます。したがって，少なくとも職種を特定して採用する労働者に適用される就業規則に職種変更が予定されるような規定を置くことは避けるべきといえます。

4　「通常の業務」の内容が変化している場合

　私傷病で休職に入った労働者の復職を判断する場合，通常の業務に戻れるか否かがポイントであると説明しましたが，マーケットや労働市場の変化の激しさの中で，次のような状況が考えられます。

　仮に，システムエンジニア（SE）として入社した従業員が，体調を崩して2年間休職することになったとします。2年後の休職期間満了時，当該従業員は，休職前に自分が就いていた仕事については問題なく行えるまでに回復しました。ところが，現代における時代の変化は激しく，企業における業務内容もすさまじい勢いで変化しています。当該従業員が休職している2年の間にSE業務も変化し，当該従業員と同等のSEが通常行う業務の身体的・精神的な負荷は，2

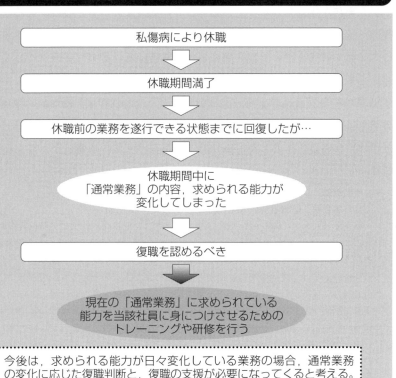

年前の業務よりも大きくなっていたのです。つまり、「通常の業務」の内容や求められる能力、体力、精神力（集中力）などが変化してしまったということです。

こうした場合、復職判断の「治癒」の基準をどこに置くかが問題となります。ゼネラリストであれば、休職前の職務能力で配置可能な職種に変更することが考えられます。しかし、SEとして職種特定されている場合、休職前のSE業務を基準とするか、それとも現在のSE業務を基準とするかです。

当該従業員は、休職前のSE業務を行うことができるまでには回復しましたが、

現在求められるSE業務を完全に行うことはできません。しかし，休職前に行っていた業務が遂行できるまでに心身ともに回復しているのなら，会社としては復職を認めるべきだと考えます。そして，当該従業員に対して一定期間のトレーニングや研修を行い，現在求められる業務に就けるよう支援する必要があると考えます。

SE業務や証券会社のディーラー業務のような時代の最先端をいく業務は，その業務に求められる能力も日々変化しているといえます。したがって，今後は，通常の業務の変化に応じた復職判断と，復職の支援が必要になってくると考えます。[*]

*　解雇無効とした裁判例

全日本空輸〔退職強要〕事件＝大阪地判平11. 10. 18労判772-9

　　客室乗務員として業務内容を特定して採用された原告が，休職中に機械設備が変化したことによって，機械等に関する知識が欠けていたため，復職者訓練に不合格となり，労働能力の低下等を理由に解雇された事案において，裁判所は，「労働者が休業又は休職の直後においては，従前の業務に復帰させることができないとしても，労働者に基本的な労働能力に低下がなく，復帰不能な事情が休職中の機械設備の変化等によって具体的な業務を担当する知識に欠けるというような，休業又は休職にともなう一時的なもので，短期間に従前の業務に復帰可能な状態になり得る場合には，労働者が債務の本旨に従った履行の提供ができないということはでき」ないとしたうえで，「直ちに従前業務に復帰ができない場合でも，比較的短期間で復帰することが可能である場合には，休業又は休職に至る事情，使用者の規模，業種，労働者の配置等の実情から見て，短期間の復帰準備時間を提供したり，教育的措置をとるなどが信義則上求められるというべきで，このような信義則上の手段をとらずに，解雇することはできない」として，解雇無効と判示しました。

それでも現在求められる能力に達しない場合には，実務としては，他の職種への配転を提案し，それを拒否された場合，または配転先がない場合には解雇となると考えます。

第4章／休職期間満了 ◀287

第4節　治癒しているかどうかを最終的に判断するのは誰か

1　治癒しているかどうかの判断主体は原則として会社

　休職していた従業員が休職期間満了時に復職するには，休職の原因となったケガや病気が「治癒」していなければなりません。そこで，治癒しているかどうかを最終的に判断するのは誰かが問題となります。

　判断主体は原則として会社です。会社が休職を認めたわけですから，休職事由が消滅したかどうかも会社が判断するのが当然です。しかし，就業規則に「診断書に基づいて判断する」と規定されていれば，診断書に従って判断することになります。規定がない場合は，会社が判断することになります。会社は，従業員が治癒しているかどうか，通常の業務を行うことができるかどうかを面談して自分の目で確認する必要があります。

　また，休職期間途中に症状固定するなどして，障害者雇用促進法上の障害者に該当することになる場合もありうるので，使用者は障害者手帳の交付の有無についても確認しておく必要があります。

2　診断書に基づく判断は非常に難しい

　治癒しているかどうかの判断にあたっては，診断書が重要な意味を持っています。最終的な判断は使用者が下しますが，病状が回復しているかどうかという医学的な問題については，医師の判断が非常に重要です。医師の診断なくして復職の可否を判断すると，いざ訴訟が起きたとき，裁判所からその点について追及される可能性もあるからです。[*]

＊　関連裁判例

①　退職を有効とした裁判例

ザ・ウィンザー・ホテルズインターナショナル〔自然退職〕事件＝東京地判平24.3.9労判1050-68［控訴審においても下記判断は維持］

休職期間満了後の退職の有効性が争われた事案において，裁判所は，原告が人事部長代行との面談を一方的に放棄する一方で，休職命令自体にはとくに異議等を述べなかったばかりか，被告から復職意思の有無の確認や自然退職の注意喚起があったにもかかわらず，その意思さえあれば容易なはずの復職願を提出せず，そのまま休職期間の満了を迎えたものであるから，被告において主治医や専門医からの意見聴取を行わなかったことをもって，客観的合理性や社会的相当性が欠けることにはならないとして，退職は有効であると判示しました。

②　解雇を無効とした裁判例

J学園〔うつ病・解雇〕事件＝東京地判平22.3.24労判1008-35［控訴審にて和解成立］

休職と復職をくり返す教員に対する，心身の故障による職務遂行への支障を理由とする解雇の有効性が争われた事案において，裁判所は，解雇の相当性に関する判旨の中で，被告が退職の当否の検討にあたり，主治医から治療経過や回復可能性について意見を聴取しなかったことは「現代のメンタルヘルス対策の在り方として，不備なものといわざるを得ない」などとして，解雇は無効であると判示しました。

診断書に基づく判断は非常に難しいといえます。診断書に「現場復帰可能」，「出社可能」などと記載されていても，それが単に病状が回復しているとの意味で，通常の業務を行える健康状態まで回復（治癒）した，つまり約束した労務提供が可能であることを意味していないことが多くあるからです。

診断書には，次の5種類のパターンがあると考えられます。

---

① 　本当に正しい診断書

② 　職場復帰の意味を，出社できることだと誤解して書かれた診断書

③ 　単に病状の回復の状況が記載されている診断書

④ 　復職できないと解雇されると患者に懇願され，やむをえず「復職可能」と書かれた診断書

⑤ 　患者を救済する意味で，医師の積極的な意思によって，「復職可能」と書かれた診断書

医師は労務のプロではありませんから，②のように治癒の意味を誤解して「復職可能」と診断書に書いてしまうことがあります。また，医師と患者の信頼関係を考えると，④のように頼まれて「復職可能」と書くこともあります。今ではそれほど多くない例といえますが，中には「労働者が解雇されるのは悪である」という信念を持っていて，積極的に「復職可能」と書く医師もいます。これが⑤です。

このような医師に，「職場復帰は難しいのではないか」と尋ねても，「医師である私が判断しているのだから，職場復帰は可能」という答えが返ってくると思われます。こうなると，話合いは困難になります。[*]

> ＊　**休職期間満了による退職を有効とした裁判例**
> 　ア　**日本通運〔休職命令・退職〕事件**＝東京地判平23.2.25労判1028-56［控訴棄却］
> 　　休職期間満了による退職扱いの有効性が争われた事案において，主治医が復職可能と診断していたとしても，主治医は原告が被告会社に多数の名誉棄損ともいうべき手紙を送付するなどの問題行為を行っていたことを十分に把握していなかったこと，産業医が原告の上記言動を十分に把握したうえで，職場復帰は困難である旨の意見を有していたことからすれば，退職取扱いは有効であると判示しています。
> 　イ　**コンチネンタル・オートモーティブ〔仮処分〕事件**＝横浜地決平27.1.14労判1120-94
> 　　休職期間満了による退職扱いの有効性が争われた事案において，主治医の通常勤務に問題がない旨の診断書は，休職期間満了の通知が届いた後に労働者の強い意向によって作成されたものである一方，同通知を受領する前に示された診断書には復職できないとの記載があることなどからすると，休職期間満了時に復職可能であったと判断することはできないとして，休職期間満了による退職を有効としました。

3　診断書は重要であるが判断材料の１つにすぎない

診断書は重要な判断資料ですが，治癒したかどうかを判断する材料の１つにすぎません。したがって，実務では，休職期間満了の２週間くらい前に主治医の診断書を提出させたうえで本人と面談し，本当に治癒しているか，通常の業務を支障なく遂行できるかどうかを確認します。そして，何か問題があると思ったならば，主治医への面談を求めます。できれば，その従業員とともに主治

医を訪ね，十分な話合いを行うべきです。

　しかし，実務では，主治医との面談を実施することに苦労しているようです。主治医が面談に応じたがらないことが多いからです。

　そこで，主治医が面談を拒否する場合は，その主治医が書いた診断書は，復職の判断資料としては採用しないと告知すべきです。そして，裁判となった場合は，主治医を証人申請すると伝えてもよいと思います。このように，会社が毅然たる態度をとれば，多くの場合，主治医は「本人の同意があれば面談する」と回答するようです。現在は，個人情報保護法との関係もあって，必ずといってよいほど主治医が労働者の同意を求めてきます。

　主治医を交えた話合いでのポイントは，以下の①②を確認することです。

---

　①　業務内容を十分に説明し，その業務を通常程度に遂行できるまで回復しているのか。

　②　将来的に再発することなく継続的な労務提供が可能かどうか。

　当然，面談内容は記録に残しておきます。

　実際に，主治医との話合いを行ったときに返ってくる答えで代表的なものは，次のようなものです。1つは，「担当する業務の内容を知らなかった。それでは復職は無理ですね」というもの，もう1つは，「患者に頼まれて書きました」というものです。「御社ぐらいの企業規模なら，1人ぐらい面倒みてくださいよ」といわれることもあります。さらに，加入した合同労組等の紹介で受診することになった主治医の場合は，復職できるという自らの診断に固執する場合も多くみられます。

4　主治医の診断書に対抗するためには，休職開始時および休職期間途中の対応が重要となる

　精神疾患による休職がなされているケースで，主治医から「復職可能」との診断書が出された場合に，そのような診断書に対抗するためには，休職開始時

および休職期間途中の対応が重要となります。

　まず，休職開始時の対応についてですが，従業員から「うつ病」や「適応障害」などの主治医の診断書の提出があった場合には，その主治医への面談を求めるべきです。そして，主治医に対し，休職の必要性，従業員がどういう病気であり，治療にどれぐらいの期間が見込まれるのか，どういった形ならば復職できるのかなどを聞いておきます。

　こうすることにより，主治医は，復職時に労働者が回復し休職の必要性がなくなったことを説明することが必要となります。また，休職開始時に説明していたものとは異なる形での復職を求められた場合には，最初の説明と矛盾しているとして，復職要求を断ることができる場合もありえます。

　労働者の中には，休職開始時と復職時の医師を変えてくる者がいますが，会社としては，休職開始時の医師が廃業したなどの特別の事情がない限り，休職開始時と同じ医師が復職可能と診断した診断書を持ってくるよう労働者を説得すべきです。もしくは，会社の指定医の診断を受けるよう指示すべきといえます。

　次に，休職期間途中の会社の対応についてです。2年，3年と長期の休職をする労働者は，最初は2カ月，3カ月といった短期の休職をしてそれがくり返し延長されていきます。そこで，休職を延長するごとに，会社から主治医に「診断書には2カ月で治癒すると書かれていたのに，なぜ復職できないのですか」と質問します。そうすると，主治医からは「精神疾患というのは，身体疾患とは異なり，判断が難しいのです。たしかに前回は『2カ月後には復職可能』と診断したけれど，2カ月経った現在，復職は依然として難しいと考えます」といった答えがあると思いますので，それを記録に残しておきます。

　そして，復職時に，主治医が「治癒したため，復職可能」との診断書を提出してきたら，「過去，休職を延長する度に『精神疾患は診断が難しい。復職はできない』と言っておきながら，どうして今回だけ，復職可能と証明できるのですか」と反駁することができます。

　上記が，復職可能との診断書に対抗する実務的な手法であると考えます。

治癒しているかどうかの判断基準と対応

治癒しているかどうかの判断主体は ➡ 原則として会社

就業規則に「診断書に基づいて判断する」と規定されていれば，診断書に従って判断することになる。しかし…

診断書に基づいて判断することは難しい

診断書には以下の5種類が考えられる。
① 本当に正しい診断書
② 医師が職場復帰の意味を，会社に出社できる，あるいは軽作業ならできると誤解して書かれた診断書
③ 単に病状の回復と状況が記載されている診断書
④ 復職できないと解雇されると患者に懇願され，やむをえず「復職可能」と書かれた診断書
⑤ 労働者である患者を救済する意味で，医師の積極的な意思によって「復職可能」と書かれた診断書

診断書に疑念があれば医師への面談を求める

面談の際のポイント
① 業務内容を十分に説明し，その業務を通常程度に遂行できるまで回復しているのか
② 将来的に再発することなく，継続的な労務提供を行うことが可能かどうかを確認する。

> 休職期間を延長するかどうかは会社の判断。個別対応をとることも可能であるが，その場合は理由を必ず記録として残しておく。また，休職期間途中では，医師と面談をし，記録を残しておく。

以上から分かるように，復職時（出口）の復職可能という診断書に対抗するためには，休職開始時（入口）での対応および休職期間途中（展開）の対応が重要となってくるのです。

5　健康に関するプライバシーは取得後の管理の問題

　以上のように対応した場合，プライバシーの侵害をいわれることもあります。健康状態はいわばプライバシー権として保護されるべき個人情報であり，慎重な取扱いが要求されることに異論はないと思います。

　もっとも，労働契約の内容として，労務提供を完全履行できる健康を有していることが含まれていますので，労働者が本当に治癒したか否かについて疑義がある場合に，使用者が労働者の健康情報にアクセスするのは当然といえます。使用者は，取得した労働者の健康情報をきちんと管理し，みだりに公開しないことで，労働者のプライバシーを守ればよいのです。

　定期健康診断を考えても，問診では過去の病歴や健康状態が確認され，診断結果は使用者に通知されます[*]。労働安全衛生法（以下，「労安衛法」）が労働者の健康状態へのアクセスを認めているのですから，上記の考え方でよいと思います。

> 　＊　病歴は，個人情報保護法において要配慮個人情報として，あらかじめ本人の同意を得なければ取得してはならないと規定されています。したがって，労働者が答えなかった場合に無理に答えさせることはできません。なお，定期健康診断の結果については，「法令に基づく取得」にあたるため，労働者の同意は不要です。

　ただし，HIV感染やB型・C型肝炎などは，感染した労働者が他の労働者に感染させたりすることは考えられず，感染していること自体が，他の健康な労働者と異なる就業上の配慮が必要とされるわけではないので，業務上とくに必要がある場合を除いて，これらの疾病に感染しているかどうかの情報を一律に取得するべきでないとされています（B型肝炎について，B金融公庫〔B型肝炎ウイルス感染検査〕事件＝東京地判平15.6.20労判854-5，HIV感染症について，警察学校・警察病院HIV検査事件＝東京地判平15.5.28労判852-11参照[*]）。また，色覚検査の結果などの遺伝情報も同様にいわれていますので，業務上あるいは就業上特段の事情がない限り，これらの情報の取得に慎重であるべきです。

＊　HIV感染症に罹患した看護師に対し，副院長らが，本人の同意なく入手した罹患情報に基づき，勤務を休むよう指示したことが違法であるとして，慰謝料請求がなされた事案（福岡地久留米支平26.8.8判時2239-88，控訴審にて慰謝料額変更，上告不受理）において，裁判所は，HIV感染症に罹患していることは他人に知られたくない個人情報として，本人の同意を得ないで取り扱うことは特段の事情のない限り，プライバシーの侵害として不法行為が成立し，院内感染を防止するため何らかの労務管理上の措置を要するとしても，その措置の前に原告の同意を得なかったことは違法であるなどとして，原告がすでに被告から和解金として100万円を受領していることを考慮したうえで，100万円の慰謝料の支払いを認めました。

厚生労働省の定めた「雇用管理分野における個人情報保護に関するガイドライン」においても，雇用管理情報の取扱いについて，利用目的を可能な限り具体的に特定すること，個人データ管理責任者を事業所ごとに設置するなどの安全管理措置を実施すること，個人データの処理を外部に委託する場合の取扱いに注意すること，労働組合との事前協議に努めることなどの点に配慮するよう求めています。

6　労務提供を受け取る時こそ慎重な判断が求められる

以上で述べてきたことは，労働者が復職を希望し，それを会社が治癒していないことなどを理由に拒否する場合の対応です。この場合，休職期間途中での復職は賃金論になりますし，休職期間満了時の復職は雇用論となりますが，後者であっても，結局は訴訟においてバックペイの問題として金銭による解決が図られることになります。

上記と異なり，労働者が休みたいと主張しているところを，会社の方から休む必要はないから働くよう指示する場合，あるいは労働者が復職したいと希望しそれを会社が受け入れる場合については，労働者に業務上，身体的・精神的な負荷をかけることになります。つまり，労働者の労務の提供を受け取るということは，労働者の命と健康の問題になるのです。したがって，労務提供を受け取る場合には，会社は労働者に対し，命と健康に十分配慮する義務を負います。現在の議論は，労働者の労務提供を受け取らない場合に重点が置かれてい

ますが，労務提供を受け取る場合にこそ慎重な判断が求められると思います。

　主治医の診断を信じられない場合には，原則として労務提供を受け取らず，産業医の診断を受けさせるという処理でよいと思います。この場合は，産業医の診断に従うことになります。

　もっとも，産業医が労務提供を受け取るよういっている場合については，休職期間途中の復職である賃金論であれば，それでも労務提供を受け取らないという判断も考えられますが，休職期間満了時の復職である雇用論であれば受け取った方がよいと思います。とくに相当期間内に通常の業務を遂行できる程度に回復すると見込まれるか否かは，医師の医学的判断が重要となります。

　そして，主治医の診断書に「このような配慮をしてください」，「残業や出張はさせないでください」と記載されていた場合には，これに従うべきだと思います。仮に何かが起きて裁判になれば，産業医がどのような診断をしていようとも，裁判所は，会社が主治医のいうことを守らなかったということを指摘してくると思います。

　つまり，労務提供を受け取らない場合は産業医の診断に従っていれば問題はありませんが（もっとも，産業医の診断を前提に，最終的な判断は会社が行うことになります），労務提供を受け取る場合は，産業医と主治医がいっている内容を全てクリアしなければならないと考えます。もし，主治医のいうことを全て守ることができないのであれば，労務提供を受け取らない方がよいと思います。

第5節 主治医との面談を拒否されたとき，どのように対応すればよいか

1 治癒しているかどうかの証明は労働者の責任

　労働者から提出された診断書に疑念がある場合等には，主治医と面談すべきと説明しました。しかし，最近では個人情報保護法の施行もあって，医師から「患者の情報は個人情報にあたるから，本人から面談の同意をとるように」といわれることがほとんどです。そこで，労働者の同意をとろうとすると拒否され，「主治医との面談に労働者が同意しない。どうしたらよいか」と相談してくる使用者がいます。

　誤った認識を持っている人が多いのですが，今行おうとしているのは，治癒しているかどうかの認定です。本来，健康で働くという契約を交わしているにもかかわらず，私傷病のために休職したというのは，労働契約に違反して債務不履行の状態にあるということです。10の仕事をするとして労働契約を締結し，10の仕事をしていた労働者が，私傷病で10の仕事ができなくなったとします。本来であれば，約束違反ですから労働契約は解消することになるはずですが，使用者が労働者に恩典を与える形で一定期間の休職を認めて，10の仕事ができるようになるまで待っています。この状況で，労働者が従来どおり10の仕事ができるようになったので，使用者に労務（弁済）の受領を求めるのが復職の意思表示といえます。したがって，治癒している（復職できる）という証明は，休職した労働者がすべきもので，使用者にその義務はないはずです。

　裁判例でも，休職期間満了時の復職の可否が問題となった事案において，休職事由が消滅したことについては，労働者が主張立証すべきであるとされています（前掲アメックス〔休職期間満了〕事件＝東京地判平26.11.26労判1112-47，前掲綜企画設計事件＝東京地判平28.9.28労経速2304-3）。

　それにもかかわらず，労働者が主治医への面談に同意しない場合には，「通常

第4章／休職期間満了　297

労働者が主治医との面談を拒否したら

労働者が主治医への面談に同意しない

休職した理由は労働者にある➡治癒の証明は労働者がすべき

提出された「診断書」は治癒している証明にはならず復職は認めない

休職期間満了に伴い普通解雇ないし当然退職

> 診断書が提出された場合でも，産業医又は会社が指定する医師への受診が命令できるように，就業規則を整備しておく必要がある。

の業務が遂行できないという理由で休職措置の恩典を受けた以上，現時点で通常の業務を遂行できるまでに回復したという証明は，復職を主張する労働者が当然すべきです。その証明資料である診断書について，作成した主治医への面談による確認を拒否するのであれば，その診断書を判断材料としては採用しません。そうすると，傷病は治癒しているとは考えられないので，復職を認めることはできません。会社としては，就業規則に従い，休職期間満了に伴う措置（解雇または当然退職）をとることになります」と，明確に労働者に告知すべきです。ここまでの対応をすれば，多くの場合，労働者の同意は得られると思います。

　この点，「職務復帰を希望するにあたって，復職の要件である治癒，すなわち，従前の職務を通常の程度行える健康状態に復したかどうかを使用者である債務者が債権者に対して確認することは当然必要なことであり，しかも，債権者の休職前の勤務状況及び満了日まで達している休職期間を考えると，債務者が，債権者の病状について，その就労の可否の判断の一要素に医師の診断を要求することは，労使間における信義ないし公平の観念に照らし合理的かつ相当な措

置である。したがって，使用者である債務者は，債権者に対し，医師の診断あるいは医師の意見を聴取することを指示することができるし，債権者としてもこれに応じる義務があるというべきである」と説示する裁判例（大建工業事件＝大阪地決平15.4.16労判849-35判例・裁判例⑱）が参考となります。

　実務では，主治医の診断書がない場合，または主治医との面談に労働者が同意しない場合は，会社の産業医ないし指定医の受診を求める必要があると考えます。この受診を拒否するようであれば，休職期間満了による契約解消で処理することになります。

2　産業医の診断を重視する

　復職が可能かどうかを最終的に判断するのは会社であること，ただその判断には主治医の診断も重要であること，労働者から提出される診断書による判断には難しい側面があることは，すでに説明したとおりです。

　そうした中で，産業医の判断を求める点が重要性を増してきました。厚生労働省が発表している「心の健康問題により休業した労働者の職場復帰支援の手引き」でも，平成16年には単に，「現状では，主治医による診断書の内容は，病状の回復程度を中心に記載されていることが多く，労働者や家族の希望が含まれている場合もある」と指摘するにとどまっていましたが，平成21年改訂によりさらに進んで，「主治医の判断と職場で必要とされる業務遂行能力の内容等について，産業医等が精査した上で採るべき対応について判断し，意見を述べることが重要となる」との記載が加わっています。

　なお，この産業医は，当該傷病の分野における専門医でなければ，正確なチェックが期待できないということに注意すべきです。うつ病が治癒したかどうかが問題になっているときに，主治医が精神科医で「治癒した」といい，会社が委嘱する産業医が内科医で「未だ治癒していない」といった場合，産業医の判断をもとに会社が復職を認めないことには大きなリスクがあります。

第4章／休職期間満了　299

判例・裁判例⑱　大建工業事件／大阪地決平15.4.16／労判849-35

【事案概要】Xは昭和47年11月に各種建材の製造加工等を目的とするYに採用され、大阪支店に勤務していた者である。Xが平成12年3月下旬以降、うつ状態あるいは自律神経失調症を理由とする欠勤を続けたことから、Yは、同年9月11日から同年11月10日までの2カ月間、Xを就業規則上の長期欠勤扱いとし、同月11日、休職期間満了日を平成14年5月10日とする最大18カ月の休職扱いとした。

　すると、Xが平成14年4月及び5月に数回出社し、病状回復を主張して復職を求めたのに対し、Yは、同年5月8日、Xが通院しているC医師の事情聴取の承諾を求めたが、Xはこれを拒否した。そこで、Yは、同月9日、産業医紹介のDクリニックでの受診を求めたが、Xはこれも拒否した。そして、同月16日、Xが加入した管理職ユニオンとYとの団体交渉が行われ、同年6月14日付けで、Xは管理職ユニオンが紹介したEクリニックあるいはXが診療を受けた医師の診断書をYに提出すること等を内容とする確認書が交わされた。しかし、Xは同月27日に至っても上記診断書を提出しなかったことから、YはXに同年7月5日までの提出を催促し、Xの猶予の求めに応じて二度提出期限を猶予して同年8月20日を提出期限とした。

　そして、同年8月20日、YはXからF医師作成の「証明書」と題する書面の提出を受けたが、それは診断書ではなく就労の可否にも言及していなかったこと等から、その旨を記載した診断書の提出をXに求めた。すると、同月27日、Xから「就労は可と判断する。」との記載がある証明書の提出を受けた。しかし、Yは、上記証明書が診断書ではなかったため、F医師に対し、証明書内容やXの復職等に関する意見を聴くため面談等を、Xにはその承諾等を求めたが、いずれも拒否された。そこで、Yは休職期間満了後にXが数日出勤していたこと等を鑑み、Xを休職期間満了に伴う退職とはせず、同年9月10日付で普通解雇した。これに対し、XはYの従業員たる地位保全等の仮処分を求めて申立てをした。

【決定要旨】「職務復帰を希望するにあたって、復職の要件である治癒、すなわち、従前の職務を通常の程度行える健康状態に復したかどうかを使用者であるYがXに対して確認することは当然必要なことであり、しかも、Xの休職前の勤務状況及び満了日まで達している休職期間を考えると、Yが、Xの病状について、その就労の可否の判断の一要素に医師の診断を要求することは、労使間における信義ないし公平の観念に照らし合理的かつ相当な措置である。したがって、使用者であるYは、Xに対し、医師の診断あるいは医師の意見を聴取することを指示することができるし、Xとしてもこれに応じる義務があるというべきである。」として、診断書提出期限の延期にもかかわらず、特に理由を説明せずに診断書を提出せず、証明書なる書面を提出したのみで、医師への意見聴取をも拒否し続けていること、Yが休職期間満了後も直ちにXを休職満了退職扱いとせずに、自宅待機の措置をとっていたこと等の事情を考慮すると、本件解雇は、社会的相当性を欠くということはできない、としてXの申立てを却下した。

職場復帰支援の手引きの内容の変遷

【平成16年10月14日厚生労働省発表】
「3 職場復帰支援の各ステップ
(1) 病気休業開始及び休業中のケア〈第1ステップ〉（略）
(2) 主治医による職場復帰可能の判断〈第2ステップ〉
　　休業中の労働者から職場復帰の意思が伝えられると，事業者は労働者に対して主治医による職場復帰可能の判断が記された診断書（復職診断書）を提出するよう伝える。診断書には就業上の配慮に関する主治医の具体的な意見を含めてもらうことが望ましい。
　　<u>なお，現状では，主治医による診断書の内容は，病状の回復程度を中心に記載されていることが多く，労働者や家族の希望が含まれている場合もある。</u>
(3) 職場復帰の可否の判断及び職場復帰支援プランの作成〈第3ステップ〉（略）
(4) 最終的な職場復帰の決定〈第4ステップ〉（略）
(5) 職場復帰後のフォローアップ〈第5ステップ〉（略）」

【平成21年3月改訂】
「(2) 主治医による職場復帰可能の判断〈第2ステップ〉
　1文目　同上
　　<u>ただし現状では，主治医による診断書の内容は，病状の回復程度によって職場復帰の可能性を判断していることが多く，それはただちにその職場で求められる業務遂行能力まで回復しているか否かの判断とは限らないことにも留意すべきである。また，労働者や家族の希望が含まれている場合もある。そのため，主治医の判断と職場で必要とされる業務遂行能力の内容等について，産業医等*が精査した上で採るべき対応について判断し，意見を述べることが重要となる。</u>
　　また，<u>より円滑な職場復帰支援を行う上で，職場復帰の時点で求められる業務遂行能力はケースごとに多様なものであることから，あらかじめ主治医に対して職場で必要とされる業務遂行能力の内容や社内勤務制度等に関する情報を提供した上で，就業が可能であるという回復レベルで復職に関する意見書を記入するよう依頼することが望ましい。</u>」

＊　「産業医等」という記載には，産業医のほかに，産業医が精神科医などの専門医ではない場合に，別途会社が指定した専門医を含むという趣旨が含まれていると考えられる。

第4章／休職期間満了 ◀301

3　休職期間満了時のトラブルを避ける就業規則の規定の仕方

　主治医との面談の同意のとり方について説明しましたが，今後はこの同意について，就業規則に「会社が診断書を作成した医師に対する面談による事情聴取を求めた場合，従業員はその実現に協力する」と定めることによって，協力を義務づけることも考えられます。

　また，従業員から診断書が提出されていても，会社が，別途診断が必要と考えた場合，会社が指定する医師への受診を命じられるよう，「診断書が提出された場合でも，会社は会社の指定する医師への受診を命じる場合がある」との規定を，就業規則に設けておくべきです（就業規則に指定医への受診に関する定めがない中で，会社からの指定医への受診指示に従う義務があるか否かが争われた事案として，京セラ事件＝最判昭63.9.8労判530-13があります。結論として従業員は会社からの指定医への受診指示に従う義務があるとした原審の判断を是認しました）。

　そして，その命令を拒否した場合は，業務命令違反として懲戒処分とするのではなく，「提出された診断書は信用できない。復職可能かどうかを判断する資料としては採用しない。したがって復職は認められない」との運用をするようにします。

4　休職期間満了後の個別対応は会社の裁量による

　主治医との面談後，治癒していない従業員をどうするかは，会社ごとの判断になります。休職を延長するという考え方もありますし，就業規則に基づいて解雇，あるいは当然退職手続をとってもよいということになります。

　休職期間を延長するかどうかは，個別対応で構わないと思います。つまり，休職期間を延長する従業員と，延長せずに解雇あるいは当然退職手続をとる従業員とに分けるという考え方です。会社は，休職を与えることによって，すで

に一度は解雇を猶予しています。したがって，再度チャンスを与えるか否かは，これまでの貢献度を考慮して決めても問題ありません。

Aさんは，これまでの勤務態度が良好で，会社への貢献度も高いので，休職期間を延長する。Bさんは，これまでの勤務態度が悪く，貢献度も低いので，就業規則に基づいて当然退職とする——こうした個別対応をとることは，会社の自由です。ただし，個別対応をとる場合には，なぜAさんは休職期間を延長するのか，なぜBさんは労働契約を解消したのかという理由を必ず記録として残しておき，休職期間の延長が当然の労使慣行にならないように注意する必要があります。

第4章／休職期間満了 ◀303

第6節 復職にあたり使用者はどこまで支援すればよいのか

1 復職支援の基本的な考え方

厚生労働省は「心の健康問題により休業した労働者の職場復帰支援の手引き」を平成16年に発表（平成21年3月改訂）しています。これはあくまで「手引き」ですから，何ら法的拘束力はありません。ただし，業務災害を原因とした精神疾患で休業した労働者に対して，解雇を選択せざるをえない場合に，その解雇の社会的相当性を満たす要素として，この手引きを参考に一定の復職支援をしたかどうかが問われるとも考えられます。

しかし，労働者の主治医などからの意見として最近よく見かけるのですが，純然たる私傷病を理由とする場合にまで，使用者が復職支援をしなければならないかのような議論に惑わされることはありません。

日本は，国民を税金で食べさせるのではなく，国民は自分で働いて得た賃金で食べていくというシステムを採用しました。国民を食べさせていくという本来国が負うべき役目を，国民が働けることを前提に使用者は代替しているのであって，自分で十分に働けない者まで使用者に面倒を見ろというのは行きすぎです。また使用者は，休職を適用した際に，すでに一度，解雇を猶予しているのです。

したがって，休職期間満了までに通常の業務を遂行できる程度の健康状態に回復していなければ，それは労働者の責めに帰すべき事由として，解雇または当然退職となるのが原則です（もっとも，休職期間満了時には，使用者に一定の配慮が求められることについては，前述のとおりです）。使用者が復職支援してまで労務提供を受け取る義務はないという考え方で，基本的にはよいと思います。その意味では，後で説明するリワーク支援は，国の政策として正しい方向性を示しているといえます。

2 復職の実務では私傷病の原因の割合に応じて支援することも考えられる

　もっとも，原則論としてはよいとしても，「業務災害では使用者による支援が必要」，「私傷病ではその必要はなく，場合によってはリワーク支援を考える」というような割り切り方では，実務対応として不十分とも考えられます。

　簡単にいえば，業務災害か否かは，相対的に有力な原因が業務の領域にあるか，私的生活の領域にあるかによって判断されています。つまり，労働者のケガや病気について，その原因が0から10まであったとして，業務の領域にある原因が5を超えていれば業務災害と判断されるということです。逆にいえば，業務の領域にある原因が4で，私的生活の領域にある原因が6と認定されたならば，業務災害とは判断されないことになり，いわば，オール・オア・ナッシングの世界なのです。

　他方，安全配慮義務違反などによる民事損害賠償請求では，使用者に4の責任があれば，その割合において金銭賠償として損害の分配が図られます。

　したがって，業務災害と認定されなかったから，業務の領域に原因がないというわけではありません。業務災害とは認定されず私傷病ということになっても，業務の領域にある原因が4あるといった場合，休職期間満了時などの復職に際して，その原因の割合に応じて使用者は何らかの対応をとるべきではないかと考えられるのです。

　とくに精神疾患を考えたとき，その原因が使用者側にあるのか労働者側にあるのか，原因の割合が4対6や6対4といった場合には，その判定が非常に難しいことは容易に推測できます。まさに，業務災害か否かについてのグレーゾーンといえます。業務の領域の原因が0から2ぐらいならばまだしも，3から5に近い割合でグレーゾーンにあるならば，その原因の割合に応じた復職支援などをすることも，議論の俎上にのせられるとも考えられます。こうしたグレーゾーンの問題については，結局，当該事実関係に基づいた対応とならざるをえません。実務においても，会社に対してその点を意識した指導をしています。

第7節　リハビリ出勤は制度として認めるべきか

1　リハビリ出勤とは

「リハビリ出勤」と一言でいっても，法律に定めのあるものでもなく，規制もありません。すべてをあげることはできませんが，次のような要素を組み合わせて，各会社によって多種多様な形で行われています。

---

① 休職期間中の措置として実施，または復職後の措置として実施

② 出勤経路を移動するのみ，または職場に出勤して一定時間滞在

③ 読書などで自由に過ごすのみ，または業務（軽作業含む）を遂行

④ 職場での滞在時間等に応じて賃金の支払いあり，または支払いなし

本書では，復職が認められるには，原則として，第3節で説明した①～⑥の要素を満たし本旨弁済できることを前提としていますので，復職後の措置としては考えず，休職期間中の措置として実施され，職場に出勤して一定時間滞在するようなケースを「リハビリ出勤」と位置づけることとします。

2　リハビリ出勤の法的問題

リハビリ出勤の内容は，各会社によって様々であることは上記のとおりですが，実務相談の中では，「本人のためにリハビリ出勤を認めているのだから，賃金を支払う必要はない。何かあっても会社に迷惑はかけない，という約束を従業員と交わしたので問題はない」という会社の方もいます。

(1)　賃金支払との関係

リハビリ出勤も内容次第ですが，本旨弁済ができていないことが多いと思わ

れますので，その場合に「賃金を支払う必要はない」というのはそのとおりです。この点については，脳出血により右片麻痺となり就業規則所定の休職期間満了後に無給でリハビリ就労していた事案で，おおむね週に３日の頻度で出社し，１日に約２時間半程度，人事部において適宜人事部担当者からの依頼を受けて作業に従事し，その内容は，電車通勤者が申告している通勤経路や定期券運賃が正確か否かのチェックや郵便物の宛名ラベルの作成，バインダーに貼付するシールの作成などで，作業の遂行状況や結果について会社による評価がされることはなく，労働者の体調により出勤時間や退勤時間の前後のずれはあるけれどもとくに実質的な管理はされていなかったという事情のもと，これについて「労働契約に基づく労務の提供と評価することは到底できないのであって，その実態は，まさにリハビリテーションのために事実上の作業に従事していたという域を出ないものといわざるを得ない」と評価する裁判例が参考となります（前掲西濃シェンカー事件＝東京地判平22.3.18労判1011-73）。

ただし，就業規則や個別の契約で，実際の作業に応じて別途の手当などを支払う合意をしていれば，それを支払う義務があります。また，低額の別途の手当などを支払う合意をしている場合でも，リハビリ出勤の態様がいわゆる「使用従属関係」にある（労基法９条の労働者）と評価される場合には，最賃法の適用があります（上記裁判例の事案では適用はないと考えられます）。仮に手当額が最低賃金額（時給）×労働時間数を下回れば，その水準まで引き上げられることになります。

(2) 損害賠償請求権の放棄との関係

「何かあっても会社に迷惑をかけない」というのは，万が一職場で倒れた場合でも民事損害賠償請求権を放棄するという意味と考えられます。しかし，一切の慰謝料の事前放棄については，労使間の事実上の力関係を考えると，公序良俗（民法90条）との関係で法的に問題となる可能性がありますし，放棄の合意自体も労働者の真意に基づくかが問われるものと考えます。

第4章／休職期間満了 ◀307

リハビリ出勤の問題点

問題点1

リハビリ出勤は完全な労務提供とはいえない
使用従属関係がなければ
労災保険が適用されない
➡労災保険の給付が受けられない

問題点2

民事損害賠償請求権を放棄させる
➡慰謝料の事前放棄については
　法的に問題となる可能性がある

労働者の早期復職を考えるならば，リハビリ出勤など
させずに，休職期間を延長すべき。

---

(3) 労災保険の適用との関係

　また，労災保険法の適用の有無も，上記最賃法と同様に，いわゆる「使用従属関係」にあると評価されるかにかかっています。従業員が「労災保険給付は必ずもらえると思っていた」となれば，深刻なトラブルになりかねません。すると，「労災保険の給付も受けません」という誓約書を従業員に書かせたという使用者がいました。そこまでしてリハビリ出勤を認める必要があるのか，疑問が残ります。1日でも早く復職させてあげたいと考えるのであれば，休職期間を延長して，職場復帰できる健康をしっかりと取り戻すまで待ってあげた方がよい場合もあると考えます。

3　リハビリ出勤の必要性を慎重に検討すべき

　使用者には，不完全な労務提供を受け取る義務はありませんから，労働契約で約束した労務提供ができないリハビリ出勤も認める必要はありません。また，

前述のとおり労災保険法が適用されないなどの問題も生じてきます。このように，トラブルに発展する可能性がありますので，リハビリ出勤は慎重に検討すべきではないかと考えます。

筆者は，実務相談においてリハビリ出勤の導入は反対であると常に明示しています*。

* **試験出社について**　近年，企業において，休職満了時に復職できるか否かを判断するために試験出社という制度を導入している例があり，その判断をめぐる裁判例（前掲伊藤忠商事事件，前掲日本電気事件）もみられます。

　試験出社は，リハビリ勤務と異なり，現実に業務に従事させ，契約上の本旨弁済に従った労務提供の履行ができるかどうかを判断するために行われるものです。

　しかし，筆者は，実務経験からして，今まで説明したような主治医や産業医ないし指定医の情報を十分取得したうえで，企業が予断や絶対拒否するという思惑を捨てて公平に判断すれば，試験出社というような方法を用いなくとも，復職の可否は十分に判断できると思います。本当に復職の可否に迷うような事案についてのみ，例外的にこの試験出社を採用するのであればやむをえないとも考えますが，規定による制度化には反対です。

4　地域障害者職業センター（リワーク支援）の活用

平成17年10月から，独立行政法人高齢・障害者雇用支援機構（現独立行政法人高齢・障害・求職者雇用支援機構）が，全国の地域障害者職業センターで「精神障害者総合雇用支援」を実施しており，その一環として，精神疾患で休職していた労働者に対するリワーク支援，つまり，職場復帰支援を行っています。

そこで，前述のような使用者にとっても労働者にとってもリスクの高いリハビリ出勤にかわり，同センターにおけるリワーク支援を受けさせることで，復職の支援を行っていくことも考えられます。

リワーク支援は，310頁の図表のように，対象労働者・使用者・主治医の三者同意で開始され，以下の順で進み，職場復帰につなげていくことになっています。

①	基礎評価の実施
②	リワーク支援計画の策定
③	センター内支援の実施
④	リハビリ出勤支援の実施

　これをみると，リハビリ出勤が必要となっており，実務ではやはり難しいと考えられるかも知れませんが，実際はセンター内での支援が中心です。リハビリ出勤については，必ずしもプログラムに組み入れる必要はなく，会社にリハビリ出勤制度がない場合には，センター内支援までとすることも可能です。

　したがって，精神疾患によって休職している従業員の復職に際しては，業務遂行の過程で必然的にかかる身体的・心理的負荷に徐々に慣れてもらうという意味でも，また職場復帰に耐えられるかどうかをみるという意味でも，同センターにおけるリワーク支援の活用を考えるのも１つの方法であろうと考えます。*

　　＊　地方の企業では，都市部にある地域職業センターまで，従業員個人が通うことが困難
　　　な場合があります。そうした場合でも，実務では，バスなどの送迎手段を用意し，リワー
　　　ク支援を行うことも検討すべきです。

　なお，リワーク支援を実施している地域障害者職業センターは，各都道府県に１カ所（東京は上野と立川の２カ所）ありますので，一度確認しておくのもよいかもしれません（311頁の地域障害者職業センター所在地一覧を参照してください）。

リワーク支援の流れ

職場復帰のコーディネート（支援対象者（休職中）・雇用事業主・主治医）

センターは，支援対象者・雇用事業主・主治医との相談等を通じて，職場復帰についての三者の意思や意見を確認し，三者の同意に基づいて，職場復帰に向けた活動の進め方や目標について合意形成を図ります。

職業リハビリテーション計画および事業主支援計画の策定

センターの職員や支援対象者・雇用事業主・主治医によるケース会議等を開催し，三者の同意に基づいて，当面の支援期間，支援目標，支援内容等を策定します。

リワーク支援

リワーク支援の開始にあたっては，支援対象者・雇用事業主・主治医の三者の同意を必要とします。リワークとは，「復職」のReturn to Workを意味しています。

基礎評価の実施

- 支援対象者に対して　面接・調査等を通じて，体調・気分の状態，職場復帰への課題等を把握
- 雇用事業主に対して　職場復帰に向けて事業所状況の分析等
- 主治医に対して　支援対象者の病状に応じた支援方法について把握

職場復帰支援の計画（リワーク支援計画）の策定

基礎評価の結果および主治医の意見等を踏まえ，支援内容，支援期間，支援についての協力機関との連携等を含む支援計画を策定します。

センター内支援の実施

支援対象者にセンターに通っていただき，体調等を確認しながら作業支援やストレスの軽減等を図るための支援を行い，職場復帰のためのウォーミングアップを行います。

リハビリ出勤支援の実施＊

支援対象者に復帰予定の職場での作業体験等をしていただき，復帰に向けた不安の軽減等を図ります。

職場復帰

フォローアップの実施

＊　リハビリ出勤制度がない場合はセンター内支援の実施まででプログラムを組んでもらえます。

〔出典〕独立行政法人高齢・障害・求職者雇用支援機構「地域障害者職業センターの精神障害者総合雇用支援のご案内」

第4章／休職期間満了　311

地域障害者職業センター所在地一覧

センター名	郵便番号	住　　所	電話番号	FAX番号
北海道障害者職業センター	001-0024	札幌市北区北二十四条西５－１－１　札幌サンプラザ５Ｆ	011-747-8231	011-747-8134
〃　旭川支所	070-0034	旭川市四条通８丁目右１号　ツジビル５Ｆ	0166-26-8231	0166-26-8232
青　森障害者職業センター	030-0845	青森市緑２－１７－２	017-774-7123	017-776-2610
岩　手障害者職業センター	020-0133	盛岡市青山４－１２－３０	019-646-4117	019-646-6860
宮　城障害者職業センター	983-0836	仙台市宮城野区幸町４－６－１	022-257-5601	022-257-5675
秋　田障害者職業センター	010-0944	秋田市川尻若葉町４－４８	018-864-3608	018-864-3609
山　形障害者職業センター	990-0021	山形市小白川町２－３－68	023-624-2102	023-624-2179
福　島障害者職業センター	960-8054	福島市三河北町７－14　福島職業能力開発促進センター内	024-526-1005	024-535-1000
茨　城障害者職業センター	309-1703	笠間市鯉淵6528－66	0296-77-7373	0296-77-4752
栃　木障害者職業センター	320-0865	宇都宮市睦町３－８	028-637-3216	028-637-3190
群　馬障害者職業センター	379-2154	前橋市天川大島町130－１	027-290-2540	027-290-2541
埼　玉障害者職業センター	338-0825	さいたま市桜区下大久保136－１	048-854-3222	048-854-3260
千　葉障害者職業センター	261-0001	千葉市美浜区幸町１－１－３	043-204-2080	043-204-2083
東　京障害者職業センター	110-0015	台東区東上野４－27－３　上野トーセイビル３Ｆ	03-6673-3938	03-6673-3948
〃　多摩支所	190-0012	立川市曙町２－38－５　立川ビジネスセンタービル５Ｆ	042-529-3341	042-529-3356
神奈川障害者職業センター	228-0815	相模原市桜台13－１	042-745-3131	042-742-5789
新　潟障害者職業センター	950-0067	新潟市東区大山２－13－１	025-271-0333	025-271-9522
富　山障害者職業センター	930-0004	富山市桜橋通り１－18　北日本桜橋ビル７Ｆ	076-413-5515	076-413-5516
石　川障害者職業センター	920-0901	金沢市彦三町１－２－１　アソルティ金沢彦三２Ｆ	076-225-5011	076-225-5017
福　井障害者職業センター	910-0026	福井市光陽２－３－32	0776-25-3685	0776-25-3694
山　梨障害者職業センター	400-0864	甲府市湯田２－17－14	055-232-7069	055-232-7077
長　野障害者職業センター	380-0935	長野市中御所３－２－４	026-227-9774	026-224-7089
岐　阜障害者職業センター	502-0933	岐阜市日光町６－30	058-231-1222	058-231-1049
静　岡障害者職業センター	420-0851	静岡市葵区黒金町59－６　大同生命静岡ビル７Ｆ	054-652-3322	054-652-3325
愛　知障害者職業センター	453-0015	名古屋市中村区椿町１－16　井門名古屋ビル２Ｆ	052-452-3541	052-452-6218
〃　豊橋支所	440-0888	豊橋市駅前大通り１－27　三菱UFJ証券豊橋ビル６Ｆ	0532-56-3861	0532-56-3860
三　重障害者職業センター	514-0002	津市島崎町327－１	059-224-4726	059-224-4707
滋　賀障害者職業センター	525-0027	草津市野村２－20－５	077-564-1641	077-564-1663
京　都障害者職業センター	600-8235	京都市下京区西洞院通塩小路下る　東油小路町803	075-341-2666	075-341-2678
大　阪障害者職業センター	541-0056	大阪市中央区久太郎町２－４－11クラボウアネックスビル４Ｆ	06-6261-7005	06-6261-7066
〃　南大阪支所	591-8025	堺市北区長曽根町130－23　堺商工会議所５Ｆ	072-258-7137	072-258-7139
兵　庫障害者職業センター	657-0833	神戸市灘区大内通５－２－２	078-881-6776	078-881-6596
奈　良障害者職業センター	630-8014	奈良市四条大路４－２－４	0742-34-5335	0742-34-1899
和歌山障害者職業センター	640-8323	和歌山市太田130－３	073-472-3233	073-474-3069
鳥　取障害者職業センター	680-0842	鳥取市吉方189	0857-22-0260	0857-26-1987
島　根障害者職業センター	690-0877	松江市春日町532	0852-21-0900	0852-21-1909
岡　山障害者職業センター	700-0821	岡山市中山下１－８－45　NTTクレド岡山ビル17F	086-235-0830	086-235-0831
広　島障害者職業センター	732-0052	広島市東区光町２－15－55	082-263-7080	082-263-7319
山　口障害者職業センター	747-0803	防府市岡村町３－１	0835-21-0520	0835-21-0569
徳　島障害者職業センター	770-0823	徳島市出来島本町１－５	088-611-8111	088-611-8220
香　川障害者職業センター	760-0055	高松市観光通２－５－20	087-861-6868	087-861-6880
愛　媛障害者職業センター	790-0808	松山市若草町７－２	089-921-1213	089-921-1214
高　知障害者職業センター	781-5102	高知市大津甲770－３	088-866-2111	088-866-0676
福　岡障害者職業センター	810-0042	福岡市中央区赤坂１－６－19　ワークプラザ赤坂５Ｆ	092-752-5801	092-752-5751
〃　北九州支所	802-0066	北九州市小倉北区萩崎町１－27	093-941-8521	093-941-8513
佐　賀障害者職業センター	840-0851	佐賀市天祐１－８－５	0952-24-8030	0952-24-8035
長　崎障害者職業センター	852-8104	長崎市茂里町３－26	095-844-3431	095-848-1886
熊　本障害者職業センター	862-0971	熊本市大江６－１－38　４Ｆ	096-371-8333	096-371-8806
大　分障害者職業センター	874-0905	別府市上野口町3088－170	0977-25-9035	0977-25-9042
宮　崎障害者職業センター	880-0014	宮崎市鶴島２－14－17	0985-26-5226	0985-25-6425
鹿児島障害者職業センター	890-0063	鹿児島市鴨池２－30－10	099-257-9240	099-257-9281
沖　縄障害者職業センター	900-0006	那覇市おもろまち１－３－25　沖縄職業総合庁舎５Ｆ	098-861-1254	098-861-1116

※旭川，豊橋，南大阪，北九州の各支所においては，職場復帰の相談は行っていますが，リワーク支援及び職業準備支援を実施しておりません。

〔出典〕独立行政法人高齢・障害・求職者雇用支援機構「地域障害者職業センターの精神障害者総合雇用支援のご案内」を同機構ホームページを参考に修正（http://www.jeed.or.jp/location/chiiki/）

第8節 休職をくり返す従業員を解雇することは できないのか

1 休職をくり返す場合は普通解雇事由に該当する

　従業員が同じ事由で，休職を何回もくり返す場合があります。3カ月間欠勤が続いたため休職に入り，休職期間を1年残して復職したけれども，しばらくしてまた欠勤が続くようになり，再度休職することになり，また休職期間を半年残して復職してきた…。このように，何度も休職と復職をくり返して，通算すると勤続年数に応じて与えられる休職の最長期間を超えているような場合でも，常に休職期間満了時でなければ，労働契約の解消を議論することはできないのかが問題となっています。実例として，10年間で4回も休職をとっているという従業員がいました。このような場合ならば，普通解雇としても構わないのではないかと考えます。休職は，原則として一度長期に休み，復職後は継続的に勤務するということが前提になっているはずです。1〜2年で同じ病気を理由に休職をくり返すということは，予定していないはずです。

　したがって，休職が何回もくり返され，通算で本人に与えられる休職の最長期間を超えている場合は，就業規則の「身体又は精神の障害等により業務に耐えられないと認められたとき」などの普通解雇事由に該当すると考えます。

　裁判例でも，やや特殊な事例ですが，長期間にわたって欠勤・休職をくり返したために「業務に堪えられない」と判断されても仕方のない勤務ぶりだとして普通解雇の有効性を認めたものがあります[*]（昭和電線ケーブルシステム事件＝東京地判平19.6.8労経速1980-20）。

> ***　関連裁判例**
> **①　解雇を有効とした裁判例**
> 　**ア　アラウン事件**＝大阪地決平11.4.30労判771-82
> 　　約2年間，無断欠勤を断続的にくり返したことから休職を命じられ，復職後もわずかな期間（2カ月19日）の間に有給休暇17日を消化したうえ，病欠が3日，欠勤が12

第4章／休職期間満了 ◀313

日に及んでいた従業員に対して，精神または身体上の障害により職務遂行上支障があることなどを理由として解雇がなされた事案において，当該従業員の勤怠については改善の見込みがないなどとして解雇を有効としました。

イ　東京海上火災保険〔普通解雇〕事件＝東京地判平12.7.28労判797-65［確定］

私傷病等を理由に，4回の長期欠勤（4カ月間，5カ月間，1年間，6カ月間）を含めて，約5年5カ月のうち約2年4カ月を欠勤したことなどを理由に解雇がなされた事案において，被告の指導にもかかわらず，原告の勤務実績等は変わらなかったものであるし，原告には出勤して労務提供を提供する意欲がみられなかったとして解雇を有効としました。

②　解雇を無効とした裁判例

J学園〔うつ病・解雇〕事件＝東京地判平22.3.24労判1008-35（前掲288頁）

休職・欠勤と復職をくり返す従業員に対して，心身の故障による職務遂行への支障を理由とする解雇がなされた事案において，原告には回復可能性があったにもかかわらず，被告が主治医に関する面談を行っていなかったことなどが考慮され，「本件解雇は，やや性急なものであったといわざるを得」ないとして，解雇無効としました。

2　休職をくり返さないように休職規定を整備する

くり返し休職をとらせないようにするには，就業規則に「復職後6カ月以内に，同一ないし類似の事由により欠勤し，または通常の労務提供をできない状況に至ったときは，復職を取り消し，直ちに休職させる。この場合の休職期間は残存期間とし，その期間が3カ月に満たない場合は3カ月とする」というような規定を定めることです。

休職事由は，「同一事由」だけでは不十分です。必ず，「類似事由」も含めておきます。身体疾患は多くの場合，病名がはっきりしていますが，精神疾患は医師によってさまざまな病名がつけられます。それが，同一事由かどうかを説明または判断することは困難だからです。

また，復職後に様子を見る期間は「6カ月」です。「3カ月」では調子が悪いままでも労働者が頑張ってしまう場合があり，実務で苦労する会社を多くみかけます。一方で「1年」とするのは，復職前の病気との関連が希薄になり長すぎるといえます。

休職をくり返しとらせないようにするためには

| 休職とは | 一度に長期に会社を休み，復職後は継続的に勤務することが前提。1～2年で同じ病気を理由に休職するということは考えられていない。 |

休職が何回もくり返され，通算で本人に与えられる休職の最長期間を超えている場合は，就業規則の普通解雇事由に該当すると考えられる

くり返し休職をとる従業員に対する実務として

就業規則の規定を整備する

① 「復職後6カ月以内に，同一事由ないし類似事由により欠勤または不完全な労務提供が認められた場合は，休職とする。この場合の休職期間は残存期間とし，その期間が3カ月に満たない場合には3カ月とする」という規定を就業規則に定める。
② 休職事由には，「類似事由」も含めておく。
③ 再休職の期間は原則として残存期間とする。

> 企業規模が大きい場合は，残存期間がない従業員に対して新たに3カ月程度の休職期間を与えるといった対応をとるべきと考えるが，企業規模が小さく，規定が設けられている場合は，残存期間がなくなった時点で当然退職または普通解雇規定を適用しても許されると考える。

再休職の期間は残存期間とします。休職期間が残っていない，あるいは期間が過ぎても治癒しない場合は，就業規則の当然退職または普通解雇規定が適用できるようにしておきます。

企業規模が大きい場合は，残存期間がない従業員に対して新たに3カ月程度

の休職期間を与えるといった対応をとるべきと考えますが，企業規模が小さく規定が設けられている場合は，残存期間がなくなった時点で当然退職または普通解雇規定を適用しても許されると考えます。

いずれにしても，再休職の問題が発生したときのために，休職規定を整備し，休職規定と普通解雇規定の関係および適用基準を整理しておくことが重要です。

3　休職規定の新設や変更は不利益変更になるのか

使用者が一方的に新たに就業規則に規定を設けたり，ルール化したりすると，労働者から労働条件の不利益変更ではないかといわれる可能性があります。確かに従前はくり返し休職できたのにそれができないようになるため，期待権であれ体調を崩した場合に休職できる条件が不利益に変更されるのですから，就業規則の変更による労働条件の不利益変更（労契法10条）に該当すると考えた方がよいといえます（不利益変更が有効となるための合理性については369頁以下参照）。

上記の休職規定の変更の場合，労働者の受ける不利益は，自らが体調を崩したときに休職を何度もとることができるという期待権がなくなるにすぎません。労働時間が1時間近く延びたり，賃金が何割か下がったりという直接の不利益ではないため，不利益の程度としてはそれほど大きくないといえます。また，労働者が精神疾患となり何度も休職をとられては，企業として競争力を維持することはもとより，労務管理も困難となりますので，精神疾患の事案が急増している今日では，変更の必要性の程度は大きいといえます。そして，長期欠勤中やすでに休職している従業員に対しては，暫定措置として一定期間は新設規定を適用せず，現在健康で働いている従業員に対して新設規定を適用することとします。また，多数の従業員の労働条件を統一的・画一的に処理する就業規則の変更においては，多数の従業員が賛成していることも大きな判断要素の1つとなります。こう考えることで，当該不利益変更に合理性があると判断されると考えます。

また，現在休職制度を持っていたとしても，休職期間が業種や企業規模などに照らして不相当に長期のものが設定されていたりする場合があります。これを相当な期間に短縮することも，上記のような暫定措置などをとることで，その変更の合理性は認められると考えます。

この点，一定日数の欠勤後に休職が命じられる規定を持つ会社で，欠勤日数の前後通算について「欠勤後一旦出勤して3カ月以内に再び欠勤するとき」とされていたのを，「欠勤後一旦出勤して6カ月以内または，同一ないし類似の事由により再び欠勤するとき」と変更した点が争われた裁判例があります（野村総合研究所事件＝東京地判平20.12.19労経速2032-3）。裁判所は，確認の利益がない（将来における仮定的な法律関係を前提とした確認を求める利益であり，現在の法律関係の確認を求める利益とはいえない）と判断しながらも，仮の判断として，当該不利益変更の合理性について，「近時いわゆるメンタルヘルス等により欠勤する者が急増し，これらは通常の怪我や疾病と異なり，一旦症状が回復しても再発することが多いことは被告の主張するとおりであり，現実にもこれらにより傷病欠勤を繰り返す者が出ていることも認められるから，このような事態に対応する規定を設ける必要があったことは否定できない」とし，過半数組合の異議がないとの意見も得ている状況を踏まえ，当該変更を有効と判断しています。*

＊　就業規則変更の合理性が否定された裁判例

アメックス〔休職期間満了〕事件＝東京地判平26.11.26労判1112-47

休職規定の中の復職条件を厳しいものに変更し，休職中の労働者に対して，復職条件を満たさないことを理由として雇用契約を終了させようとした事案において，「当該変更は労働条件の不利益変更に当たることは明らか」としたうえで「本件変更が合理的なものということはできない」として，変更後の就業規則は原告を拘束しない旨の判示がなされました。

この判決は，「健康時と同様」という復職要件について，このような状態まで回復してもなお，健康時ほどのパフォーマンスは発揮できず，再発可能性も残るから復職を認めないという趣旨と理解しているように読めます。しかし，「健康時と同様」という文言は，そのような趣旨に解するべきでなく，合理的に解釈すれば，債務の本旨に従った労務提供を指すと理解されます。そう考えれば，本件では不利益変更の問題は生じないことになります。

第4章／休職期間満了　◀317

　また，前述したように，就業規則を変更する際には，利害関係のある人に対してフォローをすることが基本となります。本件のような場合には，すでに休職している人に対しては旧規定で対応するといった暫定措置をとる必要があったといえます。よって，もし本件において上記の措置をとっていたら，異なる判断がなされた可能性があります。

第5章

正社員の整理解雇

第1節 整理解雇に対する裁判所の考え方

1 整理解雇の正当性を判断する基準とは

　整理解雇とは，「企業経営の合理化，または整備に伴って生じる余剰人員を整理するために行われる解雇」と考えればよいといえます。使用者の経営上の理由による解雇で，労働者にその責めに帰すべき事由を原因としないものをいい，普通解雇の一種です。

　昭和50年代（オイルショック後），整理解雇の正当性を判断する際，判決の中には次の4つの厳格な基準を要求するものが多くみられました。いわゆる「整理解雇の4要件」と呼ばれるものです。

---

① 客観的に人員整理を行う業務上の必要性があるか。
② 他に整理解雇を回避する可能性はないか。使用者による整理解雇回避の努力がなされたか。
③ 解雇対象者の選定基準に合理性があるか。その基準の適用に妥当性があるか。
④ 解雇手続に関して労働組合などと誠意をもって協議したか。労働者に誠意をもって十分に説明したか。

---

2 整理解雇についての裁判所の考え方とは

　しかし，裁判所が当初からこの「整理解雇の4要件」を必要としていたわけではありません。整理解雇についての裁判所の考え方を裏づけるものとして，最高裁事務総局が昭和56年に裁判官に配布した冊子があります。これは，最高裁事務総局が労働事件に関する会同・協議会を開き，整理解雇に関する見解をまとめたものです。その中でポイントとなるのは，「解雇自由」，「経営権尊重」が基本的な考え方とされていることです（鵜飼良昭「整理解雇法理の現状と実務上の課題」季労196-60参照）。

　この会同・協議会の見解内容は次のとおりです。

---

①　解雇の自由および主張立証責任

　整理解雇も普通解雇の一種，原則的には解雇は自由，よって権利濫用にあたる場合に無効になるにすぎず，4要件は解雇権濫用を判断する類型的考慮要素にすぎない。したがって，雇用契約の成立が請求原因，解雇の意思表示が抗弁，解雇権の濫用は再抗弁となり，右考慮要素を基礎づける具体的事実の主張・立証は原告側となる。就業規則で，「やむを得ない事業上の都合」などの解雇事由の定めがあるときは，このような条項の存在が原告の再抗弁，条項の解雇事由に該当する事実の存在が被告の再々抗弁，解雇権濫用が原告の再々々抗弁となる。この場合，被告が再々抗弁として主張立証責任を負うのは人員整理の必要性と解雇手段がやむを得ないこと（目的と手段・結果との均衡）であり，人選の合理性，解雇回避努力，解雇手続の相当性などは，権利濫用の考慮要素として原告が主張立証すべき。

②　人員整理の必要性の判断など

　企業には経営の自由があり，経営に関する危険を最終的に負担するのも企業であるから，その判断には広範な裁量権がある。したがって，「経営上の必要性」は企業経営上，合理的判断で剰員と認められることが必要十分

条件。「人員整理の必要性」については，ある部門の剰員を他の部門に配転させてもそこに剰員が生じるだけ，あるいは休業手当の支払いに耐え得ないというのであれば，肯定される。

目的と手段・結果との均衡については，企業が高度の経営危機下にある「防衛型」「緊急避難型」であれば，肯定される。将来の経営危機を避けるため企業体質の改善強化を図る「予防型」では，解雇に代わる次善の策を容易に想定し得ない限り均衡を失するとはいえない。将来も経営危機に陥る予測がされない企業が余剰人員を整理し採算性の向上を図る「攻撃型」は，剰員の吸収が不可能であるケースを除き均衡を欠く。

③　解雇手続の相当性

就業規則・労働協約などに協議義務がある場合は，これに反した解雇は無効であるが，充分に協議を尽くす時間的余裕がなく，譲歩の余地が少ないときは協議の程度は比較的軽いもので足りる。協議義務がない場合，協議を尽くしたか否かは，解雇権濫用判断の一考慮要素にすぎない。

④　人選の合理性

選定基準は労働能力，生活上の打撃，機械的公平のものが考えられるが，それ自体合理的な複数の選定基準の適用順序は，使用者の裁量，選定該当者の判定は基準の内容に相応して使用者の裁量であるが，その判定が不合理で基準の当てはめを誤ったと評されるときは違法。

⑤　不当労働行為の正否など

真に事業を廃止する意志をもって企業閉鎖，事業廃止を行った場合は，たとえ組合の存在ないし組合活動を嫌悪してなされたものであっても，不当労働行為にはならない。

⑥　審理手続

整理解雇事案は疎明資料や簡単な審尋だけでは結果を出せない類型の事件，口頭弁論で詳細な主張と証人調べを要するため，特殊な場合を除き仮処分の取下げと本案の提起を勧告するのが妥当。従来の仮処分審理の本案化は問題。

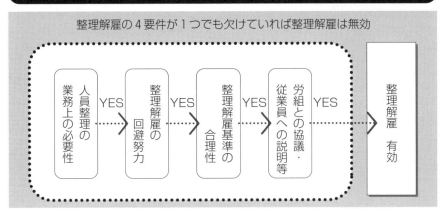

3　裁判所の考え方の変遷

　整理解雇の正当性について判断枠組を示した代表的な裁判例は，東洋酸素事件＝東京高判昭54.10.29労判330-71です。工場の一事業部門の閉鎖に伴う従業員の整理解雇につき，318頁の①～③に示す基準（要件）を示し，以上の３つの要件を充足することを要し，特段の事情のない限り，それをもって足りるとしています（上の図のように，４要件のうち１つでも欠ければ整理解雇は無効とする裁判例もありました）。

　しかし，平成初頭のバブル崩壊からの事業再構築の中で，東京地裁を中心として整理解雇に対する裁判所の次のような考え方が強く主張されるようになりました。「裁判例や学説の中には，整理解雇の４要件を相互に独立した『要件』として列挙し，これらの『要件』のどれか１つでも欠ければ整理解雇は無効とするものもあるが，整理解雇の４要件は，あくまでも解雇権の濫用にあたるかどうかを判断するための類型的な判断要素にすぎないから，その１つひとつを分断せずに全体的・総合的にとらえるべきである」という指摘がなされ（三浦隆志『現代裁判法体系21』「12整理解雇」新日本法規），いわゆる４要素を判断

枠組とする裁判例が多くみられるようになりました。東京地裁（ナショナル・ウエストミンスター銀行〔三次仮処分〕事件＝東京地決平12.1.21労判782-23判例・裁判例⑧）は、「いわゆる整理解雇の4要件は，整理解雇の範疇に属すると考えられる解雇について解雇権の濫用にあたるかどうかを判断する際の考慮要素を類型化したものであって，各々の要件が存在しなければ法律効果が発生しないという意味での法律要件ではなく，解雇権濫用の判断は，本来事案ごとの個別具体的な事情を総合考慮して行うほかない」と説示しています。

　この時期は，使用者にとって整理解雇の認められるハードルが大きく下がったと感じられた時期でもあり，週刊誌（週刊宝石2000.12.28）では「首切り自由の判決続々」などセンセーショナルなタイトルのもと，東京地裁での労働者の連戦連敗を報じたこともありました（角川文化振興財団事件＝東京地決平11.11.29労判780-67，前掲ナショナル・ウエストミンスター銀行〔三次仮処分〕事件など）。

　しかし，その後，平成14年から景気が回復に向かったことや，東京地裁（労働部）の裁判官の配置換えもあってか，平成13年4月以降，裁判所の整理解雇の正当性を認めるハードルの高さは若干戻りつつあると考えられましたが，平成20年9月のリーマンショック後の事件に対し，どのような傾向があるのか断

定できるものはありません。

　このように整理解雇法理についても4要件から4要素の考え方へ，加えて判断基準は変わらずとも時代の流れの中で基準の適用の厳格性が変わってくるということは，実務家として留意しておくべき点だと考えます。

　なお，整理解雇について，いわゆる4要素を判断枠組とする考え方は，後掲の東京高裁（平和学園高校〔本訴〕事件＝東京高判平15.1.29労判856-67判例・裁判例⑲）においても採用されています。以降の裁判例でも，「整理解雇の効力（権利濫用の有無）を総合的に判断する上での重要な要素を類型化したものとして意味を持つにすぎないものであって，厳格な意味での『要件』ではない」とするもの（CSFBセキュリティーズ・ジャパン・リミテッド事件＝東京高判平18.12.26労判931-30），「人員整理の必要性が存したか，被告会社に解雇回避努力義務を尽くしたというだけの事情が存するか，被解雇者の選定が合理的になされたか，解雇手続が妥当であったかという，整理解雇の可否に関する要素にそって，総合的に判断するのが相当である」とした一審判決を維持したもの（インフォーマテック事件＝東京高判平20.6.26労判978-93）があります。

　その一方で，「人員削減の必要性があることを前提として，解雇回避努力の十分性，被解雇者選定方法の合理性，手続の相当性を総合的に考慮」するとした一審判決を維持するものもあります（アイレックス事件＝東京高判平19.2.21労判937-178）。

　そこで，使用者側としては，この4要素につき，厳格な意味で整理解雇の有効要件ではないと主張しつつ，裁判では，まず人員削減の業務上の必要性を主張立証し，それに応じて解雇回避努力を十分行い，人選も合理的に実施し，労働組合などとの協議も誠意をもって行ったことを主張立証していくことになると思います。

　＊　後掲日本通信事件＝東京地判平24.2.29労判1048-45では，整理解雇の事由があるかについては，整理解雇の必要性，整理解雇回避努力義務の履行，被解雇者選定の合理性を総合考慮して決すべきであり，労働組合との協議等は，整理解雇の効力の発生を妨げる事由（再抗弁）であって，その事由の有無は解雇事由が認められたうえで検討されるべきであるとされています。

4 整理解雇の正当性を判断する要素は4要素だけではない

東京地裁（前掲ナショナル・ウエストミンスター銀行〔三次仮処分〕事件）では，整理解雇の正当性を判断する要素は整理解雇の4要素だけではなく，事案によっては，「退職条件（解雇される社員に対する割増退職金の支払いや就職先のあっせんなどの特別措置）の有無・程度といったその他の要素」も考慮の対象にしています*。

> ＊ JILPTの調査によれば，整理解雇の対象者に対して，以下の各特別措置を採った企業の割合はそれぞれ以下のとおりとなります（JILPT「従業員の採用と退職に関する実態調査」国内労働情報（2014年））。
>
> 退職金の割増し ：34.3％
> （うち，「賃金の半年分以上」が最も多い41.4％
> （300人以上では76.9％））
> 再就職先のあっせん ：24.3％
> 退職前の特別休暇の付与 ：19.0％
> 人材紹介機関への委託 ：7.1％
> いずれの措置も実施していない ：24.7％

また，この考え方は次のような事例の場合に非常に重要な意味を持っていると考えます。

たとえば，地方にあるH工場は現在，従業員の賃金水準がその地域の他企業より高く，分社化して，地域労働市場の賃金水準に応じた賃金に是正していかなければ，その地域で生き残ることはできない状況に陥っています。そこで，工場を別会社化した場合，H工場の労働力として雇用され，H工場の業務にのみ従事している従業員（勤務地をH工場に特定した現場作業の従業員など）については，転籍してもらわなければなりません（450頁）。

事業譲渡される場合でも同様です。やはり工場や事業所とともに，別会社へ転籍してもらうことになります。事業譲渡される場合，労働契約は当然には移転しませんので，「転籍で雇用を保障するが，労働条件は多少下がる」などの提案をすることになります（どの程度の労働条件を設定するかという問題は残り

ます)。

　なお，会社分割の場合には，会社分割の前後で労働条件は同一となります。したがって，会社分割に伴う転籍という手法は選択しがたいといえます。

　転籍を勧めても，全従業員が同意するとは限りません。そこで，転籍を拒否した従業員を，社内での業務が消滅したことを理由に解雇することができるかが問題となります。転籍を拒否している従業員に対しては，以下のような措置を講じます。

---

① 　転籍を勧める（これで雇用の保障は設定していることになります）。
② 　退職するならば退職金の上積みをする。

　それにもかかわらず，転籍も退職も拒否したならば，転籍条件，退職金の上積み内容によっては，解雇を認めるという論理展開もできる可能性があるのではないかと考えます。なお，今日の状況であれば，退職後の再就職支援（アウトプレースメント）も提案する方が望ましいといえます。

　このような事業再編に伴う業務消滅・移転の場合の，その業務に特定して従事する労働者の整理解雇の有効性の場合には，上記①と②の要素は非常に重要な判断要素だといえます。

5　中小零細企業の整理解雇は必ずしも4要素に縛られない

　整理解雇の4要素は，終身雇用制・年功序列制に基礎を置く解雇権濫用法理から導かれるものです。したがって，中小零細企業の従業員やパートタイマー・有期契約労働者など，一般的に終身雇用制・年功序列制のもとにない労働者については，整理解雇の4要素が判断要素としてそのまま適用されることにはなりません。その雇用実態を踏まえて，解雇権濫用にあたるかどうかを判断する必要があります（三浦隆志，前掲論文）。

　実際問題として，従業員30人程度の企業が，経営難の場合で人員削減の必要

があるときに希望退職の募集を実施するのは，人材・資金面などを含めて通常は難しいといわざるをえません。整理解雇法理の適用について，企業規模や雇用実態に応じた取扱いとなることを理解しておくべきだと思います。

なお，有期契約労働者の雇止めであっても，実質的に無期契約と異ならない状態に至っている（実質無期タイプ），あるいは雇用継続への合理的期待が認められる（期待保護タイプ）などとして解雇権濫用法理が類推適用される場合には，整理解雇の4要素が検討されています（エフプロダクト〔本訴〕事件＝京都地判平22.11.26労判1022-35，江崎グリコ〔雇止め・仮処分〕事件＝東京地決平21.7.16労判988-20，後掲高嶺清掃事件＝東京地判平21.9.30労経速2058-30）。

第2節　整理解雇の実施には人員整理を行う業務上の必要性が求められる

1　「人員整理を行う業務上の必要性」とは

　「人員整理を行う業務上の必要性」については，以前から大議論がなされています。もっとも厳しい見解は，「整理解雇は，従業員を辞めさせなければ会社の継続が危ぶまれるほど経営状況が悪化した場合に許される」というものです。つまり，従業員を解雇しなければ倒産してしまうという状況まで整理解雇してはならないことを使用者に求めているわけです。

　しかし，この考え方を基準にすると，経営の建直しが手遅れになる場合も出てきます。ときには会社再建が可能であったにもかかわらず，時機を逸したために倒産し，かえって多くの従業員とその家族を路頭に迷わせる結果にもなりかねません。

　次に，営業利益が黒字であるにもかかわらず，数年ほど減益傾向にあるからという理由で従業員を整理解雇することは，昭和の時代には原則として許されないと考えられてきました。整理解雇が正当と認められる「経営内容」とは，以下のような状況をいうと考えられたのです。

---

① 営業利益が直近の2，3年赤字で，現状のままでは今後数年も赤字が予測され，従業員を解雇する以外に収支を改善する方法がない。

② このような経営内容が続くと，会社の資産面からも銀行の融資などの問題が発生する可能性がある。

2　整理解雇にあたり厳しい経営難を「業務上の必要性」として求められた背景

　裁判所が，整理解雇を行うにあたって厳しい経営難を「業務上の必要性」として求める裁判例をつくり上げた背景には，昭和48年のオイルショック，産業構造などの変化による構造不況で，ブルーカラーを中心とした工場に関連する整理解雇事案が多かったという事情があります。

　製造業を中心とする第二次産業では，会社は基本的に土地や建物を取得して機械を設置し，従業員を雇用します。つまり，会社が持っている資産を担保に金融機関が経営資金を貸してくれますから，資産があれば会社はつぶれないということになります。そのため，上記①・②というような要件が考えられたのではないかと思います。たとえば，昭和49年半ば頃から始まった繊維不況に伴う受注減を理由とした整理解雇につき，その要件として「当該解雇を行わなければ企業の維持存続が危殆に瀕する程度にさし迫った必要性があること」を要求した裁判例があります（大村野上事件＝長崎地大村支判昭50. 12. 24労判242-14）。

　しかし，今後も投資家などから資金提供を受けるなどの事情から，黒字決算で6％の配当を出しながらも，競争力・信用力維持のため赤字決算を避けるという理由で行われた整理解雇の必要性を認めた裁判例もあります（住友重機愛媛製造所事件＝松山地西条支判昭62. 5. 6労判496-17）。造船業のケースです。

　タンカーなどの大型船をつくるには，莫大な資金が必要になります。赤字であったり配当が出せないとなれば，社債が発行できなくなったり，銀行からの借入金の金利が上がるなど資金調達が難しくなり，企業として存続できない状況に陥ってしまいます。そこで，会社は実質赤字部分を多額の内部留保金を取り崩して黒字の外形をとり，配当を行っていました。このような事情から，黒字決算でしかも6％の配当を出しながらも整理解雇を認めたのが上記裁判例です。

3　整理解雇の正当性は企業ごとに判断される

　上記2の造船業のケースでもわかるように，整理解雇の正当性は各企業の規模や実状をもとに判断されるといえます。

　一般的に整理解雇で説明されている赤字というのは，第二次産業の資産を保有する企業に対してのものと考えてよいといえます。昨今のベンチャー企業のように，ビルの一室を借りて事業を営んでいるケースを同様に論じることはできません。資産がほとんどない企業で，営業利益が減少して赤字になる可能性があったら，銀行も融資をしてくれなくなります。したがって，たとえ黒字であっても，営業利益の大幅な減少を理由に整理解雇の必要性が議論されてもおかしくないと思います。

　また，ゼネコンに対する貸付債権があった場合，ゼネコンが会社更生手続を申請すれば，1カ月分の取引すべてが不良債権になります。一部上場企業でゼネコンと取引している企業では，焦げつきが1カ月で10億円〜20億円ともいいます。そうなると，一気に財務内容が悪化するため，ゼネコンと取引のある企業の中には，万一のために前もって銀行から融資を受け，流動性資産として保有しておくという手段を講じた例も過去にはありました。

　こうなると，財務諸表，とくに損益計算書が信用できないものになり，必ずしも財務諸表から経営状況を判断することができなくなります。その企業が，どのくらいの流動性資産を持ち，銀行とどのような付き合い方をしているのか，という銀行との信頼関係まで勘案しなければなりません。

4　金融不安と「業務上の必要性」の判断要素の変化

　平成9年に金融危機に日本が見舞われたことは，忘れられない出来事でした。平成9年11月24日に山一證券が自主廃業，翌平成10年10月には日本債券信用銀行（日債銀），日本長期信用銀行（長銀）などが次々と経営破綻する事態になり，

金融機関そのものが経営難に陥り，中小企業などは安定した融資など望むべくもない状態に陥りました。

したがって，企業の存続のキーワードとして，手元のキャッシュフローが命という状況が生まれたといえます。すなわち，最悪の場合，銀行の融資がなくても，手元のキャッシュフローでどれくらい生き抜けるのか，その間に景気が回復し，企業経営が持ち直すかということです。

ところで，日本は，平成14年2月以降，外需に対し製造業が国内生産で対応するという手法で景気回復をもたらし，平成19年10月まで，戦後最高に長い好景気を継続したことにより，この理論が表面で議論されることもなく推移したといえます。

この製造業を中心とした景気回復基調は，請負・派遣などの他人の労働力利用という柔軟な人材利用形態に支えられてきた側面を有していました。ところが，平成18年7月31日の朝日新聞による「偽装請負」というセンセーショナルな報道から始まり，業務処理請負の手法に対する厳しい批判により，人材利用は混乱しました。そして平成20年9月のリーマンショックにより，製造業を中心として，企業は多くの厳しい経営環境の中にさらされ，前述の事情により業務処理請負から派遣に切り替えていた人材利用について，派遣契約の打切り（「派遣切り」），そして正社員にも賃金切下げ，人員削減の荒波を迎えることになりました。[*]

* 完全失業率は，平成14年には5.4%とピークに達しましたが，その後景気が回復し平成19年には3.9%まで持ち直しました。しかし，平成20年9月のリーマンショックにより，平成21年には再び5.1%に悪化しました。
  その後，平成24年末に第二次安倍政権が成立したことを契機に景気は回復基調となり，完全失業率も回復に向かいました（平成25年：4.0%，平成26年：3.6%，平成27年：3.4%，平成28年：3.1%，平成29年：2.8%。総務省統計局「労働力調査」，菅野和夫『労働法（第11版）』14～15頁参照）。

そこで常に企業が判断基準にしたのが，手元のキャッシュフローがどのくらいあるのかということです。とくに，従来独自に資金調達していた超大企業までもが金融機関に対してキャッシュを求めたことにより，上場企業や中小企業

に対し，メインバンクが手元資金の枯渇により融資を渋るという連鎖さえ発生し，日銀の緊急融資という手法まで必要とすることになりました。

このようなマーケットの変化の中で今日の人員削減の必要性を考える場合，過去のように財務諸表（B/S・P/L）を中心に考えることは到底できず，常に企業の手持ちのキャッシュフローの状況も十分に考える必要があるといえます。キャッシュフローは企業の血液であり，この流れが止まれば，企業は倒れるしかないからです。

5　裁判所の判断の困難性

このように，人員削減の必要性が鍵を握るとすれば，刻々と変化していく手元の資金として，金融機関の融資の可能性や融資条件などを，裁判所が法廷で事後の客観的な資料のみで判断するのは非常に難しいといえます。

また，その時点で，その厳しい経営環境，マーケットの景気回復以後の見通し，その変化のスピード（期間）などを考え，使用者がどの程度のキャッシュフローを必要としたのかという点まで考えると，裁判所でその点を論じることに，困難性を強く感じます。

その結果，「企業経営に伴う危険を最終的に負担するのは使用者であり，使用者の選択の幅を制約することは，かえって有効適切な対処の時機を失わせ，いたずらに解雇者の数を増加させる危険もあることなどからすれば，『企業が客観的に高度の経営危機下にあること』という要件を求めず，『企業の合理的運営上，やむを得ない必要性があれば足りる』と考えるのが相当である」（三浦隆志，前掲論文）という考え方が主流となることは当然であり，それしかないといえます。常にその時点のマーケット，それもグローバルな視点から考えるべきです。

そうすると，必ずしも赤字である状況が要求されるとは考えられませんし，財務諸表ではなく，流動性資産と銀行などとの関係をもとに，企業の実態に応じた判断が必要となります。

この点に関する審理としては，使用者が整理解雇を行ったときに人員整理を行うと判断した根拠を，証拠によって明らかにしたうえで，裁判所が使用者から出された資料に基づいて，当時そのような判断をしたことが社会通念上，不合理といえないかどうかを判断することになります。人員削減措置と同時期に多数の新規採用や大規模な設備投資，大幅な賃上げ，高率な株式配当の実施など，人員削減措置と明らかに矛盾する経営行動がとられていない限り，使用者の判断を尊重し，業務上の必要性の要素としては肯定されるべきです。この点を指摘する裁判官もいます（三浦隆志，前掲論文）。

また，「裁判例は，この必要性の存否につき，当該企業の経営状態を詳細に検討するが，結論として大部分の事件ではその要件の具備を認めている。要するに裁判所は，人員削減の必要性に関する経営専門家の判断を実際上は尊重しているといえよう。必要性を否定する裁判例の典型は，人員削減措置の決定後間もなく，大幅な賃上げや，多数の新規採用や，高率の株式配当を行うなど，素人の目からみても明瞭に矛盾した経営行動がとられた場合である。以上のように裁判所としては，当該経営状況のなかでは，当該削減措置をとることが合理的経営者であれば十分に考えられると認められれば，この要件の充足を認めるべきであり，当該措置をとることが経営困難を打開するための唯一絶対的方策であることまでを要求すべきではない」（菅野和夫『労働法（第8版）』459頁）など，同様の指摘があることを考えてみても，業務上の必要性は，使用者が第一義的に判断し，裁判所は，人員削減措置に矛盾する行動がないかをみていくことになるのではないかと考えます[*]。

> * なお，同著の第9版以降では，「以上のように…要求すべきでない」との記述は削除され，第10版以降では，必要性を否定する裁判例の典型として，財務状況の見積もりが不正確と認められた場合が新たに加筆されています。

現在の状況下では，「業務上の必要性」については，決断の際に，ある程度の裁量の余地が認められると考えておいた方が正しいといえます[*]。

> * 整理解雇の有効性は4要素を総合考慮することにより判断されますが，各要素について裁判所がいかなる見解だったかということについては，各要素に関する説明のところ

で論じます。なお，以下で「後掲～事件」として引用する裁判例は，本章第12節に記載のある裁判例です。

① **業務上の必要性を肯定した裁判例**

後掲メイコー〔仮処分〕事件＝甲府地決平21.5.21労判985-5（**2ア**・425頁）

後掲泉州学園事件＝大阪地堺支判平21.12.18労判1006-73（**1ア**・417頁）

後掲日本フィスバ事件＝東京地判平22.3.15労判1009-78（**3(2)ア**・439頁）

後掲乙山金属運輸〔保全異議〕事件＝東京高決平22.5.21労判1013-82（**1イ**・418頁）

後掲クレディ・スイス事件＝東京地判平23.3.18労判1031-48（**3(2)ウ**・441頁）

後掲日本通信事件＝東京地判平24.2.29労判1048-45（**2オ**・429頁）

後掲Principle One事件＝東京地判平24.12.13労判1071-86（**3(1)**・438頁）

後掲東亜外業〔本訴〕事件＝神戸地判平25.2.27労判1072-20（**2カ**・430頁）

後掲淀川海運事件＝東京高判平25.4.25労経速2177-16（**1ウ**・420頁）

後掲ロイズ・ジャパン事件＝東京地判平25.9.11労判1087-63（**3(2)オ**・443頁）

後掲学校法人専修大学〔専大北海道短大〕事件＝札幌地判平25.12.2労判1100-70（**1エ**・423頁）

② **業務上の必要性を否定した裁判例**

後掲釜屋電機〔仮処分〕事件＝札幌地決平21.7.7労判991-163（**2イ**・427頁）

後掲高嶺清掃事件＝東京地判平21.9.30労経速2058-30（**2エ**・428頁）

後掲ビー・エム・シー・ソフトウェア事件＝大阪地判平22.6.25労判1011-84（**3(2)イ**・440頁）

後掲アクセルリス事件＝東京地判平24.11.16労判1069-81（**3(2)エ**・442頁）

後掲学校法人金蘭会学園事件＝大阪地判平26.2.25労判1093-14（**2ケ**・434頁）

そして，企業規模が小さいほど，使用者に認められる裁量の余地は大きくなると考えます。もっとも，中小零細企業で，経営者が経費の使込みや一族への高額な支払いをしているなど経理がデタラメでありながら，経営状況が悪くなったら整理解雇で乗り切ろうとする場合，その整理解雇は否定されやすいというのが実務からの経験です。[*]

* 中小零細企業に関する事例

塚本庄太郎商店〔本訴〕事件＝大阪地判平14.3.20労判829-79

従業員数14名の個人商店においてなされた整理解雇の有効性が争われた事案において，被告においては役員の私用自動車の維持費を負担しているところ，その処理が不明瞭であってさらに経費削減を図る余地を肯定できるなどとして，解雇無効と判示されました。

また，筆者の経験では，労働組合との交渉において，先代の理事長に対する退職金の支払額が高額に過ぎることが問題視されたため，その遺族に退職金相当額を返還させ，同額を労働組合との和解金額にしたという事案があります。

6 業務上の必要性を判断するうえでの経営内容の3パターン

　ところで，東京地裁の裁判例に，「人員整理を行う業務上の必要性」を判断するうえで，経営状況を次の3つのパターンに分けて考えているものがあります（ナショナル・ウエストミンスター銀行〔二次仮処分〕事件＝東京地決平11.1.29労判782-35）。下記①～③のいずれの状況であっても，人員整理（整理解雇）が企業経営上の観点から，合理性があると認められるのであれば，業務上の必要性は肯定できるとしています。

---

① まさに倒産の危機に瀕しているため，緊急に人員整理を行う必要がある場合（防衛型・緊急避難型）

② 将来，経営危機に陥る可能性があり，その危険を避けるために，いまから企業体質の改善・強化を図るために人員整理を行う必要がある場合（予防型）

③ 将来的にも経営危機に陥る危険はないと予想されるが，採算性の向上を図る目的で余剰人員の整理を行う必要がある場合（攻撃型）

　実務は，これらの経営状況のパターンごとに，どの程度の解雇回避措置が求められるかを考えていけばよいといえます（342頁）。

　この点について，「最近の裁判例の多くは，要件としての必要性の程度については論述せず，人員削減の必要性の程度が低い場合には，解雇回避措置努力等に高度のものを要求し，逆に，人員削減の必要性の程度が高度な場合には，他の要件については必ずしも高度なものを要求しないという傾向にある」と指摘する裁判官もいます（松本哲泓『新・裁判実務体系16労働訴訟法Ⅰ』「16　整理解雇」）[*]。

　　＊　業務上の必要性と解雇回避措置の関係に言及した裁判例
　　　後掲メイコー〔仮処分〕事件＝甲府地決平21.5.21労判985-5（**2ア**・425頁）

後掲飛鳥管理〔仮処分〕事件＝東京地立川支決平21.8.26労判993-57（**2 ウ**・427頁）

後掲クレディ・スイス事件＝東京地判平23.3.18労判1031-48（**3**(2)**ウ**・441頁）

後掲淀川海運事件＝東京地判平23.9.6労経速2177-22（**1 ウ**＊・422頁）

後掲日本通信事件＝東京地判平24.2.29労判1048-45（**2 オ**・429頁）

後掲アクセルリス事件＝東京地判平24.11.16労判1069-81（**3**(2)**エ**・442頁）

後掲Principle One事件＝東京地判平24.12.13労判1071-86（**3**(1)・438頁）

第1編／労働契約の解消

第3節　使用者には整理解雇を回避する努力が求められる

1　整理解雇回避のための措置とは

　整理解雇を回避できる可能性がなかったか，あるいは使用者が整理解雇を回避する努力をしたかどうかが，整理解雇の正当性を判断する要素の1つとして重要な意味を持っています。

　とくに，前述したように「業務上の必要性」の判断の要素がB/S（貸借対照表）からP/L（損益計算書），そしてC/F（キャッシュフロー計算書）へと変化し，使用者の判断を尊重せざるをえない状況の中で，実務ではその解雇回避措置が重要な意味を持つともいえます。

　整理解雇を回避する具体的措置は，次のようなものがあげられます。

---

　①　経費削減

　②　時間外労働の中止

　③　新規採用の中止

　④　昇給停止

　⑤　賞与の支給の中止

　⑥　配転

　⑦　労働時間の短縮

　⑧　一時帰休

　⑨　非正規社員の労働契約の解消

　⑩　希望退職の募集（再就職支援）

　＊　JILPTの調査によれば，整理解雇を実施した企業のうち，整理解雇前に以下の各措置を採った企業の割合は以下のとおりとなります（JILPT「従業員の採用と退職に関する実態

調査」国内労働情報（2014年），上位10件を掲載）。

新規採用抑制	：38.8%
不採算部門の縮小・廃止・事業所の閉鎖	：36.9%
配転	：36.5%
希望退職の募集（早期退職優遇制度含む）	：25.3%
残業規制	：23.9%
一時金カット	：22.7%
賃下げ	：22.5%
賃上げ抑制	：22.4%
非正規従業員の雇用契約不更新	：21.4%
一時休業	：21.2%

2 実際に行うべき具体的な整理解雇の回避措置

実務では，一般的には以下のように考えればよいと思います。

まず，経費の削減をします。とくに，3Kと呼ばれる広告費・交通費・交際費を削減する努力をします。

次に行うのは，時間外労働の中止です。日本の場合，正社員の多くが新卒一括採用されたゼネラリストであるために解雇が難しく，本来流動費であるべき人件費が固定費化しています。そこで，企業は人件費を膨らませないよう，通常の業務量に比して要員を低く設定します。具体的には，従業員10人分の業務量に対して，雇用する正社員は7，8人程度にとどめ，不況などで業務量が減少（たとえば8人分の業務量に減少）しても，解雇などの雇用調整をせずに，時間外労働を中止することによって対応できるようにしているのです。逆にいえば，通常時は人員不足の状態ですから，それを正社員の時間外労働で補う形となっています。

したがって，時間外労働には，このような雇用調整機能がありますから，解雇に踏み切る前に，時間外労働を中止もしくは規制する必要があります。

昭和の時代においては，休日労働も時間外労働と同様に雇用調整機能を果たしていました。今日では，健康面，ワークライフバランスの面からその機能は

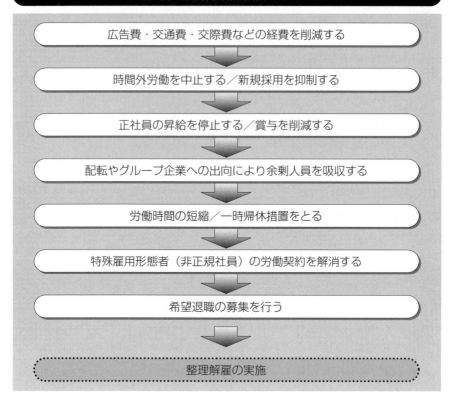

大きく減少していると考えますが，当然，休日労働があれば，それも抑制することになります。

　新規採用も中止もしくは抑制します。従業員を削減しようとしているのですから，当然といえます。

　しかし，具体的事案においては，「債務者が新規採用者の募集を行っている点については，特別の専門知識や技術を有する者を補充するための募集あるいはコストの安いアルバイト従業員の募集採用にすぎないものと認められ，前記のとおり，債務者が高度な専門知識・技術を有する技術開発者の集団たることを経営方針として最低限度必要な人員を保有するにすぎないことに照らすと，債

務者において一般的な希望退職者を募集し，あるいは，特定の採用目的に沿った従業員の新規採用を停止することは，ともに企業としても機能保持のため必要な人材の確保を阻害し，企業としての機能不全をもたらすおそれがあるといえる」（ナカミチ事件＝東京地八王子支決平11.7.23労判775-71）とされ，企業が生き残るために必要な範囲での採用は，当然のことながら実施できます。

　次に考えられるのは，正社員の昇給停止や賞与の削減などにより，従業員全体の取り分を減らすという方法です。

　このような努力をしたにもかかわらず，まだ余剰人員を解雇しないと合理的な経営ができない場合は，人員配置にアンバランスが生じていないかを考えます。複数の部署があれば，配転などで余剰人員を吸収できる可能性があると考えられるからです。

　また，企業グループが形成されており，日常的に出向が行われている状況であれば，正社員を出向させて解雇を回避することも考えられます。

　それでも難しい場合に，事案によっては，正社員を一時帰休させることも考えます。帰休制度を使いながら，雇用を確保できないかという考えです。たとえば，交替で2割の正社員を一時帰休させ，残りの8割の正社員で働くという形をとります。しかし，この調整策は，従業員相互の高度の代替性の存在（たとえば，比較的単純な機械的作業を行う工場労働者）を前提とするものと考えられます（前掲ナカミチ事件）。

　なお，不況業種については雇用調整助成金制度というものがあります。整理解雇を行う前に，同制度への申請が必要かどうかが議論されることがありますが，必ずしも申請が必要ではないだろうと考えます。ただし，平成20年9月のリーマンショックの時には，この制度が多く利用され，結果として雇用維持につながったという事実は認識しておくべきです。

　さらには，臨時工・パートタイマーなど，雇用の調整弁として雇用した正社員以外の従業員（以下「特殊雇用形態者」）の労働契約を解消します。あるいは，正社員の希望退職の募集を考えます（第7節参照）。

　そこまで努力したにもかかわらず，まだ余剰人員を削減する必要がある場合

第1編／労働契約の解消

に整理解雇を認めるというのが，典型的な整理解雇の法理です。この解雇回避努力については，業務上の必要性とは異なり，雇用社会が変容したとしても変わらず，この検討課題，手続の流れの基本的な考え方は十分に意識して対応する必要があると思います。

3 実際の解雇回避努力の程度は企業規模・従業員構成・経営内容をもとに考える

(1) 企業規模・従業員構成から解雇回避努力の程度を考える

　解雇回避努力が最大限要求されるのは，企業規模が大きく，新卒一括採用されたゼネラリストを雇用している企業と考えてよいと思います。従業員100人以下で企業グループも形成されていない企業の場合，出向先が簡単にみつかるはずはありませんし，企業内の配転先さえもない場合が多いからです。

　また，一時帰休措置をとった場合は，賃金を100％支払わなければいけません。休業を命じるということは労務提供の受領を拒否することですが，経営難を招いて休業に至った責任は債権者に該当する使用者にあるため，労働者は賃金請求権を失わないということになります（民法536条2項）*。

　　* ただし，同条は任意規定であるため，労使間の同意により同条の適用を排除し，異なる定めをすることは可能です。

　しかし，中小零細企業が，従業員に100％の賃金を支払いながら，一時帰休措置で在庫調整をしていくのは非常に困難です。仮に従業員の理解を得られても，労基法26条がありますから，休業手当として60％の賃金は支払わなければなりません。さらに，労働時間の短縮や一部の正社員を休業させたりすることができるのは，前述のとおり工場の比較的単純な機械的作業を行うブルーカラーのような代替性のきく労働者といえます。金融商品の開発など専門性の高い労働者を雇用している企業では，業務遂行の支障となることから，このような措置をとることは難しいと考えられます。

　従業員30人程度の企業では，希望退職の募集も難しいといえます。希望退職

の募集によって必要な従業員が退職してしまうと，企業の存続自体が危ぶまれるからです。[*]

＊　関連裁判例

ア　あさひ保育園事件＝最判昭58. 10. 27労判427-63

　　整理解雇の前に希望退職の募集を行わなければならない旨の判示をした裁判例として，あさひ保育園事件があげられることがあります。

　　確かに，同判決では解雇が無効であることの理由の１つとして，希望退職の募集をしていなかったことがあげられています。しかし，それは原審が希望退職の募集をしていないとの事実認定をしたことを踏まえたものにすぎず，希望退職の募集が絶対に必要だと判示したわけではありません。むしろ，同判決では，解雇日の６日前に解雇を通告するという不当な手続や，労使交渉が一切されていないという事情が，解雇無効との判断に大きく影響したと思われます。

　　そもそも同事案は，8名いた保母のうち原告を含む2名が整理解雇されたという事案であり，その規模からすれば，希望退職を行うことは現実的には難しかったと思われます。

　　したがって，同事案をもって，最高裁が整理解雇の前に希望退職の募集を法的要件として要求したということはできないと考えられます。

イ　財団法人市川房江記念館事件＝東京地判平20. 4. 22労経速2007-21 [控訴審にて和解成立]

　　計8名の従業員が勤務する被告で，事業縮小を理由として解雇がなされたため，原告らが解雇は無効であるなどと主張して，地位確認等を求めた事案において，裁判所は，被告は極めて小さな規模の事業所であり，もともと解雇を回避して配転や出向で対処する余地がなく，事業特化を行うとすれば解雇以外に途はないと考えられるところ，被告は退職勧奨を行い，退職を前提の話合いによる解決を目指したが，原告らは退職を前提の話合いには一切応ぜず，そうするうちに事業終了の日が到来したため，被告は原告を解雇したことなどの事情に照らせば，被告は退職を前提とするものではあるが，解雇の回避に向けて一応の努力をしたと認められると判示しました。

　　そして，被告の人員規模等からすれば，事業特化後の被告は，最小限の人員で足りると解されるところ，原告X1については，講座事業廃止により余剰人員となり，原告X2についても，同原告以上に広い領域の事務をこなせる者がいることが認められるから，人員削減の対象とされたことは不合理とはいえないなどとして，解雇は有効と判示しました。

(2)　経営内容から解雇回避努力の程度を考える

　実施すべき解雇回避措置の程度については，「相当な経営上の努力ないし合

理的な経営上の努力を尽くすことで足りる」との考え方が基本的には正しいと考えます。そして，解雇回避措置の内容・程度には，使用者の経営政策上の判断という側面があり，また，企業経営上の最終的な危険を負担するのは使用者であることからすると，使用者には，336頁の①〜⑩すべての解雇回避措置を講ずることが義務づけられるのでなく，個別事案ごとに応じた裁量が認められるべきであって，当該企業のとった経営上の努力が，企業の経営状態（人員整理の緊急度）ないし整理解雇の目的（経営の必要性の程度）に照らし，著しく不相当，不合理でなければ，解雇回避措置を尽くしたとして評価すべき（三浦隆志，前掲論文）と考えられます。

　さらに，企業の経営危機の程度によっても，解雇回避措置の内容・程度を考えるべきです。つまり，334頁で説明した3つの経営状況のパターンに分けて，解雇回避措置の内容・程度を考える必要があります。上記論文を引用すると，求められる解雇回避措置の内容・程度は次のようになります。

---

①　防衛型・緊急避難型
　　企業が高度の経営危機下にあり，人員整理を緊急に行う必要性があるため，解雇回避措置は軽度なもので足りる。
②　予防型
　　企業が生き延びることを目的としているため，人員整理に代わる次善の策を容易に想定しうるというのでない限り，配転や希望退職の募集を行えば，一応，解雇回避措置を尽くしたと評価できる。
③　攻撃型
　　人員整理の緊急性がまったくないため，通常は使用者に最大限の解雇回避措置をとることが要請される。

　結局，どの程度の解雇回避努力が求められるかは，「企業規模」，「従業員構成」，「経営内容」など，企業ごとの雇用実態を踏まえて考えなければならないということです。

このように，整理解雇の回避努力についても，事案に応じた慎重な判断が必要といえます。従業員数1,000人以上の企業，とくに5,000人や1万人という大企業であれば，多くの回避措置が求められる可能性が高いといえますし，従業員100人以下の中小企業や30人以下の零細企業であれば，必ずしも個々の回避措置が必要ということではなく，その企業の経営内容などによって解雇回避努力を尽くしたかどうかを個別に考えるべきです[*]。

＊　関連裁判例
① 解雇回避努力を肯定した裁判例
　後掲泉州学園事件＝大阪地堺支判平21.12.18労判1006-73（**1 ア**・417頁）
　後掲乙山金属運輸〔保全異議〕事件＝東京高決平22.5.21労判1013-82（**1 イ**・418頁）
　後掲Principle One事件＝東京地判平24.12.13労判1071-86（**3(1)**・438頁）
　後掲淀川海運事件＝東京高判平25.4.25労経速2177-16（**1 ウ**・420頁）
　後掲学校法人専修大学〔専大北海道短大〕事件＝札幌地判平25.12.2労判1100-70
　　（**1 エ**・423頁）

② 解雇回避努力を否定した裁判例
　後掲メイコー〔仮処分〕事件＝甲府地決平21.5.21労判985-5（**2 ア**・425頁）
　後掲飛鳥管理〔仮処分〕事件＝東京地立川支決平21.8.26労判993-57（**2 ウ**・427頁）
　後掲高嶺清掃事件＝東京地判平21.9.30労経速2058-30（**2 エ**・428頁）
　後掲乙山金属運輸〔保全異議〕事件＝宇都宮地栃木支決平22.2.19労判1013-94（**1
　　イ＊**・420頁）
　後掲日本フィスバ事件＝東京地判平22.3.15労判1009-78（**3(2)ア**・439頁）
　後掲ビー・エム・シー・ソフトウェア事件＝大阪地判平22.6.25労判1011-84（**3(2)
　　イ**・440頁）
　後掲クレディ・スイス事件＝東京地判平23.3.18労判1031-48（**3(2)ウ**・441頁）
　後掲泉州学園事件＝大阪高判平23.7.15労判1035-124（**1 ア＊**・418頁）
　後掲淀川海運事件＝東京地判平23.9.6労経速2177-22（**1 ウ＊**・422頁）
　後掲日本通信事件＝東京地判平24.2.29労判1048-45（**2 オ**・429頁）
　後掲アクセルリス事件＝東京地判平24.11.16労判1069-81（**3(2)エ**・442頁）
　後掲東亜外業〔本訴〕事件＝神戸地判平25.2.27労判1072-20（**2 カ**・430頁）
　後掲ロイズ・ジャパン事件＝東京地判平25.9.11労判1087-63（**3(2)オ**・443頁）

(3)　外資系企業における解雇回避努力

解雇回避努力が典型的に求められるのは，長期雇用慣行をもち，不況時には

原則として労働力の調整を企業内で調整する内部労働市場型の企業といえます。

対して，近時では，外資系企業の中には，労働力の調整を外部労働市場（転職市場）により行う企業も存在します。そして，このような外資系企業に一定の業務を行うことを前提に雇用された労働者について，当該業務が消滅したことなどを理由に解雇することができるかが問題となることがあります。

この点については，たとえ外資系企業であっても，上記の業務が単純な技術職，あるいは営業職といったものである場合には，その業務が消滅したとしても，会社は解雇回避努力として他の業務を探すべきといえます。その業務が一般職と同じイメージの場合には，外資系企業であっても，求められる解雇回避措置の程度は，通常と同じレベルであると考えられます。

他方で，上記の業務が専門的な業務であって，かつそれに見合うような高い賃金が支払われていたような場合には，通常の場合に比して，会社に求められる解雇回避措置の程度は低くなると考えられます。

大事なのは，各企業について，企業規模，会社の性質，親会社の有無，労働者の地位の高さ，専門性等を吟味して，どれ程の解雇回避措置が求められるかを考えていくことだと思います[*]。

＊ **関連裁判例**

① **解雇有効とした裁判例**

フェイス事件＝東京地判平23.8.17労経速2123-27［確定］

中国現地法人の社長要員として採用された原告が，被告が中国から撤退することを理由に解雇された事案において，裁判所は解雇有効と判示しています。被告は原告を配転して他の業務につけることを想定しておらず，その雇用目的が消滅した以上，解雇有効となるのは当然といえます。

後掲Principle One事件＝東京地判平24.12.13労判1071-86（**3**(1)・438頁）

② **解雇無効とした裁判例**

後掲日本フィスバ事件＝東京地判平22.3.15労判1009-78（**3**(2)**ア**・439頁）

後掲ビー・エム・シー・ソフトウェア事件＝大阪地判平22.6.25労判1011-84（**3**(2)**イ**・440頁）

後掲クレディ・スイス事件＝東京地判平23.3.18労判1031-48（**3**(2)**ウ**・441頁）

後掲アクセルリス事件＝東京地判平24.11.16労判1069-81（**3**(2)**エ**・442頁）

後掲ロイズ・ジャパン事件＝東京地判平25.9.11労判1087-63（**3**(2)**オ**・443頁）

第5章／正社員の整理解雇 ◀345

4　解雇回避努力（義務）に関する個別論点

(1)　配転・出向

　雇用保障のもとに，企業には配転または企業グループ会社への出向命令に関する広範な裁量が認められています。加えて，その配転または出向が現実に実施されているとすれば，これらは，雇用を奪う場合には，できる限り配転または企業グループ内での出向による解雇回避の努力を求められるということの裏返しです。

　したがって，職種や勤務地を限定せずに雇用される正社員については，これらの解雇回避措置が十分検討されなければなりません（ただし，くり返し述べているように，企業規模だけでなく，労働者の業務遂行能力などから回避措置を期待できない場合には，その措置を一律に求められるものではありません）。

　この点，職務特定者や勤務地特定者については，その業務消滅ないし勤務地である事業所の閉鎖などを理由に整理解雇できると考えるのが，上記の考え方とバランスが取れるものです。

　しかし，裁判例は必ずしもその解雇を有効とせず，配転ないし出向による解雇回避義務を求めているといえます（第6章第1節参照）[*1]。

　したがって，実務では，できる限り配転・出向による解雇回避努力を実施した方がよいといえます[*2]。

[*1]　政府が成長戦略の一環として掲げている「多様な正社員」についても，勤務地や職務の限定が明確にされているとしても，事業所が閉鎖された場合などに直ちに解雇が可能となるわけではなく，解雇回避のための措置として，配転などを可能な範囲で行うことが求められるとされています（「勤務地などを限定した『多様な正社員』の円滑な導入・運用に向けて〈パンフレット〉」参照）。

[*2]　**関連裁判例**
　　後掲飛鳥管理〔仮処分〕事件＝東京地立川支決平21.8.26労判993-57（**2ウ**・427頁）
　　後掲日本フィスバ事件＝東京地判平22.3.15労判1009-78（**3(2)ア**・439頁）
　　後掲乙山金属運輸〔保全異議〕事件＝東京高決平22.5.21労判1013-82（**1イ**・418頁）
　　後掲ビー・エム・シー・ソフトウェア事件＝大阪地判平22.6.25労判1011-84（**3(2)イ**・

440頁）

後掲日本通信事件＝東京地判平24.2.29労判1048-45（**2 オ**・429頁）

後掲アクセルリス事件＝東京地判平24.11.16労判1069-81（**3(2)エ**・442頁）

後掲東亜外業〔本訴〕事件＝神戸地判平25.2.27労判1072-20（**2 カ**・430頁）

(2) 海外転勤・海外出向

　国内における配転・出向のように，海外転勤・海外出向が解雇回避措置として判例上ないし労使慣行として定着しているとはいえないと考えます。

　これを前提として，このような海外転勤や海外出向命令の対象と考えられ，海外での業務遂行能力を有する従業員について，個別業務について例外的にそのような解雇回避措置を求められる場合もないとはいえないと考えます（費用が非常に高くなる場合，企業の経営内容からその措置が否定されることも考えられます）。

　しかし，海外出向については，少なくとも海外子会社ないし企業グループに限定されると考えます。企業グループ外の他社への海外出向などは，出向先との交渉などを考えると企業に過度の負担を求めるものであり，またこのような海外の他社に対する出向命令権を企業は保有していないことを考えれば明らかです。

(3) ワークシェアリング・一時帰休

　整理解雇の事件で，労働者側から解雇回避義務としてワークシェアリングの実施が主張されることがあります。しかし，ワークシェアリングは一般的に日本の労使慣行としては，解雇回避措置として定着しているとはいえません（前掲ナカミチ事件＝東京地八王子支決平11.7.23労判775-71）。

　また，この手法は，工場労働者等の比較的単純な機械作業で，従業員相互の高度な代替性を前提とするものと考えられることから（前掲ナカミチ事件），サービス業化し，かつエキスパートないしスペシャリスト化が著しい日本の多くの職場に適する手法とはいえないと考えます。近時の裁判例も否定する傾向と

いえます。

　なお，整理解雇回避努力とワークシェアリングの実施の関係に言及した裁判例があります（社会民主党事件＝東京地判平19.4.11判例集未登載）。当該事案は，社会民主党全国連合に雇用されていた事務局職員について，同党の国会議員数や党員の減少に伴い政党交付金や党費収入等が大幅に減少し収支の赤字が続いたため，整理解雇が行われ，その解雇の有効性が争われたものです。

　原告は，被告である社会民主党が，労働者のための政党を標榜し，解雇要件の厳格化（ワークシェアリングの実行，再雇用への特別の配慮）を政策として掲げてきたことなどを理由として，解雇をする前にワークシェアリングを実施したり，再雇用を配慮すべきであったと主張しました。

　この主張に対し判決は，「雇用契約の当事者としての原告と被告との関係は，一般の労働者と使用者との関係と何ら異なるところはないし，被告が政党として掲げる主張は政策にすぎず，現実に生じた法的紛争において適用されるべきものではないから，本件解雇の有効性については，解雇の有効性についての一般的な考え方を前提として判断すべきである」としたうえで，「一般的には，解雇をする前にこのような措置（筆者注：ワークシェアリングの実施や再雇用の配慮）を採ることが求められているわけではなく，これらの実施をしなければ，解雇回避努力を怠ったことになるわけではない。そして，ワークシェアリングといっても具体的には大幅な賃金引下げを意味する（本件解雇についていえば31人の職員が28人分の賃金で仕事を分け合って労働することになる）だけであり，また，再雇用の配慮が将来再雇用することを約束するものであるとすれば，財政が逼迫し将来の見通しがつかない使用者にとって将来の約束などできるとは考えられず，原告が主張するワークシェアリング実施，再雇用配慮を整理解雇が無効とされないための要件とすることは，およそ現実的でない」と説示しています。[*]

　＊　関連裁判例
　　① **ワークシェアリングに関する裁判例**
　　　後掲メイコー〔仮処分〕事件＝甲府地決平21.5.21労判985-5（**2ア**・425頁）

後掲Principle One事件＝東京地判平24.12.13労判1071-86（**3**(1)・438頁）

後掲淀川海運事件＝東京高判平25.4.25労経速2177-16（**1 ウ**・420頁）

② **一時帰休に関する裁判例**

後掲メイコー〔仮処分〕事件＝甲府地決平21.5.21労判985-5（**2 ア**・425頁）

後掲乙山金属運輸〔保全異議〕事件＝宇都宮地栃木支判平22.2.19労判1013-94，東京高決平22.5.21労判1013-82（**1 イ**・418頁）

(4) 非正規社員の契約解消と正社員の整理解雇

　経営難等の業務上の必要性から人員削減をする必要がある場合に，原則として非正規社員の契約解消を先行させ，正社員の整理解雇を後に回すことについては，とくに争いのないところといえます。最高裁も，過去に非正規社員の契約解消に先立って，正社員の希望退職の募集による人員削減を図らなかったとしても，それをもって不当，不合理であるということはできないと判断しています（後掲日立メディコ事件＝最判昭61.12.4労判486-6判例・裁判例㉜）。

　ただし，まさに倒産の危機に瀕して緊急に人員整理を行う必要があり（防衛型・緊急避難型），人件費の圧縮に迅速性が求められ，かつ，業務上の必要から一定の人員を必要とするような場合は，人件費の高い1人の正社員の解雇を先行し，人件費の低廉な2人の非正規社員を残すこともありえます。この点，人件費が年間約614万円と約734万円の正社員2名を整理解雇し，1人年間約410万円の派遣社員2名を残した事案において，会社の経営状況に照らして，解雇回避措置として正社員2名の整理解雇をする前に，派遣社員の雇止めを要求することは適当でないと判断した裁判例があります（前掲ナカミチ事件）。また，正社員の整理解雇の前後に近接して派遣社員を採用した事案について，当該解雇がもっぱら人件費を削減することで債務者の収支の均衡を図ることを目的としたもので，派遣社員の採用で人件費を削減したことにはならないとの特段の事情がない限り，人員削減の必要性を減殺するものとはいいがたいと判断する裁判例もあります[*]（明治書院〔解雇〕事件＝東京地決平12.1.12労判779-27）。

　* **関連裁判例**

　　後掲高嶺清掃事件＝東京地判平21.9.30労経速2058-30（**2 エ**・428頁）

後掲泉州学園事件＝大阪地堺支判平21.12.18労判1006-73（**1ア**・417頁）

後掲日本フィスバ事件＝東京地判平22.3.15労判1009-78（**3(2)ア**・439頁）

(5)　条件付希望退職

　第7節で詳しく説明しますが，希望退職の募集は，多くの場合何らかの上積み条件が付され，それを提示して労働者の自発的な退職の申込みを待つ行為といえます。そして，労働者から退職の申込みがあれば，その意思表示を受けて使用者が承諾することで，上積み条件の付された形での退職の合意が成立することとなります。

　この希望退職の上積み条件が適用されることを望んで労働者が退職の申込みをしたとしても，使用者が必ずその申込みを承諾する必要はありません。希望退職の対象から外れた労働者は，上積み条件が付された形で退職することはできなくても，従来どおりの自己都合退職の道は残されています。したがって，希望退職の募集に対する労働者からの退職の申込みに対し，全員一律に承諾しなければならないという法論理は一切議論されていませんし，実務上もその違法性を議論されることはありません。

　そもそも，希望退職はなにゆえに実施されるかといえば，企業がその人員削減後に存続し，再建することを前提として実施されるものです。したがって，企業が今後あらゆる状況下で生き抜けるような強い体質をつくるために，今後の業務体制に必要不可欠な人員を残し，必要性が低い人員について退職を募集して削減していくというのは，企業経営上の当然の帰結です。したがって，実務では，必要な事業所ごと，職種ごと，年齢ごとなどの基準を設けて希望退職の募集を実施するのが一般的です。さらに，そのような区分の中で，将来会社に必要な人と必ずしもそうでない人の区分がある場合，必要な人員を確保するために，会社承認規定（「会社が承認する者に限る」という規定）を入れて希望退職を募ることも行われています。

　このことを前提とした希望退職の募集が実施され，それでも余剰人員が削減されないために整理解雇に及んだ場合，それが整理解雇の回避措置を果たして

いないというのでは，整理解雇の回避措置として実施する全ての希望退職の募集が全員一律の対応とならざるをえないことになりますが，それでは将来的な企業の人材利用のあり方が確定できません。そうすると，実務では希望退職の募集を実施せずに整理解雇に及ばざるをえないことになり，希望退職の募集自体が整理解雇の回避措置としての役割を果たしえないという帰結となります。したがって，条件付の希望退職では解雇回避措置にならないという考え方は，実務的にも論理的にも取りえないと考えます。[*]

* **関連裁判例**
後掲学校法人金蘭会学園事件＝大阪地判平26.2.25労判1093-14（**2ケ**・434頁）

第5章／正社員の整理解雇 ◀351

第4節　整理解雇の対象者の選定には合理的な基準が求められる

1　解雇対象者の選定には合理的な基準が求められる

　「解雇回避の努力」とともに，整理解雇の正当性を判断する重要な要素となるのが，「解雇対象者の選定の合理性」です。

　整理解雇は，複数の従業員の中から特定の人を解雇対象として選択するのですから，その人選基準に合理性が認められなければなりません。合理性が認められなければ，当然，その解雇は無効と判断されます。

　解雇対象者の人選に合理性があるかどうかは，次の①〜③で考えることになります。

---

　①　人選の基準が設定されているか。
　②　設定された基準に合理性があるか。
　③　公平に適用されたか。

　もっとも，零細企業が数人の整理解雇を実施する場合にまで，①の人選基準の設定を求められることはないといえます（三浦隆志，前掲論文）。

2　人選の基準は密着度・貢献度・被害度をもとに設定する

　一般的に，人選の基準は，密着度・貢献度・被害度をもとに設定します。

(1)　密着度

　「密着度」とは，正社員なのか，それとも雇用の調整弁的に採用されているパートタイマーや有期契約労働者などの特殊雇用形態者（非正規社員）なのか，

解雇対象者の選定方法

解雇対象者の人選の合理性	① 人選の基準 が設定されているか
	② 設定された基準に合理性があるか
	③ 公平に適用されたか

人選の基準は，密着度・貢献度・被害度をもとに設定する

密着度	雇用形態による区別。当然，正社員の方がパートタイマーや有期契約労働者よりも密着度が高い。 ⇒パートタイマーなどから労働契約を解消する。
貢献度	会社への貢献の度合い。能力・人事考課の結果・出勤率・スキルなどから判断する。 ⇒度合の低い者から労働契約を解消する。
被害度	解雇によって脅かされる労働者の生活の程度。他の収入がある場合などは被害度が低いといえる。 ⇒生活に困らない者から労働契約を解消する。

という雇用形態による区別です。正社員は，パートタイマーや有期契約労働者よりも密着度が高いとされ，原則として先に解雇されることはないといえます。

ただし，前述のように裁判例の中には，倒産の危機に瀕しており人件費の削減が緊急の経営課題である場合に，人件費の低い派遣社員より先に人件費の高い正社員が解雇対象となった事案で，その整理解雇を有効としているものもあります（前掲ナカミチ事件＝東京地八王子支決平11.7.23労判775-71）。

整理解雇は，企業の存続策として行われるわけですから，残った企業が最も有効に運営するための人材の配置論とともに，防衛型・緊急避難型といわれる

パターン（334頁参照）の場合は，総額人件費の削減が最重要課題といえます。この点からいえば，業務運営にとくに支障がなければ，人件費の低い人材を企業に残すことは合理性があると考えられ，例外的に肯定できるといえます。

(2) 貢献度

「貢献度」とは，会社にどれだけ貢献しているかという程度です。貢献度は従業員によって違いますから，能力はもちろん，人事考課の結果・出勤率・スキルなどから判断します。

この貢献度も，「過去」の貢献度，「現在」の貢献度，そして「将来」の貢献の可能性が考えられます。どの点を考慮するかは，具体的事案により，企業の規模，業種，経営内容等から判断することになるといえます。

(3) 被害度

「被害度」とは，解雇されることによって労働者が脅かされる生活の程度，経済的打撃の程度です。たとえば，アパート経営など資産運用で賃金のほかにも収入源があったり，または共稼ぎで子供がいない場合などは，被害度が低いといえます。

3 具体的に解雇対象者を選定していく方法

「密着度」については，雇用形態から判断することができますから明確です。そして，正社員同士など雇用形態が同じ場合には，「貢献度」と「被害度」を中心に考えることになります。「貢献度」の基準内容は事案によりさまざまですが，大別すると，労働能力などを基準として低いものから解雇することになります。次に，解雇によって脅かされる生活を基準とし，解雇されても比較的困らないと考えられる従業員から解雇します。

理論的には，密着度を第一基準とし，貢献度を第二基準とし，貢献度が同等の従業員同士については被害度を考えるというのが，最も合理的な人選基準だ

と思います（ただし，密着度についても例外的取扱いが許されることは前述のとおりです）。

　その基準を実際に適用するときには，公平性を重視しなければなりません。「適格性の有無」といった抽象的な査定評価を基準とする場合や，「配転が困難な者」や「技能が低い者」といった使用者の主観的判断の入り込む余地が大きい基準をもとに人選した事案では解雇無効と判断した裁判例が多いという指摘もありますから，基準にはできる限り客観性を持たせる必要があります。具体的には，次のようなものが考えられます。

---

① 　出勤率（遅刻・早退・欠勤など）
② 　人事考課結果
③ 　注意・懲戒の有無
④ 　業務遂行上必要な資格の有無

　そして，この②についても，これだけを基準とした被解雇者の選定は，「多分に主観的で合理性に乏しいとされる傾向にあるなど，裁判例のこの点の判断も一貫していない」とし，「被解雇者の人選の基準については，基本的な考え方を異にするいくつかの系統の基準がありうる以上，そのどれを選ぶかは当該労使の全体的な了解（納得）を遠すべきもののように思われる」とする見解もあります（菅野和夫『労働法（第11版）』748頁）。

　結局，具体的事案において，企業が生き残るための人材確保の必要性を前提に，できるだけ客観的かつ公平な基準を策定するしかないといえます。[*]

　＊　**関連裁判例**
　　①　**人選基準の合理性を肯定した裁判例**
　　　　後掲飛鳥管理〔仮処分〕事件＝東京地立川支決平21.8.26労判993-57（**2ウ**・427頁）
　　　　後掲泉州学園事件＝大阪地堺支判平21.12.18労判1006-73（**1ア**・417頁）
　　　　後掲乙山金属運輸〔保全異議〕事件＝東京高決平22.5.21労判1013-82（**1イ**・418頁）
　　　　後掲ビー・エム・シー・ソフトウェア事件＝大阪地判平22.6.25労判1011-84（**3(2)イ**・440頁）

後掲Principle One事件＝東京地判平24.12.13労判1071-86（**3(1)**・438頁）
　　後掲淀川海運事件＝東京高判平25.4.25労経速2177-16（**1ウ**・420頁）
　　後掲学校法人専修大学〔専大北海道短大〕事件＝札幌地判平25.12.2労判1100-70
　　（**1エ**・423頁）
②　人選基準の合理性を否定した裁判例
　　後掲メイコー〔仮処分〕事件＝甲府地決平21.5.21労判985-5（**2ア**・425頁）
　　後掲高嶺清掃事件＝東京地判平21.9.30労経速2058-30（**2エ**・428頁）
　　後掲乙山金属運輸〔保全異議〕事件＝宇都宮地栃木支決平22.2.19労判1013-94（**1
　　イ＊**・420頁）
　　後掲日本フィスバ事件＝東京地判平22.3.15労判1009-78（**3(2)ア**・439頁）
　　後掲淀川海運事件＝東京地判平23.9.6労経速2177-22（**1ウ＊**・422頁）
　　後掲日本通信事件＝東京地判平24.2.29労判1048-45（**2オ**・429頁）
　　後掲アクセルリス事件＝東京地判平24.11.16労判1069-81（**3(2)エ**・442頁）
　　後掲東亜外業〔本訴〕事件＝神戸地判平25.2.27労判1072-20（**2カ**・430頁）
　　後掲ロイズ・ジャパン事件＝東京地判平25.9.11労判1087-63（**3(2)オ**・443頁）
　　後掲学校法人金蘭会学園事件＝大阪地判平26.2.25労判1093-14（**2ケ**・434頁）

4　年齢を人選基準とすることは可能か

　人選基準に関して，高年齢を考慮要素にすることについては，会社に将来的にも必要な人材を残すという観点からして，人選基準に加えることを合理的とする裁判例は多いといえます（三井石炭鉱業事件＝福岡地判平4.11.25労判621-33など）。

　加えて，年功人事・職能人事が処遇の中心であった高年齢者については，貢献度が低下するという側面のほかに，生計費の減少（ピークは46歳前後と考えられます），および解雇時に一定の退職金ないし年金が見込まれる点もあげられます。

　一方，使用者側としては，一般的に高給である高年齢者の削減により，人件費削減の効果が若年者よりも多く見込め，削減人数が少なくて済むことなどを考えると，この基準には十分に合理性があり，かつ，非常に客観性があることも考えると，肯定的な裁判例が多いことも当然だと考えられます。[1][2]

会社が制度として導入する早期退職優遇制度も，一定の勤続年数と高年齢者に「特別利益」を付与することにより高年齢者の退職を促進していることも考え合わせると，高年齢という基準は高い合理性を有していると考えられます。

ただし，前掲松本裁判官論文は，「しかし，これを基準に加えることが合理性を持つためには，退職に伴う補償の程度を考慮すべきであろう（静岡地富士支判昭50.8.19労判238-65）」としています（松本哲泓，前掲論文149頁）。

また，「たとえば年齢を重視して高齢者（53歳以上）を対象とする場合も，早期割増退職金を支給したり，能力・成績を勘案するなどして柔軟に対応することが求められる。ヴァリグ日本支社事件—東京地判平13.12.19労判817号5頁」とする意見もあります（菅野和夫『労働法（第11版）』748頁）。しかし，この意見も高年齢者を基準とすることの「合理性」を肯定したうえで，事案ごとの配慮を求めたものといえます。

＊1　**日本航空〔客室乗務員〕事件**＝大阪地判平27.1.28労判1126-58，大阪高判平28.3.24労判1167-94

被告の会社更生手続中に更生管財人により整理解雇された原告が，当該整理解雇は人選基準の合理性を欠き無効であるなどと主張して，労働契約上の地位にあることの確認等を求めた事案です。

同事案における整理解雇の人選基準は以下のとおりでした。

---

① 病欠・休職等基準

　過去の一定期間において，病気欠勤・休職等が一定期間に及ぶ者

　ただし，復帰日基準を併用（平成22年9月27日時点で職場復帰できている者は対象から除外）

② 人事考課基準

③ 年齢基準

　①②の基準によってもなお目標人数に達しない場合は，年齢の高い者から順に目標人数に達するまでを対象とする。

被告の当初の人選基準案（平成22年9月27日時点）には，復帰日基準は含まれていませんでした。しかし，団体交渉において，労働組合から，現在何の問題もなく乗務復帰している者は，将来の貢献度が低いとはいえないのではないかとの趣旨の指摘を受けたことから，同年11月15日に，同基準が追加されました。

一審は，人選基準の合理性自体は肯定しつつも，復帰日基準の基準日（職場復帰できて

いるか否かを判断する日）を同年11月15日ではなく同年9月27日に遡らせた点について，同年9月28日から同年11月15日までの間に復職した者が依然整理解雇の対象者とされることになるから，不合理であると判示しました。そして，同年10月19日に職場復帰した原告が整理解雇の対象者に該当しないことは明らかであるから，解雇は無効であるとして原告の請求を認めました。

しかし，控訴審は，以下のように判示して，一審判決を覆し，復帰日基準の基準日を含め人選基準は合理性を有するから本件解雇は有効であるとして，一審原告の請求を棄却しました。原告側は上告しましたが，最高裁は上告不受理との判断をしています。

ⅰ　病欠・休職等基準および人事考課基準の合理性について

「a　整理解雇とは，企業が経営上必要とされる人員削減のために行う解雇であり，使用者の経営上の理由による解雇である。したがって，更生手続開始決定を受け，将来に向けて事業再生をする必要のある控訴人が，整理解雇の人選基準を設けるに当たって，将来の賞献度に着目し，特に，控訴人が再生していく過程にある至近の2ないし3年間に，どれだけの貢献が期待できるかという点を重視し，人選基準を設けたことは，合理的である。

b　…使用者と労働者間の労働契約において，労働契約の本旨に従った労務の提供をすることが労働者の基本的な義務であること，そのような労務の提供をすることが，貢献があったと評価するための前提として必要であると考えられることからすれば，過去の貢献度を評価するに当たって，『過去の一定期間において病気欠勤や休職により相当日数労務の提供ができない欠務期間があった』との事実の有無を重視することは，合理性を有するというべきである。

そうすると，過去の一定期間に病気欠勤や休職により相当日数労務の提供ができない欠務期間があった者は，そのような病気欠勤や休職をしないで勤務を行ってきた者との対比において，控訴人に対する過去の貢献度が低いないし劣後すると評価することは，合理的である。

そして，将来の貢献度を過去の貢献度によって推測・判断することは合理性を有するところ，病欠・休職等基準が，対象期間につき平成20年度ないし同22年度の直近の2年5か月間とする点は，上記判断をするに当たって，対象期間につき直近の2，3年程度の期間とすることが，将来貢献度の推測の精度を高めることになるから，上記のとおり直近の2年5か月間としたことは合理的である。

そうすると，病欠・休職等基準に該当する者について，『過去の一定期間において病気欠勤や休職により相当日数労務の提供ができない欠務期間があった』との事実があることから，上記のとおり過去の貢献度が低いないし劣後すると評価し，これによって，将来の想定貢献度も低いないし劣後すると評価したことは，合理性を有するというべきである。

c　病欠・休職等基準は，病気欠勤日数や休職期間を基準とするものであり，基準該当性の判断において恣意性の入る余地のない客観的な基準であるといえる。

d 人事考課基準は，人事考課の結果（3を標準とするもの）が，直近の3年間において毎年2以下であった者を解雇対象者とするものであるところ，そうした者について，過去の貢献度及び将来の想定貢献度が低いないし劣後すると評価することが合理的であることは明らかである。

e これらに照らせば，病欠・休職等基準及び人事考課基準は合理性を有するというべきである。」

ii 復帰日基準の合理性について

「控訴人が，団体交渉における譲歩として，JAL労働組合の上記要求を受け入れて復帰日基準を設けるに当たっては，病欠・休職等基準と，その例外としての復帰日基準の設定は，異なる価値基準をどの範囲で採用するかの問題であるから，復帰日基準の適用範囲をどの限度で設定するかにつき，裁量の余地が認められるというべきである。そして，この見地に照らせば，本件復帰日基準が基準日を9月27日として復帰日基準の適用範囲を相当程度限定したことについても，上記裁量を逸脱・濫用するものでない限り，合理的裁量の範囲内のものと解すべきである。」

「控訴人は，第二次希望退職措置募集開始時から同年11月15日（本件復帰日基準を付加した人選基準案を提示した日）までの間に，当初の人選基準案を指標として，上記退職勧奨の対象者を説得し，積極的に退職勧奨を実施したものというべきである。このような退職勧奨を受けて希望退職措置に応募した者は，上記退職勧奨を受けたことにより，人選基準案の基準に該当する以上このまま残留しても，今後実施されることが予想される整理解雇の対象となる可能性が高いと受け止めて退職勧奨に応じ，希望退職措置に応募し退職したものと認められるのであり，当初の人選基準案は，そうした応募者が希望退職を決断する上で重要な動機となっていたものと考えられる。

当初の人選基準案を前提としてこのような状況が既に形成されていた同年11月15日時点において，控訴人が，当初の人選基準案における病欠・休職等基準に該当する者のうち乗務に復帰していた者につき解雇の対象外とする旨事後的に変更することは，既に乗務に復帰していたものの病欠・休職等基準に該当するとして控訴人の退職勧奨に応じて希望退職措置に応募した者から見れば，退職勧奨に応じなくても解雇の対象とならなかったということになるのであり，そうした応募者に対し，信義に反するとして強い不信感を抱かせるおそれがあると考えることには相応の理由があるというべきである。

そうすると，控訴人が，同年11月15日時点においてJAL労働組合の要求を一部受け入れて復帰日基準を設けるに当たっては，復帰日基準の適用範囲を比較的狭い範囲に限定することには合理性が認められる。

したがって，控訴人が，被控訴人主張に係る11月15日のように遅い日を基準日とするのではなく，9月27日を基準日とする本件復帰日基準を設けたことは，合理性を有するというべきである。」

「本件復帰日基準は，その適用範囲決定についての裁量を逸脱・濫用するものとは解

されず，他にこれを認めるべき事由も見いだし難いから，本件復帰日基準は合理性を有するというべきである。」

iii　年齢基準

　　「年齢基準を設けた趣旨は，…①控訴人は，経営破綻し更生手続開始決定を受けた更生会社であり，事業再生のためには競争力を高める必要があること，②控訴人においては，同業他社（ANA）に比べ20歳代30歳代の客室乗務員の割合が低く，平均年齢が相当高いという状況にあったところ，上記年齢構成を引き下げることにより競争力を付けることができること，③将来的に管理職を含む指導者を輩出する層としての若年層を確保する必要があること，④控訴人においては，全体的には年功序列的な賃金体系であったことから，高年齢層ほど賃金水準が高くなる傾向にあったことに基づくものと認められ，これらは，競争力を付ける見地及び人件費削減効果を高める見地等から，合理的である。

　　したがって，年齢基準は合理性を有するというべきである。」

iv　結論

　　以上より，人選基準の合理性を肯定し，当該人選基準に基づく解雇は有効である。

　　労働組合は，ILOに対し，年齢基準は特定の労働組合の組合員を不当に差別して解雇するために設けられた基準であり，解雇は不当であるなどとして申立てを行いました。同申立てを受け，平成24年6月，ILOは日本政府に対し，当事者間で十分な協議が実施されることを保証することなどを内容とする第一次勧告を出すに至りました。

　　しかし，日本航空の整理解雇に関する裁判では，上記のとおり，年齢基準を含めた人選基準の合理性が肯定され，結局，一審原告の請求は退けられました。

＊2　関連裁判例

　　後掲泉州学園事件＝大阪地堺支判平21.12.18労判1006-73（**1ア**・417頁）

第5節 整理解雇の実施にあたっては労働組合との協議，従業員への説明が必要

1 労働組合への対応と解雇協議約款・同意約款の存在

　整理解雇の4要素の最後は，「解雇手続に関して，労働組合などと誠意をもって協議したか。また労働者に誠意をもって十分に説明したか」という点です。

　労働組合との間で解雇協議約款または同意約款が締結されることがあります。協議約款とは労働組合と事前に協議することを義務づけるもの，同意約款は労働組合の同意をとることを義務づけるものですが，手続上はあまり差がないといえます。協議約款の場合でも，単に協議すれば足りるのではなく，その合意に向けて十分な協議が求められますし，同意約款でも必ずしも同意がなければ無効となるわけではなく，同意権の濫用として同意があったと同様の法的効果が認められる場合があるからです。しかしながら，これらの約款がある場合，その労働協約に従って誠意をもって協議し，同意を得る努力をすべきです。

　そして，同意約款があっても，人員整理を行う経営上の合理的な必要性があり，解雇回避努力を行い，人選基準を示し，誠意をもって組合と協議したにもかかわらず，組合が同意しない場合は，同意権の濫用であると主張して対応すればよいのです。

　このように，同意がとれなければ，同意約款に反して当該整理解雇が無効となるとは限らないという点を認識しておくべきです。ただし，協議約款・同意約款の趣旨に応じて誠意をもって協議し，同意を得るように努力することは，最低限必要だと思います。_*

　＊　関連裁判例
　　　後掲飛鳥管理〔仮処分〕事件＝東京地立川支決平21.8.26労判993-57（**2ウ**・427頁）

　では，協議約款・同意約款がない場合はどのように考えるべきかが問題となります。

「労働者側に対する説明・協議がまったくなされないか，ごく不十分にしかなされなかった場合に，他の要素の諸点に関する評価を中心とする総合的な合理性の判断に際し，マイナス要因として働くという程度に位置づければ足りると思われる」（三浦隆志，前掲論文）という意見もありますが，必ずしも正しいとは言い切れないと思います。やはり，その労働組合が過半数組合であったら，同意を得るために十分な説明をし，協議を尽くすべきです。

また，協議期間は３カ月間程度は必要ではないかと考えます。労働組合に対して，解雇日から数えて３カ月程度前に，整理解雇について申入れをし，協議を進めていきます。

突然の申入れは，裁判所から手続違反であると指摘される可能性もあります。もちろん，緊急を要する事案の場合は，短い期間に集中的な交渉が実施されることになります。とくにリーマンショック以降，雇用社会の変化・業績変動はさらに短期間でみられますので，「３カ月」が「２カ月」ないし「１カ月半」というように短縮されてもやむをえないと考えます[*]。

> ＊　JILPTの調査によると，労働組合がある企業については，その68.7％が整理解雇の実施について労働組合と協議をしています。そして，協議を行った企業のうち，84.1％が労使間で意見が異なり紛争が生ずるようなことにはならなかったと回答しています。
> （JILPT「従業員の採用と退職に関する実態調査」国内労働情報（2014年））

2　少数組合であっても協議を尽くしておくべき

少数派組合（企業別労働組合で少数派の組合）であっても，やはりそれなりの協議を尽くしておくべきです。全く説明や協議をしなかった場合には，手続的瑕疵になると思います。

また，一部少数の従業員が合同労組等に加入している場合，その合同労組等との団体交渉を経なければ，手続的瑕疵があるとして解雇が無効となるかという点については議論がありますが，この場合は「総合的な合理性判断に際し，マイナス要因として働くという程度に位置づければ足りる」（三浦隆志，前掲論

文）という見解も十分肯けるものだと思います。

なお，従業員に対しては，朝礼や文書できちんとした解雇理由を周知・説明する必要があります*。

＊　関連裁判例

① **手続の相当性を肯定した裁判例**

後掲泉州学園事件＝大阪地堺支判平21.12.18労判1006-73（**1ア**・417頁）
後掲乙山金属運輸〔保全異議〕事件＝東京高決平22.5.21労判1013-82（**1イ**・418頁）
後掲Principle One事件＝東京地判平24.12.13労判1071-86（**3(1)**・438頁）
後掲東亜外業〔本訴〕事件＝神戸地判平25.2.27労判1072-20（**2カ**・430頁）
後掲淀川海運事件＝東京高判平25.4.25労経速2177-16（**1ウ**・420頁）
後掲学校法人専修大学〔専大北海道短大〕事件＝札幌地判平25.12.2労判1100-70（**1エ**・423頁）

② **手続の相当性を否定した裁判例**

後掲メイコー〔仮処分〕事件＝甲府地決平21.5.21労判985-5（**2ア**・425頁）
後掲飛鳥管理〔仮処分〕事件＝東京地立川支決平21.8.26労判993-57（**2ウ**・427頁）
後掲泉州学園事件＝大阪高判平23.7.15労判1035-124（**1ア＊**・418頁）
後掲アクセルリス事件＝東京地判平24.11.16労判1069-81（**3(2)エ**・442頁）

③ **後掲日本通信事件**＝東京地判平24.2.29労判1048-45（**2オ**・429頁）

同事案においては，解雇回避努力義務が十分に尽くされたとはいいがたいことなどを理由に，手続の妥当性を検討するまでもなく解雇無効との結論を導いていますが，一般論において，同意約款・協議約款が存在しない場合であっても，当該整理解雇がその手続上信義に反するような方法等により実行され，労契法16条の「社会通念上相当であると認められない場合」に該当するときは解雇権を濫用したものとして，当該整理解雇の効力は否定される旨判示されています。

3　整理解雇の正当性判断は4要件ではなく4要素

いわゆる「整理解雇の4要件」は独立した要件ではなく，整理解雇の正当性を判断するための「4要素」と考えるべきです。現在では，高裁レベルまで「4要素」と解した裁判例があることはすでに説明したとおりです（平和学園高校〔本訴〕事件＝東京高判平15.1.29労判856-67判例・裁判例⑲）。

そして，整理解雇の正当性は「業務上の必要性」に注意しなければなりません。「ここまで手続をとらせたら…」，「我慢させたら…」と言い出すと，企業は

第5章／正社員の整理解雇 ◀363

判例・裁判例⑲　平和学園高校〔本訴〕事件／東京高判平15.1.29／労判856-67

【事案概要】XはYが設置するA高等学校の音楽教諭として昭和61年4月，Yに雇用された者である。Yは，昭和26年に設置されたキリスト教主義を教育方針とする学校法人である。Xの勤務状況には，以下の問題点があった。すなわち，①通例では採用後2年目からクラス担任に配置されるところ，昭和62年，Xはこれを拒否し校長の説得も聞き入れず，その後も同様であったこと，②平成8年11月下旬ころ，教職員が使用する飲食室のテーブルの裏面に，「学園長死ね」と書き込まれた人型紙人形が貼り付けてあるのが発見され，調査の結果，原告が作成したものであることが判明したが，これがYの教育方針であるキリスト教主義と相容れない重大な非違行為であったこと，③Yは，礼拝等におけるパイプオルガン演奏者として大きな期待を寄せてXを採用したのであるが，Xの演奏態度及び演奏技能がYの期待に到底達し得ないものであり，その後の注意を聞き入れようとせず改善が見られなかったこと等の問題点があった。

　ところで，Yの財政は生徒数の激減に伴って納付金が著しく減少していたのに対し，人件費は従来の高水準のまま推移していたことから，平成9年に就任したB学園長は，Yの改革と財政再建が一刻の猶予も許されないものとして，平成10年，人件費削減のため，教員数を約15人から20人分削減するのに相当する人員削減計画を提示した。具体的には，希望退職者募集と退職勧奨後，整理解雇を行うこと，整理対象者の選定基準としては，ⅰ学級担任を任せられない人，ⅱ専門の教科学力・技能に問題がある人，ⅲ学級数の減少により余剰を生じた学科等の教員，ⅳ生活に問題のない人（夫が職業についている人及び独身者），ⅴその他退職可能な教員というものであった。

　Yは，労働組合との協議を行いながら，平成10年5月以降希望退職者を募集した上，同年8月以降，上記基準に従いXを含む10名に退職勧奨を行い，最後まで応じなかったXを含む3名を平成11年3月整理解雇した。これに対し，XはYとの労働契約上の地位の確認等を求めて提訴した。

【判決概要】「整理解雇の適否を判断するにあたっては，いわゆる整理解雇の4要件が重要な考慮要素になることは前記のとおりであるが，整理解雇も普通解雇の一類型であって，ただ経営状況等の整理解雇に特有な事情が存することから，整理解雇の適否を判断するにあたっては，それらの事情を総合考慮しなければならないというものに過ぎないのであって，法律上整理解雇に固有の解雇事由が存するものとして，例えば，上記の4要件がすべて具備されなければ，整理解雇が解雇権の濫用になると解すべき根拠はないと考えられる。」とし，Yの財政状況は逼迫しており，更に整理解雇を推進する必要性があったこと，解雇回避努力義務を尽くしたこと，Xが整理対象者の選定基準に該当するものとして解雇の対象としたことに合理性があること等から，Xへの整理解雇は有効であるとして，Xの請求を棄却した原判決を支持した。

倒産してしまい，取返しがつかないことになります。したがって，整理解雇が経営上必要か否かについても，ある程度は使用者の判断を尊重すべきです。

裁判例（前掲ナショナル・ウエストミンスター銀行〔二次仮処分〕事件＝東京地決平11.1.29労判782-35）も，「企業には経営の自由があり，経営に関する危険を最終的に負担するのは企業であるから，企業が自己の責任において企業経営上の論理に基づいて経営上の必要性の有無を判断するのは当然のことであり，また，その判断には広範な裁量権があるというべき」と説示しています。

あとは，解雇回避努力がなされたか，人選に合理性があるか，そして労働組合との協議，従業員への説明という手続がきちんと行われたかどうかが，整理解雇の正当性を判断するポイントではないかと考えます。

もちろん，業務上の必要性が高いと判断される場合は，一部の手続が欠けていても整理解雇が有効であると考えるのが，東京地裁をはじめとして今日の裁判例の傾向といってよいといえます。ただし，平成13年4月以降の東京地裁の傾向は，理論上は同一基準に従っているものの，具体的な事案の解決では使用者に対して厳しい判決がみられる傾向にあるというのが筆者の実感です。

第5章／正社員の整理解雇 ◀365

第6節　整理解雇を回避するために賃金を切り下げることはできるか

1　使用者は整理解雇か賃金切下げかを選ぶことはできるか

　「会社を再建するためには人件費を削減するしかない。しかし，できれば整理解雇は避けたい」と，経営難に苦しみながらも使用者の多くは，そのように考えるはずです。

　整理解雇以外に人件費を削減する方法として考えられるのは，従業員の賃金切下げ（労働条件の不利益変更）です。個々の従業員の賃金を下げることができれば全体の人件費を抑えることができますから，人件費削減を主目的とする整理解雇を行う必要もなくなります。すでに述べたように，金融危機，リーマンショックを経て，企業の生き残りの判断の目安がキャッシュフローの状況であると考えられる時代には，即時にキャッシュアウトを防ぐ効果がある賃金切下げは，非常に有効な手法といえます。そこで，使用者は，会社再建にあたって，整理解雇か賃金切下げかを自由に選ぶことができるのかが問題となります。労働契約の解消問題と同様に，法律と判例（裁判所），そして実務のあり方から考えていきます。

2　経営難における整理解雇と賃金切下げは表裏一体の関係

　法律上は，使用者は解雇を自由に行うことができますが，使用者の一方的な意思表示によって労働契約の内容を変更する賃金切下げは理論的には許されません。

　しかし，裁判所は解雇権濫用法理によって整理解雇を規制する見返りとして，例外的事象としながらも，労働条件の不利益変更法理を確立して賃金切下げの可能性を認めています。整理解雇については，その正当性の有無を判断し，賃

金切下げについては，その変更の合理性の有無を判断することになります。つまり，解雇と労働条件の不利益変更は表裏一体の関係といえます。

たとえば，船に乗っていたとして，船員（従業員）が10名いてパン（賃金）が10個あったとします。そして，1人1個ずつパンを食べることを約束しています。ところが，嵐が来てパン1個が海に流されてしまい9個になったとします。この時，約束を守るのであれば船員1人を海に放り込んで9人が1人1個ずつパンを食べることになりますが（整理解雇），船員10人が1人0.9個ずつパンを食べる（賃金切下げ）ことも考えられます。人件費削減策としてどちらを優先すべきかといえば，やはり法の原則に従って整理解雇が優先されるべきといえます。理論的にいっても，労働条件の不利益変更である賃金切下げは，原則的な処理として過半数労働組合あるいは大多数の従業員の同意が必要と考えられますので，使用者の意思で実施できるのは整理解雇となります。

なお，この基本的な考え方はいまでも維持すべきと考えますが，実務においては，後述するように，賃金切下げを優先して実施することになると筆者は考えています。

3 実務では労働組合に提示して選択を委ねる

実務では，過半数労働組合があれば，整理解雇か賃金切下げかを提示し，その選択を委ねることになります。そして，組合がどちらも拒否した場合には，一方的に整理解雇を実施することになると考えます。

なお，トラック10台を従業員10名で稼動させており，整理解雇するとその分トラックを稼動できず売上げが減ってしまう，また，従来と同様の仕事量はあるものの，規制緩和による競争激化により運賃単価が減少している運送業など，整理解雇を行うと要員不足で会社再建自体が危ぶまれるような特殊事情があれば，例外として過半数労働組合が反対したとしても経営判断で賃金切下げを優先することも許されると考えます（九州運送事件＝大分地判平13.10.1労判837-76）。

4　賃金切下げの認められる高度の業務上の必要性とは

　ところで裁判所は，賃金切下げが有効かどうかは変更の合理性の有無によって判断します。その合理性とはどのようなものなのかについては，最高裁判決（みちのく銀行事件＝最判平12.9.7労判787-6）が参考になります。

　この事案は，2回にわたって行われた就業規則・給与規程・役職制度運用規程の変更により大幅に賃金を切り下げられた高年齢層行員が，本人が同意しない就業規則等の変更は無効であり，無効として計算した額の賃金支払いを受けるべき労働契約上の地位にあることの確認と差額賃金の支払いを求めたものです。

　同行は，昭和51年に合併によって成立した地方銀行ですが，基本的には年功序列型賃金体系を維持してきました。ところが，昭和60年代前半になると経営効率が悪化し，高コストで収益力の弱い企業体質となり，55歳以上の行員の割合も，競合他社に比べはるかに高いものでした。また当時は，それまで安定的であった金融情勢が大きく変化し，銀行にとって厳しい競争時代に入りつつありました。

5　就業規則等の変更内容と最高裁判決

　同行で2回にわたって行われた就業規則等の変更内容は，おおむね以下のとおりです。

〔第一次変更─専任職制度の創設─〕
① 　行員の分類に専任職行員を，職階に専任職階を加える。
② 　55歳以上の行員の基本給を55歳到達直前の額で凍結する。
③ 　55歳に到達した管理職は，原則として専任職とする。

〔第二次変更—専任職制度の改正—〕

① 55歳に到達した一般職行員および庶務職行員は，原則として専任職行員とする。

② 専任職発令とともに業績給を一律50％削減する。

③ 専任職手当を廃止する。

④ 賞与の支給率を削減し，専任職階における役職に応じた割合とする。

この就業規則等の変更について，一審は賃金支払請求の一部を認容しましたが，高裁は高コストで収益力が弱いという企業体質や人員構成の高齢化などからすると，就業規則等の変更は避けて通ることができず，組織改革の必要性のために実施されたものと認められるとして，原告の請求を棄却しました。つまり，銀行には専任職制度の創設によって組織改革を行う経営上の高度の必要性があり，過半数労働組合との丁寧な協議を経て同意を得ていることなどから，就業規則の変更には合理性が認められると判断したのです。

しかし最高裁は，この就業規則等の変更に高度の業務上の必要性を肯定しながらも，次のような理由から高裁判決を破棄，差し戻しました。[*]

① 経営上，賃金切下げの必要性があるならば，各層の行員に応分の負担を負わせるのが通常であるにもかかわらず，高年齢層の行員の賃金だけが大幅に（約33％～46％）削減され，他の行員の基本給などは増額されており，結果として全体の人件費は上昇している。

② 賃金の減額に応じて業務量が削減されていれば，全体的にみた実質的な不利益は小さいといえるが，所定労働時間の変更もなく，業務内容も賃金削減が正当化されるほど軽減されているとはいえない。

つまり，最高裁は，高年齢層の一部の行員にあまりにも大きな不利益を負わせるものであり，かつ，その削減に賛成した過半数労働組合の組合員の多くが

利益を得るこの施策に，この組合の同意を重視することはできず，結局，さし迫った経営上の必要性に基づいたコスト削減策とはいえないと判断したのです。

 ＊　差戻審（仙台高判平14.2.12労判822-52）は，就業規則等の変更は，高度の必要性に基づいた合理的な内容のものとは認められないとして，業績給の削減ならびに役職手当および管理職手当の不支給分等について，一審被告に支払義務があると判示しました。

6　賃金切下げは必ずしも認められないわけではない

　みちのく銀行事件最高裁判決は，賃金切下げなどの労働条件の不利益変更について合理性を認めませんでしたが，必ずしもその可能性を否定したものではありません。

　同事案は，55歳以上の高年齢の行員だけが大幅な賃金切下げという不利益を被る反面，中堅層の賃金が格段に改善され，全体の人件費が増大する結果となったため，就業規則等の変更に合理性が認められなかったのです。

　最高裁（第四銀行事件＝最判平9.2.28労判710-12）は，新たな就業規則などの作成や変更は，労働者の既得の権利を奪うことになるため，原則として許されないが，社会情勢や企業を取り巻く経営環境などの変化に伴い，企業体質の改善や経営の一層の効率化，合理化をする必要に迫られ，その結果，賃金の低下を含む労働条件の変更をせざるをえない事態となることがあることはいうまでもなく，そのような就業規則等の変更もやむをえない合理的なものとしてその効力を認めるべきときもありうるとして，合理性が認められる場合は，個々の労働者が同意しなくても，その適用を拒むことは許されないとしています。そして，変更の合理性の有無は，次の点などを総合考慮して判断するとしています。

---

　①　就業規則等の変更によって労働者が被る不利益の程度

　②　使用者の変更の必要性の内容・程度

　③　変更後の就業規則の内容自体の相当性

④ 代償措置その他関連する他の労働条件の改善状況

⑤ 労働組合などとの交渉の経緯

⑥ 他の労働組合または他の従業員の対応

⑦ 同種事項に関するわが国社会における一般的状況

そして，みちのく銀行判決は，整理解雇の防衛型・緊急避難型（334頁）のように，「当該企業の存続事態が危ぶまれたり，経営危機による雇用調整が予想されるなどといった状況にある」場合は，「労働条件の変更による人件費抑制の必要性が極度に高い上，労働者の被る不利益という観点からみても，失職したときのことを思えばなお受忍すべきものと判断せざるを得ないことがある」と説示し，賃金切下げの可能性を示唆している点が重要です。この点が，その後の実務における筆者の考え方の基本となりました。すなわち，整理解雇の防衛型・緊急避難型のような場合は，解雇より賃金切下げを優先して実施するという実務です。

7 労働条件の不利益変更法理が労働契約法に定められた

平成19年11月28日に成立した労契法（平成20年3月1日施行）は，当初の法案から一部修正はあったものの，就業規則と労働契約の関係を正面から認めるものとなっており，同法9条・10条において就業規則による労働契約の内容の不利益変更に関する定めをしています。

まず9条では，労働者との合意なく，使用者が就業規則の変更により労働者に不利益に労働条件を変更することはできないとの原則を示し，但書において10条による例外を認めています。

その10条では，変更後の就業規則を労働者に周知させること，そして就業規則の変更が，次の①〜⑤に照らして合理的なものであるときは，就業規則の変更による労働契約の内容の不利益変更を認めています。

```
① 労働者の受ける不利益の程度
② 労働条件の変更の必要性
③ 変更後の就業規則の内容の相当性
④ 労働組合などとの交渉の状況
⑤ その他の就業規則の変更に係る事情
```

　前記判例の要件と見比べてもわかるとおり，10条に示された具体的な①〜④の4要素は判例の7要素よりも少なくなっています。その点について，参議院議員の質問に対する内閣の答弁書（平19.11.27付）では，10条について「第四銀行事件最高裁判決（平成9年2月28日）において示された7つの要素の中には，内容的にお互いに関連し合うものもあるため，法案第10条においては，関連するものについて統合した4つの項目を規定したものであり，ご指摘の判例の考え方は法案に盛り込まれているものである」とされています。

　そして，就業規則による労働条件不利益変更の手続要件である「周知」については，労基法の定める手続によらず，実質的な周知があれば足りるとしています。

　なお，労契法は，従来の判例法理を変更するものではないというのが立法意思ですので，賃金・退職金の変更で示された判例の「高度の業務上の必要性」論も従来と変わらないことになります。

8　実務のあり方

　筆者は，整理解雇の防衛型・緊急避難型（334頁）のような経営難の場合には，整理解雇よりも賃金切下げを優先的に実施します（過半数労働組合が存在する場合には，最終的には同組合の意向を尊重しますが，会社側の考え方を強く主張します）。そして，事案によりますが，非正規社員の契約解消や正社員の希望退職よりも優先的に実施します。その理由は以下のとおりです。

(1)　賃金切下げの即効性

　キャッシュフローが重要な経営環境のもとでは，速やかにキャッシュアウトを防ぐ必要があります。この点，賃金切下げは即効性を有しています。そして，企業が経営の危機を乗り切り，経営が順調になれば，切り下げた賃金について，賞与等で従業員の被害を回復すれば足りるといえます。これにより，会社に対する従業員の信頼を回復できる可能性もあります。

　この点，整理解雇は，被解雇者の解雇を撤回して原職に復帰させることは，実務上は非常に困難といわざるをえません。[*]

> ＊　**日本航空〔パイロット等〕事件**＝東京地判平24.3.29労判1055-58〔控訴棄却，上告棄却・不受理〕
>
> 　会社更生手続中に更生管財人により整理解雇がなされた事案において，被告が会社更生手続の開始の前後を通じて，賃金等の減額を行っていたことも加味されたうえで，被告は解雇回避の努力を行っていたと認定され，整理解雇有効と判示されました。

(2)　みちのく銀行事件最高裁判決

　前掲みちのく銀行事件最高裁判決は，賃金切下げについて，「労働条件の変更による人件費抑制の必要性が極度に高い上，労働者の被る不利益という観点からみても，失職したときのことを思えばなお受忍すべきものと判断せざるを得ないことがある」と説示しています。具体的事案においては，賃金切下げの選択を優先させることを認めたものと評価できます。

(3)　訴訟などのリスク

　整理解雇の場合，被解雇者は，従業員の地位を奪われ，収入の道が閉ざされてしまいます。したがって，生活のために訴訟等で戦うしかありません。また，なぜ自分が人選されたのかという強い不満が残ります。加えて，訴訟等で戦う場合にも，合同労組等や弁護士の支援を受けて，金銭解決という早期解決の道も残っています。このように，整理解雇の場合，訴訟を含めた実務上のリスクが高いといえます。

一方，賃金切下げの場合，確かに労働者にとってはつらい施策ですが，賃金の一部ですので生活が根底から覆されることはなく，また，応分負担の原則から，従業員全員が皆で我慢する点において，従業員も許容する可能性が高いといえます。

また，賃金切下げは全従業員に影響があるので，訴訟になった場合，極端な場合は最高裁まで争われることになり，従業員は早期の解決を望むべくもありません。その費用と労力は甚大なものがあります。さらに，労働契約は継続していることを考えると，その後，会社の人事施策（昇進・昇格・昇給・賞与・配置等）において，決して芳しくなくなることは目にみえています。

したがって，賃金切下げにより訴訟などのトラブルになるリスクは，整理解雇の場合よりも低いといえます。これは，平成3年以降のソ連崩壊から始まるグローバル化による競争激化に伴う不況，平成9年〜10年の金融危機，および平成20年のリーマンショック時の賃金切下げ施策に対するトラブル発生率を，整理解雇に伴うトラブル発生率との比較で考えれば一目瞭然であるといえます。

(4)　まとめ

上記のとおり，賃金切下げによるトラブルになる確率は，整理解雇に比べれば極端に低いというのが実感です。

しかし，この手法が従業員の会社に対する信頼を損なうことは明らかです。したがって，十分にその必要性を説明し，かつ，その切下げ額も，会社の経営内容，規模，業種（世界マーケットの影響をどの程度受けるか）などを十分に検討し，かつ従業員の生活面を考慮して，従業員が「これくらいはやむをえない」と受け入れられる額にとどめることが，最も重要な実務といえます。[*]

*　賃金のような重要な労働条件を不利益に変更する場合，高度の業務上の必要性が求められます（大曲市農協事件＝最判昭63.2.16労判512-7）。そのため，実務では，トラブルを避けるため，賃金切下げについて同意をとることが重要です。

　　もっとも，山梨県民信用組合事件＝最判平28.2.19労判1136-6では，賃金や退職金を不利益に変更する場合の同意の有無については，慎重に判断されるべきとしたうえで，

　ⅰ　当該変更を受け入れる旨の労働者の行為（同意書への署名押印など）

だけでなく，

ii　労働者にもたらされる不利益の内容・程度

iii　労働者により当該行為がされるに至った経緯・態様

iv　当該行為に先立つ労働者への情報提供・説明内容

等に照らし，当該行為が労働者の自由な意思に基づいてされたものと認めるに足りる合理的な理由が客観的に存在するか否かという観点からも判断すべきであると判示されました。

　つまり，賃金のような重要な労働条件を不利益に変更する際には，就業規則の不利益変更で対応する場合，通常よりも高度の業務上の必要性が求められ，同意で処理する場合，それが労働者の自由な意思といえる客観的な状況が必要とされます。賃金や退職金は他の労働条件と区別されており，いずれにしても厳しい規制がかかってくるのです。

第5章／正社員の整理解雇 ◀375

第7節　希望退職の募集を行うときに 注意すべきポイント

1　実務における希望退職の募集の位置づけ

　人員削減のための整理解雇は，使用者の一方的な意思表示で実施されるものであり，労使紛争となるおそれが非常に高いものといえます。そこで，自主的退職を促進するために，退職金に上積金などの「特別利益」を提示して，合意退職を実現することにより労使紛争を回避するという経営施策は，重要な意味を持つことになります。したがって，希望退職の募集は，労使紛争回避策という意味を有します。

　また，整理解雇の業務上の必要性がなくとも，合意退職を目指すための施策ですから，使用者の経営計画のもと，自由に実施できるという特徴もあります。

　さらに，今日では，日本の労使慣行の中，とくに大企業などでは，整理解雇の回避努力措置の内容として希望退職募集の実施が定着しており，裁判例も基本的な回避努力措置の1つとして考えているといえます。その関係から，希望退職募集を経ない整理解雇については，その有効性を否定されるおそれが高いといえます[*]。そこで，希望退職の募集を実施しない場合には，積極的にその理由を説明する必要があるといえます。

* **関連裁判例**

　　後掲飛鳥管理〔仮処分〕事件＝東京地立川支決平21.8.26労判993-57（**2ウ**・427頁）

　　後掲高嶺清掃事件＝東京地判平21.9.30労経速2058-30（**2エ**・428頁）

　　後掲乙山金属運輸〔保全異議〕事件＝宇都宮地栃木支決平22.2.19労判1013-94，東京高決平22.5.21労判1013-82（**1イ**・418頁）

　　後掲ビー・エム・シー・ソフトウェア事件＝大阪地判平22.6.25労判1011-84（**3(2)イ**・440頁）

　　後掲日本通信事件＝東京地判平24.2.29労判1048-45（**2オ**・429頁）

　　後掲Principle One事件＝東京地判平24.12.13労判1071-86（**3(1)**・438頁）

　　後掲ロイズ・ジャパン事件＝東京地判平25.9.11労判1087-63（**3(2)オ**・443頁）

後掲学校法人専修大学〔専大北海道短大〕事件＝札幌地判平25.12.2労判1100-70（**1エ**・423頁）

したがって，希望退職の募集が実施されても，その募集人員に応募が満たない場合に，その後の整理解雇が予定されているか否かは，従業員がそれに応募するか否かの判断に重要な意味があり，その点に関し，使用者は十分に説明する必要があるといえます。

2　希望退職の募集と退職勧奨は自由に実施することができる

希望退職の募集は，前述のように，使用者が多くの場合何らかの上積み条件を提示して労働者の自発的な退職の意思表示を待つ行為です。一方，退職勧奨は，使用者が労働者に「退職しませんか」という働きかけを行い，相手方に動機づけをする行為です。

どちらも，原則として最終的には労働者の退職の意思表示（申込み）を受けて，使用者が承諾するという合意退職を目指したものです。つまり，希望退職の募集も退職勧奨も，労働者の退職の意思表示（申込み）を誘引する事実行為であり，退職を強要するものではありません。したがって，使用者はどちらも自由に実施することができます。

一般的に，希望退職の募集にあたっては，①募集時期，②募集人員，③募集対象者，④退職上積金の有無などが労働者に提示されますが，その条件や方法，実施については，使用者が自由に決定することができます。

最高裁（後掲下関商業高校事件＝最判昭55.7.10労判345-20判例・裁判例⑳）も，公務員関係の退職勧奨についての事案ですが，「退職勧奨は，任命権者がその人事権に基づき，雇用関係ある者に対し，自発的な退職意思の形成を慫慂するためになす説得などの行為であって，法律に根拠をもつ行政行為ではなく，単なる事実行為である。したがって，被勧奨者は何らの拘束なしに自由にその意思を決定しうることはいうまでもない」と説示した原審を支持しています。

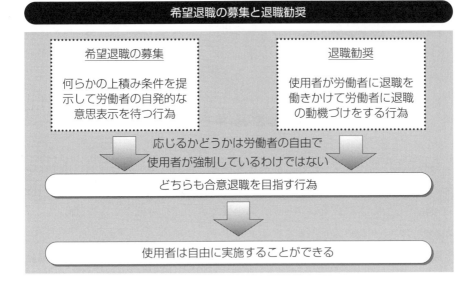

3　希望退職募集と定期的・定例的な早期退職優遇制度との違いは

　早期退職優遇制度の意味については，日本経団連が出版している『人事・労務用語辞典（第7版）』(2011) によれば，「高齢化対策の一環として行われるもので，定年年齢を迎える前に，第2の人生に踏み出す人に対して退職金の算定についての優遇措置を講じる制度。自己都合でも会社都合として扱う，定年時の支給率を適用する，その上にさらに加算金を上乗せするなどがある。従業員の高齢化，定年の延長などによる総額人件費の増大やポスト不足などのために，この制度を取り入れている企業が多くなっている」と説明されています。[*]

  * 総額人件費を検討するにあたっては，現在，原則65歳までの雇用確保措置が義務づけられていること（高年法9条）を念頭に置く必要があります。

　この施策も，整理解雇回避努力措置の一環として行われる希望退職募集とは意味を異にしますが，それを前提としない希望退職募集との比較では，早期退職優遇制度は制度として恒常策として導入され，希望退職募集が臨時的施策の

イメージがあるといえます。

この早期退職優遇制度も，合意退職を目指すもので，前記 2 と同様に，法的には自由に制度設計できることになるといえます。ただし，当然のことながら，差別禁止規定や強行規定に違反することはできません。

4　対象者を限定した希望退職の募集も許される

実務でよく問題となるのは，希望退職募集の対象者を制限した場合です。募集対象を50歳以上というように年齢を限定したり，地方工場で働く従業員だけを対象としたとき，従業員から「一部の従業員だけを対象とするのは許されるのか」というクレームが出ることがあります。

しかし，この方法も法的な問題はありません。労働者の権利である自己都合退職は，なんら規制されていないからです。なお，平成19年10月 1 日に施行された改正雇用対策法10条では，募集・採用時における年齢差別の禁止が義務化されましたが，これはあくまで募集・採用時の問題であって，希望退職の取扱いにおいて年齢を限定することまでをも規制する内容ではありません。なお，採用時にこの法律に違反しても，労働行政としての指導・勧告を受けることはあっても，民事上，採用義務が発生することはありません。筆者は，不法行為による慰謝料請求も認められないと考えています。

また，退職上積金が高額であるなどの好条件が提示されている場合も，対象とならなかった従業員から，「不利益を被るのではないか。不平等でないのか」という批判が出ることもあります。

しかし，これについても法的な問題はありません。前述のように，退職に関して労働者が本来持っている労働契約上の権利は，自己都合退職という方法です。希望退職の対象者の範囲外であっても，本人の意思で法的手続に則って自己都合で自由に退職することができますので，労働者の権利が侵害されているわけではありません。

この点，再編により生じる余剰人員の吸収について，他部署における退職者

の募集・配転による対応によっても困難であり，従前の退職優遇制度での募集にも限界があったことから，退職者の増加のため，加算金支給を決めて退職勧奨したという事情のもとで，「右のような退職金に対する加算金は，退職勧奨に応じる対価であるから，退職を勧奨する必要性の度合により，その時期や所属部署によって，その支給額が変わっても，基本的には応諾は労働者の自由な意思によるものでもあり，平等原則に違反するとはいえない」と判断する裁判例もあります（住友金属工業〔退職金〕事件＝大阪地判平12.4.19労判785-38）。

　したがって，希望退職募集の場合も，対象者を制限したり，退職上積金の額を必要に応じて変えることも許されるといえます。裁判例（NTT西日本事件＝大阪地判平15.9.12労判864-63）では，対象から出向社員を除外した場合も有効となっています。

5　女性だけ，男性だけを対象にした募集は避けた方がよい

　希望退職の募集について，「女性だけ」，あるいは「男性だけ」というように片方の性別のみを希望退職の募集対象とすると，均等法違反の問題が議論される可能性があります。

　個人的には，どちらの場合も合意退職が成立するかどうかは，あくまで労働者が同意するかどうかにかかっていますから，実質的な強要などの伴わない純然たる希望退職の募集であれば許されると考えます。

　しかし，平成18年に均等法が改正され，性別による差別的取扱いについてさらに厳しい目が向けられる中で，やはり上記方法によると性差別ではないかという議論もありますので，男性もしくは女性に限定した希望退職の募集は避けた方がよいといえます。

　なお，退職勧奨については，男性もしくは女性に限定して実施した場合，均等法6条4号に違反することになります[*]。

> ＊　均等法は，以下の特定行為について，労働者の性別を理由として，差別的取扱いをすることを禁じています。

① 労働者の配置（業務の配分及び権限の付与を含む。），昇進，降格及び教育訓練
② 住宅資金の貸付けその他これに準ずる福利厚生の措置であつて厚生労働省令で定めるもの
③ 労働者の職種及び雇用形態の変更
④ 退職の勧奨，定年及び解雇並びに労働契約の更新

なお，上記①～④に該当しない行為についての差別的取扱いについては，民法90条の公序良俗に反するか否かという観点から検討することになります。

　この点で必要な人材を残すという方法は，次の「会社承認規定」により実現できます。

6　希望退職募集時の会社承認規定は人材流出を防ぐ有効な手段

　長期雇用システムを反映して確立された解雇権濫用法理により，使用者は業務量の変動や技術革新に伴う業務の質の変化などに応じた人員削減が難しく，かつ，人員削減のための指名解雇は実務では労使紛争の原因ともなります。そこで実務が人員削減方法として採用したのが，早期退職優遇制度や希望退職募集，会社承認規定および退職金の加算です。これらが一体として運用されることで，合意退職という形で労働者の意思を尊重しつつ，会社承認規定により会社の業務上の必要性にも応えることができ，指名解雇によるトラブルのリスクを減少させることができます。

　具体的には，好条件（退職金の加算）を提示して希望退職を募ると，有能な人材が退職してしまい，辞めてほしいと考えていた人たちが残ってしまうということがあります。賃金に見合った働きのできていない人材を削減するはずが，これでは会社の中核となる人材がいなくなり，会社経営を維持していけません。そこで，希望退職の募集を行う際に，「退職上積金の支給は，会社が承認した者に限る」という条項を入れて募集を行うのです。

　このような条件を加えて希望退職の募集をすることも，とくに問題はありません。「会社が承認する者」という条件を加えたからといって，労働者が本来持っている自己都合で退職する権利を何ら侵害するものではないからです。対象

とされない人は，もともと上積金を受け取って辞める権利があるわけではありません。退職するのであれば，自己都合で退職すればよいということになります。この点，早期退職優遇制度の１つである選択定年制による退職に伴う割増退職金についてですが，最高裁は，退職の自由を制限するものではない点をあげ，従業員がした選択定年制による退職の申込みに対して会社が承認をしなければ，割増退職金債権の発生を伴う退職の効果が生じる余地はないと判断しています（神奈川信用農業協同組合事件＝最判平19.1.18労判931-5[*]）。

ただし，この承認規定を嫌がらせ的に適用するなど，いわゆる信義則に反するやり方が許されないのはいうまでもありません。早期割増退職金制度についての事案ですが，同趣旨の見解を示す裁判例があります（ソニー〔早期割増退職金〕事件＝東京地判平14.4.9労判829-56，富士通〔退職金特別加算金〕事件＝東京地判平17.10.3労判907-16）。

さらに，希望退職の場合は，早期退職優遇制度に比べて短期間での決断を労働者に迫ることになるので，具体的な承認基準を示し，かつ承認しない場合には，労働者からの申請後速やかに不承認の意思表示をすべきとする裁判例（アジアエレクトロニクス事件＝東京地判平14.10.29労判839-17）もありますので，その運用には注意が必要です。

[*] **神奈川信用農業協同組合事件**＝最判平19.1.18労判931-5

　　上告人（被告・控訴人）においては，定年前に退職する者で会社が承認した者については，割増退職金を支給する選択定年制度が採られていましたが，上告人の財務内容が不良で事業譲渡・解散が不可避となったため，事業年度の途中で同制度が廃止されました。被上告人（原告・被控訴人）らは，同制度の廃止前に同制度による退職の申出をしていましたが，被上告人らについても同制度は不適用とされました。そうしたところ，被上告人らが，同制度が定める割増退職金請求権を有することの確認を求めたのが本件です。本件では，選択定年制度による退職の申出に対して上告人が承諾をしないと制度適用の効果が生じないか否かが争われました。

　　一審（横浜地小田原支判平15.4.25労判931-24）では，原告らの選択定年制度による退職の申出に対する被告の承諾の裁量権の行使は，制度の趣旨・目的に沿った合理的なものでなければならないが，被告の裁量権の行使は選択定年制度の本来の趣旨目的に沿ったものとは認めがたいから，原告らの選択定年制による退職の申出はその効力が生じる旨判示され，同判断は控訴審（東京高判平15.11.27労判931-23）でも維持されました。

しかしながら，最高裁は以下のように判示して，被上告人らの請求を棄却しました。

「もともと，本件選択定年制による退職に伴う割増退職金は，従業員の申出と上告人の承認とを前提に，早期の退職の代償として特別の利益を付与するものであるところ，本件選択定年制による退職の申出に対し承認がされなかったとしても，その申出をした従業員は，上記の特別の利益を付与されることこそないものの，本件選択定年制によらない退職を申し出るなどすることは何ら妨げられていないのであり，その退職の自由を制限されるものではない。したがって，従業員がした本件選択定年制による退職の申出に対して上告人が承認をしなければ，割増退職金債権の発生を伴う退職の効果が生ずる余地はない。なお，前記事実関係によれば，上告人が，本件選択定年制による退職の申出に対し，被上告人らがしたものを含め，すべて承認をしないこととしたのは，経営悪化から事業譲渡及び解散が不可避となったとの判断の下に，事業を譲渡する前に退職者の増加によりその継続が困難になる事態を防ぐためであったというのであるから，その理由が不十分であるというべきものではない。

そうすると，本件選択定年制による退職の申出に対する承認がされなかった被上告人らについて，上記退職の効果が生ずるものではないこととなる。」

なお，最高裁に対する上告理由（筆者が主張した内容）を参考のため掲載します。

「本件は，早期退職優遇制度上の会社承認規定（選択定年制実施要項２条）の解釈に関する問題である。同制度は早期退職者に対し通常退職金の支給に加えて更に割増退職金という『特別の利益』を付与するものであることから，その支給条件として『この組合が認めたもの』に限るとした申立人の意思は最大限に尊重されるべきものである。

そもそも通常退職金についても労働契約によって使用者に当然に支払義務が発生するものではなく，当該労働契約において退職金規程等を通じてその支払いが合意されて初めて発生するものであることから，使用者はその支払条件として懲戒解雇されないことを条件として支給するという条項（『懲戒解雇の場合は，退職金を不支給とする』）を一般的に規定してきたものである。そして，懲戒解雇が有効な場合は，その不支給規定は当然に有効であると考えられてきた。この点，近時の裁判例は，かかる不支給規定に関し，労働者のそれまでの勤続の功労を抹消してしまうほどの著しく信義に反する行為があった場合に限定解釈する傾向がある。しかし，かかる解釈も通常退職金が賃金の後払的性格ないし功労報奨的性格を有することに照らしてのことであり，早期退職優遇制度における割増退職金に関しては，それが早期退職という事実に対し『特別の利益』として与えられるものであることからしても，全く異質の取扱いが許容されるものである。

したがって，この割増退職金の支給については，当該労働契約の合意内容としての『この組合が認めたもの』に限るという会社承認規定が通常退職金に関する懲戒解雇不支給規定と同様の限定解釈を受ける理由は一つもない。加えて，後に詳しく説明するとおり，この会社承認規定は解雇権濫用法理により整理解雇が厳しい制約を受ける中，日本の私企業が適正な要員配置につき柔軟性を確保する方法として近年導入してきたものであり，その導入した使用者の意思は最大限に尊重されなければならないはずである。だからこ

そ，今日まで裁判例，そして多くの学説も，使用者の承認の自由を前提に不承認が信義に反する特段の事情がある場合についてのみ承認したものと同様の効力を例外的に認めてきたものである。ところが，原審判決は，承認の有無という『裁量権の行使は，制度の趣旨・目的に沿った合理的なものでなければならない』と，この企業社会の雇用慣行，従来の裁判例，多くの学説を根本的に覆しそれも『特別の利益』という割増退職金の性格を全く無視して，本規程を制定した使用者の意思を全く否定するものであり，到底許されるものではない。」

7　会社承認規定の実務上のポイント

　この手続をとる際の重要なポイントは，従業員に対する事前の周知です。事前に周知することなく希望退職の募集を行えば，当然，会社が対象外と考えている人も応募してきます。そうなると，その人は上積金の支給を受けることはできずに，「退職する意思がある」ことだけを会社に知られることになり，以後，在籍しづらくなります。希望退職の募集が「闇討ち」的なものとならないよう，「退職にあたって上積金の支給を受けられるのは会社の承認する者だけであり，承認しない者には上積金の支給はない」ということを，事前に周知徹底しておくことが大切です。

　また，実務で考えておくことは，会社承認の規定を加えると希望退職の応募者数が減るということです。希望退職に応募しても，会社に承認されなかった人は，自己都合で退職しない限り，「退職する意思がある」ことだけを知られながら会社に残ることになります。そうなると，会社からは「忠誠心がない」とみられることになり，その後の処遇に不安が生じます。従業員はその不安で希望退職の募集に応じにくくなります。

　その意味で，会社承認規定は希望退職の応募に対する抑止力になります。「できるだけ多くの人に応募してほしい」と考えて希望退職の募集を実施するのであれば，会社承認規定を加えることはあまりプラスとはなりません。

　有効な希望退職の募集を行うには，会社承認規定を加えると同時に，有能な人材に対して，「君には残ってもらいたいと考えているし，応募しても承認する

第1編／労働契約の解消

希望退職の募集要項例

平成○○年10月1日

従業員各位

○○○○工業株式会社
代表取締役社長　○○　○○○

希望退職の募集について

　当社は，平成○○年度から３年連続の赤字により，会社存続の危機に直面しています。そのため，今年度は，役員報酬ならびに管理職手当のカット，定期昇給の中止，残業時間の規制などの措置を講じて，収支改善に努力してまいりました。しかしながら，当初予想した成果を上げることができず，このままでは，今年度も赤字決算が避けられない状況です。

　当社では，これまで雇用の確保を最優先してまいりましたが，事ここに至っては，やむなく下記要領により希望退職者の募集を実施することを決定いたしました。従業員各位には厳しい決断を迫ることになりますが，現在の財務状況下での当社の特別配慮をご勘案のうえ，ご検討いただきますようお願いいたします。

記

1．募集対象者　　　全従業員（但し，会社が承認した従業員のみとする）
2．募集期間　　　　平成○○年11月1日(月)～11月15日(月)まで
3．募集人員　　　　20人～25人
4．退職日　　　　　平成○○年12月31日付け
5．退職条件　　　　①退職金の計算については，会社都合を適用する。
　　　　　　　　　　②退職金総額の割増額は次のとおりとする。
　　　　　　　　　　　なお，満年齢は平成○○年12月31日現在とする。
　　　　　　　　　　　・満40歳未満の者　　25％
　　　　　　　　　　　・満50歳未満の者　　30％
　　　　　　　　　　　・満60歳未満の者　　50％
6．応募手続　　　　退職を希望する従業員は，所定の退職願を人事本部長に提出する。

つもりはない」と知らせておきます。いわゆる「逆肩たたき」と呼ばれるものです。また，会社承認規定を加えずに自由応募で行う場合は，有能な人材には事前に，「ぜひ君には残ってほしい。会社の中心となる人物だし，今後も期待している」と話しておくなどの方法しかないと思います。希望退職の募集は，会社が自由に行うことができますが，多くの応募者を集めたいと考える場合にはそれなりの条件設定や対応が必要となります。

8　使用者の説明・情報提供の必要性

　希望退職を募集する場合，その募集対象となる従業員が，自分は会社に必要とされているのだろうか，応募した場合としない場合の自分のメリット・デメリットは何か，と思い悩むことは当然のことといえます。したがって，従業員の判断のために必要な情報を，使用者は十分に提供する必要があるといえます。

　この点に関し，「大規模な人員削減のため希望退職制度を設けて退職者を募集するような場合，その企業が雇用契約を締結している従業員に対し，その制度の具体的内容及びこれを選択した場合の利害得失に関する情報を，従業員が自らの自由意思においてこれに応募するか否かの判断ができる程度に，提示すべきことは当然である」と述べる裁判例もあります（東邦生命事件＝東京地判平17.11.2労判909-43）。

第8節　退職勧奨を行うときに注意すべきポイント

1　希望退職の募集と退職勧奨は何が違うのか

　退職勧奨は，希望退職の募集と同様に，労働者の退職の申込みの意思表示を誘引する事実行為ですから，使用者が自由に行うことができます。人員削減の目的で実施する場合でも，合意退職を目指すものですから，整理解雇の4要素なども要求されません（ダイフク〔合意退職〕事件＝大阪地判平12.9.8労判798-44）。

　異なるのは，希望退職の募集が消極的に労働者の応募を待つのに対し，退職勧奨は積極的に労働者に退職の動機づけを行うという点です。加えて，退職勧奨は，希望退職の募集とは異なり，労使慣行上も判例上も，整理解雇の解雇回避努力義務の施策とは位置づけられていないと考えます。[*]

> ＊　前掲財団法人市川房江記念館事件＝東京地判平20.4.22労経速2007-21では，被告が極めて小規模で解雇回避の手法が限られていたため，退職勧奨により話合いによる解決を目指したことが積極的に評価されています。

　積極的に退職の動機づけを行うのですから，その手段・方法が社会的相当性を著しく逸脱するような場合には，不法行為として損害賠償請求の対象となり，慰謝料を請求されることがあります。具体的には次のような行為です。なお，以下であげる裁判例は，整理解雇に伴って退職勧奨がなされた事案ではありませんが，このような形で退職勧奨を行うことはいかなる場合であっても許されるものではありませんので，以下紹介していきます。

(1)　退職の強要や脅迫，暴行，長時間の監禁，名誉毀損行為などが行われた場合

　退職勧奨の面談を必要以上に行い，面談時間が監禁と評価されうるほど長時間に及ぶなど，刑事事件に類似する行為が行われれば，違法な退職の強要と評価され，不法行為として損害賠償請求の対象になります（全日本空輸事件＝大

阪高判平13.3.14労判809-61)。

(2) 執拗に退職を迫った場合

上記(1)のような直接的な行為でなくても，執拗に何度も退職を迫る場合があります。中には，約4カ月の間に13回も退職勧奨が行われた事案があります（下関商業高校事件＝最判昭55.7.10労判345-20判例・裁判例⑳）。このような執拗な退職勧奨も，不法行為として損害賠償請求の対象になると思われます。

(3) 業務命令による退職勧奨を行った場合

業務命令によって退職勧奨の説明を聞くように命じることを違法とする裁判例もあります（鳥屋町職員事件＝金沢地判平13.1.15労判805-82）。この点について筆者は，業務命令による指示も可能と考えていますが，トラブルを避ける意味で，この「業務命令による」という言い方はすべきではないといえます。

(4) 近親者などを介して退職勧奨を行った場合

退職勧奨は，やはり会社の上司が行うべきであり，身元保証人の近親者などを介して行うことは違法といえます。裁判例（前掲鳥屋町職員事件）も，「原告が退職勧奨に応じるか否かは，あくまで原告の自由な意思によるべきであるのに，原告の近親者の原告に対する影響力を期待して，原告が退職勧奨に応じるよう説得することを依頼することは退職勧奨方法として社会的相当性を逸脱する行為であり，違法であると評価せざるを得ない」と説示しています。

筆者も，この点については賛成です。地方の企業や団体は，この点について注意すべきと考えます。

2 退職勧奨を行うときのポイント

経営難を背景に退職勧奨を行う場合のポイントは次のように考えます。なお，この実施も，一義的な手法があるわけではなく，経営内容，企業規模，業種・

第1編／労働契約の解消

判例・裁判例⑳ 下関商業高校事件／最判昭55.7.10／労判345-20

【事案概要】 X1は、昭和27年地方公共団体たるYのA商業高等学校（以下「A商」という。）の講師として採用され同年教諭となった者であり、X2は、昭和26年A商の教諭となった者である。Yの教育委員会（以下「市教委」という。）は、教員の新陳代謝をはかり適正な年齢構成を維持することを目的として対象者を選定のうえ退職勧奨を行っていたところ、昭和45年1月から2月にかけて61歳のX1、60歳のX2らを含む合計6名を退職勧奨の対象者として選定し、同月26日以降Xらに対して退職勧奨を実施した。ところが、Xらはこれに応じなかった。そこで、Yはその後もさらに退職勧奨を繰り返し、X1は10回（出頭命令は11回）、X2は11回（出頭命令は13回）の退職勧奨が行われた。そこで、X1及びX2は、退職勧奨を違法として慰謝料を求めて提訴した。

【判決概要】 「退職勧奨は、任命権者がその人事権に基き、雇傭関係ある者に対し、自発的な退職意思の形成を慫慂するためになす説得等の行為であって、法律に根拠をもつ行政行為ではなく、単なる事実行為である。従って被勧奨者は何らの拘束なしに自由にその意思を決定しうるこというまでもない。」「Xらは第1回の勧奨（2月26日）以来一貫して勧奨に応じないことを表明しており、特にXらについてはすでに優遇措置も打切られていたのにかかわらず、Y1らはX1に対しては3月12日から5月27日までの間に11回、X2に対しては3月12日から7月14日までの間に13回、それぞれ市教委に出頭を命じ、Y1ほか6名の勧奨担当者が1人ないし4人で1回につき短いときでも20分、長いときには2時間15分に及ぶ勧奨を繰り返したもので、前年度（昭和43年度）までのXらに対する勧奨の回数は校長によるものを含めても2、3回あったのに対比すると極めて多数回であり、しかもその期間も前記のとおりそれぞれかなり長期にわたっているのであって、あまりにも執拗になされた感はまぬがれず、退職勧奨として許容される限界を越えているものというべきである。また本件以前には例年年度内（3月31日）で勧奨は打切られていたのに本件の場合は年度をこえて引続き勧奨が行なわれ、加えてY1らはXらに対し、Xらが退職するまで勧奨を続ける旨の発言を繰り返し述べてXらに際限なく勧奨が続くのではないかとの不安感を与え心理的圧迫を加えたものであって許されないものといわなければならない。

さらにY1らは右のような長期間にわたる勧奨を続け、電算機の講習期間中もXらの要請を無視して呼び出すなど、終始高圧的な態度をとり続け、当時「組合」が要求していた宿直廃止や欠員捕充についても、本来本件退職勧奨とは何ら関係なく別途解決すべき問題であるのに、Xらが退職しない限り右の要求には応じられないとの態度を示し、Xらをして、右各問題が解決しないのは自らが退職勧奨に応じないところにあるものと思い悩ませ、Xらに対し二者択一を迫るがごとき心理的圧迫を加えたものであり、またXらに対するレポート、研究物の提出命令も、その経過にてらすと、真にその必要性があったものとは解し難く、いずれも不当といわねばならない。」として、Xらの慰謝料請求を認容した。

地域性などを総合的に判断して実施すべきことはいうまでもありません。

(1) 退職勧奨を行う前に希望退職の募集を行う

まず，希望退職者を募集する必要があります。使用者からの勧奨より先に，退職するかしないかを選択するチャンスを従業員に与えるということです。そして，希望退職者数が予定した数に満たない場合に，会社はやむをえず退職勧奨を行うという手順が基本となると考えます。

(2) 退職上積金を提示する

会社都合退職金とするだけでなく，退職上積金も提示する必要があります。希望退職への応募も退職勧奨への承諾も，労働者が退職の申込みの意思表示をするという意味では，自己都合退職金を条件とすることも可能といえます。

しかし，退職勧奨をしてその動機づけをしたのは使用者ですから，退職金については，会社都合退職金とし，退職上積金を支給するのが適当であると考えます。

また，雇用保険上，どのような取扱いとなるのか，すなわち会社都合（待期期間7日で受給可能）なのか自己都合（待期期間の7日に加え，給付制限期間の3カ月経過後に受給可能）になるのかなども十分に説明すべきです。

(3) 退職勧奨の方法

退職上積金まで提示して希望退職を募ったにもかかわらず，退職者数が予定数に満たない場合，次のような手続のもと，退職勧奨を実施することになります。

① 勧奨する上司は1人または2人とし，従業員の自由な意思を尊重できるような雰囲気で行う。

② 時間は20～30分間とし，就業時間中に行う。

③ 場所は会社施設とする（部屋には窓があるところを選択すべき）。自

宅へ押しかけたり，電話するなどの行為は避ける。

④ 回数は，希望退職募集期間の開始時から終了時までに2，3回実施する。

　このような手続の退職勧奨であれば，不法行為には該当せず，正当な「業務」と評価されるといえます。会社は再建のために人員削減を行うわけですから，その業務上の必要性に基づく業務命令として，従業員に会社の勧奨を聞くように命じることができると思いますが，業務命令という言葉は使用しないほうがよいと考えます。この点については，前記1で説明したように違法とする裁判例もありますので注意してください。

　また，退職勧奨を業務として実施するとなれば，弁護士や労働組合の幹部などの同席・立会いも拒否することができると考えます。[*]

　＊　前掲下関商業高校事件では，一審（山口地下関支判昭49.9.28労判213-63）において，被勧奨者が代理人あるいは組合役員等の立会いを希望しているにもかかわらず，そのような希望を無視して勧奨行為がなされたような場合には，そのことが違法性を評価する1つの事情となりうるなどとして，退職勧奨の違法性が肯定されました。
　　　しかし，控訴審（広島高判昭52.1.24労判345-22）では，結論としては一審判決を維持し退職勧奨の違法性を認めつつも，代理人等を立ち会わせなかったことが違法性を基礎づけうる旨の判旨が削除されています。

　次に，従業員には会社の退職勧奨を聞く義務があると思いますが，その必要はないと拒否した場合，業務命令違反として懲戒するのは非常にナンセンスです。業務命令違反というよりも，拒否したことによって，その従業員がある一定の不利益を被ってもやむをえないと理解しておくべきです。

　具体的にいえば，業務に対する貢献度や被害度に基づいて退職勧奨の対象とされたのであれば，勧奨の場で自らの考えを述べることによって，会社に翻意してもらうチャンスがあります。つまり，妻や子供が病気であるとか，年老いた両親の面倒をみなければならないなど，会社の把握していない家庭の事情を話すことによって，将来，整理解雇に進んだ際に，被害度に関する資料として上記事情が勘案されることもあります。

退職勧奨は，会社の勧奨理由と人選理由を聞いて，それについて反論したり，退職することによって受ける損害（被害度）などについて，会社に認識してもらうための場という意味もあるのです。

したがって，退職勧奨を受けること自体を拒否した場合には，懲戒ではなく，上記のような従業員の事情を指名解雇のときに勘案されないという不利益を従業員が受けることになるおそれがあると考えておけばよいと思います。

3　退職勧奨を受ける人に対する礼儀を欠いてはいけない

以上の説明は一般論で，現実に行われている退職勧奨はよりシビアな話になっているのではないかと思います。とくに，金融危機やリーマンショック後には，非常に強い退職勧奨が行われているといえます。

不法行為にはならないまでも，「もうあなたの業務はないし，会社にいても処遇はよくならない。だから，決断して退職してほしい」という話が，相当回数実施されているのが現実です。

この現実を踏まえて，会社が退職勧奨を行うときに最も大切なことは，退職勧奨を受ける人に対して「礼儀」を尽くすことです。

新卒一括採用されたゼネラリストを中心に従業員構成がなされている企業の40代，50代の人たちの中には，同じ釜の飯を食いながら，一方は退職勧奨の対象者となり，一方は重役となっていることも多いと思います。

そこで退職勧奨にあたっては，同じ釜の飯を食ってきた人，できればその企業のプロパーでトップクラスの重役か部長クラス，あるいは人望の厚い人が面談し，会社の置かれている苦しい現状を訴えて，退職してもらえるようにお願いすべきです。そして，相手にも十分な反論をしてもらって，その言い分を真摯に聞く態度を示すのです。これが最も大切なことだと思います。

392 ▶ 第1編／労働契約の解消

4 退職勧奨に関する近時の裁判例（人員削減策としての手法）

　実務では，整理解雇を回避するために退職勧奨が行われることがあります。

　整理解雇を回避するための退職勧奨については，不法行為の成立は否定されているといえます。

　なお，肯定例とされるエール・フランス事件は，退職勧奨終了後に，退職勧奨を拒否した従業員に組合幹部らが暴行を働き，会社が仕事差別したというもので，整理解雇を回避するための退職勧奨の違法性が問われたものではありません（組合も希望退職，退職勧奨に賛成していたという経緯があります）。

(1) 不法行為責任肯定例

エール・フランス事件＝東京高判平8.3.27労判706-69 [確定]

> 　労働組合も賛成していた希望退職への応募が予定人数に達しなかったため，組合幹部らが原告に対し退職勧奨を行った事案において，裁判所は，組合幹部らが原告に対し，頭部を殴打するなどの暴力行為をしていたこと，約14年間にわたって実質上の有用性がかなり低い統計作業を行わせるなどの仕事差別を行っていたことなどを認定したうえで，暴力行為等につき200万円，仕事差別につき100万円の損害賠償責任を認めた。

(2) 不法行為責任否定例

ア　サニーヘルス事件＝東京地判平22.12.27労判1027-91 [確定]

退職勧奨に至る経緯
被告は，正社員約250名を150名程度に削減するために，希望退職制度を策定し，希望退職に応じた者については，会社都合による退職金を支給すること，年次有給休暇・代休を買い上げること，および被告の費用により再就職支援を行うこととし，これを実行した。そして，原告の所属していた部署は閉鎖されることになった。 　原告は，上司から，上記希望退職制度に応じることを勧奨されたが，これを断った。

退職勧奨の態様
人事部長と原告との面談は，週に1回程度，両者の日程調整をしたうえで行い，その時間も，基本的には30分程度であった。 　その態様は，退職を強要するような言辞を用いるものではなく，原告がこのまま被告に残っていても居場所がなくなるから，本件制度による希望退職に応じた方が良いということをくり返し説得したというものだった。
判　　旨
もとより，本件退職が，原告の意に沿わない意思表示であることは確かであるが，退職勧奨が，違法な強迫行為に該当するとまで評価することは困難であるといわなければならない。 　原告は，人事部長から，他の従業員のいるところで決心がついたかと声をかけられたことも，強迫行為の要素としてあげるが，仮にこの事実が認められたとしても，この行為が原告にとって不本意なものであるものの，強迫行為と評価することは困難であり，この主張は失当なものであるといわざるをえない。

イ　日本アイ・ビー・エム事件＝東京地判平23.12.28労経速2133-3

退職勧奨に至る経緯
平成20年9月のリーマンショックによる被告の経営環境悪化を契機に，希望退職者募集のための制度である特別支援プログラムが実施され，RAプログラムが特別支援プログラムを実施するために立案された。 　RAプログラムの主な内容は，ボトム15％として特定された従業員のうち，IBMグループ外にキャリアを探してほしい従業員等を対象として，所定の退職金に加えて，加算金を最大15カ月分支給する，自ら選択した再就職支援会社から再就職支援を受けることができるというものだった。 　RAプログラムでは，応募者予定数を1,300人と設定したうえで，同予定数の2.5倍ないし3倍に相当する人数に応募勧奨すると定めた。 　そして，退職勧奨するに際しては退職強要とならないように種々留意すべきことを示し，具体的方法についての講義や面接研修を施すなどし，その一方で，退職勧奨を実行する部門長，ラインマネージャーに対し，上記目標となる応募者予定数の達成いかんについて各人の結果責任を問う趣旨とも受け取れる注意喚起をした。 　なお，当時の被告の従業員数は1万6,111人であった。
退職勧奨の態様
いずれの原告についても，原告が退職勧奨に応じない意思を明確にした後は，被告は退職勧奨を取り止め，その後の面談やメールは専ら業務改善等のために行われた。 【原告X1について】 　　退職勧奨が行われた期間　約半月

退職勧奨のための面談回数　2回
退職勧奨の断念後，業務改善を求めた期間　半月未満
業務改善のための面談回数　0回
【原告X2について】
　退職勧奨が行われた期間　2日間
　退職勧奨のための面談回数　2回
　退職勧奨の断念後，業務改善を求めた期間　約1カ月間
　業務改善のための面談回数　4回
【原告X3について】
　退職勧奨が行われた期間　1日
　退職勧奨のための面談回数　1回
　退職勧奨の断念後，新件担当のために面談等が行われた期間　約1週間
　新件担当のための面談回数　1回
【原告X4について】
　退職勧奨が行われた期間　約1カ月半
　退職勧奨のための面談回数　4回
　退職勧奨の断念後，業務改善を求めた期間　約7カ月間
　業務改善のための面談回数　5回
　退職勧奨面談において，X4は良い転職先が見つかれば考えたい旨述べ，再就職支援会社のカウンセリングを受けるなどしていたため，面談を重ねていたが，結局，X4は，転職情報が年齢や経験の点で条件が適合していないとして，明確に退職勧奨を拒否する旨回答し，RAプログラムは終了した。
　その後，被告は，人事評価に係る面談を4回実施したうえで，約4カ月の業績改善プログラムを実施し，最終面談をした後，同プログラムを終了した。

判　　旨

【RAプログラムについて】
　「特別支援プログラムを実施するためのRAプログラムが，特別支援プログラムの応募勧奨者を目標人数の2.5倍から3倍に設定したこと，勧奨対象者を業績の低い水準にある社員を中心としたことについては，本件企業文化を標榜する被告の経営権の行使として合理的であるし，また，社員に対する退職強要を回避するべく種々の注意を喚起したり，それを担保する各種研修を実施したりしたことについても，紛争リスク回避のための合理的な措置であると認めることができる。
　もっとも，業績の低い社員に対する退職勧奨を実施するに当たり，現場責任者である部門長又はその下位にあるラインマネージャーを実行者とし，彼らに対して，目標数値の達成につき結果責任を問う旨知らしめた場合，…上司が部下に対して退職勧奨したにもかかわらず，当該部下がこれを拒否したため当初の思惑通りに事態が進行しない場合，…精神的負荷と重圧のある心理状態に起因する上司の感情的な高ぶり等により，平穏になされるべき退職勧奨は，上司の言葉遣いや態度次第では，部下にとって圧迫と受け取

られかねない危険が想定される」

【退職勧奨の違法性の判断基準】

「業績不振の社員が…退職勧奨に対して消極的な意思表示をした場合，それらの中には，これまで通りのやり方で現在の業務に従事しつつ大企業ゆえの高い待遇と恩恵を受け続けることに執着するあまり，業績に係る自分の置かれた位置付けを十分に認識せずにいたり，業務改善を求められる相当程度の精神的重圧…から解放されることに加えて，充実した退職支援を受けられることの利点を十分に検討し又は熟慮したりしないまま，上記のような拒否回答をする者が存在する可能性は否定できない。また，被告は，退職者に対してほとんど利益を提供しない企業に比べて充実した退職者支援策を講じていると認められ，また，被告自身もそのように認識しているがゆえに，当該社員による退職勧奨拒否が真摯な検討に基づいてなされたのかどうか，退職者支援が有効な動機付けとならない理由は何かを知ることは，被告にとって，重大な関心事となることは否定できないのであり，このことについて質問する等して聴取することを制約すべき合理的根拠はない。

…そうすると，被告は，退職勧奨の対象となった社員がこれに消極的な意思を表明した場合であっても，それをもって，被告は，直ちに，退職勧奨のための説明ないし説得活動を終了しなければならないものではなく，被告が，当該社員に対して，被告に在籍し続けた場合におけるデメリット…，退職した場合におけるメリット…について，更に具体的かつ丁寧に説明又は説得活動をし，また，真摯に検討してもらえたのかどうかのやり取りや意向聴取をし，退職勧奨に応ずるか否かにつき再検討を求めたり，翻意を促したりすることは，社会通念上相当と認められる範囲を逸脱した態様でなされたものでない限り，当然に許容されるものと解するのが相当であ」る。

「当該社員が…，退職勧奨のための面談には応じられないことをはっきりと明確に表明し，かつ，被告（当該社員の上司）に対してその旨確実に認識させた段階で，初めて，被告によるそれ以降の退職勧奨のための説明ないし説得活動について，任意の退職意思を形成させるための手段として，社会通念上相当な範囲を逸脱した違法なものと評価されることがあり得る，というにとどまると解するのが相当である。

以上に基づき，原告らの上司が原告らに対してした退職勧奨につき，検討する。」

【X1・X2について】

被告がX1・X2に対してした退職勧奨またはその後の説明や面談等について，違法があるとは認められない。

【X3について】

上司は，X3が退職勧奨には応じない旨明確に述べたことから，X3に対して退職勧奨をしないことを決定したことからすれば，退職勧奨は社会通念上相当な範囲を逸脱するような状況は認められない。

そして，都庁案件をX3に担当してもらうための面談の目的は，X3に対する退職勧奨ではなく，自らの所管する部門全体の円滑な業務遂行を図ることなどであるから合理的である。

もっとも，その態様については，上司がやや興奮した物言いや動作等をしたことは否

めないが，上司の真摯な質問または働きかけに対するX3の不誠実な回答内容や意欲に
欠ける態度を踏まえると，上司がそのような感情の高ぶりを覚えたとしても必ずしも責
められるべきものではない。加えて，上司とX3との会話のやり取りが途中で断絶する
ことなく継続していること，X3が上司の言動に対して「セキュリティ呼びましょう
か。」，「何でそんな脅しをかけるの。」，「感情的になられるのは……部下が萎縮します
し。」などと，落ち着いた素振りともいえる態度を見せつつ，自らの発言が録音されるこ
とを意識して上司を挑発する言動をしており，X3が上司に恐怖している様子が全くうか
がえないこと，上司が本件X3面談は退職勧奨目的ではない旨くり返し述べているに
もかかわらず，X3自身の業務不良の事実を指摘されると「退職勧奨」に結びつけて上司
を牽制する態度をとっていることに照らすと，上司の本件X3面談における言動等が，
業務指示に関する説明ないし説得のあり方として適切であったかどうかはともかく，社
会通念上相当な範囲を逸脱するようなものであったと認めることは困難である。

なお，上司が物理的動作としてしたペットボトルを振るなどの行為（机を叩く行為を
含む）や，床を蹴るなどの行為は，上司が自らの考えを体で表現したもの，または，不
誠実な回答に終始するX3に対する苛立ちの現れとしての軽微な動作または癖（貧乏揺
すり）にすぎなかったものと認められ，X3を畏怖させるほどの違法な態様であったと
は認められない。

【X4について】

X4は，転職を将来の選択肢として検討する姿勢を示していたものであり，これに加
え，X4の業績不良の現状を踏まえると，上司らが，X4に対し，具体的な転職先の条件
の検討を要請等し，特別支援プログラムへの応募を積極的に検討してもらいたい旨働き
かけるのはむしろ当然である。しかも，上司らのX4に対する説明等の勧奨方法等には
社会通念上相当な範囲を逸脱するようなものは認められない。

【結論】

以上より，被告が原告らにした退職勧奨等に違法があるとは認められない。

ウ　日本アイ・ビー・エム事件＝東京高判平24.10.31労経速2172-3 ［上告不受理］

判　旨

【退職勧奨とその違法性について】

「退職勧奨の態様が，退職に関する労働者の自由な意思形成を促す行為として許容さ
れる限度を逸脱し，労働者の退職についての自由な意思決定を困難にするものであった
と認められるような場合には，当該退職勧奨は，労働者の退職に関する自己決定権を侵
害するものとして違法性を有し，使用者は，当該退職勧奨を受けた労働者に対し，不法
行為に基づく損害賠償義務を負うものというべきである。」

「そして，本件各退職勧奨が控訴人らの退職に関する自己決定権を侵害するものとは
いえないとしても，その具体的な言動の態様において，控訴人らの名誉感情等の人格的

利益を違法に侵害したと認められる場合には，被控訴人は，これに基づく控訴人らの精神的苦痛等につき，不法行為責任を負うことになるので，この点についても検討する。」

【RAプログラムの合理性・相当性について】

RAプログラムには，面談の留意事項として，退職強要は許されず対象者の「自由意思」を尊重することが掲げられ，具体的かつ詳細な注意事項が示されて，講義や面談研修も施されていたことからすれば，個別の退職勧奨が，対象者の自由な意思形成を促す限度で行われ，法的に正当な業務行為として許容されるように慎重に配慮されたものと認められる。

RAプログラムの目的および対象者の選定方法は，基本的には不合理なものとはいえず，定められた退職勧奨の方法および手段自体が不相当であるともいえない。

【控訴人らに対する具体的な退職勧奨の違法性について】

「控訴人らが主張する執ような退職勧奨は，その一部については，退職勧奨であったと認められるが，大半は業務改善の要求であったと認められる。もっとも，控訴人らにおいて，業績評価や業務改善措置が退職勧奨に利用されていると疑うことは不自然ではない。しかし，…これらは職務上の業務改善要求として行われ，控訴人X2については合意の上での指導として行われているし，その余の控訴人について行われた業務改善要求も，それが退職を迫るものであったと認めることはできない。また，控訴人らは，いずれも退職勧奨を拒否し，業務改善の要求であることを確認した上で面談に臨むなどの対応をしてきたものであり，それが控訴人らの退職に関する自由な意思形成に影響したとも認められない。そして，退職勧奨と認められる面談等についても，退職に関する控訴人らの自由な意思形成を促す行為として許容される限度を逸脱し，控訴人らの退職についての自由な意思決定を困難にするものであったと認めることができないこと，したがって，控訴人らの退職に関する自己決定権が侵害されたとは認められない」

エ　リコー〔子会社出向〕事件＝東京地判平25．11．12労判1085-19〔控訴審にて和解成立〕

退職勧奨に至る経緯

被告会社は，グループ全体で約1万人の人員削減を行う旨を明らかにし，募集期間を平成23年7月1日から同年10月31日，退職条件として退職加算金を出すこと，退職事由を会社都合退職とし，再就職支援サービスを付与することとして，希望退職者を募集した。

被告会社単体においては6％を目標に，業務効率が資格および給与に見合わない，または削減しても業務上支障のない人材を余剰人員として選ぶこととし，各部門に対し，一律に6％の割合で余剰人員を選定させ，原告らを含む1,614名（被告会社単体だと554名）が選ばれた。

原告X1は3回，原告X2は4回にわたり，本件希望退職に応じるよう勧奨されたが，原告らはいずれもこれを断った。

退職勧奨の態様

【X1について】

1回目の面談では，上司Bが，退職金計算書および再就職支援に関する資料を示しながら，今の仕事を続けられる状況ではなくなったので，本件希望退職に応募してはどうかなどと話した。

2回目の面談において，X1が本件希望退職に応じる意思はない旨伝えたところ，Bは，被告に残るのであれば意に沿わない仕事になるだろう，生産系の作業的な仕事，物流系の倉庫での仕事，販売系の作業的な仕事に就いてもらうことになるなどとし，納得できるように話合いの場を設けた方がよいと述べて，3回目の面談を設定した。

3回目の面談において，X1は，本件希望退職に応じる意思はない旨を改めて伝えた。

その後，X1は，被告会社の関連会社に出向となった。

【X2について】

1回目の面談では，上司Cが被告の方針を説明したうえで，与えられる仕事はなくなったとして，本件希望退職への応募を勧めた。

2回目の面談において，X2が本件希望退職に応じる意思はない旨伝えたところ，Cは，会社として今の場所で仕事を与え続けることはできない，キャリアを生かすのであれば社外に転身した方がよいなどとし，退職を前向きに考えるように述べて3回目の面談を設定した。

3回目の面談において，X2は，本件希望退職に応じる意思はない旨を改めて伝えた。Cは，X2に対し，同人の技術は今のCの下では活かせないとして，他への転身を勧めた。

4回目の面談において，X2が本件希望退職に応じる意思がないことは変わらない旨を伝えたところ，Cは，X2に対し，被告に残るのであれば生産や物流といったところに出向になり，派遣社員が担当している作業業務になるため処遇は下がるなどと話した。

その後，X2は，被告会社の関連会社に出向となった。

判　旨

「ア　退職勧奨は，勧奨対象となった労働者の自発的な退職意思の形成を働きかけるための説得活動であるから，説得活動のための手段及び方法が社会通念上相当と認められる範囲を逸脱しない限り，使用者による正当な業務行為としてこれを行いうると解するのが相当であるが，使用者の説得活動が，労働者の自発的な退職意思の形成を働きかけるという本来の目的実現のために社会通念上相当と認められる程度を超えて，当該労働者に対し不当な心理的圧力を加えたり，その名誉感情を不当に害するような言辞を用いたりして，その自由な退職意思の形成を妨げたような場合は，当該退職勧奨行為は，もはやその限度を超えたものとして不法行為を構成するというべきである。

イ　これを本件についてみるに，平成23年7月から8月にかけて，X1は3回にわたってBから，原告X2は4回にわたってCから，いずれも面談において本件希望退職への応募を勧められているところ，原告らが本件希望退職への応募に消極的な態度，又は明確な拒絶を示しているにもかかわらず，B及びCは，複数回にわたって面談の機会を設けて勧誘を継続しており，やや執拗な退職勧奨であったことは否めない。

しかし，本件希望退職に応募した場合には，本来の退職金に加え，X1について2000万円の，X2について1600万円の退職金上積み措置があったこと，本件希望退職が時限的な制度であったこと等からすれば，B及びCが，複数回にわたって慎重に原告らの意思を確認した方がよいと考えたとしても無理からぬところがある。…B及びCが，原告らに対し，本件希望退職に応募しない場合には生産や物流の現場で仕事をすることになる等と述べた事実はあるが，B及びCには，出向を命ずる権限も出向先を決める権限もないのであるから，上記発言は，単に，予測される将来の不利益を述べたに過ぎないというべきである。加えて，本件出向命令の内示以降は，現在に至るまで退職勧奨は行われていないことも併せ鑑みれば，平成23年7月から8月にかけての一連の退職勧奨は，説得活動として社会通念上相当と認められる範囲の正当な業務行為であったというべきである。」

オ　日本航空〔客室乗務員〕事件＝大阪地判平27. 1. 28労判1126-58　[下記の判旨については確定]

退職勧奨に至る経緯
被告会社は，会社更生手続下の事業再生計画において，人件費を削減することとされた。 　そのため，被告会社は，特別早期退職の募集，第1次希望退職措置，第2次希望退職措置，最終希望退職措置，希望退職措置の延長・再延長を講じたが，なお人員削減目標には達していなかった。 　上記の経緯により，管財人は，整理解雇を以下の人選基準で行う方針を決定した。 　ア　休職者 　イ　病気欠勤日数あるいは休職期間が一定期間以上である者 　ウ　人事考課が低いもの 　エ　ア～ウの基準によってもなお，目標人数に達しない場合は，各職種・職位・保有　　　資格ごとに，年齢の高い者から順に目標人数に達するまでを対象とする。 　原告についてはイの基準に該当するとして，整理解雇を行った。

退職勧奨の態様
被告は，原告に電話をかけ，希望退職措置の実施あるいは応募期間の延長について説明し，希望退職措置に応募するよう説得した。 　また，原告は，2回にわたってそれぞれ約40分程度，被告担当者らと面談を行った。被告担当者らは，原告に対し，原告が整理解雇の対象者となっていることを説明し，希望退職措置に応募するよう説得した。

判　　旨
「確かに，被告を退職する意思のない原告としては，退職勧奨を受けることが不本意であったことは推察に難くない。

第1編／労働契約の解消

　しかし，本件において，被告が行った退職勧奨は，電話あるいは面談によるものであるところ，面談の回数は2回，時間は約40分間，被告側の出席者の数も2名であったことからすれば，原告に対する退職勧奨が，その態様・方法において，社会通念上，相当性を欠くとまではいえず，ほかに，面談時における被告担当者らの発言が，相当性を欠くものであったことをうかがわせる事情を認めるに足りる証拠もない。

　また，原告は，日に何度も被告から電話がかかってきた旨主張するが，被告担当者が常軌を逸した時間あるいは回数にわたって電話をかけたことを裏付ける証拠はなく，仮に，電話あるいは面談の際に，原告が主張するとおり，被告担当者が原告の休暇の時期を間違えた発言をしたこと，不在着信が10件以上あったことを前提としても，その内容・程度に鑑みると，やはり同様である。

　以上からすると，本件において，原告に対する…退職勧奨が不法行為に当たるということはできず，原告の損害賠償請求は理由がない。」

第5章／正社員の整理解雇 ◀401

第9節 希望退職の募集と退職勧奨は どのように行えばよいのか

1 具体的な希望退職の募集と退職勧奨の方法

第8節で説明した手順をもとに，具体的な希望退職の募集と退職勧奨の方法を説明します。

(1) 第1次希望退職の募集

まず，希望退職の募集を行います。仮に，募集期間を10月1日から10月14日までとし，退職上積金も支給することにします。

この希望退職の募集で予定人員に満たなければ退職勧奨を行うと考える場合は，希望退職の募集後に退職勧奨を実施する可能性があることも告知すべきです。そうすることによって，応募者が少ない場合には自分が退職勧奨の対象者になる可能性について従業員が判断できるチャンスが生まれます。退職勧奨を受ける前に希望退職に応募して，自らのプライドを守ろうという人が出てくるかもしれないからです。

(2) 第2次希望退職の募集と退職勧奨の実施

希望退職の応募人員が予定数に満たなかった場合，第2次希望退職の募集を実施します。募集期間は，10月15日から10月31日に設定します。

その際，退職上積金を第1次募集よりプラスすることもあります。ただし，第2次応募者に退職上積金をプラスする以上，第1次応募者に対しても上積みをしなければなりません。

希望退職の応募を促進するために退職上積金をプラスしたのですから，使用者は積極的な退職勧奨を行うことになります。退職勧奨は，第2次募集期間の前半と後半に実施します。

退職勧奨を実施したにもかかわらず，希望退職の応募が足りない場合は，指名解雇（第10節）の実施になるわけですが，指名解雇を実施する可能性があるならば，第2次募集時にその可能性を示唆しておきます。未達の場合に整理解雇が避けられない状況では，さらにその場合の指名解雇の人選基準を示すことにより，労働者の受諾の決定資料とすることもあると考えます。

(3) 退職を拒否した従業員と面接を行う

第2次募集が終わった段階で，応募が増えても増えなくても，退職勧奨を受けながら退職を拒否した従業員とは，面談の機会を設けるべきです。

理由としては2つありますが，1つは，退職勧奨に応じてもいいと思ったけれども，勧奨を行った上司の態度や話し方が気に入らないなどの感情的な理由から応募しなかったという人がいるからです。

とくに，大企業などで100人単位の退職勧奨を実施する場合は，複数の上司が退職勧奨を行うことになるため，中には勧奨の仕方に問題のある上司も出てきます。したがって，会社とその従業員との間に生まれたわだかまりをほぐす機会が必要となります。

わだかまりをなくすためには，これまで退職勧奨を行った上司以外の人が面談を行い，再度，話を聞いてみます。勧奨した上司への不満が原因であり，会社も勧奨の仕方に問題があったと思うのであれば，素直に謝るべきです。そして，「退職してもいいと考えていながら，感情的な理由で会社に残っても，プラスにはならない。募集は締め切られたけれども，提示していた条件で退職しないか」ということを勧め，話し合うべきです。実際に，この方法で，退職を拒否していた10数名のうち半数以上が退職に応じた事案もあります。

面談を行うもう1つの理由は，一旦不必要と判断した人を企業内に残さないようにするためです。会社は，もう必要ないと判断して，その人に退職勧奨を行ったはずです。したがって，退職を拒否したからといって，新しい組織にとどめておくのは好ましいこととはいえないからです。

(4) 退職を拒否した従業員に対する措置

一方，退職を拒否した従業員にも，退職できない理由があるはずです。感情的なものは別として，家族が病気であるとか，高齢の両親を養っているなどの理由です。

このような場合には，出向させるという方法が考えられます。もともと新組織の構想には入っていなかったわけですし，退職勧奨を受けて拒否したあとでは，本人も居心地が悪いといえます。

そこで，グループ企業や関連会社に出向してもらい，数年後に会社に戻ってもらうという方法をとります。そうすれば，退職勧奨を受けた人を企業内に残さずに，新体制で再スタートを切ることができます。

この場合には，本人の同意をとるようにします。そうすることで，退職を拒否したことに対する報復措置であるとして，不法行為に基づく慰謝料請求がなされることを回避することができます。同意がとれない場合は，企業内配転の方が無難と考えますが，十分な出向理由があるのであれば，出向命令も選択肢のひとつといえます。

ただし，このような措置がとれるのは，出向先となるグループ企業や関連会社がある企業だけです。中小零細企業の場合や，退職希望者が極端に少なかった場合などは，やはり指名解雇に進まざるをえません。

2 退職勧奨の方法については十分な配慮が必要

くり返しになりますが，退職勧奨を行う場合は，その手続に十分注意し，相手に対して誠意と尊敬の念を持ってあたらなければなりません。「辞めさせればいい」という安易な気持ちで行った結果，勧奨を受けた人が自殺をするというケースもあります。

そうなれば，企業の社会的信用が傷つくのはもちろんですし，亡くなられた人の家族の問題や退職勧奨を行った上司の精神的問題など，大きな悲劇をもた

実務の状況

整理解雇（指名解雇）	余剰人員（量）を削減できるだけでなく，法が要求する人選基準のもと，労働の質も改善できる		

	①希望退職	②会社承認規定	③退職勧奨（④面談）
合意による人員削減	量の削減は実現できる	不承認をおそれて応募が少なくなる可能性あり	質に問題のある人員への働きかけにより質の改善が期待できる
	質のよい労働力を失う可能性あり	①の特別加算金を得ての退職を防げる	

上記の施策をセットとすることで，整理解雇と同様の人員削減効果を実現
③退職勧奨は労働組合がある場合にはその実施が困難であるし，労働者に与えるインパクトが大きいことから，経営者の中には避ける者もいる。その場合には，③退職勧奨に代わって④面談を行い情報提供にとどめる。

 これらの施策のいずれかに法的制約を強くかけると，企業は整理解雇の代替手法を失い，世界のマーケットで競争力を失うことになる

らすことになります。企業規模によっては，損害賠償を請求されることなどにより企業の存続に関わる場合もあります。そのようなことにならないように，退職勧奨の方法については十分な配慮をしなければなりません。

　また，日本の企業の場合には，リストラがうまくいかなかったとしても，日本から離れることはありませんが，外資系の企業の場合は，日本での経営がうまくいかなかった場合には，日本から撤退し，解雇等についてあまり厳しく規制されることのない新興国に進出するという方針転換を図る可能性があります。実際，筆者が担当したインドの会社は，日本での会社経営がうまくいかなくなると，日本から撤退し，メキシコに進出していきました。

そうだとすると，外資系企業について，退職勧奨の手続等の経営難に対応するための手法をあまり厳格に締め付けると，日本からの撤退を招くおそれがあります。したがって，実務上，外資系企業の人員削減策等について争うことが有効か否かについては，そのリスクを十分に再検討する必要があるといえます。

第10節　退職勧奨を拒否した従業員を指名解雇することはできるか

1　指名解雇の正当性はその時点における業務上の必要性の有無で判断される

　実務では，50人を予定して希望退職の募集と退職勧奨を実施し，48人は退職するという結果が出た場合，拒否した2人を指名解雇したいという事態が発生することがあります。

　会社としては，退職勧奨を拒否した従業員を残すことは好ましくありませんし，退職を合意してくれた人たちに申し訳ないという理由から，拒否した従業員を指名解雇したいと考えるものです。

　裁判例では，このような場合，拒否した2人の従業員を指名解雇する業務上の必要性があるかどうかをもとに，解雇の正当性を判断しています。当初予定していた退職者50人という設定に業務上の必要性が認められるものであっても，退職勧奨実施後，拒否した2人については，企業として吸収できないのかというと議論になります。したがって，退職予定者がわずかに足りなかった場合に行う指名解雇は，無効になる確率が非常に高いといえます。[*]

　＊　関連裁判例
　　後掲高嶺清掃事件＝東京地判平21.9.30労経速2058-30（**2エ**・428頁）
　　後掲泉州学園事件＝大阪高判平23.7.15労判1035-124（**1ア＊**・418頁）

　裁判例の中には，赤字対策としての工場の分離・子会社化に際して，子会社への転籍に応じなかった1名を指名解雇するには，当該解雇の時点において配転などの方法により雇用を継続することができるか否かを検討しなければならないとして，解雇が無効とされている事案があります（千代田化工建設事件＝東京高判平3.5.28労判606-68，最判平4.5.25労判615-12も原審を維持）。

2 退職勧奨拒否者が指名解雇の対象者となるかどうかは別問題

　指名解雇を行う場合，人選が重要となります。退職勧奨の場合は，労働者に
イエスかノーかの同意権がありますから，性別に基づく基準を除いて，年齢や
貢献度，本社と地方工場・支店の区別など，会社が自由に基準を設定すること
ができます。*

> ＊　前掲日本アイ・ビー・エム事件は，退職勧奨の対象者が勤務成績のボトム15％等とされ
> た事案で，第一審，控訴審の双方において，人選基準の合理性が肯定されています。
> 　　もっとも，控訴審では，「RAプログラム（筆者注：退職勧奨等をその内容とする）は，
> リーマンショック後の不透明な経済情勢の中で，多数の従業員に，継続雇用に対する不
> 安を生じさせるおそれのあるものであるから，退職勧奨を受けるか否かについて，対象
> 者の自由な意思が十分に尊重される必要があったというべきである。」との留保が付され
> ていることに注意が必要です。

　しかし，指名解雇については，人選基準と具体的な人選に合理性が要求され
ます。つまり，具体的な貢献度の基準を設け，それに被害度を加えて判断する
ことになりますので，退職勧奨拒否者＝指名解雇の対象者とされるかどうかは
別問題です。この点は，十分に認識しておく必要があります。

　ただし，退職勧奨の時点で指名解雇の基準等を示して実施されたとすれば，
特別な事情の変化がなければ，その基準は尊重されるべきであると考えます。

第1編／労働契約の解消

第11節　会社が解散した場合に従業員を当然に　解雇できるか

1　解散が真実であれば解雇は原則有効

　整理解雇と区別して考えなければいけないのは，会社の解散に伴う解雇です。整理解雇は，一部の従業員と労働契約を解消し，規模を縮小しながらも会社が存続することを前提としている一方，解散では会社自体が消滅します。解散が行われた場合，会社は清算手続に入り，清算が結了するまでに解雇も含めて従業員全員との労働契約を解消することになります（会社が解散しても，その事業が他社や個人に引き継がれている場合には，従業員の労働契約も引き継がれるかなどの問題が発生します）。

　解散による解雇が有効であるためには，当然のことながら解雇の前提となる解散が真実のものであることが必要です。解散の決議もなされていないのに従業員には解散と称して解雇しても，解散の事実がない以上，その解雇に合理的理由はなく無効となります。

　問題となるのは，労働組合の活動を嫌って当該組合を排除することを目的ないし動機として持ちながら会社を解散し，その解散を理由に従業員を解雇した場合です。

　本来，会社の解散は資本主義社会では自由に行うことができますし（憲法22条1項），株主総会の決議の内容自体に法令または定款違反の瑕疵がなく，単に決議をする動機や目的に不法があるにとどまる場合には，その決議が無効となるものではないというのが，最高裁判例です（キネマ館事件＝最判昭35.1.12裁判集民39-1）。したがって，上記のような目的ないし動機を持っていても，当該会社の解散決議は有効となります。そして，会社が解散すると従業員の雇用を継続する基盤がなくなりますから，その従業員の解雇には合理的理由があると認められ，有効となると考えます（大森陸運ほか2社事件＝大阪高判平15.

11.13労判886-75参照）。

ただし，労使紛争になるのは目に見えていますから，解散の動機や目的に関して，労働組合の活動を嫌ったからだとか，排除するためだなどという言動は，決してすべきではありません。

2 解散に伴う解雇にも労働組合との十分な協議が求められる

整理解雇と解散に伴う解雇はその態様において異なりますが，裁判例の中には，解散に伴う解雇にも整理解雇の4要件（4要素）の趣旨を斟酌することができないではないとするものがあります（グリン製菓事件＝大阪地決平10.7.7労判747-50）。整理解雇の4要素の枠組みが斟酌されるといっても，会社そのものが消滅するのですから「業務上の必要性」は肯定されますし，「解雇回避努力」についても考えられません。また，従業員全員が解雇されることになるため，その解雇が一斉に実施される限り「人選の合理性」という問題も発生しません（清算手続の関係上，解雇時期がずれる場合には人選の議論が残るといえます）。

したがって，要件として考えるのは，労働組合との協議（団体交渉義務）あるいは従業員に対する十分な説明ということになります。とくに黒字解散のような場合には，退職金の上積みなどの解雇条件について誠実な団体交渉が求められることになると考えます。

* **会社解散と整理解雇法理** 整理解雇法理の適用を適当でないとする裁判例もあります（三陸ハーネス事件＝仙台地決平17.12.15労判915-152）。

　しかし，この裁判例は，事業廃止により全従業員を解雇する場合には「①使用者がその事業を廃止することが合理的でやむを得ない措置とはいえず，又は②労働組合又は労働者に対して解雇の必要性・合理性について納得を得るための説明等を行う努力を果たしたか，解雇に当たって労働者に再就職等の準備を行うだけの時間的余裕を与えたか，予想される労働者の収入減に対し経済的な手当を行うなどその生活維持に対して配慮する措置をとったか，他社への就職を希望する労働者に対しその就職活動を援助する措置をとったか，等の諸点に照らして解雇の手続が妥当であったといえない場合には，当該解雇は解雇権の濫用として無効であると解するべきである。そして，全ての事業を廃止す

第1編／労働契約の解消

解散に伴う解雇と整理解雇の4要素との関係

業務上の必要性	肯定される	○
解雇回避努力	求められない	○
人選の合理性	求められない	△ ※
労働組合との協議	求められる	×

※清算手続の関係で解雇時期がずれる場合には人選の議論あり

ることにより全従業員を解雇する場合の解雇の有効性の判断に当たっては、上記①及び②の双方を総合的に考慮すべきであり、例えば、使用者が倒産しあるいは倒産の危機に瀕しているなど事業廃止の必要性が極めて高い場合には解雇手続の妥当性についてはほとんど問題とならないと考えられるが、単に将来予測される収益逓減に伴う損失の発生を防止するといった経営戦略上の必要から事業を廃止する場合など事業廃止の必要性が比較的低い場合にはその分解雇手続の妥当性が解雇の有効性を判断する上で大きな比重を占めるものと考えられる。」とするもので、結局は解雇手続にどの程度の内容が求められるかの議論であり、上記①の要素は同②の要素の求められる程度に影響するものと考えればよいといえます。

　なお、労働組合との協議中にもかかわらずその協議を打ち切って解雇を行うと、労働者に解雇の無効を訴えられ、仮処分で一定期間の賃金仮払いが認められることがありえますが、これはその間は協議を続けなさいという意味と考えればよいといえます。この場合、後に述べるように清算期間に限った救済が行われると考えればよいといえます。つまり、会社の解散に伴う従業員の解雇は、解散が真実のものであれば明らかに有効と考えますが、整理解雇法理の趣旨が斟酌されるとする裁判例があることも考慮すると、とくに労働組合との十分な協議などの手続の履践が要請されているといえます。前掲大森陸運ほか2社事件でも、この点について判断しています。従業員に対する十分な説明が求められることも当然です。

3　清算中の会社に対する地位確認請求が認められた場合の処理

　解散決議等によって会社は清算手続に入りますが，この清算手続が結了すると法人格は消滅します。そうすると，従業員を雇用する基盤がなくなるわけですから，従業員との労働契約も当然に消滅することになります。

　もっとも，実際には，会社が清算手続に入ると，清算手続の結了に先立って，清算事務の一環として解雇が行われることも少なくありません（前掲グリン製菓事件はそのような事案です）。すなわち，清算人の業務内容には現務の結了が含まれるところ（会社法481条1号），現務の結了とは会社の解散当時未了の状態にある事務の後始末をつけることを意味し，これには従業員との雇用関係を終了させることも含まれます。

　ただ，できる限り会社に有利に現務を結了させることを要するものと解されることから，清算人は必ずしも全ての契約を即時に終了させなくて合理的な財産の保全・利用行為をすることができると解されています[*]。したがって，清算人が即座に解雇をしないという判断をした場合や清算中の会社に対する地位確認請求が認められた場合には，雇用契約は清算手続の終盤，あるいは結了まで存続することになります。

　　* そのため，解雇された従業員について，従業員たる地位を仮に定める利益が認められます。裁判例（横浜地決昭34.11.13労民集10-6-1022）においても「被申請人はその後解散したが，現在清算の段階にあり，清算目的の範囲内で法人として存続するものとみなされるのであるから，右各申請人について従業員たる地位を仮に定める利益は依然存するものといわなければならない。」と判示されています。

　清算手続においては，清算株式会社は，弁済期前に条件付債権を弁済することができます（会社法501条1項）。条件付債権とは，法律行為について停止条件または解除条件が付されたものをいい，具体的には退職手当請求権があげられるとされています。したがって，雇用契約を清算手続の終盤あるいは結了まで存続させる場合，賃金および退職金については，条件付債権に該当するとして，清算期間中に支払うのが適当と考えられます。

412 ▶ 第1編／労働契約の解消

以上の法的枠組みからすれば，清算中になされた解雇が無効とされて，清算中の会社に対する地位確認請求が認められた場合には，以下の運用になると思われます。

- 清算中の会社の労働者としての地位が認められる。
- 解雇無効の理由が手続的配慮を著しく欠いたことである場合（菅野和夫『労働法（第11版)』714頁）には，手続的配慮をしたうえで，清算中に「現務の結了」として再度解雇をすることが可能となる。

  もっとも，解雇をせずに，賃金および退職金を条件付債権として支払ったうえで，清算手続の結了により法人格が消滅した段階で，労働契約も当然消滅させることも可能である。
- 解雇無効の理由が「解散による事業の廃止が，労働組合を嫌悪し壊滅させるために行われたこと」（同書715頁）である場合には，清算中に有効な解雇をすることは不可能となる。

  したがって，この場合は，賃金および退職金を条件付債権として支払ったうえで，清算手続の結了により法人格が消滅した段階で，労働契約も当然消滅させることになる。

4 新会社や別会社に解散会社と実質的同一性があれば雇用を引き継がなければならないことがある

会社の解散に伴って行われる従業員の解雇が問題となる場合，「偽装解散」という言葉が使われますが，これには，次の2つの場合が含まれます。

① 実際には株主総会の解散決議といった解散手続がとられていないのに会社を解散すると称して従業員を解雇する場合
② 組合排除の動機ないし目的を持ちつつ会社が解散され，解散後に別会社が新設され，ほとんどの従業員はその新会社に採用されるも，一部

の従業員（組合員など）のみ採用されなかった場合

　①の解雇は，解散の事実がない以上，合理的理由がなく無効です（ジップベイツ事件＝名古屋高判平16.10.28労判886-38）。

　②については，組合の排除を目的ないし動機として持つ解散が有効であるとしても，新会社に業務を肩代わりさせ，経営者も株主も新旧会社でほとんど同じ構成であるなど，実質的に同一の企業経営が継続している場合には，新旧会社に同一性があるとみなされて解雇が無効となる場合があります。この場合，新会社に，旧会社が解雇した従業員の雇用の承継問題が生じます。

　この点，事業継続が極めて困難な見通しの中で解散に伴う従業員の解雇が行われた後，従業員の雇用先確保を目的に新会社が設立された事案で，取引先も営業活動も従業員もほぼ同一でしたが，株主構成・役員構成が異なり，新旧会社間で会社財産・経理・業務などで混同もみられないことから，新旧会社に同一性はなく解散が偽装であったとは認めがたいとして，解散に伴う解雇を有効と判断する裁判例があります（東北造船事件＝仙台地決昭63.7.1労判526-38 判例・裁判例㉑）。

　この事件は，旧会社が真実の解散であったか否かを判断するために，新会社と旧会社が実質的に同一か否かを判断したものであり，あくまでも旧会社が真に解散したか否かがポイントとなります。

5　子会社解散の場合の親会社への責任追及の例

　会社の解散に伴う解雇については，子会社が真実解散しても，企業グループの中の一社であり，親会社の支配下にあったことから，親会社の意向によって解散させられた場合に該当するとして，子会社の従業員が親会社に対して雇用責任を問う争訟の例が見られます。

　この場合，法人格否認の法理に基づき親会社に対して労働契約上の地位確認を請求することになりますが，布施自動車教習所事件の控訴審判決（大阪高判

昭59.3.30労判438-53）が，親会社が子会社の法人格を濫用したとしても，雇用契約上の包括的責任までは認められないと判断して以降は，このような法人格の濫用により子会社の労働組合を壊滅させた事案では，不当労働行為に該当し違法であるとして，損害賠償責任を負わせるのが裁判例の流れといえます（ワイケーサービス事件＝福岡地小倉支判平21.6.11労判989-20）。

　なお，類似の事案ですが，親会社による子会社の実質的・現実的支配がなされている状況のもとにおいて，労働組合を壊滅させるなどの違法・不当な目的で子会社の解散決議がなされ，かつ子会社が真実解散されたものではなく偽装解散であると認められる場合には，子会社の従業員は，親会社に対して子会社解散後も，継続的・包括的な雇用関係上の責任を追及できるとする裁判例があります（第一交通産業ほか〔佐野第一交通〕事件＝大阪高判平19.10.26労判975-50）。

　親会社の従業員たる地位確認請求が棄却された布施自動車教習所事件およびワイケーサービス事件は，いずれも子会社の業務が消滅していた事案です。他方で，同請求が認容された第一交通産業ほか〔佐野第一交通〕事件は，子会社の業務が消滅しておらず同業務がグループ会社に承継されていた事案です。つまり，子会社の業務が消滅したか否かがポイントとなります。

第5章／正社員の整理解雇　◀415

判例・裁判例㉑　東北造船事件／仙台地決昭63.7.1／労判526-38

【事案概要】 Yは，昭和62年8月30日現在で従業員416名を擁していた船舶の建造販売および修繕，鉄骨，橋梁の製造，販売等を主たる営業目的とする株式会社である。Xらはに雇用されていた労働者で，Yの企業内組合であったA労働組合の組合員であったが，昭和62年8月26日新組合を結成しその組合員となっていた。Yは，新造船需要と船価の長期低迷，先行きの極めて悲観的な営業見通し等の事情から，昭和62年9月20日をもって解散を前提に事業を廃止し，同年12月1日Y株主総会の決議により解散して，その旨の登記を経た。そして，YはXらに対し，同年9月11日付の解雇通告書により，上記解散に伴う事業廃止のため，同年9月20日をもって解雇する旨の意思表示をした（以下，本件解雇という）。他方，同年7月30日にBが設立され，Yの前記従業員のうちXらを除く118名が雇用されて，同年9月22日からYが船舶の修繕，鉄工業等を行っていた土地設備等を用いて同様に船舶の修繕，鉄工業等の事業を行っていた。そこで，Xらは，Yに対し，雇用契約上の地位保全等の仮処分を求めて申請に及んだ。

【決定概要】 Yが「事業廃止，解散に踏み切ったことは誠に止むを得ない選択であったということができる。」「BがYとは形式的にはもとより実質的にも別個独立の会社で，YがBの名で実質的に存続するものでない…。そうだとすると，右事業廃止，解散が偽装であったとは到底認め難く，真実の事業廃止，解散にほかならないというべきであるから，これに伴い必然的に従業員全員との雇用関係を解消する必要があったものといわなければならない。しかるところ，Yは，右のように解散に伴う事業廃止により必要となった従業員との雇用関係解消の方法として，出来るだけ退職者募集の方法によることとし，当初唯一の労働組合であったA労働組合と団体交渉を進め，その結果妥結した協定等に基づきXらとその他2名を除くその他の従業員全員から所定の退職届の提出を受けたが，Xらからは右退職届が提出されなかったため，止むなく事業廃止予定日である同年9月20日をもって同Xらを解雇したものであること…から，本件解雇は，就業規則66条1項7号所定の「業務上の事由があるとき」に該当する事由があるということができる。」

「YはBとして実質的に存続するものではなく，Yの事業廃止，解散が真実のものと認められる以上，それに伴ってその従業員全員との雇用関係を解消する必要のあることは明らかであり，前記退職に応じない者について就業規則所定の前記事由により解雇することは止むを得ないものというべきであるから，これをもって解雇権を濫用するものということはできない。蓋し，この場合に解雇権の濫用を認めると，職業選択の自由や財産権の保障から導かれる企業を消滅させる自由が実質的に否定されることになるからである。

　従って，かかる場合は，一般の整理解雇と異なり，解雇が許されるための類型的な要件を論ずる余地はなく，Xら主張のいわゆる整理解雇の法理は適用されないものと解すべきである。」として，Xらの申請を却下した。

第12節　リーマンショック後の裁判例

　整理解雇の裁判例の潮流を分析するときに注意しなければいけないのは，時代背景だと思います。

　この点は，第1節の**3**，第2節の**2・4**で触れたように，業務上の必要性が①B/S（資産状況）から②P/L（営業状況），さらには③キャッシュフロー（手元資金）の評価に時代とともに変化していることがうかがえます。

　また，マーケットのグローバル化，バブル崩壊後の平成9年～12年頃の経済不況の中で，整理解雇の要件を緩和し，事件処理としてその有効性を認める判決が東京地裁を中心にみられます。したがって，これらの判決をもとに今日の整理解雇の有効性を判断するのは，大きなリスクを秘めているのではないかと考えます。

　そこで，本節では，時代が大きく変化した平成20年9月のリーマンショック後の裁判例を分析して，裁判例の判断傾向に変化がないかを考えてみたいと思います。

　本節では，まず解雇有効と判断された裁判例について整理していきます。なお，非正規社員は正社員とは別途の考慮が必要となりますので，非正規社員に関する事案は除いています。

　次に，解雇無効と判断された裁判例について整理します。解雇無効とされた裁判例の多くは，業務上の必要性が低い事案です。業務上の必要性が高い場合には，解雇回避努力義務の程度が低くてもよいとされて，解雇有効とされる確率が高いのに対し，業務上の必要性が低い場合には，高度な解雇回避努力義務が求められるため，そこに瑕疵があるとして解雇無効と判断される事案が多いといえます。

　そして最後に，日本の典型的パターンである内部労働市場型でなく，その多くが外部労働市場型である外資系企業について整理します。外資系企業については一定の配慮がありそうにも思えますが，結局，解雇回避努力義務や人選の合理性を判断する際には，日本の整理解雇法理が適用されています。その結果，

第5章／正社員の整理解雇　◀417

外資系企業のやり方は乱暴であるとして解雇無効と判断されている事案が多いといえます。

1　解雇有効とした裁判例

ア　泉州学園事件＝大阪地堺支判平21.12.18労判1006-73

事案概要

　学校法人である被告が高校の専任教諭であった原告らを整理解雇したところ，原告らが解雇は無効であるなどと主張して，地位確認等を求めた。本件高校では，専任教諭30名，非常勤講師11名，嘱託教員6名となっていた（非常勤講師および嘱託社員についてはその名称からしてもおそらく非正規社員と思われる。他方で，原告ら専任教諭については，年功序列型の賃金が採用されていることからして，正社員に近い扱いだったのではないかと思われる）。

判決概要

【業務上の必要性】

　被告では，整理解雇の結果，教員の担当教科が偏ってしまったため，その分の授業を非常勤講師で補っているが，非常勤講師の人件費が専任教員よりも格段に低いことからすれば，このことをもって，本件整理解雇の必要がなかったとすることはできない。

　そして，被告においては結局適切な非常勤講師を得られなかったため，本件解雇の約1年後に常勤講師を採用しているが，上記は，非常勤講師の人材難という本件整理解雇後に新たに発生した事態に対する新たな対処策であって，本件整理解雇時に予想できた事柄とはいえないから，本件整理解雇の時点において，整理解雇の必要性があったとの前記認定を覆すに足りるものとまでいうことはできない。

【解雇回避努力義務】

　被告は整理解雇前に新卒者を対象とした教員募集を行ったり，専任教諭を希望退職させ常勤講師として雇用しているが，被告が年功序列型の賃金体系をとっていることからすれば，被告の判断には合理性がある。また，被告が生徒数確保の努力をしていることおよび諸経費を削減していることからすれば，被告は本件整理解雇を回避するための努力を尽くしたというべきである。

【人選の合理性】

　直近2年度の懲戒歴という基準は，合理的な基準である。

　また，被告は年功序列型賃金を採用しているところ，年齢が高い教員には経験および実績等があること，解雇対象者に対する影響を考慮しても，ほかに合理的な選定基準がない以上，年齢を選定基準とすることはやむをえないというべきである。

　なお，整理解雇の基準として，専任教諭の担当する教科を考慮した基準を設定しなかった点については，仮に教科ごとに解雇対象者数を決定しようとすると，その基準は恣

意的になりかねず，具体的に適切な解雇対象者の選定基準を見出しがたいから，不合理とまでいうことはできない。

【手続の相当性】

被告は本件組合に対し，整理解雇をすることを説明したのみで，人数，方法，対象者，根拠等については言及していないが，本件では，早期退職希望者募集の掲示に応募者が少ない場合の話として整理解雇に論及しただけで，本件高校は授業ができず臨時休校となり，保護者・生徒を巻込んだ反対運動が展開される状況であった。したがって，被告において，仮に解雇対象者が特定された場合，年度末までの教育指導に多大な支障を来す可能性があると考えたとしても，これを全く不合理とも断定しがたい。

【結論】

以上より，人選の合理性が否定される1名を除き，4名の解雇は有効となる。

＊ 控訴審は以下のとおり判示して，解雇無効としました（大阪高判平23.7.15労判1035-124，上告棄却・不受理）。

　財務内容を的確に分析して合理的な人員削減計画を策定することなどは，解雇回避努力の前提事項であるところ，本件では満たされていない。

　また，希望退職に応じる者等が多数生じた状況下においても，なお解雇の必要があったかどうかなどについて検討し直した形跡はうかがわれない。

　そして，労働組合との話合いが持たれていれば給料の（一時的な）減額等の財政再建策も話し合われたであろうことからすれば，解雇回避の努力を尽くしたとはいいがたい。

　教員らの激しい抵抗は，一審被告が，具体的な内容を一切明らかにしないまま，解雇実施予定の1カ月前に，整理解雇の方針のみを掲示によって明らかにしたことに対する憤りや不安の気持ちに起因するものと解されるから，そのような教員らの行動の責任が教員らだけにあるとはいえない。

　また，一審被告は，人件費削減の交渉をしていないが，交渉による打開の見込みがなかったとはいえないし，一審被告の対応は著しく適正さを欠く不誠実な対応であった。話合いがもたれたとしても，平行線をたどった可能性は否定できないが，そうではあっても，使用者は，組合ないし労働者との間で説明や交渉の機会を持つべきである。したがって，一審被告がこれを持とうとしなかったことには，整理解雇に至る手続に相当性を欠く瑕疵があるといわなければならない。

　以上より解雇は無効となる。

イ　乙山金属運輸〔保全異議〕事件＝東京高決平22.5.21労判1013-82

事案概要

運転手数が35名であった抗告人（原審債務者）において，運転手8名が整理解雇されたところ，そのうちの7名が当該解雇は無効であるなどと主張して労働契約上の地位の

保全等を求めた。

本件では，(a)人事考課ポイント　(b)予防接種ポイント　(c)苦情ポイント　(d)始末書ポイント　(e)表彰ポイント　(f)警告書ポイントのポイントを合計して，下位の者から整理解雇の対象とされた。

決定概要

【業務上の必要性】

抗告人における売上高等の減少は，過去に例のない大幅なものであったといわざるをえない。

一時帰休については，配送の予定は前日まで確定しないことから一時帰休の計画を立てられないうえ，たとえ一時帰休を実施したとしても，その経費削減効果は概算月額150万円程度にとどまることなどに照らせば，一時帰休の方法をとったとしても，人員削減の必要性が解消するとはいえない。

したがって，抗告人の運転部門においては，15名の人員を削減する必要性があった。

【解雇回避努力義務】

抗告人が，勤務日数の縮減，賃金減額，一時帰休の実施，派遣料金および契約社員の給与の減額，トラクターや株の売却，節電，備品の購入代金の節減，設備投資の見送り，配転や派遣社員の雇止め等を行っていること，および希望退職者の募集についても，抗告人は努力を尽くしたということができることからすれば，抗告人は解雇回避努力を十分に尽くしたといえる。

【人選の合理性】

査定シートの査定項目および査定評価の基準は，ある程度定性的，抽象的なものとならざるをえず，主観的要素を完全に排除することは著しく困難であるというべきであって，抗告人で用いられている基準は，多くの民間企業や公的機関において通常用いられているものと，その抽象性において相違はないから，同基準をもって，不合理な査定がされるということはできない。

(a)については，10分を超える遅刻のみ減点査定の対象とするという基準自体，定量的・客観的であり，恣意的な運用がされた可能性があるということはできない。

また，(b)については，運転手がインフルエンザに罹患すれば，労務が提供できなくなるだけでなく，同僚の従業員や取引先にも感染させる可能性があるのであって，インフルエンザの予防に応じなかった者を減点をすることも，合理的な評価方法である。

そして，(d)および(f)については，(a)ですでに減点された者についても，さらに減点査定し評価に軽重を設けることも，特段不合理な評価方法とはいえない。したがって，本件では人選基準に特段不合理な点はない。

(筆者注：(c)苦情ポイントについては，原審においてもそれが不合理とは認定されていないため，本判決においては検討対象となっていない。)

【手続の相当性】

抗告人は，労働組合との協議等の手続を十分に尽くしたということができる。

420 ▶ 第1編／労働契約の解消

【結論】
　本件解雇は有効である。

＊　原審は以下のとおり判示して，解雇無効としました（宇都宮地栃木支決平22.2.19労判1013-94）。

　　たしかに債務者は賃金の減額および一時帰休を行っており，また他の部門への配置転換は困難であったことが認められる。しかし，希望退職者募集は十分な条件とはいいがたいこと，さらなる給与削減および一部帰休が可能であったことなどからすれば，解雇回避努力が十分であったとは認められない。

　　また，(a)は明確性を欠くとともに恣意的な運用がされた可能性があり，(b)は，インフルエンザの予防接種を受け助成金の申請をしたか否かにより査定をしているところ，同基準に合理性があるとは認めがたい。そして，(d)および(f)については，(a)ですでに減点されている行為について，二重に評価を行っているに等しく合理性を欠く。したがって，本件では不合理かつ恣意的な査定が行われていたといえる。

　　以上より，本件解雇は無効となる。

ウ　淀川海運事件＝東京高判平25.4.25労経速2177-16 ［上告棄却・不受理］

事案概要

　従業員数71名（技能職員56名，事務職員15名）で海上運送業等を営む控訴人が，余剰人員を削減するため，技能職員（トレーラー運転手）であり，労働組合の執行委員長であった被控訴人を整理解雇したところ，被控訴人が当該解雇は無効であるなどと主張して，地位確認等を求めた。

判決概要

【業務上の必要性】
　控訴人は，リーマンショックによる景気減速の影響を受けて，1カ月当たりの売上げが急減し，燃料費の高騰等も加わり，その採算性が悪化していたこと，顧客のA等から代金の繰上げ支払いを受け，また，消費税や社会保険料の支払いを留保して，ようやく従業員の給与等の支払原資を確保できるほどの厳しい経営状態であったこと，控訴人は金融機関からの新規融資が受けられず，上記のようなA等からの支援を得ることができたものの，同社等からは事業規模に合わせた設備や人員の縮小を求められていたこと，そのような経緯を踏まえて，控訴人は，会社再生計画を策定したことが認められる。

　本件会社再生計画は一律10％の賃金削減等を骨子とするものであるところ，この計画の内容自体は，当時の控訴人の経営状態や経営環境を踏まえると，再建計画として不合理なものであったと認めるに足りる証拠はない。

　その後，労働組合の意向も踏まえ，控訴人が希望退職者を募集するなどした結果，技

能職員40名，保有車両36台となったため，4名が余剰人員となった。なお，当時，控訴人は，ワークシェアリング，自宅待機命令および交代乗車に加え，役員の報酬や従業員の給与等の削減等の措置を講じていた。

以上のような経緯ないし状況を踏まえて，控訴人は，希望退職者4名を追加募集したものの，応募者が予定数に達しなかったことから，本件解雇に踏み切ったのであり，本件解雇時において人員削減の必要性があったものと認めるのが相当である。

【解雇回避努力義務】

控訴人は技能職員4名を削減する必要性があったところ，雇用の維持を優先する方針に基づき，中小企業緊急雇用安定助成金を利用したワークシェアリングの再開を提案したものの，いずれの労働組合からも同意を得ることはできなかった。そこで，控訴人は，所定の退職金に一律100万円を加算することとして，希望退職者4名を募集したが，結局，応募者は3名にとどまった。そのため，控訴人は，被控訴人に対し，所定の退職金に250万円を加算するとして，退職勧奨を行ったものの，被控訴人はこれに応じなかったのである（この加算額の根拠等については，必ずしも明確にはなっていないものの，当時の控訴人の経営状況に加え，100万円の加算という条件でも3名の応募者があったことや，約8カ月分の賃金に相当する額であることを考慮すると，250万円の加算は相応の内容のものであったと評価するのが相当である）。

なお，控訴人の従業員は技能職員と事務職員とにより構成されているところ，本件会社再生計画に基づき，すでに事務職員も大幅な削減をしていることから，技能職員である被控訴人を事務職員として配置転換することは困難であったものと認められる。

そして，上記のような本件解雇に至る経緯を考慮すると，控訴人は，被控訴人を解雇するに先立って，これを回避するための方策を講じていたものと評価するのが相当である。

【人選の合理性】

控訴人は，希望退職の応募者が募集人数に達しなかったことから，被控訴人を選定して解雇しているところ，選定の理由について，被控訴人の非協調的な言動により，他の従業員に反感ないし不信感が生じており，控訴人の適正な業務運営にも支障が生じる事態に至っていたと主張する。

被控訴人ら6名は，控訴人に対して，時間外手当の支払いを求める訴訟を提起している。この提訴は，控訴人との関係においてはまさに正当な権利行使として，何ら非難されるべきものでないことは明らかであるが，そのことと，被控訴人と他の従業員との関係，すなわち，企業の存続と従業員の雇用の継続を優先して権利主張を自ら抑制した他の従業員が上記のような被控訴人の行動をどのように受け止めていたかということについては，自ずから別の問題というべきである。

被控訴人は，A労働組合の書記長を解任された後，同組合を脱退して，これと運動方針が基本的に異なるB労働組合に加入したものの，訴訟の進行方針を巡って意見が対立し，B労働組合も脱退して，Cユニオンを結成するに至った。

このほか，被控訴人は，ワークシェアリングに反対する意向を表明するとともに，希望退職者のさらなる募集を主張していたことも考慮すると，再建途上の控訴人において，

企業の存続と雇用の継続を第一に考える控訴人の他の従業員らが，被控訴人について自己中心的で協調性に欠ける人物として受け止めるにとどまらず，嫌悪感を抱き，反発するようになったことは必ずしも不自然なこととはいえず，現に多くの従業員が被控訴人の職場復帰を拒絶する意思を表明していることもあながち理解できないわけではないところである。

勤務成績等に照らし，被控訴人以外に被解雇者として選定されてもやむをえないといえる職員の存在を認めるに足りる証拠のない本件においては，そもそも労働契約が労使間の信頼関係に基礎を置くものである以上，他の従業員と上記のような関係にあった被控訴人を，業務の円滑な遂行に支障を及ぼしかねないとして，被解雇者に選定した控訴人の判断には企業経営という観点からも一定の合理性が認められるというべきであって，これを不合理，不公正な選定ということはできない。

【手続の相当性】

控訴人は本件解雇に際して，解雇理由等について被控訴人に説明しているのであるから，解雇の違法性を基礎付けるほどの手続上の事由があったとは認めることができないというべきである。

【結論】

以上より，本件解雇は有効である。

* 原審は以下のとおり判示して，解雇無効としました（東京地判平23.9.6労経速2177-22）。

【業務上の必要性】

被告においては，一定程度の人員削減の必要性は生じていたと評価することはできるものの，それは倒産必至というほどの経営危機をもたらすものではなかったのであるから，高度の必要性があったと認めることはできない。

【解雇回避努力義務】

ワークシェアリングの提案について，Ｃユニオンから，被告の財務内容が分かる決算書類の提出等を求められたにもかかわらず，被告はこれに応じることもなく，ワークシェアリングの提案を撤回してしまっている。したがって，ワークシェアリングの実施に向けて真摯な努力がなされたということはできない。

【人選の合理性】

被告は，本件解雇の対象者として原告を選定した理由として，原告が，被告に対し2度にわたり訴訟を提起したり，原告が執行委員長を務めるＣユニオンがワークシェアリングにも反対するなど，他の従業員との間で非協調的であって，他の従業員との間で混乱が生じ，業務に支障を生ずるおそれがあったことを指摘する。

しかしながら，訴訟を提起すること自体が正当な権利行使の方法であって，これを直ちに違法視することができないのはいうまでもない。

また，被告は，原告に対する退職勧奨にあたり，募集条件を大幅に上回る250万円の加算金の提示をしているが，これは他の希望退職者との関係で問題があるというべきであ

るし，原告を退職させたいという被告の意向が強固であったことをうかがわせる。この点に照らしても，本件解雇における人選には疑問があるというべきである。

【結論】

以上のとおり，本件解雇時点において，被告に高度の人員削減の必要性があったとはいえないのであるから，他の要素については，相対的に高度の充足度が求められるところ，本件解雇に先立ち十分な解雇回避努力がなされているとはいえないし，人選の合理性についても公正さに欠ける面があるというべきである。したがって，その手続の相当性について問うまでもなく，本件解雇は無効といわざるをえない。

エ　学校法人専修大学〔専大北海道短大〕事件＝札幌地判平25.12.2労判1100-70［控訴棄却，上告棄却・不受理］

事案概要
学校法人である被告（教員数不明）において，北海道短大の閉校に伴い，同校の教員（教授ないし准教授）として勤務していた原告ら8名を整理解雇したところ，原告らが当該解雇は無効であるなどと主張して，地位確認等を求めた。なお，被告は，同短大の他に専修大学および石巻専修大学を運営していた。

判決概要

【業務上の必要性】

　北海道短大において，入学志願者数が落ち込み，それに伴って財務状況も悪化していたことなどからすれば，入学者の募集停止決定をした被告の経営判断は，合理的なものであったというのが相当であり，北海道短大の教職員らについて人員削減の必要性があったと認めるのが相当である。

【解雇回避努力義務】

　労働契約上，原告らの就業場所は北海道短大に限定されていたと認められる。もっとも，この事実は，原告らがその同意なくして北海道短大以外の場所で就業させられないということを意味するにとどまり，北海道短大が閉校される場合において，被告が行うべき雇用確保の努力の程度を軽減させる理由となるものではないと解すべきである。

　被告においては，教員の採用の具体的な人選については，各学校の教授会の意向を尊重しており，被告（理事会）には，実質的な決定権はないものと認められる。

　そうすると，一般の私企業と異なり，被告が自らの意思決定によって，北海道短大以外の学校において，原告らを特定の科目の教員として採用したりすることは不可能であり，被告としては，各学校に対して，原告らの教員としての採用を促すほかなかったといわざるをえない。

　そして，被告が，早期希望退職者には退職金および退職加算金に加えて基本給7カ月分の退職特別加算金を支払うなどして，希望退職者の募集を行っていること，被告の費用負担による再就職支援会社の利用を提案したり，他の学校法人に対し北海道短大の教

員の紹介文書を送付し採用機会を得られるよう努めたりしていることに鑑みれば，被告の対応は，本件解雇および本件解雇に伴う不利益を回避，軽減するための努力を十分に尽くしたものと認めるのが相当である。

【人選の合理性】

被告の運営する各学校においては，学校ごとの選考基準に基づいて教員を選考していたのであるから，被告が閉校となる北海道短大の教員のみを解雇候補者としたことには合理性があるというべきである。

【手続の相当性】

被告は，原告らに対し，原告らが加入する組合や教職員協議会を通じてまたは直接に，本件解雇の必要性，本件解雇およびそれに伴う不利益の回避措置，本件解雇の対象者の選定について，納得を得られるよう十分な説明，協議を行ったものというべきである。

【結論】

以上より，本件解雇は有効である。

オ　H協同組合事件＝大阪高判平28.2.3労経速2316-3 ［上告却下・不受理］

事案概要
原告は，被告の組合員の工場に派遣され，そこでの業務に従事することを前提に労働契約を締結した者であるが，組合員からの派遣依頼が激減して仕事がない状態となったため解雇された。そのため，原告が解雇は無効であるなどと主張して地位確認等を求めた。

判決概要
【解雇に客観的合理的理由があること】 　組合員からの派遣依頼がほぼなくなり，将来的にも派遣依頼を受けることは期待できない状況に陥っていたのであるから，本件解雇には客観的合理的理由があるといえる。 **【業務上の必要性・人選の合理性】** 　組合員が被控訴人を敬遠して派遣を要請せず，被控訴人の従事する業務が確保できない状況が常態化している以上，人員削減の必要性や人選の合理性はあるといわざるをえない。 **【解雇回避努力義務】** 　組合員は被控訴人を敬遠して積極的に派遣依頼を拒否している以上，控訴人が協力を要請しても態度が大きく変わることは考えがたく，控訴人に解雇回避努力義務の懈怠があるともいえない。 **【手続の相当性】** 　H協同組合は，事前協議を行わず，事後にようやくもたれた団体交渉でも実質的な協議をしていない。 　しかし，労働組合は団体交渉においてH協同組合が説明するであろう内容を知悉して

第5章／正社員の整理解雇 ◀425

おり，H協同組合が今回は解雇を撤回する意思がないことを示している中，労働組合も解雇撤回以外の円満解決に向けた具体的方策を提示していない。

したがって，H協同組合が事前協議をしなかった点などを考慮しても本件解雇は社会通念上相当でないとまではいえない。

【結論】

よって，本件解雇は有効である。

＊　原審（神戸地判平27.7.29労経速2316-10）は以下のとおり判示して，解雇無効としました。

原告の業務がほとんど行われなくなったのは被告の組合員が原告を敬遠したからにすぎず，業務自体が消滅したわけではないから，本件解雇が人員削減の必要性に基づくということは困難である。

また，被告が原告の業務を確保するために組合員に対する働きかけを行うといった努力をした形跡はないから，被告が解雇回避努力を尽くしたとはいえない。

そして，被告は，事務所の業務に従事していた従業員と原告を比較しているが，人選の合理性は，両名を同一の基準で比較するのではなく，それぞれの事情をその担当する業務ごとに個別に検討したうえで，総合的に比較検討して判断すべきものであるから，被告の判断に合理性があるとはただちにはいいがたい。

加えて，被告は原告ないし労働組合との間で事前に協議することはなく，事後においても，団体交渉において協議したのみで，しかもその団体交渉において，被告代表理事等は「労働契約の解除ないし解約」であるとの説明に終始し，解雇であるとする労働組合との間で押し問答がくり返された。

以上より，本件解雇は無効である。

2　解雇無効とした裁判例

ア　メイコー〔仮処分〕事件＝甲府地決平21.5.21労判985-5

事案概要

従業員数86名の債務者において，事業縮小を理由として，債権者ら2名を含む18名の従業員が解雇されたため，債権者らが解雇は無効であるなどと主張して，地位確認等を求めた。

本件では，(i)～(iii)を人選基準とした。

(i)　勤務態度・勤務成績が不良な者（賞与査定を基礎として判定）

(ii)　50歳以上の女性

(iii)　取引先との旅行に参加した者（債務者は接待旅行であったと主張）

決定概要

【業務上の必要性】

経営状況が悪化等の事情からすると，人員削減の必要性は存在していたが，その必要性は限定的なものにとどまるというべきである。

【解雇回避努力義務】

人員削減の必要性が一定程度にとどまることに鑑み，債務者としては解雇回避のための相応の努力が必要であったところ，仮に債務者が早期退職者の募集を行っていたとしても，本件解雇予告後に幹部職員の手当の削減，ワークシェアリング，および人員再配置の検討を行い，本件解雇後には具体的に一時休業の提案や余剰人員の他部門への応援などを行っているのであるから，これらの各手段を本件解雇前に検討しなかったことが合理的であるとは認められず，解雇回避のための努力が十分であったとはいえない。

【人選の合理性】

基準(i)は一応合理的であり，評価の着眼点・ポイントが設けられ，多面的に評価がなされるよう工夫されていることなどからすると，同評価はある程度信用に足りるものというべきである。もっとも，賞与査定以外の具体的な勤務態度等も直接斟酌すべきであるから，上記基準が有する意義は，限定的なものにとどまる。

基準(ii)については，債務者は解雇の影響度が低い者を基準としたと主張するが，そうであれば，解雇の影響度が低い者というそのものを基準とすれば足りるし，基準(iii)については，本件旅行は接待旅行とはいえないから合理的な基準であるとはいえない。

【手続の相当性】

本件では，協議約款あるいは同意約款が存在しないところ，説明の有無，内容および程度は総合判断の一要素として考慮すれば足りる。債務者らは，本件解雇予告通知後，本件解雇の意思表示の2，3日前に労働組合と団体交渉を行ったのみであり，債権者ら個人に対し整理解雇について結論および解雇理由の告知以外の説明を行っていない。

【結論】

債権者Aについては，人員削減の必要性は一定程度にとどまることに鑑み，解雇回避のための相応の努力が必要であったと解すべきところ，その努力が十分であったとはいえず，人選も合理的であったとはいえないから，債権者Aの解雇は無効である。

債権者Bについては，人員削減の必要性および解雇回避努力については，債権者Aと同様であり，人選については，一定程度の勤務態度等の不良がうかがえるが，直ちに解雇を行うまでに重大なものではなかったため，債権者Bの場合は解雇回避努力や手続の相当性が相応の重要性を持つところ，債務者は人選の経緯について詳細な説明を行っておらず，いずれも十分に満たされたとはいえないから，同人の解雇も無効である。

イ　釜屋電機〔仮処分〕事件＝札幌地決平21.7.7労判991-163

事案概要

　従業員数201名の債務者において，景気悪化を背景に一部の製造部門の海外移管が実施され，これに伴う希望退職募集の結果が不十分だったことから，債権者らが解雇されたため，債権者らが解雇は無効であるなどと主張して，地位確認等を求めた。

決定概要

【業務上の必要性】

　債権者らが勤務していた工場では，協力工場から出向者を受け入れていることなどからすると，増員の必要性こそあれ人員削減の必要性は何もなく，本件解雇の必要性もなかった。結局，債務者が行った正社員削減策は，長期的に正規雇用を非正規雇用に置き換えるという施策であり，これが有効な経費削減策であることは否定できないものの，長期的な人員削減の必要性をもって，本件解雇を正当化することはできない。

【結論】

　本件解雇は無効である。

ウ　飛鳥管理〔仮処分〕事件＝東京地立川支決平21.8.26労判993-57

事案概要

　従業員数135名の会社（債務者）で，業績不振を理由として，教習指導員であった債権者らが解雇されたため，債権者らが解雇は無効であるなどと主張して，仮の地位確認等を求めた。

決定概要

【業務上の必要性】

　債務者の財務状況には特段問題がなく，人員削減の必要性の程度が高度なものであったとは認められない。

【解雇回避努力義務】

　解雇回避措置および説明・協議手続の実施ならびに選定基準の合理性のいずれかを欠いても，解雇は権利濫用として無効であるが，人員削減を必要とする合理的事情の原因や企業経営に与える影響の度合いなどに照らして，解雇回避措置等を欠いたことがやむをえないと認められる場合には，解雇は権利濫用にあたらないと解すべきである。

　本件では人員削減の必要性の程度が高度なものであったとは認められないことからすると，債務者が経費を削減するために，賃金制度の見直しを行い，管理職の賃金規定上の等級を一律降格し，教習車のリース契約を解約したほか，平成20年の夏期賞与を支給しないこととし，平成20年10月までに八王子校の管理職を6名削減したことなどを考

慮しても，債務者が債権者らの解雇を回避するために行った転籍や希望退職の募集は，個別面談を実施していない，募集期間が短いなどの点において，いずれも不十分なものであるし，異動や出向について必ずしも十分な検討をしていたとは認められないことなどからすれば，可能な限りの解雇回避措置を講じていたと認められず，解雇回避措置を欠いたことがやむをえないと認めることはできない。

【人選基準】

債務者は，(a)顧客アンケートの評価，(b)顧客からの指名数および拒否数，(c)紹介入所者数および(d)遅刻・早退・欠勤の項目ごとの点数を集計する方法により，八王子校の全指導員を評価しているところ，(a)ないし(d)の各項目については，いずれも債務者の主観による影響が少ないものであり，また，複数の評価項目を総合的に検討しているのであるから，かかる選定基準に特段不合理な点があるとまでは認められない。

【手続の相当性】

債務者においては労働組合との間で協議約款が結ばれていたところ，解雇前に実施された団体交渉は2回のみで，しかもいずれも債務者において整理解雇の実施のために求めたものではないこと，収支状況一覧表を組合に交付したのは本件解雇の予告の前日であり，整理解雇に反対していた組合に同一覧表を検討する余地を与えていないこと，債務者が組合の求めにもかかわらず，賃借対照表や損益計算書等の決算書類を明らかにせず，また解雇予告の約1カ月前に新たに開校された日野校の収益見通し等につき何ら説明していなかったことからすれば，協議約款を遵守したものとは認めがたく，組合との相互理解のうえで本件解雇を実施したとは到底いえない。

【結論】

以上の事情を総合考慮すると，本件解雇は解雇権の濫用として無効となる。

エ　高嶺清掃事件＝東京地判平21.9.30労経速2058-30 〔控訴審にて和解成立〕

事案概要

従業員数117名の被告において，不採算を理由に公社部門を廃止したことに伴い，同部門に在籍していた原告らを解雇あるいは雇止めしたところ，原告らが解雇あるいは雇止めは権利の濫用にあたり無効であるなどと主張して，地位確認等を求めた。

判決概要

【業務上の必要性】

人員整理には企業の合理的運営上，やむをえない必要性があったということができるが，廃止する部門の従業員の大半は退職勧奨に応じ，退職しなかった原告ら3名の雇用は確保できたことなどの事情からすると，さらなる人員整理をしなければ，倒産の危機が差し迫ったというような状況にあったとは認められない。

【解雇回避努力義務】

被告は公社部門以外の2部門については，派遣契約や労働者供給契約を打ち切ってお

らず希望退職の募集も行っていないこと，派遣契約等を継続した場合と原告らの雇用契約を継続した場合とで，被告の経済的負担の多寡に有意な差異は認められないこと，被告の各部門と従業員の間の関連性や非代替性は希薄であったものと認められるし，原告ら以外のアルバイト社員については，雇用継続の合理的な期待が認められない者も相当数いた可能性が否定できないこと，原告らの従前の業務遂行実績に照らせば，他の部門に原告らを配置換えすることに特段の不都合があったものとも認められないこと，被告らの再就職のあっせんはあくまで退職を前提にした提案であり，再就職先や再就職後の身分等の内容も具体性を欠き，被告での雇用継続が確保されたのと同視しうるような提案を行ったとは認められないことから，原告らの解雇あるいは雇止めの回避のために，被告が信義則上合理的に要求される努力義務を尽くしたものとは認められない。

【人選の合理性】

被告の各部門と従業員との間の関連性や非代替性は希薄であったのに，原告らは廃止の対象となった公社部門に在籍していたとの理由だけで解雇・雇止めの対象とされており，解雇あるいは雇止めの対象とされるかどうかは偶然的な要素で決定されたものであって，人選の基準として公正さを欠く。

また，原告Aが公社部門に配置換えされたのは，原告Aの被告における良好な人事評価が反映されたものであり，原告らは，その働きぶりについては，いずれも顧客である公社からも相応の評価を受けていたこと，原告ら以外のアルバイト社員については1年間の期間の定めがあって，アルバイト社員の平均的な勤続年数は原告らのそれに比して短く，雇用継続の合理的な期待が認められない者も相当数いた可能性が否定できないから，被告がそうした社員の雇止めを検討することも考えられるから，原告らが解雇あるいは雇止めの対象とされた人選について合理性があるとはいえない。

【結論】

以上より，本件解雇および雇止めは無効である。

オ　日本通信事件＝東京地判平24．2．29労判1048-45
　　　　［控訴棄却，上告棄却・不受理］

事案概要

従業員数約100名の被告において，事業の縮小を理由に整理解雇された原告らが，当該解雇は無効であると主張して，地位確認等を求めた。

判決概要

【業務上の必要性】

本件整理解雇は，経営不振はもとより，将来市場の信頼を失うことによる，より大きな会社経営上の困難を克服するための手段として合理的なものであったと評価できるから，本件整理解雇の必要性は肯定され，必要性の程度についてもそれなりに大きなものがあったというべきである。

【解雇回避努力義務】

解雇回避措置は，人員整理の必要性の程度に応じて行うべきであるところ，本件の整理解雇の必要性の程度はそれなりに大きいことなどから，被告は解雇回避に向け社会通念上相当と認められる程度の営業上の努力をすればそれで足りる。

被告会社は，被告組織全体を視野にいれた配転・出向の可能性を検討していないが，事業が廃止される以上，余剰人員の発生は避けられないから，存続する事業部門等への配転・出向を求めることは，同部門等に所属する従業員との間に摩擦を生じさせるおそれがある。また，被告には連結子会社が5社存するが，そのうち米国企業3社は10億円を超える債務超過会社であり，また日本企業も規模が小さく，うち1社は京都府宮津市の所在であることなどを考慮すると（筆者注：被告本社は東京都港区），これら連結子会社への出向は，解雇回避措置として非現実的なものである。

また，希望退職の募集を被告組織全体で実施するよう求めることは，有益な人材まで失う可能性があり（とくに被告は平均勤続年数が5年に満たない従業員を抱えるベンチャー企業であって，不用意な希望退職の募集は有能な人材の流出を招来するおそれが大きい），客観的にみて被告にとって受忍の限度を超えるものというべきである。

しかし，被告会社が高額な役員報酬等には一切手を付けないまま，本件退職勧奨において100万円にも満たない程度の退職条件を提示している点については，解雇回避努力義務を十分に尽くしたものと評価することはできない。

【人選の合理性】

本件では，非採算分門に所属する従業員という極めて抽象的な基準が存在しただけであり，しかも被告は，使用者として，この整理基準を可能な限り具体化・客観化するための努力をした形跡はうかがわれない。

また，その基準の適用に関しても，被告は，本件退職勧奨に応じなかった原告らを指名したうえ，その各人の個別具体的な事情に配慮しておらず，被解雇者の選定手続としてはあまりに性急かつ画一的なものであって，慎重さに欠けるものといわざるをえない。

【結論】

以上より，本件整理解雇はその必要性こそかなり高いものの，解雇回避努力義務が十分に尽くされていないこと，被解雇者選定の合理性に疑問があることから，無効というべきである。

カ　東亜外業〔本訴〕事件＝神戸地判平25.2.27労判1072-20 ［控訴審にて和解成立］

事案概要

従業員数600人余りである被告において，東播工場を経営不振により休止するに際し，同工場に勤務していた原告らを解雇したところ，原告らが当該解雇は無効であるなどと主張して地位確認等を求めた。

判決概要

【業務上の必要性】

被告が毎年大幅な赤字を生み出している東播工場の休止に踏み切ったのもやむをえなかったというべきである。そうすると，それに伴って余剰人員が発生することになるから，適正な人員削減も必要であることは当然であるところ，被告は，すでに208人の社外工を削減するなどの手だてを講じていることからすると，東播工場の本工たる従業員についても，これを削減することには十分な合理性があると認めるのが相当というべきである。

【解雇回避努力義務】

被告が，208人の社外工を削減するなどしていることからすると，一定の解雇回避努力をしたことが認められる。

しかしながら，被告は，千葉市中央区内の事業所での工事施工管理者や神戸第一事業所での電気工事職などにつき，求人活動を行っていると認められるが，被告にとって，これらの勤務場所について原告らに提示することは必ずしも困難ではなかったと考えられるところ，被告がこれらについて原告らに提示した形跡は認められない。

また，依然として雇用されている9人の社外工のうちの4人に担当させているとされる大型クレーン業務について，原告らの中にその資格者がいるとの証言もある。

さらに，原告らは，今回解雇された従業員のほとんどは溶接の技術を有しており，溶接の仕事が主である被告事業所部門でも十分就業は可能であるにもかかわらず，被告は他部署への配転を全く検討していないと主張しているところ，被告がこれを十分に検討したことを裏付ける的確な証拠は見当たらず，加えて，他の部署で採用したとする7人の新規採用の対象職務や勤務場所についても，原告らのいずれもが対象外であったとの適切な証明もされていない。

解雇回避努力は，可能な限り試みられるべきであるが，被告がその回避努力を真摯に尽くしたとはいいがたいというべきである。

【人選の合理性】

被告があらかじめ客観的基準（年齢，勤続年数，役職，担当職務，資格，特別な貢献度，扶養親族の有無など）を策定し，原告らを含む従業員にこれを提示して十分な協議が行われた事実は認められない。

加えて，被告は，残留要員の選定基準を提出する以外には具体的な主張をしていないこと，および本件解雇の対象者28人中26人が組合分会員であるなどの不自然さを勘案すると，本件解雇の選定理由が十分な客観的合理性を有するものであったと認めることは困難というほかはないというべきである。

【手続の相当性】

原告は，被告から決算報告書が提示されず，経営状況についての詳しい説明がされていないことなどから，被告が十分な説明義務を果たしていないと主張する。

しかしながら，仮に，被告から決算資料が提出されていたとしても，組合が容易に本件解雇に応じたとは思われないうえ，被告の厳しい経営状況を勘案すると，本件におい

432 ▶ 第1編／労働契約の解消

ては，被告が行った程度の説明をもって明らかに不十分とまではいえないというべきである。

【結論】

　以上より，本件解雇は無効である。

キ　ザ・キザン・ヒロ事件＝さいたま地判平25.7.30労判1090-72 [控訴棄却，確定]

事案概要

　被告がA営業所をK社に事業譲渡するのに伴い，A事業所に勤務していた原告らを整理解雇したところ，原告らが当該解雇は無効であるなどと主張して地位確認等を求めた。

判決概要

【業務上の必要性】

　被告は大幅な債務超過に陥っており，その結果消費税や社会保険料を滞納するまでになったというのであるから，場合によっては人員削減をも含む抜本的な経営再建策を実行する必要性があったものと認めざるをえない。他方，被告の主たる事業が日々の現金収入が見込めるタクシー事業であること，長期および短期の借入金の大半が代表者夫婦からのものであり，被告の資金繰りの詳細が明らかにされていないこと，本件解雇の直前に被告が乗務員を新たに採用していることに照らすと，被告の経営を再建するために直ちに事業の一部を売却して現金化するほかないという状態にあったとまで認定することは困難である。

　以上によれば，本件においてA営業所に勤務する乗務員の全員を解雇するほどの必要性があったとは認めがたいといわざるをえないことになる。

【解雇回避努力義務】

　被告はA営業所の従業員全員を解雇することを前提としてK社との間で事業譲渡契約を締結し，特段の解雇回避措置を採ることなく本件解雇を実行したものと認められるのであって，このような被告による本件解雇が解雇回避努力を行ったうえでされたものということができないことは明らかである。

　被告は，事務担当者を解雇し，駐車場の賃貸借契約を解約し，被告代表者の妻から賃借している本社建物の賃料を無償とするなどの措置をとった旨主張するが，仮にそのような措置がとられたとしても，その内容に照らして本件解雇の回避措置としては不十分なものにとどまっているといわざるをえない。

　また，被告は，本件解雇によりA営業所の従業員全員を解雇しているのであるから，希望退職の募集や退職勧奨を行うことは無意味である旨主張するが，被告において適切な解雇回避努力を怠ったというべきことは明らかである。

　さらに，本件解雇後被告は，事業譲渡先であるK社に被告乗務員を雇用するよう要請する一方，解雇された従業員の一部に対してK社への就職を勧誘したとの事実が認められなくはないが，結果的には被告からK社に移籍した乗務員は数名にとどまっているよ

うであり，被告がとった措置が原告らの雇用確保のための措置として十分なものであったということはできない。

　以上によれば，本件において被告が解雇を回避するための十分な措置をとったとは認めがたいということになる。

【人選の合理性】

　被告の事業所としては少なくともＡ営業所とＢ営業所の２つの営業所が存するところ，本件解雇はＡ営業所に所属する従業員全員を解雇するというものであるから，本件解雇における解雇する人員の選定基準の当否およびその公平性の有無の問題は，結局のところＡ営業所の乗務員のみを一括して解雇した措置の相当性という問題に帰着することになる。

　この点について被告は，Ｂ営業所の事業には買い手がつかずＡ営業所のみが譲渡可能な営業所であったところ，会社を存続させるにはＡ営業所におけるタクシー事業を売却して債務の弁済に充てるほかなかった旨主張する。しかるところ，本件解雇当時の被告の経営状況からみて人員削減をも含む抜本的な経営再建策を実行する必要性があったとは認められるものの，被告の経営を再建するためには直ちに事業の一部を売却して現金化するほかない状態にあったとまで認定することが困難であることは上記説示のとおりであるから，被告の主張を採用することはできない。

　そうすると，本件解雇における解雇人員の選定基準が合理的なものということはできないといわざるをえない。

【手続の相当性】

　被告はＫ社との間で自動車あるいは事業の譲渡契約を締結し，あるいはそのための交渉をしながら，それについて説明することなく突然Ａ営業所の従業員全員に対し解雇通告をしたこと，その後の説明会についても，事業譲渡について一切言及することなく，抽象的な解雇理由に言及するにとどまったこと，労働組合からの団体交渉の要求にも応じていないことに照らすと，本件解雇について十分な説明，協議が行われたとは到底認めることができない。

【結論】

　以上より，本件解雇は無効である。

ク　ソーシャルサービス協会事件＝東京地判平25. 12. 18労判1094-80 [確定]

事案概要

　被告がＡ事業所を廃止するのに伴い，同事業所の事業であるａアパートの寮長を務めていた原告を解雇したところ，原告が当該解雇は無効であるなどと主張して地位確認等を求めた。

434 ▶ 第1編／労働契約の解消

判決概要

【業務上の必要性】

　被告において，本件解雇当時，Ａ事業所の閉鎖に伴って，Ａ事業所の事業に従事していた人員が余剰人員となっていたことは認められるものの，被告は２億円を超える現預金を保有しており，上記余剰人員を削減しなければ債務超過に陥るような状況になかったことは明らかであり，人員削減の必要性が高かったものと認めることはできない。

【解雇回避努力義務】

　被告は，期間の定めのない雇用契約を締結している原告に対し，６カ月間の有期雇用契約への変更を提案したものの，他の事業所への配置転換や希望退職の募集など，本件解雇を回避するためのみるべき措置を講じておらず，十分な解雇回避努力義務を果たしたものということはできない。被告においては，従たる事業所は完全な独立採算で独立した運営を行っており，本部であるＡ事業所が従たる事業所に人員配置を命じることはしない運用を行っていることが認められるものの，本件雇用契約における使用者が被告である以上，そのような内部的制限を行っていることをもって，Ａ事業所以外の従たる事業所への配置転換等の解雇回避努力を行わなくてよいことになるものではないというべきである。

【人選の合理性】

　本件雇用契約が職種限定や勤務地限定が付された雇用契約であると認めるに足りる事実は見当たらないから，原告がａアパートの寮長となることを予定して雇用され，現にａアパートの寮長として勤務してきたことから直ちに原告を人員削減の対象として選定することに合理性があるということも困難である。

【結論】

　以上より，本件解雇は無効である。

ケ　学校法人金蘭会学園事件＝大阪地判平26.2.25労判1093-14 ［控訴棄却，確定］

事案概要

　学校法人である被告（教員数不明）が経営する大学の教授であった原告が，次年度に担当する授業科目がなく，従事する職務がないことを理由として整理解雇されたところ，当該解雇は無効であるなどと主張して地位確認等を求めた。

判決概要

【整理解雇法理が適用されること】

　被告は，原告が大学教員という専門職である点を考慮すると，いわゆる整理解雇法理は妥当しないと主張する。

　しかし，原被告間の雇用契約が，担当科目等の職務内容等に何らかの具体的な限定を加える合意を伴うものであったと認めるに足りる証拠はなく，むしろ，被告に雇用されて以来，本来の専攻分野である中国古代史との関連を有しながらも，それにとどまらず

文学や文化史にわたる内容の教養科目や生活文化学科の専門科目など，さまざまな授業科目を担当してきた実績がある。

　むろん，大学教員としての職務の性質上，本来の専攻分野からかけ離れた授業科目を担当することはできず，担当職務の変更には自ずと制約があり，大学に生じた事情次第では解雇をいかようにも避けがたい事態も生じうると考えられるから，整理解雇法理の適用にあたっても，その点の考慮は必要となるが，原告に関する上記の事情に鑑みれば，本件解雇について，整理解雇法理の適用を免れる理由はないというべきである。

　したがって，被告の主張は採用することができない。

【業務上の必要性】

　本件解雇は，被告の慢性的赤字体質を改善するための5カ年にわたる経営改善計画により実施されたものであるところ，人件費の削減等を内容とする経営改善計画の基本方針は合理的なものということができる。

　ところで，被告は，経営改善計画に基づき存続する2学部3学科体制の中では，教養科目を多数設置する必要が乏しくなり，専門科目を担当せず教養科目のみを担当する教員の需要が大幅に減少したと主張する。

　しかし，被告は，経営改善計画の一環として，教養教育の見直しを行い，その管理責任主体として新たにB機構を設置し，原告を含む6名をその任に据え，原告らに授業科目を割り当てるとともに，カリキュラム改革の方策について具体的な検討に入らせていたのである。

　さらに，平成24年度の千里金蘭大学のカリキュラムを見ても，専門科目と直接の関連を有しない純然たる教養科目とみられる講義はなお相当数設定されており，担当教員の公募も行われていることも併せ考慮すると，原告を含むB機構に所属する教員が，担当すべき職務がない「過員」であったと認めることはできない。

　また，財政面から見ても，平成21年度には教育研究活動のキャッシュフローの黒字化を早くも達成していた。

　以上からすると，被告が21名もの教員を対象として人員削減を行うことについて，被告の合理的な運営上やむをえない必要性があったと認めることは困難である。

【人選の合理性】

　被告が解雇を示唆しつつ本件希望退職募集の対象としたのは，①閉鎖する学部に所属する教員，②B機構に所属する教員，③平成22年3月末まで短期大学部に所属していた教員のみであった。このうち，原告が該当する②については，廃止されるわけでもない部門への所属のみを理由にした人選であり，③についても，過去の所属部門のみを理由にした人選であって，にわかに合理性を見出しがたい基準であるといわざるをえない。

　また，教養科目を担当する者を含め，存続する学部の教員は本件希望退職募集の対象とされなかったことが，被告において何らかの検討を加えた結果であると認めるに足りる証拠もない。

　このように，被告が本件希望退職募集にあたり，存続する学部の教員は一切対象にすることなく，上記①～③のような所属部門（あるいは元の所属部門）のみを理由に対象者を限定し，希望退職に応じなかった原告を解雇したこと（本件解雇）について，人選

の合理性を肯定することは困難である。

【結論】

　以上より，本件解雇は無効である。

コ　オクダソカベ事件＝札幌地判平27.1.20労判1120-90 ［控訴後和解成立］

事案概要

　被告がA営業所を閉鎖するのに伴い，A営業所（常勤で勤務していたのは原告とC）に勤務していた原告を整理解雇したところ，原告が当該解雇は無効であるなどと主張して地位確認等を求めた。

判決概要

【業務上の必要性】

　独立採算制を採用しているA営業所については慢性的な赤字状態であり，人員や経費の削減によってもその改善には至らなかったことから，被告においてA営業所を閉鎖することについては，経営政策上の判断としての合理性を認めうるが，他方で，全社的に見ると，人員削減の必要性はなかったという事情が認められる。

【解雇回避努力義務・手続の相当性】

　被告において全社的な組織改編が決定されて，A営業所の閉鎖の可能性も具体的になってきた以降，A営業所の所長であるBが，原告に対して，自ら直接に，A営業所以外の勤務地への転勤を現実的に打診し，それが受けられない場合には解雇もありうるとの状況を説明した事実はなく，転勤の可否やA営業所の閉鎖の可能性は，常に原告の同僚であるCを通じて原告に伝えられている状況であった。かかる被告の対応は，原告がA営業所の慢性的な赤字状態を十分に把握していたことや，従前から原告が転勤を受け入れられないと伝え続けており，実際に転勤命令を出しても原告がこれに応じなかった可能性が高かったという事情を考慮しても，転勤や解雇が原告の日常生活に重大な影響を及ぼす事情であるという点や，原告とCとの間に組織上の上下関係がとくになかったことを踏まえると，原告の解雇の回避に向けた努力や，そのための妥当な手続を欠いたものと評価せざるをえない。すなわち，被告において，一度は原告との間で直接に協議を行い，その解雇の回避に向けた具体的な話合いをするとともに，その協議において解決策が見つからなかった場合にも，まずは正式に転勤命令を出してみるなどすべきであり，また，そうすることが可能であったと考えられるが，被告は，かかる措置を講じていない。しかも，本件においては，原告のその後の処遇がいわば宙に浮いたような状態にあった中で，B所長をはじめとする被告の担当者の側から積極的に原告の処遇をはっきりさせるための行動に出たとの事実はなく，そのまま，本件訴訟が提起された後に，本件解雇通知を行ったという事情があり，かかる経緯も解雇のための手続として誠実さを欠いたものと評価せざるをえない。

第 5 章／正社員の整理解雇 ◀437

【結論】

　以上より，本件解雇は無効である。

サ　学校法人杉森学園事件＝福岡地判平27.7.29労判1132-76 ［確定］

事案概要

　被告がその運営する高校のＡ科の教諭であった原告について，２学科を廃止することに伴いＡ科の教諭を１名削減する必要があるとして整理解雇したところ，原告が当該解雇は無効であるなどと主張して地位確認等を求めた。

判決概要

【業務上の必要性】

　被告の経営状態は，不採算部門の廃止等を通じた経営合理化が図られるべき状況にはあったものの，整理解雇による人件費削減等をしない限り，直ちに経営破たんに陥ってしまうような危機的状況にあったとまではいうことができない。

【解雇回避努力義務】

　上記のような状況のもとにおける整理解雇が正当化されるためには，相応の解雇回避措置が尽くされていなければならないというべきである。

　原告はＡ科以外の教職免許を有しておらず，被告は本件高校以外の高等学校を運営していなかったから，被告は配転や出向等の解雇回避措置を講じることはできなかった。

　他方，被告のとりうる解雇回避措置として，新規採用の停止，従業員の賃金の減額および希望退職者の募集等の措置をあげることができるところ，被告はこれらの措置を一切講じていない。

　被告は，本件解雇に先立ち，一定程度の人件費削減を行い，また原告に対して，退職金の割増を条件とする退職勧奨もしているが，本件解雇の当時における被告の経営状況に鑑みれば，本件解雇が正当化されるためには，これにとどまらず，本件解雇に先立って，希望退職者募集等の相応の解雇回避措置が尽くされていなければならないというべきであるところ，被告が十分な解雇回避措置を尽くしたと評価することはできない。

【人選の合理性】

　被告が本件解雇をするに至ったのは，不採算部門である２学科の廃止に伴って，本件高校のＡ科の授業時間数が減少し，これによってＡ科の教諭に余剰人員が発生することになるからであるところ，授業時間数が減少するのはＡ科に限られるものではない。これに関し，被告は団体交渉の場において合理的な説明をすることができなかった。また，被告は，本件解雇後に，Ａ科を含む複数の教科の教員について希望退職者の募集を行っている。

　以上のように，そもそもＡ科の教諭のみを非解雇者として選定することの合理性がないというべきである。

第1編／労働契約の解消

【結論】
　以上より本件解雇は無効である。

3　外資系企業に関する裁判例

(1)　解雇有効とした裁判例

Principle One事件＝東京地判平24.12.13労判1071-86 ［控訴審にて和解成立］

事案概要
従業員数6名の外資系企業である被告において，原告を整理解雇したところ，原告が当該解雇は無効であるなどと主張して，地位確認等を求めた。なお，被告の組織構成は，セールスマネージャー1名，エンジニアチーム4名（チームリーダー1名，テクノロジーアナリスト2名，オーディオヴィジュアルスペシャリスト1名），オフィスマネージャー1名となっており，原告は，賃金月額43万8,000円のオフィスマネージャーとして総務業務全般を担当していた。

判決概要

【業務上の必要性】
　被告は，経営危機に陥っており，早急に人員を削減しないと会社全体の経営が破綻しかねないような危機的な状況にあったということができるから，人員削減の高度な必要性があったというべきである。

【解雇回避努力義務】
　被告は，資本金1,000万円，従業員数名の小規模会社であり，経営状態の悪化に伴う危機的状況のもと，人員削減の高度の必要性があり，社内に原告の就労場所を確保することが著しく困難であった中，原告に対し，前件退職から前件判決確定までの間は原告の労働契約上の地位を争いながらもその間も賃金全額を支払い（筆者注：原告は平成20年10月22日に退職届を提出し，それ以降，被告において勤務していなかったが，平成21年9月25日，前件退職が錯誤等によって無効であると主張して，地位確認等を求めて提訴したところ，裁判所は原告の請求を認めた），前件判決確定から本件解雇までの間は自宅待機を命じて就労義務を免除しつつもその間の賃金全額を支払って，第1回・第2回団体交渉の場等において，原告および組合の希望を聞きながら，原告に対し，転籍先を探して紹介しようとしていた経緯が認められる。以上の経緯に加えて，人員削減の高度の必要性がある中，被告の企業規模に照らして選択しうる解雇回避措置の方法は極めて限定的なものとならざるをえないことを考慮した場合，被告は，本件解雇の時点において，可能な限りの解雇回避努力を尽くしたものと評価すべきである。

第5章／正社員の整理解雇 ◀439

　この点，原告は，整理解雇にあたっては希望退職者の募集が不可欠であると主張するが，整理解雇にあたっての解雇回避努力の履行として希望退職者の募集が不可欠であるとまでいうことはできないし，本件解雇の時点において，被告の従業員は4名にすぎず（筆者注：テクノロジーアナリスト1名は退職勧奨により退職していた。），必要最小限の人員態勢のもとで業務を遂行していたことがうかがわれるから，希望退職者を募集することが現実的な選択肢としてありえたということができるか相当に疑問である。

　また，原告は，そのほかにも，ワークシェアリング，再就職支援等の措置をとるべきであったと主張するが，本件解雇の時点における人員削減の高度の必要性のほか，被告の企業規模に照らした場合，被告が原告主張の解雇回避措置をとることは，およそ現実的ではなかったといわざるをえない。

　したがって，原告の上記主張は，いずれも採用することができない。

【人選の合理性】

　被告が原告を整理解雇の対象としたのは，総務業務全般を担当するオフィスマネージャー職を廃止して同業務を外注することを決定したことによる。そして，上記被告の経営判断が不合理であったということもできないから，解雇対象者として原告を人選することには合理性がある。

【手続の相当性】

　被告は，前件判決の確定から本件解雇に至るまでの間，組合からの団体交渉の申入れに応じて，原告および組合との間で2回にわたる団体交渉を実施し，前件判決確定後の原告の待遇等にも配慮しながら，その都度，原告および組合に対し，被告の経営状況に照らして原告の受入れが困難である旨を説明し，転籍先のあっせんを申し入れたうえ，原告および組合の希望を聞きつつ転籍先を探し，財務諸表等の関係書類の送付の求めにも適時に応じるなどして，原告および組合との団体交渉に対応してきた経緯が認められる。

　以上によれば，被告は，本件解雇において，整理解雇にあたってとるべき手続を尽くしたということができる。

【結論】

　以上より，本件解雇は有効である。

(2)　解雇無効とした裁判例

ア　日本フィスバ事件＝東京地判平22.3.15労判1009-78［確定］

事案概要

　従業員数65名の被告において，店舗の販売業務に従事していた原告が，同売り場からの撤退に伴い解雇されたところ，原告は当該解雇は無効であると主張し地位確認等を求めた。

判決概要

【業務上の必要性】

被告が相当額の営業損失を計上していることなどからすると，被告において，今後売上げの増加を見込むことのできない百貨店内の店舗における販売業務から一部撤退すべきものと判断することは，経営判断に従い，原則として自由にしうるものであるし，人員削減に及ばざるをえないと判断することも，これを首肯することができる。

【解雇回避努力義務】

しかしながら，他の店舗の販売担当者に対する退職勧奨や（筆者注：契約社員の）雇止めを含め，原告の配転先を探すべき真摯に努力することは解雇回避努力として必須のものと評価しうるところ，被告はそのような努力をしていない。また，被告は，原告に対し，札幌および福岡への異動の打診をするとともに，特別支給金として，基本給の1カ月分および未消化分の有給休暇の買収額の合計77万4,740円を支払っているが，前者については，母の介護をしている原告においてこれに応じることがもともと不可能なものであり，後者については，雇用の維持を期待することが困難であるとの事情も認められない本件において，経済的な代償措置をもって雇用の維持に代わる解雇回避努力とすること自体がそもそも疑問であり，さらに上記程度の金額の支払いをもって雇用の維持に代わる解雇回避努力がされたと評価することはできない。

【人選の合理性】

また，原告が解雇の対象となったのは，撤退することになった店舗の販売担当者であったということに尽きるが，原告は過去，業務上の必要に基づき，順次売り場を異動していたことからすると，同売り場からの撤退が決まったからといって，直ちに原告を解雇とすることがやむをえないものともいえず，被解雇者の選定が客観的に合理的な基準に従って公正にされているともいえない。

【結論】

以上より，本件解雇は無効である。

イ　ビー・エム・シー・ソフトウェア事件＝大阪地判平22.6.25　労判1011-84［控訴審にて和解成立］

事案概要

米国本社の100％子会社であり，従業員数54名の被告が，本社の指示・意向を受けて，事業の縮小等を理由に原告を解雇したところ，原告が地位確認等を求めた。

判決概要

【業務上の必要性】

被告は，米国本社が100％株主の会社であり，米国本社が人員削減を指示すればそれに従わざるをえない状況にあり，とくに，被告のようないわゆる外資系グループ企業においては，グループ本社（親会社）の意向が最優先される傾向にあり，労働者はかかる

会社に就職した以上は，上記について必ずしも理解できないというものではない。

しかしながら，たとえ外資系グループにおいて就労しているとはいえ，わが国で就労している労働者は，わが国における企業の利益の状況等を問わず，本社からの人員削減の指示・意向のみをもって人員削減の必要性があったとは認めるのは相当とはいえない。したがって，たとえ外資系グループ企業であったとしても，人員削減の必要性があるか否かという点については，親会社の意向もさることながら，わが国と親会社との関係，親会社の収益状況，わが国企業の業務内容および収益状況，今後の見通し等諸般の事情を勘案して判断するのが相当である。

これを本件についてみると，被告に多額の利益が出ていること，米国本社に関しても特段利益が減少するなどの状況にあるとはいえないことなどに鑑みると，人員削減の必要性の有無が経営上の判断を伴うものであることを考慮してもなお，人員削減の必要性があったといえるのか疑問である。

【解雇回避努力義務】

被告は，本件解雇前に原告に対して東京本社の営業部への配転を提案したと主張するが，その内容は実質的には，新採用募集を案内するという内容であって，解雇回避措置としては不十分であり，その他に雇用継続に向けた措置についての提案はなされていないこと，本件解雇に先立って希望退職者を募集していないこと，原告が勤務していた関西営業所の事業縮小は本件解雇後に行われたこと，賃金の減額等の人員削減以外の解雇回避措置がなされていないことなどを勘案すると，被告が解雇回避努力に努めたとは認めがたい。

【人選の合理性・手続の相当性】

被告における原告の業務内容，本件解雇に至る団体交渉の経緯等に鑑みると，人選の合理性の点および原告への説明等の点については一定の合理性が認められる。

【結論】

以上の諸事情を総合的に勘案すると，本件解雇は，人員削減の必要性があったとは認められず，かつ，原告に対する解雇を回避する措置が十分になされていたともいいがたく，人選の合理性の点および原告への説明等については一定の合理性が認められることを考慮してもなお，解雇権を濫用したものと評価せざるをえない。

ウ　クレディ・スイス事件＝東京地判平23．3．18労判1031-48
　　［控訴審にて原判決一部変更，上告棄却・不受理・一部破棄自判］

事案概要

外資系金融機関である被告（従業員数不明）において，リーマンショックによってグループ全体で多大な損害を被ったことを背景に，リストラ策の一環として，ハイリスクの金融商品販売から事実上の撤退が行われたため，同業務にアソシエイト（原告所属の部署は，部長を筆頭とした9名体制であった）として従事していた原告を整理解雇したところ，原告が当該解雇は無効であるなどと主張して，地位確認等を求めた。

442▶ 第1編／労働契約の解消

判決概要

【業務上の必要性】

　被告会社は，平成20年12月の自宅待機命令から１年以上経過した後，原告を解雇しており，原告の担当業務がなくなったという業務上の必要性が一応肯定できるとしても，その程度は高度とはいえない。

【解雇回避努力義務】

　他の従業員に対しては高額のIPC（インセンティブ・パフォーマンス・コンペンセイション・アワード）が支払われていることや，新規採用が行われていることなどから，業務上の必要性に比較して，被告会社の解雇回避努力は明らかに不十分である。

【結論】

　以上より，解雇は無効である。

エ　アクセルリス事件＝東京地判平24. 11. 16労判1069-81［確定］

事案概要

　外資系企業であり，従業員数25名である被告において，原告を整理解雇したところ，原告が当該解雇は無効であるなどと主張して，地位確認等を求めた。

判決概要

【業務上の必要性】

　米国親会社では多額の損失を計上しており，米国親会社の合併に伴い米国親会社内および各現地法人（被告を含む）において，重複するポストを削減する人員削減措置が進められてきたことが認められ，当該経営施策自体について，その合理性を否定することはできない。

　しかしながら，整理解雇の考慮要素としての人員削減の必要性とは，少なくとも当該人員削減措置の実施が不況，斜陽化，経営不振等による企業経営上の十分な必要性に基づいていることを要するものと解されるところ，本件においては，①本件解雇当時，被告自身の経営状況が悪化していたことを認めるに足りる証拠はないこと，②被告において４名の人員削減を実施する必要性が十分にあったことを認めるに足りる証拠もないこと，③被告から正社員４名が退職しており，そのうち少なくとも３名は，重複すると考えられるポストの対象者であったこと，④被告が２名を正社員として採用した行為について，被告における人員削減の必要性と矛盾ないし抵触する行為であると評価すべきであること，以上からすれば，本件解雇当時，原告１名を整理解雇しなければならない十分な必要性があったとは認められないというべきである。

【解雇回避努力義務】

　人員削減の十分な必要性があったとまでは認められない本件において，本件解雇が正当化されるためには，相当手厚い解雇回避措置が取られた後でなければならないというべきである。

被告は，原告および本件労組に対し，原告の専門性と無関係な他の業務（たとえば，賃金額が大幅に下がる在庫管理）への配転の検討を要請したが，原告らがその検討を拒否したことをもって，解雇回避努力義務の履行をした旨主張するが，本件において，労働条件の大幅な不利益変更を伴う配転提案をしたことをもって同義務を履行したものとは評価できないから，被告の主張には理由がない。

【人選の合理性】

米国本社の被告に対する人員削減指示における削減ポストの指定は厳守が義務づけられていたものではなく，最終的に指定人数である4名を満たせば許容される可能性の高かったものであったと認められることからすれば，被解雇者の選定に関し，技術職一般社員1名を必ず削減する必要があり，かつ，原告を顧客サポート業務に就かせることができないことを前提とする被告の主張には理由がない。そうであるとすれば，被告の主張に基づいて被解雇者選定の合理性を基礎づけることはできない。

【手続の相当性】

被告は，本件解雇に至るまでの間，原告に対し，被告において整理解雇を行う経営上の必要性や，その対象者として原告1名を選定したことの合理性について十分な説明ないし協議を尽くさないまま，自宅待機命令およびそれに引き続く本件解雇に踏み切ったものと評価せざるをえず，本件解雇は，その手続が相当であったとは認められないというべきである。

【結論】

以上より，本件解雇は無効である。

オ　ロイズ・ジャパン事件＝東京地判平25.9.11労判1087-63 [確定]

事案概要

外資系企業であり，従業員数20名である被告において，原告を整理解雇したところ，原告が当該解雇は無効であるなどと主張して，地位確認等を求めた。

判決概要

【業務上の必要性】

被告は，その運営資金の多くを親会社から支払われるlevy収入に依存していたところ，平成24年の被告に対するlevy収入は，被告提案の当初予算案から大きく削減されたことなどからすると，人員削減をする必要性があったことを認めることができる。

もっとも，上記経費削減は，被告およびその親会社の直接的な損失に基づくものではなく，親会社の提供する保険市場に参加するアンダーライターの損失を踏まえて，アンダーライターを支援する目的で行われたものであるうえ，経費削減率の根拠や，その分担として被告のlevy収入の削減額の根拠は明らかではないし，この削減を単年度で実現しなければ被告が倒産または高度の経営危機に瀕することを認めるに足りないから，人員削減の必要性の程度としては，被告が主張するような極めて高度な必要性があったものと認めることはできない。

第1編／労働契約の解消

【解雇回避努力義務・人選の合理性】

　被告は，廃止される5つの職務（本件5職務）を特定して発表し，本件5職務に現に従事していた5名の従業員に対し退職勧奨を行ったものの，その余の15名の従業員に対しては希望退職募集を行っていないこと，本件解雇において原告が被解雇者として人選されたのは，本件5職務に現に従事していたことによることが認められるところ，希望退職募集を行わなかった15名が従事していた職務について，人員削減の対象として特定された上記5名では代替することができないものと認めるに足りる証拠はないし，人員削減を行わざるをえない旨の告知を受けただけで割増退職金等の退職条件の提示がない段階で自主退職を名乗り出た者がいなかったとしても，直ちに希望退職募集を実施してもこれに応じる者がいなかったなどということはできないから，解雇回避措置として希望退職募集を行うことが客観的に期待できなかった事情は認められないし，たとえ削減対象とする職務として本件5職務を選定したことに客観的合理性があったとしても，本件5職務に現に従事していたことを基準として，原告を被解雇者として人選したことに合理性があるものとは認められない。

【結論】

　以上より，本件解雇は無効である。

第6章

事業の再構築と従業員の転籍・解雇

第1節　事業所の閉鎖を理由に従業員を解雇できるか

　事業所を閉鎖するかどうかは企業経営の自由に属しますが，ある事業所が閉鎖され，その事業所の業務が消滅することになれば，その事業所に勤務している従業員の多くは，余剰人員になります。事業所の閉鎖は自由ですが，この余剰人員の解雇が自由にできるわけではありません。

　事業所閉鎖に関する解雇問題の1つ目のポイントは，閉鎖される事業所の業務が消滅したか否かです。業務自体がまだ存続しているのならばどこに移ったのか，また移った先がグループ会社なのか，もしくは完全な他社なのかによって対応が分かれます。この点については，後記第2節および第4節を参照してください。

　2つ目のポイントは，どのような労働力として契約されていたかです。その事業所の特定の業務と一体となった労働力として雇用されていたのか，または企業全体の労働力として雇用されていたのかによって対応が異なってきます。

1　長期雇用を前提に採用されたゼネラリストの場合

　長期雇用を前提に採用されたゼネラリストの場合は，企業全体の労働力として考えなければなりません。事業所が閉鎖され余剰人員になったとしても，他の事業所への配転などによる雇用の確保が使用者に求められます。仮に，企業全体で考えても人員に余剰が生じているならば，全事業所を対象とした整理解雇論となり，整理解雇の4要素を総合的に勘案して，解雇の有効性が議論され

事業所閉鎖の場合

事業所の閉鎖
は経営の自由

≠

余剰人員の解雇が
自由にできる
わけではない

※仕事が存続するのか　→　移行先は他社か
　消滅するのか　　　　　　　グループ会社か　→　会社分割か
　　　　　　　　　　　　　　　　　　　　　　　　　営業譲渡か

※仕事の担当が特定されていたか　→　ゼネラリスト
　　　　　　　　　　　　　　　　　　　スペシャリスト
　　　　　　　　　　　　　　　　　　　勤務地特定

ることになります（第5章参照）。

　その場合，他の事業所のゼネラリストと同等の地位にあり，人選論が重要な
ポイントになります。これが基本的な取扱いといえます。

　しかし，実務において理論上の取扱いどおりになるとはいい切れません。た
とえば，東京本社・鹿児島工場・秋田工場という事業所を持つ会社で，334頁の
整理解雇パターン①（防衛型・緊急避難型）のような経営難の状況で，速やか
な経費節減が求められているような事案において，秋田工場を閉鎖し，その工
場の業務が消滅すれば，ゼネラリストであっても，どの程度の保護があるのか
は非常に難しい問題と考えます。なぜなら，秋田工場のゼネラリストで秋田工
場付近に住居を構える者の場合，生活拠点の移転や，移動などに多くの費用が
発生するからです。

　したがって，ゼネラリストの場合は，3つの事業場で希望退職を募り，それ
でも余剰人員を吸収できない場合には，人選において，秋田工場付近に住居を
構えるゼネラリストが優先的に整理解雇対象となる場合も考えられます（実務
では，先にこの人達に対する退職勧奨が実施されることになると思われます）。

第6章／事業の再構築と従業員の転籍・解雇 ◀447

これが，整理解雇パターン②（予防型）またはパターン③（攻撃型）のような経営状況で，緊急な経費節減策を必要としていないのであれば，人選手続上，他のゼネラリストと同等の地位として対応することになると考えます。

2　職種が特定されているスペシャリストの場合

職種が特定されているスペシャリストの場合は次の3つに分けて考えるべきです。

---

① 他の事業所にその職種があり，通常，転勤も予定されていれば，ゼネラリストと同様の考え方となる。
② 勤務地が特定されているスペシャリストであれば，後記3に準じて考えればよいと考える。
③ 会社全体でその職種の仕事がなければ，業務消滅を理由に解雇する。

3　勤務地が特定されている従業員の場合

問題は，閉鎖される事業所で採用され，勤務地もその事業所に特定されている従業員です。

裁判例の中には，このような従業員についても，配転の可能性を考えるべきとするものがあります（シンガポール・デベロップメント銀行〔本訴〕事件＝大阪地判平12.6.23労判786-16）。

しかし，労働契約で職種や勤務地が特定されていれば，その従業員は職種変更命令や転勤命令を受けることがない代わりに，特定された職種が消滅したり，職種に対する適格性がないと判断されたとき，あるいは勤務先の事業所が閉鎖されたときは，理論上は労働契約を解消する，すなわち解雇されることになります。とくに，次のような事情があれば，配転の可能性を考慮することなく，

整理解雇の対象者を当該営業所に限定することができると考えるべきです（アメリカン・エキスプレス・インターナショナル事件＝那覇地判昭60.3.20労判455-71）。

---

① 閉鎖される事業所が独立性を持っていた。
② 閉鎖される事業所の独自の判断で，その事業所だけの労働力として雇用していた。

ただし，当然に解雇できるわけではなく，退職金の上積みを提案したか，再就職先をあっせんしたかなどの事情も，整理解雇の有効性を判断する要素となります。

理論上は整理解雇することができるといっても，上記のように配転を検討すべきとする裁判例もありますので，実務では他の業務や事業所への配転を考慮することが使用者に求められていると考えておいた方が無難です。*

* 345頁で述べたとおり，政府が成長戦略の一環として掲げている「多様な正社員」についても，解雇回避のための措置として，配転などを可能な範囲で行うことが求められるとされています。
　　裁判例においても，住友重機玉島製造所事件＝岡山地決昭54.7.31労判326-44は，職種特定されていた従業員が整理解雇された事案ですが，再教育訓練による職種転換を図らなかったこと，他の事業所への配転をしなかったことなどを理由に解雇無効とされました。また，鐘淵化学工業〔東北営業所〕事件＝仙台地決平14.8.26労判837-51では，勤務地限定社員を総合職と比較した場合，雇用確保のための選択肢が狭いために結果的に解雇の対象となる可能性が高くならざるをえないとしつつも，経営が黒字，かつ会社が大規模という事情のもと，関連会社への転籍出向の打診が不十分だったなどとして解雇無効とされました。
　　他方，前掲シンガポール・デベロップメント銀行〔本訴〕事件およびミニット・ジャパン事件＝岡山地倉敷支決平13.5.22労経速1781-3は，勤務地特定に関する事案で，経営難という事情のもと，転勤するとなれば，会社が転居等に伴う経済的負担を負うことになるなどとして，解雇回避措置として転勤をすることまでは不要とされました。

ただし，その場合でも，他の事業所の勤務地特定者に対し「劣後する地位」（ゼネラリストは「同等な地位」）にあると考えられますので，配転先での業務

第6章／事業の再構築と従業員の転籍・解雇 449

上の混乱がないことが優先され，混乱が予想される他の事業所での希望退職を募集してまで配転の可能性を追求する必要はないと考えます。また，当然に企業が移転費用を負担することはないと考えます（前掲シンガポールデベロップメント銀行〔本訴〕事件）。

　前記1の秋田工場閉鎖のような事例で，整理解雇のパターン①（334頁）のような経営状況の場合，費用面からも希望退職を募集してまで配転する必要がないだけでなく，配転さえも不必要な事案も考えられると思います。

　もっとも，整理解雇のパターン③の場合のように経済的な余裕があれば（パターン②の場合も，その時点で経済的な余裕があれば同様に考えるべきです），希望退職募集の実施，移転費用の負担などの回避努力の実施が求められる場合も想定できますので，注意が必要です。

　なお，転居しないで勤務することができる事業所が近隣にある場合は，その事業所への配転の可能性を必ず検討した方がよいと思います。

第2節 工場や事業所が分社化されると従業員は どうなるのか

1 分社化には適正な労働条件の実現という目的もある

　金融危機，会社分割法制の導入，リーマンショックという雇用社会の変化の中で事業再編が進められてきましたが，いまでも，大企業（とくに製造業）は東京，大阪ないし名古屋に本社を置き，全国各地に工場を持っています。そして，各地の工場では，多くの現場作業員や一般事務員を現地採用し，雇用しています。

　賃金は，企業内の賃金体系の中で処遇してきたことから，本社の従業員と公平を図る意味で，複線型賃金制度などを導入して是正してきましたが，同一企業という枠内では賃金に差をつけることに限界があったといえます。

　そのため，工場で働く従業員の賃金は，その地域労働市場の賃金相場で運営される地場産業の労働者に比べて高く，大きな格差が生まれています。2〜3割の格差もまれではありません。この賃金格差が，地域における労働市場の競争において足かせとなり，収支を悪化させる要因ともなっています。

　工場を維持・運営するためには，この高い賃金を地域労働市場の賃金相場にあわせて是正する必要があります。しかし，その工場で働く従業員の賃金だけを切り下げることは困難です。そこで，賃金を切り下げた後の労務管理上の問題も考えて，分社化によってコスト低減を図ろうという手法が議論されることになります。

　もちろん，現実の分社化は，企業グループ内における円滑な業務運営を目指すという積極的な目的もありますが，適正な労働条件の実現という目的も無視できません。

　この分社化で重要な点は，事業所閉鎖による業務消滅という事態と違い，業務は存続しており，その業務が分社化された新会社に引き継がれるという点です。

2　避けられない従業員の転籍問題

　工場や事業所（以下，「工場等」）の分社化で避けられないのが，そこで働く従業員の転籍問題です。

　今日の裁判例では，転籍を命じるには個別的同意が必要であるとされています。しかし，現地採用の現場作業員や一般事務員は，企業全体の労働力として雇用されたわけではありません。特定の工場等の労働力として雇用されたのですから，その工場等の事業が消滅すれば，労働契約も消滅する運命にあると考えるべきです。

　したがって，採用時に労働者から「分社化が行われた場合，その事業が引き継がれた新会社に転籍する」との包括的同意をとっていれば，使用者は転籍命令権を持っていると考えるべきです。その命令が有効であるかどうかは，転籍先の労働条件の設定に「合理性」があるかどうかにかかっているといえます。地域労働市場の賃金に近づけるために（3割の格差があれば1〜2割の是正にとどめ，少なくとも他企業よりもメリットを残しておく），3年程度の調整期間を設ける，一定の金額を補償するなどの不利益緩和措置をとれば，合理性が認められるべきです。

　今後，現地採用の従業員については，採用時に就業規則を提示して，「分社化が行われた場合，その事業が引き継がれた新会社に転籍する」という同意を誓約書などで取得していれば，使用者に転籍命令権が認められるのではないかという問題を議論する必要があると考えます（この点についての裁判例はまだみられません）。

3　現地採用された従業員を配転する義務はあるか

(1)　ゼネラリスト

　たまたま工場に配属されているゼネラリストは，全企業単位で雇用する義務

がありますから、社内配転の対象となります。分社化に伴って打診された転籍を拒否したからといって、それだけの理由では整理解雇の対象となりません。この点は、業務が消滅する事業所閉鎖の基本的取扱いの場合と同様といえます。

(2) 職種特定者

職種特定者の場合は、その業務が会社の他の事業所にあれば、原則としてゼネラリストと同様の取扱いとなり、分社先の新会社にしかその業務がなければ、以下の現地採用の従業員と同様の取扱いになると考えます。

(3) 現地採用者（勤務地特定者）

現地採用の従業員については議論が分かれるところです。工場等の分社化を整理解雇の対象と考え、使用者には事業所閉鎖と同様に社内配転義務が議論の対象となるとの意見もありますが、整理解雇は職場が奪われる形態のものと考えれば、工場等の分社化は単なる使用者の変更にすぎないともいえます。前記2において、転籍命令権がない場合を想定した議論です。

確かに、親会社に比べて子会社の財政基盤は脆弱になりますから、親会社から子会社へ使用者が変更されることによって、労働者が不利益を被る可能性は否定できません。そこで、労働条件の変更により労働者が被る不利益を緩和する措置がとられていれば、業務消滅を理由に、社内配転の問題を検討することなく、転籍を拒否する現地採用の従業員を解雇することができるのではないかと考えます。

ただし、この点については、次の点を要件に加えるという意見もありますから、注意が必要です。

---

① 工場が独立採算制をとっていたかどうか。
② 労務管理を独自に行っていたかどうか。

4　地方工場の分社化では労働条件の切下げが不可避

　現在では，会社分割法制が整備されていますが，現物出資（会社法28条1号，199条1項3号），財産引受け（28条2号），事後設立（467条1項5号）等による分社化が従来の手法でした。適正な労働条件の実現のために地方工場を分社化する場合は，労働条件の切下げが不可避です。従来の手法による分社化が行われた場合，実務では，現地採用の従業員に対して，次の提案を行います。

> ①　会社都合による退職（上積金の提示）＋アウトプレースメント
> ②　転籍（労働条件の切下げ）

　そして，どちらも拒否した場合は，業務が消滅したことを理由に解雇することになります。この解雇が有効であるためには，転籍先での切り下げられた労働条件に「合理性」が求められます（前記2に記載したような内容と考えます）。

　なお，会社分割法制（第5節）による分社化の法的性質は，合併と同様に労働条件も含む権利義務の包括承継と考えられているので，現地採用の従業員のような労働者は，会社分割に伴って承継会社に承継されることになります。そして，その場合，継承会社での労働条件は従来の労働条件と同一であることが前提です。そのため，会社分割法制が整備された今日，従来の現物出資や事業譲渡などの方法を利用した分社化による労働条件の切下げが認められるか，つまり，転籍を拒否する労働者の解雇が有効か否かは議論の対象となる可能性はありますが，この手法が否定されるべきではないと考えます。

　したがって，会社分割法制による分社化のイメージは，業績のよい事業部門を切り出したい場合や，今後の事業展開からして承継会社に承継させる部門で働く従業員の処遇を分割会社に残る部門より高く処遇または異なる基準で処遇したい場合です。そして，分割会社は，承継会社の株主としてその高配当を受けるというメリットを取得することになります。

454 ▶ 第1編／労働契約の解消

第3節　合併によって生じた余剰人員を
　　　　整理解雇できるか

1　合併には吸収合併と新設合併がある

　合併とは，2つ以上の会社が契約により合同することをいいます。その形態には，以下の2つがあります。

---

　①　合併当事者となる会社のうち，1社が存続会社となり，他の会社が解散して，存続会社が消滅会社の権利義務を承継する吸収合併
　②　合併当事者となる会社がすべて解散し，それと同時に新会社が設立され，その新設会社が消滅会社の権利義務を承継する新設合併

　今日では，純粋持株会社が解禁されたことから，たとえば2つの事業会社を株式移転によって完全子会社化し，親会社である持株会社のもと，一定の時間をかけて事業統合（最終的に合併）する形が多くとられています（百貨店のようにブランドを残すために，持株会社のもとでコスト削減を図りつつ，2つの事業を継続するものもあります）。また，外国企業による三角合併の解禁もあり，日本企業も生き残りをかけて，特定分野での上位企業同士による大型案件もみられます（いわゆる業界再編）。このような場合に行われる合併は，必然的に余剰人員の発生や労働条件の統一など，多くの労務問題を引き起こすことになります。

2　労働条件は包括的に承継される

　合併の場合，存続会社（または新設会社）は，法律上，消滅会社の権利義務関係をすべて包括的に承継することになります。当然，労働契約も存続会社に

承継され，特定の労働者の承継を拒否することはできません。

合併によって余剰人員が発生したとしても，合併を理由とした整理解雇は認められません。存続会社に整理解雇の理由があるかどうかが吟味されることになりますから，経営難に陥った企業を救済する目的で合併する場合には，合併前に経営難の会社で独自に整理解雇を検討する必要があります。希望退職の募集や退職勧奨を行う場合も，その方が効果的といえます。

3　労働条件の変更は合併前に各社で行うのが実務的

合併の場合，労働条件もそのまま存続会社に引き継がれることになりますが，その結果として，複数の就業規則による複数の労働条件が混在することになります。

合併後に統一の就業規則を作成する場合，高い労働条件を基準として設定しない限り，どうしても労働条件の不利益変更問題が生じます。円滑な労務管理を行うために統一的な労働条件を設定する必要性は，高度な業務上の必要性があるといえますが，労働者が受ける不利益の程度によっては，合理性が否定される場合も十分に考えられます（この合理性が肯定される場合としては，双方の会社の有利・不利を統一することにより，全体的には条件が平準化したというような事案がイメージされます）。

労働条件の変更問題も，合併前に各社で実施し，その変更に労働者の大多数が同意しない場合は，会社解散や整理解雇の問題をも含めて議論するのが実務的と考えます。

4　転勤・出向命令権の拡大と不利益変更

合併によって企業規模が拡大すれば，必然的に事業所や子会社，関連会社が増えます。事業所や子会社，関連会社が増えれば，従業員は転勤や出向の機会が増えるという不利益を受けることになり，増加した事業所への転勤命令権，

子会社や関連会社への出向命令権について，使用者は合併前の企業との包括的同意で根拠づけることができるかという問題が生じます。

金融機関など経営統合の大型案件にみられる事業所や子会社，関連会社の増加は，労働契約を締結したときには予測できない事態として，その包括的同意の効力は否定的に考えられていたといえます。裁判例（興和事件＝名古屋地判昭55．3．26労判342-61）も，「同意をした当時と出向命令時との間に関連会社（出向先）の範囲に変動があったり，出向先の労働条件に変化があって，労働者に不利益な事情変更があったような場合には，包括的同意を根拠として出向を命令することは問題であろう」と言及しています。そのため，合併後の就業規則の新設による新たな不利益な義務を課すことができるかという議論として処理され，転勤であれば就業規則に再規定する，出向であれば3年程度の出向期間の定めを規定することなどで，新設の「合理性」が肯定されると考えます。

ただし，近年の業界再編における合併の増加を考えるとき，業界再編にさらされている分野の企業においては，労働契約の内容が変わり，当初の包括的同意による転勤・出向命令権が，合併後に増加した事業所や子会社，関連会社にも適用されるべきではないかと考えますが，裁判を考えた場合，やはり命令権新設の「合理性」で対応する方がよいといえます。

5　出向者の取扱いはどうなるのか

出向元が合併した場合，従来の権利義務関係はすべて存続会社に引き継がれますが，出向先については，とくに問題は発生しません。出向先が合併した場合も，出向先の従来の権利義務関係はすべて存続会社に引き継がれますが，出向問題で重要なのは，出向者の労務提供に対する指揮命令の主体が誰であるかという問題です。

この点について，出向先が合併して指揮命令の主体に実質上の変更が生じた場合には，労働者は出向元に復帰請求できると考えるべきです。

第6章／事業の再構築と従業員の転籍・解雇 ◀457

6　近時の実務の注意点

　近年，親会社に業務を集中させ，円滑な業務運営を目指して親会社が子会社を吸収合併する事例が増加しているように思われます。

　そこで生じるのが，子会社の基準で採用された従業員の業務遂行能力の問題です。当然のことながら，親会社は親会社の基準により，その業務遂行能力を求めるからです。そのため，子会社で採用された従業員が，能力不足として問題社員とされる事例も表れます。このことは，会社だけでなく，この従業員にとっても不幸というしかありません。したがって，合併を考える場合は，このような事態も想定して，子会社の従業員に対して次の3つの案を提案して選択させるのも1つの方法だと考えます。

---

①　親会社への転籍（労働条件の変更を合意）
②　別の子会社・関連会社への転籍
③　会社都合（上積金あり）による退職＋アウトプレースメント

　すべての選択肢を拒否した場合は，親会社への包括承継による労働契約の承継となるだけです。

第4節 事業譲渡先への転籍を拒否する 従業員を解雇できるか

1 事業譲渡されると労働契約の承継はどうなるのか

事業譲渡とは，一定の事業目的のために組織化された有機的一体としての機能的財産の移転を目的とする債権契約を意味します。合併とは異なり，事業譲渡先は，事業譲渡元の従業員の労働契約を当然には承継しません。

労働契約を承継するには，原則として譲渡先と譲渡元の合意と，それに対する労働者の同意が必要です[*]（本位田建築事務所事件＝東京地判平 9．1．31労判712-17判例・裁判例㉒）。

> [*] 事業譲渡の際に労働者が労働契約の承継に同意していた事案（佐賀ゴルフガーデンほか事件＝佐賀地判平22.3.26労判1005-31［控訴審で和解成立］）では，譲渡元と譲渡先との間で譲渡営業に従事していた労働者については，原則として譲渡先で雇用する旨が合意されていたことを前提に，譲渡先と労働者との間に雇用契約が成立することが認められています。

これまでの裁判例をみても，労働者が事業譲渡先への労働契約の承継に反対しているにもかかわらず，その意思を無視して当然承継するとしたものはありません。戦後の裁判例で1件，労働者が反対しているにもかかわらず労働契約の承継を認めた裁判例（中央労済・全労済事件＝横浜地判昭56.2.24労判369-68）がありますが，これは特殊法人に関する事例で，純然たる民間会社の事業譲渡の問題ではありませんから，例外と考えてよいといえます。なお，労働者の黙示の承諾があったとして例外事案ではないとする学説もあります（菅野和夫『労働法（第6版）』446頁）。

2 労働契約の承継を拒否できるケースと拒否できないケース

事業譲渡の本質を考えると，事業譲渡元と事業譲渡先は，労働契約の承継を

原則として拒否できるといえます。その後の問題は，事業譲渡元において事業譲渡に伴う整理解雇を行うことができるかという問題です。

もっとも，事業譲渡先が労働契約の承継を原則として拒否できるとしても，事業譲渡元と事業譲渡先との関係から考えて，その拒否の意思表示が信義則上，許されない場合も考えられます。

(1) 一事業所の分社化

地方工場や事業所の一部門を分社化する場合，事実上，現物出資または事後設立の形で事業が譲渡されることになりますが，現地採用の従業員や，職種特定者で事業譲渡により譲渡元にその職種がなくなってしまう従業員については，その労働契約の承継を譲渡先（分社化された会社）は信義則上，拒否できないといえます（日伸運輸事件＝神戸地姫路支判昭38.11.21労民集14-6-1434）。

(2) 親会社と子会社・関連会社間

親会社と子会社・関連会社の間で日ごろから人材交流があり，業務運営上，緊密な関連性があれば，その事業と一体となっていると考えられる従業員（上記(1)の従業員）については，労働契約の承継を信義則上，拒否できないと考えます。

ただし，株式保有上の関係はあっても，何ら業務上のつながりや人材交流がなく，かつ，相手方会社の救済というような特別の事情があれば，信義則上，拒否できる可能性もあるといえます。

たとえば，子会社は独自に設立・運営されてきた法人であり，親会社が過去に株式を取得して企業グループの一社となった事案が考えられます。

(3) 子会社と関連会社間

企業グループの再編という親会社の意向に従って行われる子会社と関連会社間の事業譲渡であれば，上記(2)と同様に労働契約の承継は信義則上，拒否できないといえます。

460 ▶ 第1編／労働契約の解消

判例・裁判例㉒　本位田建築事務所事件／東京地判平9．1．31／労判712-17

【事案概要】 Yは土木建築設計施工等を目的とする会社であり，X1は昭和50年4月，X2は昭和52年4月，それぞれYに入社した。

Yは，昭和60年6月ころには倒産状態となり，それ以降，大口債権者であったAから支援を受け，金融機関からの借入れや施工等を緊密に連携して行うようになったが，その結果，Y及びAの二重構造的な営業体制が生じ，これを効率化させる必要が生じたことから，平成5年12月1日，Yの営業部門を除く工事部門関連の営業を平成6年1月1日付でAに営業譲渡する内容の本件営業譲渡契約をAとの間で締結した。本件営業譲渡契約書には，Yの雇用関係の引継ぎに関し，「譲渡日現在における甲（Y）の従業員を乙（A）は引き継ぐものとする。但し，勤務年数については，昭和60年7月25日以降の期間を引き継ぐものとする。」との条項が設けられていたものの，Yの従業員は上記契約書の締結に関与せず，締結後の平成5年12月にYの社長らから従業員に行われた説明でも，平成6年1月1日からAの従業員になること，及び基本的にYの労働条件をAが引き継ぐという内容が説明されたにすぎなかった（なお，使用者がYからAに変わるにあたり，Y社長らから「解雇する。」旨の発言もなかった）。X1及びX2は上記説明に際し明確な異議を申し出ず，平成6年1月1日以降A従業員として勤務を開始したものの，同年3月31日，いずれも自己都合によりAを退職した。Xらは，Yに対し，会社都合の退職金の支払いを求めて提訴した（なお，Yの給与規定では，会社都合の退職金支払事由として「会社の都合によって解雇したとき」と定められていた）。

【判決概要】「企業間において営業譲渡契約がなされるに当たり，譲渡する側の会社の従業員の雇用契約関係を，譲渡される側の会社がそのままあるいは範囲を限定して承継するためには，譲渡・譲受両会社におけるその旨の合意の成立に加え，従業員による同意ないし承諾を要すると解される。

そこで，本件においてX1及びX2による右の同意あるいは承諾が存したか否かについて検討する。右に認定した事実によれば，社長及び副社長は本件営業譲渡契約締結の事実につき，従業員を集団的に集めた状態で，事後的に，包括的・抽象的な説明を行ったのみであり，しかも，AがYから承継した従業員の勤続年数は大きく制限されていたにもかかわらず，それについての明確な説明がなされた事実も窺えないことからすれば，単にX1及びX2が右説明の際に明確な異議を申し出ず，平成6年1月1日からAの従業員として勤務を開始したことをもって，右にいう同意ないし承諾がなされたとは認められず，他にこれを認めるに足りる証拠もない。そうすると，YとX1及びX2の雇用契約関係は，Aには当然には承継されず，使用者がYからAに切替わる平成5年12月31日の時点でいずれも一旦終了したものであり，右両Xは，同日をもってYを退職したと理解できる。

また，右事実認定の下では，X1及びX2のY退職に当たり，Yによる解雇の意思表示が存したとは認められず，他にこれを認めるに足りる証拠もないので，右各Xの退職理由は，Yの退職の申込みを右各Xが承諾したことによるものであると理解するのが相当であり，合意退職と認められる。」

しかし，純然たる子会社や関連会社間の判断で，両者間に人材の交流がなく，グループ外の企業と同様に考えられる場合には拒否できると考えます。拒否できないと考えられるのは，特別の事情があり，労働契約の承継を拒否することが信義則に反する場合だけです。

(4) 企業グループ外の会社間

原則として，労働契約の承継を拒否できると考えます（裁判例として，東京日新学園事件＝東京高判平17.7.13労判899-19）。特別の事情があり，労働契約の承継を拒否することが信義則に反する場合のみ，拒否できないと考えます。

3 労働条件の切下げと労働契約の承継義務

労働契約の承継を事業譲渡元と譲渡先が合意したとしても，譲渡先の労働条件が譲渡元の労働条件よりも低くなる場合は，分けて考える必要があります。

労働契約の承継を拒否できるケースでは，新しい労働条件で新たに労働契約を締結することになりますから，従業員が転籍を拒否するか，新しい労働条件による転籍に同意するかだけの問題となります。

一方，労働契約の承継を拒否できないケースでは，新しい労働条件の提案内容が不合理であれば，譲渡先が実質的に承継を拒否したものとして，従前の労働条件により労働契約を承継したものとみなされることになると考えます。

しかし，事業譲渡は合併と違い，同一労働条件を包括的に承継しなければならないとする法的根拠はない以上，承継を拒否するために不合理な労働条件を設定しなければ，新たに設定された労働条件は許されるはずです。したがって，合理性のある労働条件を設定して労働契約の承継を合意すれば，信義則上の承継義務を履行したものと考えるべきです。合理性のある労働条件とは，第2節2で説明した内容を参考に考えることになります。

4 転籍を拒否した従業員はどうなるのか

事業譲渡元と譲渡先が労働契約の承継に合意したとしても，それに従業員が同意するかどうかは，現状では従業員の自由です（私見ですが，一部の労働者については，使用者が包括的同意で転籍命令権を取得すると考えられる場合は別です）。しかし，譲渡元に残った従業員の労働契約がどうなるかは別問題です。

(1) 事業譲渡元の会社が解散する場合

真実の解散であれば，その清算手続の中で転籍を拒否した労働者を有効に解雇することができます。この場合，労働者の退職は会社都合の取扱いになります。一方，転籍後に会社に不満があり退職する場合は自己都合の取扱いになるので，退職金を会社都合で取得するために転籍を拒否する労働者が実務では発生します。詳細は，第5章第11節を参照してください。

(2) 事業譲渡元の会社が存続する場合

分社化のような場合，転勤を前提としているゼネラリストは，社内配転による雇用継続を検討することになりますが，現地採用され勤務地が特定している従業員は，雇用の場が確保されていることになり，事業譲渡先の労働条件が合理的に設定されている場合，転籍を拒否すれば事業所および業務の消滅を理由に，解雇の対象（会社都合）になるといえます。しかし，不合理な労働条件であれば，解雇は無効となります（事業譲渡先に信義則上の労働契約の承継義務がある場合）。

なお，スペシャリストの場合は，他の事業所でその職種に応じた業務があれば転勤の検討対象となりますが，譲渡された事業にしか担当する業務がなければ，転籍を拒否すると，業務消滅を理由として解雇の対象になると考えます。この点は，勤務地が特定されている従業員と同様であるといえます。詳細は，

第6章／事業の再構築と従業員の転籍・解雇 ◀463

第1節 **3** を参照してください。

第5節　会社分割法制の施行と従業員の処遇

1　会社分割法制とはどのようなものか

平成12年改正以前の商法では，会社の分割について特別な規定が設けられていませんでした。しかし，一定の事業部門を分社化（図①）することは，従来の規定内でも可能であり実際に実施されていました。

その方法としては，会社法の次の方法を利用することができます。なお，ここでいう「分社化」とは，単なる事業譲渡ではなく，新会社の設立に伴い，新会社に事業の一部を移す場面を想定しています。

---

① 　事業を現物出資して新会社を設立する方法（28条1号）
② 　新会社を設立後，新会社に新株を発行させて事業を現物出資する方法（199条1項3号）
③ 　新会社が財産引受けの形で事業譲渡を受ける方法（28条2号）
④ 　新会社が事後設立の形で事業譲渡を受ける方法（467条1項5号）

この点は，会社分割法制が施行された後でも変わりありません。しかし，検査役の調査期間が数カ月かかり，速やかに分社化が実現せず，またその調査のために一定期間の営業停止の措置をとる必要があるなど，多くの問題が指摘されていました（事前に裁判所と十分な相談をすることにより，営業停止の措置をとることなく，検査役の調査を終えた事例もあります）。そのため，2年以上前に設立された休眠会社を復活させて，事業譲渡の方法で検査役の問題を回避する例もみられることがありました。

一方，会社分割は，従来はすることができませんでした。会社分割を可能とするため法制化が進められたのが，会社分割法制です。

会社分割法制では，次の①・②の2通りの会社分割が認められます。

① 分割により設立した会社に，分割する会社の権利義務関係の一部を承継させる新設分割（図②・図①の分社型も含む）
② すでに存在する他の会社に，分割する会社の権利義務関係の一部を承継させる吸収分割（図④・図③の分社型も含む）

会社分割の仕組み

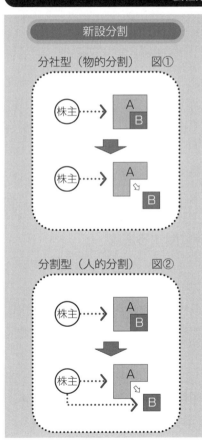

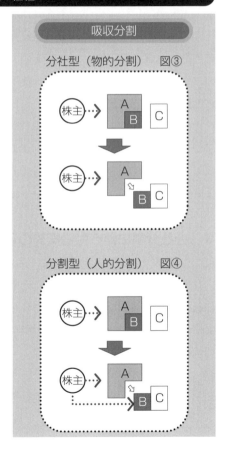

2　会社分割では労働契約も当然に承継される

　会社分割は，合併と表裏一体の関係にあり，法的性質は同一だといえます。つまり，分割契約（または分割計画。以下「分割契約等」）に吸収（設立）する会社（以下「承継会社等」）が分割する会社より承継する財産および債務として定められた権利義務関係は，すべて承継会社等に包括承継されることになります（労働条件は従来の労働条件と同一です）。

　この論理から考えれば，労働契約も分割契約等に記載されれば，分割とともに当然に承継されることになります。そして，分割契約等に記載する権利義務の決定は使用者が行いますから，使用者の意思のみによって承継される労働者の範囲が決まることになります。

　そのため，承継を希望する労働者が承継を拒否され，承継を希望しない労働者が承継されるという事態の発生が予測されます。そこで，使用者の意思で作成された分割契約等の記載で，形式的に労働契約の承継の有無が決まることによる労働者の不利益を回避するために，承継基準が法定されています。

3　会社分割に伴う労働契約の承継等に関する法律

　会社分割法制の導入に伴って，分割した会社の権利義務関係は，承継会社等に包括承継されるため，労働契約の承継について，労働者保護の観点からの特別措置として，会社分割に伴う労働契約の承継等に関する法律（以下「労働契約承継法」）が制定されています[*]。

---

①　分割により承継される事業に主として従事する労働者（以下「主従事労働者」）の労働契約については，分割契約等の記載に従って承継される。
②　主従事労働者であって，その労働契約が承継されない労働者については，労働契約を承継させないことについて異議を申し出ることができ

る。異議を申し出たときは，その労働契約は承継会社等に承継される。
③ 主従事労働者以外の労働者であって承継会社等に承継される労働者（承継非主従事労働者）の労働契約の承継については，労働契約を承継させることについて異議を申し出ることができる。異議を申し出たときは，その労働契約は承継会社等に承継されない。

* この労働契約の承継に関する特別措置は，あくまでも会社分割に伴う労働契約の承継を対象とするもので，事業譲渡や企業グループの人材活用のための労働契約の承継（転籍）に適用されるものではありません。

会社分割の具体例

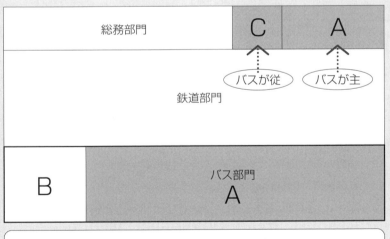

4 主従事労働者の範囲とは

主従事労働者の範囲については，労働契約承継法指針（平12労告127号）に定められています。

(1) 分割契約等を締結し，または作成する日における判断

---

① 分割契約等を締結し，または作成する日において，承継される事業にもっぱら従事する労働者は，前頁の図Ａの労働者に該当する。

② 当該労働者が承継される事業以外の事業にも従事している場合は，それぞれの事業に従事する時間，それぞれの事業における当該労働者の果たしている役割などを総合的に判断して，当該労働者が承継される事業に主として従事しているか否かを決定する。

③ 総務・人事・経理・銀行業における資産運用などの間接部門に従事する労働者であって，承継される事業のためにもっぱら従事している労働者は，図Ａの労働者に該当する。

　この場合において，当該労働者が承継される事業以外の事業のためにも従事している場合は，②によって判断できるときにはこれによる。当該労働者が，いずれの事業のために従事するかの区別なくして間接部門に従事している場合で，②によっては判断できないときは，特段の事情のない限り，当該判断できない労働者を除いた分割会社の雇用する労働者の総数の過半数の労働者にかかる労働契約が承継会社等に承継される場合に限り，当該労働者は，図Ａの労働者に該当する。

---

(2) 分割契約等を締結し，または作成する日で判断することが適当でない場合

① 分割契約等を締結し，または作成する日において主従事労働者であっても，分割会社が研修命令，応援命令，一定の期間で終了する企画業務への従事命令等，臨時的または一時的な目的で承継される事業に当該労働者を従事させた場合であって，その命令による業務が終了した場合には，主従事労働者でなくなることが明らかな労働者は，図Aの労働者に該当しない。

また，育児等のために承継される事業からの配転を希望する労働者等であって，分割契約等を締結し，または作成する日以前の分割会社との間の合意により当該日後に主従事労働者でなくなることが明らかな者は，図Aの労働者に該当しない。

② 分割契約等を締結し，または作成する日前において主従事労働者であった者であって，分割会社が研修命令，応援命令，一定の期間で終了する企画業務への従事命令等，臨時的または一時的な目的で承継される事業以外の事業に主として従事するよう命じ，その命令による業務が終了した場合には主従事労働者となることが明らかな労働者は，図Aの労働者に該当する。

分割契約等を締結し，または作成する日前において主従事労働者であった者であって，その後休業することとなり，分割契約等を締結し，または作成する日では主従事労働者でなくなったものの，休業から復帰する場合は，再度，主従事労働者となることが明らかな労働者は，図Aの労働者に該当する。

採用内定者，育児等のための配転希望者等，分割契約等を締結し，または作成する日では主従事労働者でなかった者であっても，当該時点において，すでにその後に主従事労働者となることが明らかである場合は，図Aの労働者に該当する。

③　過去の勤務の実態から判断して，その労働契約が承継会社等に承継さ
れるべき，または承継されないべきことが明らかな労働者に関し，分
割会社が合理的理由なく会社分割の効力発生日以後に当該労働者を承
継会社または分割会社から排除することを目的として当該効力発生日
前に配転等を意図的に行った場合における当該労働者が図Aの労働者
に該当するか否かの判断については，当該過去の勤務実態に基づくべ
きである。

5　労働契約のみ承継するパターン

　前述したように，会社分割によって分割の対象となるのは，会社が「その事
業に関して有する権利義務の全部または一部」であり，「その事業に関して有す
る権利義務」とは，客観的意義の事業および事業活動に関して会社が保有して
いる個別の権利および義務をいいます（相澤哲，葉玉匡美，郡谷大輔編著『論
点解説　新・会社法』668頁，商事法務）。

　この点，会社法制定前は，会社分割の対象は，「営業の全部又は一部」とされ
ており（旧商法373条・374条の16），「営業」の概念によって縛られていました。
そして，「営業」とは「一定の営業目的のために組織され，有機的一体として機
能する財産」をいい，単なる営業用財産や権利義務の集合では足りないと解釈
されていました（最判昭40.9.22民集19-6-1600）。

　このように分割の対象に，「営業」の概念が要求されていたのは，会社分割に
おいては契約上の地位の移転（労働契約の移転も含む）の場合にも相手方の同
意を要せず，債務の免責的移転についても債権者の個別の同意を要しないとこ
ろ，これらは承継の対象が営業とされ，営業が継続されることにより，実質的
な妥当性が保証される（労働者の雇用の場を確保することができるという利点
もある）からであると解されていました（原田晃治「会社分割法制の創設につ
いて〔上〕平成12年改正商法の解説」商事法務1563-12）。

第6章／事業の再構築と従業員の転籍・解雇 471

　しかしながら，会社分割においては事前，事後の開示手続や債権者に対する通知等の保護手続が用意されており，「営業」概念によって債権者の保護を図る必要性は乏しく，また，「営業」に該当するか否かの判断は容易でなく法的安定性を損なう可能性があることなどから，会社法においては，上記のとおり，会社が「その事業に関して有する権利義務の全部または一部」（会社法2条29号・30号）とされ，「営業」の承継は会社分割の要件ではなくなりました（前掲『論点解説　新・会社法』668頁以下，相澤哲『立案担当者による新・会社法の解説』別冊商事法務295号182頁以下）。

　＊　ただし，主従事労働者に該当するか否かについては承継会社等に承継される事業を単位として判断するものであること，その際，当該事業の解釈にあたっては，労働者の雇用および職務を確保するといった法の労働者保護の趣旨を踏まえつつ，「一定の事業目的のために組織化され，有機的一体として機能する財産」であることを基本とすることが，労働契約承継法指針に追記されています（平28厚労告317号）。

　したがって，事業に至らない単なる事業用の資産（たとえば，不動産や工作機械等）や取引契約を分割の対象とすることもできますし，労働契約を分割対象の主な権利義務とすることもできます（資産譲渡契約や地位譲渡契約等の締結によって目的が達成できる場合に，あえて手続的に複雑な会社分割を用いる必要性はありません）。

　実務上も，主要な顧客から受託している業務を切り出す場合に，当該受託業務に係る業務委託契約と当該受託業務に従事している多数の従業員との労働契約を分割の対象とすることがありますが，この場合の承継の対象となる権利義務の大半は，当該従業員との労働契約となります。

　また，もっぱら労働契約のみを承継の対象とする会社分割も可能と解されています。この場合，対象となる労働者は，「承継される事業に全く従事していない労働者」として取り扱われます。したがって，労働契約の承継については異議を申し出ることができ，当該申出があった場合には，その労働契約は承継会社等に承継されないということになります（労働契約承継法指針）。

6 承継と雇用形態

(1) 直契約の労働者

　会社分割が行われた場合に，労働契約が承継会社等に承継されるか否の問題は，分割会社と直契約を締結している労働者に発生します。直契約であれば，正社員・パートタイマー・有期契約労働者・契約社員などの雇用形態の違いは関係ありません。

(2) 出向者

　出向者も，出向先である分割会社と労働契約が締結されていますので，直契約者と同様，承継するか否かの対象者に該当することになります。

　なお，吸収分割の場合で，指揮命令者が大きく変更することになる場合には，出向元への復帰要求ができると考えます。

(3) 派遣労働者

　派遣労働者については，派遣先である分割会社との間に労働契約を締結していないため，労働契約の承継の問題は発生しません。派遣労働者が承継会社等で使用されるか否かは，派遣元，派遣先および承継会社等の三者の協議に基づくことになります。

7 承継トラブルの解決機関

　労働契約承継法による承継につき，主従事労働者に該当するか否かをめぐって当事者間にトラブルが発生した場合，その解決機関は司法裁判所ということになります。労働局や労基署などの労働行政機関は，何ら紛争解決に援助してくれません。これは，労働契約承継法が，会社分割法制（会社法）に由来するため，労働民法の性格を有しており，労働行政法に該当しないためです。

第6章／事業の再構築と従業員の転籍・解雇 ◀473

＊　これは，承継トラブルにつき，労基署による助言・指導，勧告，企業名公表などの間
　接強制システムはないという意味です。この場合でも，個別労働紛争解決促進法は適用
　されるため，労働局長による助言・指導，あっせんは受けることができます。

8　会社分割の際の労働者保護手続の重要性

(1)　労働者との協議（商法等改正法附則5条）

　会社分割が定められた旧商法の改正に際し，商法等改正法附則5条（平成12年法律第90号）は，労働契約の取扱いに関する措置として，以下のように定めています（平成17年法律第87号により改正）。

> 第5条　会社法の規定に基づく会社分割に伴う労働契約の承継に関しては，
> 　　会社分割をする会社は，会社分割に伴う労働契約の承継等に関する法律
> 　　第2条第1項の規定による通知をすべき日までに，労働者と協議するも
> 　　のとする。
> 2　前項に規定するもののほか，同項の労働契約の承継に関連して必要と
> 　　なる労働者の保護に関しては，別に法律で定める。

　分割会社は，労働者に対し，当該労働者が勤務することとなる会社の概要，分割会社および承継会社等の債務の履行の見込みに関する事項，当該労働者が主従事労働者に該当するか否かの考え方等を十分に説明し，本人の希望を聴取したうえで，労働契約の承継の有無，承継するとした場合または承継しないとした場合の当該労働者が従事することを予定する業務の内容，就業場所その他の就業形態等について協議をするものとされています（労働契約承継法指針[＊]）。

＊　この協議の対象者については，承継される事業に従事している労働者に加え，承継さ
　れる事業に従事していない労働者であって承継会社等に承継される者も含まれることが
　労働契約承継法指針に追記されています（平28厚労告317号）。

(2) 労働者への通知（労働契約承継法2条）

商法等改正法附則5条2項を受けて，労働契約承継法が定められていますが，同法では，まず，会社は，主従事労働者，および主従事労働者ではない労働者であって承継する旨の定めがある労働者に対し，以下の事項を通知しなければならないと規定されています（労働契約承継法2条，同法施行規則1条[*]）。

- 労働契約の承継の有無
- 異議申出期限日
- 承継される事業の概要
- 分割会社および承継会社の商号・住所・事業内容・労働者数
- 効力発生日
- 当該労働者が従事する予定の業務内容・就業場所・その他の就業形態等

[*] 分割に伴う権利義務の承継の対象とされていない労働契約について，個別に転籍合意により移転する場合であっても，同条の通知および商法等改正法附則5条の協議等の手続は省略できないことが労働契約承継法指針に追記されています（平28厚労告317号）。

(3) 労働者の理解と協力を得る努力義務

分割会社は，過半数組合あるいは過半数代表者との協議等によって，以下の事項について，労働者の理解と協力を得るよう努めるという努力義務が定められています（労働契約承継法7条，同法施行規則4条，労働契約承継法指針）。

- 会社分割をする背景および理由
- 分割会社および承継会社等の債務の履行の見込みに関する事項
- 主従事労働者に該当するか否かの判断基準
- 労働協約の承継に関する事項
- 労働関係上の問題を解決するための手続

(4) いかなる場合に労働契約承継の効力を争うことができるか

　会社分割に際しては個々の労働者の同意を得ずに地位の移転が認められるため，労働者保護の観点から以上の手続が定められていますが，これらの手続違反があることを理由に会社分割を無効とし，分割会社との間での労働契約上の権利を争った事案があります。以下では，日本アイ・ビー・エム事件とエイボン・プロダクツ事件について説明していきます。

ア　日本アイ・ビー・エム事件

(ア)　地裁判決（横浜地判平19.5.29労判942-5）

　裁判所は，「（商法等改正法附則）5条協議を全く行わなかった場合又は実質的にこれと同視し得る場合には会社分割の無効と原因となり得ると解される」との解釈を示しています。また，労働契約承継法7条の協議については，同協議が努力義務を課したにとどまるとしたうえで，「仮に7条措置の不履行が分割の無効原因となり得るとしても，分割会社が，この努力を全く行わなかった場合又は実質的にこれと同視し得る場合に限られるというべき」とし，独自の解釈を示しています。結局は，事実認定を通して協議義務違反はなく，会社分割の無効原因はないと判断していますが，7条協議に関する同裁判所の解釈には疑問があります。

　会社分割は組織法上のもので，その無効については提訴権者や提訴期間が制限され，会社分割から派生する多数の法律関係を早期に確定させ手続の安定が図られるようになっています。商法等改正法附則5条協議は，部分的包括承継として地位の移転を余儀なくされる労働者の保護のためのものであり，会社分割に際しての組織法上の手続として義務づけられていますので，その手続違反は一定の限度で会社分割の無効原因となることは理解できます（無効となるといっても絶対的無効か相対的無効かの議論もあります）。

　しかし，労働契約承継法は，本来労働者の地位の移転については個別の労働者の同意を必要とするところ，承継される事業に主として従事する労働者につ

いてはそれを要しないとするもので，民法625条1項の特別法です。そして，7条協議は同法に定められ，かつ努力義務とされていること，および承継される事業に従事する個別労働者の保護のための手続である5条協議と異なり，7条協議は会社の分割に際し分割会社に勤務する労働者全体の理解と協力を得るためのものとされていることに鑑みると，5条協議と7条協議を同質のものとみることはできず，7条協議手続の違反が会社分割の無効に結びつくとは考えがたいといえます。同事件は控訴されており，これらの点について上級審での判断が待たれるところです。

なお，7条協議手続の違反がある場合，上記のとおり会社分割の無効にはならないと考えますが，転籍を拒否した労働者に対する解雇の場面で，会社分割への労働者の理解と協力を得るための努力がなされなかった点が，当該解雇の社会的相当性の有無において議論されると考えます。

㈡ 高裁判決（東京高判平20.6.26労判963-16）

上記㈠が本書の初版時の状況でしたが，その後，控訴審は，次のとおり説示しました。

「本件改正法附則5条違反の効果を定めた明文の規定はなく，その効果は解釈に委ねられているというほかない。そこで検討するに，分割会社が5条協議義務に違反したときは，分割手続の瑕疵となり，特に分割会社が5条協議を全く行わなかった場合又は実質的にこれと同視し得る場合には，分割の無効原因となり得るものと解されるが，その義務違反が一部の労働者との間で生じたにすぎない場合等に，これを分割無効の原因とするのは相当でなく，将来の労働契約上の債権を有するにすぎない労働者には分割無効の訴えの提起権が認められていないと解されることからしても，5条協議義務違反があった場合には，一定の要件の下に，労働契約の承継に異議のある労働者について，分割会社との間で労働契約の承継の効力を争うことができるようにして個別の解決が図られるべきものである。そして，会社分割においては，承継営業に主として従事する労働者等の労働契約を含め分割計画書に記載されたすべての権利義務が包

括的に新設会社に承継される仕組みが取られており，会社分割制度においては，その制度目的から，会社分割により労働契約が承継される新設会社が分割会社より規模，資本力等において劣ることになるといった，会社分割により通常生じると想定される事態がもたらす可能性のある不利益は当該労働者において甘受すべきものとされているものと考えられること，分割手続に瑕疵がありこれが分割無効原因になるときは分割無効の訴えによらなければこれを主張できないとされており，個々の労働者に労働契約の承継の効果を争わせることは，この分割無効の訴えの制度の例外を認めるものであり，会社分割によって形成された法律関係の安定を阻害するものであることを考慮すれば，労働者が5条協議義務違反を主張して労働契約の承継の効果を争うことができるのは，このような会社分割による権利義務の承継関係の早期確定と安定の要請を考慮してもなお労働者の利益保護を優先させる必要があると考えられる場合に限定されるというべきである。

　この見地に立ってみれば，会社分割による労働契約の承継に異議のある労働者は，分割会社が，5条協議を全く行わなかった場合若しくは実質的にこれと同視し得る場合，または，5条協議の態様，内容がこれを義務づけた上記規定の趣旨を没却するものであり，そのため，当該労働者が会社分割により通常生じると想定される事態がもたらす可能性のある不利益を超える著しい不利益を被ることとなる場合に限って，当該労働者に係る労働契約を承継対象として分割計画書に記載する要件が欠けていることを主張して，分割会社との関係で，労働契約の承継の効果を争うことができるものと解するのが相当であるというべきである。」

(ウ)　最高裁判決（最判平22.7.12労判1010-5）

　そして，上告審である最高裁は，次のとおり判断しました。

　「（1）　新設分割の方法による会社の分割は，会社がその営業の全部又は一部を設立する会社に承継させるものである（商法373条。以下，会社の分割を行う会社を「分割会社」，新設分割によって設立される会社を「設立会社」とい

う。）。これは，営業を単位として行われる設立会社への権利義務の包括承継であるが，個々の労働者の労働契約の承継については，分割会社が作成する分割計画書への記載の有無によって基本的に定められる（商法374条）。そして，承継対象となる営業に主として従事する労働者が上記記載をされたときには当然に労働契約承継の効力が生じ（承継法3条），当該労働者が上記記載をされないときには異議を申し出ることによって労働契約承継の効力が生じる（承継法4条）。また，上記営業に主として従事する労働者以外の労働者が上記記載をされたときには，異議を申し出ることによって労働契約の承継から免れるものとされている（承継法5条）。

（2）　法は，労働契約の承継につき以上のように定める一方で，5条協議として，会社の分割に伴う労働契約の承継に関し，分割計画書等を本店に備え置くべき日までに労働者と協議をすることを分割会社に求めている（商法等改正法附則5条1項）。これは，上記労働契約の承継のいかんが労働者の地位に重大な変更をもたらし得るものであることから，分割会社が分割計画書を作成して個々の労働者の労働契約の承継について決定するに先立ち，承継される営業に従事する個々の労働者との間で協議を行わせ，当該労働者の希望等をも踏まえつつ分割会社に承継の判断をさせることによって，労働者の保護を図ろうとする趣旨に出たものと解される。

ところで，承継法3条所定の場合には労働者はその労働契約の承継に係る分割会社の決定に対して異議を申し出ることができない立場にあるが，上記のような5条協議の趣旨からすると，承継法3条は適正に5条協議が行われ当該労働者の保護が図られていることを当然の前提としているものと解される。この点に照らすと，上記立場にある特定の労働者との関係において5条協議が全く行われなかったときには，当該労働者は承継法3条の定める労働契約承継の効力を争うことができるものと解するのが相当である。

また，5条協議が行われた場合であっても，その際の分割会社からの説明や協議の内容が著しく不十分であるため，法が5条協議を求めた趣旨に反することが明らかな場合には，分割会社に5条協議義務の違反があったと評価してよ

く，当該労働者は承継法3条の定める労働契約承継の効力を争うことができるというべきである。

（3）他方，分割会社は，7条措置として，会社の分割に当たり，その雇用する労働者の理解と協力を得るよう努めるものとされているが（承継法7条），これは分割会社に対して努力義務を課したものと解され，これに違反したこと自体は労働契約承継の効力を左右する事由になるものではない。7条措置において十分な情報提供等がされなかったがために5条協議がその実質を欠くことになったといった特段の事情がある場合に，5条協議義務違反の有無を判断する一事情として7条措置のいかんが問題になるにとどまるものというべきである。」

すなわち，高裁判決のような解釈ではなく，商法等改正法附則5条1項と労働契約承継法の関係（法的構成）として説明し，承継法3条の定める労働契約承継の効力を争う手法を肯定しました。

また，同効力を争うことのできる場合を，①5条協議が全く行われなかったとき，②5条協議が行われた場合であっても，その際の分割会社からの説明や協議の内容が著しく不十分であるため，法が5条協議を求めた趣旨に反することが明らかな場合として，地裁判決および高裁判決よりも広くとらえています。この最高裁判決により，労働者保護手続とその違反の効果に関する論点は解決したものといえます。

イ　エイボン・プロダクツ事件＝東京地判平29.3.28労判1164-71 ［控訴審にて和解成立］

会社法上の新設分割の方法による工場の分社化において，新設会社に労働契約を承継するとされた労働者（原告）が，分割会社（被告）に対し，手続に瑕疵があるので労働契約の承継の効力を争うことができると主張して，労働契約上の権利を有する地位にあることの確認等を求めた事案において，裁判所は，前記日本アイ・ビー・エム事件最高裁判決を引用したうえで，以下のとおり説示し，原告が被告に対し労働契約上の権利を有する地位にあると判断しました。

「被告は，上記期限（筆者注：本件会社分割に関して5条協議を実施すべき期

限）までに，本件会社分割に関して，①A元社長が平成24年4月9日から同月25日にかけて，一定の役職にある者や，その他の一般従業員に対し，OEM市場への参入等によるビジネス拡大を実現するために本件会社分割を実施することを決定した旨を公表したほか，②B工場長が，同年5月上旬頃，厚木工場での朝礼で，原告の含む従業員に対し，OEM市場への参入等を目的として同工場が分社化されるが，従業員の労働条件（勤務場所，業務内容及び賃金の額等）には特段変更がない旨を説明し，③さらに，同年6月4日に，同日付けの本件通知書で，原告について，その労働契約が被告からａ社に承継されることが決定された旨を通知した後であるが，同月7日，被告の人事労務担当者であるＣが，原告を含む厚木工場の従業員に対し，被告の生産・物流本部に属する従業員全員の労働契約がａ社に承継されること，労働契約を承継されない者については一定の期間異議申立てをすることができるが，労働契約を承継されると決定された者については承継されたくない旨を申し立てることはできないこと，何か不明な点があれば個別の質問を受け付ける旨を説明したことが認められる。

　これらの事実を総合すれば，被告は…通知期限日までに，原告に対して，少なくとも，本件会社分割の目的（OEM市場への参入等によるビジネス拡大等）や，それによる労働条件（勤務場所，業務内容及び賃金の額等）の変更が特段ない旨を大まかに説明していたものといえる。」

　「その上で，分割後の会社（ａ社）の概要等に関する上記のような大まかな説明を踏まえて，原告が労働契約をａ社に承継されることに関する希望を被告から聴取されたかどうか，さらにそのような希望聴取の上で原告の労働契約の承継の有無や就業形態等につき協議がされたかどうかについてみるに，前記認定事実によれば，①5条協議に係る個別協議の実施が当初予定されていた平成24年5月中旬と同時期頃（同月7日から同月22日頃）に，被告は，B工場長を通じて，原告に対し，退職勧奨を行っており，②しかも，B工場長は，そのような退職勧奨に対抗すべく労働組合に加入した原告に対し，同月31日，労働組合に加入したところで原告の雇用が守られることはなく，解決に時間を要するばかりか，かえって仕事を割り当てられないというような形でもって冷遇される

にすぎず，他方で，原告自らの考えで労働組合を脱退したことにすれば，被告からの退職勧奨をなかったものとして原告をリストラの対象から外すとともに，同工場長がａ社の最高責任者（代表取締役）としてａ社において原告の雇用を守る旨を約束し，③これを受けて，原告は，同日のうちに労働組合を脱退して，その４日後である同年６月４日に，本件通知書にあるとおり，原告の労働契約が被告からａ社に承継されることが決定した旨が原告に通知されたという事実経過がある。

　これら一連の経過に鑑みれば，原告は，自身の労働契約について，Ｂ工場長との上記面談等を通じて，本件会社分割に伴う労働契約の承継に関する希望を聴取されたのではなく，むしろ，労働組合に加入したまま，冷遇されつつも，被告に対してリストラの不当性を訴えて争い続けるか，それとも，労働組合を脱退してａ社の代表取締役に就任する予定であるＢ工場長の庇護の下でａ社の従業員として勤務するかの選択を迫られる中で，後者の道を選ばざるを得ないと考えるに至ったにすぎないものといえる。

　そうすると，原告は，被告から本件会社分割の目的や，それによる労働条件の変更が特段ない旨を他の従業員と一緒に大まかに説明されてはいたものの，結局のところ，原告とＢ工場長との間の個別の話合いにおいては，リストラや，労働組合に加入してリストラに抗うことでもって不利益を被る蓋然性が高いことを示唆される中で，労働組合を脱退することと引替えに労働契約のａ社への承継の選択を迫られたにすぎず，そのような話合いの内容は，原告が労働契約をａ社に承継されることに関する希望の聴取とは程遠く，これをもって５条協議というに値するか甚だ疑問であるし，少なくとも，法が同協議を求めた趣旨に反することが明らかであると認められる。」

　「被告は，必ずしも５条協議について個別の協議が必須とされるものではなく，仮に原被告間で個別の協議がされなかったとしても，本件の場合，原告がａ社との雇用契約書の署名捺印の上でこれらを提出し，労働契約の承継に同意しており，もはや個別面談の実施が必須の状況になかったと考えられることからすると，被告において，承継法が５条協議を求めた趣旨に反するものと評価

されるいわれはない旨を主張する。

　しかしながら，本件指針は，5条協議につき，承継される営業に従事する労働者に対し，当該分割後に当該労働者が勤務する会社の概要や当該労働者が上記営業に主として従事する労働者に該当するか否かを説明し，その希望を聴取した上で，当該労働者に係る労働契約の承継の有無や就業形態等につき協議すべきであるとして，その協議の内容及びプロセスを重視するものであるところ，被告の上記主張は，その点を看過して，要するに承継に関する同意さえあるならば，承継に係る協議は，個別のものであろうが，そうでなかろうが，その内容や存在を重視する必要はないというに等しく，本末転倒であって，上記のとおり，協議の内容及びプロセスを重視し，他方で，承継の有効要件として労働者の同意まで求めるものではない法の趣旨目的を蔑ろにするもので，失当というほかない。」

　「以上によれば，本件会社分割に伴って原被告間でもたれた話合いの内容は，少なくとも，法が5条協議を求めた趣旨に反することが明らかであるから，原告は，本件会社分割による被告からa社への労働契約承継の効力を争うことができるものといえる。」

　上記裁判例について，荒木尚志教授は「エイボン・プロダクツ判決で注目されるのは，最高裁が，5条協議が①全くない②著しく不十分の2ケースに承継の効力を争えるとしていたところ，労働組合法に反するようなやり取りがされるなど，協議プロセスに問題がある場合も，②に含まれるとした点である。会社分割において5条協議がなされる重要性が高まってきている。」とコメントしています（日本経済新聞　平成29年7月10日朝刊）。

9　事業活動のみ分割対象とし労働者については転籍で異動させる手法の問題点

　くり返し述べているとおり，会社分割の対象は，会社がその事業に関して有する権利義務の一部でよいとされています。したがって，分割対象は事業活動のみとし，労働者については個別に転籍同意をとって，承継会社等に異動させ

るということもできます。この場合，転籍同意をとる際に，労働条件を変更することについても同意をとることが考えられます。

　また，労働条件を変更することについて労働者が同意しなくても，承継会社等に労働者の4分の3以上が所属する労働組合があり，会社と労働組合との間に信頼関係があれば，労働協約の効力により，労働条件の不利益変更が実現してしまいます（労組法16条・17条）。

　しかし，このようにすると，主従事労働者は，本来，労働条件を変更することなく承継会社等に異動できるにもかかわらず，労働条件の変更を余儀なくされることになり，法の趣旨を潜脱することになってしまいます。

　この点について問題点を指摘したのが阪神バス〔勤務配慮・本訴〕事件＝神戸地尼崎支判平26.4.22労判1096-44です。

　同事件は，A社（分割会社）において主にバス事業に従事し，排便・排尿が困難となる障害を有することを理由に，勤務シフト上の配慮を受けていた原告が，会社分割により同社のバス事業を承継した被告に転籍した後（労働契約は分割対象から除外），被告において上記勤務配慮を行わなくなったことが公序良俗に反するなどと主張して，被告に対し，従前どおりの配慮された勤務シフトに基づく勤務以外の勤務をする義務のない地位にあることの確認等を求めた事案です。

　裁判所は，A社は，①A社を退社して被告に転籍するか，②A社を退職するか，③被告以外での就労を希望するかの三者択一の回答を求めたのであって，「その中にA社との間の従前の労働契約をそのまま被告に承継させるという選択肢はなく，そのような選択が可能であるとの説明もされなかった」のであり，また「異議申出の前提となる同法（筆者注：労働契約承継法）所定の通知の手続を省略し，…原告の利益を一方的に奪ったもの」であり，「かかる手続は，原告の意思を尊重する手続であるどころか，本件労働契約1（筆者注：A社との間の契約）をそのまま承継してもらいたいという原告の利益を無視し，同法の手続による場合よりも明らかに原告の地位を不利益にするものであるといえる」のであって，A社との間の本件労働契約1を合意解約し，被告との間で，

勤務配慮は原則として認めないことなど内容とする新たな本件労働契約2を締結して被告に転籍するという手続は，労働契約承継法によって保障された，本件労働契約1がそのまま被告に承継されるという原告の利益を奪うものであり，同法の趣旨を潜脱するものといわざるをえず，本件労働契約1の合意解約および本件労働契約2はいずれも公序良俗に反し無効であり，本件労働契約1は，原告が適法に同法4条1項所定の異議申出を行った場合と同様に，そのまま承継会社である被告に承継されると判示しました。

　上記は妥当な結論であると考えます。実務では，法律が，労働条件の同一承継を保障している趣旨を十分に考慮する必要があります。

第6節　会社の破産・再生と従業員の処遇

1　破産手続の場合

　会社は，支払不能や債務超過により破産手続開始の決定がなされた時に解散し，破産手続の終了時に法人格が消滅します。その場合，会社（法人）そのものがなくなりますので，そこに雇用されていた労働者も解雇されることになりますが，その解雇は有効となります（第5章第11節参照）。

　なお，その破産会社の事業が別会社に譲渡され，その譲渡先が親会社等の同一の企業グループに属する場合，第4節において説明したような問題があることには注意してください。

2　民事再生手続や会社更生手続の場合

　会社（法人）を清算する破産手続ではなく，会社再建を目指して民事再生手続や会社更生手続をとり，従来の事業を継続する場合があります。この手続の中で行われる人員削減について，従来の整理解雇法理がそのまま適用されるかは十分に検討されるべきと考えています。

　というのは，従来の整理解雇法理は，経営難で倒産の危機に瀕したときに，コストカットや資産売却をし，さらには人員削減をしてでも，倒産を免れて企業を存続させようとするときに議論された論理です。会社を船に例えるならば，嵐が来て船が沈む危機に直面したときに，不要不急の物や荷物を捨てて軽くし，それでも駄目なら言葉は悪いですが，働きの悪い船員を海に投げ込んででも，残りの船員とともに船が生き残ろうとすることといえます。

　一方で，民事再生手続や会社更生手続下に入った会社は，いうなれば一度沈没した船です。この船に乗船する船員は，船もろとも一度海に沈んで助からなかったのです。それを会社の債権者が支払猶予や債権額のカット，株式の消却

等を通して，それでも駄目ならば多くの金融機関の支援を受けて，再度船を海面上に引き上げるのが，民事再生手続や会社更生手続といえます。

　したがって，まだ沈没していない船がそれを免れるためにする人員削減などに対する整理解雇法理が，すでに沈んでしまった船を引き上げるためにする人員削減などにそのまま適用されるとはいいがたい面があると考えています。

　裁判例でも，会社更生手続中の航空会社の客室乗務員に対して整理解雇がなされた事案（日本航空客室乗務員解雇事件＝東京地判平24.3.30労経速2143-3[控訴棄却，上告棄却・不受理]）において，「被告は，いわば一旦沈んだ船であり，二度と沈まないように，大幅な事業規模の縮小に伴う適正規模の人員体制への移行を内容とする事業再生計画を策定することが必要不可欠であったということができる」などとして，解雇有効とされています。

　仮に整理解雇法理の適用があるとしても，その4要素についてみれば，企業が高度の経営危機下にあるというより，すでに一度倒産したものですから，会社再建のため人員整理を緊急に行う必要があり，解雇回避措置は軽度で足り，労働組合との協議も必要ですが通常よりも迅速な手法が認められるといえます。したがって，この場合のポイントは，人選の合理性にあると考えます。

　この点に関し，中島弘雅教授は，次のように会社更生と整理解雇問題につき自説を展開しており，筆者としても検討に値する議論であると考えています（「JALの会社更生と整理解雇問題」金融・商事判例1358-1）。

　「再建型倒産手続である民事再生や会社更生手続では，多くの場合，会社の事業は清算されないから，整理解雇法理は適用されるものと解される。
2　しかし，だからといって，倒産手続に入っていない使用者に適用される整理解雇法理と，倒産手続開始後の使用者に適用されるそれとが，全く同一内容のものかどうかは別問題である。債務者が倒産手続に入ると，債務者がそれまで形成してきた実体的法律関係は何らかの形で整理されるが，その場合に適用されるのは，従来の『平時実体法』ではなく，『戦時実体法』ともいうべき『倒産実体法』である。つまり，倒産手続開始により債務者に適用されるべき実体法が，『倒産法的変容』を受けるのである。実は，このことは労働法にもあては

まる。すなわち，我々が一般に『労働法』と呼んでいるのは，倒産手続開始前の使用者を念頭に置いた，いわば『平時労働法』であり，使用者が倒産手続に入ったときに適用されるのは，倒産法的変容を受けた『戦時労働法』ないし『倒産労働法』なのである。したがって，例えば，整理解雇4要件のうちの③解雇対象者選定の妥当性の判断にあたっても，民事再生や会社更生手続の開始後は，『平時』のときとは異なり，当該解雇対象者が，その事業の再生・更生に必要不可欠な人材かどうかという観点こそが重要となる。したがって，再生債務者・更生会社たる使用者が，かかる観点から解雇対象者を選別し，個々の従業員の個別事情をあまり考慮しなかったとしても，必ずしも違法とはいえないのである。これが『平時労働法』の倒産法的変容である。」

　ところで，民事再生手続下における整理解雇の有効性を争った事案で，整理解雇法理の4要素が適用されると説示する裁判例があります（山田紡績事件＝名古屋高判平18.1.17労判909-5，名古屋地判平17.2.23労判892-42）。

　しかし，この事件の事実関係を紐解くと，あまりにも杜撰かつ非常識ともいえる会社の対応があり，それが同事件を担当した裁判官の心証に大きく影響しているものと考えるほかありません。同事案では，組合長も傍聴する債権者説明会で，会社は紡績業の再生が可能とする資料を配付し，会長自身も紡績業は存続させるという基本方針を表明する一方で，当初から紡績業の廃業を見込んでいた会長は，紡績業の廃業を見越して何カ月か先の受注を手控えるよう営業担当者に指示していました。また組合との団体交渉でも，会長は，紡績業の存続を改めて表明する一方で，定例の経営会議では，紡績業の年内終了に触れ，裁判所における再生の開始決定まで内緒にするよう発言していました。さらに，同再生手続の監督委員も，報告書の中で，会社が所有する土地および建物の有効利用さえできれば再生は可能と認められるとするのみで，紡績業全部の廃業を肯定する記述はありませんでした。

　そうした中，裁判所は会社に対して再生手続の開始決定をしたのですが，その後の組合との団体交渉で会社は態度を一変させて，紡績業の全部廃業の方針を明らかにしたという経緯があり，その整理解雇の有効性が争われたのです。

488 ▶ 第1編／労働契約の解消

判決は、「本件解雇は、解雇した従業員が100人を超える大規模なものであるにもかかわらず、Y会長がその独断で行ったものであり、かつ、その判断は、民事再生法等に違反する不正がないかを監督するにすぎないH監督委員やその補助者であるK公認会計士の意見を強引に自己の見解の裏付けと解釈し、いわばそれらを口実にしてされたものであって、いわゆる整理解雇法理の第1要素を完全に充足していないばかりか、第2要素、第3要素及び第4要素については全くこれを充たしておらず、しかも、その検討すら全く行っていないものである。したがって、本件解雇は、これまで裁判例等により形成されてきた整理解雇法理をないがしろにするものであって、極めて乱暴な解雇であると言わざるを得ず、解雇権の濫用に当たり無効というべきである」と、会社（会長）の姿勢を強く非難しています。

同事件は、民事再生手続下での整理解雇につき先例のように引用されていますが、筆者や学者のいう上記のような論理展開は、同判決で否定されるものではないと考えています。

なお、民事再生手続では、従来の経営者が再生計画案を作成するなど手続での舵をとることができますが、会社更生手続では、原則として裁判所の選任する管財人が更生計画案を作成するなどして手続を進めることになります。このように会社更生手続では、裁判所の関与が民事再生手続よりも強いことを考えると、会社更生手続下の人員削減については、整理解雇法理の4要素がそのまま適用される可能性は民事再生手続の場合よりも低いと考えられます。

第7章

正社員の懲戒解雇

第1節　企業秩序は従業員との信頼関係で構築する

1　企業秩序維持は懲戒解雇の威嚇力によるべきではない

　懲戒解雇とは，重大な企業秩序違反行為に対する制裁罰としての解雇をいい，懲戒処分の中で最も重いものです。労働者の債務不履行を理由としてなされる普通解雇を「離婚」に例えるならば，懲戒解雇は「死刑」ともいえ，両者は明確に区別されます。

　懲戒解雇となった場合，退職金の没収または減額を定める企業も多くみられ，労働者に課される不利益は非常に大きなものです。また，その後の就職においても，懲戒解雇された人を進んで雇いたいという企業はほぼなく，その事実はその人の人生につきまといます。20～30代の従業員を懲戒解雇すると，その若者は，その後の人生の中で，その事実を一生背負うことになるのです。このことは，次の就職の際の経歴詐称，すなわち嘘をつくことを余儀なくさせることにもつながります。

　もっとも，懲戒解雇には，「懲戒解雇されれば，これだけの不利益を受ける」という他の従業員に対する示し，つまり威嚇力による企業秩序維持の機能があることもまた事実です。懲戒解雇に値するほど会社や他の従業員に迷惑をかけたのだから，その後の人生において懲戒解雇という事実を引きずることになろうと，同情の余地もないとも考える経営者がいることも事実です。

　先ほど懲戒解雇を「死刑」に例えましたが，死刑という罰は，国家と国民の

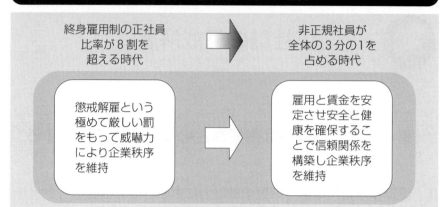

間の議論です。国は，国民が殺人を犯したからといって，国外に追放できるわけではありません。すなわち，自国の中で，当該国民にどう対応していくかを迫られています。したがって，いろいろと議論はありますが，死刑という威嚇力も，国家の秩序維持という面からはやむなく必要とも考えられます。

しかし，会社と労働者の契約関係であれば，その労働者に会社から出て行ってもらえばすむことです。普通解雇や合意退職によっても企業秩序を回復できるのですから，当該労働者を懲戒解雇し，次の就職時に事実上嘘をつくことを強いるような罰を，契約関係にしかない使用者が与えることが正当な行為として評価されるのか，疑問なしとは言い切れません。これが使用者側弁護士として40年近く実務に携わってきた者としての実感です。

2　労使間の信頼関係による企業秩序維持を目指す

威嚇力による企業秩序維持について疑問を呈しましたが，企業秩序を維持する必要があることに変わりはありません。では，何をもって企業秩序を維持すればよいのかが問題となります。

懲戒権は，終身雇用制の正社員が8割を超える時代に，その解雇が難しい中

で認められてきたものです。懲戒権を行使することによって，企業秩序を維持するとともに，会社内部の労働力を教育・是正し，有益な労働力とする必要がありました。そこで，懲戒権については，使用者が当然に保有することが認められてきたのです（なお，懲戒権の取得については理論上の争いがありますが，筆者は現在，第2節**2**で述べるとおり，使用者は懲戒権を固有の権限として保有しており，ただし，これを行使するためには，罪刑法定主義の観点から，あらかじめ就業規則に規定しておくことが必要であると考えています）。

　しかし，現在の雇用情勢をみると，全雇用者における正社員比率は62.8％とされており（総務省統計局「平成29年労働力調査」），非正規社員の比率が約3分の1という状態です。非正規社員には，有期契約労働者やパートタイマー，派遣や業務処理請負で働く労働者が含まれますが，派遣社員や請負企業の従業員を雇用しているのは派遣元や請負企業ですから，派遣先や注文主が当該労働者に対して懲戒処分をすることはできません。したがって，懲戒による威嚇力が効かないわけですから，別の方法で企業秩序を維持する必要も出てきています。

　その別の方法とは，「会社と従業員の間で信頼関係を構築すること」です。そのためには，直接雇用する労働者については，使用者が安定した雇用を保障するよう努力し，労働者が一定の生活を送ることのできる賃金を支払うことが必要です。さらに，労務提供場所の安全を確保し，長時間労働などで昨今問題となっている労働者の健康に配慮することも，大きな要素となります。この安全と健康確保の措置は，直接の契約関係にはない派遣社員や請負企業の従業員に対してもあてはまります。

　また，セクハラによるトラブルが生じた場合に，セクハラをした者を懲戒処分し，人事処分として配転などをすることも必要ですが，「セクハラとは何か」といった教育研修を徹底し，セクハラを事前に予防して，職場環境を良好に保つことも重要です。このような使用者の姿勢を通じて，労使間で信頼関係をつくっていくのが本筋だと思います（パワーハラスメントやマタニティハラスメントの対策も同様の考え方になります）。

このような信頼関係をつくっておけば，企業秩序を乱した従業員が懲戒解雇でなく合意退職で会社を去っていったとしても，その信頼関係の枠から外れたということで，他の従業員に対する示しという機能があると思います。

後述するとおり，会社は，従業員に対する懲戒権を固有の権限として保有しており，就業規則に規定することによりそれを行使することができます。権限を行使する者は，その懲戒権の行使（懲戒解雇）が従業員に与える影響（年齢・家族構成・再就職への影響など）を考慮に入れて，会社に対する損害との均衡という観点から，その権限の行使には自制的でなければならないと考えます。

3 懲戒解雇することのコストを意識する

企業秩序維持という面とともに，懲戒解雇とすることの会社のコストを考えなければなりません。懲戒解雇の場合，退職金が没収または減額とされることも多く，裁判で争われる確率は非常に高くなりますし，懲戒権の濫用として敗訴する確率も非常に高くなります。

たとえば，従業員が会社もしくは顧客の金銭を横領したとなれば，懲戒解雇として退職金を没収することで，他の従業員に対して，また金融機関ともなれば顧客に対しても，会社としての姿勢を示す必要性があることは確かです。

しかし，裁判例（後掲小田急電鉄〔退職金請求〕事件＝東京高判平15.12.11労判867-5判例・裁判例㉘）も，懲戒解雇の有効性だけでなく，別個に退職金没収の有効性について，「永年の勤続の功を抹消してしまうほどの重大な不信行為」を要件として求めるなど，会社が敗訴する可能性は非常に大きいといえます。また，懲戒解雇された労働者が合同労組等に駆け込み，会社はその対応に追われることにもなりかねず，いざ裁判となれば，訴訟費用や弁護士費用もかかります。

その中で最も高いコストは，自社の従業員をこの対応に振り向けなければならないことです。陳述書などの書面や証拠書類の用意に費やす時間をはじめ，会社側証人となり相手方弁護士からの反対尋問にさらされる直属の上司など，

その従業員の精神的負担は非常に大きなものです。おそらく当分の間，通常業務についても手がつかなくなるほどのものと思います。

本人が退職届を出すならば，これらのトラブルは避けられます。グローバル経済のもと世界中の企業がコスト競争にしのぎを削る中で，本人が退職届を出しているにもかかわらず，それを受け取らずに懲戒解雇かつ退職金没収とし，最終的に裁判にコストをかけるのは，いわば「株主代表訴訟もの」です。実際に，信用金庫法に基づく信用金庫が不当な懲戒解雇をした事案につき，改正前商法の株主代表訴訟規定を準用する当時の信用金庫法39条に基づき会員代表訴訟が提起され，理事の損害賠償責任が認められた裁判例があります（渡島信用金庫事件＝札幌高判平16.9.29労判885-32）。

本人からの退職届を受け取るのか，懲戒解雇かつ退職金没収とするかの判断の際には，これらのコスト全体を考える必要があります。もちろん，普通解雇の判断の際にも同様の検討をすべきですが，懲戒解雇の場合はその必要性が高いといえます。

4　非正規社員に対する懲戒解雇は慎むべき

筆者は，正社員に対しても懲戒解雇の実施はできるだけ避けるべきであると考えていますが，企業が業務運営上，雇用の調整弁ないし人件費抑制のために非正規社員として雇用する従業員については，懲戒解雇の実施は慎むべきです。退職届の受領，雇止めまたは普通解雇という手法で十分に対応できると考えています。

第2節　普通解雇と懲戒解雇の違いを理解する

　企業秩序の維持について，懲戒解雇の威嚇力を主とするのではなく，労使間の信頼関係の構築によるべきという，使用者の持つべき意識とともに，懲戒解雇については，普通解雇との違いを十分に意識しなければなりません。

1　懲戒解雇（懲戒処分）とは

　懲戒解雇は懲戒処分の一種で，重大な企業秩序違反行為に対する制裁罰としての解雇をいいます。企業外に労働者を放逐するもので，懲戒処分の中で最も重いものです。ほかには，労働者としての地位継続を前提とした懲戒処分として，譴責・減給・出勤停止・降格などがあります。とくに，譴責や減給には，従業員を教育・是正する意味合いが強く含まれています。

　実務上のリスクとして，譴責や減給の有効性を労働者から争われることは多くありません。裁判となると莫大な費用がかかりますし，良し悪しは別として，雇用関係の継続を考えて労働者が我慢する傾向がありますので，紛争となるリスクは小さいといえます。

　一方，懲戒解雇では，企業外に放り出すわけですから，従業員が我慢するといった抑制は働きません。また，懲戒解雇に連動して，退職金を没収する例が多く見受けられますから，その支払いをめぐって紛争へと発展するリスクが大きくなります。合同労組等に加入して団体交渉等を求めて得意先にまでビラ配布を行うなどの実務上のトラブルも考えなければなりません。

　なお，懲戒解雇事由が刑事告発も可能な事案であれば，労働者もそれを怖れてこのような行動をとらないのが通常です。

2 使用者は懲戒権を固有の権限として当然に保有している

(1) 懲戒権保有の根拠

懲戒権の保有の根拠に関しては，2つの考えが対立しています。

1つは，使用者は規律と秩序を必要とする企業の運営者として当然に固有の懲戒権を有するという，固有権説です。他方，もう1つの考え方として，使用者の懲戒処分は，労働者が労働契約において具体的に同意を与えている限度でのみ可能であるという，非固有権説（契約説）があります。

この点，判例は，懲戒権の根拠について基本的に固有権説の立場をとっています（関西電力事件＝最判昭58.9.8労判415-29）。

一方，判例は，懲戒権は就業規則に明定して初めて「行使」することができ，かつ就業規則を周知しなければならないとも述べています（フジ興産事件＝最判平15.10.10労判861-5判例・裁判例㉓）。また，罪刑法定主義の観点からも，労働者の予測可能性を担保する必要があるといえます。加えて，労基法も，懲戒の定めをする場合には，その種類や程度に関して，就業規則に規定するよう求めています（労基法89条9号）。

したがって，使用者は懲戒権を固有の権限として当然に保有しており，ただし，これを行使するためには，懲戒の種別および事由をあらかじめ就業規則に定めておく必要があるといえます。

(2) 懲戒規定については入社時に包括的同意をとっておくべき

懲戒権の保有に関し，固有権説の立場に立つべきことは前述したとおりですが，非固有権説（契約説）の立場に立っても懲戒権を取得できるよう，念のため，労働契約の締結時（入社時）に，「企業秩序を乱した場合には，会社から罰せられても仕方がありません」という同意（包括的同意）を，就業規則を提示し誓約書を書いてもらうという形で労働者からとっておくべきです。

また，包括的同意がない場合でも，就業規則の懲戒規定に「合理性」がある

第1編／労働契約の解消

判例・裁判例㉓　フジ興産事件／最判平15.10.10／労判861-5

【事案概要】 Ｘは，平成５年２月，化学プラントの設計，施工等を業とする株式会社Ｙに雇用され，Ｙのエンジニアリングセンターで設計業務に従事していた。Ｙには，昭和61年に労働者代表の同意を得て作成され，所轄労基署への届出がなされた就業規則（旧就業規則）があり，懲戒解雇事由と当該事由をもって懲戒解雇できる旨が規定されていたところ，平成６年４月，Ｙは旧就業規則の懲戒解雇事由をさらに詳細化等を内容とする就業規則の変更を行い（新就業規則），同年６月，労働者代表の同意を経た上所轄労基署への届出がなされた。Ｘは，平成５年９月から平成６年５月までの間の得意先とのトラブル，上司への反抗的態度・暴言等を理由として，平成６年６月，Ｙから懲戒解雇されたことから，懲戒解雇の無効を主張し，Ｙの従業員たる地位の確認，損害賠償等を求めて訴えを提起した。

【原審概要】 ①Ｙが新就業規則について「労働者代表の同意を得たのが平成６年６月２日であり，それまでに新就業規則がＹの労働者らに周知されていたと認めるべき証拠はないから，」Ｘの「６月２日以前の行為については，旧就業規則における懲戒解雇事由が存するか否かについて」検討すべきである。

②本件懲戒解雇以前にＸが上司へ「就業規則について質問した際，旧就業規則がセンターには備え付けられておらず，その際，」上司はＸに対し，「就業規則は本社に置いてあるので見ることができる旨告げた」という事実があるものの，懲戒解雇事由と当該事由をもって懲戒解雇できる旨の規定がある旧就業規則は昭和61年に労働者代表の同意を得て作成され，所轄労基署への届出がなされた事実が認められる以上，「Ｘがセンターに勤務中，旧就業規則がセンターに備え付けられていなかったとしても，そのゆえをもって，旧就業規則がセンター勤務の労働者に効力を有しないと解することはできない。」

③Ｘには，旧就業規則所定の懲戒解雇事由がある。Ｙは，新就業規則に定める懲戒解雇事由を理由としてＸを懲戒解雇したが，新就業規則所定の懲戒解雇事由は，旧就業規則の懲戒解雇事由を取り込んだ上，更に詳細にしたものということができるから，本件懲戒解雇は有効である。

【判決概要】 上記②に関し，「使用者が労働者を懲戒するには，あらかじめ就業規則において懲戒の種別及び事由を定めておくことを要する…。そして，就業規則が法的規範としての性質を有する…ものとして，拘束力を生ずるためには，その内容を適用を受ける事業場の労働者に周知させる手続が採られていることを要するものというべきである。原審は，Ｙが，労働者代表の同意を得て旧就業規則を制定し，これを大阪西労働基準監督署長に届け出た事実を確定したのみで，その内容をセンター勤務の労働者に周知させる手続が採られていることを認定しないまま，旧就業規則に法的規範としての効力を肯定し，本件懲戒解雇が有効であると判断している。原審のこの判断には，審理不尽の結果，法令の適用を誤った違法があり，その違法が判決に影響を及ぼすことは明らかである。論旨は理由がある。」として，原判決を破棄し，差し戻した。

と評価されれば，たとえ労働者がその規定を知らない，あるいは黙っている場合でも，使用者は懲戒権を取得することができますから（電電公社帯広局事件＝最判昭61.3.13労判470-6），懲戒規定については合理性を有するものとなるよう整備することも重要となります。

3　懲戒権の行使が濫用的なものでないか判断される

　使用者の懲戒権の行使については，それぞれの具体的事情のもとで，客観的に合理的理由を欠いており，社会通念上相当として是認することができない場合には，権利濫用として無効とされます（ダイハツ工業事件＝最判昭58.9.16労判415-16判例・裁判例㉔）。したがって，たとえ就業規則の懲戒事由に該当したとしても，懲戒解雇を含めて直ちに懲戒処分が有効と評価されるわけではありません（なお，近時の裁判例は，この服務規律の諸規定違反を懲戒事由とする規定を「合理的な内容」の範囲に限定解釈するなどして，その懲戒事由への該当性自体に一定の制約を課しています。イースタン・エアポートモータース事件＝東京地判昭55.12.15労判354-46参照）。

　当該懲戒処分が社会通念上相当かどうかは，懲戒が制裁罰であることから，罪刑法定主義の原則に準じて検討することになります。すなわち，次の点などを検討することになります。

---

①　事後的に懲戒事由を定めて遡及的に懲戒処分していないか。

②　同一の行為に対して二度の懲戒処分を科していないか。

③　社内の先例と比較して平等に扱われているか。

④　その懲戒事由に相当する懲戒の種類や程度が選択されているか。

---

4 労働契約法の規定

　労契法15条には，懲戒の規定が設けられています。その規定は，「使用者が労働者を懲戒することができる場合において，当該懲戒が，当該懲戒に係る労働者の行為の性質及び態様その他の事情に照らして，客観的に合理的な理由を欠き，社会通念上相当であると認められない場合は，その権利を濫用したものとして，当該懲戒は，無効とする」と定めていますが，これは懲戒処分と権利濫用の禁止の原則に関するこれまでの判例法理（前掲ダイハツ工業事件）を確認するものです。

　判例法理を立法化した労契法14条，15条，16条を比較してみると，解雇権濫用法理について規定した同法16条は，使用者が解雇権を当然保有することを前提として規定されているのに対し，出向命令権の濫用について規定した同法14条および懲戒権の濫用について規定した同法15条は，それぞれ，「使用者が労働者に出向を命ずることができる場合において」，「使用者が労働者を懲戒することができる場合において」と規定し，出向命令権および懲戒権を当然保有することを前提としていません。

　もっとも，出向についての同法14条と，懲戒についての同法15条は，権限の取得について文言上差異を設けていませんが，出向命令権の取得については，判例上，原則として労働者の同意（承諾）を要するとしているのに対し（日東タイヤ事件＝東京高判昭47.4.26労判189-58，新日本製鐵〔日鐵運輸〕事件＝福岡高判平12.11.28労判806-58），懲戒権の取得については，判例上，必ずしも労働者の同意を要するとはしていません（前掲フジ興産事件＝最判平15.10.10労判861-5判例・裁判例㉓）。

　したがって，前述したように，筆者としては，懲戒権は使用者がその固有の権利として当然保有するものではありますが，これを行使するためには，あらかじめ就業規則に規定しておくことを要すると考えています。

　なお，前掲フジ興産事件は，「使用者が労働者を懲戒するには，あらかじめ就

第7章／正社員の懲戒解雇 ◀499

判例・裁判例㉔　ダイハツ工業事件／最判昭58.9.16／労判415-16

【事案概要】Xは，Yの工場に組立工として勤務していたが，昭和46年11月14日行われた沖縄返還協定批准阻止等を訴えるデモに参加し，兇器準備集合罪等により逮捕され，同年12月6日まで勾留された。

Xは12月8日に出勤したが，Xの元の持場が編成替えによりなくなっていたこと，事情聴取への出頭命令を無視したことから，Yは，12月13日，Xに就労禁止及び自宅待機を命じた。しかし，Xはその後も連日自宅待機命令等を無視した上，工場構内に入構して就労しようと試み，警士らともみ合って負傷させたことから，Yは，12月20日，Xを20日間の出勤停止処分（以下「本件第一次出勤停止処分」）とした。また，Xは，12月18日と19日，Yの工場へ入構しようと警士らともみ合いになり，暴言を吐き，警士らに負傷等をさせていたこと，本件第一次出勤停止処分の期間中も連日のように工場前で不当を訴えるビラを配布したことから，昭和47年1月21日，Yは，Xを20日間の出勤停止処分（以下「本件第二次出勤停止処分」）とした。さらに，Yは，本件第二次出勤停止処分の終了日，Xを呼び出して新しい職場が見付かるまで当分の間自宅待機するよう命じたところ，Xは，その後も入構を巡って警士らとのもみ合いを繰り返し，警士らに打撲等の傷害を加え，さらにはもみ合いにより工場内のベルトコンベアが3分間停止するなどの事態を生じさせたことから，Yは，3月30日，Xを懲戒解雇（以下「本件懲戒解雇」）とした。

【判決概要】「使用者の懲戒権の行使は，当該具体的事情の下において，それが客観的に合理的な理由を欠き社会通念上相当として是認することができない場合に初めて権利の濫用として無効になると解するのが相当である。」

本件第二次出勤停止処分をみると，対象行為は，「一層激しく悪質なものとなり，警士が負傷するに至っていることと，Xは本件第一次出勤停止処分を受けたにもかかわらず何らその態度を改めようとせず，右処分は不当で承服できないとしてこれに執拗に反発し，その期間中池田第二工場の門前に現れて右処分の不当を訴えるビラを配布するという挙に出たこととを併せ考えると」権利の濫用とはいえない。

本件懲戒解雇については，「Xとしては自己の立場を訴え，その主張を貫徹するにしても，その具体的な手段方法については企業組織の一員としておのずから守るべき限度があるにもかかわらず，本件懲戒解雇の対象となったXの行為は，その性質，態様に照らして明らかにこの限度を逸脱するものであり，その動機も身勝手なものであって同情の余地は少なく，その結果も決して軽視できないものである。しかも，Xは，…一貫して反抗的な態度を示し，企業秩序をあえて公然と紊乱してきたのであるから，Yが，Xをなお企業内にとどめ置くことは企業秩序を維持し，適切な労務管理を徹底する見地からしてもはや許されないことであり，事ここに至ってはXを企業外に排除するほかはないと判断したとしても，やむをえない」。「以上のようなXの行為の性質，態様，結果及び情状並びにこれに対するYの対応等に照らせば，YがXに対し本件懲戒解雇に及んだことは，客観的にみても合理的理由に基づくものというべきであり，本件懲戒解雇は社会通念上相当として是認することができ，懲戒権を濫用したもの」とはいえない。

業規則において懲戒の種別及び事由を定めておくことを要する」としていますが，この点についての立法化は見送られています。

5　普通解雇と懲戒解雇の根本的相違とは

(1)　普通解雇と懲戒解雇の相違点

普通解雇と懲戒解雇は退職金没収の有無という違いにとどまらず，「『懲戒解雇』は企業秩序違反に対する制裁罰として普通解雇とは制度上区別されたものであり，実際上も普通解雇に比し特別の不利益を労働者に与えるもの」（菅野和夫『労働法（第11版）』757頁）であり，企業から排除する処分を制裁罰として科することが正当化される程度の事由の存在が必要となり，悪性の程度に差異があります。

また，普通解雇は，解雇自由の原則から，解雇の意思表示のみを主張立証すれば，労働契約終了という効果を発生させるのに十分であると考えることができ，その再抗弁として，労働者側が解雇権濫用を根拠づける評価根拠事実を主張し，使用者が再々抗弁として評価障害事実を主張立証することになります。これに対し，懲戒解雇は懲戒権の行使ですので，抗弁として労働契約終了の効果を発生させるためには，使用者が就業規則に懲戒事由の定め，懲戒事由に該当する事実の存在，懲戒解雇の意思表示を主張立証する必要があるという差異があります（山口幸雄他編『労働事件審理ノート（第3版）』14頁，渡辺弘『労働関係訴訟』78頁）。

また，普通解雇の場合は後日の訴訟の中で，解雇当時存在していたものである限り普通解雇事由を追加することができますが（マルヤタクシー事件＝仙台地判昭60.9.19労判459-40），懲戒解雇の場合，懲戒解雇したときに示した懲戒解雇事由によってその有効性が判断されることになります。使用者が懲戒解雇した時点で認識していなかった後日判明した別の懲戒解雇事由を，特段の事情がない限り，当該懲戒解雇の有効性を根拠づけるために追加することはできないというのが，最高裁判例です（山口観光事件＝最判平8.9.26労判708-31判

第7章／正社員の懲戒解雇　501

判例・裁判例㉕　山口観光事件／最判平8.9.26／労判708-31

【事案概要】Xは，ホテル・公衆浴場の経営等を目的とするYにマッサージ師として平成3年11月入社し，Yの経営する店舗でマッサージ業務に従事していた者である。平成5年8月31日，Xは，Y代表者らに翌日から2日間休みたいなどと申し出たところ，Y代表者が憤慨し「明日からもう来なくてよい」と述べてXを懲戒解雇（以下「本件懲戒解雇」。なお，Yは本件訴訟で普通解雇の意思表示も含まれると主張している）した。その後，YにおいてXが入社時の履歴書の生年月日に虚偽の記載があったことが判明し，平成6年4月11日，上記懲戒解雇の効力等が争われた地位保全等仮処分事件の答弁書において，経歴詐称を理由に予備的に懲戒解雇する旨の意思表示（以下「第二次懲戒解雇」）をした。これに対し，Xは本件懲戒解雇以降の未払賃金の支払いを求めて提訴した。

【一審概要】第一審裁判所は「Xについて，Yが本件懲戒解雇の理由としなかった非違行為があったとしても，これを理由に本件懲戒解雇の正当性を基礎づけることは許されない」などとして第一次懲戒解雇の効力を否定しつつ，上記経歴詐称を「企業秩序の根幹をなす，使用者と従業員との間の信頼関係を著しく損なう」とした上，本来60歳の定年まで2年9カ月しかなかったのに，これを14年9カ月と偽るものであること等に鑑み，「Yの企業秩序を著しく害するもの」として第二次懲戒解雇の効力を認め，本件懲戒解雇から第二次懲戒解雇までの未払賃金のみの支払いを認めた。

【原審概要】概ね第一審判決を支持。

【判決概要】「使用者が労働者に対して行う懲戒は，労働者の企業秩序違反行為を理由として，一種の秩序罰を課すものであるから，具体的な懲戒の適否は，その理由とされた非違行為との関係において判断されるべきものである。したがって，懲戒当時に使用者が認識していなかった非違行為は，特段の事情のない限り，当該懲戒の理由とされたものでないことが明らかであるから，その存在をもって当該懲戒の有効性を根拠付けることはできないものというべきである。これを本件についてみるに，原審の適法に確定したところによれば，本件懲戒解雇は，Xが休暇を請求したことやその際の応接態度等を理由としてされたものであって，本件懲戒解雇当時，Yにおいて，Xの年齢詐称の事実を認識していなかったというのであるから，右年齢詐称をもって本件懲戒解雇の有効性を根拠付けることはできない。これと同旨の原審の前記判断は，正当として是認することができ」るとして，Yの上告を棄却した。

例・裁判例㉕)。

(2) 懲戒解雇無効の場合の普通解雇への転換は認められない

実務で注意しなければならないのは，裁判になったとき，普通解雇ならば有効と判断されていたかもしれない事案を，懲戒解雇にしたために無効と判断されることが起こりうるということです。実際，懲戒解雇では処分として重過ぎるけれども，普通解雇ならば有効であるという事例がみられます。

具体的には，会社が従業員を懲戒解雇したところ，裁判で争われることになり，審理が継続する中で，会社は，懲戒解雇では無効と判断される可能性が高いとの感触を得て，普通解雇に変更しようと考えた場合です。普通解雇は懲戒解雇と解雇という意味では変わりなく，処分としても軽くなるのだから，いわゆる「無効行為の転換」として，普通解雇を認めてもよいだろうというのです。

しかし，普通解雇と懲戒解雇の違いを考えれば，この論理は許されません。裁判例（三井鉱山事件＝福岡高判昭47.3.30判時669-99）でも，解雇の意思表示のような単独行為に無効行為の転換を認めると，相手方の地位を著しく不安定なものにすること，このような転換が認められれば，安易に懲戒解雇を行う傾向を招いて，ひいては懲戒権の濫用を誘発するおそれが大きいことを理由に，普通解雇として有効との使用者の主張を退けています。この考え方は，現在でも裁判例の主流といえます。

(3) 普通解雇の意思表示の内包論

裁判例の中には，懲戒解雇の意思表示に普通解雇の意思表示が内含されている，すなわち，懲戒解雇の意思表示の時点で普通解雇の意思表示をしていたと判示するものがあります（JFEエンジニアリングほか事件＝横浜地判平22.6.29労経速2097-22）。

つまり，裁判例は，「当然に」普通解雇への転換を認めることはできないとしつつ，当事者の内心の意思解釈を行い，普通解雇の意思表示を「内包」していたととらえることができるケースがあることを認めているといえます。

ただし，その「意思」について，懲戒解雇に固執する意思がないなどの「普通解雇に対する消極的意思がない」という意味での「意思」をもって認めるものから，契約解消を欲するなどの「普通解雇に対する積極的意思がある」という意味での「意思」を要求するものへ，さらに進んで，普通解雇の意思表示の明示またはこれと同視しうる特別の事情を要求するものへと，その意思解釈は徐々に厳格になっています。[*]

* **関連裁判例**
① **普通解雇に対する消極的な意思がないことについて言及した裁判例**
　日本経済新聞社事件＝東京地決昭45.6.23労判105-39
　十和田運輸事件＝東京地判平13.6.5労経速1779-3［控訴審にて和解成立］
② **普通解雇に対する積極的な意思があることについて言及した裁判例**
　岡田運送事件＝東京地判平14.4.24労判828-22［控訴審にて一部変更］
　さいたま地判平17.9.30判例集未掲載［控訴審にて和解成立］
　セコム損害保険事件＝東京地判平19.9.14労判947-35［確定］
③ **普通解雇の意思表示の明示またはこれと同視しうる特別の事情を要求した裁判例**
　日本通信〔懲戒解雇〕事件＝東京地判平24.11.30労判1069-36［控訴審にて一部取消］

以上のように，普通解雇の意思表示の内包という概念は，本来的意味の「無効行為の転換」を判断するための，法律行為の解釈の過程における，当事者の内心の意思の探求の結果としての1つの説明技法として用いられているといえます。

また，「無効行為の転換」という言葉が，上述のように本来的意味を離れ，ただ単に無効な法律行為が他の法律行為の要件を満たす場合に「自動的に」「当然に」有効な法律行為に転換されるという用いられ方がされている節がありますので（訴訟における当事者の主張の影響であるとも考えられます），その点を区別するためにもあえて「意思表示の内包」という説明を用いている可能性があります。

(4) 実務では必ず予備的に普通解雇の意思表示をする

しかし，普通解雇の意思表示を内包していたといえるか否かという点は，裁判官の心証によってしまう点は否定できないことに加え，近時の裁判例では普

通解雇の意思表示を内包していることの明示またはこれと同視しうる特別の事情まで要求するものもありますので，やはり，実務としては，このような意思表示の内包論に頼らず，懲戒解雇通知時に明確に，予備的に普通解雇の意思表示をするべきです。

(5)　バックペイが必要となる場合

仮に，解雇された労働者が解雇無効の判決（または仮処分決定）を得て職場に復職する場合には，解雇されてから無効判決を得るまでの間の賃金は，その間労働契約が存続していたものとして，危険負担の問題（民法536条2項）として処理されます。したがって，懲戒解雇が客観的に合理的理由を欠くか社会通念上相当でないと判断された場合には，原則として，労働者の解雇期間中の賃金請求権（バックペイ）は失われないことになります（第3章第16節2参照）。

ここで，懲戒解雇のみならず，予備的に普通解雇の意思表示をしていた場合，懲戒解雇については，客観的に合理的理由を欠くか社会通念上相当でないと判断されたとしても，普通解雇については，客観的に合理的理由があり社会通念上相当であるとして有効とされた場合には，解雇自体は有効であるので，労働者の復職もバックペイも認められないことになります。懲戒解雇と普通解雇とでは，すでに十分に説明したように，有効性に対する基準が懲戒解雇の方が厳しいと考えられていますので，解雇を有効としてバックペイの発生を防ぐためには，普通解雇の意思表示を予備的にするということにも一定の合理性が認められます。

企業によっては，懲戒解雇に自信がないと思われたくない，裁判に負けそうになってから普通解雇を主張すればよいのではないかと，懲戒解雇をする際に普通解雇の予備的意思表示を行うことを嫌う経営者がいます。確かに，普通解雇の予備的意思表示は，事実審の口頭弁論終結時までに行えば，裁判では解雇は有効になります。しかし，懲戒解雇が無効であるが，普通解雇は有効である場合には，普通解雇をした時までのバックペイは原則として発生することになります。この点で，普通解雇の意思表示をする時期がいつであるのかによって，

金銭的な負担が変わってくる場合が出てしまいます。したがって，この点は経営者に十分説明する必要があります。

なお，懲戒解雇が無効であるとしても，就業規則の懲戒解雇事由に該当する非違行為であるけれども，懲戒解雇はわずかに不相当（苛酷）であり，使用者が懲戒解雇が相当と判断したのも無理からぬものであったという場合などには，使用者の責めに帰すべき事由が認められないとして，バックペイが認められない可能性もあると考えます（菅野和夫『労働法（第11版）』755頁）。ただし，これを正面から認めた裁判例はまだ見当たらないため，どこまでが「責めに帰すべき」でない解雇なのかという点については，明確な基準はありません。

6　普通解雇のハードルを上げない規定の仕方

実務上，懲戒解雇と普通解雇に関する重要なポイントとして，就業規則の規定の仕方があります。

就業規則に規定された普通解雇事由について限定列挙説（117頁参照）の見解をとると，就業規則に記載した事由でしか普通解雇できなくなります。そこで，就業規則に，「懲戒解雇事由に該当する場合には，普通解雇する」と規定する例が見受けられます。確かにこの規定ならば，懲戒解雇事由に該当する場合に普通解雇できます。

そこで問題となるのが，懲戒解雇事由には該当しない程度の企業秩序維持義務違反，たとえば出勤停止・降格処分の懲戒事由に該当する場合です。出勤停止などの重い処分に該当するような行為は，場合によっては普通解雇が有効となる可能性があります。

しかし，就業規則の普通解雇事由に，「懲戒解雇事由に該当する場合」と規定してしまったばかりに，自ら普通解雇できるハードルを上げてしまい，懲戒解雇事由に該当するような行為でなければ普通解雇できないと裁判所に判断される可能性が出てくるのです。したがって，このような規定を設けるべきではありません。

普通解雇と懲戒解雇の違いを十分に認識しておく必要があるといえます。

7 諭旨解雇と諭旨退職との違いとは

懲戒処分として，懲戒解雇とは別に，諭旨解雇や諭旨退職を定めている企業も多くあります。これらは，各企業が就業規則などで定義づけることで内容が企業ごとに変わってきますが，一般的には，「諭旨解雇」は懲戒解雇を幾分軽減した懲戒処分，「諭旨退職」は退職願などの提出を促し，即時退職を求める懲戒処分と考えればよいと思います。

実際の労務管理では，諭旨解雇と諭旨退職の意味が認識されずに取り扱われている傾向もありますが，諭旨解雇は使用者からの一方的告知，諭旨退職は使用者が労働者に対し勧告し，労働者からの退職を促すものをいいます。そして，諭旨とは，そうすることがあなたの身のためになるとおもんぱかっての取扱いであることを言い聞かせることをいい，日本的な労務管理といえます。

* 諭旨解雇は労働者に辞表を勧告して退職させる形態をとる懲戒処分であり，諭旨退職と同一の概念であるとする見解もあります。

企業としては，懲戒解雇と異なり退職金を支給しますので（減額される場合もありますが），使用者の温情を示すという意味で，諭旨解雇・諭旨退職の規定を置いていると思います。しかし，諭旨解雇も懲戒処分としての解雇であることには変わりなく，その権利行使の相当性の判断は懲戒解雇に準じるものと考えてよいと思います。したがって，その適用には慎重であるべきです。

諭旨退職では，期限を設けて退職を勧告し，その期限を過ぎれば懲戒解雇とする場合が多くみられます。この諭旨退職も，労働者からの退職という形式をとりますが実質は懲戒処分であることに変わりありません。したがって，労働者は，この懲戒処分である諭旨退職の有効性を争うことができます。この諭旨退職も，諭旨解雇と同様の社会的相当性が求められます。

ところで，純然たる退職勧奨に伴う退職と諭旨退職では，実務上の区別が非常に難しいと考えられます。「退職届を出してくれるなら懲戒解雇とはしない

から」といった上司の勧告の仕方によっては，労働者自身が懲戒処分として退職したとの意識も薄く，諭旨退職に係る退職金の減額との関係で争いの種を残しかねません。

　したがって，諭旨解雇はともかく，諭旨退職という懲戒規定を設けることには筆者は反対です。実務は，説得により退職届を任意に出させるよう努力すべきです。

第3節　懲戒解雇する場合に注意すべき点とは

懲戒解雇を有効とするために検討すべきポイント

　実務では，重大な企業秩序違反行為をした従業員に対して，懲戒解雇を選択せざるをえないような状況があるのも事実です。そこで，その懲戒解雇が有効と評価されるまでのポイントは次のように考えられます。

(1)　企業秩序違反行為の存在

　まず，その従業員の行為により，企業秩序が乱れた，またはそのおそれがあったことが必要です。その企業秩序を乱す行為は，著しく悪質かつ重大なものでなければなりません。たとえば，会社の多額の金銭を横領したり，重要な機密事項を漏洩して会社に重大な損害を与えたような場合があげられます。

(2)　就業規則の懲戒解雇規定への該当性

　次に，従業員の行為が就業規則に規定した懲戒解雇事由に該当する必要があります。もっとも，形式的に懲戒解雇事由に該当するというのでは足りず，企業から放逐しなければならないほど実質的に懲戒解雇事由に該当していることが必要です（この懲戒解雇事由への該当性が限定的解釈により制約を受けることになります）。

(3)　解雇手続の遵守

　普通解雇の場合と同様，まず解雇制限（労基法19条）に該当しないかを検討します。業務災害で療養のための休業中とその後30日間，および産前産後休業中とその後30日間は，原則として懲戒解雇することはできません（124頁参照）。
　次に，懲戒解雇について労働組合と協議する，または労働組合の同意を得るとする規定がある場合には，協議を尽くしたか否かが問われます。このような

第7章／正社員の懲戒解雇 ◀509

懲戒解雇を有効とするために検討すべきポイント

重大な企業秩序違反行為あり

当該行為の原因・動機・性質・結果故意または過失の程度など

企業外に放逐しなければならないほど企業秩序を乱したか

就業規則で定めた懲戒解雇事由への実質的該当性

+α → 規定の厳格性
懲戒解雇と雇用存続前提の懲戒処分の懲戒事由を分けて規定する

解雇手続の遵守

Yes 解雇制限・組合との協議など

+α 手続の厳格性（懲戒解雇等の厳しい処分については弁明の機会を与えることが望ましい）

解雇予告除外認定の処理

社会的相当性

Yes 例えば管理職の地位にあり職務に関連して非違行為をしたか

Yes 他の従業員や社会への影響は大きいか

Yes 業務に重大な支障が生じたか

Yes 過去に非違行為を行っているか

Yes 先例を踏まえて公平性の要請を満たしているか

懲戒解雇に合理性あり
有効

手続条項がある場合に，これに違反してなされた懲戒解雇は原則として無効と考えられているようです。労働組合との協議規定などがなくても，懲戒解雇・諭旨解雇などの厳しい処分については労働者に弁明の機会を付与することが望ましいといえます。

また，懲戒解雇の場合，即時解雇として解雇予告について労基署長の除外認定が受けられる可能性がありますが，すべての懲戒解雇で除外認定が受けられるわけではありません。この認定は事後でもよいとされていますが，労基署によっては事後の申請を認めないところもありますので，事前に所轄の労基署に尋ねておくのがよいと考えます（128頁参照）。

(4) 社会的相当性

使用者の懲戒権の行使は，当該具体的事情のもとにおいて，客観的に合理的理由を欠き，社会通念上相当として是認することができない場合は，懲戒権の濫用として無効となります（前掲ダイハツ工業事件＝最判昭58.9.16労判415-16判例・裁判例㉔，労契法15条）。

なお，この懲戒処分の合理性の判断にあたっては，懲戒が制裁罰であることから，罪刑法定主義の原則に準じて検討することになりますが，第2節3で説明した①遡及処罰の禁止，②一事不再理，③平等の原則のほか，④その懲戒事由に相当な懲戒の種類や程度が選択されているかについて，次の点を考慮することになります（497頁参照）。

---

i　処分内容が企業秩序の回復に必要かつ十分な限度である否か

ii　当該行為の内容，態様，企業秩序違反の程度

また，iiの判断にあたっては，次のような事情を含め総合的に考慮のうえ判断します。

ア　当該行為の原因，動機，性質，結果

イ 故意または過失の程度

ウ 行為者の職責および当該職責と非違行為との関係における評価

エ 行為者の従前の勤務態度，過去の会社に対する貢献度，過去の処分歴
  など

オ 今後の会社に対する貢献の見通し

カ 当該行為後に行為者がとった対応（反省の程度）

キ 他の従業員などへの影響

ク 会社の受けたダメージ

第4節　懲戒解雇事由は，行為の性質が重大な
　　　　非違性を有するものに限られる

　懲戒解雇が有効とされるためには，労働者の行為が就業規則に規定した懲戒解雇事由に該当する必要があります。そのため，就業規則上，いかなる事由が懲戒解雇事由として規定されているかが問題となります。

　この点，譴責，戒告，減給，出勤停止といった懲戒は，懲戒処分を受けた労働者をその後も企業内に残すことを前提としており，労働者に再チャレンジする道が残されています。

　一方，懲戒解雇は，労働者を企業外に放逐することを前提としています。また，懲戒解雇された事実は，労働者にとって再就職の大きな障害ともなり，不利益性が非常に高いものです。

　したがって，就業規則上，懲戒解雇事由と，それ以外の懲戒事由はきちんと分けて規定し，懲戒解雇事由については，その労働者の行為の性質が重大な非違性を有するものに限定する必要があります。いかなる性質の行為が懲戒解雇事由に該当するかについては，一般化することができると考えられますので，そのような行為を就業規則に懲戒解雇事由として規定する必要があるのです。

　もっとも，就業規則に，懲戒解雇事由と，それ以外の懲戒事由を分けて規定していない場合であっても，裁判所は，懲戒解雇が有効とされるためには，形式的に懲戒解雇事由に該当するというのでは足りず，実質的に懲戒解雇事由に該当していることが必要である，つまり労働者の行為の性質が，企業から放逐しなければならない程，非違性がある場合に限り懲戒解雇が有効になるとしています。裁判所は，懲戒解雇事由について限定的解釈をすることによって，懲戒解雇に制約を課しているといえます。したがって，実務では，問題とされている労働者の行為の性質が，懲戒解雇事由に該当するものか否かが問題となります。

　懲戒解雇の有効性を判断するにあたって，労働者の行為の性質が問題となることについては，懲戒権の行使について規定した労契法15条からも読み取るこ

とができます。すなわち，労契法15条は，懲戒権の行使について，以下の①〜③を踏まえて，その行使が権利濫用になるか否かを判断するとしています。

① 当該懲戒に係る労働者の行為の性質
② 当該懲戒に係る労働者の行為の態様
③ その他の事情

　懲戒解雇の有効性を判断するにあたっては，まず，①当該懲戒に係る労働者の行為の性質が，懲戒解雇事由に該当するものか否かを判断します。そして，行為の性質が懲戒解雇事由に該当することを前提に，②当該懲戒に係る労働者の行為の態様や③その他の事情など，当該個別事案における事情を総合的に考慮して，懲戒解雇が有効か否かを判断することになります。
　以下では，懲戒解雇事由に該当する行為について，説明していきます。

諭旨解雇および懲戒解雇事由の規定例

第○条　従業員が次の各号の１つに該当するときは，その情状に応じ，諭旨解雇又は懲戒解雇に処する。ただし，改悛の情が顕著に認められること，過去の勤務成績が良好であったこと等を勘案し，前条（譴責・減給・出勤停止・降格）の処分にとどめることがある。
①自己又は第三者のために従業員としての地位を不正に利用し，会社に重大な損害を及ぼした場合
②他の従業員，取引先，もしくはその他会社関係者に傷害を負わせ精神的もしくは財産的な損害を被らせ，又は職場の秩序もしくは風紀を著しく乱した場合
③会社の事前の許可なく業務以外の目的で会社の施設，車両，事務機器，商品，備品，情報等を使用し又は持ち出して，会社に重大な損害を与えた場合
④個人情報取扱規程に違反し，又は違反しようとして，会社の名誉もしくは信用を毀損し，又は会社に損害を与えた場合
⑤労働契約締結時に最終学歴や職歴等，重大な経歴を偽り，会社の判断を誤らしめた場合
⑥業務上の報告等を偽り，会社に対して重大な損害・影響を及ぼした場合
⑦就業規則第○条第○号（兼業等の事前許可制）に違反し，会社の許可無く在籍のまま，同業他社又は会社業務に関連する企業に雇い入れられる等兼業した場合

⑧就業規則第○条第○号（機密等保持義務）に違反し，会社の重大な営業秘密又は企業秘密を社外に漏らし，あるいは漏らそうとし，又は自社及び他社の重大な秘密を不正に入手した場合，又は，同号に違反し，会社の経営に関し，真相を歪曲して宣伝流布を行い，又は会社に対して不当な誹謗中傷を行うことにより，会社の名誉・信用を毀損し，又は会社に損害を与えた場合

⑨就業規則第○条第○号（セクシュアル・ハラスメントの禁止）に違反し，暴行もしくは脅迫を用いてわいせつな行為をし，又は職場における上司・部下等の関係に基づく影響力を用いることにより強いて性的関係を結びもしくはわいせつな行為をした場合，又は，わいせつな言辞等を執拗に繰り返したことにより相手が強度の心的ストレスの重積による精神疾患に罹患した場合

⑩他の従業員に対し，職権を背景として部下を抑圧したうえで暴行脅迫もしくは名誉毀損行為をした場合，又は，他の従業員に対する嫌がらせ行為等を執拗に繰り返したことにより相手が強度の心的ストレスの重積による精神疾患に罹患した場合

⑪正当な理由なく，会社が命じる転勤，職種変更，出向，海外転勤，海外出向（子会社又は関連会社に限る），昇進を拒んだ場合

⑫会社の金銭又は物品を窃取，詐取，又は横領した場合

⑬故意に職場において会社の物品を損壊し，会社に重大な損害を与えた場合

⑭故意に諸給与を不正に支給した場合，及び故意に届出を怠り又は虚偽の届出をするなどして諸給与を不正に受給した場合

⑮職場のパソコンを会社規程その他の指示に反して使用し，コンピューターウイルス等に感染させるなどして業務の運営に支障を生じさせ，会社に重大な損害を与えた場合

⑯職務に関し，自己又は第三者のために金品の供与を受け，不正の利益を得た場合

⑰公務員等に贈賄行為を行った場合

⑱株券等に関して内部者取引（インサイダー取引）を行った場合

⑲業務上車両を使用する場合及び業務外で会社所有車両を使用する場合に，以下の交通法規違反行為又は交通事故を犯した場合

　ア　酒酔い運転又は酒気帯び運転をした場合

　イ　交通法規違反行為をして，人を死亡させ又は重篤な傷害を負わせた場合

⑳その他業務上の指示又は会社の諸規程に著しく違反した場合で行為態様が悪質な場合

㉑企業外非行行為により，会社の名誉・信用を著しく損ない，又は会社に重大な損害を及ぼした場合，その他，企業秩序が著しく乱された場合でその行為態様が悪質な場合

㉒その他前各号に準ずる程度の不都合な行為があった場合

第7章／正社員の懲戒解雇 ◀515

第5節　重大な経歴詐称を理由とする懲戒解雇

1　入社時の経歴詐称が懲戒対象となるか

　実際の学歴では採用基準に満たない，あるいは高卒よりも大卒の方が給料が高いなどの理由で，経歴を偽って採用募集に応募してくる人がいます。

　この経歴詐称については，多くの企業が懲戒解雇事由として，「労働契約締結時に，最終学歴や職歴等，重大な経歴を偽り，会社の判断を誤らしめたものは，懲戒解雇（又は諭旨解雇）とする」旨を規定しています。

　経歴詐称については，採用時にわかっていれば採用を見送ったはずであるから労働契約締結時の事柄でもあり，企業秩序に違反することはないのではないか，会社は錯誤または詐欺による労働契約の無効または取消しを主張すればよいのではないかとする見解もありますし，筆者もそう考えています。しかし，裁判所の考え方としては，経歴詐称は懲戒処分の対象となることで一貫しているといえます。

　そして，懲戒解雇事由となる経歴詐称は，軽微なものでは足りず，重大な経歴詐称に限られるとされています。裁判例も，重要な経歴詐称があった場合に，懲戒解雇を有効としています（川崎製鉄事件＝神戸地判昭30.6.3労民集6-3-307，スーパーバッグ事件＝東京地判昭55.2.15労判335-23）。

2　懲戒解雇対象となる「重大な経歴詐称」とは

　懲戒解雇の対象となる「重大な経歴詐称」とは，裁判例などによれば，「最終学歴」や「職歴」，「犯罪歴」などの詐称です。そして，重大な経歴詐称とは一般的に，その経歴詐称が事前に発覚すれば，会社がその労働者と契約を締結しなかったか，少なくとも同一条件で契約を締結しなかったと認められ，かつ，客観的にみてもそのように認めるのが相当な場合をいうとされています（神戸

製鋼所事件＝大阪高判昭37.5.14労民集13-3-618，日本鋼管鶴見造船所事件＝東京高判昭56.11.25労判377-30）。

　入社後に重大な経歴詐称が発覚した場合には，懲戒解雇事由に該当するといえますが，懲戒解雇には後に裁判に発展する可能性があるなどのリスクが伴います。ですから，懲戒解雇ではなく合意退職ないし少なくとも普通解雇として労働契約を解消する方法も考えるべきといえます。

3　裁判例にみる懲戒解雇事例

(1)　学歴

　高卒を大卒と偽って入社した場合は，労務提供に対する会社の評価を誤らせ，高い初任給が支払われたり，人事コースが異なることによって，その後の労務管理にも支障をきたすことも明らかです。したがって，重大な経歴詐称として懲戒解雇の対象になります[*]。

> ＊　**懲戒解雇を有効とした裁判例**
> 　　相銀住宅ローン事件＝東京地決昭60.10.7労判463-68
> 　　正興産業事件＝浦和地川越支決平6.11.10労判666-28
> 　[参考] **普通解雇を無効とした裁判例**
> 　　マルヤタクシー事件＝仙台地判昭60.9.19労判459-40

　一方，大卒なのに高卒と偽って，つまり実際の学歴よりも過少申告をする経歴詐称が懲戒解雇事由に該当するのかは議論があります。経歴を過少申告しても高い給料を得られるわけではなく，本人にあまりメリットはないように思われるからです。このような事案は懲戒事由に該当するとは考えづらいのですが，過少申告された経歴詐称を理由とした懲戒解雇を有効と認めた事案があります（前掲スーパーバッグ事件＝東京地判昭55.2.15労判335-23，炭研精工事件＝東京高判平3.2.20労判592-77）。

　ただし，この種の事案は学生運動が盛んに行われていた時代のものです。当時は，学生運動を行っていたことや逮捕歴を隠すために，学歴を低く偽って就職することが少なくありませんでした。

したがって，当時とは産業構造も社会情勢も異なる現在，この裁判例をもって過少申告された経歴詐称を論じる必要はないと思います。実際に学歴を過少申告して入社したケースがあるならば，懲戒解雇事由として議論するのではなく，労使間の信頼関係が壊されたとして普通解雇すれば足りるのではないかと考えます。そして，できれば合意退職により退職届を受け取ることが，トラブルを避けるための得策といえます。

なお，民間ではありませんが，この過少申告問題が地方では公務員の採用に関して社会的に騒がれたことがありました。高卒採用枠に就職難の大卒者らが「高卒」と偽って，応募・採用されたという問題です。この際には，多くの過少申告者が，自主的退職をしていくという事態を発生させました。

(2) 職歴

職歴は非常に重要な経歴です。なぜなら，その労働者を採用するかどうかの決定的な動機となることに加え，採用後の業務内容や賃金設定にも大きく影響するからです。

職歴が問題となるのは中途採用ですが，やはり採用面接時にきちんと本人に確認することが重要なポイントです。入社後に職歴詐称が発覚し，高額な賃金を不当に得ていたなどの事情がある場合には，詐欺行為に該当し，懲戒解雇もやむをえないと考えます。もちろん，労使間の信頼関係も壊されたといえますので，普通解雇という選択肢もあるといえます。[*]

* **懲戒解雇・諭旨解雇を有効とした裁判例**
  生野製作所事件＝横浜地川崎支判昭59.3.30労判430-48
  都島自動車商会事件＝大阪地決昭62.2.13労判497-133
  グラバス事件＝東京地判平16.12.17労判889-52
  [参考] **試用期間満了前の解雇（本採用拒否）を有効とした裁判例**
  アクサ生命保険事件＝東京地判平21.8.31労判995-80
  [参考] **普通解雇を有効とした裁判例**
  KPIソリューションズ事件＝東京地判平27.6.2労経速2257-3

(3) 犯罪歴

犯罪歴があることを隠していた場合も経歴詐称といえますが，職歴詐称のように労務提供や賃金の評価に重大な影響を及ぼすといえるかどうかについては，難しい部分があります。当該労働者の労務提供の内容に影響しないことが多いからです。

しかし，犯罪歴の内容によっては，他の従業員の動揺を招く可能性が十分に考えられます。たとえば，女性が多数働いている職場において，男性従業員に性犯罪歴があることがわかれば，女性従業員の業務遂行に悪影響を与えることは明らかです。

一方，酒に酔って傷害事件を起こして執行猶予を受けていたとしても，一般に業務中に職場で飲酒することはありませんから，職場や他の従業員に悪影響を及ぼすことはないといえます。

このように，犯罪歴詐称については，犯罪の内容や性格などによって，実際の業務や企業秩序にどの程度の影響を与えるのかを十分に吟味しなければなりません。そして，その程度によって，犯罪歴の詐称を理由とした懲戒解雇，または労使間の信頼関係を壊したことを理由とする普通解雇が議論されることになります。[*]

　＊　**関連裁判例**
　　①　**懲戒解雇を有効とした裁判例**
　　　　メッセ事件＝東京地判平22.11.10労判1019-13
　　②　**懲戒解雇を無効とした裁判例**
　　　　豊橋総合自動車学校事件＝名古屋地判昭56.7.10労判370-42
　　　[参考] **普通解雇を無効とした裁判例**
　　　　マルヤタクシー事件＝仙台地判昭60.9.19労判459-40

なお，後述するように，犯罪歴は，個人情報保護法において要配慮個人情報として規定され，本人の同意がない限り取得することができなくなりました[*]（同法2条3項・17条2項，626頁参照）。したがって，採用の際，これを申告する義務はありません。もっとも，採用面接において，会社が犯罪歴について質

問をして，これに対し労働者が本当は犯罪歴があるにもかかわらず，ないと回答していれば，この点に経歴詐称があるということになります。

＊　**要配慮個人情報**　要配慮個人情報は，「本人の人種，信条，社会的身分，病歴，犯罪の経歴，犯罪により害を被った事実その他本人に対する不当な差別，偏見その他の不利益が生じないようにその取扱いに特に配慮を要するものとして政令で定める記述等が含まれる個人情報をいう」（同法2条3項）と定義され，同法施行令2条では，心身の機能の障害があること，健康診断結果，医師による診療が行われたこと，刑事事件あるいは少年の保護事件に関する手続が行われたことがあげられています。

第1編／労働契約の解消

第6節　転勤命令や出向命令など重要な業務命令の拒否を理由とする懲戒解雇

1　懲戒解雇の有効性を判断するための4ステップ

　使用者の命令に違反した労働者に対する懲戒解雇の有効性を判断するにあたっては，まず，当該命令が有効か否かを判断しなければなりません。

　したがって，命令に違反した労働者に対する懲戒解雇が有効か否かを判断するためには，次の4段階のステップを検討する必要があります[*]。

---

　i　当該命令権を保有しているか。

　ii　当該命令権の行使が正当か（権利濫用か否か）。

　iii　当該懲戒権を保有しているか。

　iv　当該懲戒権の行使が正当か（権利濫用か否か）。

---

　[*]　本書では，iii，ivを説明していきます。
　　　i，iiについては，『配転・出向・降格の法律実務』を参考にしてください。

2　職種変更命令・転勤命令の拒否を理由とする懲戒解雇

　職種変更と転勤は，雇用確保のための一手法です。長期雇用を前提として新卒一括採用された正社員については，たとえ担当していた業務がなくなったとしても，他の業務に職種変更して雇用を守らなければなりません。事業所が閉鎖される場合も同様です。他の事業所に転勤させて雇用を確保することになります。また，長期雇用を前提に何年も同じ事業所や部署で仕事をしていると，どうしてもマンネリ化しますから，社内の活性化という意味でも転勤をはじめとする定期異動が必要になります。

このように，職種変更・転勤は雇用確保に不可欠な手法であるため，使用者には職種変更・転勤に関して非常に広範囲で強い権限が認められています。

職種変更命令あるいは転勤命令が正当である限り，同命令を拒否した場合の懲戒は，原則として懲戒解雇を選択することになります。出勤停止処分などの懲戒では，当該従業員が被る不利益が，職種変更や転勤に応じた場合に被る不利益よりも小さいといえるからです。出勤停止などの労働契約上の地位存続が前提である（解雇されない）懲戒では，ライフスタイルや仕事に対する価値観が多様化している今日，たとえ昇進・昇格が遅れても，家族のことを考えれば慣れ親しんだ土地を離れたくないと転勤命令を拒否する可能性があります。このような理由で転勤命令や職種変更命令を拒否することを認めてしまっては，企業の円滑な運営は成り立たなくなりますし，雇用を確保することも困難になります。そのため，懲戒としては最も厳しい懲戒解雇が選択されることになるのです。

しかし，転勤命令あるいは職種変更命令を拒否したからといって，すぐに懲戒解雇処分とすることは避けなければなりません。懲戒解雇は労働者にとって極刑といえるほど重い処分ですし，使用者にとってのリスクも非常に高くなります。したがって，たとえば転勤命令については，赴任日を越えてでも，説得を重ねるなどの手続を進めるべきです。

それでも転勤命令に従わない場合は，懲戒解雇することができますが，懲戒解雇したからといって，原則として退職金を没収することはできないと考えられますから，普通解雇または退職届を受理すればよいと思います。なお，転勤命令に従わせるために一度譴責とし，それでも拒否したために懲戒解雇とするなどの手続は，二重処罰との相手方の主張が予想されますので避けるべきです。

* **関連裁判例**
  ① **懲戒解雇を有効とした裁判例**
     横浜ゴム事件＝津地判昭43.1.31労判57-17
     紀伊国屋書店事件＝東京高判昭51.3.25労判254-55
     ケンウッド事件＝最判平12.1.28判タ1026-91

② 懲戒解雇を無効とした裁判例
メレスグリオ事件＝東京高判平12.11.29労判799-17

　ところで，労働組合の組合員に対する転勤命令については，労働組合が，その命令が不当であるとして，撤回を求めて転勤対象者に対し指名ストを実施する場合があります。この指名ストの適法性に関し，転勤を拒否する業務命令違反として懲戒解雇した事案において，裁判例は無効例（新興サービス事件＝東京地判昭62.5.26労判498-13）と有効例（ブックローン事件＝神戸地判平2.5.25労判583-40）に分かれています。

　前者の判旨は，①「組合が使用者の従業員に対する配転命令を不当として争議行為を実施するに際し，争議手段として配転対象者の労務不提供という手段を選択し，当該従業員がこの指令に従い配転命令を拒否して新勤務に従事しないという争議行為に出でたときは，当該争議行為は，労務不提供にとどまる限り，正当性を有するものと解すべきである。」，②「本件ストライキ権の行使は，組合が本件配転命令を不当労働行為であると考えてその撤回を要求する組合の指令に基づいて実施されたものであるから，その目的において正当であるばかりか，その手段においても本件配転命令自体を拒否して配転先の勤務に従事しないという労務の不提供にとどまるものであるから，正当というべきである。」として，懲戒解雇を無効と判断しています。

　一方，後者の判旨は，「被告は本件配転内示の時から本件配転に難色を示し，当時所属していた全印総連を通じて原告に苦情処理の申立をし，苦情処理委員会における協議の結果，全印総連から本件配転に応じるよう説得されたのに，これを不満として全印総連を脱退して組合に加入して組合の支援を求め，組合は本件配転命令の撤回を求めて原告と折衝や団体交渉を重ね，被告の名古屋への赴任日が同年5月25日に延期されるや，本件配転命令の撤回を求めて同日から無期限のストライキを実施し，同年6月1日の団体交渉においても全く本件配転命令に応じる態度を示さなかったものであり，結局被告は後記のとおり有効な本件配転命令を正当な理由なく拒否したものであって，原告は，かような被告の態度から，本件配転命令を拒否する態度が明らかであると判断して本件

解雇をなしたのであって，指名スト実施を理由として本件解雇をなしたもので
ないことは明らかである。」として，懲戒解雇を有効と判断しています。

　この点について，裁判所の考え方は，前者のように，転勤命令を不当として
労働組合が実施する指名ストに対し，転勤拒否を理由として懲戒解雇するのは
無効との立場であると考えるべきです。後者の事例は，転勤命令の発令時に加
入していた労働組合からも本件配転に応じるよう説得されたのに，それが不満
でその労働組合を脱退し，他組合に加入して団体交渉を重ね，それでも転勤命
令に応じず指名ストに突入したという事実経過から，懲戒解雇を有効としたも
のと考えるべきです。

　今日の実務では，転勤命令を受けた労働者が合同労組等に加入後に指名スト
に入る場合が想定されます。この場合は，紹介した裁判例の事案の中間のイメ
ージですが，実務対応は，転勤拒否を理由とする懲戒解雇は避ける方が無難だ
と思います。赴任先については臨時的対応として人員を補充し，本人に対して
は旧勤務地での就労を拒絶したうえで賃金カットにより対応することになると
考えます。

3　出向命令の拒否を理由とする懲戒解雇

　出向と転勤との違いは，単に勤務の場所が変わるだけではなく，労働者の労
務提供に対する指揮命令の主体にも変更が生じる点にあります。

　出向のパターンは，以下のように分けることができます（永野仁『企業グル
ープ内人材移動の研究』多賀出版，1989年，57頁以下）。

---

①　企業集団統合型
　　出向元企業（以下「出向元」）がグループ内の各社をひとつの企業集団
　　として統合するために発生する出向
②　出向先企業強化型
　　出向先企業（以下「出向先」）となるグループ各社を育成強化するため

に発生する出向

③　従業員排出型

　　若年，中堅層の昇進を優先させるために中高年者を企業外に排出する
　　手段として発生する出向

④　教育訓練型

　　企業内でなく出向先での訓練機会の提供を意図した出向

これらは主にホワイトカラーの出向形態です。

一方，ブルーカラーの大量出向には，業績が悪化してその企業だけでは従業員の雇用が守れなくなった場合に，当該企業で働いている従業員をグループ企業全体で一時的に雇用して雇用を確保するという緊急避難的性格があります。

つまり，出向命令も転勤命令と同様に，労働者の雇用保障の見返りとして使用者に認められた権限であり，このことはとくに企業グループへの出向の場合にあてはまります。したがって，企業グループへの出向命令を拒否した場合には，懲戒解雇を選択することになります。

ただし，整理解雇を回避するために行われる出向命令は，使用者の権利の行使ではなく整理解雇回避義務の履行ですから，業務命令というよりは雇用を確保するための労働者に対する提案と考えるべきです。したがって，この場合は，出向命令拒否を理由として懲戒解雇することは望ましいといえません。出向命令に従わなければ整理解雇の対象になりうるという対応になります。

4　海外転勤命令の拒否を理由とする懲戒解雇

海外転勤の場合も国内転勤の場合と基本的には同様の考え方があてはまります。したがって，海外転勤命令違反に対しては，懲戒解雇が選択されることとなります。

もっとも，海外転勤の場合には，国内転勤の場合に比べて，労働者に生じる職業上および私生活上の不利益が大きくなることが予想されますので，その点

に配慮が必要です。たとえば，海外での単身赴任を余儀なくされた場合，移動時間や費用の関係で家族と会う機会は国内にいる場合と比して圧倒的に制約されてしまうことは，想像に難くありません。この場合には，帰国のための特別休暇の付与や帰国費用の負担など，できる限りの配慮を行う必要があると思われます。

　また，海外転勤の場合，戦闘地域や治安に不安のある地域への転勤も十分に考えられます。外務省が発表している海外邦人援護統計（平成28年）によると，海外での日本人殺害・同未遂事件は9件（被害者9人，うち死亡7人，負傷1人，その他1人），窃盗事件は3,416件（被害者3,576人），強盗事件も233件（被害者252人）となっています。また，テロ事件も2件（被害者10人，うち死亡7人）発生しています。

　このように海外の治安が不安視される中で，労働者が生命や身体の危険を理由に海外転勤命令を正当に拒否しうるか否かは重要な問題となります。

　この点について，争議行為に関する事案でしたが，危険区域への出航命令拒否をやむをえないものと判断する裁判例があります（全電通千代田丸事件＝最判昭43.12.24民集22-13-3050）。

　このように，戦闘地域への海外転勤命令を拒否することは，通常労働者に正当な理由があると考えられますし，治安不安の地域についてもその具体的状況によっては，転勤命令を拒否することに正当な理由が認められると考えます。

5　海外出向命令の拒否を理由とする懲戒解雇

　海外出向の場合も国内出向の場合と基本的には同様の考え方があてはまります。したがって，海外出向命令違反に対しては，懲戒解雇が選択されることとなります。もっとも，海外出向の場合には，海外転勤の場合と同様に，国内出向の場合に比べて労働者に生じる職業上および私生活上の不利益が大きくなることが予想されますので，その点に配慮が必要です。

　＊　**多様な正社員の存在に伴う選択論**　　現在，いわゆる正社員と呼ばれる人たちの他に，

勤務地の限定や，職種の特定により，一定の限定が加えられている正社員，いわゆる「多様な正社員」が存在している会社があります。どのような雇用区分であるかは，基本的には入社時に決められています。会社がこのような雇用区分ごとに管理を行っていた場合，当初は正社員の雇用区分で入社し，全国規模の転勤にも応じる意向を持ち，または実際に応じてきた従業員も，家庭環境の変化やそれに伴う仕事に対する意識の変化により，今後は転勤に応じることは難しいと考えるようになる場合があります。とくに女性の場合は結婚・出産等により家庭環境が大きく変わる可能性があるため，会社は勤務地の限定等の複数の雇用区分を設けている場合，従業員の家庭環境の状況を把握し，家庭環境の変化に応じて限定正社員への転換を打診したり，従業員から転換を申し入れる機会を提供することが重要であるといえます。

これに，前述の海外転勤・海外出向命令を受け入れるか否かについての選択論も踏まえると，海外転勤・海外出向をも受け入れる正社員，国内転勤・出向についてのみ制限なく受け入れる正社員，介護等を理由に国内転勤・出向についても限定的なもののみ受け入れる正社員等，さまざまな正社員としての働き方が想定されることになります。各従業員のワークライフバランスについての考え方に基づき，どのような働き方を望むのか従業員に選択させることになります。

6　昇進命令の拒否を理由とする懲戒解雇

昇進命令は，会社を組織的かつ効率的に動かすために行われる会社内における労働者の組織づけですので，昇進命令違反が企業秩序に及ぼす悪影響は甚大です。そこで，昇進命令違反については，懲戒解雇または普通解雇によって対応すべきと考えます。

なお，昇進命令を拒否する事案として問題となることが多いのが，労組法2条但書1号が使用者の利益代表者に組合員資格を認めていないこととの関連で問題となる組合幹部に対する昇進命令の事案です。[*]

* **津田電線事件**＝京都地判昭50.10.7労判241-45
組合員たる係長から非組合員たる課長への辞令を拒否したことを理由に懲戒の1つである諭旨退職処分を行った事案において，裁判所は，本件辞令は社内の昇進制度の適用によるものであり組合活動を封殺するために発したものではないことから，不当労働行為にはあたらないとして，辞令および諭旨退職処分のいずれも有効と判示しています。

第7章／正社員の懲戒解雇 ◀527

第7節 刑事犯罪（企業内犯罪）を犯したことを 理由とする懲戒解雇

1 企業内非行と企業外非行

　本書では，同種の非行行為でも，企業内非行と企業外非行に区別して議論を展開しています。また，一般的にもこのような区別が用いられています。しかしながら，ある具体的な事案が，企業内非行か企業外非行かについての判断は，難しい問題もあります。

　まず，企業外非行については，「外」の意味を「従業員の私生活上の言動」ととらえて，そのような私生活上の非行については，原則として懲戒の対象とならず，「事業活動に直接関連を有するものおよび企業の社会的評価の毀損をもらたすもののみが企業秩序維持のための懲戒の対象となりうるにすぎない」とされています（菅野和夫『労働法（第11版）』670頁）。

　しかし，「私生活上の言動」とは，具体的にどのようなものをいうかについては，必ずしも判然としません。

　そこで，本書では，まず，次のような「内」または「外」の判断のポイントを整理しました。以下①～⑧は，考慮の対象になるのではないかと考えます。

---

①　就業時間中か否か

②　企業施設内か否か

③　従業員間のものか（事案によっては，従業員の家族や友人の場合も考えられる。）

④　取引先ないし顧客に対するものか

⑤　取引先の事務所や顧客の自宅等か

⑥　会社の管理下にある「社宅」か

⑦　出張中に会社が費用を負担するホテル等の室内か

⑧　飲酒事故のような場合は，車両が会社所有か自己所有か

③と④は対人関係から，②，⑤，⑥，⑦は対場所関係から企業秩序維持の直接の対象となるかをとらえています[*]。

> ＊　③の従業員の家族や友人の場合については，「外」の事案だと考え，その刑事事案等であれば，従業員間のトラブル，精神的な軋轢に発展し，企業秩序を乱すないしそのおそれがあるものとして懲戒の有無を考えるという性質とも考えられます。
> 　⑦のホテルについては，近年，男女が宿泊する出張が通常になり，それに伴い，そのホテルの部屋での強姦や強制わいせつ，それに至らなくともセクハラ行為の事案が急増しており，この場所も企業の「内」の問題であることを明らかにする意味があります。この部屋での時間帯が労働時間に該当しなくても，出張中ということで，業務災害の業務遂行中の行為という評価を受けること，その宿泊費は会社が負担していることなどを考えると，純然たる「従業員の私生活上の言動」とはいえないはずです。

このような事情をすべて考慮したうえで，「従業員の私生活上の言動」と評価される事案について，企業外非行として第14節で別途説明します。

2　従業員の刑事犯罪の処分量定の考え方

　従業員が企業内非行として刑事犯罪を犯した場合，どの程度の懲戒処分を行うことが，社会通念上相当であるとされるかを検討するにあたっては，①当該犯罪の法定刑，②公務員の懲戒処分の指針である「懲戒処分の指針について」（平成12年3月31日職職-68），③労基法20条の解雇予告の除外認定事由の3つが，懲戒処分の判断要素の1つである「行為の性質」を考えるにあたり重要な指針になると考えています。

　しかしながら，法定刑と「懲戒処分の指針について」については，一定の修正をして参考にする必要があると考えます[*]。

> ＊　法定刑については，以下の理由から一定の修正が必要になります。
> ①　刑法が国と国民の関係を規律した法律であること
> ②　被害者の法益侵害と企業秩序違反とが必ずしもリンクしているとはいえないこと（被害者が会社自体なのか，従業員なのか，取引先なのか，第三者なのかなどによって違いが生じうると考えます）

③　刑法は刑事犯罪に対する一般予防の見地を踏まえているのに対し，懲戒処分は企業秩序違反ないしそのおそれのある行為に対する抑止力を踏まえるものであること

　また，「懲戒処分の指針について」は，公務員が全体の奉仕者である点を踏まえて量定が決められているため，そのまま民間企業に適用することはできないと考えます。

したがって，以下では，上記3つの視点を参考に，従業員の企業内の刑事犯罪に対する懲戒解雇処分について説明していきます。

なお，法定刑については，懲役刑が想定されているのか（最高刑が罰金刑なのか），執行猶予をつけることができるかなどが参考になります。

3　検討対象とする刑事犯罪

企業内の刑事犯罪として，懲戒解雇に関し検討する類型については，その発生頻度を踏まえて考えると，解雇予告の除外認定事由として解釈例規（昭23.11.11基発1637号，昭31.3.1基発111号）にあげられている刑事犯罪を参考にしたいと考えます（もちろん，殺人や強盗致傷のような重大な犯罪であれば，懲戒解雇事由であることは明らかです）。

そこで，刑事犯罪に関係する除外認定事由をみると，
①　盗取，横領，傷害等刑法犯に該当する行為があった場合
②　賭博，風紀紊乱等により職場規律を乱し，他の労働者に悪影響を及ぼす場合

となっています（②については，刑事犯罪に該当するものに限定して考えます）。

そこで本書では，懲戒解雇事由になりうるものとして，
①　盗取等という分野から，窃盗とともに，詐欺
②　横領等という分野から，横領とともに，背任
③　傷害等という分野から，傷害とともに，傷害に至らない暴行

を検討し，その他に，

④贈賄行為

についても検討していきたいと思います。

なお，紹介する裁判例は，複数の犯罪に該当するものや，窃盗なのか横領（業務上含む）なのか背任なのか，必ずしも裁判所が明確に認定していないものもあり，筆者の考え方により類型化しています。

4　窃盗・詐欺行為に対する懲戒解雇

(1)　窃盗行為と詐欺行為とは

「窃盗」行為とは，他人の占有する財物を，占有者の意思に反して自己または第三者の占有下に入れる行為をいいます。

「詐欺」行為とは，人を欺いて，財物を交付させる行為をいいます。

(2)　窃盗・詐欺行為に対する基本的な考え方

窃盗・詐欺行為は，企業秩序そのものや対外的信用にとって重大な脅威となるものであり，企業秩序違反の程度が大きいものですから，懲戒解雇事由に該当します。

この点，解雇予告の除外認定事由の解釈例規は，「原則として極めて軽微なものを除き，事業場内における盗取，横領，傷害等刑法犯に該当する行為のあった場合」と定めており，窃取（窃盗，詐欺等の意味だと考えます）の場合には，即時解雇事由に該当するとしています。

次に，法定刑をみると，窃盗罪の法定刑は10年以下の懲役または50万円以下の罰金，詐欺罪の法定刑は10年以下の懲役となっています（刑法235条・246条）。執行猶予は，3年を超える懲役刑に対しては付すことができないところ（同法25条），いずれの罪も，執行猶予を付すことのできる3年を超える懲役刑が科されることがありえます。

また，「懲戒処分の指針について」においては，「公金又は官物を窃取した職員は，免職とする」，「人を欺いて公金又は官物を交付させた職員は，免職とする」と定められており，免職を想定しています。

以上を参考に，各行為に対する懲戒解雇について検討します。

(3) 窃盗行為に対する懲戒解雇

　従業員が不正に金銭・物品を取得していたケースでは，実務では窃取した金銭・物品の金額，回数，期間等を調査し，そのうえで当該従業員の社内における地位，金品受領と業務との関連性などを勘案して，処分内容を決定することになると考えられます。

　業務に関連した不正な金品の取得行為は，当該金品受領が業務に影響を与えておらず，回数・金額も少ない，行為期間も短いといった例外的な事案を除き，会社に対する背信性の高い行為として，懲戒解雇事由に該当すると考えます。なお，事案によっては，解雇後のトラブルリスクを考えて，合意退職を認めることも検討した方が良いと考えます。

> ＊　**懲戒解雇を有効とした裁判例**
> 　　東武トラベル事件＝東京地判平15.12.22労経速1862-23
> 　　東京地判平17.9.9判例集未掲載
> 　　宮坂産業事件＝大阪地判平24.11.2労経速2170-3

(4) 詐欺行為に対する懲戒解雇

　従業員による業務上の必要経費や業務費等の不正利用は，行為態様によっては，詐欺罪や業務上横領罪に該当しうる行為であり，会社に財産的損害を与える違法性の高い行為といえます。とくに，会社に対して経費・業務費等の不正請求がなされた場合には，詐欺罪に該当しうる行為になると考えます。裁判例も，懲戒解雇を有効とするものが多数ありますし，その判断には不正請求が行われた経緯，目的，金額，頻度等の事情を考慮することになりますが，とくに故意に行われた行為の場合には，懲戒解雇処分を検討する必要があります。

> ＊　**関連裁判例**
> ①　**懲戒解雇を有効とした裁判例**
> 　　日本土地建物事件＝大阪地判平11.1.25労経速1719-3
> 　　博報堂事件＝東京地判平11.6.29労判768-18
> 　　メディカルサポート事件＝東京地判平12.2.28労判796-89

ダイフク事件＝東京地判平22.11.9労判1016-84
NTT東日本〔出張旅費不正請求〕事件＝東京地判平23.3.25労判1032-91
② 懲戒解雇を無効とした裁判例
Y学園事件＝大阪地判平22.5.14労判1015-70

　従業員による通勤費不正受給について，実務では，通勤手当の受給について従業員はあまり重要なことと考えていない傾向があると感じています。親との同居で遠くから通って高額な通勤手当を受給していた従業員が，会社の近くで一人暮らしを始めた場合に，単身者向けの住宅手当は一般的に額が少ないため，住居の変更を申告せず，従来どおりの通勤手当を受給し家賃の補填にしているような事例は多くあると考えられます。しかし，これは通勤経路を偽ることによって不正に手当を受給していることになりますから，詐欺以外の何物でもなく，重大な企業秩序違反行為です。これに対して重い処分が肯定される可能性は十分にあると考えます*。

　　*　関連裁判例
　　① 懲戒解雇を有効とした裁判例
　　　かどや製油事件＝東京地判平11.11.30労判777-36
　　　NTT東日本〔出張旅費不正請求〕事件＝東京地判平23.3.25労判1032-91
　　　　〔控訴棄却〕
　　　ドコモCS事件＝東京地判平28.7.8労経速2307-3（住宅補助費の事案）
　　② 懲戒解雇・諭旨解雇を無効とした裁判例
　　　三菱重工業〔相模原製作所〕事件＝東京地判平2.7.27労判568-61（普通解雇有効）
　　　光輪モータース事件＝東京地判平18.2.7労経速1929-35
　　　全国建設厚生年金基金事件＝東京地判平25.1.25労判1070-72

　ただし，「懲戒処分の指針について」では，「故意に法令に違反して諸給与を不正に支給した職員及び故意に届出を怠り，又は虚偽の届出をするなどして諸給与を不正に受給した職員は，減給又は戒告とする」としており，期間，金額，回数等にもよりますが，民間企業においても労働契約解消を前提とする懲戒処分を行うには慎重に対応する必要があるといえます*。

　　*　なお，公務員関係については，減給の範囲が，人事院規則12-0第3条により「1年以
　　　下の期間，俸給の月額の5分の1以下に相当する額を，給与から減ずるものとする」と定

められており，民間企業における労基法上の規制とは異なります。

(5) 残業代の詐取に対する懲戒解雇

残業を自己申告制にしている企業では，不正な残業申告が問題となることがあります。残業申告は，賃金に直結する届出です。その申告で不正があった場合には，「会社に対する届出その他の諸手続を偽らず怠らないこと」，「会社を欺くか又は業務上の損害を与えるような行いをしないこと」等の懲戒事由に該当し，原則として懲戒する必要があります。この不正申告は賃金に関する詐欺行為ともなり，事案によっては，懲戒解雇も十分に考えられる重大な企業秩序違反です。

しかし，外勤業務が主である従業員の場合等には注意が必要です。外勤業務が主である従業員の中には，日常的に時間外労働が発生しているにもかかわらず，その都度きちんと申告するのではなく，「平均すると1日○時間程度残業している」と申告してくる者がいるからです。中には，「本当はもっと残業しているが，この程度にしているのだから，平均した残業申告でもいいだろう」と考えている従業員もいます。

このような場合には，一度上司から「時間外労働した時間を，その都度正確に申告するように」と注意・指導し，それでも改められない場合に懲戒解雇とすべきと考えます。また，懲戒処分とともに，今後は正確に時間外労働を申告するよう業務命令書などによって命じることも必要です。

5 横領・背任行為に対する懲戒解雇

(1) 横領行為と背任行為とは

「横領」行為とは，自己の占有する他人の財物に対する不法領得の意思の発現行為，すなわち，他人の物の占有者が委託の任務に背いて，その物につき権限がないのに所有者でなければできないような処分をする意思を発現する行為をいうと考えられており，費消，着服，売買，贈与等がこれに該当します。

とくに，企業内での横領行為の場合には，業務上横領に該当する場合が多いと考えます。この業務上横領とは，横領行為を，業務上行った場合に成立しますが，この業務上とは，社会生活上の地位に基づいて，反復継続して行われる事務のことをいいます。すなわち，役職者の地位に基づいて，金品の管理や処分の権限を与えている場合には，業務上横領が成立する可能性が高くなります。

「背任」行為とは，他人のためにその事務を処理する者が，自己もしくは第三者の利益を図りまたは本人に損害を加える目的で，その任務に背く行為をし，本人に財産上の損害を加えることをいいます。

(2) 横領・背任行為に対する基本的な考え方

不正な金員取得等の横領・背任行為は，企業秩序そのものや対外的信用にとって重大な脅威となるものであり，企業秩序違反の程度が大きいものですから，懲戒解雇事由に該当します。

(3) 懲戒解雇の有効性を判断する際の考慮要素

横領・背任行為については，基本的に懲戒解雇を含む解雇が有効と判断された事案が多いのですが，まず次の①から④の要素を考慮します。

> ① 職務・地位の特殊性として現金取扱いを含むか否か，責任者の地位にあるか
> ② 先例との権衡（職務の特殊性の表れとして，同種の事例に対する処分例との比較）
> ③ 目的における悪質性（故意に利得を意図したものか，過失，錯誤に基づき漫然と放置したものか）
> ④ 相手方の過失に基づき過誤が看過されたものか否か

そして，事案に応じて次の⑤から⑨の要素を加味して解雇の有効性を判断していると考えられます。

⑤　金額の多寡（ただし，少額性は決定的な事情として考慮していない）

⑥　金銭の使途

⑦　態様の悪質性（回数，期間）

⑧　第三者を巻き込んだか

⑨　金銭の返戻

　筆者は，このような事案の場合には，金額の多寡，態様の悪質性（回数，期間），金銭の使途，当事者の地位，業務との関係等についてまず検討し，その後に各事情を総合勘案すべきだと考えています。

(4)　横領行為に対する懲戒解雇

　現金着服について，裁判例は厳しい処分を肯定する傾向にあるといえます。[*]

[*]　**懲戒解雇を有効とした裁判例**
　　ダイエー〔朝日セキュリティーシステムズ〕事件＝大阪地判平10.1.28労判733-72
　　東日本旅客鉄道〔懲戒解雇〕事件＝東京地判平13.10.26労経速1791-3

(5)　背任行為に対する懲戒解雇

　会社の業務を行うにあたって，自らの利益を図るため，会社の権限を濫用して，会社に損害を与えた場合には，背任罪に該当する可能性があります。これは，会社に直接損害を与える行為であり，企業秩序を著しく乱す行為といえ，行為の回数，金額，期間，当該従業員の地位，業務関連性等の総合判断をすることになりますが，基本的には，懲戒解雇など労働契約解消を前提とした懲戒処分を検討することになると考えます。

　リベートを収受する行為は，会社に損害を与えた場合には，背任罪に該当しうる行為であり，会社自体に損害を生じさせる危険性を内在させている行為といえます。また，会社の従業員がリベートを収受していたことが公になると，会社の信用を著しく毀損することになります。そのため，収受した金額，回数，

期間，当該従業員の地位，業務関連性等を総合判断して処分を決定することになりますが，基本的には懲戒解雇など労働契約解消を前提とした懲戒処分を検討することになると考えます*。

* **懲戒解雇を有効とした裁判例**
　わかしお銀行事件＝東京地判平12.10.16労判798-9
　トヨタ車体事件＝名古屋地判平15.9.30労判871-168

　従業員の違法な取引関与については，当該行為によって，会社の信用を著しく毀損する行為になります。また，違法な取引関与の態様によっては，会社に損害が生じている場合には，背任罪に該当する可能性がある行為になります。したがって，具体的には，違法な取引関与に至る経緯，関与の度合い，動機，会社の取引における地位，会社に与えた損害等の事情を考慮して懲戒処分を決定することになりますが，懲戒解雇をもって臨む必要がある場合もあると考えます*。

* **懲戒解雇を有効とした裁判例**
　シティバンク，エヌ・エイ事件＝東京地判平18.11.22労経速1966-3

6　暴行・傷害行為に対する懲戒解雇

(1)　企業内での暴行行為に対する懲戒

　企業内で暴行行為が行われると，従業員が暴力のもとに支配され，その恐怖を感じることとなり，良質な労務提供に悪影響が生じることは明らかです。暴行は懲戒事由に該当する行為であり，事案によっては懲戒解雇や諭旨解雇等の事由に該当します。

(2)　暴行行為に対する基本的な考え方

　暴行は，暴行罪（刑法208条），傷害罪（刑法204条），傷害致死罪（刑法205条）の構成要件に該当する可能性がある行為です。
　このうち，懲戒処分を考えるにあたっては，従業員の行為が暴行罪にとどま

る程度なのか，傷害罪にまで至る程度なのかということが1つ重要な基準となります。そして，暴行にとどまる範囲である場合には，懲戒解雇など労働契約の解消を前提とする懲戒処分を選択することは難しいといえます。

この点，解雇予告の除外認定事由の解釈例規は，「原則として極めて軽微なものを除き，事業場内における盗取，横領，傷害等刑法犯に該当する行為のあった場合」と定めており，明示的に「暴行」ではなく「傷害」と規定しています。

次に，法定刑をみると，暴行罪，傷害罪，傷害致死罪のいずれも懲役刑が定められていますが，暴行罪は2年以下，傷害罪は15年以下，傷害致死罪は3年以上となっています。前述のとおり，3年を超える懲役刑に対しては執行猶予を付すことができないところ，傷害罪および傷害致死罪については，執行猶予を付すことのできない3年を超える懲役刑が科されることがありえますが，暴行罪についてはそうではありません。

なお，「懲戒処分の指針について」においては，「他の職員に対する暴行により職場の秩序を乱した職員は，停職又は減給とする」と定められていますが，これは，暴行の程度にとどまる行為を規定しており，傷害に至るものまで想定しているとは思えません。

傷害に至る程度である場合には，行為の態様その他の事情にもよりますが，労働契約の解消を前提とする懲戒処分を選択することも検討されます。

(3) 加害者と被害者の関係

暴行の行為者と被害者の関係でみたとき，次の3つのケースが考えられます。
① 同僚間での行為
② 上司から部下に対しての行為
③ 部下から上司に対しての行為
これから，この加害者と被害者との関係を前提に裁判例をみていきます。

ア 同僚間での行為の場合

単なる同僚同士のけんかといった事案では，たとえ暴力行為があったとして

も，相手に大けがを負わせるなど，その態様がとくに悪質であるという事情がなければ，懲戒解雇・諭旨解雇を選択すべきではなく，降格・降級以下の懲戒を選択すべきと考えます[*]。

* **関連裁判例**
  ① **懲戒解雇を有効とした裁判例**
     新星自動車事件＝東京地判平11.3.26労判767-74
     プリマハム事件＝大阪高判平22.6.29判タ1352-173［確定］
  ② **懲戒解雇・諭旨解雇を無効とした裁判例**
     日光陸運事件＝名古屋地決平6.9.2労判668-26
     日本周遊観光バス事件＝大阪地判平8.9.30労判712-59

イ　上司から部下に対する行為の場合

上司がその職位を利用したうえで部下を暴力で支配していたというような事案については，重大な企業秩序違反として懲戒解雇も視野に入れた対応が必要となります[*]。

* **諭旨解雇を有効とした裁判例**
  豊中市不動産事業協同組合事件＝大阪地判平19.8.30労判957-65

ウ　部下から上司に対する行為の場合

部下が正当な上司の業務命令に対して暴力をふるったという事案では，企業の組織づけという体制そのものを否定することになりかねず，その意味から，企業秩序を破壊する重大な企業秩序違反として，懲戒解雇も含めた厳しい処分が必要といえます[*]。

* **関連裁判例**
  ① **懲戒解雇・諭旨解雇を有効とした裁判例**
     エス・バイ・エル事件＝東京地判平4.9.18労判617-44
     日本電信電話〔大阪淡路支店〕事件＝大阪地判平8.7.31労判708-81
     南労会〔松浦診療所〕事件＝大阪地判平12.5.1労判795-71
  ② **懲戒解雇を無効とした裁判例**
     南海電気鉄道事件＝大阪地堺支決平3.7.31労判595-59

旭東広告社事件＝東京地判平21.6.16労判991-55［確定］

このように，加害者と被害者の関係性によって，企業秩序違反の程度が異なるため，懲戒処分の量定にも影響します。

また，裁判例は，行為の態様その他の事情としては，暴行に至った経緯・動機（被害者の挑発行為，落ち度がある行為があったか，加害者が一方的に暴行を加えたか，日常的トラブルが存在していたか），暴行の具体的態様（どの部位に対して，どのように暴行を加えたのか，暴行行為の回数），傷害の結果（傷害の程度，怪我が生じた経緯），反省の態度，職場内での混乱の程度などの事情を考慮しています。

7 賄賂行為に対する懲戒解雇

業務に関連して不当に金員等の利益を与える行為については，相手が誰かによって処分の内容や対応が変わってきます。

(1) 公務員への贈賄行為の場合

相手が公務員である場合には，業務に関連して不当に金員等の利益を与える行為自体が，贈賄として刑事罰の対象となる場合もあります。刑事罰の対象となれば，企業の社会的信用が損なわれることになりますから，贈賄行為については，会社として懲戒解雇ないし論旨解雇も辞さないという厳しい対応が必要といえます[*]。

> [*] 贈賄罪の法定刑は3年以下の懲役または250万円以下の罰金であり（刑法198条），3年以下の懲役刑に対しては執行猶予を付すことができます。しかし，贈賄罪の保護法益は国家的法益であり，被害者の個人的法益でないことには注意が必要です。

贈賄を行った従業員の懲戒処分の量定を検討するにあたっては，当該事案の内容，回数，期間等を調査するとともに，当該行為によって会社が受けた影響度を総合的に勘案して懲戒処分を決定します。なお，事案によっては，懲戒ではなく，従業員不適格として普通解雇ないし退職届の受領を選択する場合も考

えられます。[*]

> * 今日，国立病院や市立病院の医師等（公務員）の接待は，犯罪行為というだけでなく，取引停止や病院への出入禁止の取扱いを受けることもあり，企業に莫大な損害を被らせるおそれがあります。このような事情についても，懲戒処分を決定するにあたっては考慮されるべき事情といえます。

(2) 公務員以外への利益供与の場合

公務員以外への不当な利益供与については，刑事罰の対象とはならない行為ですが，コンプライアンスに反する行為となる場合や，会社に損害を与えることになる場合もありますから，供与の金額，回数，期間，当該従業員の職位，業務関連性等を総合的に勘案して処分を決定することになります。

とくに，金額が大きく，会社への影響度も高いといった場合には，懲戒解雇・論旨解雇，ないし普通解雇もありえます。

ただし，純粋に会社のためにした接待で本人が利益を受けたものではない事案や，利益供与が1回限りで金額も少ない事案で，救済すべき事由がある場合については，降格等の軽い懲戒処分を選択すべきです。いずれにしても処分内容は，具体的事案に即して判断することになります。[*]

> * **懲戒解雇を有効とした裁判例**
> 相銀住宅ローン事件＝東京地決昭60.10.7労判463-68

横領や背任事案と異なり，接待や経費利用については，不適当と認められるような場合でも甘めの対応しか取らない企業がかつては多く，昭和の時代は，新規参入規制，価格の談合と共に取引先への過剰な接待が横行し，経費についても，出張に際してホテル代を浮かせたり（安いホテルに替える），列車代を浮かせたり（指定席から普通席に変更する）して，経費を浮かせて飲食代に充てることが暗に許される風潮にもあったため，それらを背景に企業としても厳しい対応が取られてきませんでした。

その名残りからか，現在になっても，過剰な接待や不適切な経費利用について，軽微な処分しか実施しない企業も見受けられますが，コンプライアンス意

識の高まりが見られる現在においては，そのような姿勢には疑問を呈さねばなりません。今後は過剰な接待や不適切な経費使用といった事例に対しても，企業として厳しい姿勢で対応することが望ましいと考えますが，その際には「先例との権衡」に注意が必要です。すなわち，同種の非違行為に関する懲戒処分は，同一種類・同一程度とすべきであるという原則（平等扱いの原則）から，懲戒を行う場合には，当該企業での過去の同種事案に対する懲戒内容を踏まえる必要があります。そのため，これまで黙認してきた行為に対して懲戒を行う場合や懲戒の程度を変更する（重くする）場合には，過去の取扱いを変えることになるので，過去（先例）との決別が必要となります。具体的には，当該取扱い変更に関して，従業員に対して事前に十分な警告ないし周知を行うことが求められます。

第8節　セクシュアルハラスメントを理由とする懲戒解雇

セクシュアルハラスメント（セクハラ）とは性的な嫌がらせを意味します。態様の悪性の程度を法的に整理すると，以下のように分けられます。

---

① 犯罪行為 ― 刑法レベル

（例：強制性交等・強制わいせつなど）

② 不法行為 ― 民法レベル

（例：着衣の上から胸やでん部を触るなど）

③ 労働行政指導 ― 均等法レベル

（例：職場で性的言動をする，執拗に食事に誘うなど）

④ 企業秩序違反 ― 就業規則レベル

（例：「子供はまだか」と聞く，「おばさん」「女の子」と呼ぶなど）

---

①の強制性交等や強制わいせつに該当する行為はいうまでもなく犯罪行為ですから，当該行為を行った従業員に対する懲戒は，懲戒解雇を含む労働契約の解消しかありません。とくに，同僚や部下が被害者である場合には企業秩序が保てませんから，懲戒解雇以外ありません。

* **懲戒解雇を有効とした裁判例**
  大阪観光バス事件＝大阪地判平12.4.8労判789-15判例・裁判例㉖
  富士通エフサス事件＝東京地判平22.12.27判タ1360-137

他方，民法上不法行為が成立するといえる行為（着衣の上から胸やでん部を触るといった行為），均等法あるいは就業規則に抵触する行為（職場での性的言動や執拗に食事に誘うといった行為）については，懲戒解雇を議論することまでは難しいといえます。もっとも、不法行為に該当する場合は普通解雇はありうると考えます。

判例・裁判例㉖　大阪観光バス事件／大阪地判平12.4.28／労判789-15

【事案概要】 Xは，平成3年8月観光バス会社であるYに雇用され，平成4年6月正社員たるバス運転手となり，また労働組合の書記長を務めていた者である。Yでは男女関係が杜撰との非難を回避すべく社内での男女関係には厳しい対応を行っていた。ところが，Xは，女性ガイドに抱きついたり，女性従業員の臀部を触るなどの振る舞いがあり，それまでも上司から注意を受けていたところ，①平成11年1月，取引先Aの多数の添乗員に対して性的な事柄に関して不愉快な思いをさせる振る舞いをしたことから，AからYに苦情が寄せられた。②また，Xは平成11年9月，宿泊付きツアーに同行していたYのトラベルコンパニオンであるBに対し，勤務中，約1時間半にわたって脚部や胸に触り，勤務終了後もしつこく迫って誘い出した上Bに抱きつき胸を触り，その後も執拗にホテルに誘うなどした。③Xは同月，出勤時刻に遅刻しそうになったため他の運転手Cにバスの移動を依頼し，Cにバスの出庫をさせようとした。これについて運行部長Dが注意したところ，なにが悪いんやなどと言って反抗的な態度を示した。さらに，④運行部長DがBに対する上記②のわいせつ行為について事情聴取しようとしたところ，Xは，「D部長こそ言葉でセクハラをしているやないか。ビラまいたろか」などと述べて事情聴取に応じなかった。そこで，Yは平成11年10月，Xを懲戒解雇とした。

これに対し，XはYの懲戒解雇の無効を主張し，従業員たる地位の確認等を求めて提訴した。

【判決概要】 裁判所は，上記①ないし④の行為をYの就業規則上の懲戒事由に該当するとしたうえ，「Yでは男女関係が杜撰との非難を回避すべく社内での男女関係には厳しい対応をしてきており，Xは以前にも女性関係の問題でYから注意を受けていたにもかかわらず，右のとおり，Aからの女性関係の苦情を招いたり，Bへの悪質なわいせつ行為に及んだりしていること，乗務に遅刻しそうになるという自らの非を勝手な運転手の手配によって取り繕おうとしたばかりか，これらに関し，注意や事情聴取を受けても反抗的な言動をし，あまつさえ，責任回避のための脅迫にまで及んでいること等専恣な行為を累積させてきているのであって，反省の態度はみられず，その情状は重いというべきである。

これらの事情を総合考慮すると，本件解雇はやむを得ない選択というほかなく，相当としてこれを是認することができる。

Xは，本件解雇の背景として労使関係の悪化があり，本件解雇は報復措置の疑いがあるなどとも主張するが，右のとおりの本件解雇を相当とする非違行為が認められる以上，X主張の事情があるからといって，本件解雇の効力に消長をきたすものではないというべきである。」として，Xの請求を棄却した。

刑法上の強制わいせつ

刑法176条　13歳以上の者に対し，暴行又は脅迫を用いてわいせつな行為をした者は，6月以上10年以下の懲役に処する。13歳未満の者に対し，わいせつな行為をした者も，同様とする。

要件1：暴行又は脅迫（客体が13歳以上の場合）
■**暴行**：被害者の意思に反して当該わいせつ行為を行うに必要な程度・態様の暴行であれば足りる。
〈判例による具体的事例〉
　殴打，肩や着衣を押さえる，不意に股間に手を挿入する，衣服を引き剥ぎその裸体の写真をとる，被害者の抵抗を抑制する程度の抱擁等。
■**脅迫**：「著しく反抗を困難ならしめる程度に達することを要する」とするのが通説だが，暴行と別異に解すべき理由はないという説もある。

要件2：わいせつな行為
■**わいせつな行為**：いたずらに性欲を興奮又は刺激せしめ，かつ，普通人の正常な性的羞恥心を害し，善良な性的道徳観念に反する行為。
〈具体的行為態様〉
- 陰部への接触行為…着衣の上から陰部を押しなでる行為，陰部を手探り，あるいは陰部に手を接触せしめようとしただけの行為でわいせつ行為と認めた例もある。
- 乳房への接触行為…着衣の上からでもわいせつ行為といえるかには議論があるが，着衣が薄くて直接接触するのと同視できる場合や，着衣が厚くても乳房を執拗に触りこれをもてあそんだといえる場合には，わいせつ行為と認定できるとの説もある。
- でん部への接触行為…着衣の上からでん部を手でなでた行為は，わいせつ行為とはいえないとされている。
- 接吻行為…相手方の意に反して無理になされるときは強制わいせつ罪を構成するとされている。
- その他の行為…単に抱きすくめる行為，馬乗りになる行為等は強制わいせつたり得ないとされている。一方，被害者の身体に触れなくとも，裸にして写真をとる行為は強制わいせつ罪を構成するとされている。

第9節　ストーカー行為を理由とする懲戒解雇

　特定の人につきまとったり，待ち伏せをしたりする，いわゆるストーカー行為は，恋愛感情などの好意感情，またはそれが満たされなかったことに対する怨恨の感情を動機とするものがほとんどです。そのため，相手が振り向いてくれなかったり，自分の思うようにならないと，最悪の場合，相手を殺害してしまうという悲惨な事件に発展します。

　従業員からストーカー行為を受けているとの訴えがあった場合は，会社としては，前記②レベル以下のセクハラ問題以上に，事の重大性，緊急性を認識しなければなりません。そして，被害を訴えた従業員が「怖いので警察に相談したい」といっている場合には，たとえストーカー行為者が上司や同僚であっても，警察に行かせるべきです。会社の体面を考えて「会社の方で注意するから警察に行くのは待ってほしい」などと，本人の意向を妨げるようなことは，決してすべきではありません。その間に事件が起きてしまったら，会社として何の言い訳もできません。状況によっては，会社から被害者に対して，警察に相談するよう積極的に勧める場合も考えられます。

　一方，行為者とされる従業員に対して，ストーカー行為があったという事実が判明した場合には，同行為の中止を強く警告するとともに，被害者から引き離す人事措置としての配転をします。そして，同行為について企業秩序を乱したとして，雇用継続を前提とした懲戒処分も検討することになります。この懲戒処分後にも，再度同様のストーカー行為をした場合には，さらなる懲戒処分，契約解消をするのであれば普通解雇が妥当だと考えます。もちろん，事案によっては，懲戒解雇も考えられると思います。

第1編／労働契約の解消

ストーカー規制法の規定するつきまとい等

① つきまとい，待ち伏せし，進路に立ちふさがり，住居，勤務先，学校その他その通常所在する場所（以下「住居等」）の付近において見張りをし，住居等に押し掛け，又は住居等の付近をみだりにうろつくこと。

② その行動を監視していると思わせるような事項を告げ，又はその知り得る状態に置くこと。

③ 面会，交際その他の義務のないことを行うことを要求すること。

④ 著しく粗野又は乱暴な言動をすること。

⑤ 電話をかけて何も告げず，又は拒まれたにもかかわらず，連続して，電話をかけ，ファクシミリ装置を用いて送信し，若しくは電子メールの送信等をすること。

⑥ 汚物，動物の死体その他の著しく不快又は嫌悪の情を催させるような物を送付し，又はその知り得る状態に置くこと。

⑦ その名誉を害する事項を告げ，又はその知り得る状態に置くこと。

⑧ その性的羞恥心を害する事項を告げ若しくはその知り得る状態に置き，又はその性的羞恥心を害する文書，図画，電磁的記録に係る記録媒体その他の物を送付し若しくはその知り得る状態に置き，又はその性的羞恥心を害する電磁的記録を送信し若しくはその知り得る状態に置くこと。

第10節 パワーハラスメントを理由とする懲戒解雇

1 パワーハラスメントとは

このテーマで1番重要な点は，パワーハラスメント（パワハラ）と一般に呼ばれている行為が，企業秩序を乱すないしそのおそれのある行為であり，場合によっては懲戒解雇事由となる旨が，就業規則に規定されているかという点です。

平成27年5月15日，厚生労働省は「パワーハラスメント対策導入マニュアル」を公表し（平成28年7月7日に第2版を公表），「職場のパワーハラスメントとは，同じ職場で働く者に対して，職務上の地位や人間関係などの職場内の優位性を背景に，業務の適正な範囲を超えて，精神的・身体的苦痛を与える又は職場環境を悪化させる行為」をいうとして，パワハラの概念とその行為類型を示しています。また，この定義は，厚生労働省が平成30年3月に公表した「職場のパワーハラスメント防止対策についての検討会報告書」においても用いられています。

しかし，この定義は何の法的効力を有するものでもありません。個別労働紛争につき，労働局が相談，助言，さらにあっせんのような業務にあたる際，この定義を事実上使用することになると考えますが，法として一般的な定義が定められたわけではありません。

したがって，パワーハラスメントに対する懲戒解雇を考える場合，次のような整理をすることがポイントになると考えます。

2 動機・目的に着目

まず，その行為の動機・目的が，ハラスメントすなわち「いじめ・嫌がらせ」であるか否かです。

第1編／労働契約の解消

職場のパワーハラスメントの概念と行為類型

概念	職場のパワーハラスメントとは，同じ職場で働く者に対して，職務上の地位や人間関係などの職場内の優位性を背景に，業務の適正な範囲を超えて，精神的・身体的苦痛を与える又は職場環境を悪化させる行為をいう。
行為類型	① 暴行・障害（身体的な攻撃） ② 脅迫・名誉毀損・侮辱・ひどい暴言（精神的な攻撃） ③ 隔離・仲間外し・無視（人間関係からの切り離し） ④ 業務上明らかに不要なことや遂行不可能なことの強制，仕事の妨害（過大な要求） ⑤ 業務上の合理性なく，能力や経験とかけ離れた程度の低い仕事を命じることや仕事を与えないこと（過小な要求） ⑥ 私的なことに過度に立ち入ること（個の侵害）

〔出典〕厚生労働省「パワーハラスメント対策導入マニュアル」

　ただし，このような動機・目的であった場合であっても，懲戒解雇を実施するかを検討するにあたっては，その手段である行為の性質，すなわち，1回限りのものか多数回にわたるものか，さらに継続的なのかなどの行為の態様を考えることになると思います。

　そして，上司と部下との関係であれば，どのような時間帯・場所で行われたかはあまり重要ではなく，原則として企業秩序を乱すものであると考えるべきです。

　以上を前提に，①刑事責任が認められる行為ないし②不法行為として損害賠償責任が認められるような行為であれば，懲戒解雇を検討することも可能であると考えられます。

3　手段に着目

　次に，その行為の動機・目的が「いじめ・嫌がらせ」ではなく，教育・指導の目的であった場合であっても，その手段が，①暴行・脅迫等の刑法犯にあた

る事案や，②人格・尊厳を損なう発言（暴言）等がなされた事案においては，その行為の性質や態様を勘案しながら，懲戒解雇となる場合も想定されるといえます。

ただし，この場合，いじめ・嫌がらせ目的でなく真に教育・指導の行き過ぎであるということは，いじめ・嫌がらせ目的のハラスメントに比べて，懲戒の程度を減じる事情の1つになると考えられます。なお，昭和の時代には，暴行や暴言に対しても，部下の教育・指導の行き過ぎとして上司に寛大であった，ないしそうした風潮があったと考える企業は，今後は，暴行や暴言は真に教育・指導の目的があったとしても決して許されず，今後は厳しく責任を追及されることを徹底的に教育する必要があるといえます。[*]

＊　**諭旨解雇・懲戒解雇を無効とした裁判例**
　Ｙ大学〔アカデミックハラスメント〕事件＝札幌地判平22.11.12労判1023-43

快適な職場環境とは		

個々人の成果を引き出すためには
快適な職場環境の維持が必須

ハラスメントのない職場に		
行為類型を再確認	セクシュアルハラスメント	パワーハラスメント
刑法の犯罪行為	強制性交等・強制わいせつ　など	殴る，ものを投げつける等の暴行・傷害 死ね，殺すぞといった脅迫 侮辱，名誉毀損　など
不法行為	着衣の上からでん部を触る　など	上司からの嫌がらせ目的での強い叱責に起因して精神疾患を発症する　など
労働行政	職場で性的言動をする 執拗に食事に誘う　など	業務上の合理性なく，能力や経験とかけ離れた程度の低い仕事を命じることや仕事を与えないこと（過小な要求）　など
企業秩序	上記の他，職務遂行を阻害する行為全般 子供はまだかと聞く おばさん，女の子と呼ぶ　など	上記の他，職務遂行を阻害する行為全般

加えて
業務災害
認定基準

第11節 企業秘密の漏洩等を理由とする懲戒解雇

1 「企業秘密」の「漏洩」とは

(1) 「企業秘密」とは

　労働者は，労働契約に基づく付随義務として，信義則上，使用者の利益をことさらに害するような行為を避けるべき義務を負っており，その1つとして使用者の業務上の秘密を漏らさないという守秘義務を負っています。

　企業秘密の流出は，企業の競争力を低下させ，企業の信用にも関わることから，企業秘密を漏洩し，会社に損害を生じさせた場合には，懲戒処分の対象となりえます。

　ここで，企業秘密とは，法律上の概念ではなく，明確な定義があるわけではありませんが，本書では，「企業の業績に影響を及ぼし得る一切の情報で公表されていないもの」をいいます。

　* **SNSへの不適切な投稿に対する懲戒**　　近年，従業員が行ったFacebookやTwitter等のSNSへの不適切な投稿により，企業が避難・批判の対象となる事例が多発しています。たとえば，ホテルの従業員が有名人が宿泊しているといった個人情報・顧客情報を投稿したり，飲食店の従業員が業務用冷蔵庫内に入った様子を投稿したりすることで，企業に批判が殺到しマスコミ報道されたことなどは記憶に新しいところです。もっとも，SNSへの不適切な投稿を理由とする懲戒事例に関しては裁判例の集積はまだなく，SNSへの不適切な投稿に対し懲戒を検討する場合には，SNSの特殊性を加味する必要があると考えます。すなわち，SNSには大きく3つの特徴があるといえます。1つ目は簡易性です。スマートフォンの普及も相まってSNSは手軽かつ即時に情報を投稿できますが，一方で手軽さゆえに情報の真偽等を検証することなく安易に投稿する利用者も多いです。2つ目は伝播可能性です。投稿された情報は他のSNS利用者等によって共有・拡散され，短期間で不特定多数の者に閲覧可能となるおそれがあります。3つ目は情報の恒久性です。一旦投稿された情報は，インターネット等を通じて急速に拡散されることもあり，完全に削除することは事実上不可能といえます。

　　これらの特徴からすれば，SNSへの投稿は簡易なものであり行為の故意性は決して強いとはいえません。この点は懲戒の程度を考えるにあたっては軽微な方向に働く事情です。もっとも，投稿の伝播可能性・情報の恒久性という点を踏まえると，SNS上で企業秘

密の漏洩，会社批判等が行われた場合，企業に与える影響，損害は甚大なものとなることが想定されます。この結果の重大性という点を考慮すれば，事案によっては労働契約を解消するような懲戒も検討しうると考えます。

ア　営業秘密との区別

　企業秘密には，営業秘密も含まれます。営業秘密とは，不正競争防止法上の概念であり，「秘密として管理されている生産方法，販売方法その他の事業活動に有用な技術上又は営業上の情報であって，公然と知られていないものをいう」とされています（不正競争防止法2条6項）。

　営業秘密としては，たとえば，製造開発に関する技術資料や顧客情報等がありますが，秘密として管理されていると認められなければ営業秘密該当性が認められません。また，不正競争防止法は有用性を営業秘密の要件としていますので，企業による反社会的な行為に関する情報等の公序良俗に反する内容の情報は，営業秘密には該当しません。

　したがって，企業秘密の方が営業秘密よりも広い概念ということができ，企業秘密のうち，①秘密管理性，②有用性，③非公知性の要件を満たした情報が営業秘密に該当することになります。

　このように，不正競争防止法は，企業秘密のうち，3つの厳格な要件を満たした情報についてのみ，その社会的有用性に鑑み，特別の保護を与えたものということができます。

イ　企業秘密の種類（有益情報と不利益情報）

　上記アで述べたように，企業秘密は，営業秘密よりも広い概念ですが，企業秘密に該当する情報は，

　(ｱ)　営業上・産業上有用な情報

　(ｲ)　人事，労務管理上の秘密

　(ｳ)　企業の不祥事に関する秘密

に大きく分類できると考えます。

また，㈸の企業の不祥事に関する秘密は，さらに，企業が粉飾決算を行ったといった企業自体の不祥事に関する情報と，従業員が他の従業員に対してセクハラを行ったといった従業員についての不祥事に関する情報に大きく分類することができます。なお，前述したように，営業秘密は有用性が要件とされていますので，企業の不祥事に関する秘密は，営業秘密には該当しないことになります。

このように，企業秘密には，企業にとって有益な情報だけではなく，不利益な情報も含まれます。

ウ　企業秘密と公益通報対象事実の区別

公益通報者保護法は，公益通報をしたことを理由とする公益通報者の解雇や懲戒等の不利益取扱いの無効等を定めることにより，公益通報者を保護しています。ここで，同法の定める「通報対象事実」とは，個人の生命または身体の保護，消費者の利益の擁護，環境の保全，公正な競争の確保その他の国民の生命，身体，財産その他の利益の保護にかかわる法律として同法別表に掲げるものに規定する罪の犯罪行為の事実ないしはそれら法律の規定に基づく処分の理由となる事実をいいます。たとえば，企業が労基法に違反している事実も通報対象事実に該当します。企業が労基法に違反している事実は，上記イで述べた企業の不祥事に関する情報に該当しますので，企業秘密の一部が通報対象事実に該当するという関係になります。

なお，営業秘密は，上記アで述べたように，有用性が要件とされており，法令違反の事実には有用性が認められないため，営業秘密と通報対象事実は重複しないことになります。

(2)　企業秘密の持ち出し・「漏洩」とは

次に，「漏洩」についてですが，「漏洩」とは，「秘密などがもれること。秘密をもらすこと」をいいます（『広辞苑（第6版）』）。そのため，企業秘密の流出の場合，秘密を故意的に漏洩した場合だけでなく，過失により企業秘密が流出

した場合にも企業秘密の漏洩に該当することになります。

　故意的な企業秘密の漏洩の類型としては，

　　①　企業秘密が持ち出された場合

　　②　企業秘密が持ち出されたうえ，漏洩された場合

　　③　企業秘密の持ち出し行為はないが，企業秘密が漏洩された場合

の３つの類型が想定されます。

2　企業秘密の漏洩等に対する懲戒処分のポイント

　前記1(1)で述べたように，ノウハウ等の企業秘密が漏洩すると企業の競争力が低下しますので，企業が健全に存続・発展するためには，営業秘密以外の企業秘密についても流出を防止することが必要不可欠です。そこで，企業は，不正競争防止法上の営業秘密に限らず，広く企業の業績に影響を与える情報について流出を防止する必要があり，従業員が守秘義務に違反して企業秘密を漏洩した場合には，懲戒処分を行う必要があります。

　懲戒処分の程度は個別の事案の事情にもよりますが，重要な企業秘密を漏洩し，会社に損害を生じさせた場合，またはそのおそれがある場合には懲戒解雇が可能な場合もあります。企業秘密の漏洩，情報の持ち出し等を理由とした懲戒処分を行う場合には，当該企業秘密の重要性，開示の目的，漏洩による会社の損害の有無・程度，企業運営への影響等を総合的に考慮し，企業にとって重要な情報で，かつ背信性が高いと認められる場合には，懲戒解雇を検討することになります。

　故意的な企業秘密の漏洩等に関しては，次のような裁判例があります。

企業秘密の漏洩等に対する懲戒解雇

	懲戒解雇有効	懲戒解雇無効
①企業秘密が持ち出された場合	中外爐工業事件＝大阪地判平13.3.23労経速1768-20 宮坂産業事件＝大阪地判平24.11.2労経速2170-3	日産センチュリー証券事件＝東京地判平19.3.9労判938-14
②企業秘密が持ち出されたうえ，漏洩された場合	古河鉱業事件＝東京高判昭55.2.18労民集31-1-49 日本リーバ事件＝東京地判平14.12.20労判845-44	メリルリンチ・インベストメント・マネージャーズ事件＝東京地判平15.9.17労判858-57
③企業秘密の持ち出し行為はないが，企業秘密が漏洩された場合		武富士事件＝東京地判平6.11.29労判673-108 西尾家具工芸社事件＝大阪地判平14.7.5労判833-36 ブランドダイアログ事件＝東京地判平24.8.28労判1060-63 野村證券事件＝東京地判平28.2.26労判1136-32

　なお，前記1(2)で述べたように，企業秘密の漏洩には，故意行為だけではなく，過失による漏洩も含まれます。たとえば，企業秘密に関わる情報を保存したノートパソコンやUSBメモリを電車内に置き忘れたり，自宅で仕事をしようと持ち帰る途中で紛失した場合などです。このような場合，故意による企業秘密の漏洩と同様の懲戒処分を行うのは難しいと考えます。たとえ，重要な企業秘密が保存されているのを認識しながら多量の飲酒をして紛失したなど，重過失があるといえるような場合であっても，契約解消を伴う懲戒解雇・諭旨解雇は相当性が否定されるリスクがあります。普通解雇を検討すべきと考えます。

第7章／正社員の懲戒解雇 ◀555

第12節　内部告発を理由とする懲戒解雇

1　内部告発とは

　近時，企業の法令遵守（コンプライアンス）が経営の重要課題となっていますが，企業の不祥事は，従来から内部告発が端緒となってきたこともあり，内部告発の件数は増加傾向にあります。

　ここで，内部告発にいう「告発」とは，「隠された不正や悪事をあばいて世の中に知らせること」をいいます（『広辞苑（第6版）』）。したがって，内部告発とは，社内で隠された会社の不正等の不利益情報をあばいて世の中に知らせることを意味します。まさに，企業秘密の公表がなされることになります。

　内部告発と似た概念として，552頁で触れた「公益通報」があります。いずれも会社の不祥事に関する情報を明るみにする点で共通していますが，公益通報者保護法の定める「公益通報」は，「不正の目的」でないことや通報対象事実を限定するなど，厳格な要件を定めているのに対し，内部告発は，法的な概念ではありませんので，そのような限定がないという違いがあります。

　また，内部告発は企業にとって不利益な情報の漏洩を伴うことが一般的です。企業秘密の漏洩と内部告発の関係については，内部告発は，一般的に企業の不正行為の是正を求める意図が含まれており，そのため，情報の漏洩は故意的な場合しか想定されませんが，企業秘密の漏洩は故意行為に加えて，過失による場合も含まれる点にあります。

　したがって，内部告発に対する懲戒は，企業秘密の漏洩という懲戒事由該当行為と企業の不正行為の是正のための行為の衝突場面ということができます。そこで，内部告発が行われた場合に，企業秘密の漏洩行為に該当するとして，懲戒処分を行うことが可能であるかが問題となります。

　なお，内部告発の内容が真実ではない場合には，企業の信用を毀損する行為として懲戒解雇をする余地があります。

2　正当理由のある内部告発は違法性が阻却される

前記1で説明したように，内部告発には，企業秘密の漏洩が伴い，そのため，当該行為は，就業規則の懲戒事由である企業秘密漏洩の禁止に該当することになります（企業秘密の漏洩と懲戒については第11節を参照してください）。

もっとも，内部告発は，企業内での不正行為の是正を図り，結果的には企業の利益になるという側面も有することから，企業秘密の漏洩を伴う内部告発が行われ，当該内部告発に企業の不正行為の是正といった正当理由がある場合には，当該行為の違法性が阻却され，懲戒処分が無効とされる場合があります。

裁判例は，内部告発による企業秘密の漏洩についての違法性阻却の要件について，内部告発の内容の根幹的部分が真実ないしは内部告発者において真実と信じるについて相当な理由があるか，内部告発の目的が公益性を有するか，および，内部告発の手段・方法の相当性を考慮するとの見解で概ね一致しています。したがって，内部告発により企業秘密が漏洩した場合の懲戒処分にあたっては，

① 真実ないし真実相当性
② 目的の公益性
③ 手段・態様の相当性

などを総合考慮して，当該内部告発が正当か否かを判断する必要があります。

3　内部告発に対する懲戒処分のポイント

内部告発を理由とした懲戒解雇処分については，裁判所は非常に厳しい判断を下しています。このことは，宮崎信用金庫事件＝福岡高宮崎支判平14.7.2労判833-48判例・裁判例㉗において，情報漏洩は会社内部の不正疑惑を解明する目的からなされた行為であって，会社の利益に合致するところもあり，各行為の違法性が大きく減殺されることは明らかであるとして，内部告発に一定の

評価を与えられていることからも明らかです。言い換えれば，負の情報を隠ぺいすることは，最終的に企業にとってダメージとなるといっているのです。

　このように，内部告発に対する評価，価値観は変わりつつあります。とくに，告発した企業の負の情報に関する事実関係が真実であるならば，内部告発を理由とした懲戒解雇の有効性は否定されると考えます[*]。

* **関連裁判例**
　① **懲戒解雇を有効とした裁判例**
　　アワーズ〔アドベンチャーワールド〕事件＝大阪地判平17.4.27労判897-26
　　アンダーソンテクノロジー事件＝東京地判平18.8.30労判925-80
　　学校法人田中千代学園事件＝東京地判平23.1.28労判1029-59〔控訴審にて原判決変更，上告不受理〕
　　甲社事件＝東京地判平27.11.11労経速2275-3〔確定〕
　② **懲戒解雇を無効とした裁判例**
　　協業組合ユニカラー事件＝鹿児島地判平3.5.31労判592-69
　　大阪いずみ市民生協〔内部告発〕事件＝大阪地堺支部判平15.6.18労判855-22
　　骨髄移植推進財団事件＝東京地判平21.6.12労判991-64
　　甲社事件＝東京地判平27.1.14労経速2242-3
　　学校法人矢谷学園ほか事件＝広島高松江支判平27.5.27労判1130-33

558▶ 第1編／労働契約の解消

判例・裁判例㉗　宮崎信用金庫事件／福岡高宮崎支判平14.7.2／労判833-48

【事案概要】 X1は，信用金庫Yの支店貸付係担当係長として，X2は，本店営業部得意先係としてそれぞれ勤務していた者であり，いずれもYの不正疑惑を追及する組合の副執行委員長を務めていた。Xらは不正疑惑解明のため顧客信用情報等の文書を不法に入手し，地元衆議院議員秘書や警察へ提出していたところ，このことがYに発覚した。そこでYは，平成10年4月10日Xらを懲戒解雇した。これに対し，Xらは懲戒解雇無効の確認等を求めて提訴した。

【原審概要】「Xらの行為は，勤務時間中に，業務遂行のために交付されたオペレータカードを使用して，自己使用目的で，業務とは無関係に顧客に関する信用情報を収集したものであって，顧客のYに対する信頼を裏切るものであり，このような行為が自由に行われることになれば，収集した資料の管理が個人に委ねられる結果として，故意又は過失による顧客の情報の外部流出を招き，顧客の信用及びYに対する信頼に重大な影響を及ぼし，Yの存立を脅かすに至る事態が生じかねない。したがって，Xらの行為は，金融機関の職員として，重大な規律違反行為といわざるを得ない。

　Xらがy内部の不正を糺したいとの正当な動機を有していたとしても，その実現には，社会通念上許容される限度内での適切な手段方法によるべきであり，右行為を容認する余地はない。」としてXらの懲戒解雇を有効とし，Xらの請求を棄却した。

【判決概要】 Yの就業規則上，「懲戒解雇事由として予定しているのは，刑罰に処される程度に悪質な行為であると解される。そうすると，Xらが取得した文書等は，その財産的価値はさしたるものではなく，その記載内容を外部に漏らさない限りはYに実害を与えるものではないから，これら文書を取得する行為そのものは直ちに窃盗罪として処罰される程度に悪質なものとは解されず，Xらの上記各行為は，就業規則75条2項4号には該当しないというべきである。付言すると，上記各文書等に記載された情報がYにとって重要なものであり，これを業務と関係なく取得することが許されない…から，Yらの行為は…懲戒事由に当たりうるものでもあるが，いずれにしても，出勤停止よりも重い処分を科すことはできないものである。」「XらはもっぱらY内部の不正疑惑を解明する目的で行動していたもので，実際に疑惑解明につながったケースもあり，内部の不正を糺すという観点からはむしろYの利益に合致するところもあったというべきところ，上記の懲戒解雇事由への該当が問題となるXらの各行為もその一環としてされたものと認められるから，このことによって直ちにXらの行為が懲戒解雇事由に該当しなくなるとまでいえるかどうかはともかく，各行為の違法性が大きく減殺されることは明らかである。」「懲戒解雇事由に当たると仮定してみても，Xらを懲戒解雇することは相当性を欠くもので権利の濫用に当たるといわざるをえず，やはり本件懲戒解雇はいずれも無効である。」としてXらの懲戒解雇を無効とし，原判決を破棄しXらの請求を認容した。

第13節　会社批判・誹謗中傷を理由とする懲戒解雇

1　会社批判・誹謗中傷とは

　近年，従業員が，会社の経営体制を批判するビラを配布したり，自己の開設したブログ，インターネット掲示版，SNS（ソーシャル・ネットワーク・サービス），ツイッターなどに記載を行ったりする行為について，懲戒処分の可否が問題となる事案が増加しています。

　ここで，会社批判にいう「批判」とは，「人物・行為・判断・学説・作品などの価値・能力・正当性・妥当性などを評価すること」をいい，「誹謗」とは，「悪口を言うこと」をいい，「中傷」とは，「無実のことを言って他人の名誉を傷つけること」をいいます（いずれも『広辞苑（第6版）』）。

　会社批判・誹謗中傷行為は私生活上の行為である場合が多いため，使用者は，企業秩序違反として懲戒処分できないのが原則です。もっとも，従業員は，労働契約に付随する義務として，誠実義務を負っていますので，記載内容が会社に対する批判的内容であって，これによって会社の名誉や信用が害される場合には名誉もしくは信用の毀損的行為として懲戒処分の対象となりえます。

　また，会社批判・誹謗中傷には，その内容に会社の企業秘密の漏洩を伴う場合と伴わない場合が存在し，前者の場合には，守秘義務違反としても懲戒処分の対象となりえます。企業秘密の漏洩等と懲戒については，第11節を参照してください。第12節で説明した内部告発の場合にも，会社に批判的な内容の告発がなされる場合があります。

　そこで，本節では，内部告発に該当しない，いわば会社の不正行為の是正を目的としない単なる会社批判・誹謗中傷に対する懲戒処分に限定して説明します。

2 懲戒解雇処分のポイント

　会社批判・誹謗中傷行為についての懲戒解雇処分の有効性判断にあたっては，批判の内容の①真実もしくは真実相当性，②批判の目的，③手段・態様の相当性が考慮されているものと考えられます。

　したがって，会社批判・誹謗中傷行為について懲戒解雇処分を行う際には，まずは，当該記載内容の真実性およびその目的を確認し，そのうえで，企業秩序にどの程度の影響を与えたのかを確認し，手段・態様の相当性の有無を判断することが適切です。

3 会社批判・誹謗中傷と懲戒解雇に関する裁判例

　裁判例においては，会社批判・誹謗中傷を理由とする懲戒解雇については，無効とされる傾向があります。[*]

> [*] **会社に対する誹謗中傷を理由とする懲戒解雇を無効とした裁判例**
> 　カテリーナビルディング〔日本ハウズイング〕事件＝東京地判平15.7.7労判862-78
> 　協同商事〔懲戒解雇〕事件＝さいたま地川越支判平19.6.28労判944-5
> 　とうかつ中央農協事件＝千葉地松戸支平25.4.19労判1111-61〔控訴棄却〕
> 　**[参考]** **会社に対する誹謗中傷を理由とする普通解雇を無効とした裁判例**
> 　グレイワールドワイド事件＝東京地判平15.9.22労判870-83

4 経営陣の更迭要求等と懲戒解雇に関する裁判例

　会社の経営体制への批判を内容とする会社批判・誹謗中傷行為に類する行為として，経営陣の更迭や交替等を要求する行為があります。このような行為をする労働者に対する懲戒解雇については，解雇有効と判示する裁判例もみられます。[*]

＊ **懲戒解雇を有効とした裁判例**

　佐世保重工業事件＝東京地判平 8 . 7 . 2 労判698-11

　日本臓器製薬〔本訴〕事件＝大阪地判平13.12.19労判824-53

第14節 企業外非行を理由とする懲戒解雇

1 企業外非行を懲戒事由として懲戒処分をすることができるか

(1) 私生活上の非行行為は基本的に懲戒対象ではない

懲戒権は、企業が事業活動を円滑に遂行するために必要な範囲で、企業秩序を維持する権限として使用者に認められたものです。したがって、企業施設外で就業時間外に行われた従業員の私生活上の非行行為（この具体的意味については527頁を参照してください）については、たとえ就業規則に懲戒解雇事由として定めたとしても、企業秩序維持とは基本的に無関係であるため、懲戒解雇できるわけではありません。

たとえば、休日に従業員が飲酒運転で事故を起こしたとしても、あるいは通勤途中に電車内の痴漢行為で逮捕されたとしても、基本的には懲戒解雇の対象とはなりません。

かつて、若い従業員が休日に交通事故を起こし、高齢者を死亡させてしまった事案で、当該従業員を懲戒処分にするという勤務先の社長に対して「懲戒の対象にはならない」と説明すると、「では、誰が被害者のかたきを討つのか」といわれたことがあります。心情は理解できますが、企業施設外で就業時間外に行われた犯罪行為は、基本的に国家と国民の関係で議論される問題であり、犯罪を犯した従業員は刑事罰を受けることになります。会社と従業員との関係では、企業秩序は何ら乱されていないといえますから、懲戒解雇を含む懲戒処分の対象とはならないのです。

企業施設外で、かつ就業時間外のけんかや暴行行為も同様です。企業施設外、就業時間外である以上、たとえそれが犯罪行為に該当するものであったとしても、それだけでは企業秩序が乱されたとはいえませんから、理論上は懲戒対象とはなりません。

もっとも、配転、降格や普通解雇等の人事措置が可能な場合もあります。

(2) 私生活上の非行行為でも懲戒解雇できる場合がある

しかし，従業員の私生活上の行為であっても，懲戒解雇の対象となる場合があります。事業活動の遂行に直接関連する場合や，企業の社会的評価を低下させ，もしくは毀損するおそれがある場合です。企業には従業員を懲戒解雇して企業秩序を回復させる必要があるといえるからです。

また，どのような場合に会社の名誉が毀損されたといえるかについての評価基準のポイントは，「会社の事業の種類・態様・規模，会社の経済界に占める地位，経営方針及びその従業員の会社における地位・職種等諸般の事情から綜合的に判断して，右行為により会社の社会的評価に及ぼす悪影響が相当重大であると客観的に評価される場合でなければならない」という点です（日本鋼管事件＝最判昭49．3．15労判198-23）。

つまり，従業員の企業外非行行為が懲戒解雇の対象となるかどうかは，事案ごとに判断することになります。*

* **横浜ゴム事件**＝最判昭45．7．28判時603-95
従業員が，午後11時20分ころに他人の居宅に故なく入り込み住居侵入罪として処罰されたことを理由に懲戒解雇された事案において，裁判所は，会社の組織、業務等に関係のないいわば私生活の範囲内で行われたものであること、刑罰が罰金2,500円の程度にとどまったこと、職務上の地位も工員という指導的なものでないことなどを勘案し、「会社の対面を著しく汚した者」という懲戒解雇事由にはあたらないとして、当該懲戒解雇を無効と判断しました。

以下に，どのようなケースが懲戒解雇の対象となるのかをみていくことにします。

2　私生活上の飲酒運転と懲戒

(1) 私生活上の飲酒運転が懲戒解雇の対象となるケース

前述したように，従業員が私生活上の飲酒運転で逮捕されたり，事故を起こしたりしたとしても，基本的には懲戒解雇を含む懲戒処分の対象とはなりませ

第1編／労働契約の解消

飲酒運転・酒気帯び運転に対する懲戒解雇の有効性の考慮要素

① 飲酒量および運転時の呼気中アルコール濃度
② 事案がテレビ・新聞報道といったメディアで問題となったなどの事情
③ 当該飲酒運転により人身事故など重大な結果を発生させたか否か
④ 当該非違行為者の勤務する会社がバス，タクシーなどの旅客運送の事業を営む会社であるか否か
⑤ 旅客運送の事業を営む会社である場合，当該非違行為者が運転業務に従事する者か否か

ん。しかし，会社の事業活動に直接関連する場合や，会社の社会的名誉・信用が傷つけられたといえる場合には，企業秩序を乱すものとして懲戒解雇の対象となります。

　従業員の私生活上の飲酒運転に対する懲戒解雇が有効と判断された裁判例を検討すると，上記①〜⑤が懲戒解雇の有効性の判断に影響すると考えられます。

　この考慮要素の中で重要なポイントとなるのは，④と⑤だと思われます。④はまさに「会社の事業活動に直接関連する場合」であり，非違行為者の勤務先がバスやタクシーなどの旅客運送の事業を営む会社であった場合には，会社の信用・名誉が大きく傷つけられることになります。*

　＊　関連裁判例
　　①　懲戒解雇を有効とした裁判例
　　　　千葉中央バス事件＝千葉地決昭51.7.15労経速930-23
　　　　笹谷タクシー事件＝最判昭53.11.30判時913-113
　　　　京王帝都電鉄事件＝東京地決昭61.3.7労経速1251-15
　　　　ヤマト運輸〔懲戒解雇〕事件＝東京地判平19.8.27労経速1985-3
　　　　横浜地川崎支判平23.3.29判例集未掲載
　　②　懲戒解雇・諭旨解雇を無効とした裁判例
　　　　相互タクシー事件＝最判昭61.9.11労判488-11
　　　　京阪バス事件＝京都地判平22.12.15労判1020-35
　　［参考］普通解雇を無効とした裁判例
　　　　達田タクシー事件＝金沢地判昭60.9.13労判468-66

また，旅客運送の事業を営む企業と同様，マスコミ関連企業に勤務する従業員の飲酒運転も懲戒解雇処分の対象となる可能性があります。マスコミは飲酒運転による事故が起きると厳しく批判する側であり，社会的影響も大きいため，その関係者にはより法令遵守が求められるからです。

一方，製造業を営む企業の工場に勤務する従業員が飲酒運転で事故を起こしたとしても，懲戒解雇処分にすることは難しいと考えます。飲酒運転による事故だけでは会社の信用・名誉が傷つけられているとはいえないからです。

また，⑤のように非違行為者が運転業務に従事している場合，「飲酒運転をする運転手がいるような会社のタクシーには怖くて乗れない」などといわれたなら，会社は甚大な被害を被ることになります。つまり，「業種・業態」が，企業外非行行為が懲戒処分の対象となるかどうかの重要な判断要素となります。

他の考慮要素①から③については，次のように判断されます。

①の飲酒量および運転時の呼気中アルコール濃度については，非違行為者本人が運転時における自らの酒気帯び状態を認識できる程度の飲酒量であったのかがとくに問題とされます。これにより，当該運転の危険性の判断ができることになります。

②のメディアで問題となったかについては，テレビや新聞などで世間に周知される状況になれば，会社の社会的評価や信用が損なわれたとも評価される可能性があります。今日の情報社会では，このテレビ，新聞等の報道は企業の社会的信用に大きなダメージを与えることになりますので，この報道の有無が判断に大きな影響を与えることはやむをえないといえます。

③の人身事故など重大な結果を発生させたかについては，結果の重大性が認められる場合には，厳しい処分を肯定する方向で評価されます。刑事犯罪の場合で，殺人か殺人未遂かでは，結果の重大性によりその量刑に大きな差があるのと同様に，物損事故か人身事故かが，懲戒事由やその懲戒の程度の判断要素となることは当然だともいえます。

前述のとおり，企業外非行としての飲酒運転に対する懲戒解雇の有効性については，筆者は，考慮要素④と⑤を基本として，①ないし③を加味して考える

ことにしています。ですから，タクシーやバス会社の運転手で，飲酒運転自体が当該企業の社会的信用を著しく損なうおそれがあるような事案を除いては，懲戒解雇は無効になる可能性が高いと考えます（普通解雇を議論すべきと考えます）。

なお，公務員については，民間企業の労働者と同様に考えるわけにはいきません。公務員は全体の奉仕者であり，その責任も厳しく問われます。平成20年には国家公務員の懲戒処分の指針が一部改正され，懲戒処分の基準が厳格化されました。酒酔い運転で人身事故を起こした場合には，停職処分ではなく懲戒免職とされるなど，より厳しい処分を容認する方向となりました。ところが，飲酒運転につき懲戒免職とした自治体の5件中4件のケースで懲戒免職を取り消す判決が出ており*，今後，自治体の対応に影響があるものと思われます。

　　＊　懲戒免職が取り消された裁判例
　　　　加西市〔懲戒免職〕事件＝大阪高判平21.4.24労判983-88
　　　　神戸市〔懲戒免職〕事件＝大阪高判平21.4.24判例集未掲載
　　　　佐賀県〔懲戒免職〕事件＝福岡高判平21.8.5判例集未掲載
　　　　三重県〔懲戒免職〕事件＝名古屋高判平21.9.17判例集未掲載
　　　[参考] 懲戒免職が適法とされた裁判例
　　　　三重県・県教委事件＝名古屋高判平25.9.5労判1082-15

(2)　旅客運送の事業を営む企業の量定

ア　酒酔い運転に対する量定

上記(1)で紹介した事案のように，旅客運送業を営む企業の場合，他の業種と比べて，私生活上の行為であっても，従業員の飲酒運転に対する懲戒解雇が有効と判断される傾向にあるといえます。

その意味では，旅客運送業を営む企業において，酒酔い運転に該当する事案の処分量定として懲戒解雇を定めることは問題ないといえます。しかし，懲戒解雇は懲戒事由との均衡が強く求められますから，事故・検挙の有無を問わないで一律に懲戒解雇とすることは妥当ではないと考えます。したがって，柔軟

な懲戒処分の選択の余地を残すためにも，降格・降職等の処分も定めておいた方がよいといえます。

イ　酒気帯び運転に対する処分量定

旅客運送業を営む企業において，酒気帯び運転に対する処分量定として懲戒解雇を定めることは，一応妥当性が認められるといえますが，飲酒行為の態様，飲酒量，飲酒後の配慮等から必ずしも情状の悪性を有するものとは限らず，常に懲戒解雇が可能となるものではありません。また，旅客運送業を営む企業であっても，運転業務以外の業務に従事している従業員もいます。

これらを考慮すると，酒酔い運転以上に事案ごとに柔軟な懲戒処分が選択できるように，事故を起こした場合には，降格・降職，減給，謹慎等を量定として定めておいた方が無難です。

また，「検挙された場合」の処分量刑については，検挙されたからといって必ずしもマスコミ報道がなされて会社の社会的信用が低下・毀損されるとは限りませんから，この点の評価についても十分な注意が必要です。

ウ　刑事犯罪の法定刑

懲戒処分の量定の場合，刑事犯罪の法定刑を参考にすることは1つの方法ですので，その量刑を示しておきます。

刑法

罪　名	対　象		刑　罰
危険運転致死傷罪	アルコールの影響により，正常な運転が困難な状態で自動車を走行させ，よって	人を死亡させた者	1年以上20年以下の懲役
		人を負傷させた者	15年以下の懲役
自動車運転過失致死傷罪	自動車の運転上必要な注意を怠り，よって人を死傷させた者		7年以下の懲役もしくは禁錮または100万円以下の罰金

道路交通法

運転者の態様	対象	刑罰
酒酔い運転 ＝酒に酔った状態（アルコールの影響により正常な運転ができないおそれがある状態）で運転	運転者	5年以下の懲役または100万円以下の罰金
	車両を提供した者	
	酒類を提供した者	3年以下の懲役または50万円以下の罰金
	酒に酔った状態であることを知りながら，自己を運送することを要求または依頼して同乗した者	
	上記以外で，自己を運送することを要求または依頼して同乗した者	2年以下の懲役または30万円以下の罰金
酒気帯び運転 ＝身体に政令で定める基準（呼気1ℓに0.15mg／血液1㎖に0.3mg）以上にアルコールを保有する状態で運転	運転者	3年以下の懲役または50万円以下の罰金
	車両を提供した者	
	酒類を提供した者	2年以下の懲役または30万円以下の罰金
	自己を運送することを要求または依頼して同乗した者	

3 痴漢行為と懲戒

電車やバス等の交通機関内における痴漢行為は悪質な犯罪ですが，企業外非行である以上，必ずしも懲戒の対象となるとは限りません。

この点，物流事業等を営む会社が従業員の通勤中の痴漢行為を理由として行った懲戒解雇を有効とした裁判例（東京地判平15.12.8判例集未掲載）がありますが，実務上は参考とすべきではありません。痴漢行為について態様の悪質な事案では，人事権による対応として普通解雇の有無が検討されるべきと考えます。

しかし，鉄道会社に勤める職員が痴漢行為をしたような場合には，業務との関連性が強く，会社の社会的信用の低下毀損につながるおそれがあることから懲戒解雇を検討しうることになります。小田急電鉄〔退職金請求〕事件＝東京

第7章／正社員の懲戒解雇

高判平15.12.11労判867-5判例・裁判例㉘は，鉄道会社職員が他社の電車内でくり返し痴漢行為を行ったことを理由に懲戒解雇された事案ですが，鉄道会社が痴漢撲滅運動に力を入れていたこと，わずか半年前に同種の痴漢行為で罰金刑に処せられ，昇給停止および降職の処分を受けているにもかかわらず再度痴漢行為を犯したことなどの事情が考慮され，懲戒解雇有効とされています[*]。

　　[*] 懲戒解雇に伴う退職金の全額不支給は無効とされ3割の支給が認められています。

他方で，東京メトロ〔諭旨解雇・本訴〕事件＝東京地判平27.12.25労判1133-5は，鉄道会社職員が通勤中に自社の電車内で痴漢行為をしたことを理由に諭旨解雇された事案ですが，解雇無効とされています。同事案では，企業外非行であることを前提に，会社の社会的評価を毀損したかという観点から懲戒の対象となることは肯定されつつも，諭旨解雇は重きに失するとされています。

しかし，同事案は，たとえ通勤途中といっても，他社ではなく自社の電車内で痴漢行為をした事案です。したがって，同事案を企業外非行ととらえることは適切ではなく，東京オフィスに勤めている従業員が大阪オフィスで顧客のお尻を触った場合と同様に考えるべきです。このように鉄道職員が自社の電車内で痴漢行為を行った場合，諭旨解雇は当然に有効とされるべきです[*]。

* **盗撮および児童買春・児童ポルノの作成を理由とする懲戒解雇**

　近時，盗撮や児童買春・児童ポルノの作成を理由に懲戒解雇をする事案があります。
　盗撮に関する裁判例はいまだ見当たりませんが，児童買春等に関しては，裁判所において，比較的緩やかに解雇の有効性が認められる傾向にあります。

裁判所	罪　名	有効性
大阪高判平25.9.24判例集未掲載	児童ポルノの公然陳列	懲戒解雇　有効
X高等学校事件＝東京地判平27.2.18労経速2245-15	青少年育成条例違反（18歳未満の女子との性行為）※不起訴	普通解雇　有効

児童買春・児童ポルノ禁止法については，平成16年7月8日，同26年7月15日の2度にわたり，処罰範囲の拡大，法定刑の引上げ等を内容とする改正がなされています。その社会的背景には，近年の児童買春・児童ポルノ禁止法違反の検察庁新規受理人員の増加，ならびに児童の売買等に関する児童の権利条約選択議定書の批准およびサイバー犯罪条約への署名にみられる児童を性的搾取から守るための国際的合意の進展等があります。

近時の企業の対応をみても，児童買春等に関しては，懲戒解雇等の厳格な処分をもって臨む企業が多いといえます。児童買春等を企業として絶対に許さないということが，多数の利害関係人を有し社会的な責任を負う企業としての責務であり，社会の共通認識となっているといっても過言ではありません。

しかし，筆者は，企業外非行としての児童買春・児童ポルノについては，懲戒解雇でなく普通解雇を選択すべきだと考えています。

第7章／正社員の懲戒解雇 ◀571

判例・裁判例㉘　小田急電鉄〔退職金請求〕事件／東京高判平15.12.11／労判867-5

【事案概要】Xは，昭和55年4月，鉄道会社であるYに入社し，駅のホームや改札業務，案内所の旅行業務等に従事してきた者であり，勤務態度は真面目で問題はなかった。ところが，Xは平成12年5月に他社の電車内で痴漢行為を行い，迷惑防止条例違反の罪で逮捕勾留のうえ，略式起訴され罰金20万円に処せられた。その際，Yの事情聴取に対してXは平成9年12月にも痴漢行為を行って5万円の罰金に処せられたことを自供した。そこで，Yは平成12年6月，本来Xを懲戒解雇に処すべきところ深く反省する態度を示したことなどを考慮し，Xを昇給停止および降職にとどめ，今後このような不祥事を発生させた場合には，いかなる処分にも従うとの始末書の提出を受けた。

　さらに，Xは平成12年11月21日，再び迷惑防止条例違反の痴漢行為（以下「本件行為」という。）に及び，逮捕勾留された。そこで，Y担当者らが勾留中のXと面会したところ，Xは犯行を認めてYのいかなる処分にも一切弁明しない旨の自認書を提出した（その後，Xは同年12月1日正式起訴され，平成13年2月懲役4カ月（執行猶予3年）の有罪判決に処せられた。）。そこで，Yは賞罰委員会での討議を経て，平成12年12月5日，Xが本件行為により逮捕勾留され起訴されたことをもって，Yの鉄道係員懲戒規程上の懲戒事由に該当するものとしてXを懲戒解雇し，退職金約920万円を不支給とした。これに対し，Xは上記懲戒解雇の無効などを主張して退職金の支払いを求めて提訴した。

【判決概要】「痴漢行為が被害者に大きな精神的苦痛を与え，往々にして，癒しがたい心の傷をもたらすものであることは周知の事実である。それが強制わいせつとして起訴された場合はともかく，本件のような条例違反で起訴された場合には，その法定刑だけをみれば，必ずしも重大な犯罪とはいえないけれども，上記のような被害者に与える影響からすれば，窃盗や業務上横領などの財産犯あるいは暴行や傷害などの粗暴犯などと比べて，決して軽微な犯罪であるなどということはできない。

　まして，Xは，そのような電車内における乗客の迷惑や被害を防止すべき電鉄会社の社員であり，その従事する職務に伴う倫理規範として，そのような行為を決して行ってはならない立場にある。しかも，Xは，本件行為のわずか半年前に，同種の痴漢行為で罰金刑に処せられ，昇給停止及び降職の処分を受け，今後，このような不祥事を発生させた場合には，いかなる処分にも従うので，寛大な処分をお願いしたいとの始末書…を提出しながら，再び同種の犯罪行為で検挙されたものである。このような事情からすれば，本件行為が報道等の形で公になるか否かを問わず，その社内における処分が懲戒解雇という最も厳しいものとなったとしても，それはやむを得ないものというべきである。」として懲戒解雇を有効と認めた。

　他方，退職金については「相当強度な背信性を持つ行為であるとまではいえない」として，Yにおける過去の退職金一部支給事例と対比しながら，Xの本来の退職金支給額の3割である276万2,535円の支払いを認めた。

第15節　兼業したことを理由とする懲戒解雇

1　兼業を禁止することができるか

　労働者は，労働契約の基本的内容として職務専念義務を負っているため，就業時間中に兼業を行うことは，使用者の許可がない限り許されないことは当然です。一方，就業時間外かつ企業外の兼業については，労働者の私生活の範囲内にあり，余暇をどのように利用するかは労働者の自由ですから，基本的には自由に行うことができます。したがって，労働者に対して全面的に兼業を禁止することについては，たとえ労働者との間で個別に合意したとしても，過度に私生活を拘束するものとして，その合意が公序良俗違反（民法90条）で無効になると考えられます。また，仮に就業規則に規定したとしても，裁判所は規定に「合理性」を求めますので，就業時間外の副業すべてを禁止するという規定の有効性は認められないといえます。

　しかし，労働者の就業時間外の兼業（副業）の内容によっては，企業秩序を乱す場合も多くあるといえます。

　1つ目は，会社の社会的信用や名誉を侵害するような就労です。具体的には，キャッチバーや風俗店など違法行為が行われていると思われる場所でのアルバイトです。

　2つ目は，競業会社でのアルバイトです。競業会社でのアルバイトは，企業秘密や営業機密の漏洩のおそれや，使用者との信頼関係の破壊という問題が生じます。

　3つ目は，自社への労務提供に格別の支障を生じさせるような兼業です。たとえば，夜間の長時間にわたるようなアルバイトなどは，身体面で翌日の労務提供に悪影響を及ぼすことが明らかです。また，金銭的なトラブル等に巻き込まれ，翌日の就業時間中の職務専念に精神面で支障を来たすおそれがある業務も考えられます。

第7章／正社員の懲戒解雇 ◀573

　したがって，兼業を全面的に禁止することはできませんが，上記に述べたような影響がある以上，許可制にすることについては，そのような合意（個別合意）も有効であり，就業規則に規定をおけば，その規定には合理性が認められるといえます。

　実務上も，就業規則に「会社の許可なく他社で就労してはならない」旨の副業（アルバイト）禁止規定を置き，これに違反することを懲戒解雇事由としている企業は少なくありません*。

* **「働き方改革」における兼業・副業の普及促進**　　第二次安倍政権が実現を目指す「働き方改革」では，副業や兼業の普及促進を図るとされています（「働き方改革実行計画」平成29年3月28日働き方改革実現会議決定）。

　　しかし，それはIT産業のように技能の陳腐化により労働者を入れ替える必要がある企業において，労働者が移動しやすい環境を整えるという観点からも議論されていると考えられます。長期雇用システムを前提に従業員と信頼関係を築いている企業が，副業・兼業を認めることに慎重になるのは当然です。兼業を禁止している企業が，全体の85.3％にのぼるという実態を意識する必要があるといえます。

　　なお，「働き方改革実行計画」では，副業を希望する就業者は約368万人にのぼると紹介されていますが，これは，労働力調査における「雇用者」中の比率でいえば約6.42％にすぎないことにも注意すべきです。今最も重要なことは，政治スローガンに踊らされることなく，自社の実態をよく検討したうえでこの問題に取り組むことであり，安易に厚生労働省のモデル就業規則に沿った規定変更をすべきではありません。

2　無許可で兼業した労働者を懲戒解雇できるか

　就業規則に無許可兼業を禁止する規定を置いたとしても，使用者が許可をするかしないかは，恣意的に自由に決められるものではありません。なぜなら，本来は労働者の私生活の範囲内で自由に行える行為について，前記1で述べたようなリスクがあるために事前許可制に合理性が認められると考えられるので，リスクがある場合にのみ許可をしない（禁止する）ことが認められるといえます*。

* **マンナ運輸事件**＝京都地判平24.7.13労判1058-21
　　アルバイト就労の許可申請に対して不許可としたことが違法であるとして，会社に対

して，不法行為に基づく損害（収入見込額等）の賠償等を求めた事案において，裁判所は，「兼業を許可するか否かは，上記の兼業を制限する趣旨に従って判断すべきものであって，使用者の恣意的な判断を許すものでないほか，兼業によっても使用者の経営秩序に影響がなく，労働者の使用者に対する労務提供に格別支障がないような場合には，当然兼業を許可すべき義務を負うものというべきである」と判示しました。

　そのうえで，同裁判例は，複数の許可申請に対して不許可としたそれぞれの理由について詳細な検討を加え，第1許可申請について，兼業終了後ほぼ休憩しないまま会社の業務に就くことになり，その結果夜間を含む11時間もの長時間トラックを運転することとなることなどを理由とした不許可，および第2許可申請について，1日4時間の兼業時間を含めると1日15時間もの労働をすることとなり（兼業だけで1月80時間程度）過労状態に陥ることなどを理由とした不許可については，これを認めました。

　他方で，第3許可申請および第4許可申請について，①週1回4時間の兼業時間を加え，月246時間の長時間労働となること，②兼業が労基法上の法定休日に行われること，③同業他社での兼業によって企業秘密漏洩のおそれがあることを理由として不許可としたことについては，①会社自身が定めた許可基準（253時間または293時間）を超えるものではなく，②法定休日は社外での兼業をも禁じるものではなく（週休2日制をとっていることも考慮），③企業秘密の内容が明らかでないことから，いずれも理由がないと判断しました。

　この点，筆者は，法定労働時間の短縮および休日労働の割増賃金率引上げを実施した昭和61年労基法改正により，法律が休日を増やすこと，そして休日は休むことを定めたといえますので，法定休日における社外での兼業を禁ずることができないのはおかしいと考えます。

　また，第二次安倍政権の進める「働き方改革」では，時間外労働の上限規制に関し，法律案要綱において，指針で（法定）休日の労働を可能な限り抑制するよう努めなければならない旨を定めるとしており，企業がこれに従って対応するよう努めたとしても，労働者が（法定）休日に副業を行うというのであれば，労働者の健康管理のための働き方改革が何の効果も生じない手法となります。

　一方，就業規則により会社の許可なく兼業することが禁止されているにもかかわらず，労働者が許可を申請せずに無断で兼業を行った場合については，本来は，その手続違反に対する懲戒処分は有効となるようにも思います（解雇を有効とした裁判例として，小川建設事件＝東京地決昭57.11.19労判397-30）。

　つまり，兼業を事前許可制にすることは有効ですが，許可するか否かの判断については，その兼業によって企業秩序が乱されたり，労働者の労務提供が不能または不完全になったりするおそれがある場合に限って，不許可とすること

第 7 章／正社員の懲戒解雇

が認められるといえます。そして，労働者が許可を申請せずに兼業を行った場合にも，その兼業が上記のような事態を生じさせる態様のものである場合に限って，懲戒解雇の対象になることになります。

* 関連裁判例
  ① **懲戒解雇を有効とした裁判例**
    昭和室内装備事件＝福岡地判昭47.10.20判タ2901-355
    東京メデカルサービス・大幸商事件＝東京地決平3.4.8労判590-45
  ② **懲戒解雇を無効とした裁判例**
    上智学院〔懲戒解雇〕事件＝東京地判平20.12.5労判981-179
  ［参考］**普通解雇を無効とした裁判例**
    十和田運輸事件＝東京地判平13.6.5労経速1779-3

以下では，筆者が実務で気になっている副業について，どのようなアルバイトが副業禁止規定に違反して懲戒解雇の対象となるのかを個別にみていきます。

(1) 実家の農作業の手伝いを理由とする懲戒解雇

たとえば，工場に勤める農家の次男が，就業時間外に実家の農作業を2～3時間手伝っている場合です。

この場合，会社の社会的信用・名誉を侵害しているとはいえませんし，企業秘密漏洩の問題もありません。また，他人の指揮命令を受けているとはいえず，疲れたら自分の意思で作業をやめることができるため，労務提供に格別の支障を生じさせるとはいえません。加えて，社会的責任という面でも，取引先や顧客がいないため，業務上のトラブルが発生して翌日以降の労務提供に影響が出ることもありません。

裁判所も，非番の日に妻や家族が営む養豚業や農業を手伝うことは，副業にあたらず，就業規則の副業禁止の問題には抵触しないとしています（辰巳タクシー事件＝仙台地判平元.2.16判タ696-108）。

したがって，このような事案では，副業禁止規定違反を理由に懲戒解雇を含む懲戒処分をすることはできないと考えます。

(2) 司法書士等の副業を理由とする懲戒解雇

司法書士や社会保険労務士などの資格を取得した従業員が，資格を生かした副業をしている場合が想定できます。

この場合，副業でトラブルが発生すると，その解決のために職務に専念できなくなるおそれが十分にあります。また，副業での顧客ができれば，転勤を命じても拒否する可能性が高くなります。このように，顧客に対する業務上の社会的責任が発生する副業については，禁止することができると考えます*。

> ＊　**司法書士・社会保険労務士・税理士の兼業**　司法書士や社会保険労務士・税理士は国家資格であり，「依頼に応じる義務」をはじめ，様々な職責を負っています。したがって，企業に雇用されてその企業に対して職務専念義務を負うなど，資格本来の職責を果たせない状態で兼業することは，司法書士法や社会保険労務士法に違反するおそれがあり，そちらの観点からも問題となりえます。

そして，会社が禁止しているにもかかわらず副業を行っていた場合には，懲戒解雇を含む懲戒処分が有効と判断される可能性が高いと考えられます。

同様の理由から，インターネット上で株の売買を指南して報酬を得ているような事案も，顧客との間に社会的責任が発生すると予想されますから，禁止することができると考えます。

なお，事案にもよりますが，このような性質の非行行為であれば，まず譴責や減給の処分をしたうえで，再度このような非行行為を行うのであれば普通解雇による労働契約の解消を考える方が穏当な方法だと考えます。

(3) 水商売のアルバイトを理由とする懲戒解雇

銀座のクラブで週2，3回ホステスのアルバイトをしているなど，単に水商売のアルバイトをしているというだけでは，会社の社会的信用・名誉を侵害しているとはいえませんし，接客をするだけで顧客と直接金銭のやりとりをするわけではありませんから，それだけで副業を禁止することは難しいといえます。

しかし，就労時間が深夜に及ぶ場合は就労を禁止することができると考えます。平成11年9月14日に労働省（当時）が発した通達「心理的負荷による精神

障害等に係る業務上外の判断指針について」(平成21年4月6日改訂,平成23年12月26日廃止)では,「例えば所定労働時間が午前8時から午後5時までの労働者が,深夜時間帯に及ぶような長時間の時間外労働を度々行っているような状態等が認められる場合」には,「恒常的な長時間労働」として「精神障害の準備状態を形成する要因となる可能性が高い」としています*。

＊　恒常的な長時間労働　平成23年12月26日に「心理的負荷による精神障害の認定基準」が施行され,「心理的負荷による精神障害等に係る業務上外の判断指針」は廃止されましたが,新認定基準においても「長時間労働が続く中で発生した出来事の心理的負荷はより強くなることから,出来事自体の心理的負荷と恒常的な長時間労働(月100時間程度となる時間外労働)を関連させて総合評価を行う」とされており,この趣旨は維持されています。

　上記通達は,労働者の健康を守るために,できるだけ深夜労働をさせないよう使用者に求めたものです。したがって,会社が深夜労働を回避するように努めているにもかかわらず,深夜に及ぶアルバイトを月平均でみて相当日数行っているような状況は,労働者自身の健康管理の面からも禁止行為に該当するものと考えます。昨今,労働時間管理の面でも労働者の健康に対する使用者の責任が問われるようになり,使用者が時間外労働を抑制する方向にあるという状況からも,会社が禁止しているにもかかわらず,深夜時間帯にたびたびアルバイトをしているという場合には,懲戒解雇を含む懲戒処分が有効と解される可能性があると考えられます。

　実務としては,上記(2)と同様に最初は注意ないし譴責等の懲戒処分を優先させ,それでも中止されないようであれば,普通解雇にするのが穏当な方法と考えます。

(4)　トラック運転手の副業を理由とする懲戒解雇

　実務でよく耳にする話で,トラック運転手が深夜にタクシー代行等の副業を行っているという話があります。

　しかし,トラック運転手の業務は,安全運転・交通事故防止が何よりも重要であり,副業についてはとくに厳しい対応を取らざるをえません。

裁判例でも，タクシー運転手が非番の日にガス器具の販売業の副業をしていた事案で，「乗客の生命，身体を預かるタクシー会社にとって事故を防止することは企業存続上の至上命題であり，社会的に要請されている使命でもあるから，従業員たる運転手が非番の日に十分休養を取り体調を万全なものとするように期待し，かつ，心労や悩みの原因となる事由をできるだけ排除し，もって安全運転を確保すると共に，従業員の会社に対する労務提供を十全なものたらしめようとすることは当然であり，このような趣旨から会社が従業員の副業を懲戒解雇事由として禁止していることには十分な合理性がある」として，懲戒解雇を有効と判断した裁判例があります（前掲辰巳タクシー事件）。

また，上記(3)でも述べたように，労働者の健康維持の面からも，兼業による極端な長時間労働は防止する必要があります。たとえば，昼間の仕事（本業）を持っている労働者が，日中もフルタイムの労働をしたうえで，さらに夜間に運送業の荷役（荷物の上げ下ろし）等のアルバイトをしている場合があります。この場合，通算すると極端な長時間労働になることは明らかです。したがって，従業員をアルバイト等で夜間に働かせる企業では，日中に自社以外での就労をしていないかを，採用時に厳しくチェックする必要があるといえます。

第7章／正社員の懲戒解雇 ◀579

第16節　教唆あるいは幇助したことを理由とする懲戒解雇

　非違行為を行った者に対し，その行為を教唆ないし幇助した者に対する懲戒についても考えておく必要があるといえます。

　「教唆」とは，特定の人に犯罪実行の決意を生じさせることをいいます。また，「幇助」とは，実行行為以外の行為をもって正犯の実行行為を容易にさせることをいいます。

　この教唆者や幇助者に対する懲戒を考える場合も，刑法の規定が参考になると考えます。

（教唆）

第61条　人を教唆して犯罪を実行させた者には，正犯の刑を科する。

　　2　教唆者を教唆した者についても，前項と同様とする。

（幇助）

第62条　正犯を幇助した者は，従犯とする。

　　2　従犯を教唆した者には，従犯の刑を科する。

（従犯減軽）

第63条　従犯の刑は，正犯の刑を減軽する。

（教唆及び幇助の処罰の制限）

第64条　拘留又は科料のみに処すべき罪の教唆者及び従犯は，特別の規定がなければ，罰しない。

　この規定のあり方を参考にすれば，非違行為の性質が軽微な事案については懲戒対象にせず，懲戒の対象となる場合には，教唆者には実行行為者と同様の懲戒処分を考えますが，幇助者には実行行為者より懲戒の程度を低く設定することになると考えます。

580 ▶ 第1編／労働契約の解消

* **関連裁判例**
  ① **懲戒解雇を有効とした裁判例**
      ハイクリップス事件＝大阪地判平20.3.7労判971-72
  ② **懲戒解雇を無効とした裁判例**
      フットワークエクスプレス事件＝大阪高判平7.10.25労民集46-5・6-1351

　なお，教唆をしたものの，被教唆者が非違行為を実行しなかった場合，刑事事件であれば教唆者も罪には問われないと考えられていますが，懲戒の場合，企業秩序を乱すおそれがある場合にも懲戒対象となりますし，まさに教唆者はそのおそれを発生させるのですから懲戒を実施すべきです。

　幇助者については，実行行為がなされない限り，懲戒対象にすべきではありません。

第7章／正社員の懲戒解雇 ◀581

第17節　非違行為が懲戒解雇事由に該当するものでないにもかかわらず，懲戒解雇が有効とされた裁判例

1　債務不履行に対する懲戒

(1)　基本的な考え方

　労働者は，労働契約を締結することにより，使用者に対して指揮命令に従い，誠実に労務提供を行う債務を負担します。そして，その労務提供は，労働日に出勤し始業時刻に実作業を実施できる体制を整え，終業時刻まで実作業を継続しなければならないというものです。したがって，労働日に欠勤したり遅刻・早退したりすることは，労働者の約束違反，すなわち債務不履行に該当します。

　筆者は，債務不履行を本質とする行為に対して懲戒解雇をするべきではないと考えています。債務不履行は労働者による約束違反ですから，まずは監督権限に基づいて是正を求め，3カ月間程度，勤務態度等について改善の有無を確認する期間を設けます。改善が見られないようであれば，次の段階として譴責や減給などの是正を求める比較的軽微な懲戒処分を実施します。以上の手続を行ったにもかかわらず改善の兆しが見られない場合，最終的には普通解雇を検討するべきです。

(2)　債務不履行を理由とする懲戒解雇を有効とした裁判例

　裁判例の中には，債務不履行を理由とする懲戒解雇を有効としたものがあります[*]。筆者は，これらの事案についても，上記(1)で述べたように，普通解雇とすべきだと考えています。

　＊　懲戒解雇・諭旨解雇を有効とした裁判例
　　①　主として無断遅刻・早退が問題となった裁判例
　　　　三重近鉄タクシー事件＝東京地判平 8.8.15労判702-33

② **主として職場離脱が問題となった裁判例**

かどや製油事件＝東京地判平11.11.30労判777-36

富士見交通事件＝東京高判平13.9.12労経速1785-19

東京電力〔諭旨解雇処分等〕事件＝東京地判平21.11.27労判1003-33

③ **主として無断欠勤が問題となった裁判例**

東京プレス工業事件＝横浜地判昭57.2.25判タ477-167

日立製作所事件＝東京地判平23.11.24労経速2131-16

日本郵便事件＝東京地判平25.3.28労経速2175-20

④ **主として勤務態度不良，成績不良が問題となった裁判例**

Ｋ工業技術専門学校事件＝福岡高判平17.9.14労判903-68

⑤ **主として協調性不足が問題となった裁判例**

カルティエジャパン事件＝東京地判平11.5.14労経速1709-25

2 部下の不祥事に対する上司の懲戒

(1) 基本的な考え方

このテーマの重要なポイントは，懲戒は企業秩序を乱した当事者に科される不利益措置であって，上司に対し，連帯責任として結果責任を問うことはすべきでないということです。

経営陣は，このことを肝に銘じるべきです。部下の行為について結果責任を問うことは，会社の中で自分の職務を果たすべく懸命に頑張っている監督者のやる気を喪失させる無策というべきです。会社の理不尽な行為に不満を持つ監督者を生み出すばかりでなく，多くの監督者がやる気をなくすだけです。会社の基幹的な労働力である監督者の信頼を失うことだけはしてはいけません。

上司に対する懲戒を実施することができるのは，監督につき過失がある，すなわち行為責任がある場合だけです。加えて，その行為が就業規則に懲戒事由として定められ，懲戒処分の種類・程度が規定されていなければなりません。今日，明確にこの点を懲戒事由として規定している例は少なく，実務では「その他懲戒を必要と認めたとき」などの包括条項に基づいて懲戒が実施されていますが，今後は次のように明確に規定すべきです。

> 1 管理職は経営者に代わって部下に対する労務管理，指揮監督及び企業秩序維持を職責とするものであり，自らの部下に対し労務管理及び指揮監督を行う場合には，適切に行わなければならない。
> 2 前項の労務管理又は指揮監督義務に違反し，その結果部下が会社に損害を与え，あるいは企業秩序違反行為を行った場合，第○条に定める懲戒をすることがある。

　また，仮に部下の不祥事について，上司に監督責任があるとしても，本当に監督の実施を期待できるような状況であったか否かも十分に考えるべきです。

　とくに1990年代以降，マーケットのグローバル化による激しい競争の中，監督者はマネージャーの仕事よりもプレーヤーとしての仕事が多くなり，プレイングマネージャー化して，部下のマネジメントよりも自分の仕事に追われる状況にあるといえます。このような中で，今日，日本の雇用社会で一番心身ともに疲れているのは，まさに下級ないし中級の監督者といえます。このような監督者に対して，本当に部下の不祥事の責任を取らせるのかと経営者に問いたいというのが，筆者の心情です。したがって，部下の不祥事について上司の責任を問うのは，その上司に監督上の重過失がある場合に限るべきであると思います。

　さらに，上司を懲戒処分する場合でも，その程度は実行行為者の懲戒処分よりも低いものであり，譴責や減給程度にとどめるべきだと思います。決して解雇（普通解雇であっても）という処分を行うことは許されないと考えます。この点について，公務員に関する「懲戒処分の指針について」（平成12年3月31日職職-68）においても，上司に対する懲戒処分の量定として，そもそも契約解消を前提とする懲戒免職は当初から想定されていません。[*]

*　「懲戒処分の指針について」では，「監督責任関係」として，指導監督不適正について，「部下職員が懲戒処分を受ける等した場合で，管理監督者としての指導監督に適正を欠いていた職員は，減給又は戒告とする」，また，部下の非行の隠ぺい，黙認について，「部

下職員の非違行為を知得したにもかかわらず，その事実を隠ぺいし，又は黙認した職員は，停職又は減給とする」と規定されています。

また，実際に行われた処分件数をみても，たとえば平成28年度では，「監督責任関係」を原因として停職処分とされた事案は１件もない（減給事案は４件，戒告事案は12件）のに対し，それ以外の事由では，合計54件の停職処分が行われています（公務員白書，年次報告書）。平成20年度以降でみても，監督責任を理由として停職処分とされたのはわずか３件でした。注意が必要なのは，上記規定のとおり，そもそも監督責任を理由とする停職処分の対象となるのは，部下の非違行為を把握したうえで隠蔽または黙認した場合に限定しており，もはや過失により部下の非違行為を知りえなかったとはいえず，態様として悪質なケースです。

(2) 上司に対する懲戒解雇を有効とした裁判例

この点について，部下の多数の横領行為を重過失で発見しえなかった営業所長に対する懲戒解雇が正当とされた例があるではないかと反論されるかもしれません（関西フェルトファブリック事件＝大阪地判平10.3.23労判736-39）。

しかし，この事案は，単に重過失で発見しえなかったというものではなく，部下の横領行為に薄々気づきながら，その横領した金銭で同僚に飲食を振る舞うたびに積極的に参加し，その金銭で飲食をしたというもので，故意に近い形で横領した金銭の費消に加担して，かつ会社の不良債権の入金を偽装する工作も行っていたとの評価が，懲戒解雇を有効にしたものと考えるべき事案であり，単に発見できなかったというものでは決してありません。

したがって，筆者の考え方を否定する裁判例とはなりません*。

＊　**尾崎町農協事件**＝大阪地判平７.4.26労判680-59
　　上司である原告に対する懲戒解雇を有効とした事案ですが，原告が部下の架空の入金処理等をたしなめず，後の同様の入金出金手続を承認したうえ，これらの行為の発覚を防ぐため経理操作をし，被告に重大な損害を与えたという事情があった事案です。

第18節　懲戒解雇と退職金の没収・減額

1　就業規則における退職金の没収・減額規定

　多くの企業で，従業員を懲戒解雇する場合には退職金を没収する旨の規定を定めているのが現状です。懲戒解雇事由の判明が退職前であれば「懲戒解雇された者には，退職金を支給しない」，退職後であれば「本人の在職中の行為で懲戒解雇に相当するものが発見されたときは，退職金を支給しない」などの規定があります。これに加えて，退職金の減額規定を持つところもあります。
　以上の退職金の没収ないし減額規定が，賃金の全額払いの原則に反しない，または公序良俗違反にもならないことは，理論的に確定しているといえます。

2　実際に退職金を没収ないし減額できるかは限定的に解される

　退職金の没収・減額規定は有効と解されていますが，常にその適用が全面的に肯定されるわけではありません。たとえば，30数年働いてきた経理課の従業員が10万円を数回にわたって横領し懲戒解雇となった場合，横領行為の性質からその従業員を会社から放逐する必要性がある場合には，当該懲戒解雇は肯定されうるところです。しかし，形式的に懲戒解雇であるから数百万円から数千万円単位の退職金を全額没収するというのでは，バランスに欠けるといえます。
　したがって，退職金の没収・減額規定について「長期間の勤続の功を抹消してしまうほどの信義に反する行為があった場合」に限定して適用されると考えるのが一般的です。
　この点，二重就職で懲戒解雇された従業員の退職金請求について，「退職金の全額を失わせるに足りる懲戒解雇の事由とは，労働者に永年の勤続の功を抹消してしまうほどの不信があったことを要し，労基法20条但書の即時解雇の事由より更に厳格に解すべきである」と説示し，具体的事情から所定退職金額の6

割を超えて没収することは許されないと解するのが相当とする裁判例があります（橋元運輸事件＝名古屋地判昭47.4.28判時680-88）。また，近時の裁判例としては，前掲小田急電鉄〔退職金請求〕事件＝東京地判平15.12.11労判867-5判例・裁判例㉘やヤマト運輸〔懲戒解雇〕事件＝東京地判平19.8.27労経速1985-3があります。さらに新聞報道（朝日新聞平20.5.22）のみの情報ですが，出張費22万円余りを着服して懲戒解雇された従業員が退職金の支払いを求めた事案において，勤続35年の功労を消し去るほどの背信行為ではないとして，退職金の3割にあたる約540万円の支払いを認めた裁判例（JTB事件＝札幌地判平20.5.19判例集未掲載）もみられます。

　このように裁判所は，退職金の没収規定の適用について，その適否のみならず没収の割合についてまで判断しています[*]。

＊　退職金の没収に関する裁判例

　ア　東芝〔退職金請求〕事件＝東京地判平14.11.5労判844-58

　　うつ病に罹患し約1カ月の長期間にわたり無断で欠勤をした従業員が合意退職した際に，退職金支給規定に従い退職金を50％減額した事案。当該従業員は，何ら届出をすることなく突然職場を放棄し，14労働日以上にわたり無断欠勤をしたことから懲戒解雇事由があること，うつ病は欠勤の届出を不可能にするほどの状態にあったとは認められないこと，管理職として重要な職責を担っていたにもかかわらず重要な時期に重要な業務を中途にしたまま突然職場を放棄し，約1カ月の長期間にわたり無断欠勤を続けたことにより，出向先の業務が停滞し著しい支障が生じたこと，これにより出向元の信用を失墜させたこと，業務遂行が困難であれば代替要員の補充や配転を申し出るなど，業務に及ぼす影響を最小限度にとどめる方法をとるべきであったのに，何らの配慮をすることがなかったことなどを考慮し，退職手当金規程に従い，退職金50％の減額を認めました。

　イ　東京貨物社〔解雇・退職金〕事件＝東京地判平15.5.6労判857-64

　　在職中に競業行為を行った従業員を普通解雇した際に，退職金支給規定に従い退職金不支給とした事案であり，普通解雇の有効性および退職金不支給の適法性が争われました（普通解雇は有効，東京地判平12.11.10労判807-69）。当該従業員の競業行為は退職金規程の定める不支給事由に該当し，大きな背信性を認めるものの，これまでの勤務における功労に照らすと，21年5カ月の長期の功労を否定し尽くすだけの著しく重大なものであるとまではいえないが，これを相当程度減殺するに十分な重大性を有しているものと認めるのが相当とし，所定額の4割5分の減額を認めました。

　ウ　ヤマト運輸〔懲戒解雇〕事件＝東京地判平19.8.27労経速1985-3

　　大手運送業者である会社に長年にわたり勤続するセールスドライバーが，業務終了後

の飲酒により自家用車を運転中，酒気帯び運転で検挙されたことに対し，当該従業員が懲戒解雇された際に，退職金支給規程に従い退職金不支給とした事案であり，懲戒解雇の有効性および退職金不支給の適法性が争われました（懲戒解雇は有効）。

本件酒気帯び運転があった平成17年4月当時は飲酒運転に対する社会の目が厳しくなかったとはいえ，なお社会から厳しい評価を受けるものであったこと，検挙の事実を直ちに会社に報告しなかったことなど，情状がよいとはいえないが，過去に懲戒処分歴がないこと，事故は起こしていないこと，反省の様子がみてとれないわけではないことなどからすれば，当該従業員の行為は，長年の勤続の功労をまったく失わせる程度の著しい背信的な事由とまではいえず，就業規則の規定にかかわらず，退職金請求権の一部を失わないとして，所定額の約3分の1の退職金請求を認めました。

エ　日音〔退職金〕事件＝東京地判平18.1.25労判912-63

事前に連絡なく一斉に退社して会社営業部等の機能を麻痺させ，後任者に事務を引き継ぐことなく退社して本社や支店を大混乱に陥らせることを認識し，退社にあたり無断で在庫商品を社外に運び出したり，顧客台帳等のデータを持ち出した後に元データを消去したりするなどの行動に出るなどして，会社支店に多大の損害を与えた従業員6名を懲戒解雇した際に，退職金不支給条項に基づき退職金を不支給とした事案。

当該事案では懲戒解雇の有効性と退職金不支給の適法性が争われました。当該従業員らの各行為およびその結果に照らすと，他に特段の事情の存しない限り，それまでの勤続の功を抹消してしまうほどの著しく信義に反する行為があったと認めるのが相当であるとされ，本件では特段の事情が立証されていない以上，退職金請求は認められないとしました（なお，本件では他に3名の退職金不支給の適法性が問題となっており，それらについては退職金不支給条項に該当する事由がないため，退職金請求が認められました）。

オ　千代田事件＝東京地判平19.5.30労判950-90

会社の金銭を業務上横領した従業員を懲戒解雇した際に，退職金規程に従い退職金を不支給とした事案（当該社員は退職理由が懲戒解雇ではなく自主退職であるとして争ったが，退職理由は懲戒解雇とされました）。

本件では，懲戒解雇の有効性と退職金請求権は直ちには連動しておらず，懲戒解雇が有効であっても退職金請求権は全額ではないにしても失わないと考える余地もあるとされながら，顧客業務という被告の対外的信用にかかわる非違行為（延べ10件，総額96万余円の横領行為）およびその後さらに社内的に顧客の名義，印鑑を冒用した偽造伝票を作成した非違行為（12件）からすると，会社に対する背信性が相当程度強いものがあり，それまでの勤続の功を抹消してしまうほどのものではないとまでは言い切れないとされ，退職金請求権は否定されました。

カ　福岡地小倉支判平23.2.8判時2120-130〔控訴棄却・不受理〕

経理業務に従事していた従業員が，退職後に，退職金が一部しか支給されていないとして，会社に対して未払退職金を請求した事案。

裁判所は，経理を担当していた当該従業員が在職中に821万円もの金員を着服するとい

う業務上横領を行っていたこと，退職後も会社名義の通帳等の物品を返却しなかったこと，在職中会社に無断で秘密裏に他社の取締役に就任して報酬を得ていたなどの事情から，当該従業員の退職金請求は権利の濫用にあたると判示しました。

本件では，退職規定上「退職手当は，重大な過失をなし会社に損害を与えた者又は懲戒解雇処分を受けた者に対しては，これを支給しないものとする」との定めがありましたが，会社側が，退職金不支給規定に該当するから当該従業員に退職金請求権が発生しないという主張をしておらず，退職金請求権があることを前提として，その行使が権利濫用にあたると主張していたため，判決においても，退職金請求権の存在を前提として，その権利濫用について判断されたものと考えられます。

キ　NTT東日本〔退職金請求〕事件＝東京地判平成24.3.30労判1063-27，東京高判平24.9.28労判1063-20（合意退職事案）

自転車で通行中の当時16歳の女子高生に対し，強制わいせつ行為をしたうえ，被害者の両肩付近を両手で突き飛ばして路上に転倒させ，被害者に加療約1カ月を要する右手関節捻挫等の傷害を負わせた従業員に対し，退職金を不支給とした事案（合意退職）において，第一審は，被害者と示談が成立していること，会社に使用者責任が生じないこと，私生活上の非行であること，本件非違行為によって会社に生じた業務上の支障，社会的評価・信用の低下も間接的なものにとどまり，非違行為としての程度も比較的軽微であるなどの諸般の事情を考慮して，「本件非違行為がそれまでの勤続の功労を抹消するものとは言い難く，著しく減殺するにとどまるものであって，減殺の程度は5割5分を上回るものとは認められない」と判示しました。

これに対し，控訴審は，「本件非違行為は，何ら落ち度のない被害者に対して自己中心的な動機から敢行された犯罪行為であって，その犯行態様も悪質で，わいせつな行為にとどまらず，傷害の結果まで生じていることから，犯行の社会的影響も踏まえて，被控訴人にとって有利な情状を考慮しても，懲役3年（5年間の保護観察付き執行猶予）という決して軽いとはいえない量刑の判決が下されたものであり，当該行為自体が相当強い非難に値する行為であるといわなければならない。そして，従業員がそのような犯罪行為に及んだことが，逮捕直後や裁判時などに複数のマスメディアや公開の法廷で明らかにされ，雇用主として謝罪のコメントを求められるなどしたことによって，控訴人の名誉や信用が失墜させられたことは否定し難く（略），また，控訴人には，報道対応や任意捜査への協力によって，本件非違行為がなければ生ずることのなかった業務への支障も現実に生じたものである」とし，原審が認定した当該従業員に有利に斟酌すべき事情を考慮したとしても，「減殺の程度は7割と認めるのが相当である」と判示しました。

第8章

採用内定者の内定取消し・試用社員の本採用取消し

第1節　採用が内定している学生の身分と裁判所の考え方

1　採用内定期間中の身分は学生か労働者か

　採用内定を受けた学生の取扱いと試用期間中の従業員（以下「試用社員」）の取扱いは，次頁の図表のような関係になります。

　本書では，採用内定に関する問題を，新卒学生に対する法的取扱いに限定して説明します。実務では，中途採用の場合も採用内定を出すという取扱いもありますが，多くの場合，正式な契約は成立しており，就労開始時期の問題にすぎないものと思われます。両者間では，解約権が留保されているかという法的取扱いに差があると考えます（試用社員に関する問題は，新卒学生でも中途採用でも同様であることはいうまでもありません）。

　採用内定の問題について考える場合，採用内定者は労働者なのか，学生なのかがもっとも重要なポイントとなります。労働者とは，使用者と労働契約を締結している人をいいます。その本質は，使用者の指揮命令に従って労務を提供し，その対価として賃金請求権を持っていることです。新卒一括採用者の場合，この関係が発生するのは一般的に4月1日です。したがって，それ以前の内定期間については学生であり，労働者ではないといえます。

　また現在の日本では，学生に内定通知を出し，それに対して誓約書が提出されたことをもって採用が内定したとされ，始期付解約権留保付労働契約が成立

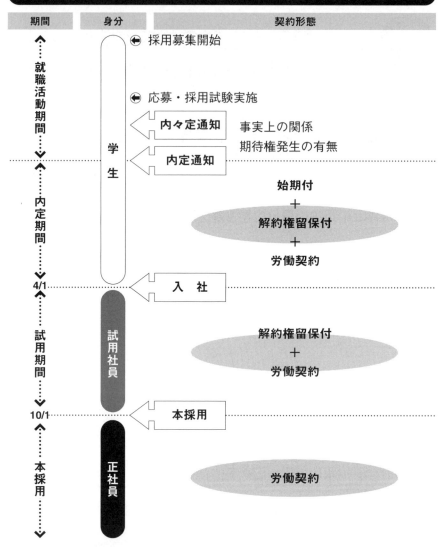

始期付解約権留保付労働契約が成立しているというためには、その学生が他社就労の機会を放棄しているという具体的な事実関係が必要。

第8章／採用内定者の内定取消し・試用社員の本採用取消し ◀591

すると一般的に考えられているようです。つまり，試用社員と同等の地位が与えられるのです。

　なお，始期付というのは，4月1日という就労の始期がついているという考え方で，就労始期付労働契約が成立していることを意味します。

2　始期付解約権留保付労働契約が成立している場合とは

　日本の多くの大規模・中規模企業では，現時点でも採用の中心に新卒一括採用を位置づけています。そのため，より優秀な学生を確保するために，早期に採用内定を出しているのが現状です。就職協定があった時代（昭和47年〜平成8年）には，現在ほど通年採用が浸透しておらず新卒一括採用がほとんどでしたから，大企業の採用は正式内定日である10月1日で終了していました。そのため，10月1日以降，とくに年明けに採用内定を取り消されると，学生は自分が希望する企業に就職することはもちろん，就職そのものも困難となる事情がありました。

　学生には，採用内定を受けたことによって，就職口を確保したという期待権がありますから，後日，採用内定を取り消された場合には，その期待権が侵害されたことに基づいて損害賠償を請求することも考えられます。

　しかし，裁判所はそれ以上に，採用内定を受けた学生に対し，その企業の従業員であるという地位を認めています。裁判でいえば，時期によって異なりますが，地位保全の仮処分，または雇用関係の存在確認の本訴という手続です。その手続の中で，裁判所は，採用内定を受けた学生を保護する観点から，始期付解約権留保付労働契約が成立しているという考え方をとってきたのだと思います。

　平成9年度には就職協定が廃止され，新卒者の採用活動の開始時期についての歯止めがなくなりました（日本経団連は「新規学卒者の採用選考に関する企業の倫理憲章」の中で，学業の邪魔にならないように，採用選考活動の早期開始を自粛するとしています）。現在では，大学3年次の2〜3月には企業の採

用活動が始まり，4〜5月には内定や内々定が出る状況が多くみられます。一方，学生もすべり止めとして，早めに多くの企業から内定をとりつけ，その後に本命企業や公務員試験を受験するケースも少なくありません。[*]

> ＊　日本経団連が，2019年度入社予定者について公表した「採用選考に関する指針」では，説明会・プレエントリー受付開始は大学3年次の3月1日以降，就職試験・面接は大学4年次の6月1日以降，正式な内定日は大学4年次の10月1日以降とされています。
>
> 　しかし，実際は，このスケジュールにとらわれずに採用活動を行っている企業が多いといえます。日本経団連が実施した「2016年度新卒採用に関するアンケート調査」の結果でも，指針で規定したスケジュールの遵守について，企業の認識（経団連会員以外も含めた企業全体の活動についての認識）は，「あまり守られていない」と「ほとんど守られていない」の合計が89.6％を占め，「守られている」と「概ね守られている」の合計はわずか4.0％でした。

平成20年9月のリーマンショック以降は，学生の就職内定率が過去最低となるなど，採用活動は厳しい状況にありましたが，現在は大きく改善しています。[*]

> ＊　平成30年3月に大学等（大学，短期大学，高等専門学校）を卒業した人の就職率は98.0％（前年同期比0.4ポイント増）となっています（厚生労働省・文部科学省HP）。
>
> 　なお，就職氷河期の中でも最も就職率が低かった平成15年度についてみると，大学（学部）卒業者の就職率は55.1％となっています（文部科学省「学校基本調査」）。

多くの企業から受けている内定やすべり止めとして持っている内定についても，始期付解約権留保付労働契約が成立しているといえるかについては，最高裁判決（大日本印刷事件＝最判昭54.7.20労判323-19判例・裁判例㉙）の詳細な分析が必要です。

最高裁は，「いわゆる採用内定の制度は，従来わが国において広く行われているところであるが，その実態は多様であるため，採用内定の法的性質について一義的に論断することは困難というべきである。したがって，具体的事案につき，採用内定の法的性質を判断するにあたっては，当該企業の当該年度における採用内定の事実関係に即してこれを検討する必要がある」と説示しています。

そして最高裁は，この事案で始期付解約権留保付労働契約の成立を認めていますが，その結論には，大企業に就職するためには大学推薦が必要だった時代や状況が反映されているのです。この事案は滋賀大学の事案ですが，当時，同大学では，大学推薦書を2通もらい，1社から採用内定を受けて誓約書を出し

判例・裁判例㉙　大日本印刷事件／最判昭54.7.20／労判323-19

【事案概要】総合印刷を業とするYは、滋賀大学に昭和44年3月卒業予定者でYに入社を希望する者の推薦を依頼し、募集要領等の文書を送付して求人の募集をした。Xは、大学の推薦を得てYの募集に応じ、昭和43年7月には筆記試験や適格検査を受けて合格。面接や身体検査を受け、Yから文書で採用内定の通知を受けた。そしてXは同封されていた誓約書に記入し、Yに送付している。

滋賀大学では、就職について大学が推薦するときは、2つの企業に制限し、そのうちいずれか一方に採用が内定したときは直ちに未内定の他方の企業に対する推薦を取り消し、学生にも先に内定した企業に就職するよう指導を徹底していた。Yも募集に際しこのような事情を知っていた。XはYから採用内定通知を受けたことを大学に報告するとともに、他に応募していたAに対しても大学を通じて応募を辞退する旨通知し、大学も推薦を取り消した。その後、Xは近況報告書を作成しYに提出するなどしていたが、翌年2月にYが突如としてXの採用内定を取り消す旨通知した。通知に取消理由は明示されていなかった。

Xは、Yから採用内定通知を受けYに就職できるものと信じ、他企業への応募もしないまま過ごしており、採用内定取消通知も遅かったことから、他の相当な企業への就職も事実上不可能となり、大学を通じてYと交渉するも成果を得られず、他に就職することもできず、同年3月に滋賀大学を卒業した。Xは、従業員としての地位の確認と精神的損害の慰謝料、未払賃金の支払いを求めて提訴した。

【判決概要】「わが国の雇用事情に照らすとき、大学新規卒業予定者で、いったん特定企業との間に採用内定の関係に入った者は、このように解約権留保付であるとはいえ、卒業後の就労を期して、他企業への就職の機会と可能性を放棄するのが通例であるから、就労の有無という違いはあるが、採用内定者の地位は、一定の試用期間を付して雇用関係に入った者の試用期間中の地位と基本的には異なるところはないとみるべきである。…採用内定の取消事由は、採用内定当時知ることができず、また知ることが期待できないような事実であって、これを理由として採用内定を取り消すことが解約権留保の趣旨・目的に照らして客観的に合理的と認められ社会通念上相当として是認することができるものに限られると解するのが相当である。

…本件採用内定取消事由の中心をなすものは、『Xはグルーミーな印象なので当初から不適格と思われたが、それを打ち消す材料が出るかもしれないので採用内定としておいたところ、そのような材料が出なかった』というのであるが、グルーミーな印象であることは当初からわかっていたことであるから、Yとしてはその段階で調査を尽くせば、従業員としての適格性の有無を判断することはできたのに、不適格と思いながら採用を内定し、その後右不適格性を打ち消す材料が出なかったので内定を取り消すということは、解約権留保の趣旨・目的に照らして社会通念上相当として是認することができず、解約権の濫用というべき」であるとして、Yの上告を棄却した。

たならば，残り1通は学校に返すという運用をしていました。

このような事実関係をもとに採用内定を考えると，誓約書を企業に提出した段階で，学生は他社での就労の機会を放棄したと評価できます。つまり，採用内定中の学生も，試用社員も，他社就労の機会を放棄したという点で一致します。違いは働いているかどうかだけです。したがって，そのような採用内定者について試用社員と同様の保護を図るというのが，最高裁の趣旨なのです。

3 始期付解約権留保付労働契約が成立しているかどうかは認定論

このように，採用内定に伴って始期付解約権留保付労働契約が成立しているというためには，少なくとも，その学生が他社就労の機会を放棄しているという具体的な事実関係が認められる必要があります。

したがって，前年の4～5月に受けた採用内定が，他社就労の機会を放棄しているといえるか否かはまさに事実認定論となります。仮に，複数の採用内定を受けているならば，他社就労の機会を放棄しているとはいえないと考えてよいと思います。ただし，他社就労の機会を放棄しているかの事実認定に関しては，複数の企業からの採用内定を持っていることや，本命の公務員試験を受験することなどの主張立証責任は，使用者にあるといわれてもやむをえないと思います。

また，大学の技術系のゼミなどで大企業の推薦枠を2～3人分持っていることがあります。ゼミや教授の紹介で採用内定を受けた場合，その学生は他社就労の機会を放棄して，内定先の企業に勤める可能性が非常に高いといえます。その理由は，仮に内定を受けた学生が会社に入社しない場合，次年度以降の推薦枠がなくなり，後輩の学生たちに迷惑をかける可能性があるからです。このような事案では，最初から始期付解約権留保付労働契約が成立していると考えてよいといえます。

4 内々定の取消しと期待権の保護（始期付解約権留保付労働契約が成立していない場合）

　前記の最高裁判決が出された昭和の時代と違い，現在は採用手続が卒業の1年以上前に実施され，内定という手続以前に内々定という言葉が利用される状況となり，いつの時点で始期付解約権留保付労働契約が成立しているのか，判断が非常に難しい状況になっているといえます。加えて，市場（マーケット）の状況は非常に早い速度で変化し，平成20年9月のリーマンショックの際には，多くの採用内定取消しが発生しました。

　このような中で，注目すべき裁判例が出されました（コーセーアールイー〔第2〕事件＝福岡地判平22.6.2労判1008-5）。事案の概要は次のようなものです。大学4年生が，会社から平成20年5月30日頃に「採用内々定のご連絡」と題する書面および入社承諾書の送付を受け，同月31日付で入社承諾書に記名・押印して返送しました。本件内々定通知は，会社の人事事務担当者の名義で作成されており，「正式な内定通知授与は平成20年10月1日を予定しております」と記載されていました。そして，リーマンショックが起き，会社は，業績悪化を理由に同年9月29日付でその内々定の取消しの通知を行いました。

　この事案において，裁判所は，次のとおり判示し，本件内々定について始期付解約権留保付労働契約の成立を否定しました。

　「被告は，倫理憲章の存在等を理由として，同年10月1日付けで正式内定を行うことを前提として，被告の人事担当者名で本件内々定通知をしたものであるところ，内々定後に具体的労働条件の提示，確認や入社に向けた手続等は行われておらず，被告が入社承諾書の提出を求めているものの，その内容は，内定の場合に多く見られるように，入社を誓約したり，企業側の解約権留保を認めるなどというものでもない。また，被告の人事担当者が，本件内々定当時，被告のために原告との間で労働契約を締結する権限を有していたことを裏付けるべき事情は見当たらない。

　さらに平成19年（平成20年4月入社）までの就職活動では，複数の企業から

内々定のみならず内定を得る新卒者も存在し，平成20年（平成21年4月入社）の就職活動も，当初は前年度の同様の状況であり，原告を含めて内々定を受けながら就職活動を継続している新卒者も少なくなかったという事情もある。

　したがって，本件内々定は，正式な内定（労働契約に関する確定的な意思の合致）とは明らかにその性質を異にするものであって，正式な内定までの間，企業が新卒者をできるだけ囲い込んで，他の企業に流れることを防ごうとする事実上の活動の域をでるものではないというべきであり，原告及びZ（筆者注：原告と同様に内定を取り消された者）も，そのこと自体は十分に認識していたのであるから，本件内々定によって，原告主張のような始期付解約権留保付労働契約が成立したとはいえず，他にこれを認めるに足りる証拠はない。」

　一方で，内々定通知から4カ月が経過し，内定手続（10月1日予定）の2日前にその取消しを通知したという事実関係から，学生側に，労働契約が確実に締結されるであろうとの期待は法的保護に十分に値する程度に高まっており，かつ，取消手続も誠実に対応したとはいいがたく，さらに労働契約が成立していたと仮定しても，整理解雇が認められる事情がないことなどから，会社の行為を不法行為として慰謝料100万円（および弁護士費用相当損害10万円）の支払いを命じています（その後の控訴審判決で，賠償額が110万円から55万円に減額されました）。

　内々定について，労働契約の成立を否定した裁判例として，新日本製鐵事件＝東京高判平16.1.22労経速1876-24もあります。

　なお，大学教員の中途採用の事案において，採用が内定していたとは認められないが，労働契約が確実に締結されるであろうとの教員の期待は法的保護に値する程度に高まっていたことが認められるとして，不採用とした大学の行為に不法行為が成立するとして慰謝料50万円（および弁護士費用相当損害5万円）の支払いを命じた裁判例があります（甲学園事件＝東京地判平29.4.21労経速2316-17）。

　この法理論は，商取引の分野で「契約締結上の過失」といわれるものであり，労働法の分野でも採用手続過程における信義則違反に適用されるものといえま

す。新卒採用の場合，内定に内々定が先行するという取扱い慣行があることから，内々定の取消しという行為について不法行為の成否が問われますが，中途採用についてはこのような取扱い慣行がないことから，このような理論構成をとったものと考えられます。

598 ▶ 第1編／労働契約の解消

第2節 採用が内定している大卒者の内定取消しはできるか

1 採用内定を取り消すことができる事由

　他社就労の機会を放棄している採用内定者と企業の間に，始期付解約権留保付労働契約が成立しているとして解約権が留保されているのは，一般的に採用内定時（前年の10月1日）から入社日（4月1日）まで6カ月の期間がありますから，その間に事情の変更が起こりうることを想定してのことです。

　契約関係を明確にするためにも，解約権が留保されていることについて，やむをえない事情のあるとき（自社の従業員として不適格と判断される可能性があるとき）など，解約権の行使事由について誓約書に具体的に記載しておいた方がよいといえます。

　たとえば，以下のようなものが考えられます。

- 提出書類に虚偽記載がある場合
- 大学を卒業できない場合
- 身体・精神の故障で4月1日からの就労の見込みがない場合
- 会社の経営難等のやむをえない事由がある場合
- 自己の都合により4月1日より6月14日までの会社集合研修に参加できる見込みがない場合（後記3参照）
- その他上記に類する事項

　もっとも，誓約書に記載されていなくても，客観的に合理的で社会通念上相当として是認される事由であれば，採用内定を取り消すことができます。単位をとれず卒業できない場合が典型例です。会社は，3月31日時点での大学卒業を条件に採用内定を行っているのですから，卒業できないと判明した時点で，

当然に採用内定を取り消すことができます。

2　私傷病で約束どおり就労できない場合の対応

　採用内定者が病気になった場合，その採用内定を取り消すかどうかは，理論的には3月31日を基準として，4月1日から就労できるかどうかで考えます。3月31日において，労務提供が不可能と判断される場合には，採用内定を取り消すことができると思います。

　ただし，身体的なケガや病気で，客観的に判断して数カ月程度で就労できる見込みがあるならば，対応方法は違ってきます。現在でも大部分の新卒一括採用者は，長期雇用システムに組み込まれることが前提です。中途採用の場合と異なり，企業は多くの場合新卒一括採用者を即戦力として期待しているわけではなく，これから数年かけて育成していくことを考えれば，業務への影響は小さいといえ，一方，新卒一括採用者はこの期を逃すと新卒一括採用者としての就職ができず，その将来に大きく影響します。

　したがって，数カ月程度の遅れで，その後は確実に就労できるというのであれば，その内定取消しが社会通念上相当であると認められるのは難しいと考えるべきです。

　もっとも，精神疾患の場合は，身体的なケガなどと異なり，数カ月程度で完治して就労できるか否かの客観的判断は難しく，また，業務による再発の可能性等を考えれば，3月31日の段階で最終結論を出すことになると思います。[*]

　　＊　第4章第3節で述べたとおり，正社員を休職期間満了時に復職させるか否かの判断にあたっては，残業・休日出勤と国内出張については数カ月間猶予して，本旨弁済が可能か否かを見極めることが必要になると考えます。なぜなら，正社員は会社に対して一定の貢献をしているため，それに配慮する必要があると考えられるからです。
　　　しかし，採用内定者は会社に対して何ら貢献をしていません。したがって，理論上は，正社員と同様に数カ月間の猶予をする必要はないという議論も考えられます。
　　　もっとも，この点に関する裁判例はありません。

　また，ケガや病気が治癒している（症状が固定している）が，当初約束した

内容の労務提供ができない場合も，採用内定を取り消すことができると思います。たとえば，製造工場の現場で機械仕事をする約束で採用内定を受けた人が，事故などで片腕を失ったりしたケースなどが考えられます。

また，新卒一括採用者は，残業や出張はもちろん，長期雇用システムの中で，さまざまな職種への配転，転勤なども想定されています。にもかかわらず，1日に4～5時間しか就労できない，出張や転勤も難しいという状況が今後も続くと考えられ，労働契約に基づく労務提供が十分にできないことが判明すれば，治癒していたとしても，労働契約で約束した就労ができないとして採用内定を取り消すことができるだろうと思います。

障害と判断された場合は，契約が成立している以上，配慮を行えば本旨弁済が可能か否かを検討する必要があると考えます。

学生から提出された書類に虚偽記載がある場合（犯罪歴や非行歴について），採用内定を取り消すことができるかという問題も議論されてきました。しかし，虚偽記載があったことのみで，採用内定の取消しができるわけではありません。虚偽記載の内容によって，今後の労務提供に問題がある，信頼関係を維持できないなど，重大な事由でなければ採用内定を取り消すことはできません。

この点に関しては，第7章第5節を参考にしてください。

3　妊娠，出産，産前産後休業，育児休業と採用内定の取消し

使用者が，妊娠，出産，産前産後休業の取得，育児休業の取得などを理由として労働者に対して不利益取扱いをすることは，法律により禁止されています（均等法9条，育児介護休業法10条）。

ところで，日本においては，入社後に新入社員全員を対象とする集合研修を行う企業が多くありますが，採用内定後に妊娠が明らかになった場合，入社後すぐに産前産後休業等を取得することになり，その研修に参加することができません。研修を受けていなければ，復帰しても，企業はその従業員を配置することができません。

ここで，この従業員について，次の年度の研修の時期まで復帰を遅らせることはできないか，さらには，研修に参加できないことを理由として採用内定を取り消すことはできないかが問題となります。この問題は，今の企業にとって難問となっています。

確かに，契約の成立後にこのような事態が発生した場合は，法で保護され，解雇すればそれが無効となることは明らかです。しかし，採用内定者は，まだ労基法9条の「労働者」ではありませんから（始期付解約権留保付労働契約の趣旨から，内定取消しに合理性が求められるだけであり，内定者が労基法9条の「労働者」に該当するとはいえません），採用内定通知書に，内定取消事由として「採用内定後に妊娠した場合，または妊娠の事実を企業に知らせずに内定通知を受領した場合」と記載されていた場合，このような記載は公序に違反して無効といえるかという問題があります。

この点は実務に大きな影響があります。なぜなら，採用内定者は，内定取消事由であることを知りながら妊娠を選択したことになるので，自己責任といわれても仕方がないともいえます。したがって，業務に与える支障の程度によっては，入社の1年延期も不合理とはいえないと考えます。

ただし，今の少子化の時代に，上記のような対応を企業がとったとすれば，マスコミを含めた社会的批判の的となることが予想されますので，実務では，企業の相談に対して，諦めるように指導しているのが実情です。[*]

＊　妊娠，出産，育児休業等を理由とする不利益取扱いに関しては，広島中央保健生協〔C生協病院〕事件＝最判平26.10.23労判1100-5を踏まえて，平成27年1月に均等法および育児介護休業法の解釈通達が改正されました（雇児0123第1号）。

　　同通達では，妊娠，出産，育児休業等を「契機として」不利益取扱いを行った場合について，以下のとおり定められています（「契機として」は基本的に時間的に近接しているか否かで判断するとされています）。

　　原則　：均等法，育児介護休業法に違反（妊娠，出産，育児休業等を「理由として」不利益取扱いを行ったと解される）。

　　例外①：i　業務上の必要性から支障があるため，当該不利益取扱いを行わざるをえない場合において，

　　　　　　ii　その業務上の必要性の内容や程度が，法の規定の趣旨に実質的に反しな

いものと認められるほどに，当該不利益取扱いにより受ける影響の内容や
程度を上回ると認められる特段の事情が存在するとき
例外②： ⅰ 契機とした事由または当該取扱いにより受ける有利な影響が存在し，か
つ，当該労働者が当該取扱いに同意している場合において，
ⅱ 有利な影響の内容や程度が当該取扱いによる不利な影響の内容や程度を
上回り，事業主から適切に説明がなされるなど，一般的な労働者であれば
同意するような合理的な理由が客観的に存在するとき
上記解釈通達の改正により，使用者側の責任はより厳しく問われることになるといえ
ます。したがって，妊娠等を理由に内定を取り消すことは難しいといわざるをえません。

4 業務上の必要性による採用内定の取消し

会社の業務上の都合，つまり経営難に陥ったことなどによる内定取消しにつ
いては，整理解雇の4要素にならって考えます。

基本的には，正社員と同じレベルの業務上の必要性，内定取消しの回避に向
けての相当な努力を考えなければなりません。加えて，同意による取消しに向
けての努力は必要であると考えます。その際，一定の解決金を提示することも
重要な判断要素となると考えます。

人選については，正社員または試用社員より先に，採用内定者の内定を取り
消すことに合理性があると考えますが，事案の内容によっては，採用内定者よ
りも正社員を優先させることも許されると考えます。また，採用内定者も正社
員としてのラインにのっていますので，パートタイマーや有期契約労働者など
の非正規社員を雇用している場合には，採用内定者を残して，非正規社員の労
働契約を優先的に解消することが認められるといえますし，その旨の裁判例も
あります（日本電子事件＝東京地八王子支決平5.10.25労判640-55）。

5 採用内定の取消しに関する訴訟がほとんどみられない理由

始期付解約権留保付労働契約が成立している場合には，学生は，企業の恣意
的な内定取消しについて，その取消しの無効と4月1日以降について「労働契

約上の権利を有する地位」の確認，就労できるまでの間の賃金の支払いを求めることができます。

しかし，経営難などを理由に内定取消しを受けた学生が，企業を裁判に訴えるケースはほとんどないといえます。事実，バブル経済の崩壊期である平成4年秋と，平成20年9月のリーマンショック時には，内定取消しが多発しましたが，地位確認の訴訟はほとんど起きていないと認識しています。

雇用システムが大きく変容する時代といっても，大企業の場合，基本はやはり長期雇用システムです。内定を取り消された企業に裁判を起こしてまで入社しても，将来，人事上よい取扱いを受けることはないだろうと学生が考えたことが，訴訟が起きなかった最大の理由だろうと思います[*]。

　　＊　日テレ内定取消し事件
　　　　平成27年4月にテレビ局にアナウンサーとして入社する内定をもらっていた女性が，銀座のクラブでのアルバイト歴を理由に内定を取り消されたところ，内定取消しは不当であるとして，東京地裁に地位確認を求めて提訴したという事件がありました。同事件では，結局，女性を内定者の地位に戻すという内容の和解が成立したため，女性は当初の予定どおり，4月からアナウンサーとして勤務することになりました。
　　　　アナウンサーは，通常の業種とは異なり一種の専門職といえます。モデルや俳優への転身もありえますし，入社したテレビ局で一生勤務するというイメージはありません。したがって，訴訟をした結果，入社することになったとしても，アナウンサーとして一定の経験を積めば，そこでの経験を活かして次のステップに進むことができるといえます。
　　　　同事件は，上記の事情を踏まえて提訴された，異例な事件と筆者は考えています。

結局，企業が頭を下げて和解金を支払うことで，学生は泣く泣くその企業への就職を諦めたのが実際でした。このように実務では地位確認で争うのではなく，内定取消しに伴う損害賠償，いわゆる和解金による解決に変わったと考えられます[*]。

　　＊　宣伝会議事件＝東京地判平17.1.28労判890-5
　　　　入社前研修が遅れていることを理由に採用内定を取り消したところ，内定者が債務不履行に基づく損害賠償請求をした事案において，裁判所は，内定取消しは違法であるとしたうえで，逸失利益として4月分の賃金相当額および慰謝料50万円等を認めています。

6 採用内定を取り消した場合の和解金額はどのくらいか

バブル崩壊当時，明らかになった和解金の最高額は230万円といわれていますが，日本労働弁護団*は，和解金の水準を年収（1年）プラス慰謝料としています。具体的な金額は，次のように考えればよいと思います。

> * 日本労働弁護団とは，労働者の権利擁護活動を行う弁護士団体です。
> 昭和32年に日本労働組合総評議会の呼びかけに応えるかたちで総評弁護団が結成され，平成元年に総評が解散したことに伴い，日本労働弁護団に名称変更されました。

---

① 年収：20万円×12カ月＝240万円　……A
② 賞与：20万円×3カ月（年間5カ月分が支給されると想定し，支給されない夏の賞与2カ月分を差し引く）＝60万円　……B
③ 合計：A＋B＝300万円

日本労働弁護団がいう和解金額は，この300万円に100万円程度の慰謝料を加えたものではないかと推測できます。個人的には，年収分，つまり300万円程度が妥当な和解金額ではないかと考えます。

このように実務では，和解金を支払うという形で内定取消しの問題を解決しているといっても過言ではないと思います。もちろん，このような高額な和解金が支払われるのは，他社就労の機会を放棄し，始期付解約権留保付労働契約が成立している内定を取り消した事案の場合です。

ところで，平成20年9月のリーマンショック以降に発生した内定取消しの事案においては，会社の経営上の都合も考慮されたのか，和解金が100万円前後という事例も多かったように思います。

7 内定取消しの届出と企業名公表

平成21年1月の職業安定法施行規則の改正により，採用内定の取消内容が次

の事項に該当する場合には，厚生労働大臣が，取消しの内容や企業名を公表することができるようになっています（同規則17条の４，平21.1.19厚労告５号。ただし，倒産により翌年度の新規学校卒業者の募集・採用が行われないことが確実な場合を除きます）。

---

① 　２年度以上連続して行われたもの
② 　同一年度内において10名以上の者に対して行われたもの（内定取消しの対象となった新規学校卒業者の安定した雇用を確保するための措置を講じ，これらの者の安定した雇用を速やかに確保した場合を除く）
③ 　生産量その他事業活動を示す最近の指標，雇用者数その他雇用量を示す最近の指標等に鑑み，事業活動の縮小を余儀なくされているものとは明らかに認められないときに，行われたもの
④ 　次のいずれかに該当する事実が確認されたもの
　　イ 　内定取消しの対象となった新規学校卒業者に対して，内定取消しを行わざるをえない理由について十分な説明を行わなかったとき
　　ロ 　内定取消しの対象となった新規学校卒業者の就職先の確保に向けた支援を行わなかったとき

　実際に厚生労働省は，同年３月31日には電子部品製造業と情報通信業の２社について初めて企業名の公表に踏み切り，同年４月30日にも職業紹介・人材派遣業を中心として13社の企業名を公表しています[*]。

[*] 　平成22年度以降に採用内定を取り消したことを理由に企業名を公表された企業の数は，下の表のとおりとなっています。平成21～28年度までで，企業名公表は計９回行われ，計31社がその対象となっています。

年度	平22	平23	平24	平25	平26	平27	平28
企業数	3	2	2	1	2	1	5

第3節　採用が内定している高卒者の内定取消しはできるか

1　学校が推薦した生徒は落とさないというルールがある

　（新卒）高卒者の場合，大卒者と異なり，学校長や職安（ハローワーク）の推薦によって就職してきます。過去に聞いた話では，ある地方では仮に高校に200人の就職希望者がいるとすると，学校は，就職希望者の推薦順を1番から200番まで決め，1番に推薦された生徒が企業から拒否されると，その生徒は201番目の推薦に回ることになり，学校推薦での就職は困難になるということです。

　このような事情もあり，学校が推薦した生徒は，企業も決して落とさないというルールができあがっていると説明を受けた時代がありました。この場合，企業が2人欲しいと希望して，学校が2人を推薦してきたときには，その2人を採用しなさいという意味と理解できます。企業が選ぶというよりは，学校長や職安が推薦してきた生徒を採用するということになります。

　企業が，自らの採用決定権で推薦された生徒を落としてしまうと，次年度からは，学校長や職安が生徒を推薦してくれなくなります。それだけでなく，地域の有名企業であれば，県や市などからも，その問題について追及されることにもなるとも説明を受けました。

　もっとも，企業が2人希望しているところへ，学校から3人の推薦があった場合は，企業に1人を落とす裁量権が認められ，学校もそれを理解したうえで3人を推薦してきたと考えられます。

2　高卒者の採用内定の取消しで注意すべき点

　採用内定を受けた高卒者が採用内定期間中にケガや病気をした場合，その内

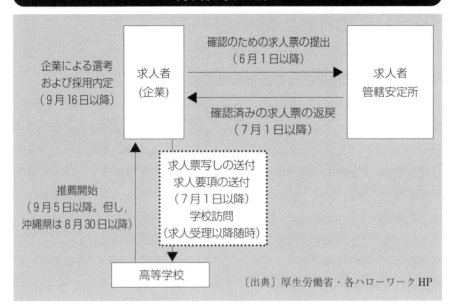

定を取り消すかどうかの基準は，大卒者の場合と同様です。

しかし，内定取消しについて，直接本人や家族に通知してはいけません。内定を取り消す場合には，まず学校長や職安と話し合います。そして，取消理由を説明して納得してもらい，学校長や職安を通して，本人や家族に通知するという手順になります。

高卒者については，各都道府県において就職問題を検討する機関が申し合わせを公表しています。したがって，内定取消しの法論理を展開するのではなく，その地域のルールに従って判断すべきと理解する必要があります。

なお，職安法54条に基づく職安法施行規則35条2項は，新規学卒者の内定を取り消したり，内定期間を延長しようとするときには，あらかじめ学校長または職安にその旨を通知することとしています。したがって，法律上は高卒者に限らず，大卒者の内定取消しの場合も，本人通知とともに学校長や職安への通知が必要となります。

第1編／労働契約の解消

第4節　試用期間中の従業員の本採用を取り消すこ
とはできるか

1　試用期間が制度として認められている理由

　多くの企業では，正社員の採用に際し，入社した日から3〜6カ月間程度の
試用期間を設けています。試用期間中（本採用になるまでの手続の間）の従業
員の身分は，試用社員と位置づけられ，正社員とは区別されます。試用期間が
制度として定着しているのは，終身雇用制といった長期雇用慣行があるからで
す。長期雇用システムのもとでは，正社員を容易に解雇することができません。
そこで，その人が長期的に会社に勤務するうえで，資質や能力が従業員として
適格であるかどうかを見極める必要があるのです。試用期間は，労働者として
の適格性を調査するための期間といえます（判例・裁判例㉚三菱樹脂事件参照）。
　試用社員の法的地位については，590頁の図を参照してください。

2　使用者が持つ労働契約の解消に係る裁量の範囲は正社員の場合
よりも広い

　4月1日入社から本採用までの試用期間について，最高裁（三菱樹脂事件＝
最判昭48.12.12労判189-16判例・裁判例㉚）は解約権留保付労働契約が成立し
ていると理解しており，解約権がついていることにより，試用社員の本採用拒
否は正社員の場合よりも，使用者が持つ労働契約の解消に係る裁量の範囲が広
いととらえています。
　試用期間中に試用社員の本採用を取り消した場合，すでに勤務しているので
すから，職歴問題が発生しない採用内定と異なり，いわゆる「バツイチ」にな
ります。したがって，実務では採用内定者の場合よりも訴えられるリスクは大
きいと考えられます。
　それでも，試用期間終了後の正社員になった場合に比較すれば，使用者の持

第8章／採用内定者の内定取消し・試用社員の本採用取消し ◀609

判例・裁判例㉚　三菱樹脂事件／最判昭48.12.12／労判189-16

【事案概要】Xは，昭和37年Yの採用試験に合格し，昭和38年３月の大学卒業と同時に３カ月の試用期間をもって採用された者であるが，この試用期間中において，Xが採用時に否定ないし黙秘していた日米安全保障条約改定反対運動の学生運動に従事していた事実等が発覚した。そこで，YはXのかかる虚偽の回答等が詐欺に該当し管理職要員としての適格性を欠くものとして，本採用を拒否した。これに対し，XはYとの労働契約関係の存在確認を求めて提訴した。

【判決概要】「本件雇傭契約においては，…Yにおいて試用期間中にXが管理職要員として不適格であると認めたときは解約できる旨の特約上の解約権が留保されているのであるが，このような解約権の留保は，大学卒業者の新規採用にあたり，採否決定の当初においては，その者の資質，性格，能力その他Xのいわゆる管理職要員としての適格性の有無に関連する事項について必要な調査を行ない，適切な判定資料を十分に蒐集することができないため，後日における調査や観察に基づく最終的決定を留保する趣旨でされるものと解されるのであって，今日における雇傭の実情にかんがみるときは，一定の合理的期間の限定の下にこのような留保約款を設けることも，合理性をもつものとしてその効力を肯定することができるというべきである。それゆえ，右の留保解約権に基づく解雇は，これを通常の解雇と全く同一に論ずることはできず，前者については，後者の場合よりも広い範囲における解雇の自由が認められてしかるべきものといわなければならない。

　しかしながら，前記のように法が企業者の雇傭の自由について雇入れの段階と雇入れ後の段階とで区別を設けている趣旨にかんがみ，また，雇傭契約の締結に際しては企業者が一般的には個々の労働者に対して社会的に優越した地位にあることを考え，かつまた，本採用後の雇傭関係におけるよりも弱い地位であるにせよ，いったん特定企業との間に一定の試用期間を付した雇傭関係に入った者は，本採用，すなわち当該企業との雇傭関係の継続についての期待の下に，他企業への就職の機会と可能性を放棄したものであることに思いを致すときは，前記留保解約権の行使は，上述した解約権留保の趣旨，目的に照らして，客観的に合理的な理由が存し社会通念上相当として是認されうる場合にのみ許されるものと解するのが相当である。換言すれば，企業者が，採用決定後における調査の結果により，または試用中の勤務状態等により，当初知ることができず，また知ることが期待できないような事実を知るに至った場合において，そのような事実に照らしその者を引き続き当該企業に雇傭しておくのが適当でないと判断することが，上記解約権留保の趣旨，目的に徴して，客観的に相当であると認められる場合には，さきに留保した解約権を行使することができるが，その程度に至らない場合には，これを行使することはできないと解すべきである。」

つ労働契約の解消に係る裁量の範囲は広いといえますし，訴訟を起こされるリスクも小さいと考えてよいといえます。

日本の場合，正社員に比べて，「試用期間中だから契約を解消されるのもやむをえない」という意識がいまだに労働者に残っており，それが訴訟を抑える効果を生んでいるのだと思います。

3 本採用拒否の判断時期

試用期間中の本採用拒否について，実務上は，その判断を満了時だけでなく期間途中にもできるように，各企業は就業規則（雇用契約書）の規定を「試用期間満了時に」ではなく，「試用期間満了時までに」としています（「試用期間満了時に」とすると，満了時しか本採用拒否ができないと解釈されるおそれがあります）。

ところが，雇用契約書の「6か月の試用期間を経て正社員に任用する」，「会社は試用期間終了時までに不適と認められたときは解雇することができる」という規定の意味について，次のように解釈する裁判例が出されています（ニュース証券事件＝東京高判平21.9.15労判991-153）。

「本件雇用契約書には，本件雇用契約における被控訴人の試用期間を6か月とする規定（1条1項）が置かれているところ，試用期間満了前に，控訴人はいつでも留保解約権を行使できる旨の規定はないから（同条2項は，試用期間満了までの間に不適と認められたものにつき，同期間終了時において解雇することができるという，試用期間の制度を設けたことに伴う当然の効果を明確に規定したにとどまるものと解すべきである），被控訴人と控訴人との間で，被控訴人の資質，性格，能力等を把握し，被控訴人の従業員としての適性を判断するために6か月間の試用期間を定める合意が成立したものと認めるべきである。

そして，試用期間が経過した時における解約権留保条項に基づく解約権の行使が，上記のとおり，解約につき客観的に合理的な理由が存し社会通念上相当と是認され得る場合に制限されることに照らせば，6か月の試用期間の経過を経ずして控訴人が行った本件解雇には，より一層高度の合理性と相当性が求め

られるものというべきである。」

　この解釈は，その契約を締結ないし規定した当事者の意思を全く無視するもので，明らかな誤りというしかありません。しかしながら，このような裁判例が今後も続く可能性を考えると，就業規則の規定に，「試用期間の途中といえども本採用を拒否することがある」と明確に規定しておくべきといえます[*]。

> ＊　**まぐまぐ事件**＝東京地判平28.9.21労経速2305-13
> 　就業規則に試用期間途中であっても解雇が可能である旨が明記されていた事案において，試用期間途中の解雇が有効とされました。同事案では，原告の非協調的な態度は改善の余地が乏しいと認めざるをえないことに加え，原告が被告入社までに約7年間の社会人経験を経ていることなどを踏まえると，試用期間満了時まで原告に対する指導を継続しなかったことをもって相当性を欠くとまではいえないと判示されています（社会人経験を加味していることを考えれば，新卒者については，慎重に対応する必要があるというヒントにもなると思います）。

4　出勤不良・能力不足を理由とした本採用拒否は認められるか

　試用期間満了時に，本採用するかどうかを悩んだ場合に，正社員にして様子をみて，ダメなら解雇しようという考え方をしている使用者や人事・労務担当者がいたならば，その考え方は改めるべきです。悩むようならば，本採用を拒否すべきです。どうしても様子をみたいのならば，試用期間を延長すればよいのです。

　試用期間中は解約権が留保されているため，正社員の場合と比べて，使用者が持つ労働契約の解消に係る裁量の範囲が広いと考えられていますので，やはり本採用するかどうかの判断は試用期間中に行うべきです[*]。

> ＊　裁判においても，労働契約の解消が，試用期間中と本採用後のいずれの時点で行われたものなのか釈然としないケースでは，裁判官は，解雇なのか，あるいは留保された解約権の行使なのかについて釈明をします。したがって，裁判官としても，試用期間中と本採用後では，労働契約解消の判断が異なると考えていると思われます。

　次に問題となるのは，どの程度の事情があれば本採用を拒否できるのかとい

うことです。これは非常に難しい問題で，とくに正社員の解雇と留保された解約権の行使の差がどの程度なのかということを説明するのはきわめて困難です。この問題を考えるうえで参考となる次のような裁判例があります（日本コンクリート事件＝津地決昭46.5.11労判136-6）。

　ある会社に採用され，2カ月間の試用期間中の従業員が本採用を拒否されたケースです。この従業員の試用期間中の出勤率は8割を若干超えてはいましたが，早退・欠勤（無断欠勤1日を含む）もありました。結果として，裁判所はこの本採用拒否を正当なものと判断しました。

　このような判決が出されたのは試用期間中だったからといえます。これが正社員の場合であれば，出勤率が8割を超えているために，出勤率不足を理由とした解雇は困難になると考えられるからです（188頁）。

　本採用を拒否できる事情の程度を明確にするのは困難ですが，新卒一括採用されたゼネラリストについては，第3章第5節（143頁）において説明したとおり，試用期間中でも能力不足で本採用を拒否することは非常に難しいと考えます。それが裁判所において正当と評価されるぐらいの事案であれば，「その人を採用した人事担当者こそ能力を見抜く力がなかったのだから，その人事採用担当者を外しなさい」という笑い話になるぐらいだと考えればよいと思います。[*]

　　＊　**日本基礎技術事件**＝大阪地判平23.4.7労判1045-10，大阪高判平24.2.10労判1045-5
　　　　新卒者について，技術社員としての適格性を有しないことを理由として，6カ月の試用期間中に解雇した事案（従業員数不明）において，解雇は有効であるという異例な判断がなされました。
　　　　同事案では，原告の問題行動が「原告ないし原告の周りにいる者に対して身体や生命に対する危険を有する行為であって看過することができない行為」であったことが重視されたものと思われます。

　一方，中途採用者の場合は，契約の目的となっている業務遂行能力を有しないと考えられたら，改善指導を重ねて，それでも契約により合意した業務遂行ができない事情があれば，本採用拒否の可能性が十分にあるといえます。[*]

第8章／採用内定者の内定取消し・試用社員の本採用取消し　◀613

＊　**関連裁判例**
①　**本採用拒否を有効とした裁判例**
ア　**キングスオート事件**＝東京地判平27.10.9労経速2270-17［控訴審にて和解成立］

　　従業員数が15名程度の被告において，役員に次ぐ地位である管理部のシニアマネージャーとして，初年度から年俸730万円（最低保証額）という高額の賃金で中途採用された原告が，業務遂行能力の欠如等を理由に3カ月の試用期間後に本採用を拒否された事案において，裁判所は，原告は，管理部の責任者としての地位に見合う水準の能力を発揮することが求められていたにもかかわらず，インプット作業のような単純作業も適切に遂行することができず，定時を過ぎても原告のインプット作業のチェックを行っていた他の社員に声をかけずに帰宅しようとするなど，管理職としての姿勢に疑問を抱かせるような態度もあったのであり，被告において原告の業務遂行能力に疑問を抱き，原告に管理部の責任者としての業務を行わせることができないと判断したことには合理的な理由があるというべきであるとして，解雇有効と判示しました。

　　なお，この判断が，3カ月で可能であったか否かは，他の事案を考える際に注意した方がよいと思います。

イ　**有限会社X設計事件**＝東京高判平27.11.8判例集未掲載

　　従業員数5名程度の控訴人において，中途採用された被控訴人が，業務遂行能力の欠如等を理由に3カ月の試用期間後の本採用を拒否された事案において，控訴審では，「被控訴人には，配筋要領図を基に配筋図を作成する経験が十分ではなく，配筋図作成の際に通常従うべき一般的な作成の手順・方針に従わないまま当初提出配筋図を作成したものであって，この点の知識は不十分であった。そして，上記の配筋図の作成は，被控訴人が控訴人において初めて担当する業務であり，その作成に当たっては，控訴人代表者や銭高組の担当者に必要事項を適宜確認しながら作業を進めるべきであるところ，被控訴人はそのような姿勢に欠けていた。被控訴人は約20年の同種の職業経験者であり，職業経験のない新規採用の者とは異なるのであるから，控訴人代表者が逐一指導や指示をしなくても，被控訴人のような経験者が必要に応じて確認等を行いつつ作業を進めることは通常期待することができるものと考えられる。

　　また，被控訴人は，控訴人代表者が銭高組に打合せに同行を要請しても　拒否し，銭高組からの担当業務についての問合せの電話に応対することにも消極的であり，電子メールにも担当者として氏名を記載しないなど，控訴人の業務を遂行する上で不可欠な発注者との意思疎通を自ら行おうとせず，さらに，他の従業員との共同作業を拒否し，控訴人代表者や他の従業員が話しかけても明確な反応をしないことがあったなど，発注者や他の従業員等との意思疎通を適切に行い，他者と協力して業務を遂行しようという姿勢が足りないことは明らかである。そして，被控訴人は，昭和43年生まれで，既に20年の職業経験を有する者であり，控訴人代表者が被控訴人を指導するなどしてそのような根本的な姿勢を改めさせることは容易でないと考えられる。

　　控訴人の業務においては，発注者の意向を確認しつつ，多数の図面を協力会社や他

の従業員と共同して作成していく必要があり，単に図面を作成する能力だけでなく，他者との意思疎通を適切に行い，協力して業務を遂行する能力が不可欠であると考えられる。確かに，被控訴人が修正指示後に作成した修正後配筋図やその後作成した2ブロック分の配筋図には特段の問題はなかったことからすれば，被控訴人には基本的な図面作成能力はあったとはいえるものの，上記のとおり，図面作成能力だけでは，控訴人における業務遂行能力としては足りないのであって，被控訴人には他者との意思疎通を適切に行い，協力して業務を遂行する能力が不足しており，控訴人において業務を遂行する上で必要な適性に欠けているといわざるを得ない。」として解雇有効と判示されました。

なお，原審（東京地判平27.1.28労経速2241-19）では，いかに原告が設計業務に一定の経験を有することを前提に採用されたにせよ，原告が入社後最初に担当した作業は不慣れなところもあって手直しが必要なものであったが，その後は指示に従って要求どおりの作業を完成させたという経緯からすれば，原告に業務遂行能力の欠如があったとは認められないなどとして，解雇無効と判示されました。

② 本採用拒否を無効とした裁判例

ア ファニメディック事件＝東京地判平25.7.23労判1080-5［控訴審にて和解成立］

中途採用された原告に対して，能力不足等を理由として6カ月の試用期間満了をもって雇用契約を終了する旨の意思表示がなされた事案（従業員数不明）において，「被告は，…（原告を）診療能力や外科手術の手技に長けた人物であることを期待して採用した」が「原告の診察には細かいミスが散見され」るとしながらも「（ミスが）繰り返されているわけではないから過大に評価すべきではない」，「原告が院内勉強会に対して必ずしも熱心ではなかったことはうかがわれるものの…院内勉強会への出席について明確な業務指示を出したとは認めがたい本件において，院内勉強会への出席状況を勤務態度の評価に反映することには抑制的であるべきである」として，解雇無効との判断が示されました。

もっとも，同事案では，被告の固定残業代制の有効性も否定されており，そのことも本件解雇の有効性を判断するにあたって，実質上考慮されたものと思われます。

イ 社会保険労務士法人パートナーズほか事件＝福岡地判平25.9.19労判1096-87［控訴審にて和解成立］

社労士事務所である被告において，社労士資格を有し中途採用された原告が，能力不足を理由に3カ月の試用期間途中に解雇された事案（従業員数不明）において，裁判所は，被告は採用時，原告が社労士として実績のない初心者であり，無償の手伝いでも良いから経験を積みたいと申し出ている者であることを十分認識していたことに加え，被告自身，原告が作成したメモや起案に不満がなかったことなどからすると，本件解雇を基礎づけるほどの事情があるとはいいがたいなどとして，解雇無効と判示しました。

5 私傷病を理由とした本採用拒否が認められるケース

　私傷病を理由とした本採用拒否については，4月1日入社で試用期間3カ月の場合，7月1日の段階で療養中であり，それ以降の就労のめどが立っていないという状況であれば，本採用を拒否できるといえます。また，7月1日の段階で症状は固定しており，復帰の見通しは立っているけれども，正社員としての債務の本旨に従った労務提供ができる健康状態ではないということが確定していれば，本採用を拒否することができると思います。

　以上の点は，試用社員の地位と採用内定中の学生の地位とが同様のものという判例の考え方に立つと，採用内定の取消事由について説明した内容と同一になります[*]（598頁）。

　　＊　もっとも，残業・休日出勤と国内出張を数カ月間猶予すべきかという点については以下のように考えます。

　　　　正社員は会社に対して一定の貢献があるため，休職期間満了時に復職させるか否かの判断にあたっては，残業・休日出勤と国内出張については数カ月間猶予すべきと考えました。他方，採用内定者は会社に対して何ら貢献をしていませんから，理論上，猶予の必要はないという議論も考えられます。

　　　　そして，試用期間中の従業員については，会社に対する貢献は低いですが，入社している以上，正社員に準じて考えた方が安全であると思います。

　注意しなければならないのは，休職に関する規定の仕方です。就業規則に，「勤続1年未満（あるいは3年未満）の社員で，欠勤が2カ月続いた場合，6カ月の休職期間を与える」というような規定を設けている会社があります。しかし，この「勤続〇年未満」という規定では，試用期間中であっても休職規定の適用があると解釈できる可能性が出てきます。したがって，「試用期間中は，休職規定の適用を除外する」旨の規定を定めておく必要があります。

　そうでなければ，試用期間の意味がなくなります。労働契約で一番重要な約束は健康で働けるということですから，この点の判断権を放棄することになりかねません。

6 協調性不足・勤務態度不良を理由とした本採用拒否

　協調性がないと判断された場合，試用社員といっても，できれば一度は配転を行うべきです。そして，正社員の場合と同様に，配転を行う際には，協調性がなかったために配転されたという事実を明確に説明しておくべきです（180頁）。勤務態度不良についても，懲戒まで必要かという議論はありますが，正社員と同じように考えておいたほうが無難だといえます（195頁）。そして，注意に関する記録を必ず残すとともに，注意文書を手交しておくべきです。

　試用社員の本採用拒否事由は，正社員の普通解雇事由より程度が低くてもよいと認識できますが，その程度については，事案ごとに裁判所が判断することになります*。そして，その判断は，裁判所によって，正社員の場合よりもばらつきがあるといえますので，できるだけ合意による退職を求めるべきと考えます。

　＊　裁判例
　　① **本採用拒否を有効とした裁判例**
　　ア　**インターナショナル・クリーニング・サービス事件**＝東京地決平6．1．25労経速1535-6
　　　　債権者の暴言その他の言動を理由に1カ月間の試用期間中に解雇をした事案（従業員数不明）において，裁判所は，債権者が債務者代表者らが挨拶するのを無視するばかりか，話合いをしようとする代表者らに対して「労働基準局に訴える。裁判にする。仕事の邪魔だ。帰れ」「仕事の妨害罪で訴えてやる。おまわりを呼んで来い。」「今日，代表者が突然来たが，変態だと思った。突然来たことに対して謝罪しろ。」などと述べたことからすると，本件解雇は解雇権を濫用したものとはいえず有効であるとしました。
　　イ　**ブレーンベース事件**＝東京地判平13．12．25労経速1789-22［控訴棄却］
　　　　被告に中途採用で入社した原告が，緊急の業務指示に対し速やかに応じないこと，採用面接時にパソコン使用に精通していると述べていたにもかかわらず満足に行うことができなかったこと，代表取締役の業務上の指示に応じなかったこと，会社の業務にとって重要な商品発表会の翌日に2回休暇をとったことなどを理由に3カ月の試用期間満了時に解雇された事案において，被告が取締役を含めて実働4人の零細な規模の企業であることも加味すれば，原告の業務状況は，被告の期待に沿う業務が実行される可能性を見出しがたいものであったなどとして，解雇有効としました。
　　ウ　**空調服事件**＝東京地判平28．3．8労判1145-28，東京高判平28．8．3労判1145-21［上

告棄却]

　社労士有資格者のパートタイマーとして入社した原告が，被告社内のほぼ全員が参集した全体会議において，被告の計算表や決算書が間違っているなどと発言したことを理由に，1カ月の試用期間後本採用を拒否された事案（従業員数不明）において，第一審は，原告の上記発言が事務連絡の一環としてなされたものにすぎないことなどを理由に，解雇無効としました。

　しかしながら，控訴審は，被控訴人が控訴人を雇用したのは，控訴人が人事，税務，労務関係の秘密や機微に触れる情報についての管理や配慮ができる人材であることが前提とされていたものと認められるが，控訴人は，自らの経験のみに基づき，異なる会計処理の許容性についての検討をすることもなく，被控訴人における従来の売掛金等の計上に誤りがあると即断し，全体会議の場において，突然，決算書に誤りがあるとの発言を行ったものであり，組織的配慮を欠いた自己アピール以外の何物でもないから，被控訴人が控訴人に対して期待していた労務管理や経理業務を含む総務関係の業務を担当する従業員としての資質を欠くと判断されてもやむをえないものであり，かつ，被控訴人を採用するにあたり事前に承知することができない情報であり，仮に事前に承知していたら，採用することはない労働者の資質に関わる情報というべきであるなどとして，解雇有効としました。

エ　**まぐまぐ事件**＝東京地判平28.9.21労経速2305-13［控訴棄却，上告］

　中途採用で被告に入社した原告が，勤務態度不良等を理由に6カ月の試用期間中に解雇された事案において，原告には上司の指導や指示に従わず，また上司の了解を得ることなく独断で営業活動を行うなど協調性に欠ける点や，取引先に対し過剰な要求をして取引先や同僚を困惑させるなどの問題点が認められ，それを改めるべく被告代表者が指導するも，その直後に再度上司の指示に従わないといった行動に出ていることに加え，上記問題点に対する原告の認識が不十分で改善の見込みが乏しいと認められることなどを踏まえると，原告を試用期間途中に解雇したことはやむをえないと認められるとして，解雇有効と判示されました。

② **本採用拒否を無効とした裁判例**

ライトスタッフ事件＝東京地判平24.8.23労経速2158-3［確定］

　中小零細企業である被告に中途採用で入社した原告が，受動喫煙による健康被害を理由に約1カ月間休職した後，3カ月間の試用期間中に協調性不足等を理由に解雇された事案において，裁判所は，原告が休職中，体力の回復状況について全く連絡を入れなかったばかりか，その休職期間の満了間際になってようやく電話連絡を入れ，あたかも自己に有利な専門医の診断結果が出るまで休職を続け，しかもその間の給与支払いも請求するかのような内容の伝言を行ったことなどからすれば，原告の対応は被告従業員としての協調性等に疑念を生じさせるものであって，従業員としての不適格性を根拠づけるものと評価するのが相当であるとしました。

　しかしながら，原告の本件対応の背景には，営業マンとしての能力や受動喫煙等を

618 ▶ 第1編／労働契約の解消

めぐる被告代表者と原告との確執，被告代表者の原告に対する強引な退職勧奨と被告
事務室からの事実上の締め出し行為等が伏在しており，これらの事情が原告から被告
代表者に対する病状報告等の適切なコミュニケーションをとる機会を奪っていたもの
ともみることができ，してみると，本件では解約事由として重大なレベルに達してい
たと認めるには十分ではないなどとして，解雇無効としました。

第5節 どうすればトラブルを起こさない人材を採用できるか

1 トラブルを起こさない人材を採用することが最善策

　これまで，正社員の解雇や採用内定者の内定取消し，試用社員の本採用拒否などの労働契約の解消に伴うトラブルへの対処法を説明してきましたが，このようなトラブルを生じさせない方法は，「トラブルを起こすような人を採用しない」ということです。「採用するときにそれがわかるのなら，何の苦労もない」との声も聞こえてきそうですが，この点については，十分考えてみるべきです。

　使用者には，「採用の自由」が認められています。どういう人を何人，どのような基準で採用するかは，使用者の判断に任されますし，採用する人に対して，いろいろな形で申告を求めて調査することも，原則として自由です。

　労働契約の内容は，債務の履行をすること，すなわち，約束どおりに労務を提供すること（本旨弁済）です。したがって，使用者としては，労務提供に関し，当該労働者が本旨弁済できるか否かという点が採用決定の重要なポイントとなります。

　また，正社員として雇用するということは，長期・安定的に雇用することを意味しますので，その中では集団的労務提供をすることになります。したがって，他の従業員との調和を図ることもできなければなりません。

　さらに，組織を維持し円滑な企業運営をするためには，企業秩序を維持する必要があります。

　したがって，以下の経歴を踏まえて，採用するか否かを決定する必要があります。

---

　①　労働力評価に直接関わる事項として，たとえば，学歴，職歴，病歴（現

在の健康状態も含む）

②　当該企業への適応性，貢献意欲に関わる事項として，たとえば，退職
　　歴（退職理由を含む），性格

③　企業の信用保持等，企業秩序の維持に関する事項として，たとえば，
　　非行歴（犯罪歴も含む，懲戒も対象となる）

2　採用のポイント

(1)　「学歴」から「職歴」へ

　近年では労働力の流動化が進み，一定の技能や経験を有する者を中途採用する企業などが増えており，労働者としても転職という選択肢を自身のキャリア形成の一環として考える者も増えていますので，「学歴」だけでなく，それ以上に「職歴」の申告を求め，その労働者が有する業務遂行能力や経験を十分に把握することが重要です。

(2)　「病歴」（現在の健康状態を含む）

　最終学歴や職歴，賞罰に加えて採用選考時に必ず確認しておかなければならないのが，病歴と現在の健康状態です。健康であることは，重要な採用条件です。入社後に病気になったからといって懲戒事由に該当するわけではありませんが，病気のために労働契約で約束した労務提供に支障をきたすようであれば，債務不履行として普通解雇事由に該当することになります。ですから，採用する前に健康診断を実施して健康状態を把握するとともに，再発の可能性がある病歴については十分に質問をしておくべきです。とくに精神疾患については，注意が必要です。

　また，高年齢者を雇用する場合には，高血圧，心臓疾患などの病気がないかを確認することが重要です。

(3) 「退職歴」

当該企業への適応性や貢献意欲を判断する要素として，中途採用の場合は，退職した各社における退職理由を聞くことは非常に重要だといえます。

それだけでなく，他社を企業秩序違反で懲戒解雇されたり，協調性不足で普通解雇されたりしていれば，当該企業での秩序遵守や貢献に問題があるとも考えられます。

たしかに，退職理由を尋ねる質問については，一身上の都合による退職といったように嘘をつかれるのが一般的だと思います。しかし，採用面接時に退職理由の申告を可能な限り求めることは，予防機能として有効であると考えます。
*
> *　懲戒解雇された経歴を持つ人が，Ａ社とＢ社の従業員募集に応募したとします。Ａ社とＢ社は同規模の会社で，入社後の労働条件も変わりません。
>
> 　Ａ社は採用面接時に「一身上の都合」と書かれた前職の退職理由について触れることなく，採用通知を出しました。一方，Ｂ社は「当社では職場の人間関係を非常に重視しているため，他の従業員とトラブルなく働ける協調性のある人を求めています。そのため，採用面接時には前職の退職理由を詳しく説明していただいています。あなたは退職理由に『一身上の都合』と書かれていますが，円満に退職されたのでしょうか」と，退職理由の説明を求めました。これに対し応募者は，最後まで懲戒解雇された事実を告げず，「一身上の都合」であると言い続け，Ｂ社からも採用通知を受けました。
>
> 　さて，この応募者はＡ社とＢ社のどちらを選ぶか，その答えは容易に想像できると思います。当然，退職理由の説明を求めなかったＡ社を選ぶのではないかと考えます。

このように，採用面接時にきちんと退職理由の説明を求めることは，入社後に虚偽が発覚したときに会社にとって有利に働くというだけではなく，経歴詐称や虚偽申告をするような人を自然と遠ざける防御機能にもなるのです。

前職と同一条件で再就職をすることは容易ではありませんから，中途採用者は同時に複数の採用募集に応募することが多々あります。したがって，退職理由をきちんと確認することは，防御機能としても非常に有効といえると思います。
*
> *　退職証明書を入手して提出するよう求めることに意味があると考えられることについ

ては，30頁で述べたとおりです。

(4) 「性格」

性格についても，労働者の企業への適応性に関連する事柄ですので，当然調査し，もしくは申告を求める必要があります[*]。

* **スーパーバッグ事件**＝東京地判昭55.2.15労判335-23
　　裁判所は，「企業における雇用関係は，単なる労働力の給付関係に止まるものではなく，労働力給付を中核とした継続的人間関係であることに顧みると，企業は，労働者と雇用関係を結ぶに当って，労働力の評価に関する事項，例えば，学歴，技能等のみならず労働者の企業への適応性に関連する事項，例えば，性格，職歴等の事項をも調査し，もしくは，これらの事項についての申告を労働者に対して求め得ることは当然というべく，労働者としても，右の如き申告を求められた場合は，真実の申告をなすべき信義則上の義務があるといわねばならない」としており，性格についても調査事項となりえ，また，その申告が求められた場合には労働者に真実申告義務がある旨判示されています（川崎製鉄所事件＝神戸地判昭30.6.3労民集6-3-307も同旨）。

今日，労働者の性格をも考慮した労務管理が重要視されるようになっています。まず，配置についてですが，使用者は，労働者の性格をも考慮した業務配置を考えるべきです。とくに，業務の心理負荷の程度によっては，本人の性格ゆえに大きな心理的ストレスを受ける可能性があるからです。また，うつ親和性のある人は，長時間労働に陥りやすい傾向がありますから，この点を考慮して配置先や業務の内容を決めるべきといえます（電通事件＝最判平12.3.24労判779-13参照）。

また，今日職場で急激に増加している精神疾患の発症についても，本人の有する性格が大きく影響を与えることは十分説明されているところです。

精神疾患は，業務の荷重性などによる心理的負荷，いわゆるストレスだけでその発症の有無が決まるわけではなく，本人の持っている資質としての「脆弱性」や気分転換のうまさ等の「対処技能」により精神疾患の発症の有無は大きく異なりますから，個人の性格に十分に配慮する必要があります。

加えて，パワーハラスメントとの関連でも，厳しい指導をどう考えるかが議論される時代となっています。当然，企業秩序違反に対して厳しい指導があっ

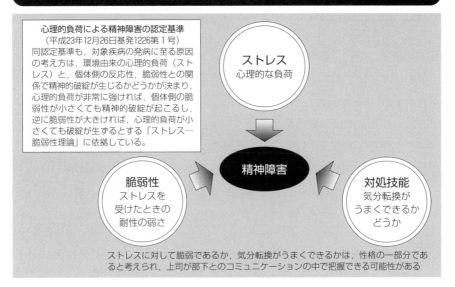

て然るべきですが、本人の能力や経験、行動様式ゆえに勤務成績が上がらない場合、これについてどのような指導方法をとるべきかについて、その能力や経験に基づいた指導もありますが、さらには、その指導に対して本人がどう受け止めるかという本人の性格をも十分に考慮して、怒鳴って良い人、多くの言葉を費やして説明することを要する人など十分な配慮をする必要があります。

この点、うつ親和性のある人は、長時間労働あるいはハラスメントにより心理的負荷を受けたときに、その脆弱性から、大きなストレスを受ける傾向にあります。つまり、うつ親和性のある人というのは、長時間労働に陥りやすく、かつそれにより大きなストレスを受けやすいのです（220頁参照）。

以上のように、「性格」は労務管理上非常に重視されているものですから、採用時に本人に対して、性格に関する質問があって然るべきです。

また、中途採用を行う場合には、前職の退職理由について、社長と対立したのか、他の従業員との関係はどうだったのか、職場環境をどう感じたのかなどの質問をすることが必要となってきます。

(5) 「犯罪歴」

　後述するとおり，個人情報保護法の改正を前提としても，会社は応募者に対し，犯罪歴について質問をすることができます。そして，仮に応募者から回答がなかったとしても，そのことを１つの考慮要素として採否を決定することができます。

　この点，裁判例は，犯罪歴の内容を限定的に解釈する傾向にあります。[*]したがって，会社は応募者に対し，自発的な申告を待つのではなく，過去に起訴されたことはあるか，有罪判決を受けたことはあるか，現在係属中の訴訟はあるかなどと，具体的に申告を求める内容を特定して質問し，申告を求めるべきです。

　　＊　関連裁判例
　　　ア　大森精工機事件＝東京地判昭60.1.30労判446-15
　　　「履歴書の賞罰欄にいう『罰』とは，一般には確定した有罪判決をいい，刑事事件により起訴されたことは含まれないと解されているものと考えられるから，そのことを特に質問されたのなら格別，履歴書の賞罰欄の記載において成田事件に関係して起訴されたことを記載せず，単に履歴書の記載は正確であると述べたことをもって虚偽の申告をしたものとすることはできない」と判示しました。
　　　イ　マルヤタクシー事件＝仙台地判昭60.9.19労判459-40
　　　「既に刑の消滅した前科といえどもその存在が労働力の評価に重大な影響を及ぼさざるを得ないといった特段の事情がない限りは，労働者は使用者に対し，既に刑の消滅をきたしている前科まで告知すべき信義則上の義務を負担するものではない」と判示しました。
　　　ウ　炭研精工事件＝最判平3.9.19労判615-16，東京高判平3.2.20労判592-77
　　　高裁判決は，「履歴書の賞罰欄にいわゆる罰とは，一般的には確定した有罪判決をいうものと解すべき」であるとしたうえで，公判係属中の事件については，採用面接において問われない限り積極的に申告すべき義務はないものと判示し，最高裁もかかる判断を維持しました。

3　採用時の経歴の取得と法規制

　前掲三菱樹脂事件＝最判昭48.12.12労判189-16判例・裁判例㉚は，「企業者が，

労働者の採否決定にあたり，労働者の思想，信条を調査し，そのためその者からこれに関連する事項についての申告を求めることも，これを法律上禁止された違法行為とすべき理由はない。もとより，…法律に別段の定めがない限り，右は企業者の法的に許された行為と解すべきである」として，法律上の特別の制限のない限り，企業は採用の自由および調査の自由を有しているとの判断を示していますが，今日，その法律に基づく規制が強化される時代の流れにあります。

その典型例として，労組法7条1号による黄犬契約禁止に加え，平成11年改正均等法による募集・採用における性差別の禁止，平成19年改正雇用対策法による募集・採用における年齢制限の禁止，および平成25年改正障害者雇用促進法による募集・採用における障害者差別の禁止があげられます。

(1)　個人情報保護法の規制

ア　取得目的の明示

個人情報保護法2条は，個人情報について以下のとおり定めています。

この法律において「個人情報」とは，生存する個人に関する情報であって，次の各号のいずれかに該当するものをいう。
1　当該情報に含まれる氏名，生年月日その他の記述等（略）により特定の個人を識別することができるもの（他の情報と容易に照合することができ，それにより特定の個人を識別することができることとなるものを含む。）
2　個人識別符号が含まれるもの

そして，個人情報の取得については，その目的を明示するように義務づけています。

したがって，個人の経歴は，この個人情報に該当する可能性があることも考

第1編／労働契約の解消

えると，申告を求める場合，その取得の目的すなわち採用選考のためにという目的を明示する必要があります。*

* 採用選考の際に，より詳細に目的を明示する場合には以下のような内容が考えられます。
　① 職歴・実績を聞く。　→能力や行動様式を備えているかを見極める。
　② 退職歴を聞く。　　　→協調性の有無を見極める。
　③ 家族構成を聞く。　　→協調性の有無・親の介護の可能性を見極める。
　④ 資産状況を聞く。　　→（金銭を扱う職種の）業務適性をみる。
　⑤ 病歴を聞く。　　　　→勤務に耐える健康を保有しているかを見極める。
　⑥ 賞罰歴を聞く。　　　→協調性の有無・良好な勤務態度を期待できるかを見極める。
　⑦ 他社就労の有無を聞く。→労働時間の通算・健康問題等のリスクを見極める。
　⑧ 営業秘密・競業避止義務の有無を聞く。→損害賠償請求や営業行為の差止め等のリスクを見極める。

　ただし，新卒の採用である中・高卒者には，病歴以外はこの申告を求めません。また，身元調査は絶対に行いません。

イ　病歴や犯罪歴など「要配慮個人情報」について

　従前は，病歴や犯罪歴についても，学齢や職歴と同様，信義則上の申告義務があると考えてきました。

　しかし，個人情報保護法の改正により，病歴や犯罪歴は「要配慮個人情報」として規定され，原則として本人の同意がない限り取得することができなくなりました（同法2条3項・17条2項）。したがって，現在，病歴や犯罪歴については，信義則上の申告義務があるとはいえず，使用者がこれらについて質問をしても，労働者はこれに答える義務はありません。もっとも，労働者が積極的に嘘をついてよいということではありません。

　病歴や犯罪歴は，労働者が労務提供をできるか否かを判断するために非常に重要な情報です。したがって，実務においては，HIV感染症等の一部の感染症を除き，病歴や犯罪歴について，採用選考のためであると明示したうえで申告を求めるべきだと思います。そして，仮に労働者が答えなかったとしても，そのことを1つの考慮要素として採否を決定すればよいと思います。健康であることがわかっている人と健康か否か不明な人がいる場合に，前者を採用するこ

とに何の問題もありません。

　以上より，結局，実務の取扱いは従前とあまり変わらないということになります。

(2)　職安法5条の4「求職者等の個人情報の取扱い」についての規制

　平成11年4月1日以降，職安法5条の4が「求職者等の個人情報の取扱い」について規制をしています。

　同条は，「公共職業安定所等は，それぞれ，その業務に関し，求職者，募集に応じて労働者になろうとする者又は供給される労働者の個人情報（以下この条において「求職者等の個人情報」という。）を収集し，保管し，又は使用するに当たつては，その業務の目的の達成に必要な範囲内で求職者等の個人情報を収集し，並びに当該収集の目的の範囲内でこれを保管し，及び使用しなければならない。ただし，本人の同意がある場合その他正当な事由がある場合は，この限りでない」と定めています。

　同条に関して労働省（当時）が定めた指針（平11労告141号）では，労働者の募集等にあたり，以下の個人情報については，「収集してはならない」としています。

---

① 　人種，民族，社会的身分，門地，本籍，出生地その他社会的差別の原因となるおそれのある事項

② 　思想および信条

③ 　労働組合への加入状況

　例外的に「特別な職業上の必要性が存在することその他業務の目的の達成に必要不可欠であって，収集目的を示して本人から収集する場合」に限り，これらの個人情報を収集することができるとしています[*]。

　[*]　厚生労働省に確認したところ，①の「その他社会的差別の原因となるおそれがある事項」には「犯罪歴」が含まれると解されるとのことでした。つまり，行政解釈では募集

に際し，「犯罪歴」について一律に情報収集すべきではなく，業務の目的の達成に必要不可欠な場合に，その収集目的を示して本人から直接収集することとされています。このような理由から，現在のJIS規格の履歴書には賞罰欄が存在しないのです。

しかし，職安法は，募集・紹介・供給に関する規制法であって，採用に関する規制法ではありません。[*]

* 厚生労働省に確認をしたところ，「職安法が募集・紹介・供給に関する規制法であって，採用に関する規制法ではないことは十分に理解している。そして一部の弁護士や学者が規制があることを前提に議論をしていることも理解している。」と皮肉をいわれました。また，次に述べる「公正な採用選考をめざして」について，なぜこういったものを出したのかと聞いたところ，「適用がないことは分かっているが，差別のない採用が望ましいと考えて事実上指導させてもらっている。」という答えでした。

(3) 労働行政の実情

厚生労働省は，上記指針が採用段階に適用されてないということを認識していながら実際には，かかる指針に加えて，「公正な採用選考をめざして」という小冊子を配布し，本人の適性と能力のみを採用基準とした，言い換えれば，それ以外を採用基準としない採用選考を雇用主に求めています。とくに，下記14事項を「就職差別につながるおそれがある」として，採用選考時に配慮すべきであるとしています。

採用選考時に配慮すべき事項～就職差別につながるおそれがある14事項～

次の①～⑪の事項を，応募用紙（エントリーシートを含む）に記載させる・面接時において尋ねる・作文を課すなどによって把握することや，⑫～⑭を実施することは，就職差別につながるおそれがあります。

［本人に責任のない事項の把握］
　① 「本籍・出生地」に関すること
　② 「家族」に関すること（職業・続柄・健康・地位・学歴・収入・資産など）
　③ 「住宅状況」に関すること（間取り・部屋数・住宅の種類・近隣の施設など）
　④ 「生活環境・家庭環境など」に関すること

［本来自由であるべき事項（思想信条にかかわること）の把握］

第8章／採用内定者の内定取消し・試用社員の本採用取消し ◀629

⑤ 「宗教」に関すること
⑥ 「支持政党」に関すること
⑦ 「人生観・生活信条など」に関すること
⑧ 「尊敬する人物」に関すること
⑨ 「思想」に関すること
⑩ 「労働組合・学生運動など社会運動」に関すること
⑪ 「購読新聞・雑誌・愛読書など」に関すること

［採用選考の方法］
⑫ 「身元調査など」の実施
⑬ 「全国高等学校統一応募用紙・JIS規格の履歴書（様式例）に基づかない事項を含んだ応募書類（社用紙）」の使用
⑭ 「合理的・客観的に必要性が認められない採用選考時の健康診断」の実施

（注1）「戸籍謄（抄）本」や本籍が記載された「住民票（写し）」を提出させることは、①の事項の把握に該当することになります。
（注2）「現住所の略図等」を提出させることは、③④などの事項を把握したり、⑫の「身元調査」につながる可能性があります。
（注3）⑭は、採用選考時において合理的・客観的に必要性が認められない「健康診断書」を提出させることを意味します。

〔出典〕厚生労働省「公正な採用選考をめざして」（平成30年度版）

4 採用の実務のあり方

(1) 採用前に健康診断を実施する

厚生労働省は、労安衛法の雇入れ時の健康診断を入社後に行うように指導していますが、それでも健康診断は、採用手続の一環として入社前に実施すべきです。法的にも採用の自由の1つとして調査の自由がありますから、これを根拠に実施することができます。[*]

＊　採用前の健康診断の実施に関する裁判例　採用前の健康診断の実施については、「企業には、経済活動の自由の一環として、その営業のために労働者を雇用する採用の自由が保障されているから、採否の判断の資料を得るために、応募者に対する調査を行う自由が保障されているといえる。そして、労働契約は労働者に対し一定の労務提供を求め

るものであるから，企業が，採用にあたり，労務提供を行い得る一定の身体的条件，能力を有するかを確認する目的で，応募者に対する健康診断を行うことは，予定される労務提供の内容に応じて，その必要性を肯定できるというべきである」として，当然のことながらその正当性を肯定した裁判例（Ｂ金融公庫〔Ｂ型肝炎ウイルス感染検査〕事件＝東京地判平15.6.20労判854-5）もあります。

実務においては，労働基準監督官が，雇入れ時の健康診断を理由に採用を拒否するべきではないと指導しているようですが，これについては合理的理由のないものと考えることができるものの，無理をせずに，採用の自由で対応することが可能です。すなわち，健康診断を受けた後，３カ月を経過しない者を雇い入れる場合には，当該健康診断の結果を雇入れ時の健康診断に代用することができますので（労働安全衛生規則43条但書），採用の自由により，応募者に健康診断を実施したうえで，その結果を雇入れ時の健康診断に代用するという対応が可能となります。

前記指針（平11労告141号）にも，退職理由や職歴，健康状態に関する情報について取得してはならないとは書かれていませんから，健康状態は必ず確認すべきです。[*]

[*] 病歴が「要配慮個人情報」に該当することは前述のとおりです。

　健康診断についても，病歴の申告の場合と同様に考えます。すなわち，会社は，応募者に対し，会社の健康診断を受診するか，あるいは診断書を提出するように求めるべきといえます。応募者がそれに従うか否かは応募者の判断となりますが，会社は健康診断の結果，診断書の内容，健康状態不明等の事情を総合判断して採用の有無を決定すればよいのです。

ただし例外があります。HIV感染症やＢ型肝炎，Ｃ型肝炎などの職場において感染する可能性の低い感染症や，色覚異常などの遺伝情報については，取得すべきではありません。不法行為として，損害賠償を請求される可能性があります。

HIV感染症やＢ型肝炎，Ｃ型肝炎は，通常の業務において労働者が感染したり，感染した労働者が他の労働者に感染させたりすることは考えにくいといえますし，就業上の配慮を必要とするものでもありません。したがって，業務上とくに必要がある場合を除いて，これらの疾病に感染しているかどうかの情報

を一律に取得するべきではありません。

また，色覚検査の結果などの遺伝情報についても，就業上の配慮を行うべき特段の事情がある場合を除いて，取得するべきではありません[*]。

> [*] 厚生労働省は，「公正な採用選考をめざして」をみればわかるように，合理的理由のない健康診断を止めるよう言及しています。しかし，そこで想定されているのは，HIV感染症やB型・C型肝炎への感染情報や，色覚異常などの遺伝情報であると理解することも可能です。そうすると，厚生労働省は，健康診断を実施すること自体を否定しているものではないと考えることもできます。

(2) 経歴等は十分に確認する

前記3で述べたような法規制および労働行政の実績をみると，採用にあたって労働者の個人情報の取扱いには多くの規制があるように思えるかもしれません。しかし，そうではありません。

職安法は募集・紹介・供給について定めた法律ですから，その効力は採用を規制するものではありません。そして何より，採用の自由，採用に伴う調査については法的に保障されています。

したがって，実務では，たとえば犯罪歴が採否にかかわるような業務への採用にあたっては，面接等で応募者に対してなぜ犯罪歴を知る必要があるのかを十分に説明したうえで，その有無を確認すべきです[*]。

> [*] たとえば，100人，200人の未婚の若い女性を雇用して運営しているコールセンターにおいて，当該コールセンターの管理職を採用する際に，セクハラでの懲戒歴や性犯罪歴の有無を確認するのは，女性たちを性的被害から守るためになされるものであり，否定されるはずはありません。

「きちんと確認しても，虚偽の申告をされたらどうしようもないのではないか」と思われる人もいるのは当然です。加えて，入社後に経歴詐称が発覚しても，重大な経歴詐称でない限り，たとえば病歴があったことがわかっただけでは，懲戒解雇はもちろん，普通解雇することもできません。

しかし，その病気が再発した場合には，今後の対応について当該労働者と話合いをするときに，採用時に確認したにもかかわらず虚偽の申告をしていたと

いう事実が，会社にとって有利に働くことは間違いありません。トラブルリスクを伴ってまで懲戒解雇や普通解雇をすることなく，話合いで自主退職を求めることが可能になるかもしれません。

(3)　身元調査は行わない

　身元調査は実施すべきではありません。身元調査を行えば，面接や申告では分からない病歴や素因を知ることができる可能性があります。とくに，遺伝的要素の疑われる病気に対して，入社後のリスクを考えることができるかもしれません。

　しかし現在，身元調査を含めた事前調査は，差別につながる可能性が高いとして，厳しい批判を受けていますし，大阪府・福岡県・熊本県などでは条例で禁止されています。したがって，身元調査は今日，絶対に行うべきではありません。

5　プライバシーの概念を考える

　そもそもプライバシーとは何なのか，その侵害にはどのような態様があるのかを考えてみます。

　まず，プライバシーに属すると考えられる私生活上の情報には，次のものがあるとされます。

---

　①　一定の社会生活の範囲では周知されることが求められる情報（氏名など）

　②　秘密性は弱いが公表する理由もない情報（住居の間取り，家族構成など）

　③　個人の経歴や特徴に関する秘密情報

　そして，その侵害の態様については，次の３つに分けて考えることができま

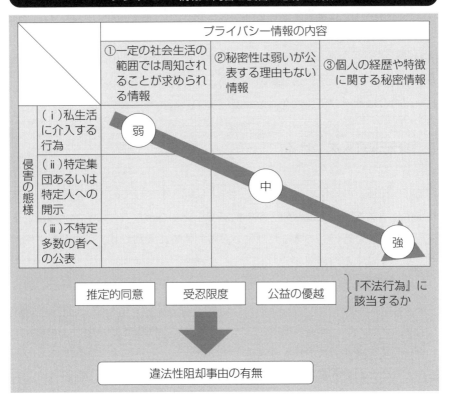

す。

① 私生活に介入する行為
② 特定集団あるいは特定人への開示
③ 不特定多数の者への公表

　プライバシー侵害として不法行為が成立するためには，プライバシーに該当する情報が一般人の感受性を基準にして私生活の平穏を害するような態様で開示されることが必要であり，通常は，プライバシー情報の内容，開示の態様を

総合考慮して，定型的に推定的同意，受忍限度，公益の優越が認められない場合には，違法性を肯定することができると考えられています。

なお，プライバシーの侵害については，一般民事の分野で不法行為に基づく損害賠償請求や差止め請求が認められるかという問題として議論されます。他方で，個人情報保護法の違反があった場合には罰則が科される仕組みになっており，両者はその救済手段が異なっています。

6 身元保証人をつける

また，採用前の段階の対策として，身元保証人をつけておくという方法があります。病気を患って通常の労務提供ができなくなった場合に，身元保証人を交えて話合いを行い，できるだけ早い段階で休職に入れたり，労働契約を解消できるようにするためです。

従来，身元保証人というと，労働者が何らかの不法行為を犯した場合の損害を補填させるためのものという意味合いが強かったと思います。しかし，実務上の身元保証とは，その労働者が「入社して働ける健康状態にある，企業秩序を遵守して誠実に労務提供を行うことができる」ということを保証したものととらえることができます。

したがって，病気などで通常の労務提供ができなくなった場合には，本人と保証人を呼んで話合いを行い，休職に入ってもらったり退職してもらうなど，円満な合意に基づく労働契約の解消手続がとれるような体制をつくっておくべきです。

身元保証人には，両親のうち1名と，他に独立した生計を営んでいる親族1名をつけます。両親のみでは子供かわいさから，冷静な話合いができない可能性もあるからです。身元保証人とした親族が人事労務管理を経験している人ならば理想的で，そういうトラブルが起きたときにも会社の対応を理解してもらえるはずです。

また保証期間は，必ずしも定める必要はありません。しかし，期間を定めな

平成株式会社
代表取締役　　　　　殿

身元保証書

　　身元保証される者　　　　　　　　　　（　年　月　日生）

　上記の者（以下「本人」といいます。）が，今般貴社に採用されることになりましたので，貴社に対して次のとおり約束します。

1　本人が精神的・身体的に健全であり，本人が貴社の従業員として適格性を有することを保証します。
　　万一，本人が貴社へ入社後，精神的・身体的な問題を生じた場合，貴社に対し問題解決に向けて全面的に協力し，積極的に話し合いを行います。

2　本人が貴社との間に締結した雇用契約，就業規則その他の諸規程に違反し，又は故意もしくは過失により，貴社に対し損害を与えた時は，本人と連帯して，その損害賠償債務を保証します。

3　前2項の保証期間は本日より5年間とします。

　平成　年　月　日

　　　　　　　　　　　　　現住所
　　　　　　　　　　　　　本人との関係
　　　　　　　　　　　　　身元保証人　　　　　　　　　　　　　印
　　　　　　　　　　　　　連絡先

かった場合には，「被保証人である従業員の行為により使用者に損害が発生した場合，それを賠償する」と約束し，身元保証に損害賠償責任機能を持たせると，身元保証ニ関スル法律が適用され，契約成立の日から3年間（商工業見習者の場合は5年間）が有効期間となります。期間を定める場合は，5年間が最長期間となりますが，更新は可能です（自動更新は禁止されています）。以上から考えて，実務では5年間の保証期間を設定すべきです。

　心身ともに健康な人だけを採用するのは不可能です。実際には，健康でない人も入社してきます。したがって，問題が起きたときに適切な対応がとれるように，適切に病歴の申告を求め，身元保証人をつけておく必要があるのです。

　採用にあたって，ほとんどの企業が4月1日の段階で身元保証人をつけています。しかし，採用内定取消しの問題を考えたとき，筆者は誓約書を提出させた段階（10月1日）で身元保証人もつけるべきと考えています。そうすれば，採用内定期間中にケガや病気で4月1日から就労できないという事態が起きても，企業は対応をとりやすくなるはずです。

　高卒者の場合は，採用内定段階で身元保証人をつける意味はあまりないといえます。高卒者の採用内定取消しの問題で話合いの相手となるのは，学校長や職安だからです。

第6節　新卒者・第二新卒者を採用するときのチェックポイント

1　新卒者を採用するときのチェックポイント

　新卒者の場合は，誠実に労務提供を行うことができるかという過去の実績をチェックすることができませんから，健康状態が第一の採用基準となります。しかし，採用時に肉体的な健康状態を確認できても，精神疾患を発見することは難しいといえます。

　精神疾患は，環境の変化による心的負荷が大きな要因になります。自由な生活を送っていた学生時代と，さまざまな規律や人間関係に縛られる社会人生活とのギャップに適応できずに発症する，つまり入社後に発症することが多いからです。

　採用面接の際に精神科医を面接官として同席させたらどうかという意見もありましたが，医師によれば，発症していなければ判断することは困難だということです。

　また，MMPIという方法を用いることによって何らかの判断ができるのではないかという話もあります。このMMPIとは，ミネソタ大学の博士らによって作成された質問紙法テストです。MMPIのテストは，多種多様な550項目にも及ぶ質問から構成されており，これらの項目に「はい」，「いいえ」，「どちらでもない」の3方法で回答していきます。この回答結果により，個人の人格的特徴を多種多様な角度から把握でき，精神疾患の程度や，さらには将来の発病を予測することがある程度可能であるといわれています。しかし，採用試験で実施するのは行き過ぎとの批判もあり，筆者は実施すべきではないと考えています。

　また，いくら採用の自由はあるとはいっても，社会的差別につながりやすいHIV感染症などの検査も実施すべきでないことは前述のとおりです。

新卒者については，病歴を申告させ，健康診断を実施するまでしかできないと考えます。そして，身元保証人をつけておくという対応となります。

2　第二新卒者を採用するときに注意するポイント

精神疾患は，急激な環境の変化や人間関係が要因となることが多く，健康診断と病歴の申告だけでは，採用段階で発症する可能性があるかどうかを発見することは困難です。

昨今，いわゆる第二新卒者を採用する動きがまたみられますが，その採用に際しては，多少配慮が必要です。ここでいう第二新卒者とは，卒業後，企業に就職して1〜2年程度で退職し，別の企業に再就職する人のことをいいます。

たとえば，ある人が，一流といわれる大学を卒業して有名企業に就職しましたが，わずか1年で退職してしまいました。半年後，その人は，別の会社の従業員募集に応募してきました。それまでの半年間は仕事をしていなかったといいます。

ここで考えなければいけないのは，その人は，どうして1年足らずで有名企業を退職し，これまでの半年間仕事をしていなかったのか，ということです。もしかするとその人は，大企業に勤務していた1年の間に，仕事や同僚との関係から社会的不適合性を起こし，うつ病を発症したのではないか——。しかし，若いころのうつ病は，適正な治療をすれば3〜6カ月間で完治するともいわれています。完治したとなれば，親としても優秀な子供を家に置いておくわけにいかない。両親が一生懸命，再就職を勧めた。そして，採用募集に応募してきた……。

すべての人がそうだとはいいません。あくまでも確率論です。しかし，現実に起こっていることですし，このような人を1人でも抱えると，会社の規模にもよりますが，企業は大変な苦労をすることになります。[*]

[*]　国際疾病分類第10回修正（ICD−10）では，精神障害がF0からF9に分類されており，業務との関連から生ずる可能性のある障害は，F2（統合失調症等），F3（そううつ病

第8章／採用内定者の内定取消し・試用社員の本採用取消し ◀639

精神疾患等労災補償認定件数の職種別構成比

年度 職種	H20	H21	H22	H23	H24	H25	H26	H27	H28
専門的・技術的職業従事者	26%	28%	24%	24%	25%	24%	22%	24%	23%
管理的職業従事者	8%	9%	9%	6%	5%	4%	10%	9%	6%
事務従事者	17%	17%	20%	18%	21%	20%	20%	20%	16%
販売従事者	12%	14%	14%	12%	11%	10%	11%	10%	13%
サービス職業従事者	10%	6%	11%	12%	12%	12%	13%	11%	13%
輸送・機械運転従事者	7%	注2 7%	8%	6%	7%	7%	6%	8%	6%
生産工程従事者	19%	注3 19%	7%	11%	12%	13%	10%	8%	10%
運搬・清掃・包装等従事者			3%	4%	3%	2%	3%	4%	5%
建設・採掘従事者			3%	5%	6%	6%	4%	4%	5%
その他の職種（上記以外の職種）	1%	0%	1%	2%	2%	3%	1%	2%	2%

注1 職種については、「日本標準職業分類」により分類している。
注2 平成21年度以前の件数は、平成21年12月以前の旧分類である「運輸・通信従事者」の件数である。
注3 平成21年度以前の件数は、平成21年12月以前の旧分類である「生産工程・労務作業者」の件数である。
注4 「その他の職種（上記以外の職種）」に分類されているのは、保安職業従事者、農林漁業作業者などである。
〔出典〕 厚生労働省発表「過労死等の労災補償状況（平成28年度）」

等)、およびＦ４（パニック障害等）とされています。

　この点、遺伝や性格、養育環境等も原因となりうるＦ２を除くＦ３およびＦ４については、一定期間（Ｆ３については３カ月から９カ月、Ｆ４については数週間から６カ月程度）適切な治療を受ければ治癒するといわれています。

　したがって、第二新卒者として採用に応募している人の中には、新卒で入社した会社を精神疾患の発症により退職し、その後、一定期間治療を受け治癒したという人がいます。しかし、そのような人はまた強いストレスを受けるような出来事があれば、精神疾患を再発するおそれがあるといえます。

　大企業を早期に退職し、１年以内の空白期間後に再就職してくる第二新卒者のような場合については、きちんと退職理由と病歴の申告を求める必要があると考えた方がよいといえます。また、必ず身元保証人をつけてもらうべきだと

考えます。

　とくに専門的・技術的職業従事者の場合，前頁の精神疾患等労災補償認定件数の職種別構成比をみてもわかるように，精神疾患による労災認定件数の割合が他の職種よりも多くなっています。したがって，この職種の労働者を採用する際には十分に注意しなければなりません。

　なお，平成28年度における精神疾患の認定件数は498件であり（207頁），その23％（115件）が専門的・技術的職業従事者における認定件数となります。

第7節　中途採用者を採用するときの
　　　　チェックポイント

1　中途採用者を採用する場合は経歴書の退職理由を確認する

　中途採用者を採用する場合，健康面に加えて，企業秩序を遵守し，誠実に労務提供を行うことができるかどうかについても，ある程度チェックすることができるはずです。

　中途採用の場合，使用者は必ず経歴書を提出させます。経歴書には，退職理由が書かれているはずですが，採用する側としては，退職理由が明確にすべて書かれているかどうかを，まず確認します。

　経歴書の退職理由を確認し，解雇されたことはないのか，自己都合退職になっているけれども，会社とトラブルを起こした事実はないのかを，十分に申告してもらいます。そうすれば，解雇歴がある人について，ある程度事前に対処できるはずです。

　もちろん，解雇歴があるからといって，必ずしも自社でトラブルを起こすというわけではありません。採用するかしないかは，その会社の判断によります。しかし，普通解雇や懲戒解雇されたという事実は，会社として知っておくべきだと思います。

　採用する企業が十分な申告を求め，面接で適切に退職理由を聞いていれば，裁判で争われている中途採用者の事案のうち半数ぐらいは，採用段階で何らかの対応がとれたのではないかという実感を持っています。[*]

＊　学校法人尚美学園事件＝東京地判平24.1.27労判1047-5［控訴棄却］
　　原告が，採用時に，以前の勤務先においてパワハラおよびセクハラを行ったとして問題にされたことを告知しなかったことなどを理由に解雇された事案において，解雇無効と判示されました。同事案において，被告は原告に対して採用時に事件を起こしたことはないか，あるいはパワハラ・セクハラの問題はないかなどの質問をしていませんでした。そして，採用を望む応募者について，採用面接にあたり，上記セクハラ・パワハラ

に関する問題など，告知すれば採用されないことが予測される事項について，自発的に告知する法的義務があるとまではいえないと判示されました。

当該事案は，典型的な中途採用者の採用ミスに関する事例といえます。

2　中途採用者を採用する場合にも身元保証人をつけておく

「虚偽の申告をされたらどうしようもない」という反論もありますし，実際に虚偽の申告はありえます。

しかし，解雇や懲戒解雇された事由を，一身上の都合と偽って入社した結果，やはり上司とうまくいかない，勤務態度が悪いといったときに，虚偽の申告をしていたことが判明すれば，それだけで解雇事由になるわけではありませんが，退職をめぐる話合いの中で，会社に有利な材料となることは間違いありません。

また，身元保証人をつけていれば，嘘をつかれたこと自体が，身元保証人にとっては立場的に大変つらい状況ですから，身元保証人がその労働者本人を退職に向けて説得するということもありえます。

中途採用者の採用については，このような対応を行って，可能な限り将来のトラブルを排除する努力をすべきです。

これは，筆者の実務での感覚ですが，やはり人にとって嘘をつくことは非常に辛いことだと思います。したがって，採用面接の際，質問に嘘の回答をしてしまうと，仮に採用が決まっても，自ら辞退している労働者もいるのではないかと思っています。

3　トラブルを避けるために就業規則を整備する

今後も，中途採用者については，専門能力者が増えてくるはずです。専門能力者については，雇用契約書で債務の内容を明らかにし，会社が求める専門能力や適性を契約内容にしておくことによって，後の労働契約の解消をスムーズに運ぶことができると思います。

また，就業規則の整備も重要なポイントです。(i)試用期間中の私傷病による休職の適用除外，(ii)精神疾患に対する休職の適用規定，(iii)解雇の一般規定などについて就業規則を十分に整備しておくことが，トラブル防止につながります。そうすれば，仮にトラブルに発展しても，早期に対処することができますし，会社に有利な対応がとれるはずです。

　具体的には就業規則に以下のように規定することが考えられます。

(i)　試用期間中の私傷病による休職の適用除外

> 第○条　第○条（休職）については，試用期間中の者を適用から除外する。

(ii)　精神疾患に対する休職の適用規定

> （休職）
> 第○条　会社は，従業員が次の各号の１つに該当するときは，休職を命ずることがある。ただし，第１号及び第２号の場合には，その傷病が休職期間中の療養で治癒する蓋然性が高いものに限る。
> ①　業務外の傷病により欠勤し，欠勤日より２カ月経過しても，その傷病が治癒しないとき。
> 　なお，治癒とは，民法第493条に定める債務の本旨に従った弁済（本旨弁済）ができる状態，すなわち，従来の業務を健康時と同様に通常業務遂行できる程度に回復することを意味する。
> ②　業務外の傷病により通常の労務提供ができず，その回復に一定の期間を要するとき。
> （略）
> 2　前項第１号及び第２号の傷病とは，私生活においても療養を必要とする傷病をいう。
> 3　従業員は，傷病による休職期間中は療養に専念しなければならない。
> （休職期間満了時の手続）
> 第○条　休職期間満了までに休職事由が消滅しない場合，当然退職とする。

644▶ 第1編／労働契約の解消

2　従業員は，前条第1項第1号又は同2号の休職事由が消滅したとして復職を申し出る場合には，医師の治癒証明（診断書）を提出しなければならない。なお，治癒とは，前条第1項第1号後段に規定する意味と同一とする。

3　前項の診断書の提出に際して，会社が診断書を作成した医師に対する面談による事情聴取を求めた場合，従業員は，その実現に協力しなければならない。

4　第2項の診断書が提出された場合でも，会社は会社の指定する医師への受診を命ずることがある。会社は，従業員が正当な理由なくこれを拒否した場合，第2項の診断書を休職事由が消滅したか否かの判断材料として採用しないことがある。

（復職の取消）

第○条　従業員が復職後6カ月以内に同一ないし類似の事由により欠勤ないし通常の労務提供をできない状況に至ったときは，復職を取り消し，直ちに休職させる。

2　前項の場合の休職期間は，復職前の休職期間の残期間とする。ただし，残期間が3カ月未満の場合は休職期間を3カ月とする。

3　前2項の規定は，病気を理由とする普通解雇規定の適用を排除するものではない。

(iii)　解雇規定

（普通解雇事由）

第○条　従業員が次の各号の1つに該当するときは普通解雇する。

①　身体又は精神の疾患等により業務に耐えられないと認められたとき。

②　能力不足又は勤務成績不良で就業に適しないと認められたとき。

③　勤務態度が不良で注意しても改善しないとき。

④　協調性を欠き，他の従業員の業務遂行に悪影響を及ぼすとき。

⑤　事業の縮小その他やむを得ない業務の都合によるとき。

⑥　その他会社の従業員（正社員）として適格性がないとき。

第9章

非正規社員の労働契約解消（総論）

　本書では，これまで正社員について使用者から労働契約を解消する場合，つまり解雇について説明してきました。くり返し述べてきたとおり，日本には長期雇用システムが労使の合意のうえで定着しており，正社員の普通解雇はそのようなシステム下にある労働者について労働契約を解消することを意味しています。本章では，正社員の雇用の調整弁として使われてきた非正規社員について，使用者から労働契約を解消する場合について説明します。

1　非正規社員とは

(1)　正社員と非正規社員の区別のポイント

　正社員か非正規社員かの区別の要素としては，
- 有期契約か，無期契約か（契約形態）
- フルタイムか，パートタイマーか（就労形態）

などがあげられます。

　しかし，上記2つの基準だけでは，正社員か非正規社員かの区別が困難な場合があります。ここでは，厚生労働省内の「同一労働同一賃金の実現に向けた検討会」第8回において，川口大司委員が，正社員と非正規社員を分ける基準について，労働時間や契約期間という基準のほか，「直接雇用・間接雇用で分ける」，「呼称で分ける」という分け方があると発言していることが参考になります。

　＊　「同一労働同一賃金の実現に向けた検討会」第8回・川口大司委員の発言
　　「日本で正社員と非正規社員の賃金格差みたいなことを話したときに，正社員と非正規

第9章／非正規社員の労働契約解消（総論）　◀647

非正規社員の種類

雇用形態		種類	契約期間の意義
直接雇用	常用型	有期フルタイマー 無期フルタイマー	不況時等の雇用の調整弁
		有期パートタイマー 無期パートタイマー	
	臨時型	出稼ぎ プロジェクト業務 非常勤講師等 （いずれも有期）	期間満了による契約終了
	特殊型	専門能力者	期間途中で契約解消させないこと
		定年後再雇用嘱託フルタイマー 定年後再雇用嘱託パートタイマー 嘱託フルタイマー 嘱託パートタイマー	期間中の雇用維持
他人の労働力利用		労働者派遣	
		業務処理請負	
個人事業主		個人事業主	

　社員と分ける基準は幾つもあると思うのですが，例えば労働時間で分けるとか，契約の期間で分けるとか，直接雇用・間接雇用で分ける，呼称で分けるというのがありますね。賃金差の説明要因として知られているのは，呼称の部分がかなり大きいわけですよね。呼称というのは一体何なのかを考えてみる。正社員と呼ばれている人と呼ばれていない人の違いは何かというと，結局，雇用管理のカテゴリーの違いで，キャリアコースが違うから賃金が違うのは当然ですよねと言われていた考え方を一歩進めて（以下略）」

　上記の川口委員の発言からもわかるとおり，正社員か非正規社員かの区別にあたっては，前述の有期契約か否か，フルタイム就労か否かという要素だけでなく，直接雇用か間接雇用かという点と，いかなる呼称で呼ばれているかという点も重要なポイントになります。

(2) 直接雇用か間接雇用か

厚生労働省の平成24年6月29日「非正規労働者の雇止め等の状況（平成24年6月報告：速報)」というプレスリリースでは，非正規社員について，「『非正規労働者』とは，派遣，請負（構内下請けに限る。)，パート，アルバイト，期間工などをいいます。派遣，請負には派遣元事業所，請負事業所において正社員として雇用されている者を含みます」としています。

厚生労働省が上記の労働者を非正規社員とした理由は，派遣元ないし請負（構内下請）企業に派遣労働者ないし業務処理請負の労働力で雇用された場合には，その雇用する事業主に正社員の呼称で採用されたとしても，常に労働者派遣契約等の「商取引」が介在しており，契約解消を自由に行うことができることから，直接雇用と比較して雇用が不安定であることが明らかであるからだと考えられます。

したがって，上記厚生労働省の見解から，正社員か非正規社員かの区分に，基幹的・恒常的業務が存在する企業にその業務処理のための労働力として「直接雇用」されたか否かが重要な意味を有すると考えることになります。

(3) 呼称について

次に，総務省統計局が実施している「労働力調査」は，わが国における就業および不就業の状態を明らかにすることを目的として実施されるものですが，同調査では，正社員とその他の雇用形態を「勤め先での呼称によって」区分しています。

正社員か非正規社員かを区分するにあたって最も重要なのは，当事者がどのような内容の合意をしたかということです。日本の雇用社会では，「正社員」と呼称される労働者は，契約期間の定めなく雇用されその雇用が安定している，会社の所定労働時間（フルタイム）を働く，一定の待遇が保障され，基幹的・恒常的労働力として，継続的に教育・研修を受けるという取扱い慣行があり，使用者と労働者の合意による労働契約においては，そのような取扱い慣行が前

提となっており合意の内容になっています。

たとえば，甲社が正社員とアルバイトの募集をしており，大学を卒業したばかりのAとBが甲社への就職を希望していたとします。Aは成績が良かったため正社員に応募しました。他方で，BはAより成績が悪く，正社員に応募してもAに負けることがわかっていたので，アルバイトに応募しました。このとき，会社・A・Bの間で，雇用がどの程度安定しているか，どの程度の待遇が今後保障されていくかなどについて，明示的に合意されていなかったとしても，会社も，またAおよびBも，その雇用された時の名称が正社員かアルバイトかによって上記について合意していたものと考えられます。これが労働契約締結時の合意内容です。

したがって，労働契約が正社員か非正規社員のいずれの呼称で締結されるかが，当事者の合意内容を定める決定的な要素になるといえます。どの程度雇用が安定しているか，どの程度の待遇が保障されていくか，どの程度の賃金を受け取り，それがどの程度昇給していくか（賃金が生活の基盤となりうる額か），教育訓練はどの程度受けられるか，将来はどのようなポジションで処遇されるのかなどについては，最低条件を定める労基法を中心とする強行法規に抵触しない限り，当事者の合意で定まります。そして，上記については，当事者間で明示的な合意をしていなかったとしても，「正社員」「非正規」等の呼称に秘められて約束されていると考えられます。それが日本の雇用慣行なのです。

(4) 非正規社員の特徴

以上より，正社員と非正規社員の区分の大きな要素は，

- どのような呼称で雇用されるか（雇用形態）
- 基幹的・恒常的業務がある企業に直接雇用されたか否か（労働力利用形態）
- 期間の定めのない契約を締結したか否か（契約形態）
- 当該企業の所定労働時間（フルタイム）を働くか否か（就労形態）
- 一定の待遇が保障され，基幹的・恒常的労働力として，教育・研修を受けるか否か（待遇形態）

にあると考えます。

そうすると，正社員とはおおよそ次の特徴を有する労働力であるといえます。

① 正社員の呼称で雇用される

② 基幹的・恒常的業務がある企業に直接雇用された者である

③ 契約期間の定めがない

④ フルタイム労働する

⑤ 一定の待遇保障と継続的教育研修を受ける

パートタイマーは上記④の点が欠け，有期契約労働者は上記③の点が欠け，派遣労働者および業務処理請負（構内下請）として就労する労働者で上記①の要素がある者についても上記②の点が欠けることから，これらはいずれも典型的な非正規社員といえます。

また，上記②，③および④の３点の要素はあっても，正社員以外の呼称で雇用され（①が欠ける），待遇について正社員と明らかに格差を設けることが前提となっている（⑤が欠ける）労働者も，非正規社員として位置づけることになると考えます。たとえば，期間の定めのない契約を締結し，フルタイム働く無期フルタイマーがこれに該当します。

2　雇用安定に関する合意の判断基準

労働者の雇用がどの程度安定しているかについては，労働契約締結時に当事者間でどのような合意がなされていたかを基準に考えていきます。そして，当事者間の合意内容については，以下のように判断します。

(1)　人材調達の目的が臨時的な業務のためか，常用的な業務のためか

まず，人材調達の目的が臨時的な業務のためか，常用的な業務のためかをみていきます。

人材調達の目的が，臨時的な業務に従事させることである場合には，当該業務の終了とともに労働契約も終了することが当事者間の合意の内容になってい

るため，その業務の終了とともに労働契約も解消されると考えられます。[*]

　無期契約であれば，一般的にその人材調達の目的が常用的な業務のためである可能性は高いといえます。しかし，無期契約であっても，当該労働者を臨時的な業務のために雇用しており，かつその業務が終了したら労働契約を解消することについて特別合意がなされていれば，業務の終了とともに労働契約も解消されることになります。

> ＊　**臨時的な業務のために雇用される労働者**
>
> 　臨時型の１つ目は，季節労働者に関する有期労働契約です。これは，東北の農家等に多くみられた，冬の期間だけ都会に出て働くという形態です。いわゆる「出稼ぎ」と呼ばれる人たちです。
>
> 　２つ目は，純然たる臨時業務のために，その業務が存在する期間について契約する形態です。これは，使用者側の臨時の業務のために締結される契約形態で，その期間が１年を超えるなど長期化する場合，それに応じて労働契約の更新が行われることになります。
>
> 　３つ目は，業務は継続的に処理しなければならないけれども，その契約終了ごとに更新するかどうかを判断することが予定されている形態です。大学や塾の非常勤講師のように，生徒数や講義内容によって，受け持つコマ数が１年ごとに見直されるような形態がこの典型といえます。
>
> 　４つ目は，一定期間の経験・訓練を経て正社員登用試験を受け，合格すれば正社員として雇用されることを前提とした形態です。これも，高度経済成長期の生産現場にみられた形態で，登用試験に合格できなかった場合の労働契約解消について，期間満了による当然終了で処理できるかどうかが問題となります。
>
> 　５つ目は，更新回数に制限が設けられる形態です。これは，業務の性質から更新回数に制限が設けられる形態と，特定の労働者の長期雇用を避ける目的から更新回数に制限が設けられる形態とに分けられるといえます。

(2)　期間の定めがあるか

　法令上は，無期労働契約の場合には一定の予告手続を経て自由に契約を解消できますが，有期労働契約の場合には，期間満了により契約は終了するものの，期間途中での契約解消は自由にできないことから，契約期間中は有期労働契約の方が雇用が安定しているといえます。

　しかし，正社員については，期間の定めがなくとも，使用者側からの契約解

消（解雇）について日本の雇用慣行を踏まえて解雇権濫用法理が確立され，雇用の安定が図られています*。

> * 正社員の解雇と有期契約労働者の期間途中の解消のいずれの方が難しいかという点については，いまだ裁判所において判断されていません。

また，非正規社員についても，フルタイマーかパートタイマーかという点で違いがなければ，契約締結時の当事者の意思として，有期労働契約の場合には，期間が満了すれば契約が終了することを前提としているのに対して，無期労働契約の場合には，（正社員とは差があるとしても）有期労働契約の場合よりも雇用が安定していることを前提としており，特段の事情がない限り，そのような合意が成立していると考えられます（なお，この雇用慣行ともいうべき取扱いは，常用型パートタイマー，常用型フルタイマーを中心に定着しているもので，アルバイトや65歳以上の高年齢者雇用等に必ずしも及ぶものではありません）。

たとえば，業務量の減少により，有期パートタイマーと無期パートタイマーのどちらか1人について労働契約を解消する場合，通常，有期パートタイマー，無期パートタイマー，会社のいずれも有期パートタイマーの労働契約が解消され，無期パートタイマーの雇用が守られると考えており，これが当事者の合意内容になっているのです。

平成24年の派遣法改正および労契法改正では，非正規社員という枠組みを維持しつつ，有期労働契約から無期労働契約への転換を求める制度が採用されていますが，これはまさにこの雇用慣行を前提に，雇用の安定を目指したものといえます。

したがって，通常，無期契約労働者の方が有期契約労働者よりも雇用が安定していることが当事者間の合意内容になっていると考えられます。

(3) フルタイマーかパートタイマーか

フルタイマーとパートタイマーのうちどちらの方が雇用が安定しているかについては，雇用管理区分が異なるため一概に比較することは難しいといえます。

もっとも，無期フルタイマーと無期パートタイマー，あるいは有期フルタイ

マーと有期パートタイマーで比較した場合，フルタイマーの方が雇用が安定していると考えられます。また，有期フルタイマーと無期パートタイマーでは，この点に関し裁判例があるわけではありませんが，有期フルタイマーの方が雇用が安定していると考えられます。

　パートタイマーは労働時間が短いという点に最大の特徴がありますので，契約解消についてもその点に着目して議論すべきです。したがって，短時間労働が家庭生活との両立を目的とするという前提のもと，補助的・臨時的な労働力なのか，あるいは基幹的・常用的な労働力なのかということと，労働時間数に基づいて考えればよいと思います。もっとも，有期パートタイマーについては，パートタイマーであることに加え，有期労働契約という要素も持っているため，期間の定めがあることから生じる特徴も考慮する必要があります。

　有期パートタイマーと無期パートタイマーの比較については，以下のように考えます。解消手続および有期労働契約の途中解消については期間の定めの有無が影響しますが，前述したとおり，パートタイマーは労働時間が短いという点に最大の特徴がありますので，有期パートタイマーの雇止めと無期パートタイマーの解雇の比較では，解雇権濫用法理または雇止め法理の適用において，求められる理由の程度にはそれほどの差がないと考えます。

　しかし，労働契約締結時の当事者の合意の内容をもとに考えると，有期パートタイマーよりも無期パートタイマーの方が保護されると考えられます。すなわち，労働時間の長さが同程度の有期パートタイマーと無期パートタイマーのうちどちらかを整理解雇する場合，使用者もパートタイマーも，有期パートタイマーの雇止めが先で無期パートタイマーの方が保護されると考えています。それが日本の雇用慣行であり，労働契約に秘められた合意内容といえます。したがって，上記の例では，人選として，まず有期パートタイマーが雇止めされることになります（もっとも，有期パートタイマーの期間途中での契約解消は難しいといえます*）。

＊　「平成23年パートタイム労働者総合実態調査」（厚生労働省）によると，パートタイマーの労働契約における期間の定めの有無は，「雇用期間の定めがない」が43.2％，「雇用期

間の定めがある」が54.2%となっています。

　　無期契約のパートタイマーが約4割存在するのは，主婦層パートタイマーの場合，短時間労働という側面により正社員とは明確に区別され，かつ家庭生活との両立というメリットがあることからトラブルが少ないため，使用者側も少しでも安定した就労を望んだ結果であると考えます。

　なお，派遣や業務処理請負により働く間接雇用の労働者については，民事契約が介在しているがゆえに保護の程度が薄くなっています。この点については第2編で詳述します。

　以上で直接雇用の常用型・臨時型について説明しました。

　直接雇用には，上記で説明した者以外に特殊型が存在します。専門能力者，有資格者（弁護士，公認会計士など高度なもの）や高年齢者などです。これらの者については，それぞれの性格をとらえたうえで労働契約の解消を考えていく必要があります。

第10章

 フルタイマーの労働契約解消

1 有期フルタイマーの労働契約解消

第1節 有期労働契約の終了の基本的な考え方

1 有期労働契約は期間満了とともに終了するのが原則

　労働契約に期間の定めがあれば，期間満了とともに契約が終了するのが原則です。有期労働契約の管理に携わる人は，この原則を肝に銘ずるべきです。
　そして，法令上は，期間の定めがなければ，原則としていつでも契約を解消することができ（民法627条），期間の定めがあれば，その契約期間中は「やむを得ない事由」がなければ解消することができません（民法628条1項*）。

* 　民法628条1項は期間の定めのない労働契約を即時解除する場合にも適用がありますが，使用者による即時解雇については，労基法20条の特則があります。

　したがって，身分保障の面からいえば，契約の法理論を前提とする限り，期間の定めをしていない正社員よりも，期間の定めがある有期契約労働者の方が厚く保護されていることになります。
　ところが，大手企業の期間の定めのない正社員を対象とした終身雇用制が，日本の雇用慣行として長期雇用システムを確立しました。それに伴い，使用者の解雇を制限する解雇権濫用法理が判例法理として確立されたことにより，事実上，解雇が不自由となる実務体制となったのです。これにより，期間が満了

すれば契約が終了する有期契約労働者よりも，正社員の方が身分保障が強くなっています。

正社員（本工）に対して長期雇用システムが確立されたことで，受注の変動に対応するため，雇用の調整弁として有期契約労働者が雇用されることになりました。この労働者を臨時工と呼びましたが，当初から会社の常用業務に携わっており，本来の臨時的業務に対応した労働力である臨時工とは異なり，常用工と呼ぶことのできる存在でした。そして，従事する仕事の種類・内容に本工と差がなく，現実に契約が何度も更新されて長期雇用化した労働者について，「期間満了ごとに契約終了」という法解釈上の原則を貫くことに疑問が持たれるようになり，裁判で争われる事例がみられるようになりました。裁判例に現れた，有期労働契約の更新パターンと雇止めの法的効果を整理したものが次頁の表です。

多くの裁判例が出される中で，最高裁は，契約更新の手続が形骸化して実質的に期間の定めのない契約と異ならない状態である場合（表②の実質無期タイプ）や，更新手続がなされていても労働者の雇用継続への合理的期待を保護すべき場合（表③の期待保護タイプ）に，その更新拒絶について，解雇権濫用法理を類推適用すべきとする判断を示しました（東芝柳町工場事件＝最判昭49.7.22労判206-27判例・裁判例㉛，日立メディコ事件＝最判昭61.12.4労判486-6判例・裁判例㉜）。そして，これが判例法理として確立し（雇止め法理），平成24年労契法改正により，労契法19条として法定化されるに至りました。

しかし，これはあくまでも例外的な取扱いと考えるべきです。契約が反復更新されたとしても，各契約は独立したものであり，その期間が満了すれば，当然に契約は終了するのです。契約が更新されたという事実があるからといって，更新拒絶について必ずしも雇止め法理が適用されるわけではありません。最高裁判例も，契約の反復更新の存在だけでなく，他の有期契約労働者について過去に雇止めの前例がないことや，会社に長期雇用を期待させる言動があったこと，契約更新時に手続の不備があったことなども考慮していることに注意する必要があります。

更新パターンと雇止めの法的効果

更新パターン	雇止めの法的効果	判例等
① 当然終了タイプ 契約期間満了によって当然に契約関係が終了する（常用的業務に相当期間就いたとしても，契約上有期雇用の趣旨が明確であればこのタイプに含まれる。大学非常勤講師など）。	期間満了により当然に契約終了（解雇権濫用法理の類推適用の余地はない）。	有期雇用の原則どおり（反復更新，相当年数の勤続があっても当然終了を認めた裁判例として，亜細亜大学事件＝東京地判昭63.11.25労判532-63，ニッセイテック事件＝大阪地判昭59.2.2労判426-31）
② 実質無期タイプ 期間満了時の更新手続が極めてルーズであり（更新手続をしない，期間満了後の更新手続など），実質的に期間の定めのない契約と異ならない状態に至っている。	解雇権濫用法理が類推適用される。 ただし，正社員の解雇に求められる理由とは程度が異なる。	東芝柳町工場事件＝最判昭49.7.22労判206-27
③ 期待保護タイプ 厳格な更新手続が行われているものの，契約更新回数，雇用の通算期間，当該職種の位置付けなどから，雇用継続への合理的期待が認められる。	解雇権濫用法理が類推適用される。 上記②よりも緩やかに雇止めが認められる。	日立メディコ事件＝最判昭61.12.4労判486-6
④ 継続特約タイプ 更新の実績がなかったりその回数が少なくても，格別の意思表示や特段の支障がないかぎり当然に契約更新されることを前提に契約を締結したものと認められる。	解雇権濫用法理が類推適用される。 当該契約の特殊事情を考慮した上で合理的理由の有無が判断される。	福岡大和倉庫事件＝福岡地判平2.12.12労判578-59 龍神タクシー〔異議〕事件＝大阪高判平3.1.16労判581-36

（注）「有期労働契約の締結，更新及び雇止めに関する基準について」（厚生労働省パンフレット，平成20年3月）にも同趣旨の図表が掲載されている。

〔出典〕「有期労働契約の反復更新に関する調査研究報告」（労働省平成12年9月発表）を一部修正

第1編／労働契約の解消

判例・裁判例㉛　東芝柳町工場事件／最判昭49.7.22／労判206-27

【事案概要】 Yは，電気機器等の製造販売を目的とする株式会社であるが，その従業員には正規従業員（本工）（昭和37年3月現在49,750名）と臨時従業員（臨時工）の種別があり，後者は，基幹作業に従事する基幹臨時工（同じく19,460名）と附随作業を行うその他の臨時工（同じく1,470名）とに分かれている。基幹臨時工は，景気の変動による需給にあわせて雇傭量の調整をはかる必要から雇傭されたものであって，その採用基準，給与体系，労働時間，適用される就業規則等においては本工と異なる取扱いをされているが，その従事する仕事の種類，内容の点においては本工と差異はない。Yにおける基幹臨時工の数は，昭和25年以降漸次増加し，以後昭和37年3月までは必ずしも景気の変動とは関係なく増加の一途をたどり，ことに昭和33年から同38年までは毎年相当多数が採用され，総工員数の平均30パーセントを占めていた。そして，基幹臨時工が2カ月の期間満了によって傭止めされた事例は見当たらず，自ら希望して退職するもののほか，そのほとんどが長期間にわたって継続雇傭されている。また，Yの臨時従業員規則の年次有給休暇の規定は1年以上の雇傭を予定しており，1年以上継続して雇傭された臨時工は，試験を経て本工に登用することとなっているが，右試験で数回不合格となった者でも，相当数の者が引き続き雇傭されている。

Xらは，いずれも，Yと契約期間を2カ月と記載してある臨時従業員としての労働契約書を取りかわして入社した基幹臨時工であるが，その採用に際しては，Y側に，Xらに長期継続雇傭，本工への登用を期待させるような言動があり，Xらも，右期間の定めにかかわらず継続雇傭されるものと信じて前記契約書を取りかわしたのであり，また，本工に登用されることを強く希望していたものであって，その後，YとXらとの間の契約は，5回ないし23回にわたって更新を重ねたが，Yは，必ずしも契約期間満了の都度，直ちに新契約締結の手続をとっていたわけでもない。

【判決概要】「原判決は，以上の事実関係からすれば，本件各労働契約においては，Yとしても景気変動等の原因による労働力の過剰状態を生じないかぎり契約が継続することを予定していたものであって，実質において，当事者双方とも，期間は一応2カ月と定められてはいるが，いずれかから格別の意思表示がなければ当然更新されるべき労働契約を締結する意思であったものと解するのが相当であり，したがって，本件各労働契約は，期間の満了毎に当然更新を重ねてあたかも期間の定めのない契約と実質的に異ならない状態で存在していたものといわなければならず，本件各傭止めの意思表示は右のような契約を終了させる趣旨のもとにされたのであるから，実質において解雇の意思表示にあたる，とするのであり，また，そうである以上，本件各傭止めの効力の判断にあたっては，その実質にかんがみ，解雇に関する法理を類推すべきであるとするものであることが明らかであって，上記の事実関係のもとにおけるその認定判断は，正当として首肯することができ，その過程に所論の違法はない。」

第10章／フルタイマーの労働契約解消　659

判例・裁判例㉜　日立メディコ事件／最判昭61.12.4／労判486-6

【事案概要】　Xは，昭和45年12月1日から同月20日までの期間を定めてYのA工場に臨時員として雇用され，同月21日以降，期間2カ月の労働契約が5回更新された。ところで，A工場の臨時員制度は，景気変動に伴う受注の変動に応じて雇用量の調整を図る目的で設けられたものであり，臨時員の採用にあたっては，各種試験を行わず，面接において健康状態，経歴等を尋ねるのみで採用を決定するという簡易な方法をとっている。Yが昭和45年8月から12月までの間に採用したA工場の臨時員90名のうち，翌46年10月20日まで雇用関係が継続した者は，本工採用者を除けば，Xを含む14名である。A工場においては，臨時員に対し，原則として軽易な作業に従事させる方針をとっており，Xも比較的簡易な作業に従事していた。Yは，臨時員の契約更新にあたっては，更新期間の約1週間前に本人の意思を確認し，当初に作成された労働契約書の「4雇用期間」欄に順次雇用期間を記入し，臨時員の印を押印させていた（もっとも，Xが属する機械組においては，本人の意思が確認されたときは，給料の受領のために預かってある印を庶務係が本人に代わって押印していた。）ものであり，XとYとの間の5回にわたる本件労働契約の更新は，いずれも期間満了の都度新たな契約を締結する旨を合意することによってされてきたものである。Xは同年10月21日以降，不況を理由に雇止めとされたことから，Yとの労働契約の存在確認等を求めて提訴した。

【判決概要】　上記「事実関係の下においては，…5回にわたる契約の更新によって，…XとYとの間に期間の定めのない労働契約が存在する場合と実質的に異ならない関係が生じたということもできない…所論引用の判例（東芝柳町工場事件＝最判昭49.7.22）は，事案を異にし，本件に適切でない。」「A工場の臨時員は，…臨時的作業のために雇用されるものではなく，その雇用関係はある程度の継続が期待されていたものであり，Xとの間においても5回にわたり契約が更新されているのであるから，…雇止めにするに当たっては，解雇に関する法理が類推され，解雇であれば解雇権の濫用，信義則違反又は不当労働行為などに該当して解雇無効とされるような事実関係の下で使用者が新契約を締結しなかったとするならば，期間満了後における使用者と労働者間の法律関係は従前の労働契約が更新されたのと同様の法律関係となるものと解せられる。しかし，右臨時員の雇用関係は比較的簡易な採用手続で締結された短期的有期契約を前提とするものである以上，雇止めの効力を判断すべき基準は，いわゆる終身雇用の期待の下に期間の定めのない労働契約を締結しているいわゆる本工を解雇する場合とはおのずから合理的な差異があるべきである。したがって，…独立採算制がとられているYのA工場において，事業上やむを得ない理由により人員削減をする必要があり，その余剰人員を他の事業部門へ配置転換する余地もなく，臨時員全員の雇止めが必要であると判断される場合には」，「期間の定めなく雇用されている従業員」の「希望退職者の募集に先立ち臨時員の雇止めが行われてもやむを得ないというべきである。」との原判決の判断を引用し，これを正当としてXの上告を棄却した。

2 雇止め予告が必要な場合がある

「有期労働契約の締結，更新及び雇止めに関する基準」（平15.10.22厚労告357号）は，3回以上更新したか，または1年を超えて継続している有期労働契約について，あらかじめ当該契約を更新しない旨を明示している場合を除いて，その契約を期間満了により終了させる（更新しない）ときには，少なくとも期間満了日の30日前までに，更新しない旨の予告を求めています。

この告示において求められている雇止め予告は，労基法が定める解雇予告とは異なり，「今回の契約期間の満了で契約は終了しますよ」という事実を事前に通知する程度の意味と理解すべきです。したがって，この告示に違反して雇止め予告を行わなかった場合であっても，労基法の刑罰の対象とはならないと考えます。

この点，労基法120条が，罰金の対象として「14条」をあげていること（14条1項に限定していないこと），同法14条2項が基準の策定を厚生労働大臣に委任し，同基準（告示）は名宛人を使用者としていることなどから，同告示違反は労基法14条2項違反として罰金の対象になると考えることも，できないではありません。しかし，同法14条3項が，同2項で定めた基準（告示）をもとに行政官庁が助言・指導できる旨をあえて規定していることに鑑みると，同告示はあくまで行政基準にとどまるものと考えます。

また，この雇止め予告をしない場合に，労基法20条の解雇予告手当を支払わなければならないということはありません。雇止め法理が適用される，すなわち解雇権濫用法理が類推適用されるような場面であっても，あくまで「類推適用」であって「適用」ではなく，刑罰を定めた規定である労基法20条の類推適用は考えられません。しかし，告示に従って雇止め予告の手続をとったか否かが，雇止めの有効性について影響を及ぼすことは避けられないと思われます。とくに，657頁の表②の実質無期タイプの有期労働契約については，雇止めの有効性を考えると，告示に従って必ず予告をすべきであると考えます。そして，

実務においては，予告をしていなかった場合には予告金を支払うことが望ましいといえます。

3 有期労働契約の締結の際の更新基準の明示

労基法15条１項および労働基準法施行規則（以下「労基則」）５条１項１号の２により，有期労働契約の締結に際しては，「更新する場合の基準に関する事項」を明示しなければならないとされています。そして，この明示は書面の交付により行わなければなりません（労規則５条２項・３項）。

この更新基準の明示は，以前は前述の「有期労働契約の締結，更新及び雇止めに関する基準」（告示）に定められていましたが，平成24年に告示から省令（労基則）に格上げされました。

実務では，この規定に従い，雇用契約書に更新の基準に関する条項を設けることが多いと思われます。しかし，雇用契約書に更新基準を記載してしまうと，それが労働契約の内容となり，労働者の同意なしには変更することができなくなるという不都合が生じます。労基則５条が求めるのはあくまで「明示」であって，契約内容とすることではないため，実務上は，雇用契約書とは別に「通知書」等の書面を作成して明示すべきです。

また，「通知書」という表題であっても，書面に記載されていることで，労働者に労働契約内容であると誤解されるおそれもありますので，その通知書には，「下記の内容は，労働基準法第15条第１項に基づいて明示するもので，労働契約の内容にするものではありません。したがって，会社の判断で下記の内容を変更する場合があることを申し添えます」などと記載しておくことが重要と考えます。

有期労働契約の締結，更新及び雇止めに関する基準

（平15. 10. 22厚労告357号，平24. 10. 26最終改正）

第1条（雇止めの予告）

　　使用者は，期間の定めのある労働契約（当該契約を3回以上更新し，又は雇入れの日から起算して1年を超えて継続勤務している者に係るものに限り，あらかじめ当該契約を更新しない旨明示されているものを除く。次条第2項において同じ。）を更新しないこととしようとする場合には，少なくとも当該契約の期間の満了する日の30日前までに，その予告をしなければならない。

第2条（雇止めの理由の明示）

　　前条の場合において，使用者は，労働者が更新しないこととする理由について証明書を請求したときは，遅滞なくこれを交付しなければならない。

2　　期間の定めのある労働契約が更新されなかった場合において，使用者は，労働者が更新しなかった理由について証明書を請求したときは，遅滞なくこれを交付しなければならない。

第3条（契約期間についての配慮）

　　使用者は，期間の定めのある労働契約（当該契約を1回以上更新し，かつ，雇入れの日から起算して1年を超えて継続勤務している者に係るものに限る。）を更新しようとする場合においては，当該契約の実態及び当該労働者の希望に応じて，契約期間をできる限り長くするよう努めなければならない。

第10章／フルタイマーの労働契約解消 ◀663

労働基準法の一部を改正する法律の施行について（抄）

（平15.10.22基発1022001号，平25.3.28最終改正）

2　有期労働契約の締結，更新及び雇止めに関する基準
（1）趣旨
　有期契約労働者について適切な労働条件を確保するとともに，有期労働契約が労使双方にとって良好な雇用形態として活用されるようにするためには，有期労働契約の締結，更新及び雇止めに際して発生するトラブルを防止し，その迅速な解決が図られるようにすることが必要であることから，厚生労働大臣が「有期労働契約の締結，更新及び雇止めに関する基準」を定めることとし，当該基準に関し，行政官庁が必要な助言及び指導を行うことができることとしたものであること。
（2）雇止めに関する基準の内容
ア　第1条関係
　（ア）本条の対象となる有期労働契約は，
　　a　有期労働契約が3回以上更新されている場合
　　b　1年以下の契約期間の労働契約が更新又は反復更新され，当該労働契約を締結した使用者との雇用関係が初回の契約締結時から継続して通算1年を超える場合
　　c　1年を超える契約期間の労働契約を締結している場合
　　であること。
　（イ）なお，30日未満の契約期間の労働契約を3回以上更新した場合又は当該労働契約の更新を繰り返して1年を超えた場合の雇止めに関しては，30日前までにその予告をするのが不可能な場合であっても，本条の趣旨に照らし，使用者は，できる限り速やかにその予告をしなければならないものであること。
イ　第2条関係
　「更新しないこととする理由」及び「更新しなかった理由」は，契約期間の満了とは別の理由を明示することを要するものであること。
　　例えば，
　（ア）前回の契約更新時に，本契約を更新しないことが合意されていたため
　（イ）契約締結当初から，更新回数の上限を設けており，本契約は当該上限に係るものであるため
　（ウ）担当していた業務が終了・中止したため
　（エ）事業縮小のため
　（オ）業務を遂行する能力が十分ではないと認められるため
　（カ）職務命令に対する違反行為を行ったこと，無断欠勤をしたこと等勤務不良のため
等を明示することが考えられるものであること。
ウ　第3条関係
　本条における「労働契約の実態」とは，例えば，有期労働契約の反復更新を繰り返した後，雇止めをした場合であっても，裁判において当該雇止めが有効とされる場合のよ

うに，業務の都合上，必然的に労働契約の期間が一定の期間に限定され，それ以上の長期の期間では契約を締結できないような実態を指すものであること。

第10章／フルタイマーの労働契約解消 ◀665

第2節　雇止め法理（労契法19条）

1　労契法19条の内容

　第1節で説明したとおり，判例法理として確立した雇止め法理は，労契法19条として法定化されました。同条が適用されるのは，次のいずれかに該当する有期労働契約です。

---

① 　過去に反復更新された有期労働契約で，その雇止めが無期労働契約の解雇と社会通念上同視できると認められるもの（同条1号）
② 　労働者が有期労働契約の契約期間の満了時にその有期労働契約が更新されるものと期待することについて合理的な理由があると認められるもの（同条2号）

　上記のいずれかに該当する場合，使用者が雇止めをすることが，「客観的に合理的な理由を欠き，社会通念上相当であると認められないとき」は，雇止めが認められず，使用者は，労働者による有期労働契約の更新または締結の申込みを承諾したものとみなされ，従前と同一条件の有期労働契約が成立することになります。

　その手続として，同条は，労働者からの有期労働契約の更新または締結の申込みが必要と定めています。申込みの時期は，(i)契約期間の満了前（更新の申込み），または(ii)満了後遅滞なく（締結の申込み）とされています。したがって，労働者からの更新または締結の申込みがなければ，有期労働契約が成立することはありません。

　もっとも，この更新または締結の申込みは要式行為ではなく，労働者による何らかの反対の意思表示が使用者に伝わるものでもよいとされています（平24.8.10基発0810第2号）。厚生労働省のパンフレット「労働契約法改正のあらま

し」においても，「使用者による雇止めの意思表示に対して『嫌だ，困る』と言うなど」でも構わないとされています[*]。

> **＊　有期労働契約の更新または締結の申込の方式**　　国会審議では，使用者による雇止めの意思表示に対し「嫌だ」「困る」と述べるなど，反対の意思が伝わる言動があれば，この要件を満たす旨の政府答弁もされており，さらには，雇止めされた後でもどう対応すべきか弁護士等に相談したとしてもその結果により直ちに反対の意思表示をすれば，「遅滞なく」といえることも答弁されています（菅野和夫『労働法（第11版）』329頁参照）。

2　判例法理との関係

労契法19条と判例法理との関係を見ると，1号が前掲東芝柳町工場事件（判例・裁判例㉛）の要件を規定したもので，657頁の表②の実質無期タイプに該当し，2号が前掲日立メディコ事件（判例・裁判例㉜）の要件を規定したもので，同表③の期待保護タイプと④の継続特約タイプが該当すると考えられます。ここで重要なのは，労契法19条は，判例法理の内容や適用範囲を変更することなくそのまま条文化したものであって，表①の当然終了タイプの存在を前提としているものであり，このタイプを否定するものではないということです。したがって，筆者は，

- 臨時的業務での雇用を目的とした有期労働契約
- 非常勤講師との有期労働契約（裁判例の事案）
- 65歳以上の高年齢者との有期労働契約（裁判例は対立あり）
- 派遣元と派遣労働者との有期労働契約

などには本条の適用はなく，信義に反するような特別の事情がない限り，期間満了により契約は終了するものと考えています。

第10章／フルタイマーの労働契約解消 ◀667

第3節　有期労働契約の解消と雇用の臨時性・常用性

1　雇止めの正当性の判断基準

　くり返し述べているとおり，有期労働契約は，期間満了とともに終了するものであり，更新が何度重ねられようと，その契約の性質が変わるものではないというのが原則です。

　この点，一定の要件を満たす有期労働契約について，使用者による更新拒絶に解雇権濫用法理を類推適用するとの判例法理（雇止め法理）が確立し，労契法19条として法定化されたことは第1節で述べたとおりですが，決して契約更新が行われたという事実だけに基づいて同法理が適用されるものではありません。裁判所は，以下の①〜⑥などの事情を総合的に勘案して，労働者の雇用継続への期待の強度，その期待が社会的に合理的なもので法的に保護する価値があるか否か，そしてその保護の程度を判断しているといえます。

---

① 　当該雇用の臨時性・常用性
② 　契約更新の回数
③ 　雇用の通算期間
④ 　契約期間・更新手続などの管理の状況
⑤ 　当該雇用における雇用継続の期待を持たせる言動・制度
⑥ 　契約内容の合理性

2　当該雇用の臨時性・常用性

　雇止め法理が適用されるか否かの判断基準の1つが，「当該雇用の臨時性・常用性」です。

当該有期労働契約の目的が臨時的なものである場合，その契約目的が終了すれば，契約も終了するのが原則です。目的に応じて有期契約で雇用し，その目的達成まで契約を更新し，目的が達成された期間の満了日をもって契約を終了させるというのは，当該有期労働契約における明確な合意といえます。したがって，この場合は，更新が重ねられたとしても雇止め法理が適用されるべきではありません。

たとえば，自動車製造を本業とする企業が，ベトナムの高度成長とともにオートバイの需要が伸びていることから，オートバイ生産を3年間の依頼で受注したとします。そして，工場の空き地にオートバイ生産用の仮工場を設置し，6カ月の期間を定めて有期契約労働者を雇用して，5回更新したところ，追加注文のために2年間オートバイ生産が延び，さらに契約を4回更新したとします。その場合でも，当初の有期労働契約をオートバイ生産という臨時業務のためと特定していれば，その業務の終了とともに，有期労働契約も最後の契約期間満了で終了するというのが原則です。

3 基幹業務に使うと原則として雇止め法理の適用問題が発生する

このようなケースでトラブルが起きるのは，有期契約労働者を本業の自動車生産に従事させるなどの便宜的な使用をしていた場合です。この場合は，契約が臨時業務に特定していたとはいえなくなり，雇止め法理の適用の有無が議論されることになるのです。

もっとも，業務自体は臨時業務ではなく，その企業に常用的に存在している業務であるけれども，担当者については有期労働契約を締結し，期間満了ごとにその労働者に担当させるかどうかを判断する必要があるというような場合については，契約目的からして，やはり雇止め法理の適用はないと考えるべきです。

このような有期労働契約の典型例が，大学の非常勤講師です。非常勤講師の場合は，学生数の増減に応じてどのくらいの人数が必要か，この講師で本当に学生が満足しているか，より優秀な講師と契約することで生徒募集が有利にな

らないかなどを契約期間満了ごとに判断する必要があります。したがって，仮に20回の更新を重ねて21年の雇用期間があったとしても，最後の契約期間満了の段階で使用者が他の講師を雇用したいと考えれば，その契約は期間満了で当然に終了するといえます（亜細亜大学事件＝東京地判昭63.11.25労判532-63）。

　裁判例をみると，大学や塾の非常勤講師の場合，①授業時間数が少ない，②常用の講師（教授等）に比べて担当している授業数が少ない，③他の大学や塾と兼業している，④学校の職員会議に参加しないなどの拘束の程度も加味して判断されています。

　なお，実務としては，契約書の中に「業務の性質上，更新の有無については，その都度業務上の必要性に基づいて判断する」という規定を入れておくべきです。

　また，常用的業務に就いているけれども，一定期間の経験・訓練を経て正社員登用試験を受け，合格すれば正社員として雇用されることが前提となっている有期契約労働者も，この契約の性質は臨時的なものと考えられます。したがって，登用試験に合格できなければ，原則として期間の満了とともに契約は終了するといえます。しかし，この試験に合格できなくても有期契約労働者として雇用され続けるという事情があれば，臨時性があるとはいえません。前掲東芝柳町工場事件＝最判昭49.7.22労判206-27判例・裁判例㉛でも，最高裁は，「期間の定めのない契約と実質的に異ならない状態」の前提となる「いずれかから格別の意思表示がなければ当然更新されるべき労働契約を締結する意思であった」ことを認定する事実として，試験で数回不合格となった者でも，相当数の者が引き続き雇用されていることをあげていますから，試験に不合格であれば期間満了とともに契約を終了する手続を厳格に行うべきといえます。

　なお，ロストジェネレーションと呼ばれる世代を有期契約労働者として利用している場合には，将来の日本における産業の担い手として，積極的に正社員登用の機会をつくるべきであると考えます。そして，その世代の非正規社員を1人でも多く正社員登用することこそ，今日の労働力利用の正義ではないかと思います。

* 就職氷河期の中でも最も就職率が低かった平成15年度についてみると，大学（学部）卒業者の就職率は55.1%となっています（文部科学省「学校基本調査」）。

なお，平成30年3月に大学等（大学，短期大学，高等専門学校）を卒業した人の就職率は98.0%（前年同期比0.4ポイント増）となっています（厚生労働省・文部科学省ウェブサイト）。

第10章／フルタイマーの労働契約解消　◀671

第4節　有期労働契約の解消と契約更新の回数

1　更新が重ねられると雇止め法理が適用される可能性が高くなる

　くり返しになりますが，更新が重ねられた有期労働契約の更新拒絶について，契約の更新がなされたという事実のみに基づいて雇止め法理が適用されるわけではありません。

　しかし，会社の常用的業務に従事し，契約の更新も重ねて行われていれば，引き続き契約が更新されるのではないかという期待を労働者が持つようになるのは当然といえます。その期待の中で法的に保護するに値するものに対して，雇止め法理が適用されることになるのです。

　したがって，雇止め法理の適用には，原則として契約が更新された事実が必要になります。一般論をいえば，更新が重ねられるほど期待感は増すことになり，雇止め法理の適用の可能性およびそこで求められる雇止めの合理的理由の程度が高くなるということです。したがって，最初の有期労働契約は原則どおり，期間満了により当然に終了することになります。

　雇止め法理により保護される「期待」とは，単なる労働者の主観的期待を基準とするものではなく，客観的にみて法的保護に値する期待と評価できるか否かであり，さまざまな事情から総合的に判断されます。その重要なポイントが更新の有無ということになります。

2　例外として1回目の更新拒絶についても理由を求めた裁判例がある

　この例外として指摘される裁判例があります（龍神タクシー〔異議〕事件＝大阪高判平3.1.16労判581-36）。タクシー会社における1年の有期契約労働者の事案で，裁判所は，以下のような事情のもとでは，労働者が継続雇用の期待を持つことに合理性があり，このような場合に更新を拒絶するには，信義則

上，当該更新拒絶が相当と認められるような特別の事情が必要であるとして，その事情の不存在を理由に最初の更新時の雇止めを無効としました。

> ①　有期労働契約の制度創設以来，自己都合退職を除き契約が更新されている。
> ②　正社員の退職等で欠員が生じた場合は，正社員に登用されている。
> ③　本件有期契約労働者は，上記の背景のもと継続雇用を期待して入社している。

　このように，最初の契約の更新拒絶でさえ，一定の合理的理由が求められる可能性があるといえますが，この事例はあくまで例外と考えるべきです。

　実務としては，漫然と有期労働契約を更新するのではなく，業務上の必要性や従業員としての適格性を考えて更新の有無を決定すべきであり，その際，決定理由を書面に残しておくことも考えるべきだと思います。このような手続をとっていれば，最初の期間満了時の更新拒絶に対して，信義則上，一定の合理的理由が求められるということはないと考えます。

＊　**福岡大和倉庫事件**＝福岡地判平2.12.2労判578-59
　　乳製品の入出庫作業等の場内作業を請け負っていたU乳業の下請企業に代わって請負業務を引き受けた被告が，原告ら従業員をそのまま引き継ぎ期間を1年とする有期労働契約を締結し，被告において余剰人員が生じたことを理由として，かかる有期労働契約の期間満了時に原告らを雇止めした事案において，裁判所は，経営合理化に際して期間の定めのない雇用契約を期間1年とする有期契約に改めた場合において，その期間の定めは一応のものであって，双方に特段の支障がない限り雇用契約が更新されることを前提として締結されたものであり，しかもその労働条件等の内容も長期間雇用が継続されることを前提として組合と協議・確定されたものであることから，やむをえないと認められる特段の事情が存しない限り，期間満了を理由として直ちに雇止めをすることは信義則上許されないとして，被告の原告らに対する雇止めを無効と判断しました。

第5節　有期労働契約の解消と雇用の通算期間

雇用の通算期間が1年未満ならば原則として雇止め法理は適用されない

　雇用の通算期間が長くなれば長くなるほど，労働者が継続雇用に期待を持つようになるのは当然のことですし，使用者にも次回も更新する意思があるのではないかと判断されることになります。

　ところで，雇用の通算期間は，必ずしも更新の回数に比例するわけではありません。たとえば，次頁の図で示すように，契約期間を1年とした場合，2回更新すると通算期間は3年となりますが，契約期間が2カ月であれば2回更新しても通算期間は6カ月にすぎません。更新回数が同じでも，3年と6カ月では客観的にみても労働者の継続雇用への期待は違うはずです。そのため，更新回数だけではなく，雇用の通算期間も，雇止め法理の適用の有無の判断上，重要な意味を持っています。

　ところで，裁判例をみると，更新回数が数回あっても通算期間が1年未満の場合は，雇止め法理の適用に否定的な方向に働くようです。この点は，「有期労働契約の締結，更新及び雇止めに関する基準」が，1年を超えて継続勤務している有期契約労働者を雇止めする場合は，契約終了の30日前の予告と，労働者が請求した場合の雇止め理由の明示義務を課しているところからもうかがうことができます。

　また，通算期間のみを考えて更新の有無の判断のポイントをいえば，たとえば契約期間が6カ月の場合は，1回更新すると有給休暇の付与が義務づけられます。したがって，1回目の更新時には有給休暇を付与してでも働いてもらいたい人材であるかどうかを考えます。また，2回更新すると雇用の通算期間が1年を超えます。つまり，次回から雇止め法理が適用される可能性が大きくなりますから，それでもなお，その人に働いてもらいたいかどうかによって，更新の有無を判断することも必要になってくると思います。

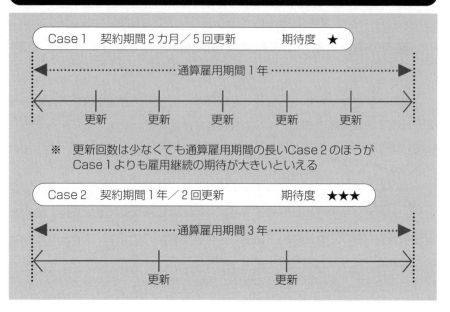

　なお，660頁で説明したように「有期労働契約の締結，更新及び雇止めに関する基準」では，契約を3回以上更新した場合に雇止めをする際にも30日前の予告が求められていますが，今後も雇止め法理の適用については同様の考え方でよいといえます。

　なお，実務では3年以内ならば原則として雇止め法理の適用がないと考えていると思われる人事担当者もいます。それは，平成15年労基法改正で，有期労働契約の期間の上限が1年から3年に延長されたことの影響なのかもしれませんが，筆者はやはり従来どおり1年がターニングポイントと考えています。

　ところで，更新回数を最長3年までと限定している場合は，3年以内だから雇止め法理の適用がないのではなく，当初から契約終了時期が合意されているという理由に基づき期間満了で終了すると考えます。

第10章／フルタイマーの労働契約解消 ◀675

第6節 有期労働契約の解消と契約更新の管理状況

1 黙示の契約更新はトラブルの原因となる

契約に期間が定められていても、期間満了時に「同一内容で更新します」とか、「明日からもよろしく」などの簡略な手続で契約更新が行われ、雇用の通算期間が延びていけば、有期契約労働者が継続雇用の期待を強くしていくのも当然のことです。

とくに、黙示の更新を行うと、民法629条1項の「従前の雇用と同一の条件で更に雇用をしたものと推定する」との規定を根拠に、期間の定めのない契約に転化すると主張する立場もあり、トラブルの要因となります。[*]

  * この点については第1章第2節1(6)(23頁)を参照してください。

黙示の更新がなされたとしても、それだけで期間の定めのない契約に転化するとはいえませんが、黙示の更新や形式的な更新手続は、雇止め法理の適用には肯定的に働くといえます。使用者の方も有期労働契約であるということを意識していない、すなわち使用者も期間満了で契約が終了するという効果意思を持っていないと考えられてもやむをえないことになります（丸島アクアシステム事件＝大阪高決平9.12.16労判729-18）。

そこで、有期労働契約の場合は、必ず雇用契約書を作成し、更新時には、事前に面談を行ったうえで更新の有無を決定し、改めて新しい雇用契約書を作成すべきです。さらに、更新の有無を決定する際、問題がある労働者については、更新を拒絶するか、あるいはその問題点を指摘して、改善しなければ次回は更新しない旨を明確に意思表示しておくべきです。

2 実務では適切に更新管理を行う必要がある

前記1で述べたとおり、黙示の更新を行うと「契約期間が満了すれば契約は

終了する」という効果意思を持っていないと評価されるおそれがあります。その意味で，黙示の更新はもちろん，期間満了後に手続を外形的に用意するというのでは不十分であるところに，契約の更新管理のポイントがあります。

　実務では，直属の上司が有期契約労働者の技能・勤務態度・健康状態・職場に与える雰囲気など，更新判断の資料を作成し，期間満了の2週間から1カ月前に面談して，従業員としての適格性を勘案して契約更新の有無を決定する手続をとっていれば，適切に更新管理が行われていると評価されると思います。そのために，正社員の入社と時期をあわせて，毎年4月1日を契約更新日とするのも1つの方策です。具体的には，期間1年の労働契約を締結するとしても，2月1日の採用の場合にはまずは3月31日までの2カ月契約，5月1日採用の場合には翌年3月31日までの11カ月契約を締結し，その後1年契約で更新していくという方法で，更新日をそろえる方法があります。

　このようにして更新管理を適切に行っていれば，更新拒絶にあたって雇止め法理が適用される場合であっても，求められる合理的理由の程度は低くなると考えます。

第10章／フルタイマーの労働契約解消 ◀677

第7節 有期労働契約の解消と雇用継続の期待を持たせる言動・制度

1 雇用継続を期待させる使用者の言動は大きな意味を持つ

　雇止め法理が適用されるかどうかは，当該雇用の常用性，契約更新回数の増加，雇用の通算期間の長期化，更新手続の簡略化などの客観的事実関係からだけで判断されるわけではありません。使用者が，労働契約の締結時などにおいて，直接的に労働者に雇用継続を期待させるような言動を行えば，それによって生じた労働者の期待を保護するのは，ある意味では当然のことといえます。

　最高裁判例（前掲東芝柳町工場事件＝最判昭49.7.22労判206-27判例・裁判例㉛）で問題となった事案は，次の事情にもかかわらず，更新を拒絶されたケースです。

---

① ２カ月の契約期間で雇用され，仕事の種類・内容においては本工と差異がない。

② 期間満了で雇止めされた前例はない。

③ 採用の際，「契約期間が満了しても，まじめに働いていれば解雇されることはない。安心して長く働いてほしい」などと説明され，多くの更新を重ねていた。

　また，このケースでは，更新手続も簡易で，新しい契約書の作成などをしていなかったようです。このような使用者の言動があれば，労働者が雇用継続の期待を持ったとしても無理はないはずです。したがって，有期労働契約において雇用継続を期待させるような使用者の言動は重要な意味を持ってきますから，採用の際の言動には注意する必要があります。

2 就業規則の規定も雇用継続を期待させることがある

　また，当該有期契約労働者に適用される就業規則などの規定が雇用継続を前提とした内容になっていれば，このことからも労働者の期待が生じることになるといえます。たとえば，更新・有給休暇・休職・懲戒・配転命令権・時間外労働命令権などの規定は，本来，長期雇用を前提として設けられた規定と考えられますから，この点からも労働者の期待が生じることになるということです。

　前掲東芝柳町工場事件の最高裁判決も，「臨時従業員規則の年次有給休暇の規定は1年以上の雇用を予定しており」として，期待権が生じる要素の1つと考えているといえます。

　したがって，有期契約労働者に適用する労働契約や就業規則からは，上記のような長期雇用を前提とした規定を外しておくべきといえます。

第8節 有期労働契約の解消と契約内容の合理性

1 有期労働契約に合理的な内容を求める必要性は否定できない

雇止め法理が適用されるかどうかについては，第3節で説明した①～⑥を総合的に判断することになります。

しかし，その適用の有無については，重要な問題があると考えます。それは，労働者の継続雇用への期待を保護すべきかどうかという観点とともに，使用者の更新拒絶を，期間満了あるいは正当なものとして，当然のように認めるべきかどうかという観点も重視すべきではないかという問題です。

日本の法制度では，どのような事由や目的で有期労働契約を締結するかは，契約自由の範疇にあり，何の法的規制もありません。しかし，ヨーロッパの一部の国では，長期病休・産休・介護休業などの代替労働者についてのみ，有期労働契約を締結できると規制しています。この点は，厚生労働省の有期労働契約研究会で議論の対象となりましたが，締結事由規制の導入は見送られ，締結の自由が維持されています。

もちろん，雇用形態の多様化による雇用社会の活性化を図るためにも，立法で規制すべきではないと思いますが，有期契約労働者について何らかの保護，つまりその契約内容について合理的なものを求める必要性は否定できません。

2 性差別でない限り労働条件に格差をつけることも違法ではなかった

有期労働契約の締結が必要なのは，臨時業務に対応して雇用するとか，特定のプロジェクトのためにその期間に限定して雇用する，あるいは正社員の休業期間中に代替のために雇用するなどの場合が典型例といえます。

ところが日本の場合，終身雇用制という雇用慣行のために正社員の人件費が固定費化していますから，経営の硬直化を防ぐため，恒常的残業とともに雇用

の調整弁としての常用的期間工（臨時工）が出現しました。そして，当時の若年の臨時工においては，雇用継続に不安がある反面，正社員よりも時間単価が高い，身元保証人は要求されない，労務管理も正社員に比べると緩やかであるなどの労働契約上のメリットを有していたといわれています。今日でも，自動車産業に就労する臨時工については，有期契約というデメリットがある代わりに，賃金面でのメリットが保証されているようです。

　このように，有期契約労働者についても，雇用の不安に対する見返りがあったといえますし，現在もこのような取扱いが残っている場合もあります。

　有期労働契約で，雇用に不安があり，しかも労働条件も低いという典型的な例は，女性労働者の処遇にありました。極端な場合，コネがある女子大生は正社員として採用され，それがない女子大生は契約社員の名のもとに採用されて，正社員と同一の労働を提供しながら雇用に不安がある，賃金は低い，有給休暇も十分に行使できないという処遇がなされる場合もありました。

　しかし，このような有期契約労働者に対する処遇も，契約自由の範疇にあり，後記 3 で述べる労契法20条の施行前は，法的に問題があるとはいえませんでした。理論的には，当該労働契約が民法90条の公序良俗に反し無効と考えることもできますが，実務において無効とされる可能性は少ないといえ，この正社員と有期契約労働者の労働条件の格差が，雇用形態に藉口した性差別であると認定されない限り，違法になるとは考えにくかったわけです。

3　有期労働契約の内容は合理的に設定すべき

　違法になることはないといっても，このような契約内容が不合理であることは明らかです。確かに，正社員として雇用するか，有期契約労働者として雇用するかは使用者の自由です。また，労働者にも正社員として雇用してくれる会社を探すか，有期労働契約に甘んじるかという選択権があることは事実ですが，同一労働を提供していながら雇用不安があり，しかも労働条件も低いというのは，やはり問題がないとはいえないはずです。

この点，労契法が改正され，同法20条に「期間の定めがあることによる不合理な労働条件の禁止」と題する条文が新設されました（平成25年4月1日施行）。同条は，同一の使用者に雇用される有期契約労働者と無期契約労働者の労働条件が，期間の定めがあることにより相違する場合に，その相違が，職務の内容等の事情を考慮して，不合理と認められるものであってはならないと規定しています。

ところで，有期労働契約において更新拒絶をした場合，その有期労働契約に雇止め法理が適用されるかどうか，適用されるとしてどの程度の合理的理由が必要かは，裁判所の判断にかかっています。裁判所であっても，契約自由の原則に拘束されるため，契約内容，すなわち労働者の処遇について判断することは制約を受けますが，雇止め法理を適用するかどうか，どの程度の合理的理由を求めるかなどについては，自由裁量です。

そうだとすれば，同一労働を提供しながら雇用不安がある，加えて賃金も低いという有期労働契約に対して，裁判所が労働者を保護する意味で厳しい立場をとることは，容易に推測できるところです。

したがって，この面からも有期労働契約について，契約内容を合理的に設定すべきといえます。その代表的な例が賃金処遇といえます。同一労働であっても，雇用形態が違えば同一賃金を設定する必要はありませんが，労働契約の解消場面を考えて，同一とまではいかなくても合理的と評価される賃金額を設定する必要があると考えます。経営上やむをえず処遇格差の解消が進まない場合もあるとは思いますが，労働契約の解消をめぐってトラブルが発生したならば，使用者は非常に不利な立場にあることを肝に銘じておくべきです。

とくに，上記の労契法20条の趣旨は，ここで説明した筆者の想いと合致するものであり，同条の施行により，今後の雇止め法理の適用において，同条が遵守されているか否かが雇止めの有効性の判断に影響を及ぼすものと考えます。

第9節　人員削減のために雇止めする場合の雇用確保努力義務

　会社都合により有期契約労働者を雇止めする場合，少なくとも解雇権濫用法理と同等に当該契約解消に合理性が求められることになりますから，318頁で説明した整理解雇の要件に準じたものが必要になるといえます。

　まず正社員との関係を考えてみると，この有期契約労働者は，雇用の調整弁ですから，正社員より先に人員整理の対象になることはやむをえないといえます。たとえば，正社員100人，有期契約労働者100人を雇用している企業で，100人の従業員を削減する必要がある場合は，有期契約労働者100人を雇止めできることになります。この際，事前に正社員に対して希望退職を募る必要はありません（前掲日立メディコ事件＝最判昭61.12.4労判486-6判例・裁判例㉜）。ただし，事前に正社員に対して希望退職を募り，できるだけ人件費の安い有期契約労働者を残すという方法をとっても許されます。

　次に，有期契約労働者の雇止めを回避するために要求される努力の程度は，有期契約労働者の当該雇用実態で決まるといえます。この場合，正社員の場合の人員整理の緊急性の程度に応じた解雇回避措置を参考にします（342頁）。

　これを前提に十分な雇止め回避措置を尽くすとすれば，まず経費削減措置，そして正社員・有期契約労働者ともに時間外労働の中止，新規採用の抑制が必要になるといえます。なお，すでに正社員としての採用が内定しており，会社に入社することがほぼ確定的な場合は，採用内定者の内定取消しは必要ないと考えます。

　また，正社員に関連した措置として，有期契約労働者が職種変更や転勤の対象者（就業規則にその命令権が規定されている）となっていれば，配転による雇用確保措置が必要だと考えます。出向は原則として正社員の雇用を確保するための手法ですから，有期契約労働者には不要ですが，子会社や関連会社があり，容易に出向させることのできる状況にあれば，雇用確保努力義務の内容になるといえます。一時休業については，有期契約労働者が雇用の調整弁である

第10章／フルタイマーの労働契約解消 683

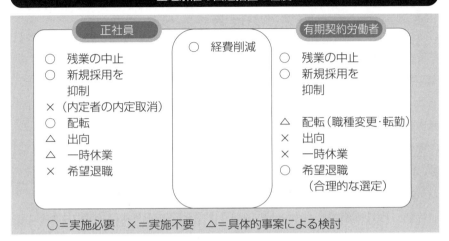

ことを考えると，実施する必要はないと考えます。

ただし，有期契約労働者100人に対し50人の人員削減で可能な場合は，原則として希望退職を募る必要があるといえます。仮に，事業部ごとに雇用され，その部署の業務に特定されているような場合，不採算部門の人員削減であれば，その事業部に就労する有期契約労働者を雇止めの対象として，希望退職を実施しないことは許されると思います。つまり，希望退職に代わって合理的な選定が許されるということです。

以上の関係については，上の図を参照してください。しかし，小零細企業で，とくに経営危機が存するような場合は，希望退職の手続は必要ないと考えます[*]。

[*] これはあくまでも筆者の考え方です。経済的に可能であれば，慎重に対応した方がよいので，小零細企業でも上積金を提示して希望退職の募集をした方がよいといえます。
　この点，前掲あさひ保育園事件＝最判昭58.10.27労判427-63では，整理解雇が無効であることの理由の1つとして，希望退職の募集をしていなかったことがあげられています（341頁参照）。

684▶ 第1編／労働契約の解消

第10節　有期労働契約に更新上限特約や不更新特約をつけることはできるか

　有期労働契約について，更新回数や年数の上限を設ける条項（更新上限特約）や，次回は更新しないとする条項（不更新特約）が置かれることがあります。そのような特約（合意）が有効と認められれば，期間の満了による契約終了が認められ，雇止め法理は適用されないという結論になります。

　そのような特約を設けること自体については，通達（平15.10.22基発1022001号，663頁参照）が，契約を更新しない場合の理由の明示の仕方として，「前回の契約更新時に，本契約を更新しないことが合意されていたため」（不更新条項）や，「契約締結当初から，更新回数の上限を設けており，本契約は当該上限に係るものであるため」（更新上限特約）を例にあげていることから，厚生労働省はそのような合意の有効性を認めているのではないかと考えられます。

　これらの特約の有効性が問題となった裁判例では，労働者の真意に基づいて合意がなされたかという観点から判断されているものが多いといえます。

　なお，筆者は，更新上限特約の有効性については，事実上の若年定年制の効果を有する問題があることや，過去に女性差別の手法として用いられたという事情から，否定的にとらえていました。

1　契約当初から特約がある場合

　初回の有期労働契約締結時から「更新は4回（又は5年間）を上限とする」などの更新上限特約がある場合は，労働者の真意に基づいたものであると認められやすいと考えます。この場合，特約以上の更新の期待が労働者にないため，最後の有期労働契約の期間満了により契約が終了します。

　しかし，契約上，更新上限特約がある場合であっても，当事者がその特約に定めた期間の満了により契約が終了するとの意思を有していなければ，その特約の効力が認められない場合もありえます[*]。

＊　**カンタス航空事件**＝東京高判平13.6.27労判810-21［上告後和解成立］

　「契約期間は1年だが，勤務態度が良好である限り5年間にわたって毎年の更新を保障する」との条項のある契約を締結し，4年経過時点には「これは最後の契約更新である」との条項のある契約書を交付されていた労働者に対する5年経過時点での雇止めの効力が争われた事案です。

　裁判所は，採用にあたり5年経過後も更新・継続を保障するような発言があったこと，採用後も人事部長が5年経過後も雇用契約の継続は確実であるかのような期待を持たせる言動を度々したこと，職務内容が正社員と同一性を有することなどから，労働者らが5年で雇止めをされるような地位にあることを予想していたものとは考えられず，正社員と同様に雇用関係が継続されるとの期待，信頼を抱いており，そのような相互関係のもとに労働契約関係が維持・継続されてきた実態があるから，雇止めの効力を判断するにあたっては解雇権濫用法理が類推適用されるとしたうえで，本件雇止めを無効と判示しました。

　また，特約を設けることに合理性があるかという観点でみると，後記**2**で説明する更新を重ねた後の不更新特約の場合は，当該有期契約労働者の就いていた業務が消滅するなどの事情があれば，その特約を設けることに合理的な理由があるといえます。

　しかし，更新上限特約の場合は，数年先の業務消滅等の見通しがつくものかどうかという点で不確かな点が存在し，会社側にその特約を設ける合理的な理由があるとはいいにくいと考えられます。ただしこの場合も，たとえば3年後に工場や研究所を閉鎖するというように，その業務消滅が時期的に明らかであるなどの事情があれば，その特約を付すことについて会社側に合理的な理由があるといえるものと考えます＊。

　実務では，初回の有期労働契約締結時においても，なぜ更新上限特約を付けるのか，その業務上の必要性について説明するのが望ましいと考えます。

　＊　大学については，限られた予算の中で研究をする必要があるという特殊性から，その業務や経営内容に応じて，職員に更新上限特約をつけることも有効であると考えられます。

2 更新を重ねた後に特約を追加する場合

　当初の契約には更新上限等の特約がなく，更新を重ねた後，「更新は今回が最後とする」などの特約（不更新特約）を付して契約が更新されることがあります。この特約に基づく契約終了が有効かについては，その有期労働契約に，雇止め法理が適用されるか否かに分けて考えます。

　雇止め法理が適用されないような場面の場合は，労働者に更新の期待がないため，前記1と同様に考えられます。

　他方，雇止め法理が適用されるような場合に，不更新特約を付して契約を更新するということは，労働者にとっては，すでに生じていた雇用継続に対する合理的期待を放棄して，契約を終了させる合意をすることになります。したがって，その合意が労働者の真意に基づくものであるかという点が，慎重に判断されます[*]。

　　＊　ダイフク事件＝名古屋地判平7.3.24労判678-47
　　　会社が，事業規模縮小の手段として人件費を削減するため，期間6カ月の労働契約を7回更新した原告に対し，契約を更新しない旨を告げたところ，原告が更新を希望し，計3回の話合いを経て期間を3カ月として契約が更新されたが，その契約書には会社担当者の手書きで「追記，本契約書をもって最終雇用契約とする」との書き込みがなされており，その書き込みの効力が争われた事案です。
　　　裁判所は，原告が3カ月後に退職する旨の明確な意思を有しておらず，会社担当者もそれを十分認識していたとして，不更新特約（合意解約）の成立を否定し，解雇権濫用法理を類推適用して，本件雇止めを無効と判示しました。

　不更新特約による契約終了が有効であると認められた裁判例をみると，事業所閉鎖や事業譲渡，景気変動による業務縮小等により，有期契約労働者が就いていた業務が当該会社から消滅したような事案が多いようです。裁判例では，会社が説明会等を開くなどして労働者に対して丁寧に説明をしている点，労働者がそれを確認して契約書に署名・押印している点，その後異議を述べなかった点などから，不更新特約が有効に成立していると判断されています[*1]。

　もっとも，これらの裁判例はいずれも，仮に不更新特約のついた有期労働契

第10章／フルタイマーの労働契約解消 ◀687

約を締結した時点で雇止めをしていたとしても，当該雇止めには合理的理由があるとして雇止め有効と判断された可能性のある事案です。その時点で雇止めをしてもよかったけれども，労働者に更新実績があることもあり，労働者の立場に配慮して雇用確保の努力をし，不更新特約を結んだうえで1回契約を更新したという事情があったといえます。

また，経営難による事業所閉鎖の事案でも，不更新条項については，労働者に契約を終了させる意思があったとは認められないとしたうえで，会社が「雇止めの予告」をしたものと解するとした裁判例もあります[*2]。

そして，上記のような経営難等の特別事情のない事案においては，不更新条項を付したことが，解雇権濫用法理の類推適用にあたって，総合考慮の一内容になるにすぎないとした裁判例があります[*3]。

＊1　裁判例

ア　近畿コカ・コーラボトリング事件＝大阪地判平17.1.13労判893-150

　経営構造改革の一環として，有期契約労働者である原告らが就いていた業務を子会社に委託することにしたため，会社が，希望者については契約を1年更新するが，その後は更新をしない方針を決定し，説明会を開催してその旨および契約に不更新条項を入れることを説明したうえで契約を更新して1年後に行った雇止めの効力が争われた事案です。

　原告らは，不更新条項について，1年後に退職する旨の明確かつ客観的な意思表示がないと主張しましたが，裁判所は，その主張を斥け，合意に基づいて期間満了をもって契約が終了したというべきであり，不更新条項付き契約書の作成後は，雇用の継続が期待されていたとはいえないから，解雇権濫用法理を類推適用する余地はないと判示しました。

　本件では，会社が以後の継続雇用はしないので有給休暇を使い切ってほしいと説明したことに応じ，原告らが有給休暇を100％消化した点にも着目されました。

　また，雇止めされた有期契約労働者76名のうち34名が業務委託先の子会社で採用されていますが，原告らは面接を受けたものの採用されなかったという背景もあります。

イ　本田技研工業事件＝東京高判平24.9.20労経速2162-3［上告棄却・不受理］

　リーマンショックの影響により，減産と業務量の減少が必至である状況で，期間契約社員全員を雇止めせざるをえなくなったため，会社が，説明会を実施してそれらを十分説明したうえで，不更新条項のある有期労働契約を締結し，雇止めを行ったことが問題となった事案です。

　控訴人（有期契約労働者）は，1～3カ月の有期労働契約の締結，更新，期間満了・退職，一定期間後の新契約締結をくり返して11年余りにわたり勤務してきましたが，説

明会に出席し，不更新条項の付された有期労働契約（期間1カ月）に署名捺印（拇印）しました。

裁判所は，控訴人が，本件雇用契約は従前と異なって更新されないことを真に理解して契約を締結したと認定し，そのような場合には，雇用継続に対する合理的期待を放棄したものであり，不更新条項の効力を否定すべき理由はないから，解雇権濫用法理の類推適用を否定すべきであると判示しました。

＊2　東芝ライテック事件＝横浜地判平25.4.25労判1075-14［控訴審にて和解成立］

リーマンショックによる事業の悪化により，事業構造改革の一環として事業所廃止を決定した会社が，3カ月の有期労働契約を反復更新して通算19年間勤務を継続してきた原告を含む有期契約労働者に対し，何度も説明会を開催したうえで不更新条項のある契約を締結し，期間満了で雇止めしたところ，その効力が争われた事案です。

裁判所は，長年にわたり勤務してきた労働者にとって労働契約を終了させることは著しく不利益なことであるから，労働契約を終了させる合意があったと認めるためにはその旨の労働者の意思が明確でなければならず，申出や質問をすることなく不更新条項のある契約書に署名・押印した事実だけでは，労働契約を終了させる明確な意思を有していたと認めることはできないとして，不更新条項は，会社が雇止めの予告をしたものと解するのが相当であると判示しました。

なお，権利濫用の有無を判断する際に，不更新特約の締結も一事情として考慮し，原告の雇用継続に対する期待利益の合理性の程度は高くないと評価して，結論としては雇止めを有効としました。

＊3　明石書店〔製作部契約社員・仮処分〕事件＝東京地決平22.7.30労判1014-83

会社が，契約社員（有期契約労働者）で概ね3年をめどに正社員化できない者については契約を更新しないとの方針を打ち立て，債権者（有期契約労働者）との2度目の契約更新に際して，団体交渉での議論等を経て，不更新条項を入れた契約を締結し，1年後に雇止めしたところ，その効力が争われた事案です。

裁判所は，従前は債権者に更新への合理的な期待があったことは明らかであり，このような状況下で，当事者間で不更新条項のある労働契約を締結するという一事により，直ちに雇止め法理の適用が排除されるというのでは，期間の定めの有無による大きな不均衡を解消しようとした判例法理の趣旨が没却されるから，結局，不更新条項は，有期労働契約に対する解雇権濫用法理の類推適用にあたり，本件不更新条項を付したことが，権利濫用の適用にあたって評価障害事実として総合考慮の一内容として考慮の対象になると解するのが相当であるとして，解雇権濫用法理を類推適用したうえで，本件雇止めを無効と判断しました。

［参考］明石書店事件＝東京地判平21.12.21労判1006-65［控訴審にて和解成立］

入社時に全採用者との間でいったん有期労働契約を締結して，数年後にその中から正社員を登用するという人事制度をとる会社が，平成20年11月27日，原告に対し，契約を概ね同じ内容で更新する旨を提案し，原告もこれを承諾したが，その後の団体交渉で，会社

が組合に対し不更新条項の追加を通告し，原告がこれに同意しなかったという事実のもとで，更新の合意の成否が争われた事案です。

裁判所は，平成20年11月27日の時点で，本件契約を同じ内容（不更新条項なし）で更新する旨の合意が成立したと認定しました。

また，不更新条項については，契約社員との間で有期労働契約を締結しておきながら，その取扱いを正社員登用か不更新予定条項の追加のいずれかに限定し，契約の反復更新の可能性を排除するという方針は，それ自体不合理なものであると断じ，原告が不更新条項の追加を拒否して更新の機会を自ら放棄したという会社の主張を退けました。

実務では，平成24年労契法改正により無期転換ルール[*]が創設されたこととの関係で，すでに雇止め法理が適用されうる有期契約労働者について，通算期間が5年を超える有期労働契約の出現を阻止（無期転換権の発生を阻止）する目的で，更新上限特約や不更新特約による契約終了で対応できないかと相談されることがあります。

* **無期転換ルール**　労契法18条は，同一使用者と労働者との間で締結された2以上の有期労働契約の通算期間が5年を超える場合には，労働者の申込みにより期間の定めのない労働契約へ転換させる仕組みを定めています（平成25年4月1日施行）。

この場合，その特約を付す会社側の目的は，労契法18条の適用を免れることに向けてのものです。合理的な理由があるとはいいがたく，特約の有効性については否定的に考えられるものと思われます。

仮に，会社側の合理的な理由と脱法目的が併存する場合には，その特約を設けることについて，どちらの目的・動機が決定的なものであったかが問われるものと考えます[*]。

* **クーリング期間の利用問題**　労契法18条の脱法となるか否かについて，更新上限特約と併せてクーリング期間の利用の問題がトヨタ自動車を中心に自動車産業において議論されています。この点に関し厚生労働省が実施した「いわゆる『期間従業員』の無期転換に関する調査」結果（平成29年12月）では，有期労働契約が終了し，クーリング期間を経た後に再雇用を約束している企業は一社も存在せず，結果として，「現時点で直ちに法に照らして問題であると判断できる事例は確認されませんでした」としつつ，「無期転換ルールの適用を意図的に避ける目的でクーリング期間の前に雇止めをしている場合などは，個々の事案によって雇止めの有効性等が最終的に司法において判断されることになります」とされています。

第11節　契約期間途中に有期労働契約を解消できるか

1　契約期間途中に有期労働契約を解消する場合に適用される法律

　有期労働契約を期間途中に使用者から解消する場合，原則として労基法19条の解雇制限，同法20条の解雇予告の規定が適用されることになります。ただし，最初の有期労働契約の中途解消であって，当該雇用期間が2カ月以内の場合，または季節的業務に従事する場合で4カ月以内の雇用期間が定められている場合には，解雇予告の規定は適用されません（労基法21条2号・3号）。一方，2カ月以内の雇用期間や季節的業務で4カ月以内の雇用期間を設定している場合であっても，更新された有期労働契約の場合には，解雇予告の除外規定は適用されませんので注意が必要です。

　次に，有期労働契約を期間途中に即時解消する場合にも，その解消理由については，民法628条の適用を受け，「やむを得ない事由」が必要とされます。つまり，正当な契約解消理由が必要とされるということです。そして，「やむを得ない事由」がある場合でも，それが解約者の過失によって生じていれば，相手方がその契約解消によって被った損害を賠償しなければなりません。たとえば，経営不振など使用者の業務上の必要性により期間途中での契約解消を行う場合，当該中途解消については「やむを得ない事由」として肯定されても，労働者が残存期間の賃金取得の機会を喪失し実際に損害が発生すれば，使用者の責任としてその損害を賠償する必要があるということです。

　期間途中の契約解消に「やむを得ない事由」が必要とされる点については，労契法17条でも「使用者は，期間の定めのある労働契約について，やむを得ない事由がある場合でなければ，その契約期間が満了するまでの間において，労働者を解雇することができない」と定められました。これは，前述の民法628条の規定を使用者側から定めることによって，有期労働契約について，当該契約期間中は契約存続に関する労働者の期待が強く保護されることを改めて確認し

第10章／フルタイマーの労働契約解消 ◀691

契約期間途中に有期労働契約を解消する場合に適用される法律

民法628条
　　当事者が雇用の期間を定めた場合であっても，やむを得ない事由があるとき
は，各当事者は，直ちに契約の解除をすることができる。この場合において，そ
の事由が当事者の一方の過失によって生じたものであるときは，相手方に対し
て損害賠償の責任を負う。
労働契約法17条１項
　　使用者は，期間の定めのある労働契約について，やむを得ない事由がある場合
でなければ，その契約期間が満了するまでの間において，労働者を解雇すること
ができない。

たものといえます。

　なお，期間途中であっても相手方に債務不履行がある場合，民法541条の手続
により契約解消が可能となります。もちろんこの場合，解雇権濫用法理の適用
があります。

2　有期労働契約の中途解消理由

　前述のように，期間途中の有期労働契約の解消について，法律上は「やむを
得ない事由」が必要とされています。更新を重ねた後の期間満了時の更新拒絶
には雇止め法理が適用される場合がありますが，理論的にいえば，期間途中の
有期労働契約の解消に求められる「やむを得ない事由」は，雇止め法理の適用
によって求められる合理的理由とは異なるものといえます。

　たとえば，期間途中の有期労働契約の解消が「やむを得ない」ものと認めら
れた場合でも，その契約解消に対しては損害賠償請求の余地があります。一方，
雇止め法理が適用される有期労働契約について，その更新拒絶に合理的理由が
あると認められる場合に，使用者に損害賠償責任が発生するとは原則的には考
えられません＊。この違いは，実定法上の根拠の有無から生じるもので，決定的
な差であると思います。

＊ なお，更新拒絶が合理的な理由がなく無効となった場合であっても，損害賠償請求は簡単に認められるものではありません。

しかし，期間途中の有期労働契約の解消に「やむを得ない事由」があると判断されるためには，どの程度の事情が必要かということは非常に難しい問題です。この区分が明確に説明されているものは，ほとんどないといってもよいと思います。

そこで，使用者からの有期労働契約の解消手続と理由を，会社都合によるものと，有期契約労働者の責めに帰すべき事由のあるいわゆる普通解雇に類するものとに分けて考えます。

3　有期労働契約の中途解消理由が使用者に責任のある場合

有期労働契約では，期間の定めを合意している以上，自己の都合で契約を中途解消できないことが原則です。例外的に「やむを得ない事由」がある場合にのみ中途解消を可能としているのですから，経営不振など会社の都合で有期労働契約を中途解消するために求められる「やむを得ない事由」は，理論上，解雇権濫用法理における解雇の合理的理由の程度よりも厳しく判断されるものになると考えられます。

この点について，民法628条は「やむを得ない事由」が存在する場合の当事者の解除権を保障したものであるから，解除事由をより厳格にする旨の当事者の合意（たとえば，「やむを得ない事由」があっても解約はできないものとするなど）は許されないが，より緩やかにする旨の合意は許されるとする裁判例があります（ネスレコンフェクショナリー関西支店事件＝大阪地判平17.3.30労判892-5）。ただし，この場合も使用者からの有期労働契約の中途解消には解雇権濫用法理が適用され，「合理的理由」が必要とされます。したがって，この裁判例によれば，当事者が合意すれば，使用者の責めに帰すべき事由による期間途中の契約解消事由について，「やむを得ない事由」の程度から，解雇権濫用法理にいう「合理的理由」の程度にまで引き下げることができるとされているので

す。

　しかし，労契法は労働者保護を目的としていることから，同法施行により，同法17条１項が強行法規であるとして「やむを得ない事由」の緩和が認められなくなると考えられます。

　したがって，実務では，有期労働契約をその期間途中に解消することは非常に難しいと考えておくべきであり，できる限り期間満了まで待つことにより，更新拒絶の問題として対処した方がよいといえます。

　以上のとおり，民法や労契法といった実定法の世界では，無期契約の労働者よりも，有期契約労働者の方が，その期間中は厚く保護され，雇用が保障されているといえます。裁判例においても，「やむを得ない事由」の要件は，期間の定めのない労働契約の解消（解雇）における「客観的に合理的な理由を欠き，社会通念上相当であると認められない場合」（労契法16条）よりも厳格であるとするものがあります（プレミアライン事件＝宇都宮地栃木支決平21.4.28労判982-5）。ただし，無期契約であっても，正社員の場合は終身雇用という雇用慣行によって解雇権濫用法理が適用されるため，実質的には有期契約労働者よりも雇用保障が強くなっているのが実状です。

　このように考えると，必ずしも契約期間中は有期契約労働者の方が正社員より雇用保障が強いとまではいい切れませんが，実定法上の規定の存在を考える限り，少なくとも正社員と同等程度の保護を受けると理解しておくべきといえます。したがって，やむをえず有期労働契約を会社都合によって中途解消する場合には，少なくとも正社員の解雇の際に求められるのと同様の業務上の必要性が必要になると考えなければなりません。また，業務上の必要性が認められる状況であれば，有期契約労働者は正社員に比べて企業との密着度が低いのですから，優先的に契約を解消されてもやむをえないといえます（351頁）。ただし，すでに説明したとおり，人件費削減が緊急課題であるような経営危機を回避する場合には，人件費の低い有期契約労働者の契約を残したうえで，人件費の高い正社員の契約を解消することも許されるとする裁判例もあります（ナカミチ事件＝東京地八王子支決平11.7.23労判775-71，明治書院〔解雇〕事件＝東

第1編／労働契約の解消

雇用形態と途中解消・解雇・雇止めの難易

雇用形態	就労形態	契約解消の難易度
正社員		
非正規社員	フルタイマー	期間途中 ＞ 解雇 ＞ 雇止め （有期）　（無期）　（有期）
	パートタイマー	

➡ この比較が必要なのは整理解雇場面

京地決平12.1.12労判779-27）。

4 有期労働契約の中途解消理由が労働者に責任のある場合

次に，労働者側に債務不履行（約束違反）があれば，期間途中であっても民法541条および労基法20条の手続により30日前に予告をすることによって契約解消は可能であるといえます。しかし，この場合も使用者側からの一方的意思表示による契約解消（解雇）となりますので，その解消理由には一定の合理性が求められることになると考えられます。

ただし，そのような解雇事由が必要としても，正社員は社員教育と人事異動を通じてキャリアを形成させるという長期雇用システム下で処遇されていることを考えると，有期契約労働者にも正社員のような処遇が期待されているとはいえず，必ずしも正社員と同様の教育や是正手続が求められているとは考えられません。しかし，実務においては有期契約労働者にも是正手続をとっておく方がよいと思います[*]。

* **学校法人東奥義塾事件**＝青森地弘前支判平23.5.18労判1046-29
　塾長（高等学校の校長）という管理職および専門職労働者として中途採用された原告

が，高校内の秩序を乱したことを理由に，有期契約の期間途中で解雇された事案において，「これまで何らの処分歴のない原告に対して，より具体的かつ丁寧な指導や教示を十分に行うこともないまま，いきなり最も重い解雇という手段を選択したのは処分として重すぎるものといわざるを得ない。」として，解職処分は無効であると判示されました。

なお，同裁判例は，未払い賃金に関する請求につき，その一部を認めたうえで，賃確法に基づき年14.6％の割合による金員を支払うよう判示していますが，同法制定時の金利が年6.5％だったことに照らすと，同法の利率を現在において適用することには疑問が残ります。

5　雇止め法理が適用される有期契約労働者の中途解消は

有期契約労働者との契約の中途解消が「やむを得ない事由」という厳格な要件のもと保護されているのは，有期契約労働者は期間が満了すれば契約が当然終了し継続雇用が保障されないため，期間中はその雇用を保障する要請があるからです。

これに対し，雇止め法理が適用され，更新拒絶に合理的理由が要求されるこ

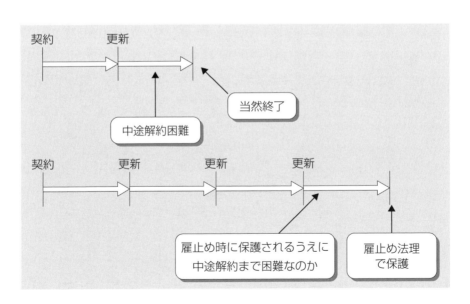

とにより継続雇用が保障されている有期契約労働者については，期間満了によって当然終了にならないため，そのような要請の度合いは自ずから異なったものになるはずです。更新拒絶の場面で雇止め法理の適用による保護を受けながら，中途解消の場面で解雇権濫用法理の合理的理由以上に厳格とも解される「やむを得ない事由」による保護を受けるのは，民法628条の趣旨にも反するといえます。

したがって，実定法上の「やむを得ない事由」について厳格に解する立場をとる場合でも，雇止め法理が適用される有期契約労働者に関しては，そうでない有期契約労働者よりも，中途解消に求められる合理的理由の程度は緩やかなものになると考えるべきです。

第10章／フルタイマーの労働契約解消 ◀697

第12節　日雇労働者の更新拒絶の場合の問題は

1　配膳人紹介制度とは

　日雇労働者といえば，一時はワーキングプアが社会問題化される中で日雇派遣が注目されましたが，日雇労働者の更新拒絶という形でよく問題となるのはホテルの配膳人です。配膳会という職業紹介事業者がホテルへ配膳人を紹介するシステムで，古くから日本のホテル業界独特の制度として存在しています。

　ホテルの業務は，1年を通じて季節や曜日，さらには時間帯によって宴会が開催される頻度も変わりますし，レストランの営業状況によっても，また景気の変動などによっても繁閑の差が非常に大きくなります。そのため，ホテルはこのような繁閑に対応できる臨機応変な労働力調整が必要となるので，正社員を除いて長期の雇用義務を負うような労働契約の締結を避ける必要があります。また配膳人の担当する業務は，その特性から代替性の高いもので，高度な専門性は必要とされていません。そこで多くのホテルでは，配膳会を通して配膳人の紹介を受け，配膳人と日々雇用契約を締結することで，業務の繁閑に応じた労働力調整を行っています。

　他方，この配膳人紹介制度は自己の都合に応じて臨時的に勤務し賃金を得たいと考える労働者のニーズに即したものでもあり，長期の雇用を望まない労働者も当該制度を支えてきたという面もあります。

2　配膳人の雇用責任はホテルにある

　配膳会と呼ばれる配膳人紹介事業者は，職安法に定める有料職業紹介事業者です。ホテルは，配膳会と配膳人紹介契約を締結して求職者を斡旋してもらい，日々雇用契約が継続する限りにおいてホテルと配膳人（求職者）は配膳会に対して紹介手数料を支払うのが通常です。

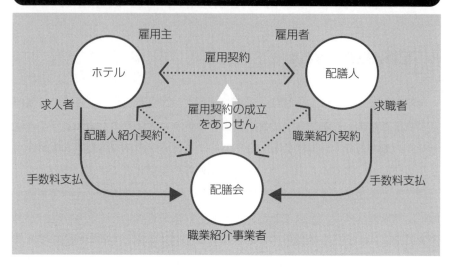

ホテルと配膳会の仕組み

このような関係のもと，配膳会と配膳人との関係は，求職者と職業紹介事業者という関係にあるにすぎず，配膳人との直接の雇用契約当事者はホテルであり，ホテルが雇用主としての責任を負います。

3 日々雇用契約でも雇止めにあたることがある

配膳人の中には，20年以上も同じホテルで働いている者もいて，「常備配膳人」などと呼ばれたりしています。このように長期にわたって継続するものであっても，配膳人との契約は日々雇用契約との性質は変わりませんが，当該契約の解消にあたっては，有期労働契約の雇止めにあたりうるとする裁判例があります（日本ヒルトンホテル〔本訴〕事件＝東京高判平14.11.26労判843-20判例・裁判例㉝）。

したがって，解雇権濫用法理が類推適用される事例も存在することになります。

第10章／フルタイマーの労働契約解消　◀699

判例・裁判例㉝　日本ヒルトンホテル〔本訴〕事件

東京高判平14.11.26／労判843-20

【事案概要】Xら4名は、ホテル経営等を目的とするYのAホテルにおいて、食器洗浄等を担当する配膳人（スチュワード）として就労していた者である。Xらは、有料職業紹介事業を営む配膳会に登録され、その紹介を受けて、Yに雇用されていた。Yは、バブル崩壊後の経営悪化に伴い、一方で平成11年春に正社員の労働組合と交渉し、ボーナスの減額、特別休暇の削減の同意を得、他方で配膳人に対しても、労働組合との団体交渉を経て①休憩時間を賃金対象外とすること、②交通費を定額から定期券代相当分へ変更すること、③深夜労働の割増賃金削減等、労働条件の引下げを通知した。これに対して、配膳人のうち95％にあたる170名（組合員37名）はこれに同意したが、Xらは、労働条件変更を争う権利（別途訴訟で争う権利）を留保しつつYの示した労働条件のもとに就労することを承諾するとYに通知した（異議留保付き承諾の意思表示）。YはXらを雇止めとしたため、Xらは、労働契約上の地位確認等を求めて提訴した。

【判決概要】裁判所は、XらとYはスチュワード業務に関し日々個別の雇用契約を締結している関係にあり、期間の定めのない雇用契約に転化したとか、これを締結したのと実質的に異ならない関係が生じたとはいえず、Yの平成11年5月11日以降の就労拒否が雇止めに該当すると判断した上で、次のように判示した。

「(1)　Xらは、本件雇止めまでいずれも約14年間という長期間にわたりYとの間の日々雇用の関係を継続してきたこと、(2)　Yも、平成3年11月1日に本件資格規定を定めるなど配膳人の中に常用的日々雇用労働者が存在することを認めるとともに、X1及びX2を常勤者…に、X4を準常勤者…に、X3を一般…にそれぞれ指定したこと、(3)　Xらは、遅くとも平成8年以降は週5日勤務を継続していたこと…、(4)　Yと組合は、Xら組合員の勤務条件に関して、時給額（交通費を含む）や勤務条件に関する交渉を定期的に行い、常用的日々雇用労働者について他の配膳人より高い基準での合意をしてきたこと、(5)　本件雇止め当時、XらにおいてAホテルにおける勤務条件と同程度ないしそれ以上の条件で、他のホテルにスチュワードとして勤務することは困難であったこと等の事情が認められるのであり、これらの事情を総合すると、常用的日々雇用労働者に該当するXらとYの間の雇用関係においては、雇用関係のある程度の継続が期待されていたものであり、Xらにおけるこの期待は法的保護に値し、このようなXらの雇止めについては、解雇に関する法理が類推され、社会通念上相当と認められる合理的な理由がなければ雇止めは許されないと解するのが相当である。」「XらとYの間の雇用関係が簡易な採用手続で開始された日々雇用の関係であること、ある日時における勤務は、XらがYから強制されるものではなく、Xらが希望しYが採用して初めて決定するものであること、Xらは配膳人からスチュワード正社員になる道を選択せず、配膳人であることを望んだこと等のXらとYの間の雇用関係の実態に照らすと、本件雇止めの効力を判断する基準は、期間の定めのない雇用契約を締結している労働者について解雇の効力を判断する基準と同一ではなく、そこには自ずから合理的な差異があるというべきである。」

② 無期フルタイマーの労働契約解消

1 無期フルタイマーとはどのような雇用形態か

　無期フルタイマーは，正社員とほぼ同一の労働時間を働いています。加えて，期間の定めがありません。法令上は，期間の定めがない方が，期間の定めがある場合よりも保護が薄くなりますが，日本の雇用社会では期間を定めることによって，契約の臨時性というものを昭和30年代から40年代に表してきた関係がありますので，実務では期間の定めがないということは，無期フルタイマーはある程度，恒常的労働力と考えられているといえます。

　雇用社会の実務では，無期フルタイマーの出現をできるだけ避けてきました。

　その理由は，正社員と労働時間が同一のため，職務内容次第では同一労働となり，同一労働同一賃金の法的な議論が発生してくる可能性があるからです。さらに，これに正社員と同様に契約期間の定めまでなくすと，その点に関する労働者の不満が大きくなり，労働紛争の発生の可能性はさらに大きくなると考えたことにあります。

　しかし，平成25年4月1日に施行された労契法18条の無期契約への転換システムにより，無期フルタイマーが出現することになりました。

2 無期フルタイマーの労働契約解消に求められる合理的理由の程度

　無期フルタイマーが，基幹的業務に就いている正社員と同一労働をしている場合であっても，正社員と同一の賃金を支払う義務は使用者にはありません（もっとも，同一労働同一賃金の議論はあります）。

　したがって，無期フルタイマーの労働契約解消はトラブルになる可能性が高いと思います。正社員と同じ時間・業務内容で働いても，賃金は安く，契約解

消も容易であれば，使用者のいいとこ取りだからです。トラブルが起きるのも当然といえます。

　無期フルタイマーの労働契約解消は，正社員と同様，普通解雇ですから解雇権濫用法理が適用されます。そして，賃金については，契約締結の自由の原則がありますから格差をつけることが認められたとしても，契約解消については，裁判所が解雇権濫用法理を適用して無期フルタイマーを救済するということが十分に考えられます。

　したがって，正社員とほぼ同一の内容の労働をしている無期フルタイマーについては，正社員に近似した契約解消理由が求められ，補助的業務を行っている無期フルタイマーについては，求められる契約解消理由の程度が前者より低くなると考えるべきです。[*]

> ＊　710頁で述べるように，パート労働法 9 条は，通常の労働者と同視すべき短時間労働者について，解雇事由を通常の労働者と同一事由にすることを求めています。
>
> 　しかし，無期フルタイマーは同法の適用対象ではありませんから，上記のとおりに考えればよいということになります。

第11章

パートタイマーの労働契約解消

第1節　パートタイマーとはどのような労働者をいうのか

1　有期契約労働者・中卒労働者の代替労働力として生まれたパートタイマー

　パートタイマーとは，フルタイムで働く正社員に対して，部分的な時間就労をする労働者，つまり短時間労働者のことです。

　日本では，解雇権濫用法理によって正社員を容易に解雇できないために，本来は流動費であるべき人件費が固定費化しています。そのため，雇用調整機能を持った労働力として，短時間労働者が必要とされました。つまり，短時間労働者は当初，雇用調整的な労働力と位置づけられていたのです。

　雇用調整的な労働力としてはじめに登場したのが，常用的な期間工です。常用的な期間工は，雇用調整のために有期労働契約を締結していましたが，昭和30年代から40年代の高度経済成長とともに，その多くが正社員化しました。その後，昭和48年のオイルショック，昭和52年の円高不況を越えて，再度労働力需要が高まったときには，昭和30年代から40年代前半にかけて「金の卵」と呼ばれた中卒労働者が，高校進学者の増加とともにいなくなるという現象が起きました。その代替労働力として考えられたのが，比較的余剰時間のある主婦層です。オイルショック後に夫の賃金の伸びが鈍化したことから，家計に追加的な所得が必要であったことも，主婦層が労働市場に出てきた要因の1つと考えられます。この頃から，家庭生活と両立させながら都合のよい時間に短時間働

く労働力として，パートタイマーが社会的に認知されてきました。

2 パートタイマーは使用者と主婦層のメリットが合致した雇用形態

パートタイマーとして働く人たちの基本的な要求は，「自分が働きやすい時間帯に短時間働く」ということです。家庭生活との両立が前提ですから，当然の要求といえます。しかし，使用者からすれば，使い勝手の悪い労働力となります。正社員であれば，8時間なら8時間と決めた所定労働時間を働いてもらい，必要に応じて時間外労働を命じることもできますが，パートタイマーではそうはいきません。

企業はこのデメリットを解消するために，パートタイマーの賃金を低く設定し，しかも労働契約を解消しやすいように契約を締結しました。一方，主婦層のパートタイマーも，働きやすい時間帯に短時間働くことで，家庭生活との両立ができますから，たとえ賃金が低く雇用の保障がなくても，それなりのメリットがあります。

このようにパートタイマーは，低コストで労働力が確保でき，容易に労働契約を解消することができるという使用者のメリットと，家庭生活との両立ができるという主婦層のメリットが合致した雇用形態といえます。また，年金給付を受けている高年齢労働者にとっても，賃金と年金の調整を図る意味で，短時間労働は望ましいものだったのです。[*]

[*] 不本意非正規（正社員として働く機会がなく，非正規雇用で働いている者）の割合は，非正規社員全体で約14.3%であるのに対し，パートタイマーでは約8.0%となっています（総務省統計局「労働力調査」平成29年平均）。

第2節 パートタイマーの労働契約の解消は雇用目的と労働時間などの雇用実態から判断する

1 雇用目的によるパートタイマーの分類

当初のパートタイマーは，まさに補助的・臨時的な労働力でした。第二次産業の工場などでは，機械作業や技術的な業務といった基幹業務には男性正社員が就いていますから，パートタイマーは必然的に補助的業務に就くことになります。また労働力としても，業務量が多い時期に，まさに臨時的に導入される形でした。

このようなパートタイマーとの労働契約は，原則として自由に解消することができると考えますが（期間の定めがあれば期間満了で終了します），後述する労働時間数との兼合いを考える必要があります。

これに対して，従来から基幹的・恒常的な労働力として雇用されるパートタイマーの存在が指摘されてきました。スーパーや外食産業で働くパートタイマーです。平成に入って以降，バブル崩壊などを経て非正規社員の割合は増加の一途をたどっており，企業は仕事を標準化（マニュアル化）し，サービスの質を落とさない形で，基幹的労働力としてコストの安いパートタイマーを活用する例が多くみられるようになっています。*一部では，他のパートタイマーの雇用管理をするなど，正社員代替労働力といえるものも出てきています。

*
(万人)

年	2006	2007	2008	2009	2010	2011	2012	2013	2014	2015	2016	2017
役員を除く雇用者	5092	5185	5175	5124	5138	5163	5154	5201	5240	5284	5372	5460
非正規社員	1678	1735	1765	1727	1763	1811	1813	1906	1962	1980	2016	2036
パート・アルバイト	1125	1164	1152	1153	1192	1229	1241	1320	1347	1365	1398	1414

〔出典〕総務省統計局「労働力調査」

雇用目的の変遷

第二次産業
工場など

補助的業務へ
臨時的に導入

→

第三次産業
スーパー・外食産業

基幹的業務に
恒常的に導入

　現在，単に短時間労働者といっても，雇用目的で分類すると，この2種類の
パートタイマーが存在するので，パートタイマーの労働契約の解消についても，
雇用目的に応じた取扱いが必要になると考えます。

　大まかにいえば，補助的・臨時的ならば必ずしも解雇権濫用法理または雇止
め法理の適用はありませんし，適用されても求められる合理的理由の程度は低
いと考えられます。一方，基幹的・恒常的な労働力であれば，原則として解雇
権濫用法理または雇止め法理の適用があると考えておくべきです。

2　労働時間数によるパートタイマーの分類

　短時間労働者の雇用管理の改善等に関する法律（以下「パート労働法」）は，
「この法律において『短時間労働者』とは，一週間の所定労働時間が同一の事業
所に雇用される通常の労働者（略）の一週間の所定労働時間に比し短い労働者
をいう」（同法2条）として，通常の労働者と比較した相対的な労働時間の短さ
によりパートタイマーを定義しています。

　一方，厚生労働省は，白書（資料編）の中で，週就業時間35時間未満の者を
「短時間雇用者」としており，このように絶対的な労働時間数を基準にパートタ
イマーを定義する場合もあります。

＊ 労働力調査におけるパートタイマーの定義 総務省の労働力調査では，勤め先の呼称によって雇用形態を分類していることは前述のとおりですが，『労働力調査の解説（第４版）』には，「就業時間によりフルタイムとパートタイムに分類することがある。一般には，週30時間又は35時間未満をパートタイム，それ以上をフルタイムとすることが多」いとの記述があります。また，月末１週間の就業時間数を調査し，35時間未満の場合を「短時間就労」として，該当者には短時間就労の理由を問うなど，週35時間がパートタイムとフルタイムを分ける境界線となっているといえます。

　そこで，この定義を用いて週間就業時間35時間未満の労働者をパートタイマーとする場合，法律上の取扱いの差異から，さらに次のように分類すべきではないかと考えます。

---

① 週間就業時間が30時間以上35時間未満のパートタイマー

② 週間就業時間が20時間以上30時間未満のパートタイマー

③ 週間就業時間が20時間未満のパートタイマー

　賃金などは契約当事者間で自由に設定することができますが，雇用保険や社会保険への加入については，別途法律で定められています。

　労働時間数の面だけでみると，雇用保険は，１週間あたりの所定労働時間が20時間以上の労働者が適用対象となります。社会保険については，1週間の所定労働時間または１カ月間の所定労働日数が正社員の４分の３以上の場合は，適用対象となります。また，労安衛法上の健康診断も，１週間の所定労働時間数が正社員の４分の３以上の場合は，実施する必要があります。

　したがって，正社員の週所定労働時間が40時間の場合で考えると，①のパートタイマーは，雇用保険，社会保険ともに適用対象であり，労安衛法上の健康保険も実施しなければなりません。

　②のパートタイマーも，雇用保険は適用対象です（以前は短時間労働被保険者として区別されていましたが，平成19年10月１日より正社員と同様の取扱いとなりました）。社会保険については，従前は適用対象外でしたが，法改正により，平成28年10月１日から，一定の要件を満たす場合は適用対象とされていま

第11章／パートタイマーの労働契約解消 ◀707

す[*]。そして，労安衛法上の健康診断については，通達により，週所定労働時間が正社員の2分の1以上4分の3未満の労働者については，「実施することが望ましい」とされています（平26.7.24基発0724第2号）。

③のパートタイマーについては，雇用保険も健康保険も適用対象外であり，労安衛法上の健康診断の実施対象ともなりません。

> **＊　短時間労働者に対する社会保険の適用拡大**
> 　1週間所定労働時間が20時間以上である労働者については，以下のいずれも満たす場合に，社会保険の適用対象とされています。
> ①　学生でないこと
> ②　雇用期間が1年以上の予定であること（更新の予定がある場合も含む）
> ③　75歳未満であること
> ④　被保険者数が常時501人以上の企業に勤めていること
> 　　（ただし，従業員数500人以下でも，労使で合意している場合等は適用対象）
> ⑤　1カ月あたりの決まった賃金が88,000円以上であること
> 　　（賞与，残業代，通勤手当は含まず，あらかじめ決まっている賃金［所定内賃金］で考える）

3　期間の定めの有無によるパートタイマーの分類

パートタイマーの労働契約解消について，重視されるのは，前記**1**および**2**で述べた雇用目的と労働時間数と考えています。契約解消に関連して，期間の定めがあるか否かは，次のように考えればよいと思います。

---

① 　解雇権濫用法理について，期間の定めがない場合は「適用」，期間の定めがある場合は「類推適用」（雇止め法理）となる。

② 　期間の定めがある場合には，民法628条，労契法17条の適用があり，その途中解消は期間の定めがない場合の解消よりも難しい。

③ 　期間満了による終了の場合は雇止めの問題となり，期間の定めのない場合の解消より容易となる。

4　解雇権濫用法理または雇止め法理の適用

　このように考えると，基幹的・恒常的な労働力で週間就業時間が30時間以上35時間未満のパートタイマーについては，正社員に相当近い取扱いとなるだろうと思います。しかし，補助的・臨時的労働力であれば，雇用保険や社会保険の問題とは別に，正社員との差があります。

　したがって，工場等で補助的・臨時的労働力として働いているパートタイマーについては，原則として解雇権濫用法理または雇止め法理の適用はないと考えますが，週間就業時間が30時間以上のパートタイマーについては，適用はあるけれども，その要求される合理的理由の程度において正社員より低いと考えておく必要があると思います。

　また，スーパーや外食産業等で基幹的・恒常的労働力として働いているパートタイマーでも，週間就業時間が20時間未満であれば，解雇権濫用法理または雇止め法理の適用はないと考えてもよいと思います。

　あとは，その労働契約の解消が不当な目的で行われたものではないか，信義則上許されない場合があるかどうかをチェックすることになります。[*]

　　＊　補助的・臨時的労働力として働いているパートタイマーや65歳以上の高年齢者については，解雇権濫用法理または雇止め法理が適用される場合であっても，求められる合理的理由の程度は低いと考えられます。そして，解雇権濫用法理または雇止め法理が適用されない場合であっても，不当目的および信義則違反という観点からのチェックはなされます。したがって，解雇権濫用法理または雇止め法理が適用されるか否かによって，労働契約解消の難しさは実際上あまり変わらないといえます。

　あくまでも私論ですが，整理すると，次のようになります。

---

①　補助的・臨時的労働力として雇用されているパートタイマーと基幹的・恒常的労働力として雇用されているパートタイマーの双方とも，週間就業時間が20時間未満であれば，解雇権濫用法理または雇止め法理の適用はない[*]。

第11章／パートタイマーの労働契約解消 ◀709

雇用実態によるパートタイマーの分類

○：適用ありと考える
△：適用の可能性がある
×：適用なしと考える

週間就業時間	解雇権濫用法理または雇止め法理の適用		雇用保険	社会保険	健康診断
	補助的・臨時的労働力	基幹的・恒常的労働力			
30時間以上35時間未満	○	○	適用対象（正社員と同様）	適用対象	実施対象
20時間以上30時間未満	△	○	適用対象（正社員と同様）	適用対象となる場合あり*	行うことが望ましい
20時間未満	×	×	対象外	対象外	対象外

＊平成28年10月1日より適用拡大

> 　　　　＊ 不当目的および信義則違反という観点からのチェックはある。
> ② 補助的・臨時的労働力として雇用されているパートタイマーで，週間就業時間が20時間以上30時間未満であれば，解雇権濫用法理または雇止め法理の適用の可能性がある。
> ③ 補助的・臨時的労働力として雇用されているパートタイマーで週間就業時間が30時間以上，基幹的・恒常的労働力として雇用されているパートタイマーで週間就業時間が20時間以上であれば，解雇権濫用法理または雇止め法理の適用がある。

　合理的理由の程度については，雇用実態に応じて考えられると理解すればよいと思います。上の表を私論として参照してください（ただし，週20時間未満のパートタイマーでも，その企業の従業員の大多数を占め，そのパートタイマーがその企業の基幹的労働力の場合には，解雇権濫用法理または雇止め法理の適用の場面が生じることも十分に考えられます）。

　前述のとおり，スーパーや外食産業では，週間就業時間が30時間以上35時間

未満のパートタイマーを，正社員の代替労働力として（基幹的・恒常的労働力として）使っていますし，企業によっては社員教育を行い，役職につけて他のパートタイマーの管理をさせていたり，処遇についても昇給や人事考課を実施し，退職金も支払っている場合もあります。このように雇用実態が正社員に近似している場合は，解雇権濫用法理または雇止め法理の適用があると考えるのが，もっとも理解しやすいと思います。

　以上のように，パートタイマーの労働契約の解消問題については，期間の定めの有無で区別する必要はないと考えます。補助的・臨時的労働力なのか，基幹的・恒常的労働力なのかということと，労働時間数に基づいて考えればよいと思います。*

＊　**JR西日本メンテック事件**＝東京地判平16.3.12労経速1877-3［控訴審にて和解成立］
　　　有期パート従業員の雇止めの効力が争われた事案において，原告が担当していた業務は食器等の洗浄であり，被告の受注量によって業務量が日々変動し業務自体あまり熟練を要するものでないことから，被告（従業員数不明）では，この業務に対してはパート従業員によって対応しているところ，原告と被告は本件労働契約締結にあたり，当初は雇用契約を1カ月，契約勤務時間を1日6時間以内（筆者注：月間所定労働日数は概ね22日以内），雇用期間中であっても業務量減による場合等は本件労働契約を解約することがある旨を合意し，原告が被告に雇用されてから本件雇止めに至るまで本件雇用契約は6回更新されたが，契約締結時および更新の際に定められた雇用期間は1カ月が2回，4カ月が1回，半年が4回と比較的短期であったうえ，更新ごとに雇用契約書を作成し，その契約内容も時給と雇用期間を除いては内容に変更はなく，さらに被告では少なくとも約6年間弱の間に本人の意思にかかわらず雇止めとなった従業員は28名いたとの事情を総合すると，被告においてパート従業員について雇用期間を定めて労働契約を締結していることにはそれなりの合理的な根拠があるし，また，期間の定めが形骸化して本件労働契約が期間の定めがない契約と同様の状態になっていたということもできず，さらには更新の実態からみて，原告に更新を期待しうるだけの合理的な理由はなかったといわざるをえないとして，雇止め有効と判示されました。

5　パート労働法の平成26年改正による影響

　平成26年パート労働法改正（平成27年4月1日施行）により，同法9条に次のように定められました。

（通常の労働者と同視すべき短時間労働者に対する差別的取扱いの禁止）

第9条　事業主は，職務の内容が当該事業所に雇用される通常の労働者と同一の短時間労働者（略）であって，当該事業所における慣行その他の事情からみて，当該事業主との雇用関係が終了するまでの全期間において，その職務の内容及び配置が当該通常の労働者の職務の内容及び配置の変更の範囲と同一の範囲で変更されると見込まれるもの（略）については，短時間労働者であることを理由として，賃金の決定，教育訓練の実施，福利厚生施設の利用その他の待遇について，差別的取扱いをしてはならない。

　同条は，通常の労働者と比較して，以下の点が同じパートタイマーについては，賃金の決定，教育訓練の実施，福利厚生施設の利用その他の待遇について，短時間労働者であることを理由として差別的取扱いをしてはならないと規定しています。*

① 　職務の内容（業務の内容および責任の程度）

② 　職務の内容および配置の変更の範囲（人材活用の仕組みや運用等）

---

* 　平成26年改正により，平成19年改正法8条1項が定めていた「通常の労働者と同視すべき短時間労働者」の要件から，「期間の定めのない労働契約を締結しているもの」という要件が削除され，その範囲が拡大されました。

　　もっとも，この点は，実務において大きな意味はないと考えられます。なぜなら，正社員とパートタイマーの両方を雇用している事業所のパートタイマーの数を母数としたときに，①職務の内容，②職務の内容および配置の変更の範囲，③無期契約という3要件を満たすパートタイマーの割合は約0.7％，①および②の2要件を満たすパートタイマーの割合は約1.5％にとどまっているからです（平成28年パートタイム労働者総合実態調査[厚生労働省]）。

　そして，労働契約の解消の取扱いについても，同条の「その他の待遇」にあたることから，上記①②の要件を満たすパートタイマーについては，通常の労

働者と同様の取扱いとしなければなりません。*

> * 解雇事由は通常の労働者と同一事由になると考えますが，解雇権濫用法理における合理的理由の程度は，時間比例になるのではないかと思います。これが如実に表れるのが整理解雇で，人選基準において，パート労働法9条に該当するパートタイマーよりも正社員の保護の方が優先します。

しかし，実務では，上記①②の各要件について，通常の労働者とは異なる労務管理を行うことにより，パート労働法9条の適用を回避することは十分可能です。*その結果，労働契約の解消の場面においても，パート労働法改正の影響を直接的に受けることはほとんどないといえ，前記**3**までの対応で実務は十分だと考えます。

なお，パート労働法9条（旧8条）関係の是正指導件数は，平成26年度が3件（全体の0.0%），平成27年度が5件（0.0%），平成28年度が2件（0.0%）との統計結果も，上記の結論を裏づけているといえます。

> * **「職務の内容」等の同一性の判断基準**　パート労働法の施行通達（平26.7.24基発0724第2号）では，①「職務の内容」が同一であるかは，まずパートタイマーと通常の労働者が従事する「業務の種類」（営業職・販売職・管理職・事務職・製造工・印刷工など）を比較し，この時点で異なれば「職務の内容」は異なることになるとされています。一方，「業務の種類」が同一のパートタイマーと通常の労働者がいる場合には，それぞれの中核的業務を抽出し，その中核的業務が実質的に同じか否かで判断することになります。この中核的業務がパートタイマーと通常の労働者で実質的に同じと判断された場合に，「業務の内容」が同じとされるのです。
>
> 　しかし，「業務の内容」が同じであっても，当該業務に伴う「責任の程度」が異なれば，①の要件は満たしません。「業務の内容」が同じである場合には，与えられている権限の範囲（単独で契約が可能な金額の範囲，管理する部下の人数，決裁権限の範囲など），業務の成果について求められている役割，トラブル発生時や臨時・緊急時に求められる対応の程度，ノルマなどの成果への期待度などを比較して，通常の労働者の「責任の程度」と著しく異なるかを判断し，著しく異なる場合には，「業務の内容」が同じであっても，「職務の内容」は異なることとなり，9条の適用は外されることになります。したがって，実務では，通常の労働者とパートタイマーが実質的に同じ業務を行っている場合，この「責任の程度」において差をつけることで，9条の適用を回避することが可能といえます。
>
> 　なお，前記通達では，この「責任の程度」を比較する際，上記の事項の補助的指標として「所定外労働の有無および頻度」もその判断要素の1つとなるとしています。しか

し，そもそも私生活とのバランスをとりながら短時間で働くことを前提とするパートタイマーについては，所定時間内で働くことが基本であり，時間外労働させること自体が矛盾します。にもかかわらず，通達どおり今後の労働行政が運用されるとすれば，通常の労働者には時間外・休日労働があるのに対し，パートタイマーにはこれをさせないという実態をもって，「職務の内容」が異なることとなり，9条の適用場面は実務上ほとんどなくなるといえます。

次に，①「職務の内容」が通常の労働者と同一の場合であっても，②「職務の内容および配置の変更の範囲」（以下，「人材活用の仕組みや運用等」）が通常の労働者と異なれば，②の点について要件を満たさなくなり，9条の適用が回避されます。具体的には，職種変更や転勤などの人事異動の有無およびその範囲が全雇用期間を通じて通常の労働者と同じであることが，就業規則や慣行などで見込まれているか否かで判断されます。前記通達では，まず，転勤の有無を比較し，通常の労働者に転勤があり，パートタイマーに転勤がなければ，その時点で「人材活用の仕組みや運用等」は異なるとして9条の適用を外れるとしています。仮に，通常の労働者およびパートタイマーともに転勤がある場合であっても，通常の労働者は全国転勤，パートタイマーはエリア限定という場合にはその範囲に差があるため，「人材活用の仕組みや運用等」は異なると判断されます（なお，前記通達では転勤の有無およびその範囲のみを比較対象としていますが，人材活用の仕組みとしては転勤だけでなく出向の有無およびその範囲も影響すると考えます）。したがって，一定規模の企業であれば，通常の労働者とパートタイマーの転勤の有無およびその範囲について差を設けることで，9条の適用を回避することが可能といえます。

一方，中小零細企業などで事業所が1つしかなく，通常の労働者であっても転勤がないという場合には，人事異動による配転や昇進などによる「職務内容の変更」と「配置の変更」の有無およびその範囲を比較し，これも同じであれば「人材活用の仕組みや運用等」が同一と判断され②の要件を満たすことになります。そこで，実務では，転勤の有無およびその範囲において通常の労働者とパートタイマーに差をつけることが難しい場合，配置替えや昇進の有無およびその範囲に差を設けることによって9条の適用を外すことを検討すべきといえます。

なお，この点が争われた例として，次の2つの裁判例を紹介します。

ア　ニヤクコーポレーション事件＝大分地判平25.12.10労判1090-44［控訴審にて和解成立］

準社員である原告が，被告はパート労働法旧8条1項（現行9条）に違反する差別的取扱いをしていると主張して，不法行為に基づく損害賠償を請求した事案です。

裁判所は，原告が通常労働者と同視すべき短時間労働者に該当するとしたうえで，正社員と準社員との間で賞与額が大幅に異なる点（年間で40万円以上の差），週休日の日数が異なる点（年間で33日の差），退職金の支給の有無が異なる点は，パート労働法旧8条1項に違反するとして，賞与の差額分，週休日に勤務した場合の賃金差額分（準社員は通常の賃金しか得られないのに対し，正規社員は時間外割増賃金を得ることができた）等

について損害賠償請求を認めました。

イ　京都市立浴場運営財団ほか事件＝京都地判平29.9.20判例集未掲載

　被告の解散に伴い解雇された嘱託社員である原告らが，正規社員と異なり退職金が支払われなかったため，本件取扱いはパート労働法旧8条1項（現行9条）に違反すると主張して，被告に対して退職金相当額の支払いを求めた事案です。

　裁判所は，原告らが通常労働者と同視すべき短時間労働者に該当するとしたうえで，嘱託社員の職務の内容は正規職員の職務の内容と全く同一であると判示しました。

　また，嘱託社員であっても主任になる者もいたこと，嘱託社員には他浴場への異動が予定されていないにもかかわらず正規職員にはそれが予定されていたなどの事情がないことから，正規職員と嘱託社員との間での人材活用の仕組み，運用が異なっていたわけでもないので，原告らは，全期間において職務の内容および配置の変更の範囲が正規職員のそれと同一と見込まれると判示しました。

　そのため，本件取扱いに合理的理由は見当たらないからパート労働法旧8条1項違反があるとして，退職金相当額につき損害賠償請求を認めました。

第11章／パートタイマーの労働契約解消 ◀715

第3節　パートタイマーの労働契約の解消をめぐる　　トラブルの実状

1　パートタイマーの収入は補助給的なもの

　これまで日本の雇用社会では，終身雇用制・年功序列制のもとで，年功序列型賃金体系に基づく賃金が支払われてきましたが，この年功序列型賃金は，家族が食べられる賃金＝生計費を参考に決められてきました。

　こうして決められた最低の生活費は，家族の誰か1人に支払われます。その1人とは男性です。つまり，日本では，男性正社員に生計費が支払われるというシングルインカム・システムがとられてきました。

　女性については，結婚退職し，出産して子どもが成長したら，パートタイマーとして再び勤務するという形態になっていました。しかし，生活に必要な賃金は男性に支払われている以上，女性には生計費を支払うことはないということになります。

　税法も男性正社員の妻が稼がないように（家計の補助給的なものであるように）するシステムをとっています。まず，年収が100万円以下（各課税区域により額が異なります）であれば住民税の所得割がありません。また，年収が103万円以下であれば所得税を支払う必要はありません。そして，年収が150万円以下であれば夫の税金を計算する際に配偶者控除を受けることができます。そして，年収が150万円を超えて201万円以下であれば，夫の所得が一定額を超える場合を除き，夫が配偶者特別控除を受けることができます（平成30年1月分より適用）。実際，パートタイマーとして働く女性の多くは，この税法に従って，収入を調整しながら働いています。

2 パートタイマーの労働契約の解消をめぐるトラブルが少ない理由

　このように，パートタイマーの収入は家計の補助的なもので，決して高いものではありません。仮に労働契約を解消されても，正社員として働く配偶者の収入がありますから，食べていけないほど生活に困るということは少ないといえますし，契約解消に不満があっても，配偶者の社会的立場を考えれば，黙って我慢した方が得策と考えられたのだと思います。

　また，一般的にパートタイマーは自宅から近い企業（通勤時間にすると20～25分程度）に勤務しています。そのため，勤務先企業との間でトラブルが起きれば，今後の私生活に支障をきたすことにもなりかねません（いわゆる世間体が悪くなります）。その企業が地域の大手企業であればなおさらです。

　さらに，パートタイマーの労働条件が地域相場で決定されていることから，仮に一方的に労働契約を解消されたとしても，同じような労働条件で再就職できる可能性は正社員などに比べて高いといえます。そこで，勤務先とトラブル

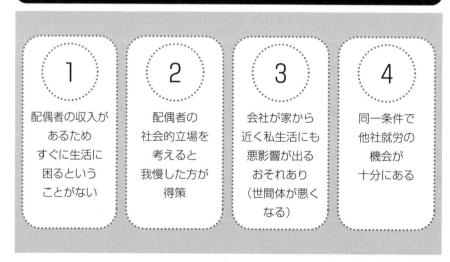

労働契約解消をめぐるトラブルが少ない理由

1 配偶者の収入があるためすぐに生活に困るということがない

2 配偶者の社会的立場を考えると我慢した方が得策

3 会社が家から近く私生活にも悪影響が出るおそれあり（世間体が悪くなる）

4 同一条件で他社就労の機会が十分にある

第11章／パートタイマーの労働契約解消 ◀717

を抱えるよりは，次の勤務先を探す方がよいとなったとも考えられます。

　このような理由から，パートタイマーの労働契約の解消をめぐるトラブルは
あまり起きなかったと考えられるのです。

718 ▶ 第1編／労働契約の解消

第4節 アルバイト・フリーターの労働契約解消に ついての考え方

アルバイトおよびフリーターの労働契約の解消は，基本的には以下のように考えます。

---

① 無期契約で短時間労働　→パートタイマーと同様

② 無期契約で正社員と同様の労働時間　→無期フルタイマーと同様

③ 有期契約で短時間労働　→パートタイマーと同様

④ 有期契約で正社員と同様の労働時間　→有期フルタイマーと同様

もっとも，一般的な学生のアルバイトについては，原則として学校を卒業するか，退学したときに労働契約は終了するとの合意があると考えられます。

また，アルバイトとフリーターの場合いずれも，労働契約がどのような意図で締結されたのかについて十分注意し，特別な合意がなかったかどうかを考える必要があります。そして，特別の合意がなされていれば，その合意に従うことになります。

第8章第5節では，採用選考における見極めこそが，労働契約解消をめぐるトラブルを防ぐ最善の策であると説明しました。しかし，平成30年現在，日本は深刻な人手不足に陥り，労働市場では，とくに非正規社員について，人材を確保することが優先される状況になっています。そのため，十分な選考を行わずに採用し，業務開始後に問題が発生する場面が多く生じています。

このような状況において，非正規社員は，そもそも雇用保障の程度が正社員とは異なることから，きちんと手続を踏めば，労働契約の解消も認められやすいのではないかとも考えられます。

したがって，今後の実務は，とりあえず非正規社員として人材を確保し，

問題が大きければ労働契約を解消するという手法により解決する方向へと流れていくのではないかと感じています。

第12章

専門能力を有する契約社員の労働契約解消

1　専門能力者については契約期間を定めるべき

　昨今，科学研究者やシステムエンジニア，医師・薬剤師，デザイナーのような専門能力を持つ契約社員が増加しています。

　本書では，契約期間の定めがあるか否かに分けて労働契約解消について述べていきますが，実務では必ず契約期間を定めるべきです。なぜなら，会社側にその期間中，専門能力を持つ労働者を拘束するメリットがあるからです。専門能力を持つ労働者は，外部労働市場の中核として今後ますます流動化していき，ヘッド・ハンティングの対象ともなっていくといえます。もし期間を定めなかったならば，労働者はいつでも退職し，競業他社に就職できることになります。そこで，その専門能力を活用するために，会社は専門能力を持つ労働者を契約期間は社内に拘束する必要があるわけです。

2　契約期間の定めがない場合

　契約期間の定めがない場合，労働契約解消は原則としていつでも自由にできます（民法627条）。注意しなければいけないのは，正社員については契約期間の定めがなくても，終身雇用制という長期雇用システムの雇用慣行が存在するために，解雇権濫用法理が適用されますが，契約社員にはこの雇用慣行が存在しないという点です。したがって，民法627条の原則に従うことになると考えるべきです。

ただし，恣意的な契約解消は信義則違反として許されないといえます。

また，仮に契約当初，ある程度の期間の雇用の期待を持たせる言動があった場合には，解雇権濫用法理がこのような契約社員にも適用される可能性がないとはいえません。しかし，そのような場合でも，労働契約の内容となっている業務に対する専門的な業務遂行能力が欠けていれば，その解消には合理的理由があるものと評価されるといえます。[*]

  [*]　中途採用で，限定された職務が高度な専門性や高い職位を伴う場合には，解雇をするにあたり，「警告は必要とされるものの，高い能力を期待して雇用していることから，その職務に必要な能力を習得するための教育訓練の実施は必ずしも求められないという傾向がみられる」との裁判例分析がなされています（「『多様な正社員』の普及・拡大のための有識者懇談会報告書」平成26年7月）。
  　専門能力者に対する解雇が有効とされた事案として，A病院〔医師・解雇〕事件＝福井地判平21.4.22労判985-23，類設計室事件＝大阪地判平22.10.29労判1021-21，ロイヤル・バンク・オブ・スコットランド・ピーエルシー事件＝東京地判平24.2.28労働判例ジャーナル3-8等があげられます。

したがって，労働契約を締結するときには，雇用契約書の中で，労働者の持つ具体的専門能力を特定すること（たとえば，システムエンジニア，デザイナー等として雇用することを明らかにする），賃金は，その専門能力にふさわしい額を設定すること（労基法14条を意識して，1,075万円以上。自ずから同種の正社員より高い賃金を設定することになると思われます）などが重要となってきます。

このようなタイプの労働者について期間の定めのない契約を締結するのであれば，契約締結時に契約解消事由について明確に書面等で合意するなどして意思確認をしておく必要があると考えます。

3　契約期間の定めがある場合

期間の定めがある場合は，期間満了とともに労働契約は終了します。

もっとも，その期間を更新することは当然に可能です。この更新を重ねることにより長期雇用も可能ですし，現実に実務では更新が重ねられる方が多いと

いえます。

更新上限特約については，臨時工を代表とする有期契約労働者については，同特約が無効と考えられる可能性があることについては前述のとおりです（第10章第10節）。とくに現時点で新たに更新上限特約を付けるとなると，その目的は労契法18条の適用を免れることにあると考えられますので，原則としてその有効性が認められることは難しいと考えます。

しかし，専門能力を有する契約社員の場合は，正社員の雇用の調整弁という目的で雇用されるわけではなく，自分が有している専門能力を取引の内容として，一般的には正社員よりも高い賃金を獲得するわけですから，まさに対等の取引と考えてよいといえます。したがって，この契約社員については，同特約は原則として有効と考えます。これは，有期契約労働者の契約期間について，原則は3年以内としつつも，専門能力者は5年以内とした労基法14条の平成15年改正結果からも妥当だといえます。

もっとも，専門能力を有する契約社員については，更新上限特約を付けるとかえってマイナスになるのではないかと考えます。というのも，もともと対等な取引ですから，期間満了とともに労働契約は終了するのが原則です。ところが，更新上限特約を付けることにより，その特約がある期間は更新する可能性があることを示すことになるのです。

したがって，専門能力を有する契約社員については，更新上限特約を付ける必要はないといえます。

そして，契約期間中に契約を解消する場合，その労働者の専門的能力の不足が原因であれば，正当性があるとして肯定されるといえます。なお，その前段として，配転による雇用確保措置をとる必要性はないといえます。これは，大企業の課長から中小企業の部長になるというような地位特定者と同様の考え方です。

第13章

 高年齢者と労働契約解消

1 高年齢者の契約解消の考え方

(1) 高年齢者とは

高年法2条1項は,「この法律において『高年齢者』とは,厚生労働省令で定める年齢以上の者をいう」とし,これを受けて,同法施行規則1条は,その年齢を「55歳」と定めています。よって,高年法における「高年齢者」とは,「55歳以上の者」を指します。そこで,本書も,55歳以上の者を高年齢者として論じることにします。

(2) 基本的な考え方

高年齢者については,無期契約である場合もありますが,その大半は有期契約となっています。労働契約の解消にあたっては,これまで述べてきたとおり,雇用目的が臨時的業務か常用的業務か,フルタイマーかパートタイマーかといった視点でみていくことになります。

加えて,高年齢者については,その年齢に起因する特殊性についても考慮する必要があります。さらに,外部労働市場か,内部労働市場か,定年後再雇用者かといった点も考えていく必要があります。

(3) 高年齢者に雇止め法理は適用されるか

筆者は,昭和の裁判例*,および平成15年改正労基法14条が,60歳以上の高年齢者を例外として,労働契約の期間を60歳未満の労働者より長期間締結できる

という措置をとっていることなどを理由に，60歳以上の有期労働契約について
は雇止め法理は適用されず，信義則に反するような特別な事情がある場合にの
み，雇止めが無効となるとして，20〜30代の有期労働契約とは区別して考えて
きました。

> * **鉄道整備事件**＝東京地決昭52.12.21労経速973-12
>
> 　60歳定年退職の翌日から，臨時職員として6カ月間の有期労働契約を更新して4年間
> 勤務した労働者が，5年目以降の更新を拒絶されたことに対して従業員たる地位の確認
> を求めて争った事案です。
>
> 　裁判所は，「定年退職後の有期雇用契約更新の繰返を，一般の臨時工のそれと同列に考
> えることは，その実態・運用から見ても，相当でないと考えられる。定年退職後のそれに
> は，自ら制約が伴うものというべきである」と判示しました。同判決は，一般に，高齢
> になるほど作業能率が低下し，危険が増すことはいうまでもなく，定年制度を不合理な
> ものとはいわないように，会社がなるべく若年労働者の補充に努めて，高年齢者との入
> 替を図ってきたことを，不合理と断じ非難することは困難であると説示しています。

　そして平成10年代に入り，60歳定年制が定着し，かつ65歳定年制が目指され
るという雇用社会の変化，また高年法の規定等を踏まえ，筆者は，近時は，65
歳以上の有期労働契約の雇止めには，雇止め法理の適用はないとの立場をとっ
ています*。

> * 　労契法18条の無期転換に関して，有期特措法が，定年後引き続き当該事業主で有期雇
> 用される労働者について，当該有期雇用期間は無期転換に係る通算契約期間に算入しな
> いとする特例を定めていることからも，65歳以後の労働者についてそれ未満の労働者と
> は違って取り扱うことについて，一定の合理性があるものと考えられます。

　一方，近時の裁判例では，65歳以上の有期労働契約についても，雇止め法理
の適用を認めるものもあり，裁判実務はその方向に流れる可能性は十分にある
と考えます*。

> * 　65歳で定年退職後，グループ会社に再就職し，期間を1年とする雇用契約を締結・更新
> して，2年経過後に雇止めをされた事案（大京ライフ事件＝横浜地決平11.5.31労判769-
> 44），ほぼ60歳で前職を退職した後，控訴人に嘱託として雇用され，それぞれ66歳，67歳
> で雇止めされた事案（日本美術刀剣保存協会事件＝東京高判平21.5.19判例集未掲載）に
> おいて，上記高年齢者の雇止めについても，裁判所は解雇権濫用法理を類推適用すべき
> と判断しています。もっとも，後者の事件では，一審（東京地判平20.5.20判タ1291-

217）は，雇止め時には年金も受給可能な年齢に達しており，若年労働者ほどには雇用継続の必要性も強いものとはいえないとして，同法理を類推すべきものとはならないと判断していますし，類推適用すべきと判断した控訴審においても，類推適用の理由として，同協会の定年年齢である70歳になるまでの間は更新されて継続することを一定程度期待したものと認めて，その期待に合理性があったと解しているところに，留意しておく必要があります。

とはいえ，筆者の立場と雇止め法理の適用を肯定する裁判例の具体的適用場面では，それほどの差が発生することはないと思います。適用はあっても，それに求められる具体的な理由の程度は，20〜30代の基幹的な労働力の雇止めとは，程度の差があることは裁判例も認めるところです。

さらに筆者は，期間の定めのない契約について，正社員の雇用慣行から解雇権濫用法理が確立されたものであり，このような雇用慣行のない定年年齢に達している高年齢者については，その法理の適用がなく，当該労働契約に特別の合意がなければ，契約の解消は基本的に自由にできると考えていました。

しかし，有期労働契約について，60歳以上の高年齢者の雇止めについては原則的に適用があり，65歳以上の高年齢者の雇止めについてもその適用を認める裁判例の傾向があり，かつ，労契法および派遣法にみるように，有期契約より無期契約の方が雇用が安定するとの考えのもと各種の立法が進んでいる現状では，高年齢者についても，無期契約労働者の方が有期契約労働者よりも雇用が守られる合意のうえの契約であるとの考えで対応する必要があるといわざるをえません。

したがって，高年齢者の労働契約解消については，以下の立場で説明します。

① 65歳以上の高年齢者の雇止めについては，雇止め法理の適用はなく，個別に信義則に照らして当該契約解消の有効性を判断するが，期間満了で終了するのが原則である。
② 無期契約労働者は有期契約労働者よりも雇用の保護は厚いと考える（もっとも，契約期間中であれば，有期契約労働者の方が保護される）。
③ 定年制がある無期契約労働者と定年制がない無期契約労働者であれば，

> 60歳を超えた年代においては定年年齢までは前者の方が保護が厚いと
> 考える。

本書では，まず定年後再雇用以外の高年齢者雇用について述べ，その後に定年後再雇用について述べていきます。

2　高年齢者雇用（定年後再雇用以外）の労働契約解消

(1)　高年齢者の分類

本書では，55歳以上の労働者を以下の3つの類型に分類して考察していきます。[*]

---

①　内部労働市場型（第1類型）
②　外部労働市場型（第2類型）
③　高年齢者基幹労働力型（第3類型）

---

*　これは一般的な考え方の類型ですので，個別事案を検討するにあたっては，当事者の合意の内容を模索しなければいけないことに注意する必要があります。

ア　内部労働市場型（第1類型）

新卒または第二新卒として入社し，同一の企業で働き続けている労働者をいいます。

イ　外部労働市場型（第2類型）

外部労働市場にいる55歳以上の労働者としては，当初から非正規社員だった人と，当初は正社員でその後外部労働市場における労働力となった人（早期退職優遇制度等）とが考えられます。

この類型の労働者は，通常は，有期労働契約を締結している状況が想定され，

地位特定者やスペシャリストといった特殊な地位や専門能力があって外部労働市場から55歳を超えて雇用された労働者も想定されます。

ウ　高年齢者基幹労働力型（第3類型）

ビルや駐車場の管理または清掃等の事業では，その業務内容に若年者レベルの体力や能力が必要とされないことから，高年齢者を基幹労働力として雇用している場合があります[＊]。

> ＊　上記事業は，昭和61年の派遣法施行時のポジティブ方式においても，「建築建物清掃」や「受付・案内・駐車場管理」として労働者派遣事業の適用対象業務とされていました。

この場合，高年齢者ということがその労働契約の内容となっており，若年者より体力や能力が劣ることを前提として雇用され，それに応じた労働条件が設定されていることもあり，第1類型の高年齢者とは区別すべきと考えます[＊]。

> ＊　60歳以上の労働者は，40代の労働者と比較しても，脳・心臓疾患の労災補償の請求件数に大きな違いはありません（支給決定件数は少ないですが，それは高年齢ということによるものといえます）。つまり，高年齢者は若年層に比べて身体的なリスクが高いといえます。

［脳・心臓疾患の年齢別請求，決定および支給決定件数］

年齢	請求件数（うち死亡）	決定件数（うち死亡）	うち支給決定件数（うち死亡）
19歳以下	0　（0）	0　（0）	0　（0）
20～29歳	15　（5）	11　（4）	4　（2）
30～39歳	85　（34）	75　（36）	34　（17）
40～49歳	239　（92）	188　（75）	90　（38）
50～59歳	266　（75）	226　（86）	99　（38）
60歳以上	220　（55）	180　（52）	33　（12）
合計	825　（261）	680　（253）	260　（107）

〔出典〕厚生労働省　平成28年度「過労死等の労災補償状況」

また，60歳以上の再雇用者については，有期労働契約の無期労働契約への転換（労契法18条）の例外となっていますが（有期特措法2条3項2号，8条2項），この例外の適用を受けるためには，事業主は厚生労働大臣に対し，健康管理の配慮に関する記載をした計画を提出して認定を受ける必要があります（有期特措法6条・7条，平27厚労告69号）。つまり，法律にも，高年齢者が健康リスクを抱えていることが表れているといえます。

第1編／労働契約の解消

以下では，55歳以上の労働者を内部労働市場型・外部労働市場型・高年齢者基幹労働力型の3つの類型に分類し，さらに各類型の中で，定年の定めの有無や期間の定めの有無により区分して考察します。

なお，以下の説明はあくまでも私論であることをお断りしておきます。

(2) 内部労働市場型（第1類型）の高年齢者

新卒または第二新卒として入社し，そのまま長期雇用の枠組みの中で同一の企業で働き続けている高年齢者について検討します。この類型の労働者は，基本的には期間の定めのない労働契約を締結していることを前提とします。

ア　定年の定めがない場合

(ア)　55歳以上60歳未満

定年の定めがないといっても，終身雇用の約束をしているわけではなく，長期の雇用が想定されているにすぎません[*1]。また，年齢的にも55歳未満の正社員と何ら取扱いに変わりはありません。したがって，その契約解消は，正社員の場合と同様ですので，第3章「正社員の普通解雇」を参照してください[*2]。

* 1　**秋北バス事件**＝最判昭43.12.25労判71-14も，「労働契約に停年の定めがないということは，ただ，雇用期間の定めがないというだけのことで，労働者に対して終身雇用を保障したり，将来にわたって停年制を採用しないことを意味するものではなく，俗に『生涯雇用』といわれていることも，法律的には，労働協約や就業規則に別段の規定がない限り，雇用継続の可能性があるということ以上には出でないものであって，労働者にその旨の既得権を認めるものということはできない」と判断しています。

* 2　**エース損害保険事件**＝東京地決平13.8.10労判820-74判例・裁判例⑨

正社員の普通解雇における解雇権濫用の判断要素を具体的に示したといえる裁判例です。裁判所は，終身雇用の約束ゆえではなく，「長期雇用システム下で定年まで勤務を続けていくことを前提として長期にわたり勤続してきた正規従業員を勤務成績・勤務態度の不良を理由として解雇する場合は，労働者に不利益が大きいこと，それまで長期間勤務を継続してきたという実績に照らして，それが単なる成績不良ではなく，企業経営や運営に現に支障・損害を生じ又は重大な損害を生じる恐れがあり，企業から排除しなければならない程度に至っていることを要し，かつ，その他，是正のため注意し反省を促したにもかかわらず，改善されないなど今後の改善の見込みもないこと，使用者の不当な

人事により労働者の反発を招いたなどの労働者の宥恕すべき事情がないこと，配転や降格ができない企業事情があることなども考慮して濫用の有無を判断すべきである」として，長期勤続の前提およびその実績の点を考慮しています。

(イ)　60歳以上65歳未満

定年の定めのないこの年齢層は，当事者の合意に基づく60歳を超える定年の定めがある場合よりも，雇用保障の程度は弱いと考えます。

また現時点（平成30年6月1日。以下本節において同じ）において継続雇用制度の導入での対応でも，60歳以上62歳未満については，退職または解雇事由がない限り継続雇用が義務づけられていますから（高年法9条），その継続雇用における場合と同等以上の保障の程度となると考えます。

他方，62歳以上65歳未満については，労使協定に定めた再雇用基準ないし更新基準の充足が求められる継続雇用の場合と同等以上の保障の程度となると考えます。

(ウ)　65歳以上

定年の定めがないといっても，上記(ア)のとおり，ただ雇用期間の定めがないというだけのことで，労働者に対して終身雇用を保障しているわけではありません。

ただし，65歳以上の有期契約労働者の雇止めに対する雇用保障の程度よりも，保障の程度は強いと考えます。

イ　定年の定めがある場合

(ア)　55歳以上60歳未満

60歳未満の定年が定めてある場合には，当該定めは高年法8条に反し行政指導の対象となりますし，民法90条の公序に反するものとして当該定年の定めは無効となります。

雇用保障の程度としては，上記ア(ア)と同様となると考えます。

(イ) 60歳以上65歳未満

まず，60歳定年が定められていれば，その定めは有効ですので，その定年年齢に達すれば契約が終了することになります。

もっとも，この年齢層では高年法9条に定める方法（定年の引上げ，継続雇用制度の導入，定年の定めの廃止）での雇用確保措置をとることが求められています。

現時点では60歳以上62歳未満については，退職または解雇事由がない限り継続雇用が義務づけられていますから（高年法9条），退職または解雇事由のない高年齢者には継続雇用の具体的な期待が生じていると考えられます。個別の事情はあるにせよ，継続雇用されず，そうした期待権が侵害されたと評価される場合には，不法行為が成立する余地があると考えます。

次に，定年年齢が61歳以上65歳未満であれば，定年年齢までは上記(ア)の60歳未満の雇用保障の程度よりは弱いとしても，上記ア(イ)の定年の定めのない同年齢層よりも雇用保障の程度は強いと考えます。

そして，定年が65歳未満であれば継続雇用制度の導入が義務づけられますが，現時点では62歳以上65歳未満について，再雇用基準制度の廃止に係る経過措置により労使協定に定めた再雇用基準ないし更新基準を適用することができます。

高年法9条の私法的効力についてですが，平成24年改正高年法の施行前（平成25年3月31日以前）においては，継続雇用制度を導入しないことについて不法行為に基づく損害賠償請求も認められておらず（NTT西日本事件＝大阪高判平21.11.27労判1004-112，NTT東日本事件＝東京高判平22.12.22判時2126-133），高年法9条には私法的効力はないと考えられました。したがって，たとえば60歳定年でありながら継続雇用制度を一切定めていなくても，会社に65歳までの継続雇用が義務づけられたり，定年制が廃止されたりするものではないと考えられました。なぜなら，あくまで高年法は労働行政法であるため，行政機関の助言・指導・勧告により対応すべきと考えられるからです。

しかし，平成24年改正により，継続雇用の対象者を労使協定で定める基準で限定できる仕組みが廃止される一方，経過措置として，従前から労使協定で同

基準を定めていた事業者については当該仕組みを残すこととされました。同改正は，老齢厚生年金の報酬比例部分の支給開始年齢が引き上げられることにより（老齢厚生年金の定額部分の支給開始年齢は先行して引上げが行われています），60歳の定年後，再雇用されない労働者に無年金・無収入の期間が生じるおそれがあることから，この空白期間を埋めて無年金・無収入の期間の発生を防ぐために，老齢厚生年金の報酬比例部分の受給開始年齢に到達した以降の者に限定して，労使協定で定める基準を用いることができるとしたものです。

以上の経緯からすると，高年法9条は経過措置の適用がない年齢（たとえば61歳）までは民法90条の公序良俗の内容となっており，違反すれば民法90条違反に該当するととともに，不法行為責任が発生する余地があると考えられます。

* **トヨタ自動車事件**＝名古屋高判平28.9.28労判1146-22
    当時，61歳までは経過措置による再雇用の選定基準の適用が認められなかった高年法9条違反について，民法90条の公序良俗違反をはさむことなく，雇用契約上の債務不履行にあたるとともに不法行為とも評価できると判示されており，高年法9条がその限りにおいて私法的効力を有するという立場に立っているように思われます。

(ウ)　65歳以上

65歳未満までは，高年法で雇用確保措置が定められていますが，それ以上はとくに法令での規制はありません。したがって，65歳以上の定年年齢が定められている場合には，その定年までの雇用保障の程度は上記(イ)よりは弱いとしても，上記ア(ウ)の定年の定めのない場合よりは強いと考えます。なぜなら，定年の定めがある場合には，それまでは契約が継続される可能性が高いとの期待があるため，労働者の雇用されることに対する期待が高いといえるからです。

(3)　外部労働市場型（第2類型）の高年齢者

この類型の労働者は，通常は有期労働契約が締結されている状況が想定されますし，地位特定者やスペシャリストなど，高い能力や豊富な経験を持ち外部労働市場から55歳を超えて雇用される労働者も想定されます。

一般的には，契約期間は1年間で締結され，更新の有無はその更新時に，そ

の能力や経験を会社が必要としているかどうかで決まると考えられます。そして，更新が重ねられても，一般の定年後再雇用者より高い賃金が設定されていれば，原則として雇止め法理の適用の問題は生じないと考えます[*]。

> [*] 雇止め法理が適用されなくても，信義則に反するか否かという観点からのチェックはなされます。

なお，こうした高い能力や経験を持つ労働者が，一般の定年後再雇用者と同一の条件で再雇用されていれば，契約解消の問題についても同様に考えることになります。

ア 期間の定めがない場合

㈦ 定年の定めがない場合

i 55歳以上60歳未満

上記⑵ア㈦に準ずる取扱いとなります。

ただし，地位特定者やスペシャリストなど，専門的な能力ゆえに契約上別段の定めがあれば，その契約内容によることとなります。地位特定者やスペシャリスト等の労働契約の解消については，第3章第6節1および2で説明したとおりです（以下の区分でも同様に考えます）。

また，裁判例が長期勤続の想定や実績を踏まえて解雇権濫用法理の内容を考えていることからも，たとえば55歳を過ぎて入社した労働者については，その雇用保障の程度は，長期勤続の実績のある内部労働市場型の労働者（第1類型）よりも弱くなると考えます。

ii 60歳以上65歳未満

上記⑵ア㈦に準ずる取扱いとなります。

また，60歳以降に入社した者については，その個別の契約内容で決まると考えられますし，その雇用保障の程度は，長期勤続の実績のある内部労働市場型の労働者（第1類型）よりも弱くなると考えます。

iii 65歳以上

上記(2)ア(ウ)に準ずる取扱いとなります。ただし，その雇用保障の程度は，長期勤続の実績のある内部労働市場の労働者（第1類型）よりも弱くなると考えます。

㈄ 定年の定めがある場合

i 55歳以上60歳未満

上記(2)イ(ア)に準ずる取扱いとなります。

ただし，勤続年数の短い労働者についての考え方は上記(ア)iで記載したとおりです。

ii 60歳以上65歳未満

上記(2)イ(イ)に準ずる取扱いとなります。

ただし，勤続年数の短い労働者についての考え方は上記(ア)iiで記載したとおりです。

また，高年法の求める継続雇用制度について，平成25年3月31日以前に労使協定を締結している事業主については，現時点においては62歳以上の者について，再雇用基準を適用できます。そして，再雇用基準の内容として，たとえば「勤続年数10年以上の者」と定めることができますので，58歳で途中入社した者については同基準を満たさず，62歳以上において契約更新しないことが可能です。

iii 65歳以上

上記(2)イ(ウ)に準ずる取扱いとなります。

ただし，勤続年数の短い労働者についての考え方は上記(ア)iiiで記載したとおりです。

イ　期間の定めがある場合

㋐　55歳以上60歳未満

ⅰ　契約更新

通常の有期契約労働者と同様の取扱いとなります。

ただし，専門的な能力ゆえに契約上別段の定めがあれば，その契約内容によることとなるのは，上記ア㋐ⅰでの考え方と同様です。

ⅱ　途中解消

通常の有期契約労働者と同様の取扱いとなります。

ただし，専門的な能力ゆえに契約上別段の定めがあれば，その契約内容によることとなります。

㋑　60歳以上65歳未満

ⅰ　契約更新

有期契約労働者は高年法9条の対象とはならず，定年や雇用確保措置の規定は適用されません。

もっとも，高年法が65歳までの雇用確保措置を求めていることから，この年齢層の雇止めに際しては，雇止め法理が適用されると考えます。

雇用保障の程度は，定年後再雇用者と比較すると弱いといえます。

また，高年法が定年後再雇用者について，再雇用基準の適用に関する経過措置により，年齢によって雇用保障の程度に差を設けていることから，この年齢層の有期契約労働者についても，60歳以上62歳未満と62歳以上65歳未満とでは雇用保障の程度が異なる，つまり60歳以上62歳未満の方が雇用保障の程度が強いと考えます。

ⅱ　途中解消

有期労働契約の期間途中に契約解消する場合，その契約解消には「やむを

得ない事由」があることが必要とされます（労契法17条1項）。

65歳未満の労働者を期間途中で整理解雇しようとする場合，その事由の程度は，他の無期契約の非正規社員を整理解雇する場合と同程度以上の業務上の必要性があることが求められると考えます。

もっとも，求められる理由の程度は，60歳未満の有期契約労働者よりも，65歳未満の有期契約労働者の方が低くなると考えます。したがって，人選基準としては，契約を更新している60歳未満の有期契約労働者よりも，65歳未満の有期契約労働者を優先して解雇を行っても，その解雇に合理性，相当性が認められると考えます。

また，定年後再雇用者を期間途中に解消する場合よりも，有期契約労働者を途中解消する場合の方が，求められる理由の程度は低いと考えられます。

そして，専門的な能力ゆえに契約上別段の定めがあり，その能力を使用する部署が消滅するなどの事情があれば，人選基準として優先して解雇を行っても，その解雇に合理性，相当性が認められると考えます。

㈱ 65歳以上
ⅰ 契約更新

65歳以上の有期契約労働者の雇止めについては，期間満了で終了するのが原則と考えます。雇止め法理の適用はなく，個別に信義則に照らして当該契約解消の有効性を判断します（裁判例との考え方の違いはありますが，実際の場面では結果にそれほど差はないと考えます）。

なお，有期特措法による労契法18条の特例となる労働者には該当しないので，原則どおり無期転換ルールが適用されます。

ⅱ 途中解消

上記㈲ⅱで述べたとおり，途中解消には「やむを得ない事由」があることが必要とされます。もっとも，求められる理由の程度は，65歳未満の有期契約労働者よりも，65歳以上の有期契約労働者の方が低くなると考えます。

そして，専門的な能力ゆえの特殊事情がある場合についても，上記(イ)iiで述べたとおりです。

(4) 高年齢者基幹労働力型（第3類型）の高年齢者

ア　期間の定めがない場合

(ア)　定年の定めがない場合

高年齢者を基幹的・恒常的労働者ととらえているので，65歳未満の労働者については上記(2)ア(ア)の正社員としての取扱いと同様になると考えます。

65歳以上についても，高年齢者を基幹的・恒常的労働者ととらえている関係から，上記(2)ア(ウ)よりも雇用保障の程度は強いと考えます。

(イ)　定年の定めがある場合

基本的には上記(2)イに準ずる取扱いとなりますが，雇用保障の程度は上記(2)イよりも強いといえます。

高年齢者を基幹的・恒常的労働者に据えている企業では，もともと高年齢者が保護される前提になっていますが，定年の定めがある場合には，その規定の解釈に従うことになるといえます。

イ　期間の定めがある場合

高年齢者を基幹的・恒常的労働者ととらえているので，上記(3)イの外部労働市場の労働者よりも雇用保障の程度は強いと考えます。

実務的には，この類型の労働者については，更新の上限回数を定めた方がよいといえます。

3　定年後再雇用者の労働契約解消

定年後再雇用者とは，雇用確保という法的・社会的要請から，定年後も同一

企業に継続雇用される高年齢者をいいます。

(1) 60歳以上65歳未満

ア　再雇用・契約更新

(ア) 60歳以上62歳未満

まず，現時点で60歳以上62歳未満については以下のとおり考えます。

高年法の平成16年改正により，9条1項で，原則65歳までの雇用確保措置が義務づけられました。そのため，多くの企業は，60歳定年制を維持したまま，労働者が希望する場合は，退職または解雇事由がない限り定年後も引き続き雇用するという継続雇用制度を導入しました。

そして，平成16年改正では，9条2項において，労使協定を締結して再雇用基準を設ければ，その基準に該当しない高年齢者を継続雇用しなくても，雇用確保措置を講じたものとみなされていましたが，平成24年改正により同項の文言は削除されました。

もっとも，平成24年改正法の附則3項で経過措置が規定され，改正法施行日以前に労使協定で再雇用基準を定めていた場合は，現時点では，62歳以上65歳未満の者については，再雇用基準を適用することができます。そのため，退職または解雇事由がない限り再雇用を義務づけられているのは，60歳以上62歳未満の者ということになります。

また，当初から再雇用基準制度を採用していない，あるいは高年法改正を機に再雇用基準を廃止した会社においては，現時点で62歳以上65歳未満についても，退職または解雇事由がない限り継続雇用が義務づけられています。

以上からすると，60歳以上62歳未満の労働者の雇止めの有効性は厳しく判断されると考えられます。

加えて，65歳までの継続雇用の期待権が侵害されたと評価される場合には，不法行為の成立の余地があると考えます。

(イ)　62歳以上65歳未満

現時点で62歳以上65歳未満の者については，再雇用基準を定める労使協定を締結している場合には，同基準を充足する者のみ再雇用すれば足り，同基準を充足しない者については当該契約期間の満了により契約は終了します。

定年後再雇用者は高年齢であるために基礎疾患を持っている率も高く，再雇用基準に健康面に関する基準がある場合にはそのチェックに留意する必要があります。

なお，同基準を充足する者には継続雇用の具体的な期待が生じていると考えられますので，継続雇用されず，そうした期待権が侵害されたと評価される場合には，不法行為の成立の余地があると考えます[*]。

[*]　高年齢者が再雇用されなかった事案で，再雇用拒否は権利濫用とし，再雇用契約の成立は認めなかったものの，不法行為による損害賠償請求を認めた裁判例（日本ニューホランド〔再雇用拒否〕事件＝札幌高判平22.9.30労判1013-160）があります。

イ　途中解消

上記 **2**(3)**イ**(イ)ⅱに準ずる取扱いとなります。

もっとも，有期契約労働者よりも定年後再雇用者の方が雇用保障の程度は強いと考えられます。

中途解消事由が当該労働者の能力不足や勤怠不良等にある場合には，使用者がどこまで業務指導や注意といった改善の手続をとったかが議論されます。

(2)　65歳以上

ア　再雇用・契約更新

65歳以上の再雇用者の雇止めについては，期間満了で終了するのが原則と考えます。雇止め法理の適用はなく，個別に信義則に照らして当該契約解消の有効性を判断します（裁判例との考え方の違いはありますが，実際の場面では結果にそれほど差はないと考えます）。

第13章／高年齢者と労働契約解消 ◀739

　なお，前述のとおり，有期特措法により，定年後引き続き雇用されている高年齢者については，労契法18条の無期転換権が発生しないという特例があります。

イ　途中解消

　上記 **2**(3)**イ**(ウ)ⅱに準ずる取扱いとなります。

　以上をまとめると，次の表のようになります。

			55〜59歳	
内部労働市場	定年の定めなし（無期）		①定年の定めなし＋55〜59歳で解雇する場合（前記2⑵ア㋐） ● 正社員同様	
	定年の定めあり（無期）		④定年の定め＋定年前に解雇する場合（前記2⑵イ㋐） ● ①同様	
	継続雇用制度（有期）	再雇用・契約更新	⑦	
		途中解消	⑩	
外部労働市場	無期	定年の定めなし	⑬定年の定めなし＋55〜59歳で解雇する場合（前記2⑶ア㋐ⅰ） ● ①に準じる（ただし，55歳以降に入社した場合は①よりも雇用保障は弱くなる）	
		定年の定めあり	⑯55〜59歳の定年の定め＋定年前に解雇する場合（前記2⑶イ㋐ⅰ） ● ④に準じる（ただし，55歳以降に入社した場合は④よりも雇用保障は弱くなる）	
	有期	契約更新	⑲55〜59歳での雇止め（前記2⑶イ㋐ⅰ） ● 通常の有期契約労働者と同様	
		途中解消	㉒55〜59歳での途中解消（前記2⑶イ㋐ⅱ） ● 通常の有期契約労働者と同様	
高年齢者基幹労働力型	無期	定年の定めなし	㉕定年の定めなし＋55〜59歳で解雇する場合（前記2⑷ア㋐） ● ①の正社員としての取扱い	
		定年の定めあり	㉘定年前に解雇する場合（前記2⑷イ㋑） ● ④〜⑥に準じるが，④〜⑥よりも雇用保障強い。	
	有期		㉙（前記2⑷イ） ● ⑲〜㉔よりも雇用保障強い	

60〜64歳	65歳〜
②定年の定めなし＋60〜64歳で解雇する場合（前記2(2)ア(イ)） ●60歳を超える定年ある場合よりも雇用保障弱い ●62歳未満解雇：退職・解雇事由なき限り継続雇用と同等以上 ●62歳以上解雇：再雇用基準の継続雇用と同等以上	③定年の定めなし＋65歳以上で解雇する場合（前記2(2)ア(ウ)） ●65歳以上の有期よりも雇用保障強い
⑤60〜64歳の定年の定め＋定年前に解雇する場合（前記2(2)イ(イ)） ●②より雇用保障強い	⑥65歳以上の定年の定め＋定年前に解雇する場合（前記2(2)イ(ウ)） ●③よりも雇用保障強い
⑧−Ⅰ　60〜61歳の定年後再雇用雇止め（前記3(1)ア(ア)） ●退職・解雇事由あれば雇止め ⑧−Ⅱ　62〜64歳の定年後再雇用雇止め（前記3(1)ア(イ)） ●再雇用基準による雇止め	⑨65歳以上の定年後再雇用雇止め（前記3(2)ア） ●雇止め法理の適用なし
⑪60〜64歳の定年後再雇用の途中解消（前記3(1)イ） ●㉓に準じるが，㉓より雇用保障強い	⑫65歳以上の定年後再雇用の途中解消（前記3(2)イ） ●㉔に準じる。
⑭定年の定めなし＋60〜64歳で解雇する場合（前記2(3)ア(ア)ⅱ） ●②に準じる（ただし，60歳以降に入社した場合は②よりも雇用保障は弱くなる）	⑮定年の定めなし＋65歳以上で解雇する場合（前記2(3)ア(ア)ⅲ） ●③に準じる（ただし，長期勤続実績のある③よりも雇用保障は弱くなる）
⑰60〜64歳の定年の定め＋定年前に解雇する場合（前記2(3)ア(イ)ⅱ） ●⑤に準じる（ただし，60歳以降に入社した場合は⑤よりも雇用保障は弱くなる）	⑱65歳以上の定年の定め＋定年前に解雇する場合（前記2(3)ア(イ)ⅲ） ●⑥に準じる（ただし，長期勤続実績のある⑥よりも雇用保障は弱くなる）
⑳60〜64歳での雇止め（前記2(3)イ(イ)ⅰ） ●雇止め法理の適用あり ●定年後再雇用者（⑧）より雇用保障弱い ●62歳以上：62歳未満よりも雇用保障弱い	㉑65歳以上での雇止め（前記2(3)イ(ウ)ⅰ） ●雇止め法理の適用なし
㉓60〜64歳での途中解消（前記2(3)イ(イ)ⅱ） ●契約解消には，「やむを得ない事由」が必要。 ●期間途中で整理解雇しようとする時，他の無期雇用の非正規社員と同程度以上の業務上の必要性が求められる。 ●求められる理由の程度は，60歳未満の有期契約労働者（㉒）よりも低い。 ●定年後再雇用者（⑪）より雇用保障弱い	㉔65歳以上での途中解消（前記2(3)イ(ウ)ⅱ） ●途中解消には「やむを得ない事由」が必要 ●求められる理由の程度は65歳未満の有期契約労働者（㉓）よりも低い。
㉖定年の定めなし＋60〜64歳で解雇する場合（前記2(4)ア(ア)） ●①の正社員としての取扱い	㉗定年の定めなし＋65歳以上で解雇する場合（前記2(4)ア(ア)） ●③よりも雇用保障強い

第14章

女性・障害者・外国人労働者の労働契約解消

第1節　女性労働者との労働契約の解消をめぐる問題

　労基法19条1項は，女性労働者について産前産後休業の期間およびその後30日間は，天災事変その他やむをえない事由のために事業の継続が不可能となった場合を除いて，解雇してはならないと規定していますが，その他の労働契約の解消場面において，当該契約解消の相手方が男性労働者であるか女性労働者であるかで，労基法上の取扱いに差異が生じることはありません。

　一方，日本の雇用社会では，男性正社員を中心とした長期雇用システムが採用されたことから，常に女性労働者が差別されてきた歴史があり，それによって労働契約の解消場面においても使用者が女性労働者を不利に取り扱うという性差別問題が生じてきたことは否定できない事実といえます。

　女性労働者については，結婚退職制度や若年定年制が従前問題とされてきました。これらの問題は現在ではすでに解決済みといえますが，念のため整理していきます。

1　結婚退職制度は有効か

　過去においては，日本の雇用慣行や労基法に労働契約解消について明確に男女差別を禁止する規定がないことがあいまって，女性労働者は採用，配置，昇格昇進，教育訓練，退職，解雇などのあらゆる場面において男性労働者と異なる取扱いを受けてきたといえます。そして，賃金差別を別とすれば，他の事項に関する異なる取扱いは，その取扱いに合理的理由があるか否か，合理的理由

がないとすれば，憲法14条の趣旨に鑑みて民法90条の「公序」に違反し，無効ではないかということが裁判所で争われてきました。

その争いの代表例が，女性労働者に対する結婚退職制度が有効か否かの問題です。当時の企業においては，女性労働者は入社後早期に結婚して退職するとの前提で採用されており，女性労働者が結婚した場合には一律に退職事由に該当するという制度を持っていたり，結婚退職が制度としてなくても，事実上勧奨により退職を迫るというのが実状であったといえます。

これに対し裁判所は「女子労働者のみにつき結婚を退職事由とすることは，性別を理由とする差別をなし，かつ，結婚の自由を制限するものであつて，しかもその合理的根拠を見出し得ないから，労働協約，就業規則，労働契約中かかる部分は，公の秩序に違反しその効力を否定されるべきものといわなければならない」（住友セメント事件＝東京地判昭41.12.20判時467-26）として，民法90条の公序に反し無効であるとの見解を早くから示していました。

そして，昭和61年4月1日に施行された均等法において，女性労働者が婚姻，妊娠，出産したことを退職・解雇理由とすることが明確に禁止されたことにより（旧11条，現行9条1項・2項），現在では結婚退職制度が違法，無効であることは明らかであるといえます。[*]

＊　**広島中央保健生協〔C生協病院〕事件**＝最判平26.10.23労判1100-5
　　均等法9条3項は強行規定であり，同項の違反は違法無効となる旨判示され，同項が直接適用されています。
　　しかし，筆者は，同項は間接適用されるべきと考えます。つまり，同項に違反した場合には，公序良俗を定めた民法90条に違反することになるため違法無効になると考えるのです。

2　女性に対する若年定年制の問題

次に，女性労働者のみ定年を若く設定する若年定年制の有効性の議論がありました。

過去に裁判で争われた事案では，男性労働者の定年年齢が55歳にもかかわら

ず，女性労働者は30歳定年としていた事案で，「本件停年制の内容は，男子の55歳に対して，女子は30歳と著しく低いものであり，かつ，30歳以上の女子であるということから当然に企業貢献度が低くなるとはいえないから，他にこの差別を正当づける特段の事情のない限り，著しく不合理なものとして，公序良俗違反として無効となる」と判断する裁判例があります（東急機関工業事件＝東京地判昭44.7.1労判82-9）。さらに，その後の最高裁判例で，男性労働者57歳定年，女性労働者47歳定年という10歳差（伊豆シャボテン公園事件＝最判昭50.8.29労判233-45）や，男性労働者60歳，女性労働者55歳という5歳差の定年差別（日産自動車事件＝最判昭56.3.24労判360-23。なお，当初は男性55歳，女性50歳の定年差別であった）においても，これを正当化する特段の事情がない限り公序に反し無効と判断されています。そして，この女性に対する若年定年制が正当とされるような特段の事情が認められる例外はほとんどないといえます[*]。

　　＊　特段の事情が認められる場合としては，男性の方が女性より老齢厚生年金の報酬比例部分の受給開始年齢が高いことに配慮した場合が考えられます。

　このように，裁判例では従来から性別による定年差別は違法であり無効とされてきましたが，この点についても昭和61年4月1日施行の均等法で明確な禁止規定が定められたことにより，現在ではその違法性がより明確化されています（均等法6条4号）。

　また，現在では高年法8条により男女を問わず60歳未満の定年を定めることは禁止されていますので，通常，60歳定年制を採用する企業において定年制度における性差別問題が生じることは少ないといえます。

　その一方で，同法9条は，65歳までの雇用確保措置として，①定年の引上げ，②継続雇用制度の導入，③定年の定めの廃止のいずれかの措置を講じることを求めており，多くの企業では，②の継続雇用制度として定年後再雇用制度が採用されています。この定年後再雇用制度において，平成24年改正前は，労使協定を締結して再雇用基準を定めることが可能でした。改正後も，経過措置として，平成25年3月31日以前に労使協定を締結していた場合には，一定の年齢の労働者に再雇用基準を適用することができます（736頁参照）。この再雇用基準

として，男性労働者のみを再雇用の対象としたり，男女別に再雇用基準を設けたりすることは，均等法違反となることに注意が必要です（ただし，企業において男女間に事実上の格差が生じているため，男女に同じ再雇用基準を適用すると女性労働者で再雇用される者がほとんどいなくなってしまうといった事情があり，当該事情を改善することを目的として，男性労働者と比較して女性労働者を有利に取り扱う基準を定めることは，均等法8条が規定するポジティブ・アクションとして違法とはいえない場合もあります）。

3　整理解雇の人選基準として既婚女性を優先的に解雇してもよいか

　労働契約の解消場面における女性労働者に対する差別問題として，整理解雇の際の人選基準が問題となる場合があります。

　つまり，整理解雇が有効とされるためには，整理解雇を必要とする業務上の必要性があり，その解雇回避努力義務を尽くしている場合であっても，手続の相当性に加えて，合理的な基準による適正な人選が求められることになりますが，その人選基準としては，貢献度・密着度・被害度の3点がポイントとされます（351頁参照）。そこで，既婚の女性労働者の場合には，当該女性労働者が解雇されても夫の収入があるため，家計を担っている男性労働者が解雇されるよりも解雇後の生活上の被害度は低いと考え，既婚女性を優先的に解雇してもよいのかという問題が生じるのです。

　この点，「有夫の女子および27歳以上の女子」という基準で整理解雇がなされた事案について，「『有夫の女子』『27歳以上の女子』という一般的な整理基準を設けることは，結婚している女子の差別待遇または性別による差別待遇に該当するといえるから，いずれも憲法14条，労働基準法第3条，第4条の精神に違反し，かかる差別に基づく指名解雇の意思表示は私法上無効である」とする裁判例があります（日特金属工業事件＝東京地八王子支決昭47.10.18労判166-46）。さらに，「既婚婦人で子供が2人以上いる者」との整理解雇基準についても公序に反し無効とされた裁判例があります（コパル事件＝東京地決昭50.9.

12労判233-18）。

　したがって，たとえば正社員業務で男女両方の労働者に余剰人員が生じている場合には，既婚女性を優先的に解雇するという人選基準は無効となると考えておかなければなりません。一方，パートタイマーなど女性労働者のみの職場において余剰人員が生じた際に，夫の収入がある既婚者の方が単身世帯主である未婚者よりも被害度が低いという取扱いであれば，性差別問題は生じないといえます。

4　女性労働者処遇型契約社員の労働契約の解消をめぐる問題

(1)　女性労働者処遇型の契約社員が生まれた背景

　前述したとおり，実務において，極端な例でいえば，コネがある女性だけを正社員として雇用し，他の女性については，新卒でも契約社員という雇用形態で採用するケースがみられました（680頁参照）。この場合，担当業務は正社員として雇用された女性と同様でありながら，契約期間は１年，更新限度も２回とし，賃金は低く抑えられ，退職金もないというケースがみられました。

　これは従来，女性正社員を雇用しながら，補助的・定型的業務に就け，２～３年後の結婚退職を見込むという方法で行っていた労務管理を，契約社員という雇用形態に置き替えることによって維持しようとしたものです。このような契約社員は，契約の更新拒絶をおそれて正社員の女性よりも誠実な労務提供を行い，有給休暇の主張もしない，あるいはその消化を必要最小限に抑えるという場合が少なくなかったといえます。

　このような契約社員の労働条件の問題については，裁判例で，雇用形態の差異に基づく労働条件の格差は社会的身分による差別に該当しないとされていますから，労基法３条の差別的取扱いには該当しないことになります。しかし，女性をすべて契約社員として雇用するという場合は，労基法４条の性差別の問題が出てくる可能性があります。それは，雇用形態に藉口して，性差別を行っているという法的主張に基づくものです。実際にこのような主張に基づいて裁

判が行われていた事案もありますから，注意する必要があります（この事案は，平成9年1月に和解しています）。

このような問題点がありますが，雇用形態が違えば，異なる労働条件を設定しても，契約の自由で許されることになります。しかし，平成18年6月に均等法が改正され，平成19年4月から間接差別も禁止されていることを考えると，女性差別の温存を目的とする手法は，今後さらに厳しい批判にさらされていくことになると思います。

なお，労契法改正により，同法20条に「期間の定めがあることによる不合理な労働条件の禁止」と題する条文が新設され，平成25年4月1日に施行されたことは前述のとおりです。

(2) 労働契約の解消については裁判所の厳しい判断を受けることになる

上記(1)で述べたような形態の女性契約社員について，契約自由の原則によって，労働条件については現状の取扱いが肯定されたとしても，労働契約解消の問題については，裁判所の厳しい判断を受けることになると思います。

まず，結果として女性だけに適用となる契約社員の更新回数の限度は，若年定年制を定めるものと考えられるだけでなく，同時に女性差別として公序良俗違反となり無効となる可能性が高いと考えます。また，更新を重ねた後の期間満了による労働契約の解消についても，雇止め法理が適用され，更新拒絶について合理的理由が求められることになります。

新卒の若い女性労働者を契約社員として雇用し，その更新回数の限度が有効であるというには，その業務の特殊性，そして賃金を含めた労働条件が同年代の女性正社員より有利になっているという特別な事情が必要ではないかと考えます。しかし，これも裁判所でどのように判断されるかはわかりません。

第2節　障害者との労働契約の解消をめぐる問題

　障害者雇用促進法では，民間企業が常時雇用労働者を有している場合（45.5人以上，短時間労働者を0.5人としてカウント）には，身体障害者，知的障害者または精神障害者保健福祉手帳を持った精神障害者である労働者の数が，平成30年4月1日以降，労働者全体の2.2％以上になるようにしなければならないとして，一定比率の障害者雇用を義務づけています（同法43条1項[1][2]）。

- ＊1　国・地方公共団体については2.5％，都道府県の教育委員会については2.4％，特殊法人等については2.5％とされています。さらに，2021年4月までに民間企業も含め，それぞれ0.1％ずつ引き上げられることになっています。
- ＊2　平成30年4月1日以降，5年間の時限措置として，精神障害者に限り，週20時間以上30時間未満の労働でも雇用開始から3年以内か，精神障害者保健福祉手帳を取得して3年以内の人は，「0.5人」カウントのところを「1人」とする特例措置がとられています。

　このように一定規模の企業では障害者の雇用が法律上義務づけられますし，また昨今の企業に求められる社会的責任の面からも，これからの企業には障害者を積極的に雇用していく姿勢が求められていると考えられます。

　一方，障害を持つ労働者を雇用した場合，当該労働者との労働契約の解消をめぐって問題が生じる場合も少なくありません。とくに，障害の内容や程度の悪化などを理由とした労働契約の解消が可能かという点については，通常の労働者の私傷病を理由とした労働契約の解消とは異なる特有の問題が生じえます。

　本節においては，採用段階から障害を持つ者と，障害者であることを前提に労働契約を締結した場合について述べていきます（第4章「休職期間満了」では，健常者と労働契約を締結したものの，採用後に障害を有するようになった場合について記載していますが，それとはケースが異なります）。

1　障害者雇用促進法の「障害者」の定義

　まず，障害者雇用促進法における障害者の定義について明らかにします。同法2条1号では，「障害者」とは，「身体障害，知的障害，精神障害（発達障害

を含む。第6号において同じ。）その他の心身の機能の障害（以下「障害」と総称する。）があるため，長期にわたり，職業生活に相当の制限を受け，又は職業生活を営むことが著しく困難な者」と定義づけられています。

すなわち，

① 身体障害

② 知的障害

③ 精神障害（発達障害を含む）

④ その他の心身の機能障害

のいずれかがあるため，

（i） 長期にわたり職業生活に相当の制限を受け，または

（ii） 職業生活を営むことが著しく困難な者

が障害者雇用促進法上の「障害者」に該当します。*

＊ 障害者雇用促進法上の定義

(1) 身体障害者とは

　身体障害者とは，「障害者のうち，身体障害がある者であつて別表に掲げる障害があるもの」とされています（同法2条2号）。そして，別表では，かかる障害者の範囲について，①視覚障害，②聴覚・平衡機能障害音，③音声機能障害・言語機能・そしゃく機能障害，④肢体不自由，⑤心臓・じん臓呼吸器の機能障害その他政令で定めるもので，永続し，かつ，日常生活が著しく制限を受ける程度のものであると認められるものとされています。

(2) 知的障害者とは

　知的障害者とは，「障害者のうち，知的障害がある者であつて厚生労働省令で定めるもの」とされています（同法2条4号）。そして，同法施行規則1条の2では，「児童相談所，知的障害者福祉法第9条第6項に規定する知的障害者更生相談所，精神保健及び精神障害者福祉に関する法律第6条第1項に規定する精神保健福祉センター，精神保健指定医又は法第19条の障害者職業センター（略）により知的障害があると判定された者」をいうとされています。

(3) 精神障害者とは

　精神障害者とは，「障害者のうち，精神障害がある者であつて厚生労働省令で定めるもの」とされています（同法2条6号）。そして，同法施行規則1条の4では，「精神障害者は，次に掲げる者であつて，症状が安定し，就労が可能な状態にあるものとする」とされ，1号において，精神保健福祉法45条2項の規定により精神障害者保健福祉手帳の交付を受けている者，2号において，統合失調症，そううつ病（そう病およびうつ病を

含む）またはてんかんにかかっている者（前号に掲げる者に該当する者を除く）と規定されています。

⑷　その他の心身の機能障害

　あらゆる心身の機能の障害を意味し，障害の原因あるいは障害の種類に限定はありません。

　たとえば，内部障害を有する者，難病に起因する障害を有する者，高次脳機能障害を有する者等については，その障害が長期にわたる，または永続するものであり，かつ，職業生活を相当程度制限する，または職業生活を営むことが著しく困難な場合は，障害者に含まれることになります（平27.6.16職発0616第1号）。

2　障害の内容・程度に応じた労働契約の締結が必要

　通常の労働者との間の労働契約では，当該労働者が健康で，労働契約の内容に従った労務提供ができることが前提となっているといえます。したがって，労働者の健康状態が悪化し，通常の労務提供ができなくなった時点で，労働者の債務不履行が生じ，休職や労働契約の解消問題が生じてくるのです。

　一方，障害者を雇用する際，企業は当該労働者に対して障害のない他の労働者と同様の健康状態や業務遂行能力を期待できるとは限りません。障害の内容や程度によっては，簡易な業務にしか就けない場合もありますし，通常の正社員業務の遂行が可能な場合であったとしても，その業務は限られ，職種変更や転勤はできないという場合も考えられます。

　したがって，障害者を雇い入れる際は，当該労働者の障害の程度や内容を十分に把握し，それに応じた職務内容および業務遂行を前提とした労働契約を締結することが必要となります。この点が明らかでないと，そもそも障害があることが労働契約の前提となっていることから，以下で説明するような障害の悪化などに伴う業務遂行能力の低下が債務不履行となるのか否かが不明確となり，その取扱いも困難になってしまうのです。

> ＊　**合理的配慮義務**　障害者雇用促進法の平成26年改正により，事業主は，採用および募集段階では労働者からの申出により，採用後は労働者からの申出がない場合であっても，当該障害の特性に配慮した必要な措置（合理的配慮）を講じることが義務づけられま

第14章／女性・障害者・外国人労働者の労働契約解消　751

した（同法36条の2・36条の3）。したがって，障害者である労働者と労働契約を締結する際には，かかる合理的配慮を踏まえたうえで，障害者の労働能力を評価する必要があります。

　　ただし，かかる合理的配慮が事業主にとって過重な負担となる場合には，当該合理的配慮義務は免除されることになります。過重負担か否かは，①事業活動への影響の程度，②実現困難度，③費用・負担の程度，④企業の規模，⑤企業の財務状況，⑥公的支援の有無をもとに判断します（合理的配慮指針参照）。

　　小規模企業の場合には，この過重負担か否かについて難しい判断を迫られることになります。したがって，実務ではできる範囲で合理的配慮をすることが，リスクを下げることにつながると考えます。

　ちなみに，通常の労働者に比べて労働力としての期待が下がる場合には，労務管理上，賃金もそれに応じた額で設定しておくことが重要です。なお，精神障害または身体障害によって著しく労働能力が低い場合，使用者が都道府県労働局長の許可を受ければ，特例として減額された最低賃金が適用されます（最賃法7条1号）。

3　障害の悪化を理由として労働契約を解消できるか

　このように障害者雇用では，そもそも労働者が障害を持っていて通常の労働者と同様の労務提供は期待できないことが前提となっています。したがって，この前提となる障害のために他の通常の労働者と比べて業務効率が悪いといった理由では，債務不履行の問題は生じません。

　一方，たとえば契約当初は障害の内容や程度も軽く，それに応じた労務提供ができることを前提として労働契約を締結したにもかかわらず，その後，障害の程度が悪化したり，新たな障害が加わったことによって，当該労働契約の内容に従った労務提供が不可能になってしまうという場合が考えられます。この場合，労働契約の内容が実現できないことになりますから，債務不履行の問題が生じます。

　そして，解雇が有効となるためには，解雇理由があり，かつ解雇に社会的相当性があることが必要です（労契法16条）。債務不履行がある場合には解雇理

由ありとされます。

　そこで，解雇に社会的相当性があるかを判断していくことになりますが，この際，会社が解雇を避けるために配慮をすれば本旨弁済が可能な場合には，社会的相当性なしとして解雇無効とされます。ここでの本旨弁済とは，労働契約締結時に約束していた労務提供内容を指します。つまり，労働契約締結当時10の労務提供を約束していたとすれば，10が本旨弁済の内容となります。仮に，障害者であることを理由に8の労務提供を約束していたら，この8の労務提供が本旨弁済の内容になります。そして，配慮をしても本旨弁済ができない場合（10か8に満たない場合）には，社会的相当性ありとして解雇有効とされます。

　なお，解雇の社会的相当性に関連して会社に求められる配慮は，障害者雇用促進法の合理的配慮よりも高度なものと考えられることは，269頁で述べたとおりです。

4　障害者雇用率未達成の場合

　解雇の社会的相当性に関連して会社にどの程度の配慮が求められるかについては，障害者雇用促進法上の障害者法定雇用率を遵守しているか否かが考慮されると考えます。

　現在，障害者法定雇用率を達成できていない企業が多く存在します。厚生労働省の発表によると，平成29年6月1日現在の統計で，民間企業の障害者の実雇用率は1.97％にとどまっており，法定雇用率を達成している企業の割合も50.0％と，半数の企業で法定雇用率を満たしていません。

　この法定雇用率を達成していない場合，101人以上の常時雇用労働者を雇用する事業主には，法定雇用障害者数に不足する障害者数に応じて1人につき月額50,000円（100人を超え200人以下の一定の事業主については2020年3月31日まで減額特例により40,000円）の障害者雇用納付金を納付しなければならないというペナルティーが科されることになります（同法54条2項，同法施行令17条）。そこで，こうした障害者の法定雇用率未達成の企業において，障害の程度

の悪化などを理由として障害者との間の労働契約を解消し，さらに障害者雇用率を低下させるようなことが許されるのかという問題が生じます。

障害者雇用促進法43条１項は，「事業主（略）は，厚生労働省令で定める雇用関係の変動がある場合には，その雇用する対象障害者である労働者の数が，その雇用する労働者の数に障害者雇用率を乗じて得た数（略）以上であるようにしなければならない」としています。そして，ここでいう「雇用関係の変動」について，同法施行規則５条では，「常時雇用する労働者であつて同項に規定する短時間労働者（略）以外のもの（略）の雇入れ及び解雇（労働者の責めに帰すべき理由による解雇を除く。）とする」としています。

つまり，雇入れ時だけでなく解雇の場合にも，その雇用者に占める障害者の割合が法定雇用率を超えるようにしなければならないとされているのですから，法定雇用率未達成の企業においては，障害者の解雇に制限が加わるものと考えられます。

ただし，障害者雇用促進法はあくまで企業がその社会的責任として一定比率の障害者を雇用するべきであるという義務を課したものであり，個別の労働者との労働契約の継続を強制するものではありません。したがって，仮に法定雇用率が未達成である企業が，障害者の障害の程度の悪化などを理由として当該労働契約を解消した場合であっても，障害者雇用促進法に基づいて民事上，労働者の地位確認などの請求権が生じることはないと考えます。[*]

* 労働政策審議会障害者雇用分科会意見書（平成25年３月14日発表）においても，障害を理由とする差別の禁止規定に反する行為について，直接私法上の効力が生じるものではなく，民法90条や709条等の規定に則って判断されるとされています。

しかし，法定雇用率未達成の企業においては，解雇の社会的相当性の判断，解雇にあたって配慮をしたかの判断に影響を与えることになると思います。

なお，法律が制限を加えているのは解雇であり，有期労働契約の場合の雇止めまでをも制限するものではありません。しかし，障害者法定雇用率未達成の企業において障害者の雇止めを行う際にも，一定の配慮は必要と考えます。

5 障害者雇用促進法5条と雇止めの関係（指導のあり方）

　障害者雇用促進法5条は，障害者を雇用する事業者は，「障害者である労働者が有為な職業人として自立しようとする努力に対して協力する責務を有するものであって，その有する能力を正当に評価し，適当な雇用の場を与えるとともに適正な雇用管理を行うことによりその雇用の安定を図るように努めなければならない」として，事業主に対する努力義務を定めています。

　同条と雇止めの関係について判示した裁判例として，藍澤證券事件＝東京高判平22.5.27労判1011-20があります。同事件では，控訴審において労働者側から雇止めが障害者雇用促進法に違反するものであるとの主張がなされ，それについて裁判所は次のとおり判示しました。

---

① 障害者雇用促進法5条の規定からすれば，使用者は，当該労働者が健常者と比較して業務遂行の正確性や効率に劣る場合であっても，その指導にあたっては，労働者の障害の実状に即した適切な指導を行うよう努力することが要請されている。

② 他方，同法4条は，障害者である労働者に対しても，「職業に従事する者としての自覚を持ち，自ら進んで，その能力の開発及び向上を図り，有為な職業人として自立するように努めなければならない」と定めており，事業者の協力と障害を有する労働者の就労上の努力があいまって，障害者雇用に関する社会連帯の理念が実現されることを期待している。

③ 以上から，事業者が労働者の自立した業務遂行ができるよう相応の支援および指導を行った場合は，当該労働者も業務遂行能力の向上に努力義務を負っている。

　上記①は，前提となる障害のために通常の労働者と比べて業務効率が悪いこ

とが債務不履行にはならないという点（前記**3**）と同様の趣旨を，注意・指導の観点から述べたものといえます。

したがって，契約解消の社会的相当性の判断において，使用者が労働者に注意・指導を行い改善の機会を付与したといえるかを評価するに際しては，それが当該労働者の障害の実状に即した適切な注意・指導といえるかが問われることになります。たとえば，上記の裁判例では，指導担当者に対して当該労働者の有する障害についてのレクチャーを実施したこと，指導担当者の指導のあり方に問題があれば上位の責任者がそれを是正していたことが，肯定的に評価されています。

そして，使用者が適切といえる支援および指導を行ったものの，労働者の業務状況に改善がみられない場合には，やむなく契約解消を行うことに社会的相当性があると認められることになります（もちろん前提として当該労働者の能力に見合った業務を担当させている必要があります）。

＊　雇止めに関する事案ではありませんが，解雇を有効とした独立行政法人N事件，および休職期間満了による退職を有効とした日本電気事件が参考になります（276頁参照）。

756 ▶ 第1編／労働契約の解消

第3節　外国人労働者との労働契約の解消をめぐる問題

　マーケットのグローバル化，交通・通信技術の発達による距離と時間の壁の崩壊により，ビジネス世界でも国境を越えた取引や企業の海外マーケットへの参入が活発化しています。そのような中，それぞれの国の事情に通じた外国人労働者を雇い入れ，その労働力を有効に活用するという人材利用を進める企業も増えています。

　また，「外国人技能実習制度」により，日本の技能等を習得するため，日本の企業に技能実習生として受け入れられている外国人もいます（詳しくは後記**3**で説明します）。技能実習生は，平成29年10月末時点で全国に約26万人在留しているとされています。

　外国人労働者の雇用においては，在留資格とそれに伴う期間の問題や，言葉や風習の問題，どの国の労働法規が適用されるかなど，日本人の労務管理とは異なる問題が生じます。そして，労働契約の解消場面でも，外国人雇用特有の問題が生じえます。さらに，技能実習制度については，労働関係法令が適用されることが明確化され，適正な実施および技能実習生の保護が図られるとともに，制度の拡充が予定されていますので，労働契約解消等の問題が増加することが予測されます。

1　外国人労働者に適用される労働法規

　外国人との労働契約解消場面において，どの国の労働法規が適用されるかが問題となります。実際にどの国の法規を適用するかが顕在化するのは，労働者と使用者との間で個別的労働紛争が発生したときになります。その紛争解決のために，裁判所に訴えを提起することになります。

　裁判所は，当該裁判所の管轄権が及ぶ事件でなければ審理することができませんので，訴えが提起されると，裁判所はまず，当該裁判所にその事件につい

て裁判をする管轄権があるかどうかを確認することになります（国際裁判管轄の問題）。

　裁判所に管轄があることが確認されると，次に，当該紛争を解決するために適用する法規は，どの国の法規かを決定する必要があります（適用法規の問題）。そして，裁判所が認定した事実に，適用すべき法規をあてはめることによって，最終的な判断が下されます。

(1)　日本の国際裁判管轄①　普通裁判籍と事件ごとの管轄

ア　国内裁判管轄の規定

　当該事件を審理することが可能な国内裁判所が複数の地にある場合に，どの地に裁判管轄を認めるかに関して，民事訴訟法（以下「民訴法」）は４条および５条で規定しています。その中の一部は，以下のように規定しています。

①　法人・社団等に関する訴え：その主たる事業所または営業所の所在地（民訴法４条４項）

②　財産上の訴え：義務履行地（同法５条１号）

③　事務所・営業所を有する者に対する訴えでその事務所・営業所における業務に関するもの：当該事務所等の所在地（同５号）

④　不法行為に関する訴え：不法行為地（同９号）

　これらの裁判管轄の多くは，公平性や，当事者の便宜という観点から規定がなされています。

イ　国際裁判管轄の規定

　日本の裁判所が国際管轄権を持つ場合について，平成23年民訴法改正により規定が設けられました。以下の場合には，原則として日本の裁判所が管轄権を持つとされています。

　基本的な考え方としては，日本国内の土地管轄において該当するところの地が，日本国内にある場合に国際裁判管轄を認める方向性があることが分かりま

す。

　なお，④は事務所や営業所の設置の有無にかかわらず，日本において継続的に事業を行う外国会社，外国の個人や社団等について国際裁判管轄を認める規定です。外国の社団等が日本国内に営業所を持たず，インターネット上で日本の個人や法人と取引をする場合などが念頭に置かれています。

① 　法人・社団等に対する訴え：その主たる事務所または営業所が日本国内にあるとき（民訴法3条の2第3項）

② 　契約上の債務の履行請求や債務不履行を理由とする損害賠償請求：債務の履行地が日本にあるとき（同法3条の3第1号）

③ 　事務所・営業所を有する者に対する訴えでその事務所・営業所における業務に関するもの：当該事務所等が日本国内にあるとき（同4号）

④ 　日本において事業を行う者に対する訴え：当該訴えがその者の日本における業務に関するとき（同5号）

⑤ 　不法行為に関する訴え：不法行為地が日本にあるとき（同8号）

また，労働契約に関する管轄については以下の特別規定があります。

⑥ 　労働契約の存否その他の労働関係に関する事項について，個々の労働者と事業主との間に生じた民事紛争（「個別労働関係民事紛争」）に関する労働者から事業主に対する訴えは，個別労働関係民事紛争に係る労働契約における労務提供の地（その地が決まっていない場合にあっては，労働者を雇い入れた事業所の所在地）が日本国内にあるときは，日本の裁判所に提起することができる（同法3条の4第2項）

⑦ 　個別労働関係民事紛争に関する事業主からの労働者に対する訴えについては，上記②～⑤は適用しない（同法3条の4第3項）

　これらの規定は，労働者が使用者に比べて経済的に弱い立場に置かれることに鑑みて規定されたものです。とくに国際紛争においては外国に国際裁判管轄があるとされると，事実上労働者による訴訟提起を不可能としてしまう事態も生じうるため，新たに⑥が規定されました。

　ここで「労務提供の地」とは，原則として，現実に労働者が労務を提供して

いる物理的な地を指します。労働者が現実に労務を提供している地が日本国内であれば，通常労働者は国内に所在していると考えられるため，日本で訴訟提起を可能とすることが労働者の利益に資することになります。他方で，「労務提供の地」であれば使用者においても予測可能性があるため，当該地が日本にある場合に国際裁判管轄を認めたとしても使用者に対して不意打ちとならないと考えられます。そのため，⑥は「労務提供の地」が日本にある場合に裁判管轄を認めています。

以上の国際裁判管轄の規定により，たとえば，アメリカ法人の会社の日本現地法人で雇用されたアメリカ人が，日本現地法人によりなされた解雇の効力を争い，労働契約上の権利を有する地位にあることの確認等を求める訴訟について，日本の裁判所に管轄が認められることになります。

(2) 日本の国際裁判管轄②　合意管轄

民訴法は，国際裁判における合意管轄についても定めを置いています。合意管轄とは，当事者が合意に基づいて管轄裁判所を定めることをいいます。

国内の民事訴訟一般においては，第一審に限って合意管轄を認めています。国際裁判においても合意管轄は原則として認められますが（民訴法3条の7），将来において生ずる個別労働関係民事紛争を対象とする合意管轄は原則として認められず（いわゆる包括的同意は否定され個別的同意が必要とされます），個別的同意がある場合においても次に掲げる場合に限ってその効力を有するとされています。

⑧　労働契約の終了の時になされた合意であって，その時における労務の提供の地がある国の裁判所に訴えを提起することができる旨を定めたもの（その国の裁判所にのみ訴えを提起することができる旨の合意については，次号に掲げるものを除き，その国以外の国の裁判所にも訴えを提起することを妨げない旨の合意とみなす）であるとき（同法3条の7第6項1号）

⑨　労働者が当該合意に基づき合意された国の裁判所に訴えを提起したとき，または事業主が日本もしくは外国の裁判所に訴えを提起した場合において，

労働者が当該合意を援用したとき（同2号）

　その趣旨は，労働者と使用者の間に交渉力格差があることに鑑みて，労働者が不利な管轄合意を強いられないようにすることにあります。もっとも，すでに生じた紛争については，労働者においてもその影響を十分に考慮したうえで国際裁判管轄の合意をすることが期待できますので，特則の適用があるのは「将来において生ずる個別労働関係民事紛争」に限定されています。

　この管轄合意は，合意が文言上は専属管轄の定めとなっている場合であっても，労働者側の管轄選択の幅を不当に狭めないように，労働者が合意を利用する場合を除いて（⑨），原則として付加的な管轄合意とみなされます。

(3)　日本の労働法の適用関係①　私法（労契法，判例法理）の適用

ア　原則としての当事者の合意

　国際的な労働紛争においては，裁判所に管轄権があることが確認されると，次に，当該紛争を解決するために適用する法規はどこの国の法規かを決定する必要があります（適用法規の決定）。そして，裁判所が認定した事実に適用すべき法規をあてはめることによって，最終的な判断を下すことになります。

　まず，私法（労契法，判例法理）については，準拠法は当事者による選択が基本とされます。

　法の適用に関する通則法（以下「通則法」）は，「法律行為の成立と効力」については，原則として，いずれの国の法律を準拠法とするかの選択を当事者の意思に委ねるとしています（通則法7条。いわゆる「当事者自治の原則」）。当事者の選択がない場合には「最も密接な関係がある地の法」（以下「最密接関係地法」）によるとしています（通則法8条）。

イ　個別労働関係の特例

　通則法12条1項は，労働契約に関し，当事者の法選択により適用すべき法が，

当該労働契約の最密接関係地法以外の法である場合，労働者が，最密接関係地法のうち特定の強行規定を適用すべき旨を使用者に対して表示したときには，その強行規定をも適用すると定めています。

ここでの強行規定とは，当事者が約定によって排除できない規定をいいます。制定法上の強行規定（労契法16条の解雇権濫用法理，17条の契約期間中の解雇，19条の雇止め法理など）だけでなく，判例法上のものでも差し支えないとされています。また，労働者保護のための法律上の強行規定だけでなく，民法90条の公序良俗規定や，民法627条（期間の定めのない雇用の解約の申入れ）など，一般契約法上の強行規定も含むとされています。

労働契約に関して準拠法の選択を当事者の選択に委ねた（通則法7条）場合，交渉力が劣後する労働者に不利な法が選択されることによって，労働者保護のための法が容易に潜脱されるおそれがあります。そこで，個別労働関係について当事者の合意による準拠法選択に一定の制約を課したのが通則法12条1項です。

ここで，労働契約における最密接関係地法とはどこの法かが問題となります。同条2項は，

① 当該労働契約において労務を提供すべき地の法
② その労務を提供すべき地を特定することができない場合にあっては，当該労働者を雇い入れた事業所の所在地の法

を当該労働契約の最密接関係地法と推定する，と規定しています。

また，当事者が準拠法を選択しなかった場合は，労務提供地の法が最密接関係地法と推定され（同条3項），同法が適用されます。これは，労務提供地の法の適用は労働者の通常の期待に適合し，使用者にとっても予見可能であること，また，労働市場における秩序維持という観点から，一般に，労働者保護および労働契約の法規律に関しても最も利害関係を有するのが労務提供地であることが，その根拠としてあげられます。

たとえば，アメリカ法人の会社の日本現地法人で雇用されたアメリカ人を解雇する場合，労働者は労務提供地である日本の解雇権濫用法理の適用を主張す

ることが可能となります。

(4) 日本の労働法の適用関係② 公法 (労基法) の適用

「公法」，すなわち国家と私人との関係を規律する法分野における適用法規の決定は，「地域的適用範囲の確定」と呼ばれるアプローチによりなされ，通常，自国の領土内での行為については当該法の適用が及びます。

労基法は，労働者の最低労働条件を定める労働保護法規であり，刑罰により国と使用者の間を規律する法律であるため，「公法」として位置づけられます。

したがって，国際的な個別労働紛争において労基法が適用されるかどうかは，この「地域的適用範囲の確定」のアプローチにより判断されます。

労基法は，「事業」に対して適用される（労基法9条参照）ことから，当該労働者が国内の「事業」に「使用」されている（労基法9条）場合に限って，労基法の適用があることになります。「事業」は原則として事業所単位で観念され，「使用」されるとは，基本は使用者の指揮命令に従って労務を提供することを指します。したがって，労働者に対して指揮命令権を行使する事業所が国内にあるとき，労基法の適用があることになります。

2 就労可能な在留資格とは

外国人労働者が日本国内で就労するためには，就労可能な在留資格を有していることが必要となります。

入管法上，在留資格は28種類あり，大きくは「活動に基づく在留資格」と「身分又は地位に基づく在留資格」に分けられます。そして，「永住者」，「日本人の配偶者等」，「永住者の配偶者等」，「定住者」という「身分又は地位に基づく在留資格」を付与されている外国人については，活動に制限がありませんので，単純労務作業を含めて日本国内での就労が可能です。

一方，「活動に基づく在留資格」には，当該在留資格の範囲内で就労が可能なものと就労ができないもの，および個々に与えられた許可の内容により就労の

可否が決められるものがあります。就労が認められる在留資格としては，「外交」，「公用」，「教授」，「芸術」，「宗教」，「報道」，「高度専門職」，「経営・管理」，「法律・会計業務」，「医療」，「研究」，「教育」，「技術・人文知識・国際業務」，「企業内転勤」，「介護」，「興行」，「技能」，「技能実習」があり，これらの在留資格を有する外国人は，それぞれの在留資格の範囲で就労可能となりますが，それ以外の収益活動を行うことは禁止されます。したがって，これらの就労可能な在留資格を持つ外国人労働者であっても，単純労務作業に従事させることは，原則としてできません。

さらに，「永住者」を除き，在留資格にはそれぞれ在留期間が定められていますので，外国人労働者はこの与えられた期間内での活動が行えることとなり，この期間を過ぎて就労すると不法就労となってしまいます。

なお，入管法の一部改正法が平成28年11月18日可決成立し，同月28日に公布され，上記の「活動に基づく在留資格」の就労が認められる在留資格に，「介護」の在留資格が創設されました。この「介護」に関する規定は，平成29年9月1日に施行されています。

3　技能実習制度の改正

(1)　技能実習制度とは

技能実習制度とは，開発途上国の経済発展と産業振興の担い手となる人材を育成するため，諸外国の青壮年労働者を一定期間産業界に受け入れて，日本の進んだ技術・技能や知識を習得させる制度です。

技能実習生度の目的は，技能・技術または知識の開発途上国への移転を図る「人づくり」であり，国際貢献の制度です。したがって，人口減少社会における人材活用手法ではなく，あくまでも人材育成を目的とするものです。

しかし，実際には，人手不足を補う安価な働き手を短期的に受け入れる仕組みとして利用されてきたのが実態で，平成28年には時間外労働等の労働基準関係法令違反が発覚した事業場が4,004事業場あり，平成15年以降で最多となっ

たとされています（厚生労働省報道発表資料）。

以下の(2)および(3)で説明するように、このような実態を改善すべく法改正が重ねられていますが、現在のように、人材育成による国際貢献という本来の目的を放棄して、中小企業の人手不足を補う代替労働力として利用する限り、いくら法改正により規制を強化しても、上記の問題が解決できないばかりか、国際的な批判を受けることになりかねないと考えます。

(2) 技能実習制度の平成21年改正

平成21年入管法改正前は、「研修・技能実習制度」として、当初は「研修」の在留資格で概ね1年、座学や実務研修を通して技術・技能を修得し、この期間は労働者とは取り扱われず、その後、研修活動を行った同一の機関との雇用契約のもとで、より実践的な技能等の修得活動を行うこととされていました。

この研修・技能実習制度は安価な労働力調達の方法として悪用されたため、平成21年入管法改正により、とくに研修生の保護を図るべく見直しが行われました。

具体的には、それまで研修生については「研修」、「技能実習生」については「特定活動」の在留資格とされていましたが、「技能実習」という在留資格が設けられ、講習による知識習得（2カ月）後の企業での技能修得については、雇用契約に基づく技能等修得活動と位置づけ、労基法や最賃法などの労働関係法令が適用されるようになりました。また、従来の技能実習（2年目以降）に進む場合には、在留資格変更手続を行うこととなりました。

この「技能実習」の在留資格は、その活動内容によって、「技能実習1号」と「技能実習2号」に分かれます。

「技能実習1号」は、講習（座学、見学）による知識習得活動および雇用契約に基づく技能等修得活動をいいます。これはさらに、企業単独型によるものと、団体監理型に分かれます。

企業単独型とは、海外にある合弁企業などの事業上の関係を有する企業の従業員を受け入れて行う活動をいい、団体監理型とは、商工会などの営利を目的

としない団体の責任および監理のもとで行う活動をいいます。

「技能実習2号」とは，1号の活動に従事し技能等を修得した者が，雇用契約に基づいて修得した技能等を要する業務に従事するための活動をいいます。これも，1号と同様に，企業単独型と団体管理型の2種類があります。

技能実習生を受け入れる場合，とくに賃金の支払いについて留意が必要です。技能実習生にも最賃法の適用があるのはもちろん，出入国管理及び難民認定法第7条第1項第2号の基準を定める省令（以下「基準省令」）は，さらに「報酬が日本人が従事する場合の報酬と同等額以上であること」を求めています。したがって，技能実習生に対しては，最低賃金以上の賃金を支払えばよいというだけでなく，日本人が従事する場合の賃金額以上の賃金を支払う必要がありますし，賃金支払に関して労基法の適用があります。

(3) 技能実習制度の平成28年改正

外国人の技能実習の適正な実施及び技能実習生の保護に関する法律（以下「技能実習法」）が平成28年11月18日に成立し，同29年11月1日から施行されました。

この技能実習法においては，技能実習の適正な実施および技能実習生の保護を図るため，監理団体・実習実施者を監督する外国人技能実習機構が設けられました。監理団体は許可制，実習実施者については届出制とされ，技能実習計画は個々に認定制とされて，外国人技能実習機構がその認定等を行います。技能実習計画の認定基準には，日本人との同等報酬等，技能実習生に対する適切な待遇の確保が求められます。パスポートを取り上げるなどの技能実習生の人権を侵害する行為に懲役や罰金などの罰則が設けられています。

一方，制度の拡充もなされ，優良な実習実施者・監理団体については技能実習の最長期間を3年から5年に延長し，第3号技能実習者の受入れ（4〜5年目の技能実習の実施）が可能となりました。あわせて，技能実習の対象に「介護」を加える省令改正がなされました。これは，技能実習の対象職種として初めてとなる対人サービスです。介護職種の追加は，技能実習法の施行と同時に

行われています。

4　在留資格の確認

　前記2のとおり，外国人労働者を日本国内で適法に就労させるためには，当該外国人労働者が就労可能な在留資格を有していることが前提となります。そして企業は，その在留期間および資格の範囲内の業務で外国人労働者を雇用できるのです。

　一方，就労可能な在留資格を有していない外国人を雇用したり，または，在留資格を有していてもその資格外の業務で雇用した場合，入管法73条の2により不法就労助長罪として，雇用主も3年以下の懲役または300万円以下の罰金に処せられることになります。したがって，企業は，従事させようとする業務について，就労可能な在留資格のない外国人労働者を雇用することはできません。

　そのため，外国人労働者を雇い入れる際には，まず，当該外国人が在留資格上，就労可能な者であるか否か，そして就労させようとする仕事の内容が在留資格の範囲内の活動か，在留期間が過ぎていないかを確認し，その範囲内で労働契約を締結することになります。また，海外在住の外国人労働者の採用を決定する際には，あくまで，日本国内で就労可能な在留資格を取得できることを条件とし，仮に在留資格が得られない場合には，採用を取り消すといった条件を付しておくことが必要です。

　また，雇用対策法では，外国人（特別永住者を除く）の雇入れ，離職の際に，当該外国人の氏名・在留資格・在留期間・生年月日・性別・国籍などを厚生労働大臣（公共職業安定所）に届け出ることが義務化されています（同法28条）。そして，この届出義務に違反すると，同法40条1項2号により30万円以下の罰金に処せられることになります。したがって，入管法上の在留資格などの確認とともに，雇用対策法上の確認および届出も行うよう注意が必要です。

　なお，雇用対策法上の在留資格の確認および届出は，通常の注意力をもって

その者が外国人であると判断できる場合に行えば足り，その者が一般的に外国人であることが明らかでないケースであれば，確認および届出をしなかったからといって法違反を問われることはないとされています。

5 在留資格を得られないことを理由とした労働契約の解消

前記1で述べたとおり，外国人労働者との間の契約解消の問題については，強行規定である解雇権濫用法理（労契法16条），契約期間中の解雇（同法17条），雇止め法理（同法19条）は，労務提供地が日本であり，労働者が適用すべき旨を使用者に表示した場合等において適用があります。

また，国籍による差別的取扱いをすることも禁止されます（労基法3条）から，外国人であることを理由として契約解消について異なる取扱いをすることも認められません。

しかし，上記のとおり，外国人労働者を雇用する場合には，就労を可能とする在留資格が必要であるところ，「永住者」を除く在留資格には在留期間が定められており，契約当初，在留資格を有している者であっても，その期間を過ぎてしまえば，不法就労となってしまうという特殊性があります。

したがって，企業は在留期間の範囲内で当該外国人労働者を雇用することになり，その在留期間については，更新により延長することも可能です。

しかし，在留期間中に犯罪行為をしていたり，資格外活動を行っていた場合などにはこの在留資格の更新が認められない場合があります。このように更新されずに在留期間を過ぎた外国人労働者を企業が雇い続けることは，入管法に違反することになりますので，企業としては，当該外国人労働者との労働契約を解消せざるをえませんし，その解消は，解雇権濫用法理等の上記の強行規定が適用されるとしても，有効と解されます。

ただし，このような労働契約の解消問題に対処するため，実務上は，外国人労働者と労働契約を締結する際には，その契約解消事由として「本契約業務に従事できる在留資格を失ったとき」といった条項を入れておくことが，実務上

のトラブルの発生を防ぐためにも必要と考えます。

6　有期労働契約を締結した外国人労働者の契約解消

(1)　雇止め法理の適用はあるか

　外国人労働者の雇用にあっては，在留期間との関係もあり，多くの場合，期間を定めた労働契約を締結することが一般的といえます。この有期労働契約を更新することにより長期に外国人労働者を雇用し続けた場合，日本人労働者と同様に雇止め法理（労契法19条）の適用があるか否かの問題が生じます。

　「永住者」や「日本人の配偶者等」といった「身分又は地位に基づく在留資格」により就労する場合を除いて，日本では高度な技術や専門性を持った労働者のみを受け入れる方針を採っているため，就労を目的とする在留資格には学歴や職歴などの要件が求められ，高い能力を持った外国人労働者でないと日本で就労できないことが原則となります。したがって，外国人労働者との労働契約については，専門能力を持つ契約社員と同様，対等契約に近いものとして，更新がくり返されたとしても雇止め法理の適用はなく，期間満了で労働契約が終了することが原則と考えます。

　また，在留資格には期間がありますから，その面からも，契約が当然に更新される期待があるとは解釈できないと考えられるのです。裁判例でも，オーストラリア国籍の英語教師が，期間1年の雇用契約を4回更新後に雇止めされた事案において，期間満了後の雇用継続の期待を否定する理由の1つとして，在留資格自体が1年の期間を限り，これが更新されているものであったという事情を認定したものがあります（フィリップス・ジャパン事件＝大阪地決平6.8.23労判668-42）。

　ただし，「永住者」の場合には，活動に制限がなく在留期間も無制限となっていますので，日本人と同様の法理で労働契約の解消を考えればよいといえます。また，その他の「身分又は地位に基づく在留資格」である「日本人の配偶者等」，「永住者の配偶者等」，「定住者」の資格を持つ外国人の場合，活動に制限はあり

第14章／女性・障害者・外国人労働者の労働契約解消 **769**

ませんが，在留期間の定めはあります。したがって，労働契約の解消については原則として日本人と同様の法理が適用されると考えますが，その契約解消事由として「在留期間が更新されずに期限切れとなった場合」を想定しておくことが必要です。

なお，外国人労働者との労働契約の締結・更新にあたっては，次回更新する場合の手続や判断手続を十分に説明し，当然に更新されるものではないことを互いに理解しておくことがとくに重要と考えます。外国人労働者の労務管理においては，労働契約の解消をめぐるトラブルに限らず，コミュニケーション不足から起きる誤解が大きなトラブルを招くリスクがあるといえます。したがって，その待遇や契約解消事由などについても日本人以上に配慮して明確化しておくことが必要です。

(2)　契約期間中の契約解消

外国人労働者に対しても，労契法17条の契約期間中の解雇の規定の適用があることは，前記1のとおりです。その場合，その解雇が有効とされるためには，「やむを得ない事由」が必要です（同条1項）。この「やむを得ない事由」は，期間の定めのない労働契約を締結した労働者の解雇の場合に解雇を有効とする事由よりも厳格なものと解されています。

したがって，実務上は，契約期間中の解雇については慎重に行うべきであり，期間満了により契約を終了させる対応を原則とすべきです。ただし，前記5のように在留資格を喪失した場合は，「やむを得ない事由」に該当すると考えられます。

7　期間の定めのない労働契約を締結した外国人労働者の契約解消

期間の定めのない労働契約を締結した外国人労働者についても，前記1のとおり，解雇権濫用法理（労契法16条）の適用がありえます。この場合，日本人の労働者と同様に，解雇をするためには，客観的に合理的であり，社会通念上

相当と是認される事由が必要であり，解雇は困難といえます。

　しかし，地位特定者，専門能力者（スペシャリスト）または専門職者として採用した外国人労働者については，日本人の労働者と同様に，契約で提示した成果が達成できなかった場合，能力不足を理由として普通解雇事由に該当するといえることになります。このような対応を可能とするためには，労働契約を締結する際に，当該外国人労働者が就任する地位，職務内容，期待する能力および成果の数値・内容を明確に定め，それに相応しい待遇を定めることが重要です。

　ただし，これは，「高度専門職」の在留資格を取得して個別労働契約を締結する高度外国人材（狭義）の場合のイメージです。これに対し，「留学」の在留資格で来日し，大学を卒業して在留資格を「人文知識」や「国際業務」などに変更して新卒一括採用の対象となった高度外国人材（広義）については，就業規則を通じて労働契約を締結することになり，労働契約の解消は日本人の正社員と同様の取扱いとなるといえます。また，その後退職して再度就職することになれば，中途採用者として日本人と同様の取扱いを考えることになると思います。

　外国人労働者が解雇された場合，活動に基づく在留資格により在留している外国人の場合は，日本に在留し続けることができるかという問題が生じます。この点については，在留資格に応じた活動を継続して3カ月（高度専門職の在留資格の場合は6カ月）以上行わないで在留していることは資格取消事由にあたりますが（入管法22条の4第1項5号），実務の取扱いでは，退職・解雇後3カ月間就職先が見つからなかったとしても，転職活動を行っている場合には，3カ月の経過をもって直ちに在留資格が取り消されることはないようです。しかし，再就職までの期間が長くなってしまうと，次回の在留資格の更新に影響が出る可能性が生じると思われます。

第14章／女性・障害者・外国人労働者の労働契約解消 ◀771

8　技能実習生の契約解消

　前記3で説明したとおり，技能実習生について，平成21年入管法改正により講習による知識習得後の企業での技能修得については，雇用契約に基づく技能等修得活動と位置づけられ，労基法，最賃法，労契法などの労働関係法令が適用されることが明らかにされました。

　技能実習生は，在留期間が限定されているため，有期労働契約を締結していることが一般的と考えられます。この場合，契約期間途中での契約解消であれば，労契法17条1項により「やむを得ない事由」が必要です。また，契約期間満了時の雇止め法理（同法19条）の適用については，技能実習生は，専門的・技術的分野の在留資格を有する外国人と異なり，使用者と対等契約を締結しているものとは評価できません。また，技能実習法に基づき，実習実施者は技能実習計画の認定を受ける必要があり，その計画期間内については，労働契約が更新されると期待することについて合理的な理由があると考えられます。したがって，雇止め法理については技能実習計画期間内は適用されると考えられます。技能実習制度の，開発途上地域等への技能等の移転を図りその経済発展を担う「人づくり」に協力するという本来の目的からすれば，雇止め法理の適用は当然だと考えるべきです。

　技能実習生について，経営状況または技能実習生の問題行為を理由として契約解消をする場合は，これらの各規定により，解雇または雇止めの有効性が判断されることになります。

　また，技能実習法において，実習実施者は，実習実施者の事業上・経営上の都合，技能実習者の傷病・失踪等の事情で技能実習を行わせることが困難になったときは，遅滞なく，①団体監理型実習実施者は，監理団体に，技能実習者の氏名，その技能実習生の技能実習の継続のための措置等を通知し，②企業単独型実習実施者は，住所地を管轄する地方事務所・支所の認定課に，上記事項について，技能実習実施困難時届出をしなければなりません（同法19条）。

上記①の通知を受けた監理団体は，対象の実習実施者の住所地を管轄する機構の地方事務所・支所の認定課に対し，技能実習実施困難時届出をしなければなりません（同法19条）。

これらの通知または届出をせず，または虚偽の通知または届出をした場合には，罰則規定があります（同法112条3号・4号）。

また，実習実施者は，これらの通知または届出をしようとするときは，受け入れている技能実習生であって引き続き技能実習を行うことを希望する者が技能実習を行うことができるよう他の実習実施者や監理団体等との連絡調整その他の必要な措置を講じなければなりません（同法51条）。

技能実習生との間の労働契約解消の際には，これらの技能実習法の定めを踏まえた対応が必要です。

9　今後の外国人労働力の受入れ

平成30年2月20日の経済取扱諮問会議で安倍晋三首相は，「深刻な人手不足が生じている。（略）働き方改革を推進するとともに，併せて，専門的・技術的な外国人受け入れの制度の在り方について，早急に検討を進める必要があると考えている」としつつ，「移民政策をとる考えはない」と明言しています。

また，前提条件として，在留期間の上限を設定し，家族の帯同は基本的に認めないとしています。すなわち，今回検討されるのは「専門的・技術的分野」という在留資格を持つ外国人ということになります。

近年では，働き方改革において，女性や高年齢者の労働参加率の向上が謳われています。しかし，新聞報道では，人手不足に対応するために，政府は2019年4月以降に技能実習の修了者は最長5年の就労資格を得られるようにすることを検討しているとされています。

また，同時に建設・農業・宿泊・介護・造船業の5分野を対象に「特定技能評価試験」（仮称）を新設し，合格すれば就労資格が得られる制度も検討されていると報道されています。

第 2 編

派遣・業務処理請負 に関する契約解消

第1章

他人が雇用する労働力利用と契約解消

第1節 はじめに

　正社員にしても非正規社員にしても，企業が労働者を直接雇用してしまうと，解雇権濫用法理の適用ないし類推適用の問題が生じ，労働契約の解消による人件費の調整が困難になってしまう場合が発生することは避けられません。

　そこで，マーケットのグローバル化による国際的な価格競争が激化し，さらに，商品ライフサイクルが短命化した状況下において，企業が契約解消の自由を確保し，人件費の流動化を担保する策として，派遣や業務処理請負などの企業間の民事契約（商取引）を介した「他人（他企業）が雇用する労働力」を利用するという形態が広がっています。

　派遣は派遣元が「自己」の労働力として雇用する派遣労働者を，「他人」にあたる派遣先が直接指揮命令して使用するものであるのに対して，請負は請負企業が「自己」の雇用する労働者を「自ら」指揮命令するものであって，注文主が直接請負企業の労働者に指揮命令することはできないという違いがあります。

　しかし，いずれの形態も，「他人」である派遣元ないし請負企業が雇用する労働力を利用する形態（間接雇用）という点で共通しています。

　そして，いずれの形態においても，上記のとおり企業間の民事契約（商取引）が介在しており，当該民事契約は契約解消が自由であるため，単に派遣元ないし請負企業と労働者間の個別労働契約として，これまで述べた契約解消に関する議論が直ちに妥当するとはいえません。

　確かに，派遣元ないし請負企業において，自らの業務があり，当該業務に就

くことを前提として雇用された労働者については，これまで述べた契約解消に関する議論が妥当します。

これに対して，従事する業務が派遣先ないし発注企業の業務であることを前提として雇用された労働者については，介在する企業間の民事契約の契約解消が自由であることの帰結として，従事する業務が消滅する可能性があることも考えたうえで合意されているという特殊性があります。

また，業務を処理するうえでミスをした場合には，自己の業務に関するミスではなく，派遣先ないし発注企業といった取引先の業務に関するミスとなるため，介在する民事契約の解消につながる可能性があるといった特殊性もあります。

したがって，従事する業務が派遣先ないし発注企業の業務であることを前提として雇用された労働者については，この特殊性を踏まえた特別な議論が妥当すると考えられるのです。そして，この特殊性に応じて，解雇理由としては

① 取引先から民事契約を解消されて業務が消滅したため，人員が余剰となった場合の整理解雇の議論

② 勤怠不良，能力不足に関連した契約解消の議論

が想定されます。

以上述べてきたことを踏まえ，以下では，派遣，業務処理請負の順に解説していきます。

第2節　派遣における契約解消をめぐる問題

1　派遣とは

派遣とは，「自己の雇用する労働者を，当該雇用関係の下に，かつ，他人の指揮命令を受けて，当該他人のために労働に従事させることをいい，当該他人に対し当該労働者を当該他人に雇用させることを約してするものを含まない」（派遣法2条1号）と定義されています。

直接雇用と労働者派遣の違い

① 直接雇用（基本形態）

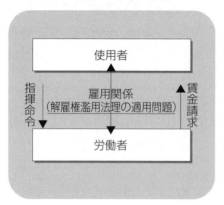

② 労働者派遣

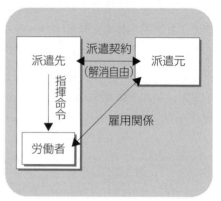

　派遣では，派遣元が「自己」の労働力として雇用する派遣労働者を「他人」にあたる派遣先が直接指揮命令して使用できるという点が特徴です。派遣先の視点でみれば，「他人」である派遣元が雇用した労働力を直接指揮命令して使用できるということになり，まさしく「他人が雇用する労働力」利用の代表例であるといえます（つまり，派遣は「雇用」と「使用」が分離する形態と考えればよいといえます）。

　この派遣の形態では，派遣先が契約を締結する相手は，企業（個人事業主を含む）である派遣元となるため，その契約解消も商取引上の民事契約として自由に行うことができます。したがって，派遣先は派遣法の規制の範囲内で必要な労働力を必要な期間だけ派遣してもらう契約を締結しておけば，たとえ契約更新をくり返して長期に派遣労働者を受け入れていたとしても，期間満了による契約解消をめぐって雇止め法理の適用が議論されることはなく，不必要な労働力を抱えるコストを抑えることが可能となるのです。[*]

　＊　**労働契約申込みみなし，または黙示の労働契約成立の場合**　派遣先に派遣労働者に対する労働契約の申込みがみなされ，それに対して派遣労働者が承諾する場合，または黙示の労働契約が成立する場合には，当該労働契約の解消をめぐって解雇権濫用法理や

雇止め法理の適用が議論されることになります。

　まず，平成27年改正派遣法においては，平成24年改正により新たに新設された，派遣先の派遣労働者に対する労働契約の申込みみなし制度（以下「申込みみなし制度」）が，平成27年10月１日から施行されています。

　申込みみなし制度は，違法派遣の是正にあたって，派遣労働者の希望を踏まえつつ雇用の安定が図られるようにするため，一定の派遣法違反行為がなされた場合に，派遣先が派遣労働者に対して，労働契約の申込みをしたものとみなす制度です（派遣法40条の６）。その趣旨は，派遣先に一定の制裁を科すことにより派遣法の規制の実効性を確保することにあると説明されています（平27.9.30職発0930第13号）。

　もっとも，この制度は，あくまでも派遣労働者に間接雇用から直接雇用への機会を与えるもので，労働条件の向上を意図したものではありません。

　次に，明示的に労働契約が締結されていなくても，事実上，相手方の指揮命令で労働者が労務を提供し，その労務提供を受ける相手方から当該労務の対価として報酬が支払われているという状況がある場合には，黙示的に労働契約が成立しているのではないかということが議論になっています。この関係が派遣先と派遣労働者間にも問題となりうるのです。

　派遣では，派遣労働者との雇用関係は派遣元にあることが前提です。したがって，通常の関係では派遣労働者は労働契約の成立を派遣元との間で合意しているといえ，派遣先と派遣労働者間に労働契約締結の合意はないと考えられます。この点，「派遣元と派遣労働者との間で雇用契約が存在する以上，派遣労働者と派遣先との間で雇用契約締結の意思表示が合致したと認められる特段の事情が存在する場合や，派遣元と派遣先との間に法人格否認の法理が適用ないし準用される場合を除いては，派遣労働者と派遣先との間には，黙示的にも労働契約が成立する余地はない」とする裁判例があります（伊予銀行・いよぎんスタッフサービス事件＝高松高判平18.5.18労判921-33判例・裁判例㉞）。

　一方，「労働者が派遣元との間の派遣労働契約に基づき派遣元から派遣先へ派遣された場合でも，派遣元が形式的存在にすぎず，派遣労働者の労務管理を行っていない反面，派遣先が実質的に派遣労働者の採用，賃金額その他の就業条件を決定し，配置，懲戒等を行い，派遣労働者の業務内容・期間が労働者派遣法で定める範囲を超え，派遣先の正社員と区別し難い状況となっており，派遣先が，派遣労働者に対し，労務給付請求権を有し，賃金を支払っており，そして，当事者間に事実上の使用従属関係があると認められる特段の事情があるときには，上記派遣労働契約は名目的なものにすぎず，派遣労働者と派遣先との間に黙示の労働契約が成立したと認める余地がある」と判断している裁判例（後掲マイスタッフ〔一橋出版〕事件＝東京高判平18.6.29労判921-5判例・裁判例㉟）もあることには注意が必要です。

判例・裁判例㉞　伊予銀行・いよぎんスタッフサービス事件／
高松高判平18.5.18／労判921-33［上告棄却・不受理］

【事案概要】 Xは，昭和62年2月，派遣会社Aに派遣労働者として採用され，A及びAから営業譲渡を受けたY1（Y2の100％子会社）の派遣労働者として，Y2銀行において，主に事務用機器の操作等の業務に従事していたところ，平成12年5月をもってY1から雇用契約の更新を拒絶されたことから，Y1に対しては更新拒絶が権利濫用であること，Y2に対しては黙示の労働契約が成立していること等を主張して，労働契約上の地位の確認等を求めた。

【原審概要】 派遣労働者の特定行為や派遣対象業務外の業務を行わせるなど，「Yらによる Xの雇用及び派遣体制には，派遣法の規定及び趣旨に照らして，少なからず問題があることは否めないというべきであるが，Y1は形式のみでなく，社会的実体を有する企業であり，Xの就業条件，採用の決定，さらにはXに対する賃金（慰労金を含む）の支払いは，すべてY1において行っているのであるから，XとY1との雇用契約が有名無実のものであるとはいい難い。」として，XとY2との間の黙示の労働契約の成立を否定した。

【判決概要】 前記原審の判示を引用しつつ，次の判断を付加した。
「派遣元と派遣労働者との間で雇用契約が存在する以上は，派遣労働者と派遣先との間で雇用契約締結の意思表示が合致したと認められる特段の事情が存在する場合や，派遣元と派遣先との間に法人格否認の法理が適用ないしは準用される場合を除いては，派遣労働者と派遣先との間には，黙示的にも労働契約が成立する余地はない…。派遣労働者と派遣先との間に黙示の雇用契約が成立したといえるためには，単に両者の間に事実上の使用従属関係があるというだけではなく，諸般の事情に照らして，派遣労働者が派遣先の指揮命令のもとに派遣先に労務を供給する意思を有し，これに関し，派遣先がその対価として派遣労働者に賃金を支払う意思が推認され，社会通念上，両者間で雇用契約を締結する意思表示の合致があったと評価できるに足りる特段の事情が存在することが必要である。」

　本件では，Xは，①AのB社長から採用面接を受け，Aに雇用されるとの説明を受けたこと，②Aとの間で雇用契約書を作成し，就業条件明示書の交付，賃金の支払いを受けたこと，③Y2でも派遣パートと呼ばれたこと，④フルタイムパートへの変更時もY1の社長との間で雇用契約書，就業条件明示書のやり取りを行ったこと，⑤上記の取扱いについてXは従前異議を申し立てたことがなかったこと，⑥XはAやY1に雇用されていると認識していたこと，他方，Y2も，⑦A及びY1との間で労働者派遣契約を締結し，Xの派遣料を他の派遣労働者と一括して支払っていること，⑧Xに就労の対価として賃金を支払った事実はなく，その意思を推認させる事実もないことなどから，X・Y2間で雇用契約を締結する意思表示の合致が認められず，黙示の雇用契約の成立を否定。原審を支持し，控訴棄却した。

2　派遣先による派遣元との契約解消に伴う法的問題

(1)　派遣契約はいつでも自由に解消できるか

　このように派遣先は派遣契約の更新をくり返し，長期に派遣労働者を利用していた場合でも，派遣法の規制の範囲内の利用であれば期間満了によって当然にその契約を解消し，かつ，派遣労働者との間の問題も回避できるといえます。しかし，期間途中の解消が可能かという問題は別に考えなければなりません。

　派遣では，派遣先の受入期間制限が原則3年とされている以上（派遣法40条の2），この期間制限を超えない範囲内で派遣契約期間を定める必要があることから，派遣契約では期間を定めることが原則となります（派遣法26条1項4号）*。

> *　もっとも，厚生労働省に確認したところ，派遣法の期間制限は，実際に派遣を受け入れたか否かが問題となるため，派遣契約においては，労働者派遣の期間を定めないこと（期間の定めなしと記載すること）も可能とのことです。

　このような期間の定めのある契約を当事者が一方的に中途解消することは，原則としてできません（ただし，期間途中であっても一方当事者に債務不履行があれば，契約解除は可能です。民法541条・543条）。したがって，派遣契約において中途解消に関する合意がなされていなければ，派遣先の一方的な都合で期間途中の解消はできないことになります。

　しかし，現実的には派遣先は派遣元にとって「お客様」という関係にあり，派遣先が一方的に期間途中において契約解消を行い，その残存期間に対する補償も一切なされないという状況も多く発生しているようです。そうなると，派遣元としても当該派遣先に派遣することを前提として雇用している派遣労働者との労働契約の残存期間をどうするのかといった問題も出てきます。

　そこで，派遣法は派遣先に対して，派遣先の都合による派遣契約の解除にあたっては，派遣労働者の新たな就業機会の確保，派遣元による当該派遣労働者に対する休業手当等の支払いに要する費用の負担その他の当該派遣労働者の雇

用の安定を図るために必要な措置をとることを義務づけています（派遣法29条の２）。また，行政も「派遣先が講ずべき措置に関する指針」（平11労告138号，最終改正平28厚労告379号，以下「派遣先指針」）において，「派遣先は，派遣先の責に帰すべき事由により労働者派遣契約の契約期間が満了する前に労働者派遣契約の解除を行おうとする場合には，派遣労働者の新たな就業機会の確保を図ることとし，これができないときには，少なくとも当該労働者派遣契約の解除に伴い当該派遣元事業主が当該労働者派遣に係る派遣労働者を休業させること等を余儀なくされたことにより生じた損害の賠償を行わなければならないこと。例えば，当該派遣元事業主が当該派遣労働者を休業させる場合は休業手当に相当する額以上の額について，当該派遣元事業主がやむを得ない事由により当該派遣労働者を解雇する場合は，派遣先による解除の申入れが相当の猶予期間をもって行われなかったことにより当該派遣元事業主が解雇の予告をしないときは30日分以上，当該予告をした日から解雇の日までの期間が30日に満たないときは当該解雇の日の30日前の日から当該予告の日までの日数分以上の賃金に相当する額以上の額について，損害の賠償を行わなければならないこと。」としています。つまり，派遣先の一方的な都合で派遣契約を中途解消する場合には，派遣元が派遣労働者を休業させる場合は休業手当に相当する額の支払いを，派遣元が派遣労働者を解雇する場合は相当の猶予期間をもって解除の申入れをするか，派遣労働者の賃金の30日分に相当する額の支払いを求めているのです。

しかし，派遣法は行政取締法規であり，私人間の契約内容を規律する効力はありませんし，この派遣先指針には派遣先を法的に拘束する効力はありませんので，派遣法やこの指針を根拠として，派遣元が派遣先に対して休業手当相当額や予告金相当額を請求することもできません。したがって，あくまでこれらは派遣労働者保護という観点から，中途解消においては相当の猶予期間をもって解除の申入れをすべきという一定基準を定めたにすぎないものと解し，派遣元と派遣先の関係については，派遣契約において明確に定めることにより民事的効力を付与しておくことが必要となります[*]。

第1章／他人が雇用する労働力利用と契約解消 ◀781

＊　このような観点から，派遣契約の記載事項として「派遣労働者の新たな就業の機会の確保，派遣労働者に対する休業手当（略）等の支払に要する費用を確保するための当該費用の負担に関する措置その他の労働者派遣契約の解除に当たつて講ずる派遣労働者の雇用の安定を図るために必要な措置に関する事項」が規定されています（派遣法26条1項8号）。

(2)　期間途中の派遣契約の解消に伴い派遣労働者を解雇できるか

派遣先から期間途中に派遣契約を解消された場合，派遣元には派遣労働者との雇用関係のみが残ることになってしまいます。こうした場合に派遣元が当該派遣先に派遣されていた派遣労働者を解雇できるか否かの問題については，次のとおり，登録型派遣の場合と常用型派遣の場合に分けて考えることが必要です。

ア　登録型派遣・常用型派遣の区別

(ア)　行政の整理

登録型派遣・常用型派遣の区別について，行政においては，以下のとおり整理がなされています。

まず，登録型派遣とは，「一般に，派遣労働を希望する者をあらかじめ登録しておき，労働者派遣をするに際し，当該登録されている者と期間の定めのある労働契約を締結し，有期雇用派遣労働者として労働者派遣を行うことを称される」とされています（労働者派遣事業関係業務取扱要領，以下「業務取扱要領」）。

他方で，常用型派遣とは，「一般に，労働者派遣事業者が常時雇用している労働者の中から労働者派遣を行うことを称される」とされており，ここでいう「常時雇用」とは

　ア　期間の定めのない雇用契約を締結するもの

　イ　期間の定めのある雇用契約で勤続が1年を超えているもの

　ウ　期間の定めのある雇用契約で勤続が1年を超える見込みのあるもの

　エ　日雇派遣で勤続が1年を超えているもの

　オ　日雇派遣で勤続が1年を超える見込みのあるもの

とされています（同上）。

この点，平成27年改正前の旧派遣法においては，許可制のもとで運用された「一般労働者派遣事業」と，届出制のもとで運用された「特定労働者派遣事業」が区別されていたところ，後者の特定労働者派遣事業が「その事業の派遣労働者…が常時雇用される労働者のみである労働者派遣事業」とされていたことから，行政は両者を区別するための基準である「常時雇用」の意味を上記のとおり整理していました。

しかし，平成27年派遣法改正においては，上記区別を廃止し，許可制のもとで運用される「労働者派遣事業」に一本化されたことから，上記区別は必要なくなりました。

もっとも，平成27年派遣法改正後においても，経過措置として，原則として３年間は特定労働者派遣事業を継続することができるとされていることから，上記「常時雇用」の意味内容の整理はなおも残されています。

したがって，業務取扱要領の区分に従うと，登録型派遣の場合には有期雇用契約のみが問題となり，常用型派遣の場合には，有期雇用契約と無期雇用契約の双方が問題となります。

(イ) 民事上の整理

しかし，実務において争いとなっている事案は，上記の行政の整理とは異なり，「登録型派遣＝有期雇用契約」，「常用型派遣＝無期雇用契約」という理解が前提となっています*。

* 実際，複数の派遣元企業のウェブサイトにおいては，上記のとおり「登録型派遣＝有期雇用契約」，「常用型派遣＝無期雇用契約」といった整理が明示的になされています。

それゆえ，実際の裁判においても，登録型派遣の形態がとられている場合には，全て有期雇用契約が前提となっているため，後述するとおり，期間満了時における雇止め法理の適用（解雇権濫用法理の類推適用）の有無が議論となります。他方で，常用型派遣の形態がとられている場合には，全て無期雇用契約が前提となっているため，解雇権濫用法理の直接適用の問題となり，類推適用

の有無が議論されることはありません。

したがって，実務対応としては，行政の整理とは異なり，「登録型派遣＝有期雇用契約」，「常用型派遣＝無期雇用契約」として理解しておけば足りると考えます*。

＊ 裁判例の中には，特定の派遣先への派遣を前提とした有期雇用契約の場合を「登録型派遣」，派遣先での就労がなくとも，派遣元が派遣労働者の雇用を継続する意思をもって（有期・無期を問わず）労働契約を締結した場合を「常用型派遣」と整理していると読めるものもありますが（前掲伊予銀行・いよぎんスタッフサービス事件＝判例・裁判例㉞参照），筆者が探した限りにおいて，「常用型派遣」の形態であって，かつ，有期雇用契約の事案は見つかりませんでした。

イ　有期雇用契約（登録型派遣）の場合

まず登録型派遣では，派遣元は，あらかじめ派遣希望者の登録を受けておき，派遣先と具体的な派遣契約が締結され当該派遣希望者の派遣就労が決まった段階ではじめて当該派遣契約の期間に応じた有期雇用契約を派遣労働者との間で締結します。このような登録型派遣においては，本来であれば派遣契約の満了と同時に派遣元と派遣労働者間の労働契約も期間満了で終了するはずのところ，派遣先から期間途中で派遣契約を解消されると労働契約だけが残ってしまう結果となるのです。

そこで派遣元には，派遣先から派遣契約を中途解消された場合，当該派遣先に派遣していた派遣労働者との労働契約も期間途中で解消できるのかという問題が生じます。

有期雇用契約の場合，「やむを得ない事由」がなければ，その期間途中に契約解消することはできませんが（民法628条，労契法17条１項），登録型派遣の場合，派遣元と派遣労働者間の労働契約は，当該派遣先への派遣業務に限定して締結されていることになります。したがって，派遣先との間の派遣契約が解消されてしまえば，当該労働契約の前提となる業務が消滅してしまうことになりますので，派遣元は派遣労働者との労働契約が期間途中であっても，「やむを得ない事由」があるとして解消可能と考えられます。

しかし，「やむを得ない事由」があったとしても，それが解消者の過失によって生じたものであるときは，相手方の損害を賠償しなければなりません（民法628条）。したがって，派遣先からの中途解消に派遣元が応じた場合には，当該労働契約の解消について派遣元に過失があるといえますから，派遣元は当該労働契約の残存期間について派遣労働者に損害賠償の責任を負うものと考えられます。一方，派遣先が一方的に派遣契約を解消してきたような事案では，派遣先による中途解消が，派遣労働者の雇用の維持・安定に対する合理的期待を損なわないようにするとの信義則上の配慮を欠いたといえる事情がある場合には，派遣労働者は派遣先に対して，不法行為に基づく損害賠償を請求しうるものと考えます（三菱電機ほか事件＝名古屋高判平25.1.25労判1084-63［上告棄却・不受理]）。

また，期間途中の労働契約の解消には労基法20条が適用されますので，派遣元は派遣労働者に対し30日前の解雇予告か30日分の解雇予告手当の支払い（解雇予告が30日に満たない場合はその不足日数分の解雇予告手当の支払い）を行わなければなりません。

ウ　無期雇用契約（常用型派遣）の場合

次に，常用型派遣の場合，派遣元は派遣先との派遣契約の有無にかかわらず，期間の定めなく派遣労働者を雇用し，その雇用している派遣労働者の中から，派遣先との派遣契約に合致する者を派遣するという形態がとられています。

このような常用型派遣の場合，仮に派遣契約期間の途中で派遣先から一方的に派遣契約を解消されたとしても，派遣労働者との労働契約が当然に解消できるということにはなりません。原則としては次の派遣先を探すなどの対応が必要となります。仮に，次の派遣先がすぐに見つからず，派遣元自身にも当該派遣労働者に担当させる業務がないという場合には休業させることも考えられますが，その場合は債務者の責めに帰すべき事由による休業となりますので，その休業期間中の賃金は民事上，使用者が全額補償しなければなりません（民法536条2項）。この民法規定は任意規定として両当事者の合意があれば適用を排

第1章／他人が雇用する労働力利用と契約解消 ◀785

除することもできますが，仮に労働者との合意で全額補償を免れたとしても，労基法26条に基づき60％の休業補償の支払いが義務づけられることになります。*

* つまり，派遣元と派遣労働者の合意によって補償金額を60％～100％にすることが可能ということになります。

(3) 有期雇用派遣労働者（登録型派遣）に雇止め法理の適用はあるか

　派遣では，派遣先が派遣契約を反復更新して長期に派遣労働者を利用していたとしても，派遣先が直接契約を締結している相手は派遣元という企業であることから，純粋な商取引として解雇権濫用法理の適用ないし類推適用が議論される余地はなく，期間が満了すれば当然に派遣契約も終了することになります。

　一方，たとえば当初6カ月の派遣契約に応じて派遣元が6カ月の期間を定めて雇用していた派遣労働者について，派遣契約の更新に伴い当該派遣労働者との労働契約も反復更新されている場合，その後，派遣先が派遣契約を更新せず派遣契約の解消となったときに，派遣元が派遣労働者との労働契約を期間満了を理由として当然に終了できるのかといった問題が生じます。つまり，雇止め法理の適用が派遣労働者にもあるのかという問題です。

　この点，登録型派遣の事案であったマイスタッフ〔一橋出版〕事件＝東京高判平18.6.29労判921-5判例・裁判例㉟は，「労働者派遣法は，派遣労働者の雇用安定のみならず，派遣先の常用労働者の雇用安定も立法目的とし，派遣期間の制限規定を設ける（労働者派遣法40条の2）などして上記目的の調和を図っており，同一の労働者を同一の派遣先へ長期間継続して派遣することは常用代替防止の観点から本来同法の予定するところではないから，労働者派遣契約の存在を前提とする派遣労働契約について，派遣ではない通常の労働契約の場合と同様に雇用継続の期待に対する合理性を認めることは，一般的に困難である」（傍点は筆者）として，派遣労働者に対して雇止め法理を適用することについて消極的な姿勢を見せています。前掲伊予銀行・いよぎんスタッフサービス事件＝高松高判平18.5.18労判921-33判例・裁判例㉞でも，同様の判示がなされています。*

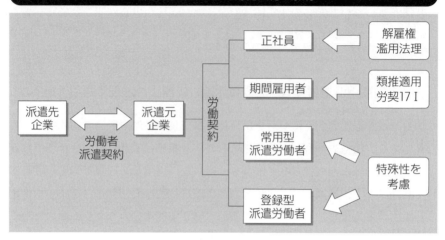

＊　この点は，平成27年の派遣法改正において，派遣法の運用上の配慮事項を定めた25条に，従来の「雇用慣行」に加えて「派遣就業は臨時的かつ一時的なものであることを原則とするとの考え方」が追加されたことにも表れています。

したがって「同一の派遣先」への派遣を前提とした登録型派遣については，たとえ派遣元と派遣労働者間の労働契約が反復更新して長期に継続していたとしても，当該「同一の派遣先」での業務が存しない以上，雇止め法理が適用されることはなく，派遣契約の終了とともに派遣元と派遣労働者間の労働契約も終了することが原則と考えられます。

実務において争いとなった裁判例を整理すると788頁の表のとおりとなります。

他方で，常用型派遣の場合には，前述のとおり無期雇用契約が前提となっているため，解雇権濫用法理の直接適用の問題となり，類推適用の有無が議論されることはありません。

第1章／他人が雇用する労働力利用と契約解消 ◀787

判例・裁判例㉟　マイスタッフ〔一橋出版〕事件／東京高判平18.6.29／労判921-5
[上告棄却・不受理]

【事案概要】 人材派遣会社Y1は，平成13年5月，教科書の出版・販売等を目的とするY2との間で，派遣期間を6カ月とする労働者派遣契約を締結した上，Xとの間で雇用期間を6カ月とする派遣労働契約を締結し，XをY2へ派遣した。その後，Y1とY2との労働者派遣契約，及びXとY1との派遣労働契約はそれぞれ3回更新され，通算で2年間継続したが，平成15年3月，Y2はY1に同年5月の期間満了をもって労働者派遣契約を終了する旨伝え，同年4月，Y1はXへ派遣労働契約を同様に期間満了をもって終了し更新しない旨を通告した。これに対し，Xは，①派遣先であるY2との間の黙示の労働契約の成立，及び②派遣元であるY1との間の派遣労働契約の更新拒絶の無効等を主張し，Y1及びY2の従業員たる地位の確認等を求めて提訴した。

【判決概要】 ①について「黙示の合意により労働契約が成立したかどうかは，…当該労務供給形態の具体的実態により両者間に事実上の使用従属関係があるかどうか，この使用従属関係から両者間に客観的に推認される黙示の意思の合致があるかどうかによって判断するのが相当である。

そして，…労働者が派遣元との間の派遣労働契約に基づき派遣元から派遣先へ派遣された場合でも，派遣元が形式的存在にすぎず，派遣労働者の労務管理を行っていない反面，派遣先が実質的に派遣労働者の採用，賃金額その他の就業条件を決定し，配置，懲戒等を行い，派遣労働者の業務内容・期間が労働者派遣法で定める範囲を超え，派遣先の正社員と区別し難い状況となっており，派遣先が，派遣労働者に対し，労務給付請求権を有し，賃金を支払っており，そして，当事者間に事実上の使用従属関係があると認められる特段の事情があるときには，上記派遣労働契約は名目的なものにすぎず，派遣労働者と派遣先との間に黙示の労働契約が成立したと認める余地がある」とした上，Y1がY2とは役員構成が共通するものの独立した企業であること，Xの募集手続にY2の役員等が関与したのは兼任するY1の役員の立場で関与したものであること，Y1の労務管理は多少緩やかではあったがXの具体的勤務状況を把握して労務管理を行っていたこと等から，黙示の労働契約の成立を否定した。

②について，本件派遣労働契約が3回更新され通算で2年間継続したこと，及び当初の予定に反してXが引き継ぎを行うべき正社員が採用されなかったこと等から，「Xは，今後派遣労働契約を締結しない旨通告された…当時，新たな雇用の継続をある程度期待し…たものといえなくもない。

しかしながら，労働者派遣法は，派遣労働者の雇用安定のみならず，派遣先の常用労働者の雇用安定も立法目的とし，派遣期間の制限規定を設ける（労働者派遣法40条の2）などして上記目的の調和を図っており，同一の労働者を同一の派遣先へ長期間継続して派遣することは常用代替防止の観点から本来同法の予定するところではないから，労働者派遣契約の存在を前提とする派遣労働契約について，派遣ではない通常の労働契約の場合と同様に雇用継続の期待に対する合理性を認めることは，一般的に困難であるというべきである。」などとして，解雇権濫用法理の類推適用を否定した。

登録型派遣の形態における雇止めに関する裁判例

	事件名・判決日・掲載誌	雇止め 法理 ※	更新回数・ 派遣期間等	行政の整理に従った 登録型・常用型の分類	
1	伊予銀行・いよぎんスタッフサービス事件（判例・裁判例㉞） 松山地判平15.5.22労判856-45 高松高判平18.5.18労判921-33 ［上告棄却・不受理］	×	更新を重ねて13年にわたり派遣元と雇用契約。	有期の常用型	
2	マイスタッフ〔一橋出版〕事件 （判例・裁判例㉟） 東京地判平17.7.25労判900-32 東京高判平18.6.29労判921-5 ［上告棄却・不受理］	×	6カ月の雇用契約，3回更新。	有期の常用型	
3	マイルストーン事件 東京地判平22.8.27労経速2085-25	×	派遣元と雇用契約の更新5回，平成18年7月から平成21年3月末まで，約3年半。	有期の常用型	
4	トルコ航空ほか1社事件 東京地判平24.12.5労判1068-32	×	雇用契約期間が12カ月であり，更新もされなかったので，1年の期間を超えない。	登録型	
5	日産自動車ほか事件 横浜地判平26.3.25労判1097-5 東京高判平27.9.10労判1135-68	×	派遣元と雇用契約の更新を計25回，約6年間派遣継続。	有期の常用型	
6	事件名なし 東京地判平28.6.21判例集未掲載	×	派遣期間1カ月。派遣元と雇用契約の更新なし。	登録型	

※雇止め法理の適用の有無，×＝適用なしを表す

裁判所における登録型・常用型の認定
地裁・高裁・最高裁いずれも、登録型と認定。 常用代替防止の観点から、雇止め法理の適用否定。 加えて、「XとY2の登録型雇用契約は、Y2とY1の派遣契約の存在を前提として存在するものである。そして、企業間の商取引である派遣契約に更新の期待権や更新義務を観念することができないから…派遣契約は期間満了により終了した」として、適用否定。 ただし、今井裁判官の反対意見あり。
「登録型」との文言の記述はなし。 常用代替防止の観点から、雇止め法理の適用否定。 加えて、「労働者派遣契約の存在を前提とする派遣労働契約について、派遣ではない通常の労働契約と同様に雇用継続の期待に対する合理性を認めることは一般的に困難」として、適用否定。
不法行為に基づく損害賠償請求事件。 登録型と認定。 常用代替防止の観点から、雇止め法理の適用否定。 加えて、「登録型有期労働契約の場合、派遣期間と雇用契約期間が直結しているため、労働者派遣が終了すれば雇用契約も当然に終了する。」として、適用否定。
「登録型」との文言の記述はなし。 常用代替防止の観点から、雇止め法理の適用否定。 加えて、「雇用主である派遣元が就業場所となることが予定されておらず、労働者は契約がなければ実際の就業場所を確保することができないという労働者派遣の特徴、及び企業間の商取引である労働者派遣契約に更新の期待や更新義務を観念し得ないことも併せて鑑みれば…合理性はない。」として、適用否定。
主位的に派遣先に対する雇用契約上の地位確認、予備的に派遣元に対する不法行為に基づく損害賠償請求事件。 地裁では、登録型と認定。 「原告は、被告における登録型の派遣労働者であり、原告と被告の間の派遣労働契約は、被告と日産自動車の間の労働者派遣契約を前提としたものであるから、労働者派遣契約の終了に伴って派遣労働契約が更新されないことは当然に予定されているものといわざるをえず」として、雇止め法理の適用否定。 高裁でも「登録」という記述はあり。 「被控訴人に派遣登録し、派遣労働者として就労することを認識した上で、日産自動車と就労を継続し…」として、雇止め法理の適用否定。
マイスタッフ事件（上記2）の判旨を引用したうえで、あてはめ部分で「本件の事実関係をみるに、原被告の雇用契約はいわゆる登録型派遣であり…。」と登録型であることを明確に認定し、雇止め法理の適用否定。

第2編／派遣・業務処理請負に関する契約解消

第3節　業務処理請負における契約解消をめぐる問題

1　業務処理請負とは

　「他人が雇用する労働力利用」の形態で，派遣と区分する概念として業務処理請負という契約形態があります。業務処理請負は，請負の一種といえますが，本書では請負と業務処理請負を以下のとおり区別して用いることを前提とします。

　まず請負とは，民法632条で「当事者の一方がある仕事を完成することを約し，相手方がその仕事の結果に対してその報酬を支払うことを約することによって，その効力を生ずる」ものと定義されています。たとえば，ある部品の製造を請負企業に発注したとすると，発注企業（注文主）は請負企業（個人事業主を含む）で製造された部品の完成を待ち，その結果に対して報酬を支払うこととなるのです。つまり，請負では，派遣と異なり，注文主が直接請負企業の労働者に指揮命令することはできません。したがって，派遣法の期間制限などの制約を受けることなく，長期利用が可能であるというメリットを有しています。

　典型的な請負では，通常，請負企業自身が自社工場などを持ち，発注企業からの業務を請け負ったうえで，請負企業自身の工場などで自分が雇用する労働者を自らの指揮命令のもと労働に従事させて請負業務を行う形態がとられることが一般的です。本書では，このように請負企業が自社工場などを有し，そこで自己の雇用する労働者を自ら指揮命令して使用し，請負業務を行う典型的形態を請負とします。

　一方，請負との比較において業務処理請負とは，受託業務を遂行するために，請負企業の労働者が発注企業の事業所において作業に従事することを特徴とします。つまり，請負企業は，自己の雇用する労働者を発注企業の事業所において，自己の指揮命令のもとに使用し，発注企業からみれば，他人の雇用した労働力である請負企業の労働者が自己の事業所で作業に従事する形態といえます。

請負・業務処理請負・偽装請負の違い

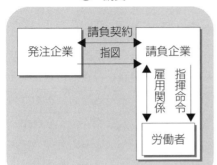

① 請負

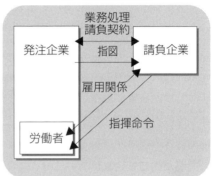

② 業務処理請負

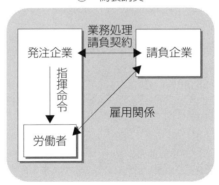

③ 偽装請負

　ただし，当該請負企業の労働者に対して指揮命令して使用するのはあくまで請負企業であり，発注企業自らが指揮命令して使用できない点で，派遣とは明確に区分されるのです。

　なお，偽装請負として問題となっているものは，契約形式こそ請負や業務処理請負としているものの，実際には発注企業が請負企業の労働者に対して直接指揮命令して使用してしまっている関係をいいます。とくに，業務処理請負では請負企業の労働者が発注企業の事業所内で働くことになりますから，発注企業からの直接の指揮命令が及びやすくなる点に注意が必要です。

2 業務処理請負契約はいつでも自由に解消できるか

　業務処理請負では，請負企業の労働者が発注企業の事業所内で作業に従事することになりますが，発注企業と契約関係にあるのはあくまで請負企業であり，企業間の民事契約を介して，請負企業の労働者が受託業務を行う形態となります。したがって，派遣と同様，発注企業と請負企業間の業務処理請負契約は純粋な商取引として，契約自由の原則どおり，当事者間の合意でいつでも自由に解消できることが原則です。ここに，解雇権濫用法理または雇止め法理の適用の問題が生じる余地はありません。業務処理請負では派遣と同様，請負企業との間で必要な期間の契約を締結しておけば，発注企業は余分なコストを抱えることなく人員調整が可能となり，人件費の流動化に大きなメリットがあるものといえます*。

> **＊　黙示の労働契約が成立する場合，親子会社間の場合**　　形式的に業務処理請負契約としていても，請負企業から労働者を受け入れ，自社の労働者と渾然一体として業務遂行させているなど，その利用方法に問題があると，請負企業の労働者から発注企業との間に黙示の労働契約が成立していたとして，直接の雇用責任を問われる場合があることに注意が必要です。
>
> 　また，実務では，親会社が子会社を設立し，その子会社から派遣や業務処理請負の形で労働者を受け入れるという事例は少なくありません。このような親子会社間における派遣・業務処理請負の場合，その親子会社という資本や人事を含めた密接な関係から，資本関係などのない場合に比べて問題が生じる可能性が高くなることに注意が必要です。
>
> 　すなわち，子会社が直接雇用の労働者または派遣労働者との労働契約を解消した場合，その労働者が実質的には親会社の直接雇用の労働者と解され，親会社に労働契約の解消について合理的理由の程度が問われることになるのです。まさに，第1編で説明した直接雇用の労働者との労働契約の解消問題となります。

　ただし，たとえば製造業の業務処理請負などで，発注企業・請負企業間の契約関係が相当期間にわたって継続することが前提となっており，その前提のもと，請負企業が受託業務を遂行するために設備投資をしたり，労働力を調達し，当該労働者に対して教育研修などを行っている場合，発注企業によって恣意的な業務処理請負契約の解消がなされると請負企業が予期しない多大な損害を受

けるおそれが生じることになります。そのため，発注企業が期間満了を理由として業務処理請負契約を解消する場合であっても，信義則上，一定の予告期間を求められたり，損害賠償の問題が生じることがありますが，原則として契約そのものは終了します。例外的に，業務処理請負契約の解消に「正当事由」が必要とされ，更新拒絶を無効とした裁判例（福岡高判平19.6.19判タ1265-253）もありますが，新聞販売店契約など，公共的な要素が強く，かつ，相手方が個人事業主程度の零細企業のような事案であり，実務では，契約は終了することを前提に対応すべきです。

　一方，発注企業と請負企業間の契約を期間途中で解消する場合についても，基本的には派遣の場合と同様です。原則的には期間の定めのある契約を一方当事者の都合で解消することはできませんが，あらかじめ中途解消について取り決めており，その事由に該当した場合には中途解消も可能といえます。

　なお，派遣のように，中途解消の場合に相当の猶予期間をもっての解除の申入れか労働者の30日分の賃金に相当する額の支払いを求める指針などはありませんので，こうした解約手続についても発注企業・請負企業間での取決めによることとなります。

3　業務処理請負契約の解消を理由として請負企業は労働者を解雇できるか

　発注企業が業務処理請負を利用する大きなメリットは，企業間の商取引であるため，契約解消がしやすく，コスト調整が容易であるという点にあるといえます。

　一方，請負企業は，発注企業から受託した業務を処理するための労働力として，基本的には直接労働者を雇い入れる形態をとることになりますので，発注企業と請負企業間の業務処理請負契約の解消に伴って，請負企業が当該受託業務に従事していた労働者を解雇できるかという問題が生じえます。

　この点，請負企業では，労働者との間に3～6カ月程度の有期労働契約を締結し，業務量に合わせたコスト調整を担保する機能を持たせる場合があります。

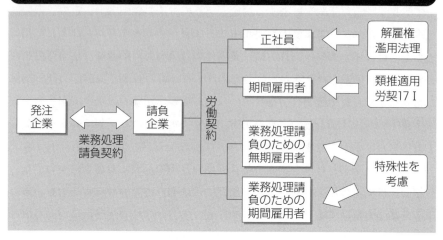

業務処理請負における労働契約の解消

　しかし，発注企業との業務処理請負契約が継続している限り，請負企業にはその業務処理のための労働力が必要となりますので，期間の定めはするものの，その労働契約を反復更新して雇用し続けるという例が多くあります。

　このように，請負企業において有期労働契約を反復更新して労働者を継続雇用している場合，その後，発注企業から業務処理請負契約を解消されたことによって，当該業務に従事していた労働者との労働契約も期間満了を理由に当然に終了するといえるのか否かが問題となります。つまり，請負企業の有期契約労働者との労働契約の解消（更新拒絶）に雇止め法理の適用があるのかという問題です。

　派遣契約を前提とした労働契約が締結される登録型派遣については，前述のとおり，継続雇用の期待権はなく，派遣元・派遣先間の派遣契約の解消とともに，派遣元・派遣労働者間の労働契約も終了することが原則と考えられます。

　業務処理請負では，発注企業において恒常的に存在する業務であっても，請負企業からすれば発注企業との商取引としての民事契約を介した臨時的業務といえ，請負企業の業務量は発注企業の都合によって増減するものでもあり，請負企業で働く労働者もそのことはわかっているはずです。したがって，メーカ

一企業などに直接雇用され，当該企業の恒常的業務に従事している労働者と異なり，労働契約が更新されたからといって当然に継続雇用の期待権が認められるものとは考えられません。とくに，発注企業との業務処理請負契約に応じて当該業務にのみ従事する労働力として雇用されている有期契約労働者の場合には，臨時的業務に従事するものと評価して，その業務処理請負契約の終了とともに，労働契約も期間満了で終了することが原則と考えられます（わいわいランド〔解雇〕事件＝大阪高判平13.3.6労判818-73）。

　ただし，有期契約労働者をさまざまな発注企業からの受託業務に従事させている場合には，単に1つの業務処理請負契約が解消されたからといって当然にその労働契約も期間満了で終了するとはいえません。正社員と同様の解雇回避努力義務まで必要とはいいませんが，少なくとも，他の発注企業からの受託業務に従事させる余地がある場合には，配転を行うことによって雇用を保障する必要が出てくるものと考えます。

第2章

企業と直接業務委託契約を締結した個人との契約解消

第1節　個人業務委託の問題点

1　個人事業主か労働者か

　今日の多様化している就業形態の１つとして，企業と雇用契約ではなく委任・請負・業務委託等の形式で契約を締結し，個人事業主として，発注者等の指図に従って，自ら業務を行う形態があります（本章ではこの形態を「個人業務委託」と呼称します）。

　この個人事業主の就業条件については，報酬は少額の保障部分があるほかは成績に比例して支払われ，労働時間や労働場所についての拘束が少なく，就業規則の適用が排除され，労働保険にも入れないという取扱いがなされるという特徴があります（菅野和夫『労働法（第11版）』175頁参照）。

　しかし，この形態の個人事業主の中には，実質的に労働者と変わらない者や，労働者と自営業者の中間といえるような者が含まれているといわれています。

　個人業務委託により働く個人事業主については，公的な統計は存在せず，正確な実態は明らかではありませんが，独立行政法人労働政策研究・研修機構の試算によると，平成22年時点で125万人程度いるものと推計されています（『非正規就業の実態とその政策課題』81頁）。また，同書によれば，１社ないし数社の企業の業務に専属的に従事している個人事業主（同書では「専属個人請負業主」と呼称）の従事する業種は，情報・通信サービスが最も多く，次いで教育・文化・スポーツ，製造業，専門サービス業の順となっており，行う作業は，文

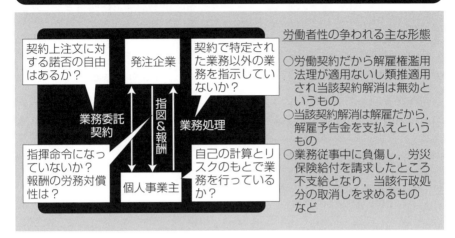

書作成・データ入力・コンテンツ開発・CAD／CAMの製図・プログラム開発等の事務的な作業が半数近くを占めています。

また，平成30年2月16日の朝日新聞朝刊では，「個人で仕事を請負うフリーランス（筆者注：本書でいう個人事業主にあたると考えます）は1,000万人を超えるとの調査もある」とされています。さらに同紙は，近年の芸能界における芸能事務所からの独立と移籍，スポーツ界ではラグビーのトップリーグにおける他チームへの移籍に関し，公正取引委員会の有識者会議が，事務所やチーム側が移籍を制限することが独占禁止法（以下「独禁法」）違反にあたる場合もあるとの見解を示したと報じています。

このことを踏まえると，個人事業主は，以下に述べるように労働法の適用による保護を受けるか否かという問題がありますが，今後は，労働法の適用がない場合にも，事業主として独禁法の適用による保護を受けるか否かが検討されることになるといえます。

この場合，①労基法上の労働者に該当する場合には独禁法の適用がないことは明らかですが，②労基法上の労働者には該当しないが労組法上の労働者には該当する場合に，独禁法の適用があるか否かについては，新たな議論になると

思われます。筆者は，上記②の場合にも独禁法の適用をすべきではないと考えています。労組法の適用があるため，集団労使関係の中で当該問題を解決する道があるといえるからです。

この点に関連して，平成30年2月20日の日本経済新聞は，フリーランスについて，政府が，上記の独禁法適用の問題を超えて，労働法の適用対象として保護する検討に入ったと報じています。検討の方向性は，仕事を発注する企業側との契約内容を明確にし，報酬に関しては業務ごとに最低額を設けるというものです。

2　労働者と判断された場合

個人との業務処理契約を締結している場合で，形式上は請負や委任，準委任契約を締結している場合であっても，当該個人が労基法上の労働者に該当するかは，その形式ではなく，実際の個別事情をもとに総合的に判断されます。

労基法上の労働者に該当すると判断された場合，当該企業には，割増賃金や解雇予告手当の支払い，労働保険（労災保険・雇用保険）・社会保険（健康保険・厚生年金保険）への加入ないし保険料の支払いといった問題が生じることになりますし，当該個人事業主の労働時間管理はもとより，安全・健康管理も求められます。労基法上の労働者と労契法上の労働者とはほぼ同義ですから，契約の解消についてもリスクがあり，契約期間の定めがあれば，有期労働契約の途中解消，期間満了による雇止めの問題が生じることになります。[*]

[*]　実務においては，個人事業主との業務委託契約には期間の定めがなされていることが通常ですので，上記問題が生じることになります。

3　労基法9条の労働者性の判断基準

この労基法が適用される「労働者」であるか否かの判断基準については，これまでに労働基準法研究会による報告書「労働基準法の『労働者』の判断基準

について」（昭60.12.19）および同研究会労働契約法制部会による「労働者性検討専門部会報告」（平8.3）において一定基準が示されています。さらに，現在の下級審も，この基準に基づいて「労働者」であるか否かを判断しているといえます。

この基準によれば，「労働者」であるか否かの判断は，以下の要素を考慮して行うべきものとされています。

1　使用従属性に関する基準
 (1)　「指揮監督下の労働」に関する判断基準
　　　イ　仕事の依頼，業務従事の指示等に対する諾否の自由の有無
　　　ロ　業務遂行上の指揮監督の有無
　　　ハ　拘束性の有無
　　　ニ　代替性の有無 ─ 指揮監督関係の判断を補強する要素 ─
 (2)　報酬の労務対償性に関する判断基準
2　「労働者性」の判断を補強する要素
 (1)　事業者性の有無
　　　イ　機械，器具の負担関係
　　　ロ　報酬の額
　　　ハ　その他
 (2)　専属性の程度
 (3)　その他

4　労働者であるか否かはまずは「事業者性」の有無で判断すべき

しかし，筆者は，「労働者」であるか否かの判断にあたっては，まず事業者性の有無が検討されるべきであると考えており，それにもかかわらず，これを補強要素としている点において，前記基準には大いに疑問があります。

わが国の法体系は憲法を頂点とし、労働法も憲法の趣旨を受けて制定される関係にあります。とすれば、労基法上の「労働者」の概念を論ずるにあたり、憲法上の労働者（勤労者）の概念を無視することはできません。

憲法は、25条1項で生存権を保障し、さらに27条2項で「賃金、就業時間、休息その他の勤労条件に関する基準は、法律でこれを定める」として、法律により最低の労働条件を定めることとしています。また、28条で「勤労者の団結する権利及び団体交渉その他の団体行動をする権利は、これを保障する」として、労働者が団結することによって法律で定められた最低の労働条件を実現し、さらによりよい労働条件を求める手段として集団的行動権を保障しているのです。

まず、憲法28条の「勤労者」の概念については、憲法制定当時、現在の労組法3条の「労働者」の定義が旧労組法（昭和20年制定）にすでに存在したので、憲法28条はこの旧労組法の定義を前提としたうえで、そのような勤労者（労働者）への団結権などの保障の原則を宣明したと解されます（菅野和夫『労働法（第11版）』32頁）。このような制定時の経緯および現在の労組法が憲法28条に基づいて規定されたものであることから、憲法28条の「勤労者」と労組法上の「労働者」は同義であると考えられます（芦部信喜・高橋和之補訂『憲法（第4版）』岩波書店・2007年・261頁、佐藤幸治『憲法（第3版）』青林書院・1995年・631頁）。そして、憲法28条の「勤労者」とは、「労働力を売って対価を得る者」であり、「自らの計算において業を営む者（小作人・商工業者など）」は、「勤労者」ではないとされているのです（宮澤俊義『憲法Ⅱ（法律学全集）』有斐閣・1959年・415頁）。

このように、「勤労者」か否かの最大のポイントは、まさに自己の計算と危険のもとで業務を行うか否かにあります。したがって、憲法および労組法は、他人の計算と危険のもとで業務を行う者のみを「勤労者」もしくは「労働者」として保護しているのだと考えられます。

そして、憲法27条2項の対象者についても、同じ憲法上の概念であること、特段定義されているわけではないことから、この「勤労者」および「労働者」

の概念を基本に各労働法の保護目的から考えることになると思います。

ただし、労基法9条は「労働者とは、職業の種類を問わず、事業又は事務所に使用される者で、賃金を支払われる者をいう」と定めており、憲法28条の「勤労者」および労組法3条の「労働者」の概念に「事業又は事務所に使用される者」という限定を加えているとみることができます。これは、労基法が使用者に対して同法が定める最低労働条件以上の労働条件を設定する義務を課し、さらに労働刑法としてその遵守を徹底するという、民法上の契約自由の原則を大きく制限する観点から、労組法の労働者概念に「使用従属性」という要件を加えて、その適用範囲を狭めたものと考えられます。

したがって、労基法上の労働者性を判断する際にも、まずは、その者が自己の計算と危険において業務を行っている者か否か、つまり、事業者性が検討されるべきであり、事業者性が明らかな場合には「労働者」には該当しないと判断すべきと考えます。

この点、最高裁（横浜南労基署長〔旭紙業〕事件＝最判平8.11.28労判714-14判例・裁判例㊱）も、トラックなどを所有している傭車運転手で、ガソリン代や修理費、高速道路料金などをすべて負担し、自己の計算と危険で業務を行っていた者の労働者性が争われた事案について、「上告人は、業務用機材であるトラックを所有し、自己の危険と計算の下に運送業務に従事していたものである上、旭紙業は、運送という業務の性質上当然に必要とされる運送物品、運送先及び納入時刻の指示をしていた以外には、上告人の業務の遂行に関し、特段の指揮監督を行っていたとはいえず、時間的、場所的な拘束の程度も、一般の従業員と比較してはるかに緩やかであり、上告人が旭紙業の指揮監督の下で労務を提供していたと評価するには足りないものといわざるを得ない」として、まず事業者性を検討したうえで、労働者性を否定しています。

* 大阪地方裁判所の裁判官による同判決の解説（判タ978-278）でも、本件では原則として事業者性のみで労働者性が否定され、その他の事情は事業者性を減殺させるという判断構造であると説明されています。

第２編／派遣・業務処理請負に関する契約解消

判例・裁判例㊱　横浜南労基署長〔旭紙業〕事件／最判平８.11.28／労判714-14

【事案概要】 Ｘは，自己所有トラックの持込み運転手であるが，製造会社の指示に従って製品の運送業務に従事し，その業務により負傷したことから，所轄労基署へ労災保険法上の療養補償等の支給を求めたところ，労基署長Ｙから労災保険法上の「労働者」（労働基準法上の「労働者」と同義）に当たらないことを理由に不支給処分を受けたため，その取消しを求めて提訴した。Ｘと製造会社との関係では，製造会社の指示は，運送物品，運送先および納入時刻に限られ，それ以外の業務遂行に関する指揮監督がなされておらず，始業および終業時刻の定めがなく，報酬はトラックの積載可能量と運送距離に応じた出来高とされ，ガソリン代，修理費，高速料金等の経費は自己負担であり，報酬の支払いに際し，所得税の源泉徴収や社会保険の控除がなく，事業所得として申告されていた。

【一審概要】 製造会社は，Ｘら車持ち込み運転手を営業組織の中に組み入れ事業の遂行上不可欠な運送力としていたこと，始業と終了時刻が指示される納品時刻等によって自ずと定まるなど時間的拘束の程度は一般の従業員とさほど異ならないこと，Ｘは一人で運送業務を専属的に行うほかなく他の事業所の運送業務の兼務は不可能であること，報酬も運送時間すなわち運転手の労働時間の要素を加味したもので，報酬額は一般の運転手の賃金と比較して特に高額であるともいえないことなどを理由に，Ｘの労働者性を肯定した。

【原審概要】 Ｘら車持ち込み運転手が，運送の主要器材であるトラックを所有していること，運送請負契約のもと，実態上は，専属的な下請業者として運送業務を行い，運送に必要な経費（ガソリン代，車両修理代，高速道路料金等）および事故の場合の損害賠償責任を負担することなどを理由に，Ｘの労働者性を否定，原判決を破棄し，請求を棄却した。

【判決概要】「Ｘは，業務用機材であるトラックを所有し，自己の危険と計算の下に運送業務に従事していたものである上，製造会社は，運送という業務の性質上当然に必要とされる運送物品，運送先及び納入時刻の指示をしていた以外には，Ｘの業務の遂行に関し，特段の指揮監督を行っていたとはいえず，時間的，場所的な拘束の程度も，一般の従業員と比較してはるかに緩やかであり，Ｘが製造会社の指揮監督の下で労務を提供していたと評価するには足りないものといわざるを得ない。そして，報酬の支払方法，公租公課の負担等についてみても，Ｘが労働基準法上の労働者に該当すると解するのを相当とする事情はない。そうであれば，Ｘは，専属的に製造会社の製品の運送業務に携わっており，同社の運送係の指示を拒否する自由はなかったこと，毎日の始業時刻及び終業時刻は，右運送係の指示内容のいかんによって事実上決定されることになること，右運送表に定められた運賃は，トラック協会が定める運賃表による運送料よりも１割５分低い額とされていたことなど原審が適法に確定したその余の事実関係を考慮しても，Ｘは，労働基準法上の労働者ということはできず，労働者災害補償保険法上の労働者にも該当しない」として，Ｘの労働者性を否定する原審を支持し，上告を棄却した（確定）。

5 「事業者性」の有無が明確でない場合には「使用従属性」の有無で判断

　これに対し，事業者性が薄いかまたは不明確な場合には，「使用従属性」の有無が検討されるべきであると考えます。たとえば業務委託契約を締結して企業内で業務に従事するシステムエンジニアの場合，特段の設備投資を必要とせず，事業者性が薄いかまたは不明確であることがほとんどであると思われます。したがって，使用従属性の有無が問題となりますが，その際には前記労働基準法研究会の基準によるものと考えます。

　この点，システムエンジニアは，報酬が時間給であったとしても，その専門性から直ちに労働者性を肯定されるものではありません。しかし，業務遂行の過程で当該企業から指揮監督されますし，場所的・時間的拘束性があり，また代替性がない場合が多く，使用従属性が認められる可能性が高いと考えます。加えて，業務委託契約を締結しているシステムエンジニアが，当該企業が雇用する労働者と混在して業務に従事している場合には，システムエンジニアの専門性が非常に高度で，発注企業にその専門性がなく，業務遂行にかかる指揮命令ができないというような特別な事情がない限り，労働者性が認められる可能性が非常に高くなると考えてよいと思います。

　近時の裁判例では，事業者性が明確でないオペラ歌手や新聞社のフリーライター，大工について，「使用従属性」は認められないとして労基法上の労働者ではないと判断された事案もあります（新国立劇場運営財団事件＝東京高判平19.5.16労判944-52判例・裁判例㊲［上告棄却・不受理］，朝日新聞社事件＝東京高判平19.11.29労判951-31，藤沢労基署長〔大工負傷〕事件＝最判平19.6.28労判940-11。新国立劇場運営財団事件では，労組法3条の労働者性も争われ，最高裁は労組法上の労働者性については認める判断をしました[＊]。同一事案で判断が分かれ，労働者性の判断基準が両者で異なることが明確となりました）。

　＊　本節末に，労組法3条の労働者性の判断枠組を掲載しますので参照してください。

　一方，フリーのカメラマンについて「使用従属性」があるとして労基法上の

労働者と判断された事案があります（新宿労基署長〔映画撮影技師〕事件＝東京高判平14.7.11労判832-13判例・裁判例㊳）。また，バイク便・メッセンジャーについては，厚生労働省が上記判断基準を考慮したうえで，実態として「使用従属性」があるとして，労働者として取り扱うとの見解を示していますが（平19.9.27基発097004号），バイシクルメッセンジャーとしての稼働につき，労働者性を否定した裁判例があります[*]（ソクハイ事件①＝東京高判平26.5.21労判1123-83，ソクハイ事件②＝東京地判平22.4.28労判1010-25，営業所の所長としての稼働については労働者性を肯定）。

＊　上記ソクハイ事件①において，裁判所は，上記厚生労働省の通達につき，「被控訴人におけるメッセンジャーの稼働実態とは異なる稼働実態のバイシクルメッセンジャー及びバイクライダーについて労基法上の労働者性を有する旨が記載された通知であることが認められる」と判示しています。

　以上のとおり，個人との間で締結する契約の形式を業務委託契約としても，当該個人に事業者性がなく，企業との間に使用従属性があれば，実態は労働契約であるとして，労基法などの適用を受けることになり，さらに契約解消については解雇権濫用法理または雇止め法理の適用の問題が生じることになるといえます。

判例・裁判例㊲　新国立劇場運営財団事件／東京高判平19.5.16／労判944-52

【事案概要】Xは，オペラ歌手としてYとの間で，平成11年以降，毎年，期間を1年とする契約メンバー出演基本契約を締結したうえ，また個々のオペラ公演ごとに個別出演契約を締結してYが新国立劇場で主催するオペラ公演に出演してきたが，平成15年2月，契約メンバー出演基本契約の更新を拒絶する旨の通知をYから受けた。そこで，Xは，契約メンバー出演基本契約が労働契約で，自らが「労働者」であることなどを主張し，労法18条の2（現労契法16条）等を根拠として，更新拒絶の無効および労働契約上の地位の確認等を求めた。

【原審概要】原審は，労基法上の「労働者」について，仕事の依頼や業務に従事すべき旨の指示等に対する諾否の自由の有無，業務遂行上の指揮監督の有無，場所的時間的拘束性の有無，代替性の有無等及び報酬の性格を検討し，さらに，当該労務提供者の事業者性の有無，専属性の程度，その他の事情をも総合考慮して判断するのが相当とした。そして，契約メンバーは個別出演契約を自由意思で締結しないことができ，現に一部の公演について締結しない例もあるなど，基本的には諾否の自由があること，音楽監督等との指揮監督関係や場所的・時間的拘束性は，オペラ公演の合唱団パートという集団的舞台芸術の一翼を担う業務の性質そのものに由来するもので，これを労働者性肯定の要素とはいえず，業務の代替性がないことも同様であること，1日の拘束時間が3時間程度で事実上の専属性も認められないこと，報酬に関し稽古手当は拘束時間が手当額決定の主要な要素であるが，業務遂行の中核となる本番出演に関して出演料が時間とは関係なく1回当たりの額で定められ，全体として労働対償性を肯定するには至らないことなどを総合し，Xが「労働者」たる出演基本契約の労働契約性を否定し，請求棄却。

【判決概要】契約メンバー基本出演契約においては，契約メンバーの個別公演への出演，出演業務の内容および出演条件等を確定させるため，個別公演出演契約を締結するものとしており，契約予定者に対し全演目に出演が可能である旨の申告・届出等を求めていない。また，契約メンバー出演基本契約の出演公演一覧に掲げられている演目の出演を辞退した例は，少なからず存し，その理由は，出産，育児等の他，他公演への出演等の自己都合によるものも含まれている。報酬についても，個別公演出演契約が締結されて初めて支払うこととされている。

「以上のような契約の定め方や運用の実態等に照らすと，契約メンバー出演基本契約は，契約メンバーに対して，今後Yから出演公演一覧のオペラ公演に優先的に出演申込みをすることを予告するとともに…，契約メンバーとの間で個別公演出演契約が締結される場合に備えて，各個別出演契約に共通する，報酬の内容，額，支払方法等をあらかじめ定めておくことを目的とするものであると解される（継続的に売買取引をする場合において，売買の基本となる支払条件等をあらかじめ定めておく「基本契約」のようなものと理解される）。」「契約メンバー出演基本契約を締結しただけでは，Xは未だYに対して出演公演一覧のオペラに出演する義務を負うものではなく，」労働契約関係が成立していないとして，原審を支持し，控訴棄却した。

第２編／派遣・業務処理請負に関する契約解消

判例・裁判例㊳ 新宿労基署長〔映画撮影技師〕事件

東京高判平14.7.11／労判832-13

【事案概要】 フリーの映画撮影技師（カメラマン）であるＡは，多くの映画やコマーシャル等の撮影で高い評価を受けており，昭和60年，Ｂプロダクション（以下「Ｂプロ」）と映画撮影業務に従事する契約を締結した。そして，Ａが当該映画撮影に従事中，宿泊していた旅館で脳梗塞を発症して死亡した。そこで，その子であるＸが，Ａの死亡は業務に起因するものとして，労基署長Ｙに対し，労災保険法に基づいて遺族補償給付等の支給を請求したところ，Ａは労基法及び労災保険法上の「労働者」ではないとの理由で不支給処分を受けたため，その取消しを求めた。

【原審概要】 Ａの映画撮影業務につき，個々の仕事についての諾否の自由の制約，時間的・場所的拘束性の高さなどの労働者性を窺わせる事情もあるが，これらは使用従属関係の徴表とみるよりは，専門的技術を有する独立した職能のスタッフが集合しそれぞれの職能に応じて協力協働して行われる映画の製作・撮影という仕事の性質ないし特殊性に伴う当然の制約であり，Ａの撮影業務遂行上，Ａには相当程度の裁量があり指揮監督があったとは認め難いこと，Ａの報酬は本件映画１本の撮影作業という仕事に対するものとして120万円とされており，撮影日数に多少の変動があっても報酬の変更がなく請負に対する報酬とみられ，事業所得として申告され，Ｂプロも事業報酬の芸能人報酬として源泉徴収を行っていること，ＡのＢプロへの専属性は低く，就業規則も適用されていないこと等を総合し，Ａは自己の危険と計算で映画の撮影業務に従事していたと認められ，使用者との使用従属関係の下に労務提供をしていたとはいえないから，労基法及び労災保険法上の「労働者」に当たらないと判断した。

【判決概要】 Ａの映画撮影業務について，統括・調整を行い最終的な決定権限を有する監督の指揮監督の下に行われるものであり，撮影技師は監督の指示に従う義務があり，原審の指摘する映画製作の特殊性も監督の指揮監督を否定するものではないこと，120万円という報酬も日当と予定撮影日数を基礎として算定されたものであり，賃金に近い性格のものであること，撮影契約締結後は個々の仕事についての諾否の自由が制約され，映画撮影の特殊性も他の多くの業務に共通するもので固有の事情ではないこと，時間的・場所的拘束性が高く，予定表に従って集団で移動し就労場所もロケ等の現場と指定されるという映画製作の特殊性のみを強調するのは相当ではないこと，労務提供の代替性がないこと，Ａが使用した撮影機材はほとんどＢプロのものであること，ＢプロがＡの報酬を労災保険料の算定基礎としていることなどを総合して考えれば，ＡのＢプロへの専属性の程度が低いこと，Ｂプロの就業規則等の服務規律が適用されていないこと，Ａの報酬が所得申告上事業所得として申告され，Ｂプロも事業所得として源泉徴収を行っていることなどの事情を考慮しても，Ａは使用者との使用従属関係の下に労務を提供していたものと認めるのが相当であり，労基法及び労災保険法上の「労働者」に該当すると判断し，原判決を破棄し，不支給決定を取り消した（確定）。

第２章／企業と直接業務委託契約を締結した個人との契約解消

［参考］労組法３条の労働者性の判断枠組

1　はじめに

　労組法３条は，「この法律で『労働者』とは，職業の種類を問わず，賃金，給料その他これに準ずる収入によって生活する者をいう」と定めています。労基法９条と比較すると，「使用」という要件がなく，賃金だけでなく「これに準ずる収入」も加えられている点にポイントがあります。

　労基法は，刑罰の威嚇力を背景に使用者に最低労働条件を遵守させることで労働者を保護する法律です。一方，労組法は，労働者が団結・団体行動することで使用者と労働条件について交渉し，最低労働条件の確保，さらに，よりよい労働条件の獲得を求めるための積極的な保護を与える法律です。

　条文の文言上の差異もありますが，この法律の目的の差異から，保護される対象である労働者の範囲は異なり，以下で述べるとおり，労組法上の労働者とされる範囲の方が広く考えられています。

2　行政見解

　主として後述する各裁判例・判例を分析した結果として，平成23年７月25日に発表された「労使関係研究会報告書（労働組合法の労働者性の判断基準について）」（以下「報告書」）において，以下のような判断枠組が示されました。

〈基本的判断要素〉
　　①　事業組織への組み入れ
　　②　契約内容の一方的・定型的決定
　　③　報酬の労務対価性
〈補充的判断要素〉
　　④　業務の依頼に応ずべき関係
　　⑤　広い意味での指揮監督下の労務提供，一定の時間的場所的拘束
〈消極的判断要素〉
　　⑥　顕著な事業者性

※各判断要素を総合的に勘案するにあたっての考え方
　a　①から③までの基本的判断要素の一部が充たされない場合であっても直ちに労働者性が否定されるものではない。
　b　各要素を単独に見た場合にそれ自体で直ちに労働者性を肯定されるとまではいえなくとも，④及び⑤の補充的判断要素を含む他の要素と合わせて総合判断することにより労働者性を肯定される場合もある。
　c　各判断要素の具体的検討にあたっては，契約の形式のみにとらわれるのでは

なく，当事者の認識（契約の形式に関する認識ではなく，当該契約の下でいかに行動すべきかという行為規範に関する認識）や契約の実際の運用を重視して判断すべき。

3　裁判例・判例の傾向

(1)　報告書発表前の判例

　上記報告書のもととなった最高裁判例としては，CBC管弦楽団事件＝最判昭51.5.6労判252-27，新国立劇場運営財団事件＝最判平23.4.12労判1026-6，INAXメンテナンス事件＝最判平23.4.12労判1026-27があります。

　まず，CBC管弦楽団事件は，放送事業を目的とする会社が，管弦楽団を結成し，そこで合唱や楽器の演奏をする楽団員との間で「自由出演契約」という名称の契約を締結していたところ，楽団員らが労働組合を結成し会社に団体交渉を申し入れたのに対し，会社がこれに応じなかったため，組合側が不当労働行為（団交拒否）の救済を申し立てた事案です。最高裁は，上記要素のうち，①，③，④，⑤の４つの要素を認定し，労組法上の労働者性を認めました。

　次に，新国立劇場運営財団事件は，新国立劇場の施設においてオペラ公演の主催等，管理運営を行っている新国立劇場運営財団が，合唱団のメンバーにつき，ある団員との間で「出演基本契約」という名称の契約の締結を拒否したところ，当該団員が音楽家の結成している既存の労働組合に加入し，法人に対して契約更新を求めて団体交渉を申し入れたのに対し，法人側が応じなかったため，組合側が不当労働行為（団交拒否）の救済を申し立てた事案です。最高裁は，上記要素の検討にあたって実態に即した判断を行い，①〜⑤の５つの要素を認定し，労組法上の労働者性を認めました。

　さらに，INAXメンテナンス事件は，住宅設備機器の修理補修等を業とする株式会社が，カスタマーエンジニア（CE）という名称で業務委託契約を締結し，労務供給者の個々人を個人事業主として取り扱っていたところ，一部のCEらが既存の外部労働組合を上部団体とした分会労組を結成して，会社に対して団体交渉を申し入れたところ，会社側が応じなかったため，組合側が不当労働行為（団交拒否）の救済を申し立てた事案です。上記新国立劇場運営財団事件と同じ裁判体によって同日に出された判決において，最高裁は，上記要素の検討にあたって実態に即した判断を行い，①〜⑤の５つの要素を認定し，さらに，⑥の消極的判断要素についても検討し，当該事案のもとで認定することはできないとして，労組法上の労働者性を認めました。

(2)　報告書発表後の判例・裁判例

　その後，上記報告書が発表された後に出された判例・裁判例としては，ビクターサービスエンジニアリング事件＝最判平24.2.21労判1043-5，ソクハイ事件③＝東

京地判平24.11.15労判1079-128があります。

　まず，ビクターサービスエンジニアリング事件は，音響製品等の設置，修理等を業とする株式会社が，業務の多くを，業務委託契約を締結した「個人代行店」または「法人等代行店」に対して行わせ，これらの代行店を事業主として取り扱っていたところ，一部の個人代行店らが既存の外部労働組合を上部団体とした分会労組を結成して団体交渉を申し入れたのに対し，会社側が応じなかったため，組合側が不当労働行為（団交拒否）の救済を申し立てた事案です。最高裁は，上記要素の検討にあたって実態に即した判断を行い，①〜⑤の５つの要素を認定し，さらに，⑥の消極的判断要素については，「独立の事業者としての実態を備えていると認めるべき特段の事情がない限り，労働組合法上の労働者としての性質を肯定すべきと解するのが相当」であるとしましたが，上記「特段の事情」の存否の点について審理不十分であるとして，高裁判決を破棄して差し戻しました。そして，差戻控訴審は，原判決を全部取り消し，上記「特段の事情」はないとして，個人代行店の労組法上の労働者性を肯定しました（東京高判平25.1.23労判1070-87）。

　次に，ソクハイ事件③は，書類等の配送業務を営む株式会社が，メッセンジャー即配便という名称で，自転車の乗り手（メッセンジャー）との間で「運送請負契約」という名称の契約を締結し，メッセンジャーを個人事業主として取り扱っていたところ，一部のメッセンジャーらが労働組合を結成して団体交渉を申し入れたのに対し，会社側が応じなかったため，組合側が不当労働行為（団交拒否）の救済を申し立てた事案です。一審は，上記要素の検討にあたって実態に即した判断を行い，①〜⑤の５つの要素を認定し，さらに，⑥の消極的判断要素についても検討し，当該事案のもとで認定することはできないとして，労組法上の労働者性を認めました。

(3)　同一事案で労基法と労組法の労働者性について異なる判断がされたケース

　前述のとおり，オペラ公演の主催等を行っている財団の合唱団のメンバーおよびバイク便・メッセンジャーの労基法上の労働者性については，裁判例・判例においていずれも否定されました（前者につき前掲新国立劇場運営財団事件＝東京高判平19.5.16労判944-52判例・裁判例㊲［上告棄却・不受理］，後者につき前掲ソクハイ事件②＝東京地判平22.4.28労判1010-25）。

　しかし，ここで注意しなければならないのは，(1)で述べた新国立劇場運営財団事件＝最判平23.4.12労判1026-6，および(2)で述べたソクハイ事件③＝東京地判平24.11.15労判1079-128は，上記の労基法上の労働者性が争われた事案と同一人物であるにもかかわらず，すでに述べたとおり，労組法上の労働者性については肯定されたという点です。

　また，同一人物ではないものの，NHKの受信料の集金等の業務を受託した集金人という同一職業の労働者につき，上記と同様，労基法上の労働者性が否定され，労組法上の労働者性が肯定されています（前者につき，大阪高判平28.7.29労判

1154-67［上告棄却・不受理］，後者につき，東京地判平29.4.13判例集未掲載）。

4 筆者の見解

筆者も，以上にみてきた報告書および判例・裁判例が採用する判断要素自体は適切であると考えます。

ただし，筆者としては，各要素の序列やウェイトについては，労基法上の労働者性の判断枠組で述べたのと同様，⑥の事業者性こそが最初に判断されるべき最重要の要素であると考えます。

報告書においては，事業者性は最後に位置する消極的判断要素にすぎないとされており，報告書の後に出された前掲ビクターサービスエンジニアリング事件最高裁判決の論理構成においても，あくまで事業者性は①から⑤の要素の判断のあとにつづく「特段の事情」という扱いを受けています。

しかし，実際上，役務提供者の事業者性が認められれば，契約相手方との間で個別に契約内容について交渉を行うことができ，団体交渉等を行って契約条件の向上を目指す意義に乏しいことから，憲法28条のいう勤労者や，労組法3条のいう労働者の概念と根本的に相容れないものであると考えます。したがって，上記①から⑤の要素よりも先に，⑥の事業者性の要素が審理判断されるのが適切であると考えています。

なお，憲法28条の自由権的性格を強調し，憲法27条2項とは異なる独自の解釈も可能であるとして，労組法3条の労働者は，労基法9条の労働者に含まれない労務供給者をも含むと解釈したとしても，そのような者についての義務的団体交渉事項の範囲や労働協約の規範的効力・一般的拘束力（労組法16条・17条）の解釈，さらには団体行動に関する刑事・民事免責の有無やその範囲については，労基法9条の労働者に該当する場合とは異なるものと解されます。

すなわち，労基法9条の労働者に該当しない役務提供者についての団結・団体交渉・団体行動の保護の範囲は，労基法9条の労働者に該当する場合と異なり，独自の考察を行うべきと考えられるのです。この点は，すでに労組法3条の労働者の範囲にかかる判断基準について独自の考察をしている以上，上記の各論点についても，独自の考察が必要とされることは当然のことであると考えます。

そして，この労組法3条に該当する者は，憲法13条の自己決定権の行使によって，種々の拘束を伴う勤労者としての生き方ではなく，当該拘束のない自由な生き方（自営業者）を選択し，憲法25条，憲法27条2項の生存権の基本保障を放棄する意思決定をしている以上，当然，団結・団体交渉・団体行動の保護の範囲も種々の拘束を前提とした労基法9条の労働者に比べ，狭まるものと解されます。

とくに，自ら拘束を受けない自営業者として自己決定したこと，および，上記のとおり労組法が団体交渉権を保障した趣旨からすれば，労基法9条に含まれない労組法3条の労働者（役務提供者）の義務的団体交渉事項の範囲，すなわち「組合員である労働者の労働条件その他の待遇」については，労組法3条が「職業の種類を問わず，

賃金，給料その他これに準ずる収入によって生活する者」と定義していることも踏まえ，賃金に準ずる収入およびこれに直接関連する事項（料金決定に影響する事項，その収入を失う契約解消の問題）に限定されると解されます。

第2節　個人業務委託における契約解消の問題

1　労働契約とされた場合の契約解消の問題

　前述のように，契約形式を業務委託としても，当該個人に事業者性がなく，実態として企業との間に使用従属性がある場合には，労基法上の労働者であるとして当該契約も労働契約であると判断されます。そして，その契約の解消には，労基法19条の解雇制限や同法20条の解雇予告の規定および解雇権濫用法理（労契法16条）が適用されることになるのです。

　さらに，期間を定めた契約を締結していた場合であっても，契約期間途中に当該契約を解消するには「やむを得ない事由」が要求され（民法628条，労契法17条），期間満了による契約解消についても，それを反復更新して継続的に利用していた場合には，雇止め法理（労契法19条）の適用問題も生じうるため，企業が個人業務委託という形式をとることによるコスト調整機能はほとんど削がれてしまうといってよいといえます。なお，このように解雇権濫用法理または雇止め法理の適用がある場合に，その契約解消についてどの程度の合理的理由が求められるかについては，その雇用実態によって個別に判断することになると考えます。

　ちなみに，契約形式のみ個人業務委託とすることは，当該個人（実質上は労働者）に対する労基法・労安衛法などの法的責任を企業が放棄するものといえます。こうした人材利用形態は，当該個人の雇用と賃金を不安定にするばかりか，安全と健康を害しかねません。したがって，仮に個人業務委託とした場合であっても，その労働力を利用する限り，企業は少なくとも当該個人の安全と健康には十分配慮することが必要と考えます。

2　リスクへの対処法

　前述のとおり，労基法上および労契法上の労働者に該当する場合には，当該企業は大きなリスクを抱えることとなります。そのリスクを最小限に抑えるため，実務的には，法定時間外労働・法定休日労働・深夜労働になるような時間帯には相手方を業務に従事させず，さらに１週間の業務時間が20時間未満（これにより雇用保険および社会保険の適用から除外されます）あるいは30時間未満（正社員の１週間の所定労働時間が40時間である場合に30時間未満であれば一定の要件を満たす場合を除いて社会保険の適用から除外されます）となる程度の業務量にすることが考えられます（雇用保険および社会保険の適用については706頁参照）。

　そうすれば，雇止め法理が適用されるのも回避できる可能性があります。この場合は，他の業者との取引を禁止しないことが重要となります。

3　実務対応論

　個人業務委託の場合にトラブルになることの多い類型としては，①当該個人が負傷して労災補償を請求する場合や，②契約を解消された場合があげられます。

　そこで，こうしたトラブルを回避するために，①に関しては，安全と健康問題について，当該個人をも含めて徹底して守ることが大切です。

　また，②に関して，当該個人との間の契約解消問題については，各々独立性を持ち自由に事業を行ってきたことを理由に契約の解消も自由に行えるという態度ではなく，当該個人の事業遂行に対する貢献に感謝し，かつ，誠意をもって対応することが重要であると考えます。そして，事案によっては餞別金の支払いも検討するべきです。

第 3 編

労働契約の解消に係る紛争解決手続

第1章

行政等による紛争解決手続

第1節 都道府県労働局の紛争調整委員会によるあっせん

　労働者との労働契約の解消に際して大きなトラブルとしないためには，企業内で当事者間が十分に話し合い，合意退職を実現することが最良の方法です。

　しかし，市場がグローバル化する中で雇用の流動化・多様化が進み，それに伴い労働者の企業に対する帰属意識が希薄化する中で，労働組合の推定組織率が17.3％（平成28年6月末現在）にまで落ち込むに至っています。

* 公務公共サービスおよび元三公社五現業にあたる企業の組合員を除いた労働組合の推定組織率は14.3％ほどとさらに低い数値となります。

　このような状況のもと，労使が話し合い，双方の利益の均衡点を見出して紛争を解決するという，本来企業が持ち合わせているべき自主解決能力が低下しているのが実状といえます。そのため，当事者間で問題を決着できずに，外部の紛争解決機関に紛争を持ち出すケースが増えていると考えられます。

1　紛争調整委員会によるあっせんとは

　外部の紛争解決機関としては，後述する裁判所といった司法機関のほか，行政機関によるものがあります。平成13年10月には，個別労働紛争解決促進法の施行を受けて都道府県労働局による個別労働紛争解決制度（総合労働相談コーナーにおける相談・情報提供，紛争解決の援助のための労働局長による助言・指導，紛争調整委員会によるあっせん）が開始されていますが，中でも当事者

第1章／行政等による紛争解決手続

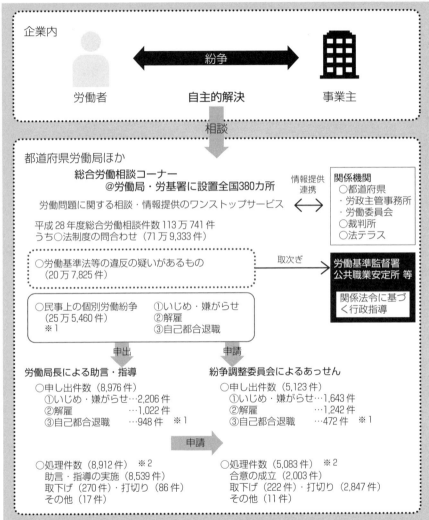

※1　1回において複数の内容にまたがる相談等が行われた場合には、複数の内容を件数に計上している。
※2　労働局長による助言・指導の処理件数及び紛争調整委員会によるあっせんの処理件数は、年度内に処理が完了した件数で、当該年度以前に申出又は申請があったものを含む。

〔出典〕厚生労働省「平成28年度個別労働紛争解決制度施行状況」に加筆。

間での合意形成を手助けする手続として，紛争調整委員会によるあっせんが用意されています。

本書でとり上げた労働契約の解消に関する紛争は，前頁の図に示すように，都道府県労働局など全国に380カ所（平成29年6月現在）ある総合労働相談コーナーに持ち込まれます。そして，当事者からあっせん申請のあったものの中であっせんが必要と認められるとき，労働局内に設置された紛争調整委員会によるあっせんが行われます。

この紛争調整委員会によるあっせんとは，紛争当事者の間に弁護士や労務管理の専門家などからなるあっせん委員が入り，双方の主張を確かめ，場合によっては両者がとるべき具体的なあっせん案を提示するなど，当事者間の調整を行い話合いを促進することにより，紛争の円満な解決を図るものです。この紛争調整委員会の提示するあっせん案は，あくまで話合いの方向性を示すもので，受諾が強制されるものではありませんが，当事者間であっせん案に合意した場合は，そのあっせん案は民法上の和解契約の効力を持つことになります。

ちなみに，均等法・パート労働法・育児介護休業法・障害者雇用促進法にかかわる場合には，手続が別となります。当事者から紛争解決の援助を求められた場合には，都道府県労働局長による助言・指導・勧告が行われます。この援助を求めた労働者に対して，事業主は当該労働者に解雇その他不利益な取扱いをしてはなりません。また，当事者からの申出があり紛争解決に必要と認められるときには，紛争調整委員会において，あっせんではなく調停が行われます。*

* **あっせんと調停の違い**　あっせんは当事者に出頭義務がなく，これが参加率および解決率の低さにつながっています（厚生労働省平成29年6月26日報道発表資料によれば，平成28年の東京紛争調整委員会におけるあっせんの参加率は63％，解決率は43％）。他方，パート労働法・均等法・育児介護休業法・障害者雇用促進法が定める調停は，当事者が出頭しなければならない旨が法令上定められています（ただし不出頭に対する罰則などの制裁はありません）。そのため，参加率が高く，その分解決率も上がる傾向にあります（上記資料によれば，件数自体は少ないものの，平成28年度は参加率は100％，解決率は73.3％）。

第1章／行政等による紛争解決手続 ◀819

行政における紛争解決手続の違い

① パートタイム労働法	都道府県労働局長の助言・指導・勧告（§24）	紛争調整委員会による調停（§25）
	・労働条件に関する文書交付等（§6Ⅰ）・通常労働者と同視すべき短時間労働者に対する差別的取扱いの禁止（§9）・職務内容同一短時間労働者に対する職務の遂行に必要な能力を付与するための教育訓練の実施（§11Ⅰ）・健康保持又は業務の円滑な遂行に資する福利厚生施設の利用機会の付与（§12）・通常労働者への転換措置（§13）・事業主が講ずる措置の内容等の説明（§14）	同左
② 男女雇用機会均等法	都道府県労働局長の助言・指導・勧告（§17）	紛争調整委員会による調停（§18）
	・募集及び採用（§5）・配置，住宅資金貸付け，職種変更，解雇等（§6）・間接差別（§7）・婚姻，妊娠，出産等を理由とする不利益取扱いの禁止等（§9）・セクハラ問題に関する雇用管理上の措置（§11Ⅰ）・マタハラ問題に関する雇用管理上の措置（§11ノ2Ⅰ）・妊娠中及び出産後の健康管理に関する措置義務（§12・13Ⅰ）	募集及び採用（§5）を除いて同左
③ 育児介護休業法	都道府県労働局長の助言・指導・勧告（§52ノ4）	紛争調整委員会による調停（§52ノ5）
	・育児休業（2章）・介護休業（3章）・子の看護休暇（4章）・介護休暇（5章）・所定外労働の制限（6章）・時間外労働の制限（7章）・深夜業の制限（8章）・所定労働時間の短縮措置等（§23）・23条措置を理由とする不利益取扱いの禁止（§23ノ2）・マタハラ問題に関する雇用管理上の措置（§25）・労働者の配置に関する配慮（§26）	同左
④ 障害者雇用促進法	都道府県労働局長の助言・指導・勧告（§74ノ6）	紛争調整委員会による調停（§74ノ7）
	・募集及び採用（§34）・賃金の決定，教育訓練の実施，福利厚生施設の利用等（§35）・雇用の分野における障害者と障害者でない者との均等な機会の確保等を図るための措置（§36ノ2，36ノ3）	募集及び採用（§34）を除いて同左
⑤ 個別労働関係紛争解決促進法	都道府県労働局長の助言・指導（§4）	紛争調整委員会によるあっせん（§5）
	個別労働紛争全般（上記①〜④に該当する紛争除く）	労働者の募集及び採用に関する事項についての紛争を除く個別労働関係紛争（上記①〜④に該当する紛争除く）

2 紛争調整委員会によるあっせんの利用状況

　使用者は当初，労基法など労働者保護を前提とした法制度を運用する立場にある労働局では，労働者に偏った判断がなされるおそれがあるとして，当該制度の導入を望んでいなかったといえます。しかし，次頁以降のグラフに示すように平成28年度の総合労働相談件数が約113万件，その中で民事上の個別労働紛争に関するものは約25万件とその利用件数は非常に多く，平成21年以降同程度で推移しています。

　平成28年度における紛争調整委員会によるあっせんの利用状況をみると，あっせん申請受理件数が5,123件，このうち個別項目ではいじめ・嫌がらせが29.0％と多いですが，解雇が21.9％，雇止めが8.3％，退職勧奨が6.6％，自己都合退職が3.8％，採用内定取消が2.1％と，労働契約の解消に関するものが4割強と，紛争の最も多くを占めていることがわかります。

　処理状況としては，平成28年度内に処理されたのは5,083件中，2,003件（39.4％）で合意が成立しています。また，同年度にあっせんが開催されたものは2,886件（56.8％）であり，あっせんが開催されれば66.4％で合意が成立していることになります。

　処理に要した期間は，紛争当事者の一方が手続に参加しないなどの理由であっせんを打ち切られている事情もありますが，2カ月以内に全体の9割弱（88.6％）の事件が処理されているのが特徴です。

　労働局は労働者保護を前提とした法制度を運用する立場にありますから，制度主体の中立性に疑問がありますし，権利義務関係の判断面においても懸念があります。

　しかし，実際に制度運用が始まってみると，あっせん内容における使用者に求められる解決金額が一般的に低い傾向を示しており，また，あっせん期日も原則として1回（1～2時間）とされ，紛争解決にかかるコストを抑えられる可能性があります。したがって，紛争調整委員会によるあっせんの通知があれ

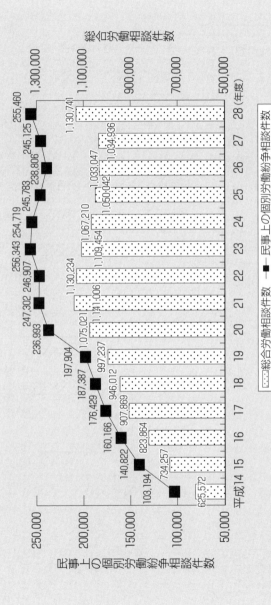

総合労働相談件数の推移

〔出典〕厚生労働省「平成28年度個別労働紛争解決制度施行状況」

第3編／労働契約の解消に係る紛争解決手続

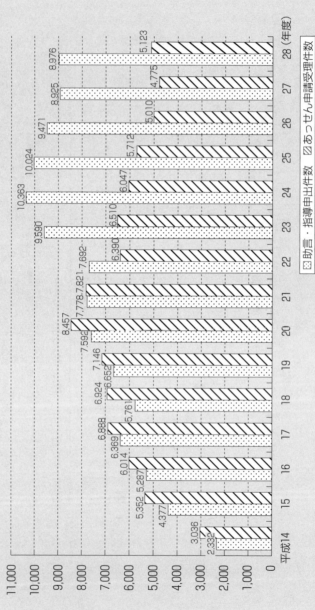

助言・指導申出件数及びあっせん申請受理件数の推移

〔出典〕厚生労働省「平成28年度個別労働紛争解決制度施行状況」

第1章／行政等による紛争解決手続

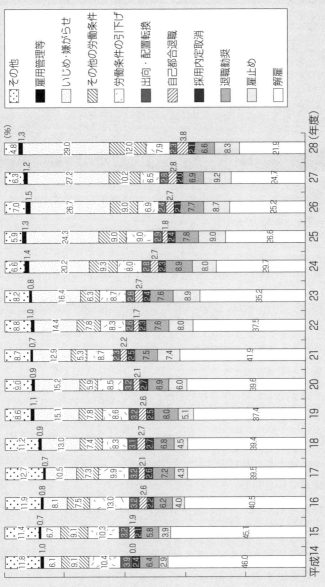

あっせん申請内容の内訳

[出典] 厚生労働省「平成28年度個別労働紛争解決制度施行状況」

紛争当事者双方のあっせん参加率の推移

参加率	23年度	24年度	25年度	26年度	27年度	28年度
紛争当事者双方の あっせん参加件数 ／手続き終了件数	53.0%	52.3%	55.0%	54.2%	57.0%	56.8%

〔出典〕厚生労働省「平成28年度個別労働紛争解決制度施行状況」

あっせんにおける合意率の推移

合意率	23年度	24年度	25年度	26年度	27年度	28年度
合意成立件数 ／手続き終了件数	38.3%	37.5%	39.1%	37.6%	39.3%	39.4%
あっせん開催による合意 成立件数／紛争当事者双 方のあっせん参加件数	66.7%	67.8%	67.1%	66.0%	64.5%	66.4%

〔出典〕厚生労働省「平成28年度個別労働紛争解決制度施行状況」

ば即座にそれを拒否するのではなく，あっせんに応じるのも使用者の1つの選択肢であろうと考えます。

　以前は，譲歩する意思がなければあっせんに出席しなくてもいいといった委員会側の姿勢も見られ，筆者は意見を求められた規制改革推進会議の場でも使用者の出席確保が解決率の向上に直結するのであり，その出席確保に委員会が情熱をもって臨まなければならない旨の指摘をし，またセミナーなどことあるごとに言及してきました。

　その甲斐があってか，平成27年3月26日に厚生労働省は「紛争調整委員会によるあっせんの参加率向上のための留意事項について」の事務連絡を発し，使用者の出席確保に動き始めました。その是正の動きは，上記統計の公表にも表れているといえます。

第2節　都道府県労働委員会による個別労働紛争の あっせん

　個別労働紛争とは異なりますが，不当解雇（労組法7条1号・4号）として，集団労使紛争の一環として労働者の解雇が争われることもあります。また，中小零細企業で働く労働者などが産業別・業種別・職業別・地域別に組織するいわゆる合同労組等は，加入している労働者の使用者に対して団体交渉を求め正当な理由なく拒否された場合，その団交拒否（同法7条2号）を理由に都道府県労働委員会による救済手続へ問題をあげることで個別労働紛争を集団労使紛争化し，その解決に寄与してきた一面があると評価できます。

　そして，各都道府県の労働委員会は，集団労使紛争だけでなく，個別労働紛争解決促進法20条を受けて個別労働紛争のあっせんを行っていますが，後掲する統計に示すように利用件数は少ないようです（平成28年度における新規係属件数は290件）。東京・兵庫・福岡では，労働委員会によるあっせん自体が行われていません（都や県によるあっせんは実施されています）。また，解決事件数は134件で，取下げや不開始を除く終結件数に対する比率は49.4％となっています。

> ＊　平成22年度における新規係属件数は423件，解決事件数は151件で，取下げや不開始を除く終結件数に対する比率は66.4％と，現在よりも高い率となっていました。これは当時，地域の優良企業出身の経営者協会の専務理事などが使用者委員として選出され，紛争解決のために情熱をもって会社に対しあっせんに出席するよう促し，高い出席率を保っていたことによるものと考えられます。制度発足後15年を経て，この点の取組みが後退したことにより解決率が落ちてきているのではないかと危惧しています。

　運用状況は各道府県によって異なるようですが，学者も公益委員として参加する公労使の三者構成によるあっせんが行われるならば，使用者もその判断を受け入れやすい紛争解決システムではないかと考えます。

第3編／労働契約の解消に係る紛争解決手続

個別労働紛争に関する各都道府県労委の取組み一覧

(2010年度現在)

都道府県	労 働 委 員 会			
	相 談		あっせん	
	通常相談 (注1)	特別相談・出張相談 (注2)	根 拠	あっせん員の構成
北海道	◯	✕	要綱・要領	三者構成
青森	◯	◯	要綱・要領	三者構成
岩手	◯	◯	条例・規則・要綱	三者構成
宮城	◯	✕	規則・要領	三者構成
秋田	◯	✕	要綱・要領	三者構成
山形	◯	✕	要綱・要領	三者構成
福島	◯※	◯	要綱・要領	三者構成
茨城	◯	✕	要綱	三者構成
栃木	◯	◯	要綱・要領	委員＋事務局職員
群馬	◯	✕	要綱・要領	三者構成
埼玉 (注3)	◯	✕	要綱・要領	有識者
千葉	✕	✕	要綱・要領	三者構成
東京	東京都労働相談情報センター（6カ所）において，相談およびあっせん			
神奈川 (注4)	✕	✕	要綱・要領	三者構成
新潟	◯	◯	要綱・要領	三者構成
山梨	◯	✕	要綱・要領	三者構成
長野	◯	✕	要綱・要領	委員＋事務局職員
静岡	◯	✕	要綱・要領	三者構成
富山	◯※	✕	要綱・要領	三者構成
石川	✕	✕	要綱・要領	三者構成
福井	◯	◯	要綱・要領	三者構成
岐阜	◯	✕	規則・要領	三者構成
愛知	✕	✕	要綱・要領	三者構成
三重	◯	✕	要綱・要領	委員＋有識者， 有識者
滋賀	◯	✕	要綱・要領	三者構成
京都	◯	✕	要綱・要領	三者構成， 委員＋有識者
大阪 (注5)	✕	✕	要綱・要領	委員＋委員経験者

兵庫	兵庫労使相談センター（兵庫県経営者協会および連合兵庫の共同運営）において，県労委労使委員経験者等による相談			
奈良	○	×	要綱・要領	三者構成
和歌山	○※	○	要綱・要領	三者構成
鳥取	○※	○	条例・規則・要領	三者構成，委員＋委員経験者，委員＋有識者
島根 (注6)	○	×	要綱・要領	三者構成
岡山	○※	×	要綱・要領	三者構成
広島	×	×	条例・規則・要綱	委員＋事務局職員
山口	○	×	要綱・要領	三者構成
徳島	○	○	要綱・要領	三者構成
香川	○※	○	要綱・要領	三者構成
愛媛	○※	○	要綱・要領	三者構成
高知	○※	×	要綱・要領	三者構成
福岡	福岡県労働者支援事務所（4カ所）において，相談およびあっせん			
佐賀	○	○	要領	三者構成
長崎	○	×	要綱・要領	三者構成
熊本	○	○	規則・要領	三者構成
大分 (注7)	○	×	要綱・要領	三者構成
宮崎	○※	×	要綱・要領	三者構成
鹿児島	○	×	要綱・要領	三者構成
沖縄	○	×	規程	三者構成

(注1)：※は，要綱・要領等に基づき実施しているものであり，それ以外は事実上実施している。

(注2)：「特別相談」とは，月に1回程度以上，定期的に，公益委員，三者構成委員または法律事務の専門家等による労働相談会を指し，「出張相談」とは，労委の所在地以外の遠隔地において，月に1回に満たず実施するもので，担当者は委員・職員を問わない。

(注3)：埼玉県では，労働委員会のほか，「労働相談センター」（県内1カ所）において，相談，あっせん業務を行っている。

(注4)：神奈川県では，労働委員会のほか，「かながわ労働センター」（県内1カ所）等において，相談，あっせん業務を行っている。

(注5)：大阪府では，労働委員会のほか，「総合労働事務所」（府内2カ所）において，相談，あっせん業務を行っている。

(注6)：島根県労働委員会では，県雇用政策課が行う労働相談と連携し，助言，あっせん業務を行っている。

(注7)：大分県では，労働委員会のほか，県庁内の「労政相談・情報センター」において，相談，あっせん業務を行っている。

備　考：○は実施，×は実施していないことを意味する。

〔出典〕菅野和夫『労働法（第11版）』1043・1044頁

第3編／労働契約の解消に係る紛争解決手続

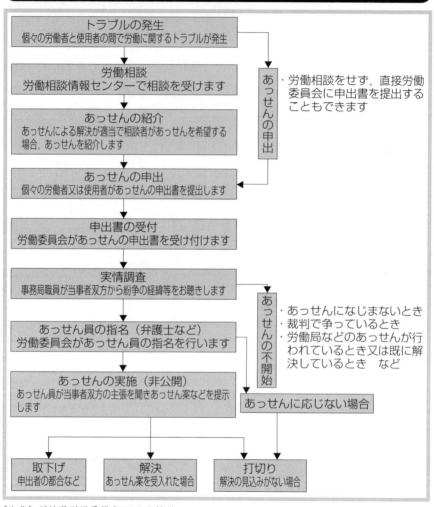

〔出典〕長崎県労働委員会HPから抜粋

第1章／行政等による紛争解決手続

都道府県労働委員会別個別労働紛争あっせん件数（平成28年）

労委	相談・助言 労	使	双	計	前期繰越	新規 労	使	双	計	計(係属)	解決	打切	取下	不開始	計(終結)	次期繰越
北海道	—	—	—	—	2	19	1	0	20	22	8	4	7	0	19	3
青森	76	2	0	78	1	1	0	0	1	2	1	1	0	0	2	0
岩手	468	19	0	487	1	4	0	0	4	5	0	4	1	0	5	0
宮城	—	—	—	—	0	13	0	0	13	13	5	5	2	1	13	0
秋田	—	—	—	—	1	6	0	0	6	7	0	7	0	0	7	0
山形	121	5	0	126	2	4	0	0	4	6	1	5	0	0	6	0
福島	245	16	0	261	0	12	0	0	12	12	6	3	2	0	11	1
茨城	41	4	0	45	1	5	0	0	5	6	3	2	1	0	6	0
栃木	—	—	—	—	1	3	0	0	3	4	0	4	0	0	4	0
群馬	88	8	0	96	1	7	0	0	7	8	1	5	1	0	7	1
埼玉	—	—	—	—	2	10	1	0	11	13	3	10	0	0	13	0
千葉	—	—	—	—	2	7	0	0	7	9	2	3	2	0	7	2
神奈川	—	—	—	—	0	0	0	0	0	0	0	0	0	0	0	0
新潟	80	0	0	80	2	16	0	0	16	18	7	9	2	0	18	0
山梨	99	4	0	103	0	2	0	0	2	2	0	2	0	0	2	0
長野	53	8	0	61	1	8	0	0	8	9	7	2	0	0	9	0
静岡	—	—	—	—	1	15	2	0	17	18	9	6	1	0	16	2
富山	169	7	0	176	0	7	0	0	7	7	4	2	1	0	7	0
石川	35	1	0	36	0	4	0	0	4	4	3	1	0	0	4	0
福井	115	8	0	123	0	1	0	0	1	1	0	0	0	0	0	1
岐阜	—	—	—	—	0	4	0	0	4	4	0	3	1	0	4	0
愛知	—	—	—	—	0	17	0	0	17	17	6	9	0	0	15	2
三重	—	—	—	—	0	4	0	0	4	4	1	2	0	0	3	1
滋賀	38	1	0	39	0	6	0	0	6	6	5	1	0	0	6	0
京都	—	—	—	—	1	9	0	0	9	10	7	3	0	0	10	0
大阪	—	—	—	—	0	0	0	0	0	0	0	0	0	0	0	0
奈良	30	4	0	34	1	4	0	0	4	5	2	2	0	0	4	1
和歌山	38	1	0	39	0	2	0	0	2	2	1	1	0	0	2	0
鳥取	222	11	0	233	2	22	2	0	24	26	13	7	2	2	24	2
島根	80	3	0	83	1	6	0	0	6	7	4	2	1	0	7	0
岡山	177	10	0	187	1	2	0	0	2	3	0	2	0	0	2	1
広島	—	—	—	—	1	9	0	0	9	10	2	6	0	0	8	2
山口	—	—	—	—	0	5	0	0	5	5	1	2	0	0	3	2
徳島	278	5	0	283	1	16	0	0	16	17	15	2	0	0	17	0
香川	118	4	0	122	0	3	0	0	3	3	1	2	0	0	3	0
愛媛	269	15	0	284	0	3	0	0	3	3	1	2	0	0	3	0
高知	328	11	0	339	1	8	0	0	8	9	2	6	1	0	9	0
福岡	—	—	—	—	0	3	0	0	3	3	3	0	0	0	3	0
佐賀	55	2	0	57	1	1	0	0	1	2	0	2	0	0	2	0
長崎	—	—	—	—	3	4	0	0	4	7	2	3	1	0	6	1
熊本	37	5	0	42	2	4	0	0	4	6	3	3	0	0	6	0
大分	151	3	0	154	0	0	0	0	0	0	0	0	0	0	0	0
宮崎	205	1	0	206	0	3	0	0	3	3	1	2	0	0	3	0
鹿児島	177	2	0	179	0	4	0	0	4	4	3	0	1	0	4	0
沖縄	0	0	0	0	1	2	2	0	4	5	2	2	1	0	5	0
総計	3,793	160	0	3,953	34	282	8	0	290	324	134	137	28	3	302	22

あっせん事件平均処理日数：解決（47.5日），打切（35.5日）

注1　「相談・助言」は実施労委のみ計上した。
注2　総計には，福岡県の件数は含まれていない（福岡県では，個別労働紛争について労働委員会委員によるあっせんの制度が設けられている。表中は委員によるあっせんの件数）。
〔出典〕中央労働委員会「都道府県労働委員会別あっせん件数」

第3節　都道府県労政事務所による 労働相談・あっせん

　都道府県レベルの各自治体においても，労働相談やあっせんが行われています。

　東京都を例にとると，都内6カ所の労働相談情報センターで労働相談やあっせんが行われていますが，平成28年度における労働相談件数は5万3,019件と前年度より若干増加しています。相談内容の全9万6,628項目中，退職が1万4項目で10.4％を占め，また解雇も6,478項目と6.7％を占めています。その他の相談内容項目として，雇止め・退職金・定年制といった労働契約の解消場面を総合すると，全体の2割強が労働契約の解消に係る紛争であるといえます。[*]

　　＊　平成21年度における労働相談件数は5万5,082件，相談内容の全9万5,271項目中，解雇が1万870項目（11.4％），退職が1万485項目（11.0％），そのほか人員整理，雇止め，退職強要，退職金，定年制といった労働契約の解消場面を総合すると，全体の約4分の1が労働契約の解消に係る紛争でした。

　また，労働相談情報センターで行われるあっせんは，労使だけでは自主的な解決が難しい問題について当事者から要請を受けた場合に労働相談情報センターが第三者の立場で自主的な解決に向けての手助けを行います。

　平成28年度には446件が労働相談からあっせんに移行され，そのうち308件（69.1％）が解決しています。あっせん内容としては解雇退職の項目が115件で，37.3％となっています。あっせんにかかる日数は短く，1カ月以内に全体の半数以上が一定の決着をみています[*]。

　　＊　平成21年度には729件が労働相談からあっせんに移行され，そのうち489件（67.1％）が解決しています。あっせんの内容としては，解雇が252項目と最も多く，退職が145項目となっています。あっせんにかかる日数は短く，1カ月以内に全体の3分の2が一定の決着をみていました。

制度利用の面からいえば，相談やあっせんにあたっている職員が，地方公共団体の組合の構成員であるケースもあり，やはり公平な立場とはいえないところから，使用者としては不満の残る部分はあります。

第3編／労働契約の解消に係る紛争解決手続

第4節　弁護士会・社労士会によるあっせん

1　弁護士会の紛争解決センター

　裁判外紛争解決手続（ADR）としては，前節までの行政による手続のほか，弁護士会（紛争解決センター）や社会保険労務士会（社労士会労働紛争解決センター）が実施するあっせんがあります。

　弁護士会の紛争解決センターでは，平成27年度において申立て952件中，職場の紛争に関するものは57件となっています。

2　社労士会の紛争解決センター

　青森・栃木・大分を除く社労士会労働紛争解決センター（44カ所）では紛争解決のあっせんを行っており，うち28カ所では申立費用無料で実施しています。

　平成28年度において，109件受理，うち109件全部が処理されています。申立事案としては解雇・退職・雇止めが61件（56.0％），パワハラ・セクハラ・いじめが18件（16.5％），賃金未払・不払残業・退職金が10件（9.2％）となっています。また，あっせんでの和解成立は68件（37.6％）となっています。

第2章

司法による紛争解決手続

第1節　裁判所における訴訟手続（本訴・仮処分）

1　通常訴訟（本案訴訟）

　裁判所での紛争解決手続の代表例としては，通常訴訟（本訴）や保全手続（仮処分）などがあります。

　通常訴訟とは，一般的にいう裁判のことです。解雇無効の争いは，雇用契約上の権利を有する地位の確認請求という形で裁判所に訴えられ，通常は労働者が原告，使用者が被告となって，当該解雇が有効か無効かを互いに主張立証し，最終的には判決が下されます。

　裁判所の判断は，両当事者各々の主張やそれを裏づける証拠などによって確定されます。したがって，被告となった場合には，答弁書・準備書面・陳述書などの書面作成や事実関係を証明するための証拠の準備，証人尋問のための準備および出廷といった負担がかかることなります。もちろん，通常は弁護士を代理人としますので，訴訟費用のほか弁護士費用の負担も考えておかなければなりません。

　労働契約の解消に関する紛争について統計をみると，平成28年における新受件総数3,392件，全体の4分の1にあたる875件が雇用契約上の権利を有する地位の確認請求を含むものであり，その他は明確ではありませんが，無効な解雇を理由とする不法行為による損害賠償請求や退職金支払請求がなされていると考えられます。

労働関係民事通常訴訟事件

請求類型別　新受件数細目　　　　　　　　　　—地方裁判所—（平成28年）

請求類型	雇用契約存否確認	その他の確認	賃金等	損害賠償	その他	合計
件　数	875	311	3,326	1,397	380	6,289

(注)　1　本表の数値は，各庁からの報告に基づくものであり，概数である。
　　　2　事件の請求類型別の件数は，延べ件数であるため，合計は新受件数と一致しない。

新受・既済件数　　　　　　　　　　—地方裁判所—（平成24年～平成28年）

年次	新受	既済						
		総数	判決			決定・命令	和解	取下げ・その他
			総数（一部認容を含む。）	請求認容	請求棄却訴え却下			
平成24年	3,358	3,168	1,008	619	389	41	1,718	401
25年	3,339	3,122	1,082	682	400	48	1,599	393
26年	3,256	3,049	976	610	366	35	1,638	400
27年	3,390	3,278	1,012	605	407	56	1,849	361
28年	3,392	3,400	883	574	309	54	2,090	373

(注)　1　平成28年の数値は，速報値である。
　　　2　平成25年までの数値は，各庁からの報告に基づくものであり，概数である。
　　　3　本表における請求棄却訴え却下件数には，その他の事由による判決件数も含む。
〔出典〕法曹時報第69巻第8号「平成28年度労働関係民事・行政事件の概況」

　また，労働事件全体をみれば，平成28年における既済事件総数3,400件中，半数以上の2,090件が和解で終了しているのが特徴といえます。また，通常訴訟における審理期間は平均14.3カ月（平成28年）となっており，解決までにある程度の期間が必要です。*

　　＊　平成21年度においては既済事件総数2,582件中，半数の1,314件が和解で終了，通常訴訟の審理期間は平均で10.8カ月でした。比較すると，現在は和解で終了する割合が増えていますが，審理期間はのびる傾向にあります。

2　保全手続（仮処分）

　通常訴訟で雇用契約上の権利を有する地位の確認を求める労働者は，通常その訴訟期間中は失業していることが多く，生活費として必要な収入が途絶えている状態です。そこで，訴訟期間中生活できないために訴訟を断念せざるをえないという不都合な状況を解消すべく，簡易迅速な手続によって暫定的な救済を与える制度として保全手続（仮処分）が用意されています。

　ところで，解雇された労働者の申立ては，従業員たる地位を仮に定める地位保全仮処分とともに，賃金の仮払いを命じる賃金仮払仮処分が典型です。

　仮処分決定では保全の必要性があることが要件とされますが，地位保全仮処分命令事件では，従業員の地位そのものを保全する必要があるか否かが問題となり，最近では，賃金の仮払いを命じれば足りるとしてその保全の必要性を否定する裁判例も多くあります（なお，賃金以外にも社会保険資格を維持できるなどの点を考慮して，地位保全の必要性を肯定する例もあります）。

　一方，賃金仮払仮処分命令事件で，賃金を唯一の収入源としてきた労働者の解雇の場合に賃金仮払いの必要性が問題となりますが，この保全の必要性は，労働者およびその家族の生活の困窮を避ける必要があるときと厳格に解釈されるべきといえます。具体的には，生活の困窮を判断する場合には家族全体の資力を考察すべきで，配偶者や実子などに家族が生活できるだけの収入があったり，係争期間中に生活していけるだけの十分な預貯金があれば，保全の必要性は認められないと考えるべきです。

　また，仮払いの金額と期間は事案ごとに異なりますが，最近では，解雇前の賃金全額ではなく労働者とその家族の生活に必要な額に限定され，また期間は本訴一審判決の言い渡しまでとするものが多いようです（東京地裁の運用では原則として1年間に限定しており，これは本訴の平均審理期間とほぼ合致します）。

　仮処分を申立てられると，本訴ほど複雑・長期ではないにしても，使用者は

労働関係仮処分命令事件

請求類型別　新受件数（地裁）

年次	新受件数	総数	申立人：労働者側 被申立人：使用者側			申立人：使用者側 被申立人：労働者側	その他
			地位保全	賃金等仮払	その他	立入禁止等	除名の効力停止等
24年	477	454	323	86	45	22	1
25年	449	431	299	72	60	14	4

請求類型別　新受件数細目（地裁）平成25年

請求類型	総数	申立人：労働者側 被申立人：使用者側	申立人：使用者側 被申立人：労働者側	申立人：労働者側 被申立人：労働者側	その他
総数	449	431	14	4	0
従業員の地位保全	299	299	0	0	0
その他の権利保全	43	40	0	3	0
解雇等の効力停止	15	14	0	1	0
賃金仮払	72	72	0	0	0
その他の金員仮払	0	0	0	0	0
その他	20	6	14	0	0

既済・未済件数（地裁）

年次	申立人	総数	既済						未済
			総数	決定		和解	取下げ・その他		
				申立認容（一部認容を含む）	申立却下申立棄却				
24年	総数	487	175	97	78	198	114		114
	労働者側	463	167	92	75	187	109		109
	使用者側	23	7	4	3	11	5		5
	その他	1	1	1	0	0	0		0
25年	総数	436	156	80	76	161	119		127
	労働者側	420	150	76	74	156	114		120
	使用者側	15	5	4	1	5	5		4
	その他	1	1	0	1	0	0		3

〔出典〕法曹時報第66巻第8号「平成25年度労働関係民事・行政事件の概況」

当該仮処分事件に対応しなければなりません。仮処分では審尋を行うか否かは任意的とされていますが，（仮の地位を定める仮処分を含むため）労働仮処分事件の多くが審尋期日で処理され，使用者自身や人事担当者などが審尋を受けたり，陳述したりすることもあります。また，仮処分事件の審理における事実認定では，詳細な証拠による立証は求められておらず，裁判官が多分確かであろうと認められる程度の立証（疎明）で足りるとされていますが，その疎明資料などを準備し提出することも必要です。さらに，通常は弁護士を代理人とすることは通常訴訟と同様です。

なお，労働仮処分事件の統計をみると，平成25年における新受総件数449件中，従業員の地位保全が299件と全体の約3分の2を占める状況です。また，通常訴訟と同様，既済総件数436件に対し和解による終了が161件（36.9％）で，和解の占める割合が大きいといえます。ちなみに，初審の終結までの期間が平均3.6カ月（平成15年）とされており，かなり迅速な処理が期待できます（東京地裁の実務では，3カ月をめどに手続を進めているといえます）。

3　本訴および仮処分と労働審判との関係

労働審判制度が平成18年4月1日から開始されたことによって，司法における労働紛争処理方法は，主として通常訴訟・保全手続・労働審判の3つとなりました（この他，民事調停なども少ないながら利用されています）。

この労働審判制度の施行前には，その開始によって本訴および仮処分の利用にどのような影響があるかが議論され，本訴や仮処分から一定数が労働審判に移行するだろうといわれていました。

実際，次頁の統計にみるように，平成18年には労働審判制度が開始されてから本訴および仮処分の利用件数がともに減少し，労働審判事件数が上積みされることで，全体としての労働事件数が増加する結果が出ています。

この本訴および仮処分事件数の減少は，和解による解決割合が大きいという労働事件の特徴が理由として考えられます。つまり，今まで和解の可能性を探

第3編／労働契約の解消に係る紛争解決手続

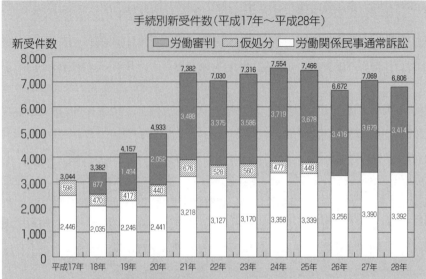

るために本訴や仮処分が利用されていた事案について，調停という和解を試みる手続が設けられている労働審判制度が選択されているといえます。とくに仮処分では，保全の必要性という要件が求められるところ，その要件が必要とされない労働審判制度が利用されているともいえます。

平成21年には，前年のリーマンショックに伴う派遣切り等もあり，労働審判事件が3,488件と大幅に増加したこともさることながら，仮処分が676件，本訴が3,218件と，全体でも7,382件と高い数値となりました。その後，特別な事情が消滅した後も紛争の件数が同様の数値で推移しているのは，個別労働紛争が増加していることの表れとみることができます。

第2章／司法による紛争解決手続 ◀839

第2節 労働審判手続

1 労働審判事件のうち労働契約の解消に係る紛争が半数以上を占める

　裁判所における個別労働関係紛争に特化した新たな紛争解決手続として，平成18年4月1日に労働審判制度が開始されています。この制度は，個別労働紛争について紛争の実情に即した迅速，適正かつ実効的な解決を図ることを目的としています。本書でとりあげてきた労働契約の解消をめぐる紛争も，労働審判手続に申し立てられるケースが多くみられ，実際，平成28年中に全国の地裁に申し立てられた事件3,414件中，労働契約の解消に係る紛争といえる地位確認事件や退職金請求事件の合計が1,612件と，全体の半数近くを占めています。

2 労働審判手続の仕組み

　労働審判手続は，全国で50カ所ある地方裁判所の本庁で行われています（平成22年4月から東京地裁立川支部および福岡地裁小倉支部，平成29年4月から静岡地裁浜松支部，長野地裁松本支部，広島地裁福山支部でも行われています）。労働審判手続に事件が申し立てられると，裁判官（労働審判官）1名と労働関係に関する専門的な知識経験を有する者（労働審判員）2名からなる労働審判委員会が裁判所に組織され，この委員会において非公開で手続が進行します。

　同手続は3回以内の期日で審理を終結することを原則としており，このような短期間で事実関係や法律解釈の主張を十分に行えるよう，原則として代理人となることができる者を弁護士に限っています。

　また，同手続内にはあらかじめ調停が組み込まれており，全期日において権利義務を踏まえて調停が試みられ，できる限り当事者間の合意による紛争の解決が目指されます。しかし，このような当事者の調停に向けた努力にもかかわらず調停が成立しない場合には，労働審判委員会は審理を終結し，労働審判を

第3編／労働契約の解消に係る紛争解決手続

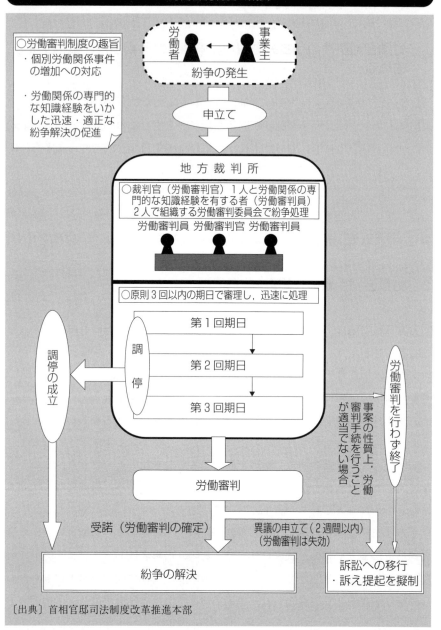

〔出典〕首相官邸司法制度改革推進本部

行います。

　この労働審判に対して不服がある場合，当事者は，審判書の送達や口頭による労働審判の告知を受けた日から2週間以内に，裁判所に異議の申立てをすることができます。適法な異議の申立てがあると，労働審判は失効し，紛争を未解決のまま放置しないために，労働審判手続の申立て時に訴えの提起があったものとみなされ，訴訟へ自動的に移行します。また，整理解雇事案など3回の期日で終了することが困難で労働審判手続を行うことが適当でない場合には，労働審判委員会は労働審判を行わずに事件を終了し，当該事件は訴訟に移行することになります。

3　労働審判手続の利用状況と実際の運用

　労働審判手続は個別労働関係紛争を①迅速，②適正，③実効的に解決することを目的としています。

(1)　迅速に解決されている

　当初，3回以内の期日が行われる期間として3～4カ月が想定されていましたが，平成29年4月集計による平均審理期間は75.9日，第2回期日までに終局した事件は全体の6割以上にも上り，想定以上の迅速な審理が行われています。この背景には，期日進行が実際には前倒しで行われていることがあります。当初は第1回期日で争点および証拠の整理，第2回期日で争点および証拠についての審尋，心証形成後の調停の打診，第3回期日では調停の継続と調停案の提示という想定でした。しかし実際は，第1回期日で争点および証拠の整理に並行して審尋が行われ，労働審判委員会の心証が形成されれば積極的に調停まで行う運用がみられています。そのため，東京地裁でも当初1時間としていた第1回期日の枠を2時間とるなど，第1回期日の充実化が図られています。逆にいえば，第1回期日でのあり方が勝敗を決めてしまうということですから，期日前に十分な準備が必要となります。

労働審判事件の全国の地方裁判所ごとの新受件数

	平成18年	平成19年	平成20年	平成21年	平成22年	平成23年	平成24年	平成25年	平成26年	平成27年	平成28年	合計
東　京	258	485	711	1,140	1,108	1,100	1,053	1,046	1,053	1,129	1,035	10,118
（本　　庁）	258	485	711	1,140	1,053	1,021	991	973	983	1,058	970	9,641
（立川支部）	—	—	—	—	53	79	62	73	70	73	85	475
横浜	77	96	155	258	281	294	281	273	258	277	283	2,489
さいたま	25	84	92	154	158	183	158	188	177	175	146	1,500
千　葉	26	70	69	86	106	125	143	128	106	115	119	1,093
水　戸	8	7	7	18	33	27	41	24	34	46	39	284
宇都宮	3	4	8	25	23	20	39	39	41	57	35	294
前　橋	3	13	12	87	48	42	44	67	38	42	32	408
静　岡	13	9	39	39	33	35	44	63	46	53	55	429
甲　府	8	7	2	5	7	11	14	8	8	9	9	88
長　野	11	14	23	18	40	26	34	25	29	30	28	276
新　潟	7	18	20	20	30	24	28	37	17	18	20	235
大　阪	84	105	139	299	305	328	353	332	298	334	302	2,877
京　都	24	31	44	53	49	71	61	84	70	65	75	627
神　戸	33	72	80	125	100	119	148	123	125	128	122	1,175
奈　良	7	9	5	14	23	17	34	24	18	14	14	179
大　津	3	9	10	20	17	23	22	20	17	24	29	194
和歌山	5	4	5	7	14	8	11	7	10	7	17	95
名古屋	54	111	124	275	170	181	211	213	161	193	179	1,872
津	2	12	16	22	22	20	29	22	38	32	21	235
岐　阜	8	10	18	27	23	25	21	41	22	27	34	255
福　井	2	3	4	14	11	17	10	14	14	10	17	115
金　沢	5	6	8	26	21	28	21	20	29	33	32	229
富　山	1	5	4	4	7	8	7	9	17	16	15	93
広　島	15	18	35	59	58	56	49	39	48	46	35	458
山　口	8	7	9	13	15	11	17	10	14	14	4	122
岡　山	11	11	17	40	34	29	33	42	45	41	42	345
鳥　取	5	6	8	10	9	5	7	18	2	6	8	84
松　江	1	3	6	9	9	8	4	7	5	7	7	66

	平成18年	平成19年	平成20年	平成21年	平成22年	平成23年	平成24年	平成25年	平成26年	平成27年	平成28年	合計
福　岡	29	66	121	208	185	245	289	257	194	191	170	1,955
（本　　庁）	29	66	121	208	143	208	246	180	148	169	126	1,644
（小倉支部）	—	—	—	—	42	37	43	77	46	22	44	311
佐　賀	2	5	2	12	5	5	10	18	7	14	14	94
長　崎	3	6	5	15	18	12	16	21	9	25	15	145
大　分	4	15	10	26	23	17	15	12	15	15	13	165
熊　本	8	13	19	27	50	48	31	26	28	37	28	315
鹿児島	5	8	14	20	13	26	26	26	61	35	38	270
宮　崎	5	3	5	12	11	10	22	24	22	23	19	156
那　覇	4	8	11	24	37	36	31	23	22	21	23	240
仙　台	18	35	32	53	70	75	47	55	65	75	83	608
福　島	9	7	8	12	18	9	8	10	14	22	19	134
山　形	5	8	7	9	12	13	11	9	5	7	2	88
盛　岡	2	8	8	11	11	5	10	7	10	10	13	95
秋　田	2	7	5	13	15	13	12	12	11	7	16	113
青　森	3	3	9	7	9	18	9	18	13	8	24	131
札　幌	34	49	69	89	109	145	188	152	101	139	116	1,191
函　館	6	3	8	12	7	14	12	10	23	15	13	123
旭　川	7	6	11	8	11	13	10	10	21	10	12	119
釧　路	2	5	2	5	4	8	10	7	5	15	8	71
高　松	3	2	3	12	11	14	14	20	8	13	25	123
徳　島	3	7	11	11	9	13	9	14	11	11	7	106
高　知	8	12	8	14	8	8	5	6	8	10	8	93
松　山	10	11	14	25	13	17	9	18	27	29	16	189
合　計	877	1,494	2,052	3,468	3,375	3,586	3,719	3,678	3,416	3,679	3,414	32,758

（注）　1　平成18年4月から労働審判制度導入
　　　　2　東京地裁立川支部および福岡地裁小倉支部では，平成22年4月から取扱いを開始した。
　　　　3　平成28年の数値は，速報値である。

全国の労働審判既済事件の平均審理期間等（平成18年～平成28年）

[申立てから審判までの審理期間等]

1カ月以内	1,049件	3.3%
2カ月以内	10,426件	32.5%
3カ月以内	11,596件	36.2%
6カ月以内	8,723件	27.2%
1年以内	258件	0.8%
1年を超える	5件	0.0%
合計（対象件数）	32,057件	100%
平均審理日数	75.9日	

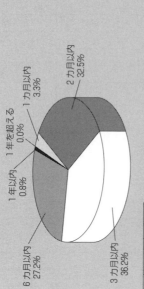

[審理実施回数]

	0回	1回	2回	3回	4回以上	全体
調停成立	—	6,283 28.1%	9,220 41.2%	6,373 28.5%	509 2.3%	22,385 100%
労働審判	—	788 13.9%	2,257 39.9%	2,471 43.7%	138 2.4%	5,654 100%
異議申立てあり	—	377 10.9%	1,337 38.7%	1,660 48.0%	82 2.4%	3,456 100%
異議申立てなし	—	411 18.7%	920 41.9%	811 36.9%	56 2.5%	2,198 100%
24条終了	49 3.9%	519 41.0%	476 37.6%	211 16.7%	12 0.9%	1,267 100%
取下げ	1,436 56.8%	578 22.9%	366 14.5%	127 5.0%	19 0.8%	2,526 100%
却下・移送等	208 92.4%	8 6.5%	4 1.8%	5 2.2%	0 —	125 100%
合計	1,693 5.3%	8,176 25.5%	12,323 38.4%	9,187 28.7%	678 2.1%	32,057 100%

(注) 1　平成28年の数値は、速報値である。
　　 2　平均労働日数は、平成29年4月14日集計による最高裁行政局調べへの速報値である。
　　 3　「異議申立てなし」には、平成29年4月14日集計日現在、異議申立ての有無が確認できないものを含む。
　　 4　百分比は、小数点以下第2位を四捨五入しているため、合計が100と一致しない場合がある。

第2章／司法による紛争解決手続　845

全国の労働審判事件の既済件数　―終局事由別―

	平成18年	平成19年	平成20年	平成21年	平成22年	平成23年	平成24年	平成25年	平成26年	平成27年	平成28年	合計
労働審判	107 (17.7%)	306 (21.1%)	347 (18.2%)	599 (18.6%)	612 (17.8%)	641 (18.2%)	643 (17.4%)	650 (18.0%)	633 (18.6%)	613 (16.7%)	503 (14.3%)	5,654 (17.6%)
異議申立てあり	74 (69.2%)	187 (61.1%)	230 (66.3%)	387 (64.6%)	364 (59.5%)	391 (61.0%)	382 (59.4%)	396 (60.9%)	357 (56.4%)	372 (60.7%)	316 (62.8%)	3,456 (61.1%)
異議申立てなし	33 (30.8%)	119 (38.9%)	117 (33.7%)	212 (35.4%)	248 (40.5%)	250 (39.0%)	261 (40.6%)	254 (39.1%)	276 (43.6%)	241 (39.3%)	187 (37.2%)	2,198 (38.9%)
調停成立	427 (70.5%)	997 (68.8%)	1,327 (69.4%)	2,200 (68.2%)	2,433 (70.8%)	2,502 (71.2%)	2,609 (70.6%)	2,528 (70.0%)	2,314 (67.9%)	2,497 (68.0%)	2,551 (74.2%)	22,385 (69.8%)
24条終了	19 (3.1%)	47 (3.2%)	60 (3.1%)	107 (3.3%)	121 (3.5%)	119 (3.4%)	164 (4.4%)	159 (4.4%)	150 (4.4%)	193 (5.3%)	128 (3.6%)	1,267 (4.0%)
取下げ	50 (8.3%)	93 (6.4%)	169 (8.8%)	294 (9.1%)	240 (7.0%)	227 (6.5%)	256 (6.9%)	260 (7.2%)	292 (8.6%)	340 (9.3%)	305 (8.7%)	2,526 (7.9%)
却下・移送等	3 (0.5%)	7 (0.5%)	8 (0.4%)	26 (0.8%)	30 (0.9%)	24 (0.7%)	25 (0.7%)	15 (0.4%)	19 (0.6%)	31 (0.8%)	37 (1.0%)	225 (0.7%)
合　計	606 (100%)	1,450 (100%)	1,911 (100%)	3,226 (100%)	3,436 (100%)	3,513 (100%)	3,697 (00.0%)	3,612 (100%)	3,408 (100%)	3,674 (100%)	3,524 (100%)	32,057 (100%)

（注）　1　平成18年4月から労働審判制度導入。
　　　　2　平成28年の数値は、速報値である。
　　　　3　「異議申立てなし」には、平成29年4月14日集計日現在、異議申立ての有無が確認できないものを含む。
　　　　4　百分比は、小数点以下第2位を四捨五入しているため、合計が100と一致しない場合がある。

その他，労働審判は審判書によるのが原則ですが，ほとんどが口頭告知で行われています。書面作成となるとその精査に時間をとられるため，その意味でこの口頭告知の運用も迅速な手続に一役買っているといえます。

(2) 適正に解決されている

当初，労働審判員は使用者の団体および労働者の団体から半数ずつ選出されたため，それぞれの利益代表とならず，法に求められる中立かつ公正な立場で職務が遂行されるのかという懸念がありました。しかし，その懸念は杞憂に終わっているようです。実際，多くの場合で労働審判委員会の意見が一致するといわれています。

また，個別労働紛争では，労使の利益の均衡点での解決が求められています。この均衡点の模索を裁判官のほか雇用の現場における知識経験を備えた労働審判員を交えて行うことで，よりバランスのとれた当事者に納得性のある解決策が示されると考えられ，実際に労働審判員がその役割を果たしていると評価されています。

(3) 実効的に解決されている

労働審判手続には調停があらかじめ組み込まれていますが，その調停成立による終局が，全体の約7割（70.8％）となっています。上記(2)でも述べたように，労働審判員の持つ知識経験が，紛争処理にあたって一定の判断基準の明確性・透明性と雇用の現場におけるバランス感覚を調停案にもたらし，当事者の納得性が高まっていると考えられます。

また，労働審判は調停案と同内容のものが示される運用がなされていますが，調停が成立せず労働審判となったにもかかわらず，約4割が確定するという結果が出ています。さらに，第1回期日前の取下げでは当事者間での何らかの和解があったと考えられ，これらを合計すると約8割の事件が労働審判手続への申立てを契機に紛争終局をみていると考えられます。

(4) 他の手続で解決できなかった事案が解決されている

労働審判手続では，他の裁判外紛争解決手続（紛争調整委員会によるあっせんなど）や合同労組等で解決できなかった事案が持ち込まれ，それにもかかわらず高い解決率となっている点で，非常に評価されるべきものといえます。

4 原職復帰に固執しない事案を労働審判手続に

労働契約の解消に関連する事案の中でも地位確認事件は，約7割が調停成立によって終局しています。

解雇事案における調停成立の場合は多くのケースで，

---

① 相手方（使用者）は申立人（労働者）に対する解雇の意思表示を撤回する。
② 申立人および相手方は労働契約を合意解約する。
③ 相手方は申立人に対して一定の解決金を支払う。

という内容での調停成立が多いようです（その他，守秘条項やその余の請求の放棄条項，清算条項などが盛り込まれます）。

やはり，解雇した労働者の原職復帰は，職場秩序維持や当該労働者との信頼関係構築の面で使用者として認めるのは困難といえます。したがって，原職復帰にこだわらない非正規社員の雇止めなどの事案では，労働審判手続は有効に機能すると考えられます。

また解決金の額としては，筆者の労働組合との交渉経験から，使用者が解雇に自信がある場合は月例賃金1〜3カ月分，どちらともいえない場合は5〜8カ月分，自信がない場合は10〜12カ月ないし年収分といった相場感覚がありますが，労働審判事件においてもこのような相場感覚で解決金額が動いているようです。

5 割増賃金請求のみの事案は適切か

　労働審判事件において，統計にみるように割増賃金請求を含む賃金等の請求事件も多くあります。地位確認請求に付随しての割増賃金未払部分の請求ということであれば，いわゆる「全体解決」において相当といえる場合もあります。しかし，割増賃金請求単体の事件については，疑問を呈さざるをえないこともあります。というのも，短期間の手続の中で未払についての主張立証も十分なものといえず，また大まかな心証のもと手続において請求額の半分ほどを和解金額として提示される傾向もあり，申立人側で，割増賃金未払分に加えて損害賠償請求額をのせることで，請求額を水増しするかのようにみえる事件をみかけることもあります。

　労働審判制度の開始前から議論されてきたことですが，とくに割増賃金支払請求単体の事件については，労働審判手続ではなく通常訴訟で十分に互いの主張立証を尽くすことが適切であると考えます。

6 労働審判手続の実務対策

　労働契約の解消に関するトラブルが労働審判手続に申し立てられた場合，使用者がまずなすべき対応は，早急に顧問弁護士あるいは労働事件を専門とする弁護士に相談することです。答弁書の提出期限まで約1カ月と時間が限られていることからも，代理人の選任は急務といえます。

　そして，その選任した代理人と十分に打合せをして，簡潔な答弁書を作成し，証拠をわかりやすく整理して提出することが必要となります。解雇紛争では，第1回期日に行われる争点整理において主たる解雇理由が確定され，その後の解雇理由の追加が基本的に許されない運用となっているようですから，打合せでは漏れのないよう慎重さも求められます。

　ところで，通常の裁判と異なり，労働審判事件ならではの配慮も必要です。

労働審判手続では迅速な処理が行われ，また労働審判員は裁判官と違って，法律関係の書面を読み解く特別な訓練を受けているわけではありません。したがって，事案を的確に把握してもらえるよう準備するべきです。たとえば解雇事件であれば，どの時点で解雇を決断したのかということがわかるような時系列表を用意し，それに対応した形で答弁書や陳述書を作成し，証拠を整理することになります。

期日当日には弁護士だけでなく，使用者自身や人事担当者など会社の関係者も同行します。そして期日では，労働審判委員会からの質問に答えることが求められますので，事前に十分なリハーサルをしておくことも必要です。

リハーサルでは，代理人の想定外の事実が出て不利な発言とならないよう丁寧に行う必要があります。とくに，自身に不利な点については労働審判委員会も突いてくると考えられるので，その点に留意したリハーサルとします。

7　合同労組等と労働審判

今日の合同労組等は，労働者の相談にのることはもとより，解雇や賃金未払いなど個別労働紛争であったものを集団労使紛争化することによってその解決を図る機能を営んでいることは前述したところです。

しかし，中小零細企業では，合同労組等への対策や交渉の術を知らない場合も多く，そのために事案によっては合同労組等から多大な要求を受けているところもあると思われ，それに対応する使用者の負担は大きなものがあるといえます。

労働審判手続では，同手続に申し立てた事件について訴訟の提起も当然に可能とされていますが，その場合労働事件に専門的な労働審判手続の成果を待つべく，それが終了するまで受訴裁判所はその訴訟手続を中止できるとされています（労働審判法27条）。この趣旨に鑑みれば，労働委員会の審問も労働審判手続の成果をまつことには合理性があると考えられ，さらには本来個別労働紛争であるという原則に戻り，労働審判手続への申立てが労組法7条2号の団交拒

否の正当理由となり，団体交渉を一時的に拒否できると考えるべきです。

　また中小零細企業としては，自ら労働審判手続に申し立て，労働関係の専門家の入った労働審判委員会の適切な意見を得ることで，その労務の専門性ないし交渉力不足を回避できる可能性があります。

第3節　簡易裁判所における民事調停手続

　前節の労働審判手続は権利義務関係の判断を前提とした紛争解決を目指すものですが，それとは異なり，勝ち負けを決めるのではなく，話合いによりお互いが合意することで紛争解決を目指す手続として民事調停手続があります。

　同手続は原則として簡易裁判所の管轄とされており，医事・建築・借地借家・近隣公害などのさまざまな民事に関する紛争が取り扱われていますが，労働紛争もその1つです。

　同手続ではそれぞれの紛争解決のために専門的な知識経験を有する調停委員が関与することもできます。労働紛争についても，東京簡易裁判所のみという試験的なものですが，平成23年4月から労働紛争について専門的な知識経験を持つ弁護士等が調停委員として選任されています。

　労働紛争に関する調停の申立件数としては，平成29年は90件という状況です。

第4編

解雇の
金銭解決制度

1 解雇の金銭解決制度とは

(1) 議論の背景

「解雇の金銭解決制度」とは，金銭によって解雇の紛争を解決する，または金銭によって解雇を正当化する制度のことをいいます。

これまで本書でみてきたように，長期雇用慣行を背景とした解雇権濫用法理のもと，わが国においては，事案によっては解雇に高いハードルが課せられているのが現状です。

加えて，日本の解雇紛争は予測可能性が低い，と度々指摘されてきました。

日本では，労働者が解雇の無効を裁判で争うには，労働者が使用者との関係で雇用契約上の権利を有する地位にあることの確認を求める「確認訴訟」以外の方法がありません。そのため，解雇が無効と判断された場合，仮にその裁判官の判断における無効・有効の心証が「100：0」ではなく，「51：49」であったとしても，判決の主文は「100：0」の場合と変わらない，「all or nothing」の判断となります。具体的には，解雇が無効と判断された場合，解雇時点以降も雇用契約関係が継続していることになるため，使用者は解雇時点から現在までの未払賃金を支払う必要がありますし，今後も契約に基づいて賃金を支払い続ける必要があります。逆に，解雇が有効と判断されれば，このような支払いは必要ありません。

このような「all or nothing」の判断は，たとえば「51：49」を「49：51」と読み違えただけでも結論が想定と180度変わってしまうことになります。そのため，日本の解雇紛争は見通しが立てにくく，使用者側からすれば，解雇は高いリスクを伴うものと考えられてきたのです。

そこで，使用者側からは，解雇のハードルを下げるべく，解雇の金銭解決制度，すなわち，金銭によって解雇の紛争を解決する，または金銭によって解雇を正当化する制度が望まれてきました。

(2) 「事前型」と「事後型」

「解雇の金銭解決制度」と呼ばれる制度は，「事前型」と「事後型」の2つのパターンに分けることが可能です。

「事前型」は，予め使用者が解雇に際して労働者に対し金銭を支払うことによって，有効に契約を終了させることができるとする制度です。

これに対して「事後型」は，客観的に無効な解雇が行われた場合に，解雇された労働者に対する事後的な救済方法として，使用者に金銭の給付を義務づけ，雇用契約は終了させる制度です。典型例は，労働者が解雇を裁判で争い，裁判所が解雇は無効であると判断した場合に，使用者に対して金銭の支払いを判決で命じて，雇用契約を終了させる旨の判決を可能とする制度です。

これまで政府で具体的に検討されてきたのは，後者の「事後型」についてです。以降は，この「事後型」の解雇の金銭解決制度を指して，（政府による制度の呼称は検討過程によってさまざまに変わりますが）「解雇の金銭解決制度」と呼ぶこととします。

2　平成18年までの政府検討の経緯

平成15年の労基法改正に先立ち，厚生労働省の労働政策審議会において，解雇の金銭解決制度の導入が検討されました。具体的な制度の中身としては，裁判で解雇無効と判断された場合の救済手段として，労使当事者の一方の申立てに基づき，当該労働契約を終了させ，使用者に労働者に対する一定の金額の支払いを命じることができる，という内容が想定されていました[*1]。しかしながら，結局，各方面からの反発にあい，平成15年の労基法改正の法律案要綱には盛り込まれませんでした[*2]。

*1　平成14年時の検討案では，使用者側からの申立ては，①当該解雇が公序良俗に反して行われたものでなく，②雇用関係を継続しがたい事由があることなどの一定の要件を満たす場合にのみ認めるなどの限定を付すものとされていました。

＊2　労働者側からは，限定的といえども使用者側からの申立てを認めると違法解雇を誘発するという反対意見があがり，使用者側からは，使用者申立ての要件が厳格すぎるとの反発がありました。さらに中小企業団体からも，金銭解決の水準の設定によっては，中小企業にとって過度の負担になるとの反発がありました。

　その後，平成17年から平成18年にかけて，労契法制定のために厚生労働省に設置された検討会および労働政策審議会において，再び解雇の金銭解決制度について検討がなされました。しかし，制度設計段階で訴訟手続上の技術的な課題が見つかり，以降は引き続きの検討事項として棚上げされていました。

3　安倍政権下における検討状況

(1)　日本再興戦略2014

　解雇の金銭解決制度が再び議題として取り上げられたのは，平成24年12月に発足した第二次安倍政権に入ってからです。安倍政権の成長戦略の司令塔である日本経済再生本部は，平成26年6月に「日本再興戦略　改訂2014」を発表し，「予見可能性の高い紛争解決システムの構築」を提言しました。その中で，「主要先進国において判決による金銭救済ができる仕組みが各国の雇用システムの実態に応じて整備されていることを踏まえ」[*1]，「透明かつ公正・客観的でグローバルにも通用する紛争解決システム等の在り方」について，検討を進めるとしたのです。

　同書が，諸外国の解雇の金銭解決制度を踏まえた「予見可能性が高い紛争解決システムの構築」を国家戦略に据えた主たる目的は，外国からの直接投資を増やすことにありました。外国企業が日本に子会社を作って労働者を雇おうと考えるときに，解雇時の紛争によってどれだけコストがかかるか見通しが立たないと，二の足を踏んでしまいます。そこで，諸外国で近年普及が進んできた解雇の金銭解決制度を日本にも導入し，解雇紛争の予測可能性を高めることが企図されたのです。[*2]

＊1　**諸外国における「解雇の金銭解決制度」の例**　裁判で解雇が不当で無効とされた場合（人種・性等の差別に基づく解雇等，一部の法で禁止された解雇を除く）の労働者の救済方法としては，多くの国で，復職の他に金銭補償による解決手段が用意されています。

たとえばイギリスでは，復職か補償金の支払命令かを裁判官が決めることができるとされています。フランスでは，労働者または使用者が原職復帰に応じなかった場合は損害賠償による救済になります（従業員が10人以下の場合は損害賠償による解決のみ）。スペインでは，使用者が原職復帰か補償金の支払いかの選択権を持ちます。

また，金銭補償については算定式や下限・上限（もしくはその一方）を定めている国も多いのが現状です。

詳しくは本編末に掲載した表を参照してください。

＊2　なお，成長産業への労働力移動，新陳代謝を唱える政府としては，新陳代謝を高めるためにも解雇ルールの明確化が必要と考えており，その一環としてこの解雇の金銭解決制度を含む「予測可能性の高い紛争解決システム」をとらえていたとも見ることができます。

(2)　規制改革会議

日本経済再生本部で戦略目標に設定された「予見可能性が高い紛争解決システムの構築」を実現するための検討は，日本経済再生本部下の会議体から，内閣府に設置された規制改革会議へ引き継がれました。

規制改革会議は有識者ヒアリングなどを通じて同戦略の検討を行い，「『労使双方が納得する雇用終了の在り方』に関する意見」（平成27年3月25日規制改革会議）を取りまとめました。

この規制改革会議の意見では，解雇の金銭解決制度のとらえ方がこれまでの議論とはやや異なっています。

これまで政府は，解雇の金銭解決制度を，（使用者の）解雇紛争に対する予見可能性を高めるための制度として位置づけてきました。これに対して規制改革会議は，この制度を「労働者のための紛争解決の選択肢の多様化」として位置づけました。解雇無効時に労働者が現在の雇用関係を継続する以外の権利を行使する方法として，労働者に解決金の支払いを求める権利を付与する制度として検討すべき，としたのです。さらに同会議は，解決金の支払いによる紛争解

決の申立ては，労働者側のみに認めるべきとの意見を付しました。[*]

   [*] 規制改革会議の鶴光太郎座長（慶應義塾大学大学院商学研究科教授）によれば，労働者からの申立てに限るとの意見を付したのは，過去に解雇の金銭解決制度の議論が頓挫した経緯を踏まえて，今回の議論を頓挫させないためには新しいアプローチが必要になると考えたためとのことです（厚生労働省平成29年1月30日第12回「透明かつ公正な労働紛争解決システム等の在り方に関する検討会」鶴委員発言を参照）。

(3) 厚生労働省設置の検討会

平成27年10月，厚生労働省に「透明かつ公正な労働紛争解決システム等の在り方に関する検討会」が設置されました。解雇の金銭解決制度の検討は，規制改革会議からこの検討会へと引き継がれました。

解雇の金銭解決制度の制度設計に関して，検討会では，過去の検討でつまずいた訴訟手続上の論点をクリアするため，金銭的解決を求める新たな実体的権利を創設することを念頭に置いた議論がなされました。しかし，権利の法的性質から金額の設定方法，バックペイと解消金の関係や，その他運用上・訴訟手続上の懸念点等，多岐にわたって論点が噴出し，議論はまとまりを見せませんでした。

また，検討会では，規制改革会議の「労働者の選択肢を増やす」という視点をベースとして，基本的に労働者からの申立てないし権利行使のみを想定した検討がされたものの，労働者側の委員からは，そもそも制度を作る必要性が不明，労働者側のニーズはない，との意見が多数寄せられました。[*]

   [*] 「解雇の金銭解決制度」ありきで議論が進められ，後付けで「労働者のための選択肢の多様化」が主たる制度目的に据えられた経緯からすれば，このような意見が噴出したのも無理からぬことと思います。

その結果，平成29年5月に発表された検討会報告書は，さまざまな委員の意見を列挙した内容に留まり，具体的な方向性は示されませんでした。報告書は，解雇の金銭解決制度の必要性について「この検討会における委員のコンセンサスが必ずしも得られたわけではな」いとしつつ，さらなる検討を厚生労働省の労働政策審議会へ丸投げするような形で終わっています。

4 筆者の見解

(1) 既存の紛争解決システムの拡充で十分

筆者は，解雇の金銭解決制度を新たに作る必要はないと考えています。というのも，解雇紛争を金銭によって柔軟に解決することを可能としたい，という使用者のニーズは労働審判制度で一定程度満たされており，他方，労働者に多様な紛争解決の選択肢を付与するのであれば，労働審判制度や労働局のあっせんと調停，労働委員会のあっせん等，既存の紛争解決システムを拡充する方が適切であり，それで必要十分と考えるからです。*

> * 規制改革会議および厚生労働省の検討会では，「透明かつ公正な労働紛争解決システム等の在り方」として，解雇の金銭解決制度の新設のほかに，既存の個別紛争解決システムをより使いやすくすることの検討も同時になされています。筆者は，後者の「既存の個別紛争解決システムをより使いやすくする」施策の検討・実施のみで足りると考えます。

(2) 労働審判制度は事実上の金銭解決制度

第一に，平成18年から開始された労働審判制度が事実上の金銭解決制度としての機能を果たしつつあります。

労働審判手続で解雇の有効性が争われる場合，調停または審判で終了する事件のほとんどが，解決金の支払いによって終了しています。労働審判手続の場合，労働者が復職を希望する場合であっても，審判委員会の裁量で，使用者に解決金の支払いを命じ，同時に雇用契約を終了させる審判を行うことが可能です。たとえばイギリスは「裁判官に復職か金銭救済かを選択させる裁量を持たせる」という解雇の解決金制度を持っていますが，それに類する解決の形が，すでに労働審判制度で実現されているといえます。

そして，労働審判制度は解決率（終了，取下げおよび却下等を除く既済件数に対する調停成立の件数の比率）が約8割という，非常に高い解決率を維持しています。

しかも，紛争解決の迅速性という点でも，労働審判制度は労使双方のニーズに適っています。解雇の金銭解決制度の典型例は，訴訟で解雇が無効と判断された場合に使用者へ金銭の支払いを命じる制度ですが[1]，労働事件訴訟は判決まで平均14カ月程の期間を要しているのが現状です。これに対して，労働審判手続は通常2～3カ月程度で終了しています[2]。

＊1 仮に，解雇の金銭解決制度について，検討会が提案するような実体法上の新たな権利を作ることを考えるにしても，解雇が無効であることが権利行使の要件となる以上は，その権利行使にあたり，解雇の有効性を訴訟で争わざるをえないと考えられます。

＊2 最高裁判所事務総局行政局「平成28年度労働関係民事・行政事件の概況」法曹時報69巻8号。なお，平成28年度の解雇紛争の新件受理数は，訴訟は875件，労働審判事件は1,516件であり，労働審判手続の方が訴訟よりも多く利用されていることがわかります。

したがって，訴訟を前提とした解雇の金銭解決制度を新たに作るまでもなく，むしろ現在うまくいっている労働審判制度をより充実させる方向で考えるべきだと思います。新しい制度は，検討会の報告書をみても，課題が山積みの状態です。これらの山積みの課題に挑んでまで，解雇の金銭解決制度を作る必要性はないと考えます。

この点，検討会の報告書の中では，労働審判制度が事実上の金銭解決制度として実際に機能していることを認めつつ，金銭解決の水準にばらつきがあることや，どの程度の金銭解決になるか知られていないという意味で，当事者にとって予見可能性が低いという問題点があり，その意味で金銭水準について何らかの基準を作るべきとの指摘がありました。

しかしながら，この指摘は，新たに解雇の金銭解決制度を設ける理由にはなりません。これまでの解決事例における解決金の情報を収集・分析し，金銭水準について一定の目安となるようなデータを公表することなどを検討すれば足りると考えます[*]。

＊ 労働審判手続における地位確認事件の金銭解決も，実務家の感覚としては一定の目安はあります（847頁参照）。一定の目安がありつつ，個々の事案や当事者の意向，交渉の経緯等諸般の事情を汲んで柔軟に解決金の金額を決定しているのが実情です。むしろ，ある程度の目安はありつつも，事案に即した柔軟な解決を可能とするからこそ，労働審判制度は高い解決率を実現しているのではないかと考えます。

(3) 行政の紛争解決制度を活かすべき

第二に，労働者の紛争解決の選択肢を増やすというのであれば，都道府県労働局や労働委員会によるあっせん等，行政が実施する個別労働紛争の解決制度を充実させる方法によるべきと考えます。

検討会は解雇の金銭解決制度創設の目的として「労働者のための選択肢の多様化」を掲げますが，（検討会でも労働者側委員が度々指摘したように）そのような労働者側の現実のニーズが存在するのか疑問に思います。解雇の金銭解決制度の典型例は，訴訟で解雇が無効と判断された場合に使用者へ金銭の支払いを命じるものですが，解雇を訴訟で争う労働者は，判決直前まで使用者と和解で金銭解決ができる機会があるからです。

目下大多数の労働者のニーズは，訴訟を前提とした解雇の金銭解決制度を新たに作ることではなく，訴訟よりも迅速に，簡易に，そして，より少ない費用で解雇のトラブルを解決する点にあるはずです。先ほども述べたように地位確認訴訟は平均で判決が出るまで14カ月程かかり，控訴・上告されればもっと先延ばしされることになります。加えて，これは労働審判制度も同様ですが，本人訴訟でない限り，弁護士費用がかかることになります。解雇された場合にそれだけの時間的・金銭的余裕がある人は少ないはずです。[*]

> ＊ 平成28年の都道府県労働局への解雇の相談は3万6千件を超えますが，解雇を争う訴訟提起は875件程にとどまります（最高裁判所事務総局行政局「平成28年度労働関係民事・行政事件の概況」法曹時報69巻8号参照）。

都道府県労働局や地方自治体が実施する個別労働紛争解決制度は，少ない費用で，短期間でトラブルを解決することを可能とする機関であるため，現実の労働者のニーズに応えられる潜在力を持っています。また，都道府県労働局や労働委員会によるあっせんは紛争解決率が低いといわれますが，これは使用者側に出頭義務がないことも大きく起因しています（820～825頁参照。あっせんが開催された場合は7割に近い解決率になっていることは前述のとおりです）。使用者側の出席を確保するための取組み等，これらの制度を使いやすく，労働

者が迅速に相応の救済を得られる場とすることに労力を割くべきと考えます。

解雇ルールの各国比較〈禁止解雇〉

	禁止されている主な解雇理由	
イギリス	①性，年齢，人種，障害等　②産前産後，育児休業等　③公益通報　④従業員代表　⑤労働組合への参加及び活動　⑥安全衛生活動　⑦使用者への申立　⑧陪審への参加　⑨信条	
ドイツ	①性，年齢，人種，障害等　②産前産後，育児休業等　③従業員代表　④労働組合への参加及び活動　⑤使用者への申立　⑥信条　⑦重度障害者（統合局の許可が必要）	
フランス	①性，年齢，人種，障害等　②産前産後，育児休業等　③業務上の傷病　④公益通報　⑤従業員代表　⑥労働組合への参加及び活動，合法的ストライキへの参加　⑦陪審への参加　⑧信条	
イタリア	①性，年齢，人種，障害等　②産前産後，育児休業等　③公益通報　④従業員代表　⑤労働組合への参加及び活動，合法的ストライキへの参加　⑥使用者への申立　⑦信条	
スペイン	①性，年齢，人種，障害等　②産前産後，育児休業等　③従業員代表　④労働組合への参加及び活動　⑤信条	
デンマーク	①性，年齢，人種，障害等　②産前産後，育児休業等　③業務上の傷病　④労働組合への参加及び活動　⑤使用者への申立　⑥信条	
韓国	①性，年齢，人種，障害等　②産前産後，育児休業等　③業務上の傷病　④公益通報　⑤労働組合への参加及び活動　⑥信条	
オーストラリア	①性，年齢，人種，障害等　②産前産後，育児休業等　③業務上の傷病　④労働組合への参加及び活動　⑤使用者への申立　⑥信条	
アメリカ	①性，年齢，人種，障害等　②産前産後，育児休業等　③公益通報　④労働組合への参加及び活動　⑤安全衛生活動　⑥使用者への申立　⑦陪審への参加　⑧遺伝子情報	
日本（参考）	①業務上の傷病による休業期間＆その後30日間　②産前産後の休業期間＆その後30日間の解雇　③国籍，信条，社会的身分　④監督署への申告　⑤労働組合の組合員であること　⑥女性（男性）であること，女性の婚姻，妊娠，出産，産前産後休業等　⑦育児・介護休業等の申出，取得等　⑧通常の労働者と同視すべきパートタイム労働者であること　⑨公益通報　⑩地方労働局長へのあっせん申請等	

救済方法（禁止解雇）
●①の差別的解雇については，権利の確認・補償金の支払のほか，雇用審判所による原職復帰や再雇用の勧告が可能。使用者が勧告に正当な理由なく従わない場合は，補償金が増額される。補償金は上限なし。精神的損害の補償も認められる。 また，不当解雇と同様の方法で救済することも可能。 ●②〜⑨は自動的に不当解雇とされる。
●解雇は無効とされ，不当解雇と同様の方法で救済
●解雇は無効とされ，労働者は一般に復職権を有する ●復職する場合，解雇期間中の逸失賃金を上限とする補償金の支払い ●復職しない場合，損害賠償を請求可能（賃金6月分が下限）
●解雇は無効とされ，原職復帰＆解雇期間中の逸失賃金（賃金5月分が下限）の支払。 ●損害賠償も請求可能 ●労働者が原職復帰命令から30日以内に請求した場合は，賃金15月分の支払いで請求日に労働関係終了。
●解雇は無効とされ，原職復帰＆解雇期間中の逸失賃金の支払。 ●原職復帰が困難or適当ではない場合，不当解雇の補償金支払（裁判所の裁量で，一定額を加算可能）
●差別的取扱いによる解雇の場合，原則として原職復帰 ●各根拠法に，不当解雇の場合と異なる救済方法として，原職復帰が原則とされる場合や，不当解雇より高額の補償額が定められている場合がある
●解雇は無効とされ，不当解雇と同様の方法で救済
●公正労働委員会が，原職復帰＆解雇期間中の逸失賃金支払や，補償金の支払い等の命令が可能
●雇用機会均等委員会への申立が可能 ●最終的には裁判所が救済内容を決定するが，法制度上は，当該行為の差止め，原職復帰（逸失賃金支払）等，また，意図的差別認定の場合，補償的賠償・懲罰的賠償等の命令が可能。補償的賠償・懲罰的賠償は従業員規模に応じて＄50,000〜＄300,000が上限
●解雇は無効とされ，不当解雇と同様の方法で救済

解雇ルールの各国比較〈不当解雇〉

	解雇理由の制限	管轄（初審）	出訴期間	救済方法（不当解雇）
イギリス	解雇には公正な理由が必要	雇用審判所 ※三者構成	3月以内	原職復帰＆解雇期間中の逸失賃金支払が原則。裁判所が労働者の希望，原職復帰の実現可能性等を勘案して原職復帰による救済が適当でないと認めるときは，補償金による救済。
ドイツ	「社会的に正当な事由」が必要	労働裁判所 ※三者構成	3週間以内	原職復帰＆解雇期間中の未払賃金支払。労働者に労働関係の継続が期待できない場合等には，労働者又は使用者の申立により，補償金の支払が命ぜられる（解消判決制度）。
フランス	「現実かつ重大な事由」が必要	労働審判所 ※三者構成	経済的理由は実質2月以内	11人以上企業の場合：原職復帰＆解雇期間中の逸失賃金支払。労働者又は使用者が応じなかった場合，損害賠償による救済。 10人以下企業の場合：損害賠償
イタリア	「正当事由」or「正当理由」が必要	地方裁判所（労働審判手続）	使用者に対する不服申立から180日以内	（2015年3月7日以後に雇用した労働者の場合） Ⅰ　［すべての規模の企業について］ ①心身の障害による就労不能である解雇で，当該解雇理由が認められなかった場合 ②解雇通知を書面により行わなかった場合： 原職復帰＆解雇期間中の逸失賃金支払（最低5か月分）等 Ⅱ　［大企業・中企業について］ 正当事由又は主観的正当理由に当たる事実がなかった場合： 原職復帰＆解雇から判決までの解雇期間中の逸失賃金支払（最高12か月分）等 上記Ⅰ・Ⅱの場合 労働者が，補償金（15か月分）による解決を選択できる。 Ⅰ，Ⅱ以外のケース（右記のⅢ，Ⅳ）は補償金による救済。
スペイン	客観的理由に基づく解雇，懲戒解雇，集団的解雇のみ可	労働裁判所	20営業日以内	原職復帰＆解雇期間中の逸失賃金支払or補償金支払による救済。 使用者が，判決後5日以内に選択する。
デンマーク	合理的理由が必要	〈労使協約対象者〉 解雇審判所 ※三者構成 〈上記以外〉 通常の裁判所	労使交渉決裂から7日以内	〈労使協約対象者〉 原職復帰＆解雇期間中の逸失賃金支払が原則。労使の協力関係が崩壊している，又は雇用継続の負担が極めて大きいと認められるときは，裁判所が補償金支払を命ずる。 〈上記以外〉 補償金支払い。
韓国	正当な理由が必要	労働委員会（行政機関）※三者構成or地方裁判所	〈労働委員会〉3月以内	原職復帰＆解雇期間中の逸失賃金支払が原則。労働者が申し立てた場合，補償金による救済。

補償金の算定（不当解雇）	不当解雇の救済手続について	整理解雇の補償金
基礎額＋損失補填額 ①基礎額21歳以下：勤続1年につき週給の半額，22歳〜40歳：勤続1年につき週給相当額，41歳以上：勤続1年につき週給の1.5倍（上限の定めあり） ②損失補填額解雇無効までの賃金相当額（上限の定めなし）	雇用審判所での審判前に，行政機関であるACASのあっせん制度の利用が義務づけられている。	剰員整理手当 21歳以下：勤続1年につき週給の半額，22歳〜44歳：勤続1年につき週給相当額，41歳以上：勤続1年につき週給の1.5倍（上限の定めあり）
〈解消判決の場合〉 50歳以上・勤続15年以上：賃金15月分が上限。 55歳以上・勤続20年以上：賃金18月分が上限。 上記以外：賃金12月分が上限。	裁判所が解消判決を行う例は限定的である（特に使用者側申立）。 多くの事案は和解により決着。	事業所に策定が義務付けられている「社会計画」に定める補償金。 一般的には，年齢×勤続年数×月給額÷50or 60＋α
11人以上企業に勤続2年以上：賃金6月分以上 それ以外：下限なし。	必ず調停を実施するが，調停で解決されるケースは少ない。	解雇手当 月給の10分の1（勤続11年以上の期間は15分の1）×勤続年数
（2015年3月7日以後に雇用した労働者の場合） Ⅲ①正当事由，主観的正当理由が重大なものではなかった場合 ②客観的正当理由による解雇について当該解雇理由が認められなかった場合： [大企業・中企業] 勤続1年について賃金の2か月分（最低4か月，最大24か月）。 [小企業] 勤続1年について賃金の1か月分（最低2か月，最大6か月）。 Ⅳ①解雇通知をする際，解雇理由を明示しない場合 ②解雇に当たり懲戒の手続を実施していない場合： [大企業・中企業] 勤続1年について賃金の1か月分（最低2か月，最大12か月）。 [小企業] 勤続1年について賃金の半月分（最低2か月，最大6か月）。	裁判所への出訴前に，行政機関である地域労働局の調停委員会の利用ができる。 まず和解による解決を試み，和解で解決出来ない場合に審判。	勤続年数に応じた退職金の支払が必要。
（2012年2月12日以後に雇用した労働者の場合） 勤続1年につき賃金33日分（上限24月分）	裁判所への出訴前に，行政機関の調停・仲裁サービスの利用が義務づけられている。	解雇手当 勤続1年につき賃金20日（上限12月）分
〈労働協約対象者〉 賃金52週分が上限。 〈上記以外〉 解雇予告期間の半分の期間の賃金額が上限	労働協約対象者については，まず労使交渉での解決が試みられる。	ホワイトカラーは退職金支払いが必要。 勤続年数に応じて賃金1月分〜3月分
〈労働委員会〉 解雇期間中の逸失賃金額等の支払。	労働委員会への救済申立と裁判所への訴訟提起を選択できる。	―

第4編／解雇の金銭解決制度

オーストラリア	合理的・正当な理由が必要	公正労働委員会（行政機関）	21日以内	原職復帰＆解雇期間中の逸失賃金支払が原則。公正労働委員会が現職復帰ではなく補償金の支払による救済が適当と判断した場合には，補償金による救済。
アメリカ	連邦法上は正当理由は不要	―	―	―
日本（参考）	客観的に合理的な理由を欠き，社会通念上相当であると認められない解雇は，無効	裁判所（民事訴訟・労働審判手続）※労働審判手続は三者構成	―	労働者は，①解雇無効による労働契約上の地位確認＆解雇期間中の未払賃金の請求，②解雇を不法行為として損害賠償の請求 のいずれかを選択できる。

賃金26週分とAU＄66,500のうちいずれか低い額が上限。	裁判所への出訴前に，行政機関である公正労働委員会に救済申立することが必要。	剰員整理手当 勤続年数（1年以上）に応じて賃金4週分～16週分
―	―	紛争回避のため，賃金数週分～数十週分の金銭補償や退職プランが提示されることがある。
―	都道府県労働局のあっせん等のサービス，労働審判手続の調停・審判による任意的解決がされる場合が多い。正式の裁判でも，和解で解決される場合が多い。	法律上の義務はないが，正社員については退職金が支払われる場合が一般的である。 また，人員整理の場合はその上乗せされるのが一般的。

〔出典〕厚生労働省平成27年10月29日第1回「透明かつ公正な労働紛争解決システム等の在り方に関する検討会」参考資料No. 3

最新裁判例

1　普通解雇

(1)　解雇有効

ア　学校法人早稲田大学事件＝東京地判平27.6.8労判1141-82〔控訴棄却，上告棄却〕

事案の概要

　被告運営の大学（教員数不明）で教授を務めていた原告は，飲み会終了後にゼミ生をマンションまで送る際，同ゼミ生の意思に反しキスをして抱きしめ，Ｔシャツの下から手を中に入れて胸や上半身を触るなどしたとして普通解任されたため，原告は本件解任が無効であるとして地位確認等を求めた。

判決の要旨

　原告の行為は刑法上の強制わいせつ行為としての評価を受けうる重大な違法行為であり，大学が定める懲戒事由や解任事由（「教員としての職務を全うできない」）に該当するというべきである。原告の上記行為は，大学の教員として当然要求されるべき資質とモラルを著しく欠くことを示すものであり，原告の行為の性質，態様等に加えて，同ゼミ生の受けた苦痛のほか，社会的影響も軽視できないものであり，行為の内容・重大性と対比して特段考慮を要する事情は見当たらないから，本件解任は客観的に合理的な理由があり，社会通念上も相当であると認められるから，解任権を濫用したものではなく，有効であるというべきである。

イ　コンチネンタル・オートモーティブ〔解雇・仮処分〕事件＝東京高決平28.7.7労判1151-60〔確定〕

事案の概要

　外資系企業の日本支社（従業員数約1,000人）である相手方に，マネージャー（課長相当），月額給与約56万円として中途入社した抗告人が，相手方から3カ月にわたる改善計画（PIP），配転を経た後，能力不足を理由に普通解雇されたのは違法無効であると主張して，地位保全等を求めた。

　高裁は以下のとおり決定し，地裁（横浜地決平27.11.27労判1151-70）の判断を支持し

た。

決定の要旨

抗告人は，相手方から指示されたデータの分析・調査に基づく改善点明確化・提案という業務について，これを遂行するのに十分な能力を有しておらず，要求された水準の分析・提案ができなかったうえに，反抗的な勤務態度に終始していたものであり，その勤務成績は不良なものであったということができるから，抗告人は就業規則普通解雇事由の「業務能力また勤務成績が不適当と認めたとき」にあたるということができる。

抗告人は，高度の能力を評価されて高額の賃金により中途採用されたものであり，報告書の作成技術といった基礎的な教育や指導を行うことは本来予定されていなかったことや，相手方は配転後に抗告人に対し個別的な指導を行って能力の向上を図ろうとしていたにもかかわらず，抗告人は相手方の指示に素直に従わず，むしろ反抗的な勤務態度に終始していたこと，抗告人はPIPの実施や本件転勤およびこれに伴う実質的な降格という経過を経ていたものであり，意識改革を図るための機会は十分に付与されていたということができることに照らすと，相手方が抗告人の業務能力や勤務成績については今後も改善の余地がないと判断して本件解雇を行ったことについては合理性を欠くということはできず，本件解雇が解雇権の濫用にあたるということはできない。

ウ ネギシ事件＝東京高判平28.11.24労判1158-140 [上告棄却・不受理]

事案の概要

被控訴人が控訴人（正社員12名，パート12名の計24名）のした解雇は無効であると主張し地位確認請求等を求めた。

判決の要旨

被控訴人が他の職員らに対してしばしば怒鳴ったりきつい言葉遣いや態度をとったり，叱責するなどして，他の職員らが強い不満やストレスを感じていたこと，このために退職したり早退した社員がいたこと，その他の職員らも被控訴人の言葉遣い等を問題視し，控訴人代表者に対してくり返し改善を求めていたことなどが認められるところ，被控訴人の態度等は，単に職場の良好な人間関係を損なうという域を超えて，職場環境を著しく悪化させ，控訴人の業務にも支障を及ぼすものであるから，協調性不足および従業員適格性欠如の普通解雇事由に該当する。

そして，控訴人は小規模な会社であり，被控訴人をこのまま雇用し続ければ，その言葉遣いや態度等により，他の職員らとの軋轢がいっそう悪化し，他の職員らが早退したり退職したりする事態となり，そうなれば，控訴人の業務に重大な打撃を与えることになると控訴人代表者が判断したのも首肯できるものであると認められる。しかも，控訴人は小規模な会社であり，被控訴人を他の部門に配置換えをすることは事実上困難であるから，この方法によって職員同士の人間関係の軋轢を一定程度緩和させて職場環境を

維持することもできず，解雇に代わる有効な代替手段がないことも認められる。そして，控訴人代表者は，これまで再三にわたり，被控訴人に対し，言葉遣いや態度等を改めるよう口頭によるものとはいえ注意し，改めない場合には会社を辞めるしかないと指導，警告してきたにもかかわらず，被控訴人は反省して態度を改めることをしなかったものである。

したがって，本件解雇は，解雇権の濫用にあたるものではなく，有効であると認められる。

* 東京地判平28.3.22労判1145-30

被告が指摘する事実はその事実が認められないか，あるいは有効な解雇理由にならないものであり，被告は原告に対し書面での注意や懲戒処分をしておらず，解雇は無効である。

エ　シリコンパワージャパン事件＝東京地判平29.7.18労経速2334-22［控訴棄却］

事案の概要
外資系企業である被告（従業員数は20名弱）が，中途採用した原告に対して指示違反等を理由として普通解雇したところ，原告が同解雇は無効であるとして地位確認等を求めた。

判決の要旨
原告は，被告の業務に関連する電子メールにつき，CCに原告の上司のメールアドレスを入れて送信していた。
しかし，途中からこれを入れないようになり，代表取締役から重ねて指示を受けてもこれに従わず，指示を受けたその日のうちにあえて同じ行為をくり返し，被告の業務遂行に不利益が生じたことが認められる。
被告が，代表取締役社長を含めて従業員20名弱という小規模な会社であることに照らせば，被告が原告に対して本件解雇以外の手段をとることは困難であったと認められるから，本件解雇は有効である。

オ　アスリーエイチ事件＝東京地判平29.8.30労経速2234-28［確定］

事案の概要
従業員数7名の外資系企業である被告に，月額55万円の基本給および賞与という待遇で，被告代表者の次の地位にあたる総合管理職兼営業部長として中途採用された原告が，被告による解雇は無効であるとして，地位確認等を求めた。

判決の要旨

　原告が，在籍した3カ月間，新規取引先を1件も開拓していなかったこと，大手取引先との関係悪化を認識できず何ら有効な対策をとらなかったこと，従業員に対して，誤った認識に基づき労働時間を短縮するように指示したことにより，同従業員が退職する意向を表明する事態となったこと，独自の判断で経費精算手続を変更した結果，3カ月後に従前の経費精算手続に戻す事態になるなど社内を混乱させたなどの事情を勘案すると，本件解雇には客観的に合理的な理由があるといえる。

　そして，被告代表者は，頻繁に来日することが難しいことから，原告に対し，実質的に日本法人の被告を統括することを期待し，最上級管理職として好待遇で中途採用した。

　このような採用経緯や原告の地位に照らすと，総合管理職兼営業部長としての能力に不十分な点が認められた場合，被告において他の職務に配転をすることは事実上困難であり，採用後，総合管理職兼営業部長の職務を遂行できる能力に伸長させるよう注意指導していくことは基本的には想定されていない。

　したがって，本件解雇は有効である。

(2) 解雇無効

ア　日本アイ・ビー・エム〔解雇・第1〕事件＝東京地判平28.3.28労判1142-40〔控訴審にて和解成立〕

事案の概要

　外資系企業である被告（従業員数不明）が，業績不良を理由として新卒で入社した原告らを解雇したところ，原告らは，解雇は無効であるとして地位の確認等を求めた。

判決の要旨

　原告1は，業務内容の変更や業績改善プログラムの実施，所属長の面談など業績改善の措置をとっても，その高い役職に見合った業務ができなかったと認められる。しかし，現在の担当業務に関して業績不良があるとしても，配転や降格，一定期間内に業績改善がみられなかった場合の解雇の可能性をより具体的に伝えたうえでのさらなる業績改善の機会の付与などの手段を講じることなく行われた本件解雇は，権利濫用として無効というべきである。

　原告2は，他のメンバーと比較して業務量の少ない状態にあり消極的態度に終始していたこと，服装，離席，業務中の就寝などの問題行動があったことが認められる。しかし，上記消極的態度を続けると業務命令違反であるなどとして明確な指示がされていたわけではなく，その業務内容自体にも問題はなく，業務に対する消極的態度も上司との対立関係が原因でありうるうえ，それにより業務に具体的な支障が出たわけでもないことなどからすると，配転や降格，一定期間内に業績改善がみられなかった場合の解雇の可能性をより具体的に伝えたうえでのさらなる業績改善の機会の付与などの手段を講

じることなく行われた本件解雇は，権利濫用として無効というべきである。

原告3については，任せられる仕事がほぼなく，単発の業務すら支障があるような状況であったと認められる。しかし，異動前の社内評価は最低ランクではなく，自主的な業務改善活動も行い，ツール開発において能力を発揮するなど，その能力を生かす業務があった可能性は小さくはないというべきである。そうすると，配転や降格，一定期間内に業績改善が見られなかった場合の解雇の可能性をより具体的に伝えたうえでのさらなる業績改善の機会の付与などの手段を講じることなく行われた本件解雇は，権利濫用として無効というべきである。

イ　O公立大学法人〔O大学・准教授〕事件＝京都地判平28.3.29 労判1146-65［控訴結果不明］

事案の概要

原告は，公立大学法人である被告運営の大学（教員数不明）において准教授として勤務していた。原告はアスペルガー症候群との診断を受けており，そのことは勤務開始時には大学へ伝えなかったものの，約2年後に当時の学部長に伝えた。

原告の，生協職員に土下座と謝罪をさせたり，適応障害を発症したり，男子生徒に暴力を振るわれたとしてその場で警察に通報したり，病院カウンターにて果物ナイフで自らの手首を切り銃刀法違反の嫌疑により現行犯逮捕されたりといった行動につき，被告は，とくに原告の主治医に問い合わせなどすることなく，大学教員としての適格性を欠くとして解雇した。

これに対して原告は，本件解雇は無効であると主張して，被告に対して地位確認等を求めた。

判決の要旨

一般的には問題があると認識しうる行為であっても，原告においては，アスペルガー症候群のために当然にはその問題意識を理解できるものでないという特殊な前提が存在するのであって，被告から当該行為についての指導ないし指摘がまったくなされておらず，原告に改善の機会が与えられていない以上，原告に改善可能性がなかったと即断することはできない。

そして，障害者基本法19条2項等の法の理念や趣旨（なお，本件解雇当時は未施行であるが，障害者雇用促進法36条の3においては，事業主は過剰な負担とならない限り障害者に配慮しなければならないと規定されており，少なくともその理念や趣旨は同法施行の前後を問わず妥当するものと解される）をも踏まえると，障害者を雇用する事業者においては，障害者の障害の内容や程度に応じて一定の配慮をすべき場合も存することが予定されているというべきである。そうすると，被告は，本件解雇に至るまでに，原告の問題行動の背景にアスペルガー症候群があることを前提として，解雇事由の判断を審査したり，原告に必要な配慮に関して最も的確な知識を有すると思われる主治医に問

い合わせを行ったりしたことはなく，解雇以外の雇用継続努力の検討をしていないことからすれば，原告に対して行ってきた配慮が被告の限界を超えていたと評価することは困難である。

被告が原告の障害を認識したうえで採用したものではないという事情については一考の余地はあるが，被告としては，原告の優れた経歴や能力を評価して大学にふさわしい教員と認め採用し，そのような教員を擁しているという利益を享受していたもので，その後原告の障害が判明し一定の配慮が必要となったとしても，これは被告としてある程度は甘受すべきものであるということもでき，その積み重ねによって対応に苦慮することとなったとして，上記のようにO大学にふさわしい教員であるとの評価をもって採用した原告を大学教員としての適格性を欠くとの理由で直ちに解雇し，原告にその負担を負わせることは，公平を欠くものといわざるをえない。

したがって，労契法16条に照らすと，本件解雇は，就業規則所定の解雇理由に該当する事由があるとは認められないから，客観的に合理的な理由を欠くものであって無効である。

ウ　ゴールドルチル事件＝名古屋高決平29.1.11労判1156-18 [確定]

事案の概要

抗告人は，乙山においてダンプカー運転手として勤務していたところ，乙山から事実上解雇された。これに対して，抗告人が同解雇は無効であるとして，乙山が法人成りした相手方に対し，地位保全仮処分命令の申立てをした。

決定の要旨

抗告人は，乙山に対し，負傷のため翌日は出勤しない旨述べ，乙山から，負傷の状況確認等のため出社するよう求められたのに対し，これを拒否し，数日後には，乙山からの電話に応じなくなったことが一応認められるが，これらの経緯をもって，本件合意退職等があったものと評価することはおよそ困難といわざるをえない。

抗告人は，乙山に対し，「やはり首ですよね？　はっきりしないと仕事を探すにも探せません」「乙山さんの会社を辞めないと行けませんけど」と述べ，乙山は「仕事さがしてみてはいかがですか」「雇用保険受付してもいいですよ」と応じ，抗告人が，雇用保険受付について「お願いします」と返信したこと，乙山は，抗告人の求めに応じ雇用保険被保険者離職票を作成し，抗告人に交付したことが一応認められる。しかし，これらやりとりは，抗告人が，乙山から，他の会社に抗告人を紹介しようとしたが断られた旨の手紙を受け取った後になされ，雇用関係がすでに終了しているかのような乙山の対応を前提とするものであって，かつ，負傷により通院中であり，当面の生活費にも困っている中で金銭給付を受けるためになされたものである。そのような事情を踏まえると，上記やりとりをもって抗告人が退職を受け入れ本件合意退職等をしたものと一応認めるには足りないというべきである。

そして，抗告人が使用車両を損壊したのに取引先が損壊した旨虚偽の報告をしたこと，

勤務態度が悪く取引先から出入り禁止等を通告されたこと，使用車両を整備点検しなかったこと，本件労働契約を終了させる準備をしていたことなどの事実が一応認められるとしても，相手方が抗告人を雇用してから解雇するまでが約1年と短期間であり，その間の指導状況は必ずしも明らかではなく，指導等による勤務態度の改善の見込みがなかったとまではいえないから，本件解雇は，解雇権濫用にあたり無効である。

* 岐阜地多治見支決平28.3.16労判1156-25

　　債権者は，債務者代表者に対し，その理由を説明せずに翌日以降の出勤はしない旨告げて債務者代表者のもとに出勤せず，また，債務者代表者との面会を拒否し，債務者代表者から掛かってきた電話にも出なかったということになる。これら一連の債権者の言動は，債務者代表者に対し労働契約の解約を申し入れる行為と評価することができる。

　　そして，債務者代表者が債権者が使用していた大型ダンプを引き揚げることにより，これを承諾したということができるから，債権者と債務者代表者との間の労働契約は終了している。

エ　シュプリンガー・ジャパン事件＝東京地判平29.7.3労経速2232-3　［控訴審にて和解成立］

事案の概要

　　原告が産休および育休後に解雇されたことに対し，均等法9条3項および育介法10条に違反し無効であるなどとして，地位確認等の請求をするとともに，退職強要，解雇の実施が不法行為に該当するとして損害賠償の請求をした。

判決の要旨

　　事業主において，外形上，妊娠等以外の解雇事由を主張しているが，それが客観的に合理的な理由を欠き，社会通念上相当であると認められないことを認識しており，あるいは，これを当然に認識すべき場合において，妊娠等と近接して解雇が行われたときは，均等法9条3項および育介法10条の各規定に反しており，少なくともその趣旨に反した違法なものと解するのが相当である。

　　休業までの経過，および弁護士，社会保険労務士等の助言内容に照らせば，復職を受け入れたうえ，その後の業務の遂行状況や勤務態度等を確認し，不良な点があれば注意・指導，場合によっては解雇以外の処分を行うなどして，改善の機会を与えることのないまま，解雇を敢行する場合，被告は法律上の根拠を欠いたものとなることを十分に認識することができたものとみざるをえない。

　　労働者に何らかの問題行動があって，職場の上司や同僚に一定の負担が生じうるとしても，たとえば，精神的な変調を生じさせるような場合も含め，上司や同僚の生命・身体を危険にさらし，あるいは，業務上の損害を生じさせるおそれがあることにつき客観的・具体的な裏付けがあればともかく，そうでない限り，事業主はこれを甘受すべきも

のであって，復職したうえで，必要な指導を受け，改善の機会を与えられることは育児休業を取得した労働者の当然の権利といえる。本件において，上司や同僚，業務に生じる危険・損害について客観的・具体的な裏付けがあるとは認めるに足りない。

　以上によれば，本件解雇は無効である。また，本件解雇は妊娠等に近接して行われており，かつ，被告は，本件解雇が客観的に合理的な理由を欠いており，社会通念上相当であるとは認められないことを，少なくとも当然に認識するべきであったとみることができるから，均等法9条3項および育介法10条に違反し，少なくともその趣旨に反したものであって，この意味からも本件解雇は無効というべきである。

　そして，被告において，復職が円滑に行われるよう必要な措置を講じ，原則として，元の部署・職務に復帰させる責務を負っており，原告もそうした対応を合理的に期待すべき状況にありながら，原告は，特段の予告もないまま，およそ受け入れ難いような部署・職務を提示しつつ退職勧奨を受けており，被告は，原告がこれに応じないことを受け，紛争調整委員会の勧告にも応じないまま，均等法および育休法の規定にも反する解雇を敢行したという経過をたどっている。こうした経過を鑑みると，慰謝料額としては50万円が相当である。

2　休職

(1)　退職有効，解雇有効

ア　NHK〔名古屋放送局〕事件＝名古屋地判平29.3.28労判1161-46 〔控訴審係属中〕

事案の概要
原告は，精神疾患を理由として欠勤（休職）と復職をくり返し，傷病休職の期間が満了したことにより被告（従業員数不明）を解職となった。この傷病休職中，原告はテスト出局（一般に，試し出勤，リハビリ出勤などと称される）により無給で出勤していたが，上司にその遅刻を指摘されたところ業務時間中に勝手に帰宅してしまったという出来事があり，テスト出局が中止されていた。 　原告は，休職期間満了前に精神疾患は治癒しており解職は無効として労働契約上の地位確認を求めるとともに，テスト出局開始以後の賃金等を請求するほか，テスト出局の中止や解職に至ったことに違法性があると主張し，不法行為に基づく損害賠償金等を請求した。

判決の要旨
原告はテスト出局中に無給であることが最賃法に反する旨主張するが，最賃法は労基法上の労働を行ったと認められる場合に適用されるところ，原告が実際に行った役割や作業内容が本来原告が果たすべきものと同水準に至っていたとまでは認められないこ

となどからすれば，本件テスト出局中に原告が行った作業は労働契約上の労務の提供といえるようなものとは認められない。

次に，原告の疾病が治癒し，復職可能な状況にあったとする医学的な根拠は，原告の主治医の意見に依拠するものであるが，その判断には，原告が休職以前に行っていた業務の負荷にどの程度耐えられるかどうかの考慮や検証が不十分である疑いがあることなどからすると，原告の疾病が治癒し，復職可能な状況にあったと認められるかについては，疑問が残るといわざるをえず，原告の本件テスト出局時の様子からすれば，被告産業医らの復職には時期尚早との意見は首肯できるものであるから，原告は従前の職務を通常程度に行える健康状態に復し，休職事由が消滅したとは認められない。

本件テスト出局の中止および本件解職は有効であり，それらおよび本件解職に至るまでの被告の対応にも違法な点は認められないから，原告の地位確認および賃金請求はその前提を欠くことになり，不法行為が成立するとも認められない。

イ　国立大学法人〇大学事件＝大阪地判平29.9.25労経速2327-3　[控訴審係属中]

事案の概要

原告は，被告の助教として勤務していた者であるところ，実母に対する傷害致死の被疑事実により逮捕され，起訴されるに至った。そのため，原告は，就業規則上の起訴休職規定（休職期間の上限は2年）に基づき休職した。この刑事事件において，原告は，実際は認知症で激しく暴れていた実母を止めていただけであると無罪を主張した。しかし，地裁は，傷害致死罪により原告を懲役8年に処する旨の判決を言い渡した。原告は同判決に控訴したが，被告は起訴休職期間満了を理由として原告を解雇した。

その後，高裁は，暴行罪により原告を罰金20万円に処する旨の判決を言い渡し即日釈放した。

判決の要旨

原告が傷害致死という重大な犯罪の嫌疑により勾留された状態が継続し，懲役8年の一審判決が出されたことにより，休職期間満了時以降も労務の提供ができない状態が継続すると見込まれていたことに鑑みれば，降任，降格，降給にとどめる余地がなかったことは明らかであって，本件解雇時点で，就業規則上の解雇事由である「雇用関係を維持しがたい場合」にあった。

一審判決により原告がその後も労務提供できないと見込まれる状態にあったこと，被告が控訴審での破棄を予見することができたとは認められないことからすれば，本件解雇には客観的に合理的な理由があり，社会通念上の相当性もあるから有効である。

ウ　東京電力パワーグリッド事件＝東京地判平29.11.30労経速2337-3 ［確定］

事案の概要
原告は、神経衰弱状態等の精神疾患により１年間の療養休暇を取得した後、２年間の休職に入った。その後、原告は休職期間満了により退職とされたため、休職期間満了時に復職が可能であったと主張して、被告（従業員数不明）に対し、地位確認等を求めた。

判決の要旨
本件休職期間満了時においても、規則正しく定時に勤務できる状態にまで回復していたとはいえず、自己の精神疾患に対する病識が欠如し、復職後における自己のストレス対処も不十分な状況にあったことなどの事情を総合考慮すると、仮に休職前に勤務していた送電部門に復職したとしても、他の社員との仕事上の対人関係を負担に感じ、精神疾患の症状を再燃させ、あるいは悪化させて、就労に支障が出るおそれが大きい状態であったと認めるのが相当である。 　そして仕事上の対人関係に原告の精神的な負担があるとすると、原告の業務の負担を軽易なものにしたからといって、原告の精神状態の負担が直ちに軽減されるとも解されないことに照らし、当初軽易作業に就かせればほどなく当該職務を通常の程度に行える健康状態であったと認めることもできない。 　主治医の就労可能という見解は、リワークプログラムの評価シートを参照しておらず、リワークプログラムに関与した医師の見解等を踏まえていないものであるうえ、患者の職場適合性を検討する場合には、職場における人事的な判断を尊重する旨述べていることなどの内容自体に照らし、必ずしも職場の実情や従前の原告の職場での勤務状況を考慮したうえでの判断ではないこと、客観的な診療経過を把握することができないことからして、同医師の就労可能という見解を参酌することは相当でない。 　原告が配置される現実的可能性があると主張する各部署のいずれも、原告が配置される現実的可能性があったということはできないこと、被告において他者との関わりが全く不要な部署は容易に想定しがたいこと、および原告が社内の人間との対人関係を負担に感じて精神疾患を発症し、その病識もないことを踏まえると、本件休職期間満了時において、原告が配置される現実的可能性のある部署が存在したと認めることはできない。 　以上より、本件契約は、休職期間満了により終了したものと認められる。

(2)　退職無効

ア　ピジョン事件＝東京地判平27.7.15労判1145-136
　　［控訴審にて和解成立］

事案の概要
被告（従業員数は約1,000人）との間で雇用契約を締結していた原告が、退職の意思表

示は動機の錯誤により無効であると主張して，被告に対し，地位確認等を求めた。

退職の意思表示に関する経緯は以下のとおりである。原告は「反応性抑うつ状態及びストレス性じんましん／5～8週間の自宅療法が必要」と診断され，約1カ月半欠勤していたが，原告の主治医から就業制限の付された復職可の診断が出されたことを受け，被告は原告を復職させた。そして，翌月から原告を通勤時間片道2時間半程度の甲事業場へ異動させ，主に現場社員の作業管理等を行わせる旨の通知をしたところ，その通知の翌日，原告は再び体調不良を訴え，以降約5カ月間欠勤したため，被告は期間を最大2年半とする傷病休職を発令した。その後も，原告からは「通勤時間は往復3時間が限度」であるとの限定が付された診断書が複数回提出されるなどしたが，被告は通勤制限を問題視し復職を認めなかった。原告は，被告の従前の対応が変わる余地がないのであれば，退職願を提出するしかないと述べ，休職に入って約1年半経過したところで退職願を提出した。

判決の要旨

精神疾患を有する者に対する転勤命令は，主治医等の専門医の意見を踏まえたうえで，当該精神疾患を増悪させるおそれが低いといえる場合のほか，増悪させないために現部署から異動させるべき必要があるとか，環境変化による増悪のおそれを踏まえてもなお異動させるべき業務上の理由があるなど，健常者の異動と比較して高い必要性が求められ，また，労働者が受ける不利益の程度を評価するにあたっても上記のおそれや意見等を踏まえて一層慎重な配慮を要するものと解すべきである。本件の事実関係からすれば，原告を余剰人員に位置づける必要があったのか疑問であるうえ，精神疾患を有する者に対して転勤を命ずる必要性としては非常に弱いものである一方で，片道2時間半程度を要する通勤時間は一定以上の大きな負担を受けるものであるところ，原告は，本件配転命令を受けた当時，精神疾患等による欠勤から明けたばかりで心身の状態も芳しいものでなかったのであるから，原告が被る不利益は大きいというべきである。以上より，本件の配転命令は被告がその権利を濫用したものとして無効と解するのが相当である。

原告は，本件退職の意思表示をした当時，東京支店等における復職が認められるべきであったところ，退職願を被告に送付した当日も，上司から，甲事業場で勤務できる程度にまで病状が回復した旨の新たな診断書の提出がない限り原告の復職は認められず，原告が要望する主治医との面談も行わないと言われたため，その旨誤信して本件退職の意思表示をしたものであるから，錯誤が認められる。そして，原告の退職の意思表示の経緯からすれば，甲事業場で勤務できる程度にまで病状が回復した旨の新たな診断書を提出しなければ復職が認められず，これを提出できないことが被告を退職する動機である旨表示したものといえるから，本件退職の意思表示は錯誤により無効というべきである。したがって，原告は被告との間の雇用契約上の権利を有するというべきである。

なお，被告の一連の対応からすれば，被告には安全配慮義務違反が認められ，その慰謝料額は30万円とするのが相当である。

3　事業の再構築と従業員の転籍・解雇

解雇有効

ア　一般財団法人厚生年金事業振興団事件＝東京地判平27.9.18 労判1139-42［控訴棄却］

事案の概要

　被告は，独立行政法人年金・健康保険福祉施設整理機構から委託を受けて病院（従業員数不明）を運営し，原告は被告経営の病院の院長等の職に就いていた者であるが，就業規則26条5号の「事業上の都合によりやむを得ないとき。」に該当するとして解雇された。そして，同日より，法改正に基づき，病院は別法人が運営主体となり，さらにその3カ月後に被告は解散し清算手続に入った。

　そのため，原告は，解雇は無効であるとして地位確認等を求めた。

判決の要旨

　被告の解散自体は，法改正というやむをえない事由によるもので，解散に伴い職員を解雇することも被告の解雇手続に伴うやむをえない措置であるというべきであるから，法人が存続しつつ人員削減措置をとる整理解雇とは前提を異にしており，いわゆる整理解雇の4要件は適用されない。また，被告は，原告を含む職員に対して，法改正に伴う対応について十分な説明をしており，手続上の瑕疵もない。そして，原告を再雇用するかどうかの判断は，新機構等が判断すべき事項であり，被告が院長として適任であるとして新機構を説得できたと認められる証拠もない。

　したがって，本件解雇は，被告の解散に伴う事業上の都合によるやむをえない理由に基づくものとして有効である。

イ　全日本手をつなぐ育成会事件＝東京地判平29.8.10労経速2334-3［控訴棄却］

事案の概要

　被告法人が被告法人の所属する連合会に事業を承継させ解散をするために被告職員6名全員に対し希望退職等を実施したが，同希望退職に応じなかった原告ら2名を解雇し，その後に被告法人は解散した。

　これに対し，原告らが，同解雇は無効であるとして，被告法人に対し地位確認等を求めるとともに，被告法人と被告連合会とは実質的に同一である旨を主張して，被告連合会に対し，上記と同様の請求をした。

　さらに，本件解雇は不法行為に該当するとして，被告らに対し，共同不法行為に基づ

き，慰謝料の請求等を行った。

判決の要旨

本件各解雇は被告法人の解散に伴って行われたものというべきである。

他方，被告法人と被告連合会とでは，会員の種類および出自，役員，事業の内容がほぼ共通しており，かつ，被告法人は，被告法人から被告連合会への会員の承継や事業に関与し，被告らの役員の構成が同一になることを前提としながら解散などの手続を進めていた。

このような事実関係を前提にすれば，本件各解雇はいわゆる整理解雇の場面に近似する場面において行われたというべきであるから，本件各解雇の有効性は，整理解雇の有効性に係る法理に照らして判断するのが相当である。

そして，被告法人には解散に伴い人員削減の必要性があったこと，被告連合会の収入や資金繰りの状況は被告法人のそれらと基本的に変わるところはないものというべきであり，被告法人が被告連合会に原告らを雇用するように働きかけをしなかったとしても，そのことをもって，被告法人が行うべき本件解雇の回避のための努力をしていなかったということはできず，相応の規模の役員報酬の削減や新規採用の停止，賞与の減額等，合理的な解雇回避措置を行っていること，被告法人の全職員が退職しており人選の合理性に欠けるところはないこと，手続の相当性に殊更問題があったということもできないことに照らすと，本件解雇は有効である。

なお，被告法人退職後に被告連合の業務を行っていた3名は，機関誌の編集業務や会計業務に関する知識・経験等を必要とされたことから，退職後も被告連合会の業務に従事することになったとみるべきであることなどからすれば，これらの事情は，本件解雇の有効性の判断を左右しない。

4　懲戒解雇

(1)　懲戒解雇有効

ア　福井信用金庫事件＝福井地判平28.3.30判時2298-132
[控訴棄却，上告棄却・不受理]

事案の概要

原告らは，信用金庫である被告（従業員数不明）に雇用されていたところ，職務上アクセスする必要も権限もないのに，支店の端末から，当時の被告理事長らの各メールファイルおよびその添付ファイルに，少なとも約1年7カ月間，2,400回以上アクセスして閲覧し，そのうち複数のファイルを印刷し（印刷した紙の枚数は少なくとも約3,900枚），さらに，原告のうち一人は，少なくともその一部を支店から持ち出した。

被告は原告らを懲戒解雇したため，原告らは懲戒解雇は無効であるなどとして地位確

認等を求めた。

判決の要旨

　原告らの行為は不正アクセス禁止法違反行為であり，職場内で犯罪行為を行った者は懲戒解雇とする旨の就業規則に該当する。

　そして，金融機関にとって，顧客の信用情報等は非常に機密性が高いものである。本件で閲覧・印刷された文書にはその機密性の高い情報が記載されているのであり，本件アクセス等の期間，回数，範囲等をも考慮すると，その非違行為の態様および結果は重大であるといわざるをえない。仮に原告らが旧信金の不正を糾すという正当な目的・動機を有していたとしても，そのことのみをもって正当化されるものではない。

　以上からすれば，本件懲戒解雇が社会通念上相当でないものとは認められない。

イ　ディーコープ事件＝東京地判平28.11.16労判ジャーナル59-18　［控訴棄却］

事案の概要

　被告の従業員であった原告は，部下2名にハラスメント行為に該当する言動をして注意されたにもかかわらず，再度他の部下2名にハラスメント行為をしたとして懲戒解雇されたため，原告が本件解雇は無効であると主張して地位確認等を求めた。原告の部下に対する言動は以下のとおりである。

- いずれも強い口調での罵声を伴うもの
- 年齢の割に役職に就いていないことを非難するような発言
- 「お前，アホか」「お前，クビ」「お前なんかいつでも辞めさせてやる」との発言
- 「今まで何も考えてこなかった」「そんな生き方，考え方だから営業ができない」「お前は生き方が間違っている」との発言
- 「お前は嫌いだ」「話しかけるな」との発言
- 「私は至らない人間です」という言葉を何度も復唱させる。
- 「お前は丸くない，考え方が四角い」という話をして，部下が内容を理解できずに意図を尋ねてもまともに答えずに，丸と四角の絵を何度も描かせるなどし，その結果，部下は業務中に度々涙を流す。
- 部下が原告と会話をすることや部内のミーティングへ参加することを禁止し，出社後会社にいることを許さず社外で一日過ごさせるなどの行動に及び，同人が休日子どもと遊ぶ写真をフェイスブックに投稿したところ，「よく子どもと遊んでいられるな」と発言するなどして，その結果，同人は精神的に耐えがたい苦痛を感じ，適応障害に罹患するまでの状態に精神的に追い詰められた。

なお，原告の属する被告事業所には100名程度の従業員が在籍していた。

判決の要旨

　原告の部下4名に対する言動は，業務に付随してされたものである点を考慮しても，

部下の人格や尊厳を傷つけ，理不尽な言動により部下に精神的苦痛を与えるものであり，業務上の指導の範疇を逸脱した違法なものいうべきである。したがって，原告の言動は，就業規則が禁止する「理不尽な言動により精神的苦痛を与える」に該当し，譴責等処分事由に該当する。

ところで，就業規則は，諭旨退職または懲戒処分事由として，「譴責等処分事由の複数に該当したとき，又は同一事由を２回以上繰り返したとき」をあげる。上記規定の文言上，譴責等処分を実際２回課されたことまでは要求されない。もっとも，同規定は，譴責等処分事由該当行為後に反省・改善の機会が与えられたにもかかわらず再度同一事由該当行為を行った点に悪質性を認め，諭旨退職または懲戒解雇という重い処分を課す趣旨と解される。したがって，その行為が譴責等処分事由に該当すると処分対象者が認識できるような，譴責に準ずる警告等の措置が必要であるというべきである。

これを本件についてみると，部下２名に対するハラスメント行為について，被告は同様の言動があれば厳しい処分がされうると伝え厳重注意をしたほか，重ねて同趣旨のメールまで送るなどしているのだから，原告もこれを十分認識していたと認められる。にもかかわらず，原告は他の２名の部下にハラスメント行為を行ったものであるから，懲戒事由に該当する。

そして，厳重注意を受け顛末書まで提出したにもかかわらず，そのわずか１年余り後に再度他２名の部下にハラスメント行為をした点は悪質であり，異動や適応障害による傷病休暇を余儀なくするなどの重大な結果ももたらしている。また，原告は自身の言動は正当な指導であったとの立場を変えず一切反省していない。以上からすれば，上司としての適性を欠くほか，再度会社に戻せば同様のハラスメントが行われる可能性は高い。被告が諭旨退職または懲戒解雇の処分を選択したことはやむをえないものというべきで有効である。

ウ　ドリームエクスチェンジ事件＝東京地判平28.12.28労判1161-66 [控訴審にて和解成立]

事案の概要

原告が従業員数約80名の被告に対し，平成28年７月８日付け懲戒解雇は無効であり，原告は同年８月11日付けで退職したものであるとして，未払賃金請求等をした。

判決の要旨

業務時間中に私的なチャットを行った場合，職務専念義務に反することになるが，職場における私語や喫煙所での喫煙など他の私的行為についても社会通念上相当な範囲においては許容されていることからすれば，チャットの時間，頻度，上司や同僚の利用状況，事前の注意指導および処分歴の有無等に照らして，社会通念上相当な範囲内といえるものについては職務専念義務に反しないというべきである。

もっとも，本件チャットの回数は異常に多いといわざるをえず（約７カ月間，業務中，

合計 5 万158回のチャットを行っていた。仮に，チャット 1 回あたりに要した時間を 1 分として計算すると，概算で 1 日あたり300回以上，時間にして 2 時間程度，チャットをしていた計算)，職務専念義務に違反するものというべきである。

　もっとも，職務専念義務違反（業務懈怠）自体は，単なる債務不履行であり，これが就業に関する規律に反し，職場秩序を乱したと認められた場合に初めて懲戒事由になると解するべきであるところ，本件チャットの内容は，顧客情報の持出しの示唆，被告の信用毀損（「確実に潰れるから」「すぐ減給ですから。確実にブラックです」等），誹謗中傷（「C（原告の直属の部下）はバカなの」「ゴミC」「死ね」等），セクハラ（「○○臭」等）というものであるところ，就業に関する規律（服務心得）に反し，職場秩序を乱すものと認められる。

　そして，原告が，本件チャットのやり取り自体を全部否定していたことからすれば，被告において，原告は本件懲戒事由を真摯に反省しておらず，原告に対する注意指導を通してその業務態度を改善させていくことが困難であると判断したこともやむをえず，懲戒解雇は有効である。

(2)　懲戒解雇無効

ア　野村證券事件＝東京地判平28.2.26労判1136-32 [控訴棄却]

事案の概要

　原告は，証券会社である被告（従業員数不明）において，海外機関投資家向け日本株営業の業務に従事していたが，被告を主幹事証券会社とする公募増資の際に金商法違反のインサイダー取引を行い，その事実は証券取引等監視委員会により公表され，課徴金納付命令が勧告された。金融庁長官は公表事実を認定したうえで課徴金命令を発した。

　これを受けて，被告は，勧告の事実およびインサイダー取引の報道で被告の名誉威信が傷つけられたこと，ならびに顧客情報の漏洩もしていたことが懲戒規程に該当するとして，懲戒解雇とした。そこで，原告は解雇は無効であるとして地位確認等を求めた。

判決の要旨

　原告は，単に職務遂行上重要事実を知ったにすぎないから，「その職務に関し重要事実を知った」とはいえず，金商法違反のインサイダー取引をしたと認めることはできない。そうすると，被告の名誉威信を傷つけたとされる本件勧告の発出およびそれを端緒とする報道については，委員会の事実誤認に基づく可能性が高く，原告の責めに負うべきものではない。したがって，原告が被告の名誉威信を傷つけたとはいえないから，懲戒事由には該当しない。

　他方，顧客情報漏洩の事実は認められるが，それは，仕事上の相談をする文脈でなされるなど，顧客情報の伝達それ自体を主たる目的としていたものではなく，情報提供の見返りに金銭その他の経済的利益を得ようとするなどの背信的な意図を有していたと

も認められない。

　また，その漏洩がなされた会話は，１回の通話の機会に連続してされたもので，複数の日に反復継続して行われたとまでは認められない。

　他方で，原告は漏洩について注意・指導を受ける機会がないまま，何ら弁解の機会を付与されることなく突如として，懲戒処分の中で最も重い懲戒解雇処分を受けたものである。以上からすれば，本件懲戒解雇は，重きに失し，手続的にも不当であったから，懲戒権の濫用により無効である。

イ　クレディ・スイス証券〔懲戒解雇〕事件＝東京地判平28.7.19 労判1150-16［控訴審にて和解成立］

事案の概要

　営業社員である原告が，外資系の証券会社である被告（従業員数不明）からの懲戒解雇は無効であると主張して地位確認等を求めた。

　懲戒解雇の理由としては，原告が①同僚の女性営業社員Ａに対するセクハラ行為を行ったこと（飲み会の席で「『枕』とかやったの？」と発言したり，性交渉をもった男性の数を尋ねたりしていた），②Ａ，元社員Ｂとメールにて，不適切な社外活動（被告業務の外観を呈する案件に関与して手数料の一部を原告ら間で分配すること）の準備行為を行ったこと，③Ａに対するセクハラに関する社内調査において改ざんしたメールを提供し，同調査を妨害したこと，④営業に際し被告が顧客等に配布を認めていない内部資料を使用したこと，があげられている。

判決の要旨

　①（セクハラ行為）について，原告の各発言はＡに相当の不快感・嫌悪感を抱かせ，精神的苦痛を与えたセクハラ行為であり，就業規則違反にあたるが，各セクハラ行為は２年前から行われているところ，セクハラ被害にあっている間もＡは原告に社外活動のアイデアについて相談し親しげなやりとりを行っていること，Ａのセクハラ申告はＡを対象とするコンプライアンス違反調査の開始直後になされており，Ａは原告が同調査において情報を提供したと誤解して意趣返しをしたとする原告の主張を直ちには排斥しがたいことから，原告によるセクハラ行為の悪質性を過大評価すべきではない。

　②（不適切な社外活動の準備行為を行ったこと）について，原告のかかる行為は，被告の正常な業務を阻害し社内秩序を乱し社会的信用を毀損するおそれがあるものとして就業規則違反にあたるが，実際に手数料の一部を原告らが分配したことまでは認められない。

　③（改ざんしたメールを提出したこと）について，メールの全部を提出すれば原告自身の不適切な社外活動が明らかになることからすれば，原告において積極的に申告する法的な義務までは認められない。

　④（内部資料の使用）について，その資料の重要性等は明らかではなく，「他の従業

員も同様のことをしている」との原告の主張を排斥するだけの証拠がない。

　以上のとおり，原告に何らかの懲戒処分を受ける事由は存在するが，懲戒処分にあたり上記事情に鑑みれば，懲戒解雇とその前提である諭旨退職は社会通念上相当といえず，降職までの懲戒処分にとどめるべきであったと認められ，本件懲戒解雇は無効である。

ウ　学校法人常葉学園ほか〔短大准教授・本訴〕事件＝静岡地判平29.1.20労判1155-77〔控訴棄却，上告不受理〕

事案の概要
被告（従業員数不明）が経営する短大の准教授であった原告は，総務課長補佐が面談の際，原告に対し，大学の補助金不正受給について捜査機関に告発することなどを断念するよう強要したなどとして，強要罪（刑法223条1項）で刑事告訴し（約4カ月後に不起訴），その約3カ月半後には大学の補助金不正受給について公益通報をした（公益通報調査委員会により通報内容は真実と認められた）。そして，告訴から約1年半後，全国紙に大学の補助金不正受給についての記事が掲載された。 　被告は，記事掲載後に「学園の秩序を乱し，学園の名誉又は信用を害し」たことを懲戒事由とする就業規則規程を作成して懲戒委員会を組織した。そして，刑事告訴から約2年半後，告訴事実がないにもかかわらず刑事告訴したことは同規程に該当するとして，原告を懲戒解雇した。これに対して原告は，上記懲戒解雇は無効であるとして地位確認等を求めた。

判決の要旨
原告は，本件告訴事実とした本件面談の際の強要の事実が存在しないことについて，慎重に検討すれば十分認識しえたにもかかわらず，検討不十分なままに本件告訴を行ったと評価することができ，原告が本件告訴事実が存在したと信じるにつき相当な理由があるということはできない。 　そして，本件告訴により，業務に支障を生ずることは明らかであるから，原告が本件告訴により，就業規則の定めるとおり「学園の秩序を乱し」たことは否定できないところである。 　もっとも，原告は，本件告訴を行ったことをマスコミその他の外部に公表したわけではなく，本件告訴によって現実に被告学園の名誉や信用が害されたと認めるには至らないから，原告が本件告訴したことが，就業規則の定める懲戒解雇の事由に該当するということはできない。 　また，仮に該当するとしても，不起訴処分後すみやかに懲戒解雇せず，新聞報道後に懲戒規程を制定し本件懲戒解雇をしたことからすれば，本件懲戒解雇は，公益通報に対する報復とまでは認められないが，公益通報後にこれに関する問題が大きくなるのを防ぐために性急に行ったものとの評価を免れない。そして，自主退職を勧めるなどの慎重な対応が必要であるという懲戒委員会の意見があったにもかかわらず被告がそのよう

な対応をとっていないことからすれば，本件懲戒解雇は処分として重きに失するといわざるをえない。

　したがって，本件懲戒解雇は無効である。

エ　国立大学法人甲大学事件＝前橋地判平29. 10. 4 労経速2329-9 ［控訴審にて和解成立］

事案の概要

　被告大学院医学系研究科の教授であった原告が，パワハラおよびセクハラ等を理由とする懲戒解雇は無効であると主張して地位確認等を求め，さらに，被告が退職願の提出の「勧告に応じない」ものとして諭旨解雇を本件懲戒解雇に強行的に切り替えた行為について，不法行為に基づき慰謝料等の支払いを求めた。

　なお，被告の就業規則には，懲戒処分について，以下の定めがある。

　第45条（懲戒の種類）　懲戒の種類は次のとおりとする。

　　①　懲戒解雇　　即時に解雇する。
　　②　諭旨解雇　　退職願の提出を勧告して解雇する。ただし，勧告に応じない場合には，懲戒解雇する。

　　（以下略）

判決の要旨

　本件懲戒解雇は，当該解雇日の時点では，原告が退職願の提出の「勧告に応じない」と断定できないにもかかわらず行われたものであり，解雇手続が就業規則上の規定に違反した違法な処分である。

　もっとも，解雇手続に違法があっても，諭旨解雇を経ずに原告を直ちに懲戒解雇することが相当であるといえるだけの悪質な，あるいは多数の懲戒事由が認められるとか，すでに諭旨解雇に応じるか否か検討する十分な時間を与えられていたなどの特段の事情があり，軽微な違法にとどまる場合には懲戒解雇は有効と解するのが相当である。

　原告には，①D講師に対する業務の適正な範囲を超えた指導，暴言のパワハラ，②K助教に対する女性を蔑視したセクハラ，③同助教に対する私的なことに対する過度な立ち入り，④同助教に対する他の者を不快にさせるセクハラ，⑤L助教に対する業務の適正な範囲を超えた叱責，暴言等のパワハラを行った事実が認められる。これらの行為は，原告の教授としての職務上の義務に違反し，被告内の秩序または風紀を乱し，就業規則の規定に違反する行為であるといえるから，就業規則が規定する懲戒事由に該当する。

　原告の懲戒事由に該当するハラスメントの内容および回数は限定的であるうえ，原告のパワハラはいずれも業務上の必要性を全く欠くものとはいいがたいし，また，原告のセクハラが殊更に嫌がらせをする目的に基づいてなされたものとはいえないことからすれば，原告のハラスメント等の悪質性が高いとはいいがたい。

　また，D講師が，起立性調節障害，不安緊張状態の診断を受けた後，欠勤を余儀なく

されたような事情はないし，L助教についても，神経症により直ちに就労が制限される状態であったということができないことも考慮すべきである。さらに，原告には，過去に懲戒処分を受けたことがあることをうかがわせる事情はないことに加え，原告において，ハラスメントの一部を認め，反省の意思を示していたことも認められる。

　そうすると，懲戒解雇は，社会通念上相当性を欠き無効であるといわざるをえない。

　被告が本件諭旨解雇を本件懲戒解雇に切り替えた行為は，原告の「諭旨解雇の勧告に応じる機会」という法律上保護される利益を侵害するものであり，不法行為を構成するといわざるをえず，原告は，被告の上記行為によって原告が被った精神的損害を賠償する責任を負うというべきである。

　もっとも，原告においてもハラスメントを行っているうえ，諭旨解雇の勧告に応じるか否かを検討する機会が全く与えられていない事案と比較すれば違法の程度は高いとはいえないことなどからすれば，精神的損害を慰謝する金額としては15万円が相当である。

5　非正規社員

雇止め有効

福原学園〔九州女子短期大学〕事件＝最判平28.12.1労判1156-5 [確定]

事案の概要

　被上告人は，平成23年4月1日，同日から1年間の有期労働契約を締結し，上告人運営の短期大学の講師として勤務を開始した。同規程では，更新上限は3年だが，勤務成績等を考慮して被告が必要と認めた場合は期間満了後に無期雇用に異動できると規定されていた。なお上告人運営大学で直近6年間に雇用され3年以上働いた有期職員10人のうち，8人が無期転換している（なお，上告人の全労働者数の記載はなし）。

　上告人が平成24年3月に同月末で契約を終了すると通知したため（本件雇止め），被上告人は同年11月，労働契約上の地位確認等を請求した。

　その後，被告は，平成25年2月には同年3月末で契約を終了する旨を通知し（予備的雇止め1），平成26年1月には同年3月末で更新上限により契約を終了する旨を通知し（予備的雇止め2），これらの通知によっても労働契約は終了したと主張した。

判決の要旨

　本件の労働契約は期間1年の有期労働契約として締結されたものであるところ，その内容となる本件規程には，契約期間の更新上限が3年であり，その満了時に労働契約を期間の定めのないものとすることができるのは，上告人が必要と認めた場合である旨が明確に定められていたもので，被上告人もこのことは契約締結時に十分認識していた。

そして，大学教員の雇用は一般に流動性があると想定されていること，無期雇用とならなかった契約職員も複数に上っていたことに照らせば，無期雇用となるか否かは，勤務成績も考慮して行う上告人の判断に委ねられていたもので，期間満了後に当然に無期雇用となるものではない。そして，上告人が本件労働契約を期間の定めのないものとする必要性を認めていなかったことは明らかである。

　したがって，本件契約は予備的雇止め2により終了している。

＊1　福岡地小倉支判平26.2.27労判1094-45

　教員についてはある程度の期間の雇用継続が予定されていたこと等からすると，原告については，少なくとも3年間は継続して雇用されると期待することについて合理的な理由が認められる。もっとも，原告の勤務成績および勤務態度が不良であったということはできず，本件雇止め（平成24年3月終了）は客観的に合理的な理由を欠き無効である。

　そして，予備的雇止め1も合理的な理由を欠くから，労契法19条2号により，従前と同一の労働条件で再度更新されたものとみなされる。

＊2　福岡高判平26.12.12労判1122-75

　本件雇止めおよび予備的雇止め1については原審の判断を維持したうえで，予備的雇止め2について以下のとおり判示した。

　3年は試用期間であるとの認識が教職員に共有されていたこと，3年を超えて勤務していた10名の契約職員のうち半数を超える8名が期間の定めのない専門職員に移行していることなどに照らせば，3年は試用期間であり，特段の事情なき限り期限の定めのない雇用契約に移行するとの期待に客観的な合理性があるものというべきである。そして，控訴人には，期限の定めのない雇用契約への移行を拒むに足りる相当な事情が認められないから，本件契約は期限の定めのない雇用契約に移行したものと認めるのが相当である。

6　高年齢者雇用

再雇用契約更新拒絶無効，再雇用拒否無効

ア　全日本海員組合〔全雇用更新拒絶〕事件＝東京地判平28.1.29労判1136-72〔控訴審にて下記判断は維持〕

事案の概要

　被告（従業員数不明）の職員には60歳を定年とする従業員規定があり，再雇用を希望する者は，双方に異存がなければ，1年間の再雇用契約を締結し65歳まで更新することなどが定められていた。原告は平成24年8月末をもって定年退職となり，1年間の再雇用職員労働契約を締結した。

原告は，平成22年6月頃から，インターネット上でブログを開設し，執行部を批判する内容の記事を掲載したほか，閲覧者のコメント欄を設け公開していた。

平成25年7月，被告は，原告の再雇用契約期間満了に先立ち，ブログで被告を誹謗中傷して損害を与えているとの理由で契約を更新しないとした。これに対して，原告は，更新拒絶は許されないと主張して地位確認等を求めた。

判決の要旨

名誉毀損については，その内容が被告の社会的評価を低下させるものであれば不法行為となりうるが，その事実の摘示およびその事実に関する意見ないし論評の表明が，公共の利害に関する事実に係り，かつ，その目的が専ら公益を図ることにあった場合には，前提としている事実が重要な部分について真実であることの証明があれば，人身攻撃等でない限り違法性を欠き，また真実と信ずるについて相当の理由があれば，その故意または過失は否定される。

本件ブログ記事は，被告の社会的評価を低下させるものであるが，その内容は，全体としてみると，業界内では唯一の産業別単一労働組合で，国民生活に影響を及ぼし適正な運営を期待されている被告について，その民主化，健全化を図ることに主眼があったといえるから，公共の利害に関する事実に係り，かつ，その目的が専ら公益を図ることにあったといってよい。そして，指摘された事実は真実であり，意見ないし論評も事実を基礎とするもので，人身攻撃等でもないから，違法性は阻却される。

また，コメントを削除しなかったことを不法行為というためには，発信者の表現の自由保護の観点から，少なくとも，コメント内容自体によって被告の権利が侵害されていて，その侵害を知ることができたと認められる相当な理由がなければならない。本件では，コメントの中に違法な名誉侵害があることを原告が知りえたとは認められない。

そして，原告の行為が不法行為にあたらないとしても，雇用契約上の誠実義務に反するとの被告の主張については，ブログが基礎とする事実が真実であることなどからすると，客観的にみて本件更新拒絶の合理的な理由となるような不当な行為であったとまではいえない。

したがって，本件更新拒絶は無効である。

イ　シンワ運輸東京事件＝東京地判平28.2.19労判1136-58
　　　［控訴審にて和解成立］

事案の概要

原告は，平成14年に被告（従業員数不明）との間で期限の定めのない雇用契約を締結して被告に入社し運転手業務に従事し，平成23年10月31日に60歳で定年退職した。その後，原告は雇用期間を1年間とする再雇用契約を締結し，さらに次の年も再雇用契約を更新した。

しかし，被告は，平成25年11月1日を始期とする再雇用契約について，労使協定で定

める更新基準（規律遵守や勤務態度）を満たさないとして更新を拒絶した。

　そのため，原告は，再雇用契約の更新を不当に拒絶されたとして，地位確認等を求めた。

判決の要旨

　定年後の再雇用契約は，労使協定で定めた更新基準を満たす必要はあるものの，その更新は原告の場合65歳に達する月の末日でありうるものであり，原告が定年まで勤めあげたうえで再雇用契約が締結されるに至ったことなどに照らせば，本件更新拒絶のされた当時，客観的にみて，原被告間の雇用契約が再度更新されることの合理的期待（労契法19条2号参照）があったものと認められる。

　そして，被告車両に煽られたりパッシングをされたりしたとのクレームがあった件については，原告が日頃からこのような問題ある運転行為に及んでいたものとはうかがわれないし，原告が配車係に対し，同人の配車に関する不満を訴えた際「ぶっ殺す」等と述べたことについては，原告のこのような発言が被告の業務に具体的な悪影響を与えた事実は認められないことなどからすると，被告が更新拒絶の理由とする出来事はいずれもそれのみでは更新拒絶を相当とするような規律遵守および勤務態度上の問題があるとは認められない。

　そうすると，原告は更新基準を充足するものと認められ，本件更新拒絶は不適法で無効である。

ウ　学校法人尚美学園〔大学専任教員Ａ・再雇用許否〕事件＝東京地判平28.5.10労判1152-51〔控訴審係属中〕

事案の概要

　被告運営大学（教員数不明）の専任教員として採用された原告が，平成26年度中に満65歳（本件大学の就業規則所定の定年）となったところ，特別専任教員としての再雇用を拒否されたことから，特別専任教員としての再雇用契約に基づく法的地位の確認等を求めた。

　同大学の就業規則では，理事会が必要と認めたときは，定年後満70歳を限度として勤務を委嘱できる（特別専任教員）とされていたが，本件では原告は必要と認められなかった。

判決の要旨

　本件大学においては，労使慣行として法的効力が認められるまでには至らないとはいえ，70歳まで雇用が継続されるという一定の方向性をもった慣例が存在し，70歳まで雇用が継続されるかという点では死亡退職と自己都合退職という例外があるものの，65歳の定年で雇用が終了とならずに，希望した者の雇用は継続されるという点では例外はなかったところ，これらの雇用継続に際して実質的な協議や審査が行われていたとは認められず，この点では，教員らが再雇用による雇用継続に期待することには合理性が認め

られる。

　そして，本件大学では，経営状況上教員の若返りが必要であるという考えが先行し，具体的な整理・調整の手続や基準の整備の検討がなされないまま，従前の定年後再雇用のような具体的な検討をせずに，65歳の定年に達した教員らについて一律に定年後再雇用をしない旨決定したものである。たしかに，委嘱に関しては大学に一定の裁量が認められるが，全くの自由裁量ではなく，実際の定年後再雇用と整合的で，かつ各教員との関係でも公平な裁量権行使でなければならない。したがって，客観性ある基準に基づき，かつ，具体的な事情を十分に斟酌したうえで判断されるべきであるのだが，理事会の審議内容はそのようなものになっていないから，合理性，社会的相当性が認められない。

　以上より，理事会が原告について再雇用を否定し，被告において原告との間で再雇用契約を締結しないことは権限濫用にあたり，違法無効というべきである。

エ　国際自動車〔再雇用更新拒絶・仮処分第1〕事件＝東京地決平28.8.9労判1149-5

事案の概要

　タクシー運転手として有期労働契約を締結していた債権者ら2名が，債務者（従業員数不明）による有期労働契約の更新拒絶は無効であるなどと主張して地位保全等を求めた。

　債権者1は債務者の前身会社においてタクシー運転手として勤務し60歳で定年退職となった後，翌日から債務者との間で期間を1年ないし半年とする有期労働契約を8年間にわたり締結，更新していた。

　債権者2は，債務者との間で期間を1年とする有期労働契約を締結し，以後有期労働契約を8年間にわたり締結，更新していた。

決定の要旨

　債権者らにおける有期労働契約の更新年数・更新回数，債権者らが定年後に債務者において従事していた業務内容は定年前の正社員とほぼ同内容の業務であること，債務者と本件組合との間で結ばれた労働者供給に関する基本契約では供給労働者の上限年齢の制限はないこと，債権者らが債務者との間で取り交わした雇用契約書には，契約更新の有無について，列挙された判断基準に基づき判断する旨が明記されていること等を踏まえると，債権者らにおいて契約更新の合理的期待（労契法19条2号）を有していたものと認められる。

　本件では，債権者が特段成績改善のために具体的な指導をしたことを疎明する証拠がなく，また交通違反・事故が存在するにもかかわらず，従前債権者らと債務者の間で契約が更新されていたことなどからすれば，債権者が成績不良や交通違反・事故を理由とした更新拒絶は，客観的に合理的な理由を欠き，社会通念上相当とは認められず無効である。

よって，債権者らについては，従前と同一の労働条件で有期雇用契約が更新されたものとみなされる（労契法19条）。

オ　学校法人尚美学園〔大学特別専任教員・雇止め〕事件＝東京地判平28.11.30労判1154-81〔控訴審係属中〕

事案の概要

　原告は，被告運営の大学（教員数不明）において教授を務め，専任教員の定年である65歳を迎えた後である平成24年4月以降は1年単位の労働契約により特別専任教員として勤務していた。原告は，被告が平成26年4月以降は特別専任教員として労働契約を更新せず，非常勤講師として扱われたことから，従前の労働契約が更新されると期待することに合理的な理由があり，特別専任教員としての雇止めは無効であるとして地位確認等を求めた。

　同大学の就業規則では，理事会が必要と認めたときは，定年後満70歳を限度として勤務を委嘱できる（特別専任教員）とされていた。

判決の要旨

　平成26年3月までは65歳の定年後に特別専任教員に就いた70歳以下の者について更新条件を厳格化することは明示的には議論されておらず，実際に該当者全員について契約を更新・継続していた。ところが，平成26年4月以降の被告の方針として，再雇用や更新条件を厳格化して例外的場合のみ更新すると宣言した様子がうかがえ，実際原告らが更新されないという前例のない措置が取られた。こうした運用・方針の変更について，その趣旨・目的や必要性が教員らに事前に開示され，協議が行われたという形跡も見当たらない。

　これらの事情を総合すれば，確かに，専任教員規程上は，特別専任教員の委嘱は被告側が必要に応じて1年単位で行う旨の定めがあるにとどまるとはいえ，契約の継続を困難にする特別な事情がない限り，65歳の定年後も特別専任教員の地位に就くことができ，なおかつ，70歳に達するまでその契約は更新・継続すると期待することについて合理的な理由があったものというべきである。

　原告の在籍する学部・学科において，志願者の減少傾向はあるにせよ，定員割れなどの状況は生じておらず，しかも，原告と入れ替わりに新たに専任教員を採用していることからすると，原告を雇止めする経営合理化の必要があったとは認められない。

　また，原告の勤務成績，態度等に問題があると理事会で意見が多数述べられたという被告の主張についても，雇用継続した場合の支障，他職員と差をつける理由・必要性などについて具体的かつ詳細な議論検討がなされたとは認められず，雇止めする理由としては不十分である。

　したがって，原告の特別専任教員としての雇止めについて客観的に合理的な理由があったとはいえず，労契法19条に基づき，従前の特別専任教員としての労働契約が更新さ

れたものとみなされる。

判例索引

最高裁判所

最判昭29. 1. 21民集8-1-123
　〔磯貝鉄工事件〕 ……………………141
最判昭34. 6. 26判時191-5 ……………62
最判昭35. 1. 12裁判集民39-1
　〔キネマ館事件〕 …………………408
最判昭35. 3. 11民集14-3-403
　〔細谷服装事件〕 …………………140
最判昭40. 9. 22民集19-6-1600 ………470
最判昭43. 12. 24民集22-13-3050
　〔全電通千代田丸事件〕 …………525
最判昭43. 12. 25労判71-14
　〔秋北バス事件〕 …………………728
最判昭45. 7. 28判時603-95
　〔横浜ゴム事件〕 …………………563
最判昭48. 12. 12労判189-16
　〔三菱樹脂事件〕 …………608, **609**, 624
最判昭49. 3. 15労判198-23
　〔日本鋼管事件〕 …………………563
最判昭49. 7. 22労判206-27
　〔東芝柳町工場事件〕
　　………………656, 657, **658**, 669, 677
最判昭50. 4. 25労判227-32
　〔日本食塩製造事件〕 ……………79, **81**
最判昭50. 8. 29労判233-45
　〔伊豆シャボテン公園事件〕 ……744
最判昭51. 5. 6 労判252-27
　〔CBC管弦楽団事件〕 ……………808
最判昭52. 1. 31判時268-17
　〔高知放送事件〕 ………79, **82**, 102, 222
最判昭53. 11. 30判時913-113
　〔笹谷タクシー事件〕 ……………564
最判昭54. 7. 20労判323-19
　〔大日本印刷事件〕 ………………592, **593**
最判昭55. 7. 10労判345-20
　〔下関商業高校事件〕 ………376, 387, **388**

最判昭56. 3. 24労判360-23
　〔日産自動車事件〕 ………………744
最判昭58. 9. 8 労判415-29
　〔関西電力事件〕 …………………495
最判昭58. 9. 16労判415-16
　〔ダイハツ工業事件〕 ……497, 498, **499**, 510
最判昭58. 10. 27労判427-63
　〔あさひ保育園事件〕 ……………341, 683
最判昭61. 3. 13労判470-6
　〔電電公社帯広局事件〕 …………497
最判昭61. 9. 11労判488-11
　〔相互タクシー事件〕 ……………564
最判昭61. 12. 4 労判486-6
　〔日立メディコ事件〕
　　………………348, 656, 657, **659**, 682
最判昭62. 4. 2 労判506-20
　〔あけぼのタクシー事件〕 …………240, **241**
最判昭62. 9. 18労判504-6
　〔大隈鐵工所事件〕 ………………59, **63**
最判昭63. 2. 16判時512-7
　〔大曲市農協事件〕 ………………373
最判昭63. 9. 8 労判530-13
　〔京セラ事件〕 ……………………301
最判平 3. 9. 19労判615-16
　〔炭研精工事件〕 …………………624
最判平 4. 5. 25労判615-12
　〔千代田化工建設事件〕 …………406
最判平 6. 9. 8 労判657-12
　〔学校法人敬愛学園（国学館高校）事件〕
　　………………………222, **224**, 229
最判平 8. 9. 26労判708-31
　〔山口観光事件〕 …………………500, **501**
最判平 8. 11. 28労判714-14
　〔横浜南労基署長（旭紙業）事件〕 …801, **802**
最判平 9. 2. 28労判710-12
　〔第四銀行事件〕 …………………369, 371

最判平10. 4 . 9 労判736-15
　〔片山組事件〕 ・・・・・・・・・・・・・262, **266**, 274
最判平11. 7 . 15労判765-7
　〔兵庫県社土木事務所事件〕・・・・・・・・・・・・・・43
最判平12. 1 . 28判タ1026-91
　〔ケンウッド事件〕 ・・・・・・・・・・・・・・・・・・・・・521
最判平12. 3 . 24労判779-13
　〔電通事件〕 ・・・・・・・・・・・・・・・・・・・・221, 622
最判平12. 9 . 7 労判787-6
　〔みちのく銀行事件〕・・・・・・・・・・・・・・・・・・・67
最判平15. 10. 10労判861-5
　〔フジ興産事件〕 ・・・・・・・・・・・495, **496**, 498
最判平19. 1 . 18労判931-5
　〔神奈川信用農業協同組合事件〕 ・・・・・・・・381
最判平19. 6 . 28労判940-11
　〔藤沢労基署長（大工負傷）事件〕 ・・・・・・803
最判平22. 5 . 25労判1018-5
　〔小野リース事件〕 ・・・・・・・・・・・**105**, 156, 161
最判平22. 7 . 12労判1010-5
　〔日本アイ・ビー・エム事件〕 ・・・・・・・・・・477
最判平23. 4 . 12労判1026-6
　〔新国立劇場運営財団事件〕 ・・・・・・・・808, 809
最判平23. 4 . 12労判1026-27
　〔INAXメンテナンス事件〕 ・・・・・・・・・・・808
最判平24. 2 . 21判時1043-5
　〔ビクターサービスエンジニアリング事件〕
　・・・・・・・・・・・・・・・・・・・・・・・・・・・・・・・808, 809
最判平24. 4 . 27労判1055-5
　〔日本ヒューレット・パッカード事件〕
　・・・・・・・・・・・・・・・・・・・・・・・・・・・・・・・・・・・247
最判平26. 10. 23労判1100-5
　〔広島中央保健生協（C生協病院）事件〕
　・・・・・・・・・・・・・・・・・・・・・・・245, 601, 743
最判平27. 6 . 8 労判1118-18
　〔学校法人専修大学事件〕 ・・・・・・・・・・・・・127
最判平28. 2 . 19労判1136-6
　〔山梨県民信用組合事件〕 ・・・・・・・・・・・・・373
最判平28. 12. 1 労判1156-5
　〔福原学園（九州女子短期大学）事件〕
　・・・・・・・・・・・・・・・・・・・・・・・・・・・・・・・・・・**888**

高等裁判所

大阪高判昭33. 9 . 10労民集9-5-816
　〔平安学園事件〕 ・・・・・・・・・・・・・・・・・・・・・134
大阪高判昭37. 5 . 14労民集13-3-618
　〔神戸製鋼所事件〕 ・・・・・・・・・・・・・・・・・・・515
福岡高判昭47. 3 . 30判時669-99
　〔三井鉱山事件〕 ・・・・・・・・・・・・・・・・・・・・・502
東京高判昭47. 4 . 26労判189-58
　〔日東タイヤ事件〕 ・・・・・・・・・・・・・・・・・・・498
東京高判昭51. 3 . 25判時254-55
　〔紀伊国屋書店事件〕 ・・・・・・・・・・・・・・・・・521
広島高判昭52. 1 . 24労判345-22
　〔下関商業高校事件〕 ・・・・・・・・・・・・・・・・・390
東京高判昭53. 6 . 6 労判301-32
　〔国鉄甲府赤穂車掌区事件〕・・・・・・・・・・・・53
福岡高判昭53. 8 . 9 労判318-61
　〔昭和自動車事件〕・・・・・・・・・・・・・・・・・・・67
東京高判昭54. 10. 29労判330-71
　〔東洋酸素事件〕 ・・・・・・・・・・・・・・・・・・・・・321
東京高判昭55. 2 . 18労民集31-1-49
　〔古河鉱業事件〕 ・・・・・・・・・・・・・・・・・・・・・554
東京高判昭56. 11. 25労判377-30
　〔日本鋼管鶴見造船所事件〕・・・・・・・・・・・516
東京高判昭59. 3 . 30労判437-41
　〔フォード自動車（日本）事件〕 ・・・152, 154
大阪高判昭59. 3 . 30労判438-53
　〔布施自動車教習所事件〕 ・・・・・・・・・・・・・413
東京高判昭61. 5 . 29労判489-89
　〔洋書センター事件〕 ・・・・・・・・・・・・・・・・・141
広島高判昭61. 8 . 28労判487-81
　〔全自交広島タクシー支部事件〕・・・・・・・・・58
東京高決昭63. 2 . 22労判517-63
　〔持田製薬事件〕 ・・・・・・・・・・・・・・・・・・・・・153
大阪高判平 3 . 1 . 16労判581-36
　〔龍神タクシー（異議）事件〕 ・・・・・657, 671
東京高判平 3 . 2 . 20労判592-77
　〔炭研精工事件〕 ・・・・・・・・・・・・・・・516, 624
東京高判平 3 . 5 . 28労判606-68
　〔千代田化工建設事件〕 ・・・・・・・・・・・・・・406
東京高判平 7 . 2 . 28労判678-69

〔ケイエム観光事件〕・・・・・・・・・・234

大阪高判平7.10.25労民集46-5・6-1351
　〔フットワークエクスプレス事件〕
　・・・・・・・・・・・・・・・・・・・137, 580

東京高判平8.3.27労判706-69
　〔エール・フランス事件〕・・・・・・・・**392**

大阪高決平9.12.16労判729-18
　〔丸島アクアシステム事件〕・・・・・・675

福岡高判平12.11.28労判806-58
　〔新日本製鐵（日鐵運輸）事件〕・・・・498

東京高判平12.11.29労判799-17
　〔メレスグリオ事件〕・・・・・・・・・・522

大阪高判平13.3.6労判818-73
　〔わいわいランド（解雇）事件〕・・・・795

大阪高判平13.3.14労判809-61
　〔全日本空輸事件〕・・・・・・・・・・385

東京高判平13.6.27労判810-21
　〔カンタス航空事件〕・・・・・・・・685

東京高判平13.9.12労経速1785-19
　〔富士見交通事件〕・・・・・・・・・・582

東京高判平13.9.12労判817-46
　〔ネスレ日本事件〕・・・・・・・・・・74

仙台高判平14.2.12労判822-52
　〔みちのく銀行事件〕・・・・・・・・369

大阪高判平14.6.19労判839-47
　〔カントラ事件〕・・・・・・・・・267, 270

福岡高宮崎支判平14.7.2労判833-48
　〔宮崎信用金庫事件〕・・・・・・556, **558**

東京高判平14.7.11労判832-13
　〔新宿労基署長（映画撮影技師）事件〕
　・・・・・・・・・・・・・・・・804, **806**

東京高判平14.9.30労判849-129
　〔カジマ・リノベイト事件〕・・・・**104**, 196

東京高判平14.11.26労判843-20
　〔日本ヒルトンホテル（本訴）事件〕
　・・・・・・・・・・・・・・・・698, **699**

東京高判平15.1.29労判856-67
　〔平和学園高校（本訴）事件〕
　・・・・・・・・・・・・・323, 362, **363**

大阪高判平15.11.13労判886-75
　〔大森陸運ほか2社事件〕・・・・・・・408

東京高判平15.11.27労判931-23
　〔神奈川信用農業協同組合事件〕・・・・381

東京高判平15.12.11労判867-5
　〔小田急電鉄（退職金請求）事件〕
　・・・・・・・・70, 492, 568, **571**, 586

東京高判平16.1.22労経速1876-24
　〔新日本製鐵事件〕・・・・・・・・・596

大阪高決平16.3.30労判872-24
　〔ピー・アンド・ジー明石工場事件〕・・・・61

札幌高判平16.9.29労判885-32
　〔渡島信用金庫事件〕・・・・・・・・493

名古屋高判平16.10.28労判886-38
　〔ジップベイツ事件〕・・・・・・・・413

東京高判平17.7.13労判899-19
　〔東京日新学園事件〕・・・・・・・・461

福岡高判平17.9.14労判903-68
　〔K工業技術専門学校事件〕・・・・・582

名古屋高判平18.1.17労判909-5
　〔山田紡績事件〕・・・・・・・・・・487

高松高判平18.5.18労判921-33
　〔伊予銀行・いよぎんスタッフサービス事件〕
　・・・・・・・777, **778**, 783, 785, 788

東京高判平18.6.29労判921-5
　〔マイスタッフ（一橋出版）事件〕
　・・・・・・・・・777, 785, **787**, 788

東京高判平18.12.21労判936-39
　〔国（在日米軍司令官・解雇）事件〕・・・145

東京高判平18.12.26労判931-30
　〔CSFBセキュリティーズ・ジャパン・
　リミテッド事件〕・・・・・・・・・・323

東京高判平19.2.21労判937-178
　〔アイレックス事件〕・・・・・・・・323

東京高判平19.5.16労判944-52
　〔新国立劇場運営財団事件〕・・・803, **805**, 809

福岡高判平19.6.19判タ1265-253・・・・793

大阪高判平19.10.26労判975-50
　〔第一交通産業ほか（佐野第一交通）事件〕
　・・・・・・・・・・・・・・・・・・414

東京高判平19.11.29労判951-31
　〔朝日新聞社事件〕・・・・・・・・・803

東京高判平20.6.26労判963-16
〔日本アイ・ビー・エム事件〕……………476
東京高判平20.6.26労判978-93
〔インフォーマテック事件〕……………323
大阪高判平21.4.24労判983-88
〔加西市（懲戒免職）事件〕……………566
大阪高判平21.4.24判例集未掲載
〔神戸市（懲戒免職）事件〕……………566
東京高判平21.5.19判例集未掲載
〔日本美術刀剣保存協会事件〕…………724
仙台高判平21.7.30労判1018-9
〔小野リース事件〕……………**105**, 161
福岡高判平21.8.5判例集未掲載
〔佐賀県（懲戒免職）事件〕……………566
東京高判平21.9.15労判991-153
〔ニュース証券事件〕……………610
名古屋高判平21.9.17判例集未掲載
〔三重県（懲戒免職）事件〕……………566
大阪高判平21.11.27労判1004-112
〔NTT西日本事件〕……………730
東京高決平22.5.21労判1013-82
〔乙山金属運輸（保全異議）事件〕
………333, 343, 345, 348, 354, 362, 375, **418**
東京高判平22.5.27労判1011-20
〔藍澤證券事件〕……………754
大阪高判平22.6.29判タ1352-173
〔プリマハム事件〕……………538
札幌高判平22.9.30労判1013-160
〔日本ニューホランド（再雇用拒否）事件〕
………………738
東京高判平22.12.22判時2126-133
〔NTT東日本事件〕……………730
大阪高判平23.7.15労判1035-124
〔泉州学園事件〕…………343, 362, 406, 418
大阪高判平24.2.10労判1045-5
〔日本基礎技術事件〕…………145, 612
広島高岡山支判平24.3.22判例集未掲載
〔学校法人関西学園事件〕……………226
東京高判平24.3.26労判1065-74
〔日本ベリサイン事件〕……………203
大阪高判平24.4.18労判1053-5

〔南淡漁業協同組合事件〕…………**107**, 186
東京高判平24.9.20労経速2162-3
〔本田技研工業事件〕……………687
東京高判平24.9.28労判1063-20
〔NTT東日本（退職金請求）事件〕……588
東京高判平24.10.31労経速2172-3
〔日本アイ・ビー・エム事件〕……**396**, 407
大阪高判平24.12.13労判1072-55
〔アイフル（旧ライフ）事件〕……………129
東京高判平25.1.23労判1070-87
〔ビクターサービスエンジニアリング事件〕
………………809
名古屋高判平25.1.25労判1084-63
〔三菱電機ほか事件〕……………784
東京高判平25.3.21労判1073-5
〔日本ヒューレット・パッカード（解雇）
事件〕……………198
東京高判平25.4.24労判1074-75
〔ブルームバーグ・エル・ピー事件〕…165
東京高判平25.4.25労経速2177-16
〔淀川海運事件〕
………333, 343, 348, 355, 362, **420**
名古屋高判平25.9.5労判1082-15
〔三重県・県教委事件〕……………566
東京高判平26.2.20労判1100-48
〔A式国語教育研究所代表取締役事件〕
………………237
東京高判平26.5.21労判1123-83
〔ソクハイ事件①〕……………804
福岡高判平26.12.12労判1122-75
〔福原学園（九州女子短期大学）事件〕…889
東京高判平27.4.16労判1122-40
〔海空運健康保険組合事件〕……………**108**
広島高松江支判平27.5.27労判1130-33
〔学校法人矢谷学園ほか事件〕……………557
東京高判平27.9.10労判1135-68
〔日産自動車ほか事件〕……………788
東京高判平27.11.8判例集未掲載
〔有限会社X設計事件〕……………613
大阪高判平28.2.3労経速2316-3
〔H協同組合事件〕……………**424**

大阪高判平28．3．24労判1167-94
　　〔日本航空（客室乗務員）事件〕………356
東京高決平28．7．7労判1151-60
　　〔コンチネンタル・オートモーティブ（解
　雇・仮処分）事件〕……………………**869**
大阪高判平28．7．29労判1154-67…………809
東京高判平28．8．3労判1145-21
　　〔空調服事件〕……………………………616
名古屋高判平28．9．28労判1146-22
　　〔トヨタ自動車事件〕……………………731
東京高判平28．11．24労判1158-140
　　〔ネギシ事件〕…………………………**870**
名古屋高決平29．1．11労判1156-18
　　〔ゴールドルチル事件〕………………**874**

地方裁判所

東京地判昭25．4．11判タ2-53
　　〔大林組事件〕……………………………139
新潟地高田支判昭25.8.10労民集1-5-835
　　………………………………………………139
福岡地決昭29．12．28労民集5-6-661
　　〔日本炭業事件〕…………………………134
神戸地判昭30．6．3労民集6-3-307
　　〔川崎製鉄所事件〕…………………515,622
横浜地決昭34.11.13労民集10-6-1022……411
神戸地姫路支判昭38.11.21労民集14-6-1434
　　〔日伸運輸事件〕…………………………459
東京地判昭41．12．20判時467-26
　　〔住友セメント事件〕……………………743
津地判昭43．1．31労判57-17
　　〔横浜ゴム事件〕…………………………521
前橋地判昭43.12.24行集19-12-1966
　　〔群馬中央バス事件〕……………………128
東京地判昭44．7．1労判82-9
　　〔東急機関工業事件〕……………………744
東京地決昭45．6．23労判105-39
　　〔日本経済新聞社事件〕…………………503
津地決昭46．5．11労判136-6
　　〔日本コンクリート事件〕………………612
名古屋地判昭46．5．26労判131-30
　　〔愛知県レ・パ事件〕……………………239

京都地判昭47．4．1労判151-33
　　〔京都厚札自動車事件〕…………………128
名古屋地判昭47．4．28労時680-88
　　〔橋元運輸事件〕…………………………586
東京地八王子支判昭47.10.18労判166-46
　　〔日特金属工業事件〕……………………745
福岡地判47.10.20判タ2901-355
　　〔昭和室内装備事件〕……………………575
大阪地決昭48．3．6労判197-90
　　〔田辺鉄工所事件〕…………………………61
山口地下関支判昭49．9．28労判213-63
　　〔下関商業高校事件〕……………………390
東京地決昭50．9．12労判233-18
　　〔コパル事件〕……………………………745
京都地判昭50.10.7労判241-45
　　〔津田電線事件〕…………………………526
長崎地大村支判昭50.12.24労判242-14
　　〔大村野上事件〕…………………………328
千葉地決昭51．7．15労経速930-23
　　〔千葉中央バス事件〕……………………564
神戸地判昭51．9．28行集27-10-1635
　　〔神戸東労基署長事件〕…………………129
東京地判昭51.10.29労判264-35
　　〔高野メリヤス事件〕………………………47
福岡地判昭52．2．4労判270-29
　　〔昭和自動車事件〕…………………………67
東京地決昭52.12.21労経速973-12
　　〔鉄道整備事件〕…………………………724
東京地決昭54．3．27労判317速カ23
　　〔アロマ・カラー事件〕…………………258
岡山地判昭54．7．31労判326-44
　　〔住友重機玉島製造所事件〕……………448
水戸地龍ヶ崎支判昭55．1．18労民集31-1-14
　　〔東洋特殊土木事件〕……………………130
東京地判昭55．2．15労判335-23
　　〔スーパーバッグ事件〕………515,516,622
名古屋地判昭55．3．26労判342-61
　　〔興和事件〕………………………………456
東京地判昭55.12.15労判354-46
　　〔イースタン・エアポートモータース事件〕
　　………………………………………………497

横浜地判昭56．2．24労判369-68
　　〔中央労済・全労済事件〕……………458
名古屋地判昭56．7．10労判370-42
　　〔豊橋総合自動車学校事件〕…………518
横浜地判昭57．2．25判タ477-167
　　〔東京プレス工業事件〕………………582
東京地決昭57．11．19労判397-30
　　〔小川建設事件〕………………………574
大阪地判昭57．12．20労判401-23
　　〔天王寺労基署長（日東宝飾）事件〕…128
東京地判昭59．1．27労判423-23
　　〔エール・フランス事件〕…………273, 275
大阪地判昭59．2．2判タ426-31
　　〔ニッセイテック事件〕………………657
横浜地川崎支判昭59．3．30労判430-48
　　〔生野製作所事件〕……………………517
東京地判平60．1．30労判446-15
　　〔大森精工機事件〕……………………624
長崎地判昭60．2．27労判449速カ17
　　〔全電通長崎県支部事件〕……………239
那覇地判昭60．3．20労判455-71
　　〔アメリカン・エキスプレス・インターナ
　　ショナル事件〕………………………448
盛岡地判昭60．7．26労判461-50
　　〔盛岡市農協事件〕………………………54
金沢地判昭60．9．13労判468-66
　　〔達田タクシー事件〕…………………564
仙台地判昭60．9．19労判459-40
　　〔マルヤタクシー事件〕…500, 516, 518, 624
東京地決昭60．10．7労判463-68
　　〔相銀住宅ローン事件〕……………516, 540
東京地決平61．3．7労経速1251-15
　　〔京王帝都電鉄事件〕…………………564
大阪地決昭62．2．13労判497-133
　　〔都島自動車商会事件〕………………517
松山地西条支判昭62．5．6労判496-17
　　〔住友重機愛媛製造所事件〕…………328
東京地判昭62．5．26労判498-13
　　〔新興サービス事件〕…………………522
東京地判昭62．7．31労判503-45
　　〔日本テレビ放送網事件〕……………193

東京地決昭62．8．24労判503-32
　　〔持田製薬事件〕…………………152, **153**
名古屋地判昭63．3．4労判527-45
　　〔日本教育事業団事件〕…………………44
仙台地決昭63．7．1労判526-38
　　〔東北造船事件〕…………………413, **415**
東京地判昭63．11．25労判532-63
　　〔亜細亜大学事件〕………………657, 667
東京地判平元．1．23労判542-82
　　〔パイオニア事件〕……………………185
仙台地判平元．2．16判タ696-108
　　〔辰巳タクシー事件〕…………575, 578
東京地決平元．2．20労判544-77
　　〔全国給食協同組合連合会事件〕
　　………………………111, **112**, 179
大阪地決平元．3．27労判536-16
　　〔澤井商店事件〕…………………67, **68**
名古屋地判平元．7．28労判567-64
　　〔光洋運輸事件〕…………………130, 206
名古屋地判平2．4．27労判576-62
　　〔名古屋埠頭事件〕……………………130
神戸地判平2．5．25労判583-40
　　〔ブックローン事件〕…………………522
東京地判平2．5．30労判563-14
　　〔熊谷興業事件〕………………………202
東京地判平2．7．27労判568-61
　　〔三菱重工業（相模原製作所）事件〕…532
大阪地決平2．8．31労判570-52
　　〔大阪築港運輸事件〕…………………130
福岡地判平2．12．12労判578-59
　　〔福岡大和倉庫事件〕……………657, 672
東京地判平3．4．8労判590-45
　　〔東京メデカルサービス・大幸商事件〕…575
鹿児島地判平3．5．31労判592-69
　　〔協業組合ユニカラー事件〕…………557
大阪地堺支判平3．7．31労判595-59
　　〔南海電気鉄道事件〕…………………538
岡山地判平3．11．19労判613-70
　　〔岡山電気軌道（バス運転者）事件〕……59
大阪地決平3．11．29労判599-42
　　〔エイゼットローブ事件〕……176, **177**, 179

大阪地決平4.3.23労判623-65
　　〔井上達明建築事務所事件〕…………202
大阪地判平4.9.8労判619-61
　　〔大和倉庫事件〕…………………………185
東京地判平4.9.18労判617-44
　　〔エス・バイ・エル事件〕……………538
福岡地判平4.11.25労判621-33
　　〔三井石炭鉱業事件〕…………………355
東京地八王子支決平5.10.25労判640-55
　　〔日本電子事件〕………………………602
東京地決平6.1.25労経速1535-6
　　〔インターナショナル・クリーニング・サ
　　ービス事件〕……………………………616
東京地判平6.3.11労判666-61
　　〔ユニスコープ事件〕…………………187
東京地判平6.3.30労判649-6
　　〔環境サービス事件〕…………………132
大阪地決平6.8.23労判668-42
　　〔フィリップス・ジャパン事件〕………768
名古屋地決平6.9.2労判668-26
　　〔日光陸運事件〕………………………538
浦和地川越支判平6.11.10労判666-28
　　〔正興産業事件〕………………………516
東京地判平6.11.29労判673-108
　　〔武富士事件〕…………………………554
名古屋地判平7.3.24労判678-47
　　〔ダイフク事件〕………………………686
大阪地判平7.4.26労判680-59
　　〔尾崎町農協事件〕……………………584
横浜地決平7.11.8労判701-70
　　〔学校法人徳心学園（横浜高校）事件〕…71
大阪地決平7.12.21労判688-27
　　〔インチケープ・マーケティング・ジャパ
　　ン事件〕…………………………………195
横浜地判平8.4.30労判719-15
　　〔藤沢医科工業事件〕………………53, **55**
東京地判平8.7.2労判698-11
　　〔佐世保重工業事件〕…………………561
大阪地判平8.7.31労判708-81
　　〔日本電信電話（大阪淡路支店）事件〕
　　……………………………………………538

東京地判平8.8.15労判702-33
　　〔三重近鉄タクシー事件〕……………581
大阪地判平8.9.6労判712-94
　　〔インターパシフィック事件〕………132
大阪地判平8.9.30労判712-59
　　〔日本周遊観光バス事件〕……………538
東京地判平9.1.31労判712-17
　　〔本位田建築事務所事件〕………458, **460**
東京地判平9.4.15労判732-82
　　〔ニューサンノー米軍センター事件〕…225
東京地判平9.6.9労判720-61
　　〔古川製作所事件〕……………………188
大阪地判平9.8.29労判725-40
　　〔学校法人白頭学院事件〕………………57
大阪地判平10.1.28労判733-72
　　〔ダイエー（朝日セキュリティーシステム
　　ズ）事件〕………………………………535
広島地判平10.1.29平成11年版年間労働判例
命令要旨集59頁
　　〔大新運輸商事事件〕……………………78
東京地判平10.3.3労経速1666-23
　　〔シンワ事件〕…………………………195
大阪地決平10.7.7労判747-50
　　〔グリン製菓事件〕…………………409, 411
大阪地判平10.7.29労判749-26
　　〔山本香料事件〕………………………196
大阪地判平11.1.25労経速1719-3
　　〔日本土地建物事件〕…………………531
東京地決平11.1.29労判782-35
　　〔ナショナル・ウエストミンスター銀行
　　（二次仮処分）事件〕…………………334, 364
東京地判平11.3.26労判767-74
　　〔新星自動車事件〕……………………538
大阪地判平11.4.23労判767-87
　　〔タツミ保険サービス事件〕…………132
大阪地決平11.4.30労判771-82
　　〔アラウン事件〕………………………312
東京地判平11.5.14労経速1709-25
　　〔カルティエジャパン事件〕…………582
横浜地決平11.5.31労判769-44
　　〔大京ライフ事件〕……………………724

東京地判平11．6．29労判768-18
　〔博報堂事件〕・・・・・・・・・・・・・・・・・・・・・531
東京地八王子支決平11．7．23労判775-71
　〔ナカミチ事件〕・・・・・・・・・339, 346, 352, 693
札幌地判平11．9．21労判769-20
　〔北産機工事件〕・・・・・・・・・・・・・・・・・・・・246
大阪地判平11.10．4労判771-25
　〔東海旅客鉄道（退職）事件〕・・・10, 267, 271
大阪地判平11.10.18労判772-9
　〔全日本空輸（退職強要）事件〕
　・・・・・・・・・・・・・・・・・・・・・・・・267, 273, 286
東京地決平11.11.29労判780-67
　〔角川文化振興財団事件〕・・・・・・・・・・・・・322
東京地判平11.11.30労判777-36
　〔かどや製油事件〕・・・・・・・・・・・・・・・532, 582
東京地決平12．1．12労判779-27
　〔明治書院（解雇）事件〕・・・・・・・・・348, 693
東京地決平12．1．21労判782-23
　〔ナショナル・ウエストミンスター銀行
　（三次仮処分）事件〕・・・4, 118, **119**, 322, 324
東京地判平12．2．28労判796-89
　〔メディカルサポート事件〕・・・・・・・・・・・・531
大阪地判平12．4．19労判785-38
　〔住友金属工業（退職金）事件〕・・・・・・・・・379
東京地判平12．4．26労判789-21
　〔プラウドフットジャパン事件〕
　・・・・・・・・・・・・・・・・・・147, **149**, 169, 179
大阪地判平12．4．28労判789-15
　〔大阪観光バス事件〕・・・・・・・・・・・・542, **543**
東京地判平12．5．1労判795-71
　〔南労会（松浦診療所）事件〕・・・・・・・・・・・538
大阪地判平12．6．23労判786-16
　〔シンガポール・デベロップメント銀行
　（本訴）事件〕・・・・・・・・・・・・447, 448, 449
東京地判平12.7.28労判797-65
　〔東京海上火災保険（普通解雇）事件〕
　・・・・・・・・・・・・・・・・・・・・・・・・・・193, 313
大阪地判平12．9．8労判798-44
　〔ダイフク（合意退職）事件〕・・・・・・・・・・・386
東京地判平12.10.16労判798-9
　〔わかしお銀行事件〕・・・・・・・・・・・・・・・・536

東京地判平12.11.10労判807-69
　〔東京貨物社（普通解雇）事件〕・・・・・・・・・586
金沢地判平13．1．15労判805-82
　〔鳥屋町職員事件〕・・・・・・・・・・・・・・・・・・387
大阪地判平13．3．23労経速1768-20
　〔中外爐工業事件〕・・・・・・・・・・・・・・・・・・554
岡山地倉敷支判平13．5．22労経速1781-3
　〔ミニット・ジャパン事件〕・・・・・・・・・・・・448
東京地判平13．6．5労経速1779-3
　〔十和田運輸事件〕・・・・・・・・・・・・503, 575
東京地決平13．8．10労判820-74
　〔エース損害保険事件〕・・・123, **125**, 144, 728
大分地判平13.10．1労判837-76
　〔九州運送事件〕・・・・・・・・・・・・・・・・・・・366
東京地判平13.10.26労経速1791-3
　〔東日本旅客鉄道（懲戒解雇）事件〕・・・535
大阪地判平13.11．9労判824-70
　〔カントラ事件〕・・・・・・・・・・・・・・・・・・・267
大阪地判平13.12.19労判824-53
　〔日本臓器製薬（本訴）事件〕・・・・・・・・・・・561
東京地判平13.12.25労判824-36
　〔カジマ・リノベイト事件〕・・・・・・・・・・・**104**
東京地判平13.12.25労経速1789-22
　〔ブレーンベース事件〕・・・・・・・・・・・・・・・616
東京地判平14．1．31労判825-88
　〔上野労基署長（出雲商会）事件〕
　・・・・・・・・・・・・・・・・・・・・・・・・・・129, 140
大阪地判平14．3．20労判829-79
　〔塚本庄太郎商店（本訴）事件〕・・・・・・・・・333
東京地判平14．4．9労判829-56
　〔ソニー（早期割増退職金）事件〕・・・65, 381
東京地判平14．4．24労判828-22
　〔岡田運送事件〕・・・・・・・・・・・・・・248, 503
東京地判平14．5．14労経速1819-7
　〔テレビ朝日サービス事件〕
　・・・・・・・・・・・・・・・・・・・・・・・・・・・・・187
大阪地判平14．7．5労判833-36
　〔西尾家具工芸社事件〕・・・・・・・・・・・・・・・554
東京地判平14．8．9労判836-94
　〔オープンタイドジャパン事件〕・・・・・・・・・159
仙台地決平14．8．26労判837-51

〔鐘淵化学工業（東北営業所）事件〕…448

東京地判平14.10.29労判839-17

　　〔アジアエレクトロニクス事件〕………381

東京地判平14.11.5労判844-58

　　〔東芝（退職金請求）事件〕……………586

仙台地決平14.11.14労判842-56

　　〔日本ガイダント仙台営業所事件〕………88

東京地判平14.12.20労判845-44

　　〔日本リーバ事件〕………………………554

東京地判平15.3.31労判849-75

　　〔日本ポラロイド（サイニングボーナス等）

　　事件〕………………………………………48

大阪地決平15.4.16労判849-35

　　〔大建工業事件〕……………279, 298, **299**

横浜地小田原支判平15.4.25労判931-24

　　〔神奈川信用農業協同組合事件〕………381

東京地判平15.5.6労判857-64

　　〔東京貨物社（解雇・退職金）事件〕…586

松山地判平15.5.22労判856-45

　　〔伊予銀行・いよぎんスタッフサービス事件〕

　　………………………………………………788

東京地判平15.5.28労判852-11

　　〔警察学校・警察病院HIV検査事件〕……293

大阪地堺支判平15.6.18労判855-22

　　〔大阪いずみ市民生協（内部告発）事件〕

　　………………………………………………557

東京地判平15.6.20労判854-5

　　〔B金融公庫（B型肝炎ウイルス感染検査）

　　事件〕………………………………293, 630

東京地判平15.7.7労判862-78

　　〔カテリーナビルディング（日本ハウズイン

　　グ）事件〕………………………………560

大阪地判平15.9.12労判864-63

　　〔NTT西日本事件〕………………………379

東京地判平15.9.17労判858-57

　　〔メリルリンチ・インベストメント・マネ

　　ージャーズ事件〕…………………………554

東京地判平15.9.22労判870-83

　　〔グレイワールドワイド事件〕…………560

名古屋地判平15.9.30労判871-168

　　〔トヨタ車体事件〕………………………536

東京地判平15.12.8判例集未掲載 ………568

東京地判平15.12.19労判873-73

　　〔タイカン事件〕……………………………23

東京地判平15.12.22労経速1862-23

　　〔東武トラベル事件〕……………………531

東京地判平15.12.22労判871-91

　　〔日水コン事件〕………………174, **175**, 179

神戸地決平15.12.26労判872-28

　　〔ピー・アンド・ジー明石工場事件〕……61

東京地決平16.3.12労経速1877-3

　　〔JR西日本メンテック事件〕……………710

東京地判平16.3.26労判876-56

　　〔独立行政法人N事件〕……………276, 277

横浜地川崎支判平16.5.28労判878-40

　　〔昭和電線電纜事件〕………………72, **73**

東京地判平16.12.17労判889-52

　　〔グラバス事件〕…………………137, 517

大阪地判平17.1.13労判893-150

　　〔近畿コカ・コーラボトリング事件〕…687

静岡地判平17.1.18労判893-135

　　〔静岡第一テレビ事件〕………232, **233**, 234

東京地判平17.1.28労判890-5

　　〔宣伝会議事件〕…………………………603

名古屋地判平17.2.23労判892-42

　　〔山田紡績事件〕…………………………487

大阪地判平17.3.30労判892-5

　　〔ネスレコンフェクショナリー関西支店事件〕

　　………………………………………………692

大阪地判平17.4.27労判897-26

　　〔アワーズ（アドベンチャーワールド）事件〕

　　………………………………………………557

東京地判平17.7.25労判900-32

　　〔マイスタッフ（一橋出版）事件〕……788

東京地判平17.9.9判例集未掲載 ………531

さいたま地判平17.9.30判例集未掲載 …503

東京地判平17.10.3労判907-16

　　〔富士通（退職金特別加算金）事件〕…381

東京地判平17.11.2労判909-43

　　〔東邦生命事件〕…………………………385

仙台地決平17.12.15労判915-152

　　〔三陸ハーネス事件〕……………………409

東京地判平18. 1. 25労判912-63
　〔日音（退職金）事件〕・・・・・・・・・・・587
東京地判平18. 2. 6労判911-5
　〔農林漁業金融公庫事件〕・・・・・・・・・209, 248
東京地判平18. 2. 7労経速1929-35
　〔光輪モータース事件〕・・・・・・・・・・・532
大阪地判平18. 3. 24労判916-37
　〔大阪府保険医療財団事件〕
　・・・・・・・・・・・・・・・・・・・・・・・・187
東京地判平18. 6. 30労判936-57
　〔国（在日米軍司令官・解雇）事件〕・・・145
東京地判平18. 8. 30労判925-80
　〔アンダーソンテクノロジー事件〕・・・・・・557
大阪地判平18. 10. 26労判932-39
　〔ジョナサンほか1社事件〕〕・・・・・・・・78
東京地判平18. 11. 22労経速1966-3
　〔シティバンク，エヌ・エイ事件〕・・・・・・536
東京地判平18. 11. 29労判935-35
　〔東京自転車健康保険組合事件〕・・・・・・・234
東京地判平19. 3. 9労判938-14
　〔日産センチュリー証券事件〕・・・・・・・・554
東京地判平19. 4. 11判例集未登載
　〔社会民主党事件〕・・・・・・・・・・・・・347
横浜地判平19. 5. 29労判942-5
　〔日本アイ・ビー・エム事件〕・・・・・・・・475
東京地判平19. 5. 30労判950-90
　〔千代田事件〕・・・・・・・・・・・・・・・587
東京地判平19. 6. 8労経速1980-20
　〔昭和電線ケーブルシステム事件〕・・・・・・312
さいたま地川越支判平19. 6. 28判例944-5
　〔協同商事（懲戒解雇）事件〕・・・・・・・・560
東京地判平19. 8. 27労経速1985-3
　〔ヤマト運輸（懲戒解雇）事件〕
　・・・・・・・・・・・・・・・・・・・・564, 586
大阪地判平19. 8. 30労判957-65
　〔豊中市不動産事業協同組合事件〕
　・・・・・・・・・・・・・・・・・・・・132, 538
東京地判平19. 9. 14労判947-35
　〔セコム損害保険事件〕・・・・・・・・185, 503
東京地判平19. 12. 14労判954-92
　〔日本旅行事件〕・・・・・・・・・・・・・・74

東京地判平19. 12. 14労判957-26
　〔ハネウェルジャパン事件〕・・・・・・・・・229
大阪地判平20. 1. 25労判960-49
　〔キヤノンソフト情報システム事件〕
　・・・・・・・・・・・・・・・・・・・・277, 280
大阪地判平20. 3. 7労判971-72
　〔ハイクリップス事件〕・・・・・・・・・・・580
東京地判平20. 4. 22労経速2007-21
　〔財団法人市川房江記念館事件〕・・・341, 386
東京地判平20. 5. 20判タ1291-217
　〔日本美術刀剣保存協会事件〕・・・・・・・・724
大阪地判平20. 8. 28労判975-21
　〔旭運輸事件〕・・・・・・・・・・・・・・・132
東京地判平20. 12. 5労判981-179
　〔上智学院（懲戒解雇）事件〕・・・・・・・・575
東京地判平20. 12. 19労経速2032-3
　〔野村総合研究所事件〕・・・・・・・・・・・316
仙台地判平20. 12. 24労判1018-12
　〔小野リース事件〕・・・・・・・・・・・**105**, 161
福井地判平21. 4. 22労判985-23
　〔A病院（医師・解雇）事件〕・・・・・・・・721
宇都宮地栃木支決平21. 4. 28労判982-5
　〔プレミアライン事件〕・・・・・・・・・・・693
甲府地決平21. 5. 21労判985-5
　〔メイコー（仮処分）事件〕
　・・・・・・・333, 334, 343, 347, 348, 355, 362, **425**
福岡地小倉支判平21. 6. 11労判989-20
　〔ワイケーサービス事件〕・・・・・・・・・・414
東京地判平21. 6. 12労判991-64
　〔骨髄移植推進財団事件〕・・・・・・・・・・557
東京地判平21. 6. 16労判991-55
　〔旭東広告社事件〕・・・・・・・・・・・・・539
札幌地決平21. 7. 7労判991-163
　〔釜屋電機（仮処分）事件〕・・・・・・333, **427**
東京地判21. 7. 16労判988-20
　〔江崎グリコ（雇止め・仮処分）事件〕
　・・・・・・・・・・・・・・・・・・・・・・・326
東京地立川支決平21. 8. 26労判993-57
　〔飛鳥管理（仮処分）事件〕
　・・・・・・・335, 343, 345, 354, 360, 362, 375, **427**
東京地判平21. 8. 31労判995-80

〔アクサ生命保険事件〕‥‥‥‥‥‥517
東京地判平21.9.30労経速2058-30
　〔高嶺清掃事件〕
　‥‥‥326, 333, 343, 348, 355, 375, 406, **428**
東京地判平21.11.27労判1003-33
　〔東京電力（諭旨解雇処分等）事件〕‥582
大阪地堺支判平21.12.18労判1006-73
　〔泉州学園事件〕
　‥‥‥‥‥333, 343, 349, 354, 359, 362, **417**
東京地決平21.12.21労判1006-65
　〔明石書店事件〕‥‥‥‥‥‥‥‥‥688
宇都宮地栃木支決平22.2.19労判1013-94
　〔乙山金属運輸（保全異議）事件〕
　‥‥‥‥‥‥‥‥343, 348, 355, 375, 420
東京地判平22.3.15労判1009-78
　〔日本フィスバ事件〕
　‥‥‥‥‥333, 343, 344, 345, 349, 355, **439**
東京地判平22.3.18労判1011-73
　〔西濃シェンカー事件〕‥‥‥268, 273, 306
東京地判平22.3.24労判1008-35
　〔J学園（うつ病・解雇）事件〕‥288, 313
佐賀地判平22.3.26労判1005-31
　〔佐賀ゴルフガーデンほか事件〕‥‥‥458
東京地判平22.4.28労判1010-25
　〔ソクハイ事件②〕‥‥‥‥‥‥804, 809
大阪地判平22.5.14労判1015-70
　〔Y学園事件〕‥‥‥‥‥‥‥‥‥‥532
福岡地判平22.6.2労判1008-5
　〔コーセーアールイー（第2）事件〕‥595
大阪地判平22.6.25労判1011-84
　〔ビー・エム・シー・ソフトウェア事件〕
　‥‥‥333, 343, 344, 345, 354, 375, **440**
福島地判平22.6.29労判1013-54
　〔福島県福祉事業協会事件〕‥‥‥‥235
横浜地判平22.6.29労経速2097-22
　〔JFEエンジニアリングほか事件〕‥‥‥502
大阪地判平22.7.15労判1014-35
　〔医療法人大生会事件〕‥‥‥‥‥‥235
東京地決平22.7.30労判1014-83
　〔明石書店（製作部契約社員・仮処分）事件〕‥‥‥‥‥‥‥‥‥‥‥‥‥‥‥688

東京地判平22.8.27労経速2085-25
　〔マイルストーン事件〕‥‥‥‥‥‥788
東京地判平22.9.8労判1025-64
　〔日鯨商事事件〕‥‥‥‥‥‥‥‥‥51
東京地判平22.10.27労判1021-39
　〔レイズ事件〕‥‥‥‥‥‥‥‥‥236
大阪地判平22.10.29労判1021-21
　〔類設計室事件〕‥‥‥‥‥‥164, 721
東京地判平22.11.9労判1016-84
　〔ダイフク事件〕‥‥‥‥‥‥‥‥532
東京地判平22.11.10労判1019-13
　〔メッセ事件〕‥‥‥‥‥‥‥‥‥518
札幌地判平22.11.12労判1023-43
　〔Y大学（アカデミックハラスメント）事件〕
　‥‥‥‥‥‥‥‥‥‥‥‥‥‥110, 549
京都地判平22.11.26労判1022-35
　〔エフプロダクト（本訴）事件〕‥‥‥326
京都地判平22.12.15労判1020-35
　〔京阪バス事件〕‥‥‥‥‥‥236, 564
東京地判平22.12.27労判1027-91
　〔サニーヘルス事件〕‥‥‥‥‥‥**392**
東京地判平22.12.27労判1031-62
　〔日本ベリサイン事件〕‥‥‥‥‥‥203
東京地判平22.12.27判タ1360-137
　〔富士通エフサス事件〕‥‥‥‥‥‥542
岡山地判平23.1.21労判1025-47
　〔学校法人関西学園事件〕‥‥‥‥‥226
大阪地判平23.1.28労判1027-79
　〔国際興業大阪事件〕‥‥‥‥‥‥‥52
東京地判平23.1.28労判1029-59
　〔学校法人田中千代学園事件〕‥‥‥‥557
福岡地小倉支判平23.2.8判時2120-130
　‥‥‥‥‥‥‥‥‥‥‥‥‥‥‥‥587
東京地決平23.2.21労判1030-72
　〔セネック事件〕‥‥‥‥‥‥110, 198
東京地判平23.2.25労判1028-56
　〔日本通運（休職命令・退職）事件〕
　‥‥‥‥‥‥‥‥‥‥‥‥‥‥277, 289
東京地判平23.3.18労判1031-48
　〔クレディ・スイス事件〕
　‥‥‥‥‥‥333, 335, 343, 344, **441**

東京地判平23.3.25労判1032-91
〔NTT東日本（出張旅費不正請求）事件〕
……………………………………532
横浜地川崎支判平23.3.29判例集未掲載
……………………………………564
東京地判平23.3.30労判1028-5
〔富士ゼロックス事件〕……………74
大阪地判平23.4.7労判1045-10
〔日本基礎技術事件〕…………145, 612
東京地判平23.5.10労判1039-90
〔岡畑興産事件〕……………………197
青森地弘前支判平23.5.18労判1046-29
〔学校法人東奥義塾事件〕…………694
山形地判平23.5.25労判1034-47
〔シーディーシー事件〕……………51
横浜地判平23.7.26労判1035-88
〔学校法人大谷学園（中学校教諭・懲戒解
雇）事件〕……………………………58
新潟地判平23.7.26判例集未掲載 ………197
東京地判平23.8.14労経速2123-27
〔フェイス事件〕……………………344
東京地判平23.9.6労経速2177-22
〔淀川海運事件〕…………335, 343, 355
神戸地洲本支判平23.9.8労判1053-16
〔南淡漁業協同組合事件〕………**107**, 186
東京地判平23.9.21労判1038-39
〔ジェイ・ウォルター・トンプソン・ジャ
パン事件〕……………………………236
東京地判平23.11.18労判1044-55
〔テイケイ事件〕……………………232
東京地判平23.11.24労経速2131-16
〔日立製作所事件〕…………………582
東京地判平23.11.25労判1045-39
〔三枝商事事件〕…………………4, 237
東京地判平23.12.26判例集未掲載 ………145
東京地判平23.12.28労経速2133-3
〔日本アイ・ビー・エム事件〕…………**393**
東京地判平24.1.23労判1047-74
〔クレディ・スイス証券（休職命令）事件〕
……………………………………155
東京地判平24.1.27労判1047-5

〔学校法人尚美学園事件〕…………639
大阪地判平24.2.15労判1048-105
〔建設技術研究所事件〕……………193
東京地判平24.2.27労判1048-72
〔NEXX事件〕………………………111
東京地決平24.2.28労働判例ジャーナル3-8
〔ロイヤル・バンク・オブ・スコットラン
ド・ピーエルシー事件〕……………721
東京地判平24.2.29労判1048-45
〔日本通信事件〕
…323, 333, 335, 343, 346, 355, 362, 375, **429**
東京地判平24.3.9労判1050-68
〔ザ・ウィンザー・ホテルズインターナシ
ョナル（自然退職）事件〕…………288
東京地判平24.3.15労判1091-60
〔横河電機（SE・うつ病罹患）事件〕…261
東京地判平24.3.29労判1055-58
〔日本航空（パイロット等）事件〕……372
東京地判平24.3.30労経速2143-3
〔日本航空客室乗務員解雇事件〕………486
東京地判平24.3.30労判1063-27
〔NTT東日本（退職金請求）事件〕……588
東京地判平24.4.16労判1054-5
〔いすゞ自動車（雇止め）事件〕…………76
新潟地判平24.4.20判例集未掲載………51
東京地判平24.7.4労経速2155-9
〔トレンドマイクロ事件〕……………186
京都地判平24.7.13労判1058-21
〔マンナ運輸事件〕…………………573
東京地判平24.7.18労判1073-11
〔日本ヒューレット・パッカード（解雇）
事件〕…………………………………198
東京地判平24.8.23労経速2158-3
〔ライトスタッフ事件〕………………617
東京地判平24.8.28労判1060-63
〔ブランドダイアログ事件〕…………554
東京地判平24.10.5労判1067-76
〔ブルームバーグ・エル・ピー事件〕…165
大阪地判平24.11.2労経速2170-3
〔宮坂産業事件〕…………………531, 554
東京地判平24.11.15労判1079-128

〔ソクハイ③事件〕・・・・・・・・・・・・・808, 809
東京地判平24.11.16労判1069-81
　〔アクセルリス事件〕
　　・・・・・・・333, 335, 343, 344, 346, 355, 362, **442**
山口地萩支判平24.11.19判例集未掲載 ・・・110
東京地判平24.11.30労判1069-36
　〔日本通信（懲戒解雇）事件〕・・・・・・・・・503
東京地判平24.12.5労判1068-32
　〔トルコ航空ほか1社事件〕・・・・・・・・・788
東京地判平24.12.13労判1071-86
　〔Principle One事件〕
　　・・・333, 335, 343, 344, 348, 355, 362, 375, **438**
東京地判平24.12.25労判1068-5
　〔第一興商（本訴）事件〕・・・・・258, 268, 272
大阪地判平25.1.18労判1079-165
　〔北港観光バス（出勤停止処分等）事件〕
　　・・・・・・・・・・・・・・・・・・・・・・・・・・・・・・・・・・58, 78
東京地判平25.1.25労判1070-72
　〔全国建設厚生年金基金事件〕・・・・・・・・・532
東京地判平25.1.31労判1083-83
　〔伊藤忠商事事件〕・・・・・・・・・・・・・277, 279
神戸地判平25.2.27労判1072-20
　〔東亜外業（本訴）事件〕
　　・・・・・・・・・・・・・・・333, 343, 346, 355, 362, **430**
東京地判平25.3.28労経速2175-20
　〔日本郵便事件〕・・・・・・・・・・・・・・・・・・・582
千葉地松戸支判平25.4.19労判1111-61
　〔とうかつ中央農協事件〕・・・・・・・・・・・・560
横浜地判平25.4.25労判1075-14
　〔東芝ライテック事件〕・・・・・・・・・・・・・688
東京地判平25.7.23労判1080-5
　〔ファニメディック事件〕・・・・・・・・・・・・614
さいたま地判平25.7.30労判1090-72
　〔ザ・キザン・ヒロ事件〕・・・・・・・・・・・**432**
東京地判平25.9.11労判1087-63
　〔ロイズ・ジャパン事件〕
　　・・・・・・・・・・・・333, 343, 344, 355, 375, **443**
旭川地判平25.9.17判時2213-125・・・・・・・・・・62
福岡地判平25.9.19労判1096-87
　〔社会保険労務士法人パートナーズほか事件〕
　　・・・・・・・・・・・・・・・・・・・・・・・・・・・・・・・・・・・・・614

東京地判平25.9.20労判1100-58
　〔A式国語教育研究所代表取締役事件〕
　　・・・・・・・・・・・・・・・・・・・・・・・・・・・・・・・・・・・・・237
東京地判平25.11.12労判1085-19
　〔リコー（子会社出向）事件〕・・・・・・・・・**397**
東京地判平25.11.21労判1091-74
　〔芝ソフト事件〕・・・・・・・・・・・・・・・・・・・155
札幌地判平25.12.2労判1100-70
　〔学校法人専修大学（専大北海道短大）事
　件〕・・・・・・・333, 343, 355, 362, 376, **423**
大分地判平25.12.10労判1090-44
　〔ニヤクコーポレーション事件〕・・・・・・・・713
東京地判平25.12.18労判1094-80
　〔ソーシャルサービス協会事件〕・・・・・・・・**433**
東京地判平26.1.30労判1097-75
　〔トライコー事件〕・・・・・・・・・・・・・140, 165
大阪地判平26.2.25労判1093-14
　〔学校法人金蘭会学園事件〕
　　・・・・・・・・・・・・・・・・・・・・・333, 350, 355, **434**
福岡地小倉支判平26.2.27労判1094-45
　〔福原学園（九州女子短期大学）事件〕
　　・・・・・・・・・・・・・・・・・・・・・・・・・・・・・・・・・・・・・**889**
横浜地判平26.3.25労判1097-5
　〔日産自動車ほか事件〕・・・・・・・・・・・・・788
東京地判平26.3.26判例集未掲載・・・・・・・・・・・52
東京地判平26.4.11労判1122-47
　〔海空運健康保険組合事件〕・・・・・・・・・・**108**
神戸地尼崎支判平26.4.22労判1096-44
　〔阪神バス（勤務配慮・本訴）事件〕・・・483
東京地判平26.5.13労経速2220-3
　〔日本テレビ放送網事件〕・・・・・・・・・・・・277
静岡地判平26.7.9労判1105-57
　〔社会福祉法人県民厚生会ほか事件〕・・・129
福岡地久留米支判平26.8.8判時2239-88
　　・・・・・・・・・・・・・・・・・・・・・・・・・・・・・・・・・・・・・294
東京地判平26.8.20労判1111-84
　〔ワークスアプリケーションズ事件〕
　　・・・・・・・・・・・・・・・・・・・・・・260, 278, 280
東京地判平26.11.26労判1112-47
　〔アメックス（休職期間満了）事件〕
　　・・・・・・・・・・・・・258, 278, 280, 296, 316

東京地判平26.12. 9 労経速2236-20
　〔メルセデス・ベンツ・ファイナンス事件〕
　　　……………………………………186, 231
横浜地決平27. 1 .14労判1120-94
　〔コンチネンタル・オートモーティブ（仮
　処分）事件〕…………………………………289
東京地判平27. 1 .14労経速2242-3
　〔甲社事件〕……………………………………557
札幌地判平27. 1 .20労判1120-90
　〔オクダソカベ事件〕……………………**436**
大阪地判平27. 1 .28労判1126-58
　〔日本航空（客室乗務員）事件〕…356, **399**
東京地判平27. 1 .28労経速2241-19
　〔有限会社X設計事件〕………………………614
東京地判平27. 5 .28労判1162-73
　〔日本ヒューレット・パッカード事件〕
　　　……………………………230, 278, 279
東京地判平27. 6 . 2 労経速2257-3
　〔KPIソリューションズ事件〕……………517
東京地判平27. 6 . 8 労判1141-82
　〔学校法人早稲田大学事件〕……………**869**
東京地判平27. 7 .15労判1145-136
　〔ビジョン事件〕…………………………**878**
東京地判平27. 7 .29労判1124-5
　〔日本電気事件〕…………………………276, 278
神戸地判平27. 7 .29労経速2316-10
　〔H協同組合事件〕…………………………425
福岡地判平27. 7 .29労判1132-76
　〔学校法人杉森学園事件〕………………**437**
東京地判平27. 9 .18労判1139-42
　〔一般財団法人厚生年金事業振興団事件〕
　　　…………………………………………**880**
東京地判平27.10. 9 労経速2270-17
　〔キングスオート事件〕………………………613
東京地判平27.11.11労経速2275-3
　〔甲社事件〕……………………………………557
東京地判平27.12.25労判1133-5
　〔東京メトロ（諭旨解雇・本訴）事件〕…569
東京地判平28. 1 .29労判1136-72
　〔全日本海員組合（全雇用更新拒絶）事件〕
　　　…………………………………………**889**

東京地判平28. 2 .19労判1136-58
　〔シンワ運輸東京事件〕………………**890**
東京地判平28. 2 .26労判1136-32
　〔野村證券事件〕………………………554, **884**
東京地判平28. 3 . 8 労判1145-28
　〔空調服事件〕………………………………616
岐阜地多治見支決平28. 3 .16労判1156-25
　〔ゴールドルチル事件〕…………………875
東京地判平28. 3 .22労判1145-130
　〔ネギシ事件〕……………………………871
東京地判平28. 3 .28労判1142-40
　〔日本アイ・ビー・エム〔解雇・第 1 〕事件〕
　　　…………………………………………**872**
京都地判平28. 3 .29労判1146-65
　〔O公立大学法人〔O大学・准教授〕事件〕
　　　…………………………………………**873**
福井地判平28. 3 .30判時2298-132
　〔福井信用金庫事件〕……………………**881**
東京地判平28. 5 .10労判1152-51
　〔学校法人尚美学園（大学専任教員A・再
　雇用許否）事件〕…………………………**891**
東京地判平28. 6 .21判例集未掲載 ………788
東京地判平28. 7 . 8 労経速2307-3
　〔ドコモCS事件〕…………………………532
東京地判平28. 7 .19労判1150-16
　〔クレディ・スイス証券（懲戒解雇）事件〕
　　　…………………………………………**885**
東京地決平28. 8 . 9 労判1149-5
　〔国際自動車（再雇用更新拒絶・仮処分第
　1 ）事件〕…………………………………**892**
東京地判平28. 9 .21労経速2305-13
　〔まぐまぐ事件〕…………………………611, 617
東京地判平28. 9 .28労経速2304-3
　〔綜企画設計事件〕………………278, 280, 296
東京地判平28.11.16労判ジャーナル59-18
　〔ディーコープ事件〕……………………**882**
東京地判平28.11.30労判1154-81
　〔学校法人尚美学園（大学特別専任教員・
　雇止め）事件〕……………………………**893**
東京地判平28.12.28労判1161-66
　〔ドリームエクスチェンジ事件〕………**883**

静岡地判平29.1.20労判1155-77
〔学校法人常葉学園ほか（短大准教授・本
訴）事件〕……………………………**886**
東京地判平29.3.28労判1164-71
〔エイボン・プロダクツ事件〕…………479
名古屋地判平29.3.28労判1161-46
〔NHK（名古屋放送局）事件〕…………**876**
東京地判平29.4.13判例集未掲載 ………810
東京地判平29.4.21労経速2316-17
〔甲学園事件〕……………………………596
東京地判平29.7.3労経速2232-3
〔シュプリンガー・ジャパン事件〕……**875**
東京地判平29.7.18労経速2334-22
〔シリコンパワージャパン事件〕………**871**
東京地判平29.8.10労経速2334-3
〔全日本手をつなぐ育成会事件〕………**880**
東京地判平29.8.39労経速2234-28
〔アスリーエイチ事件〕…………………**871**

京都地判平29.9.20判例集未掲載
〔京都市立浴場運営財団ほか事件〕……714
大阪地判平29.9.25労経速2327-3
〔国立大学法人Ｏ大学事件〕…………**877**
前橋地判平29.10.4労経速2329-9
〔国立大学法人甲大学事件〕…………**887**
東京地判平29.11.30労経速2337-3
〔東京電力パワーグリッド事件〕………**878**

＊　＊　＊

労民集…労働関係民事裁判例集
労判　…労働判例（産労総合研究所）
労経速…労働経済判例速報（日本経営者団体
　　　　　連盟）
判時　…判例時報（判例時報社）

《著者紹介》

延増　拓郎（えんぞう　たくろう）
1994年明治大学法学部卒業。1998年司法試験合格。2000年司法修習修了（53期），弁護士登録（第一東京弁護士会所属），2003年石嵜信憲法律事務所（現，石嵜・山中総合法律事務所）入所。

安藤　源太（あんどう　げんた）
1999年東京大学法学部卒業。2003年司法試験合格。2005年司法修習修了（58期），検事任官。2009年検事退職，弁護士登録（第一東京弁護士会所属），石嵜信憲法律事務所（現，石嵜・山中総合法律事務所）入所。

小宮　純季（こみや　じゅんき）
2010年青山学院大学法学部卒業。2012年慶應義塾大学法科大学院修了，司法試験合格。2013年司法修習修了（66期），弁護士登録（第一東京弁護士会所属），石嵜・山中総合法律事務所入所。

石嵜　裕美子（いしざき　ゆみこ）
2011年慶應義塾大学法学部法律学科卒業。2013年東京大学法科大学院修了，司法試験合格。2014年司法修習修了（67期），弁護士登録（第一東京弁護士会所属），石嵜・山中総合法律事務所入所。

渡辺　絢（わたなべ　あや）
2010年東京大学法学部卒業。2012年東京大学法科大学院修了。2013年司法試験合格。2014年司法修習修了（67期），弁護士登録（第一東京弁護士会所属），石嵜・山中総合法律事務所入所。

森山　憲彦（もりやま　のりひこ）
2012年青山学院大学法学部卒業，慶應義塾大学法科大学院予備試験合格に伴い中途退学。2014年司法試験合格。2015年司法修習修了（68期），弁護士登録（第一東京弁護士会所属），石嵜・山中総合法律事務所入所。2017年より森田・山田法律事務所において執務。

髙安　美保（たかやす　みほ）
2000年東北大学文学部卒業。2001年〜2006年石嵜信憲法律事務所にて勤務。2007年司法書士試験合格。司法書士事務所勤務を経て，2008年より石嵜信憲法律事務所（現，石嵜・山中総合法律事務所）勤務。2009年司法書士登録（東京司法書士会所属）。

田中　朋斉（たなか　ともなり）
1998年早稲田大学法学部卒業。2004年石嵜信憲法律事務所（現，石嵜・山中総合法律事務所）入所。2007年社会保険労務士試験合格。2008年社会保険労務士登録（東京都社会保険労務士会所属）。2010年特定社会保険労務士付記。

《編著者紹介》

石嵜　信憲（いしざき　のぶのり）

明治大学法学部卒業。1975年司法試験合格，1978年弁護士登録。
以後，労働事件を経営者側代理人として手がける。
2002～04年司法制度改革推進本部労働検討会委員。
現在，経営法曹会議常任幹事。

〈主な著書〉
『割増賃金の基本と実務』（中央経済社）
『就業規則の法律実務〈第4版〉』（中央経済社）
『労働者派遣法の基本と実務』（中央経済社）
『労働条件変更の基本と実務』（中央経済社）
『配転・出向・降格の法律実務〈第2版〉』（中央経済社）
『非正規社員の法律実務〈第3版〉』（中央経済社）
『労働行政対応の法律実務』（中央経済社）
『懲戒権行使の法律実務〈第2版〉』（中央経済社）
『健康管理の法律実務〈第3版〉』（中央経済社）
『賃金規制・決定の法律実務』（中央経済社）
『個別労働紛争解決の法律実務』（中央経済社）
『労働時間規制の法律実務』（中央経済社）
『実務の現場からみた労働行政』（中央経済社）
『管理職活用の法律実務』（中央経済社）
『メーカーのための業務委託活用の法務ガイド〈第2版〉』（中央経済社）
『（新訂版）人事労務の法律と実務』（厚有出版）
『労働法制からみた日本の雇用社会』（日本総研ビジコン）

連絡先　石嵜・山中総合法律事務所
〒104-0028　東京都中央区八重洲2丁目8番7号　福岡ビル6階
電話　03（3272）2821㈹　FAX　03（3272）2991

労働契約解消の法律実務（第3版）

2008年7月16日	第1版第1刷発行	
2011年2月5日	第1版第9刷発行	
2011年7月16日	第2版第1刷発行	
2017年1月25日	第2版第8刷発行	
2018年7月16日	第3版第1刷発行	
2021年8月10日	第3版第5刷発行	

編著者　石　嵜　信　憲
発行者　山　本　　　継
発行所　㈱中央経済社
発売元　㈱中央経済グループ
　　　　パブリッシング

〒101-0051　東京都千代田区神田神保町1-31-2
電話　03（3293）3371（編集代表）
　　　03（3293）3381（営業代表）
https://www.chuokeizai.co.jp
印刷／㈱堀内印刷所
製本／誠製本㈱

© 2018
Printed in Japan

※頁の「欠落」や「順序違い」などがありましたらお取り替えいた
しますので発売元までご送付ください。（送料小社負担）

ISBN978-4-502-25521-2　C3032

JCOPY〈出版者著作権管理機構委託出版物〉本書を無断で複写複製（コピー）することは，著作
権法上の例外を除き，禁じられています。本書をコピーされる場合は事前に出版者著作権管理
機構（JCOPY）の許諾を受けてください。
JCOPY〈https://www.jcopy.or.jp　eメール：info@jcopy.or.jp〉

おすすめします！

就業規則の法律実務〈第4版〉

石嵜信憲 [編著]

平井彩・鈴木宗紹・横山直樹・石嵜裕美子・髙安美保・田中朋斉 [著]

Ａ5判/992頁　ISBN：978-4-502-19731-4

限定正社員就業規則、ストレスチェック制度実施規程、特定個人情報取扱規程等の新規収録や、給与規程の大幅な改訂、育児介護休業規程の改訂など、大幅に加筆修正した決定版。

配転・出向・降格の法律実務〈第2版〉

石嵜信憲 [編著]　加島幸法・石嵜裕美子・渡辺 絢・髙安美保 [著]

Ａ5判/746頁　ISBN：978-4-502-15491-1

国際化に伴い、人事異動を新たに捉えた待望の第2版。転勤・出向など従来の解説を充実させると共に、グローバル企業の労務管理を大幅に加筆。300ページ増と著者渾身の一冊！

割増賃金の基本と実務

石嵜信憲 [編著]　横山直樹・石嵜裕美子・髙安美保 [著]

Ａ5判/288頁　ISBN：978-4-502-21191-1

労働時間とは、計算方法は、といった基本を概観し、固定残業代制を中心に、歩合給制、事業場外労働みなし制、割増賃金未払時の対応等の各実務を近時の判例とともに平易に解説。

労働者派遣法の基本と実務

石嵜信憲 [編著]　小宮純季 [著]

Ａ5判/272頁　ISBN：978-4-502-19851-9

労働法制全体における派遣法及び派遣社員の位置づけや改正の歴史を概観し（第1部）、第2部では派遣法を逐条解説で学ぶ。数次の改正を経た派遣法の今がわかる入門書が誕生！

労働条件変更の基本と実務

石嵜信憲 [編著]　橘 大樹・石嵜裕美子 [著]

Ａ5判/220頁　ISBN：978-4-502-19591-4

企業運営の上で遵守が必要な労働条件を、経営環境の変化等で変更せざるを得ない場合を解説！　企業が生き残るため、労働者の待遇を不利益に変更する際の実務を法的に解き明かす。